Chiswell St.
Finsbury Square
Milton St.
Ropemaker St.
Finsbury Pavement
Wilson Street
Sun St.
South Pl.
Eldon Street
Broadgate
MOORGATE
Moore Lane
Moorgate
Finsbury Circus
Liverpool Street
LIVERPOOL ST.
Bishopsgate
Middlesex Street
Bell Lane
Toynbee St.
Commercial Street
Wentworth St.
Goulston St.
White's Row
Fashion St.
Blomfield St.
London Wall
All Hallows on the Wall
Chartered Insur. Museum
Guildhall Library
Guildhall
Coleman St.
Basinghall St.
Copthall Av.
Carpenter's Hall
Wormwood St.
Old Broad St.
Throgmorton Av.
St. Botolph Bishopsgate
Houndsditch
Harrow Pl.
Stoney Lane
National Westminster Bank
St. Ethelburga
Bank of England
St. Margaret Lothbury
Grocers' Hall
Old Jewry
Throgmorton St.
Stock Exchange
St. Helen
St. Mary Axe
Baltic Exchange
St. Botolph Aldgate
St. Botolph St.
Aldgate High St.
Spanish and Portuguese Synagogue
Duke's Pl.
Threadneedle St.
Royal Exchange
Princes St.
St. Andrew Undershaft
St. Katharine Cree
ALDGATE
Mansell Street
Midland Bank
BANK
Cornhill
Leadenhall Street
Aldgate
Minories
Mansion House
St. Mary Woolnoth
St. Michael
St. Peter
Leadenhall Market
Lloyd's
Billiter St.
Lloyd's Register
Lime St.
Temple of Mithras
Walbrook
Lombard St.
St. Edmund
St. Stephen W.
King William St.
Gracechurch St.
Fenchurch Street
Fenchurch Street Station
Crosswall
Portsoken St.
Goodman's Yard
St. Mary Abchurch
St. Clement Eastcheap
Clothworkers' Hall
CANNON ST.
Cannon Street
St. Michael
Dowgate Hill
Bush Lane House
St. Margaret Pattens
Mincing Lane
Mark Lane
St. Olave
Hart St.
Crutched Friars
Port of London Authority
Trinity House
TOWER GATEWAY
MONUMENT
Eastcheap
Great Tower St.
Cannon Street Station
Arthur St.
Monument St.
The Monument
Upper Thames St.
St. Mary at Hill
Corn Exchange
Byward St.
Trinity Sq.
TOWER HILL
Tower Hill
Royal Mint
Fishmongers' Hall
Lower Thames Street
St. Magnus
All Hallows by the Tower
Custom House
World Trade Centre
H.M.S. Princess Elizabeth
London Bridge
Old Billingsgate Market
River Thames
Tower Pier
The Tower of London
Thomas More St.
St. Katharine's Way
St. Katharine Dock
Kathleen May
Tower Bridge Approach
Clink St.
Southwark Cathedral
H.M.S. Belfast
Hay's Galleria
Tower Bridge
LONDON BRIDGE
London Dungeon
London Bridge Station
Stoney St.
Borough Market
St. Thomas St.
Tooley Street
Abbots Lane
Vine Lane
Shad Thames
George Inn
Talbot Yard
Guy's Hospital
Great Maze Pond
Shand St.
Barnham St.
Gainsford St.
Queen Elizabeth St.
Tower Bridge Rd.
Borough High Street
Newcomen St.
Snows Fields
Weston Street
Bermondsey Street
Crucifix Lane
Druid St.
Lafone St.
Tooley Street
Crosby Row
Kipling St.
Guy St.
Porlock St.
Grounds
St. George
Long Lane
Withe's
Leathermarket St.
Tanner Street
Morocco St.
Tabard St.
Pilgrimage St.
Mancipie St.
Staple St.
Tabard Gardens
Great Dover Street
Globe St.
Trinity Street
Weston St.
BERMONDSEY
St. Mary Magdalene
Rileys Road
Maltby St.
Abbey Street
A
B
E
F
4
5
6

London

»Ungeheure Stadt!
Unbegreiflich und
unerfasslich lag sie da zu
beiden Seiten des Flusses...«

John Henry Mackay

❝Endlich war ich also in London, und nichts machte mir mehr Spaß, als den ganzen Tag in meinem neuen Revier herumzuschlendern. London kam mir vor wie ein Haus mit fünftausend Zimmern; der ganze Reiz lag darin, zu entdecken, wie die Zimmer untereinander verbunden waren, und sie allmählich alle zu durchlaufen.❞

Hanif Kureishi

»Engländer sein bedeutet, dem exklusivsten Club der Welt anzugehören.«
Ogden Nash

Themse-Schiffe auf der Höhe von Greenwich, im Hintergrund das Royal Naval College.

Am 6. August 1939 beobachteten mehr als 100 000 Menschen die Einfahrt des Passagierschiffes *Mauritania* in den Hafen.

An diesem Reiseführer haben zahlreiche Landeskenner und Spezialisten mitgearbeitet.

Recherche und Text:
Natur: Tony Hare
Geschichte und Sprache: Catherine Cullen, Michel Rapoport
Kunst und Traditionen: Catherine Cullen
Architektur: Elain Harwood
Maler: Suzanne Bosman
Praktische Informationen: Sarah Gentleman, Clémence Jacquinet, Nathalie Phan

Rundgänge in London:
Catherine Cullen, Michel Rapoport, unter Mitarbeit von Nathalie Bonnin, Hélène Borraz und Agnès Robin

Zeichnungen:
Natur: Jean Chevallier, Richard Coombes, François Crozat, François Desbordes, William Donohoe, Claire Felloni, Catherine Lachaux, Ruth Lindsey, Guy Michel, Pascal Robin, John Wilkinson
Architektur: Peter Bull, Hugh Dixon, William Donohoe, Chris Forsey, Trevor Hill, Roger Hutchins, Claudine Legastellois, Michael Shoebridge, Edward Stuart, Antony Townsand,
Kartographie : Jean-Yves Duhoo, Françoise Genit, Stéphane Girel, Frédéric Liéval, Jean-Pierre Poncabare, Christine Adam und Jean-Claude Senée (Kolorierung)

DuMont Visuell London

Deutsche Textfassung: Jutta Westmeyer unter Mitarbeit von Jürgen Martschukat und Christoph Schneider;
Fernando Pérez vom Zoologischen Institut an der Universität Köln danken wir für seine Unterstützung bei der Bearbeitung des Natur-Kapitels.
Deutsche Literatur und Lesetips:
Gabriele Kalmbach
Übersetzung:
Theresa Bullinger, Margit Kilian, Michael Schneider, Beatrix Häusler, Susanne Saygin, Inka Schneider, Karin Abramowsky, Marianne Bongartz
Die Original-Ausgabe erschien im Mai 1993 unter dem Titel *Guides Gallimard Londres*.

ISBN : 3-7701-3222-X
Druck und buchbinderische Verarbeitung:
Editoriale Libraria (Italien)

DuMont visuell

London

DuMont Buchverlag Köln

Inhalt
Wissenswertes auf einen Blick

Inhalt
Rundgänge und Ausflüge

Die City

Tower of London

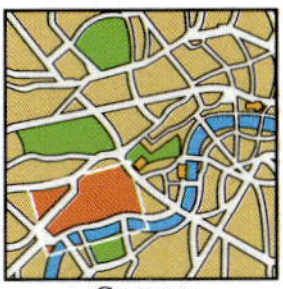

Chelsea

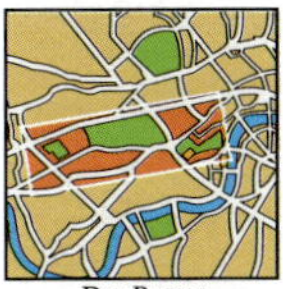

Die Parks

Bloomsbury

East End

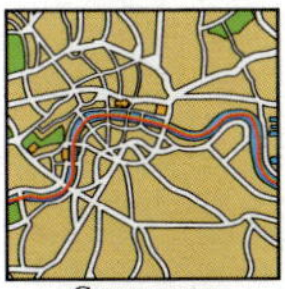

Greenwich

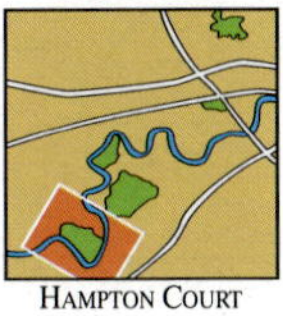

Hampton Court Palace

▲ LONDON

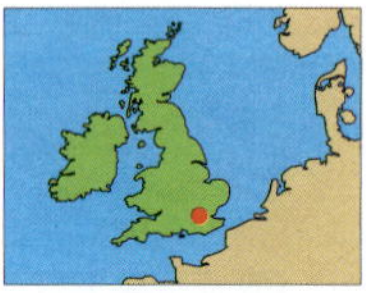

1. Holland Park
2. Kensington Palace
3. Hyde Park
4. Apsley House
5. Hampstead Heath
6. Regent's Park
7. Chelsea Royal Hospital
8. Piccadilly Circus
9. National Gallery
10. British Museum

11. Buckingham Palace
12. Westminster Cathedral
13. Battersea Power Station
14. Westminster Palace
15. St Paul's Cathedral
16. Lambeth Palace
17. Barbican Centre
18. Inner and Middle Temple
19. Bank of England
20. Tower of London
21. Tower Bridge
22. County Hall
23. Southwark Cathedral
24. Kenwood House

Gebrauchsanweisung für den DuMont visuell

(am Beispiel einer Seite aus dem DuMont visuell »Venedig«)

Diese Symbole finden Sie oben auf der Seite. Sie kennzeichnen die verschiedenen Abschnitte des Führers.

- ■ Natur
- ● Kultur
- ▲ Reiseteil
- ◆ Praktische Informationen

Die kleine Karte verdeutlicht die Position der Überblickskarte innerhalb der Stadt oder der Region, die der Führer behandelt.

Die Überblickskarten aus der Vogelschau zeigen die wichtigsten Sehenswürdigkeiten und erleichtern so die Orientierung.

Am Anfang jedes Kapitels im Reiseteil wird die Dauer des Ausflugs genannt und angezeigt, welches Verkehrsmittel man am besten benutzt:

- per Schiff
- zu Fuß
- mit dem Fahrrad
- Dauer

♥ Das Herz steht bei all den Sehenswürdigkeiten, die besonders schön oder besonders interessant sind und daher nicht ausgelassen werden sollten.

● ▲ ■ ◆ Im Text verweisen die Symbole auf Seiten, auf denen ein Thema ausführlicher behandelt ist.

Ankunft in Venedig ♥ ◆ *386*

Ponte della Libertà. Fünfzig Jahre nach dem Vertrag von Campoformio (● *34*) bauten die Österreicher eine Brücke, die Venedig erstmalig in seiner Geschichte mit dem Festland verband und seine tausendjährige Insellage beendete. Die Wirtschaft der Stadt veränderte sich grundlegend: Im Zuge

1/2 Tag

Die Brücken von

NATUR

DIE THEMSE

Die Flutbarriere *Thames Barrier* wurde errichtet, um Hochwasser abzuhalten. Die Themse ist an dieser Stelle mehr als 500 m breit.

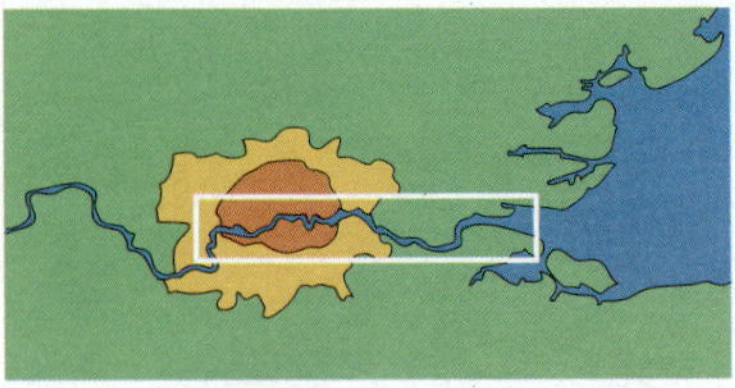

Die Themse ist ein Gezeitenfluß. Von der 9 km breiten Mündung bis nach London hinein macht sich der Tidenhub bemerkbar. Entsprechend brackig ist auch das Wasser. Mitte des 19. Jh. war der über eine Länge von 65 km durch London fließende Strom derart verschmutzt, daß die Cholera ausbrach. Der Gestank des fauligen Wassers ließ die Parlamentsabgeordneten schließlich handeln und ein System von Abwässerkanälen anlegen. Heute sind die Umweltprobleme zwar keineswegs gelöst, doch wandern Lachse immerhin wieder bis London.

Rauhaariges Weideröschen

Ab London ist die Themse stromaufwärts durch ein Schleusensystem schiffbar, die Gezeiten machen sich nicht mehr bemerkbar.

Stockente

Höckerschwäne und Stockenten lassen sich gern von Spaziergängern mit Brot füttern.

Hasel

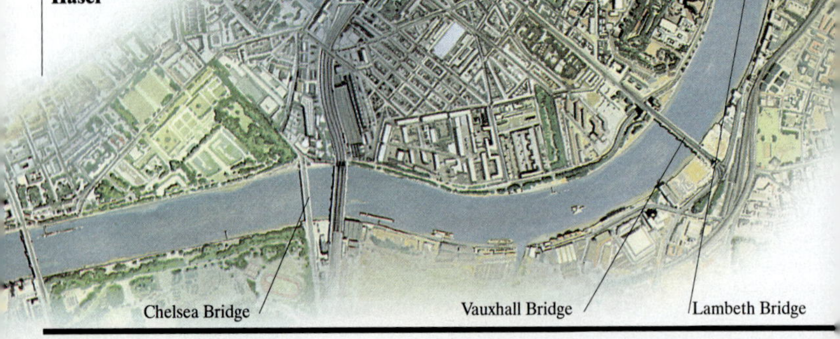

Von der Themse-Mündung bis in das Stadtgebiet von London wirken sich die Gezeiten aus. Die Tier- und Pflanzenwelt bestimmen Arten, die dem Leben im Brackwasser angepaßt sind.

Nordseegarnele
Mit Hilfe der Flut schwimmt sie flußaufwärts.

Herzmuschel
Man findet sie bis London in der Themse.

Kiebitz
Er lebt auf sumpfigen Wiesen.

Großer Brachvogel

Sie sind vor allem im Winter in der Flußmündung anzutreffen.

Bekassine

Flunder
Sie schätzt den sandigen Grund des Flusses.

Aal
Seine Jungen schwimmen den Fluß hinauf.

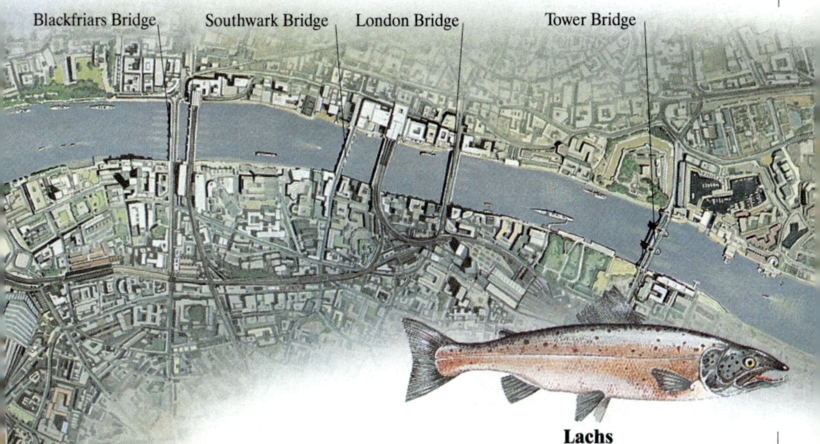

Lachs
Seit den 60er Jahren wandern wieder Lachse die Themse stromaufwärts.

Silbermöwe

Lachmöwen und Silbermöwen kommen vor allem im Winter in die Stadt, denn hier finden sie leichter Nahrung.

Lachmöwe

An den Themse-Ufern läßt sich überall die Bewegung der Gezeiten ablesen, denn die Flut hinterläßt deutliche Markierungen.

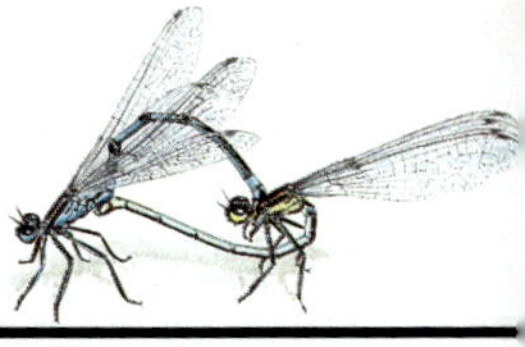

Azurjungfern
Sie leben an stehenden Gewässern. Gelegentlich fallen sie Mauerseglern zum Opfer.

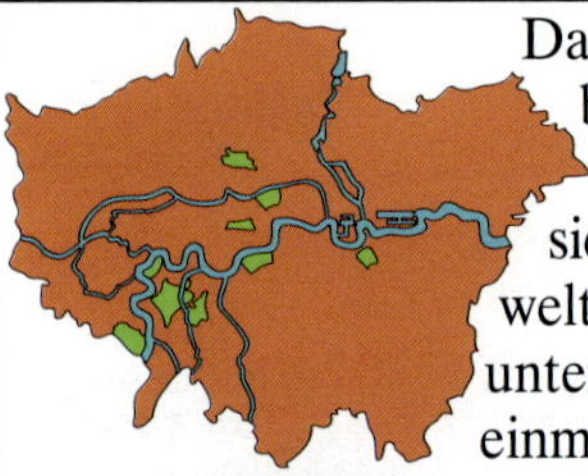

Im Norden verbindet das Kanalnetz Birmingham mit dem Londoner Hafen.

Das künstlich angelegte Kanalsystem bildet eine Art Biotop mitten in der Stadt. Im Wasser und an den Ufern hat sich eine beachtliche Tier- und Pflanzenwelt entwickeln können. Da die Kanäle untereinander verbunden sind, können sich einmal etablierte Arten leicht weiter ausbreiten. Allerdings gilt auch für die Kanäle, daß Umweltsünden immer wieder die natürliche Vielfalt reduzieren und so das ökologische Gleichgewicht stören. Denn oft spielen die besonders empfindlichen Arten eine Schlüsselrolle in der Nahrungskette.

Bleßralle
Gruppen von Bleßrallen bevölkern im Winter die Kanäle, soweit sie nicht zugefroren sind.

Wo die Umweltverschmutzung nicht allzuweit fortgeschritten ist, findet man an den Ufern und im Wasser der Kanäle eine reiche Vegetation.

Mauersegler

Das zu Anfang des 19. Jh. angelegte Kanalsystem wird heute nur noch von *house boats* und kleinen Freizeitbooten genutzt. Deshalb wirkt es besonders friedlich.

Stockenten
Sie sind die am meisten verbreiteten Enten in Großbritannien und nisten auch mitten in der Stadt.

Ukelei

Hecht
Er gilt als der gierigste unter den Süßwasser-Raubfischen. Sein Maul ist mit spitzen und scharfen Zähnen bewehrt. Er fängt Fische und Frösche, und sogar Wasservögel sind vor ihm nicht sicher.

Reiherente
Diese Tauchente kommt nur im Winter in die größeren Kanäle, ansonsten zieht sie Teiche und Weiher vor.

Plötze

Brasse

Die Londoner Wälder

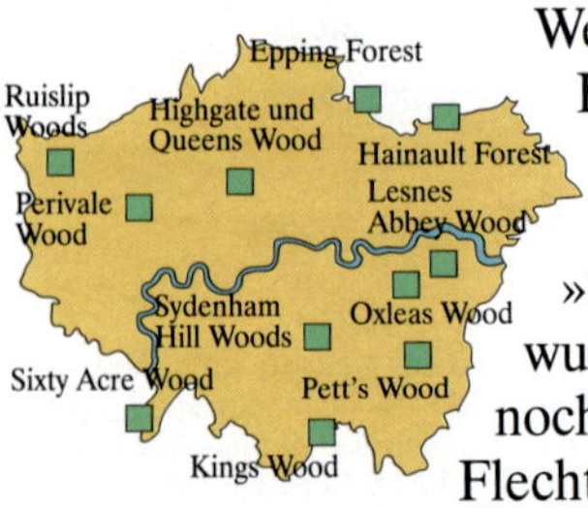

Wer genug hat von der Hektik der Innenstadt, findet im Bereich von Greater London reichlich Gelegenheit, in einem der vielen Wälder die »Seele baumeln zu lassen«. Früher wurden sie alle bewirtschaftet, wovon noch heute die für die Gewinnung von Flechtmaterial (Kopfholz) beschnittenen Bäume zeugen. Den verschiedenen Waldbewohnern kam es zugute, daß inzwischen diese Form der Waldnutzung fast nirgends mehr zu finden ist.

Eichelhäher

Eiche
Die Bäume werden schon beim Aussetzen in 2-3 m Höhe ›geköpft‹, um das Nachwachsen der Äste zu beschleunigen.

Haselnuß
Auch diese Sträucher werden regelmäßig beschnitten.

Wühlmaus
Sie sucht ihre Nahrung im Unterholz und ist tagaktiv.

Wurmfarn
Er bevorzugt schattige, feuchte Standorte.

Waldmaus
Sie ist vorwiegend nachts auf Nahrungssuche und daher nur selten zu sehen.

Maulwurf
Dieser fast blinde kleine Insektenfresser mit dem samtigen Fell gräbt seine Tunnel in die Waldböden, aber auch in Gärten und Wiesen.

Hainbuche
Sie kommt in den nördlich des Zentrums gelegenen Wäldern am häufigsten vor.

Buche
Vor allem auf den Hügeln im Süden Londons gibt es schöne Buchenwälder.

Haselnuß

Stieleiche

Schwanzmeise
Dieser winzige Singvogel baut sein Nest aus Federn, Spinnennetzen und Flechten.

Waldlaubsänger
Er ist ein Zugvogel, der in lichten Wäldern lebt und sich von Insekten ernährt.

Kleinspecht

Buntspecht
Die Spechte benutzen ihre Schnäbel zum Anfertigen ihrer Nisthöhlen, aber auch für die Nahrungssuche und zur Verständigung mit Artgenossen.

Mönchsgrasmücke
Eigentlich gehören die Grasmücken zu den Zugvögeln, doch in letzter Zeit sieht man sie immer häufiger auch im Winter in Europa.

Ringeltaube
Man erkennt sie leicht an ihrem geräuschvollen Auffliegen.

Wald-Windröschen und Hasenglöckchen wachsen häufig im Unterholz.

Europäischer Dachs
Der scheue, selten gewordene Einzelgänger ernährt sich von Insekten, Regenwürmern und kleinen Säugern, vor allem Wühlmäusen.

Viele Waldblumen sind Frühlingsblüher. Diese Pflanzen nutzen die Zeit, bevor das Laub der Bäume das Sonnenlicht vom Waldboden fernhält. Sie bilden eine wichtige Nahrungsquelle für Insekten und vor allem für ihre Larven.

Die Natur erobert sich Flächen, die über längere Zeit nicht bewirtschaftet werden, nach und nach zurück. Pionierpflanzen sind die Vorreiter, zunächst Sträucher, später dann auch größere Bäume. Es dauert nur wenige Jahrzehnte, bis zum Beispiel ein alter Friedhof mit einem kleinen Wald überwuchert ist. Eschen, Robinien und Birken kommen in diesen Gebieten am häufigsten vor. Auch die Tierwelt nistet sich im Gefolge der Vegetation in diesen Lebensräumen ein. Nach den Insekten kommen Singvögel, Nagetiere usw., ihnen wiederum folgen kleine Räuber wie das Wiesel.

Wiesel
Es jagt mit Vorliebe auf Brachflächen, denn hier findet es reichlich Kleinnager wie zum Beispiel Mäuse.

Igel
Igel sind nachtaktiv. Sie ernähren sich vor allem von Schnecken, Insekten und Mäusen.

Efeu
Dieser immergrüne Kletterstrauch rankt sich mit seinen Haftwurzeln an Mauern und Bäumen empor und kann über 500 Jahre alt werden.

Esche
Diese Pionierpflanze spielt in der nordischen Mythologie eine wichtige Rolle.

Robinie (Scheinakazie)
Sie stammt aus dem Osten der Vereinigten Staaten und ist heute in ganz Europa heimisch.

Birke
Sie ist erkennbar an der weißen Rinde und dem hellgrünen Laub.

Ahorn
Sein helles Holz ist als Nutzholz begehrt und besonders bei Drechslern beliebt.

Kohlmeise
Sie baut ihr Nest mit Vorliebe in Baumhöhlen.

Weidenlaubsänger
Sein typisches »Zilpzalp« (die Briten nennen es *chiffchaff*) hört man schon im März.

Zaunkönig
Er ist winzig, hat aber eine kräftige Stimme.

Turteltaube
Sie bevorzugt als Lebensraum lichte Wälder und Parks. Die Brachflächen bieten ihr ideale Nistmöglichkeiten.

Schmalblättriges Weidenröschen
Es wächst an Waldrändern und auf Brachflächen. Auf seinen Zweigen leben häufig Blattläuse, die Marienkäfern als Nahrung dienen.

Dieser alte Friedhof ist heute von Gräsern überwuchert. Strauchwerk und junge Bäume gedeihen prächtig. In wenigen Jahren wird hier ein kleiner Wald stehen.

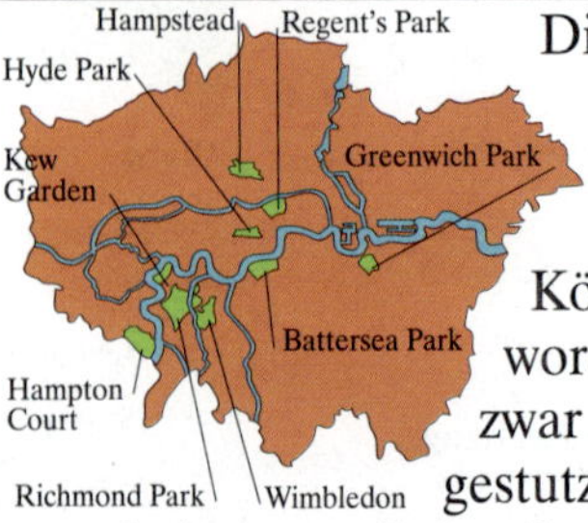

Die Londoner sind zu Recht stolz auf ihre Parks. 80 km² von Greater London sind Grünflächen, von denen ein Großteil von englischen Königen und Königinnen angelegt worden ist. Einige dieser Parks wirken zwar ein wenig künstlich und zurechtgestutzt, andere dagegen sind mit Bedacht naturbelassene ›Grüne Lungen‹, in denen sich Seen, Hügel und Wiesen abwechseln und entsprechend viele Tier- und Pflanzenarten mitten in der Stadt ein Refugium finden. An einem sonnigen Tag sollte man deshalb unbedingt einen Spaziergang durch die Londoner Parks unternehmen.

Die Kanadagänse düngen mit ihrem Mist den Rasen der Parks auf natürliche Weise, so daß hier auch verschiedene Wildkräuter gedeihen.

Graues Eichhörnchen
Es stammt aus Nordamerika. Nach seiner Einbürgerung in Europa hat es sich rasch verbreitet.

Ahorn

Linde

Halsbandsittich
Ursprünglich in Afrika und Asien heimisch, sind einige dieser Exoten ihren Haltern entflogen und haben sich gut akklimatisiert. In den Parks leben heute einige Hundert von ihnen.

Edelkastanie
Viele der Bäume in den Parks stammen aus fremden Ländern. Die Marone wurde aus dem Süden Europas eingeführt.

Die Briten haben in ihren Parks viele fremde Vogelarten eingebürgert, von denen manche den heimischen Vögeln Lebensraum und Nahrung streitig machen.

Waldkauz
Eulen sind meist scheu, der Waldkauz jedoch hat seine Jagdgebiete bis in städtische Parks ausgedehnt und nistet auch hier.

Kanadagans
Sie stammt, wie der Name sagt, aus dem Norden des Amerikanischen Kontinents. Während der Brutzeit ist sie recht aggressiv.

Rabenkrähe
Sie hat sich perfekt an das Stadtleben angepaßt. Ihre Nester baut sie sich in den hohen Bäumen der Parks.

Elster
Der sprichwörtlich diebische Rabenvogel ist in allen großen Städten zuhause. Die Elster beginnt schon Ende Februar mit dem Nestbau.

Die Londoner, die in einer besonders hektischen Metropole leben, investieren viel Zeit in die Pflege ihrer Gärten. Ein typischer Hausgarten mit Hecke, Rasen, Gemüsebeeten und Teich bietet überraschend vielen Tierarten Lebensraum. Einige sind willkommen, so etwa Rotkehlchen und Schwalbe, da sie Würmer bzw. Insekten vertilgen. Auch Frösche, Kröten und Schmetterlinge werden gern gesehen. Aber viele Hobbygärtner führen einen erbitterten Kampf gegen sogenannte ›Unkräuter‹ und Schädlinge wie Blattläuse und Raupen – obwohl es ohne letztere auch keine Schmetterlinge gäbe.

Ligusterblatt
In Ligustersträuchern lebt ein besonders schöner, braunrosafarbener Nachtschmetterling, der Ligusterschwärmer. Seine Spannweite beträgt 9-10 cm.

Viele Briten legen in ihren Gärten künstliche Teiche an und schaffen damit winzige Biotope für Libellen, Frösche und andere Wassertiere.

Löwenzahn
Manchen ist er nur ein Unkraut, anderen Salat.

Erdkröte
Da sie in großen Mengen Würmer und Larven frißt, wird diese Kröte als Nutztier betrachtet.

Felsentaube
Sie ist wohl der am meisten verbreitete Stadtvogel und gilt als Paradebeispiel eines Kulturfolgers.

Rotkehlchen
Wenn es um die Verteidigung seines Reviers geht, bringt es so viel Mut auf, daß sogar die viel größeren Amseln weichen.

Fledermaus
Mit Hilfe ihres Ultraschallsystems jagt sie in der Dämmerung in den Gärten Insekten.

Hausmaus
Dieser kleine Nager wagt sich bis in die Häuser vor, um Nahrung und Nistplätze zu finden.

Mauersegler
Sie nisten gern unter Mauervorsprüngen und Regenrinnen. An schönen Sommerabenden kreisen sie über den Häusern und stoßen ihre typischen hohen Schreie aus.

Rauchschwalbe
Früher gab es Schwalben auch mitten in den Städten, inzwischen sind sie leider selten geworden. Man sieht sie nur noch auf dem Land, wo sie ihre Nester in alten Gemäuern bauen.

Grünspecht
Man findet ihn häufig in alten Bäumen, unter deren Rinde er nach Insekten sucht.

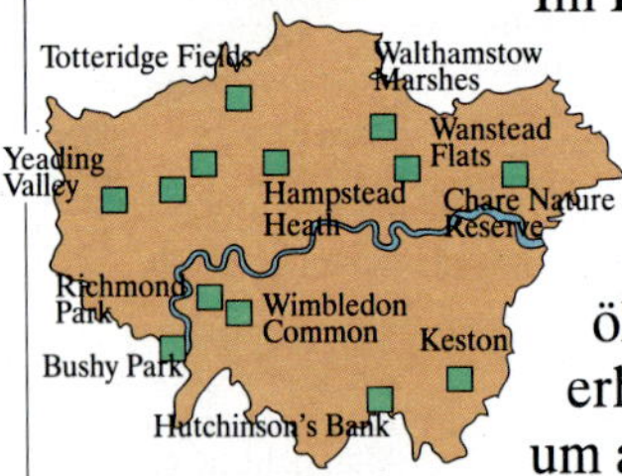

Im Laufe ihrer Entwicklung hat sich die Stadt immer weiter ausgedehnt, wobei die großen Landgüter oft aufgelöst wurden. Einige Gelände konnten jedoch dank eines sich entwickelnden ökologischen Bewußtseins unbebaut erhalten werden. Es handelt sich vielfach um alte, in Landschaftsparks umgewandelte Weideflächen. Sehr unterschiedliche Tierarten leben hier, sowohl Nutztiere wie Kühe, Schafe, Pferde, Ponys, als auch – etwa im Richmond Park – Wildtiere wie Hirsche und Rehe. Solche halb naturbelassenen, halb kultivierten Landschaften sind typisch für die britischen Inseln.

Grünfink
Dieser Singvogel mit dem kräftigen Schnabel ist mit dem Kanarienvogel verwandt.

Buchfink
Wie viele Finken frißt er Samen. Er zieht nicht wie andere Singvögel nach Afrika.

Rebhuhn
Früher war es in ganz Europa sehr häufig. Heute gibt es nur noch wenige Rebhühner, die Bestände schrumpfen überall, unter anderem weil sie als Bodennister kaum noch sichere Brutplätze finden.

Wildkaninchen
Es gräbt ausgedehnte Erdhöhlen, in denen es vor Feinden geschützt seine Jungen aufzieht.

In der von den Briten sogenannten *captive countryside* treffen Stadt und Land auf einzigartige Weise aufeinander.

Die Fauna in den Landschaftsparks rund um London ist vielfältig. Hier können sich die Tiere in ruhiger und geschützter Umgebung ungestört vermehren.

Bei den Rehen sind nur die Kitze gefleckt, die ausgewachsenen Tiere aber einfarbig. Damwild hingegen ist immer braun mit weißen Flecken.

Die Flora ist nicht ungewöhnlich, aber vielfältig. Man findet Arten wie den Weiß-Klee (1), das Wohlriechende Ruchgras (2), die Kuckucks-Lichtnelke mit ihren rosenroten Blüten (3) und die Blutwurz, ein Fingerkraut mit gelben Blüten (4), dessen innen roter Wurzelstock als Heilmittel genutzt wird.

Wilder Apfel
Wilde Apfelbäume mit ihren harten, sauren Früchten findet man nur noch selten.

Echtes Mädesüß
Es gehört zu den Rosengewächsen und hat kleine, stark duftende weiße Blüten an dicht besetzten Rispen.

Jede Parzelle des Stadtgebiets, und sei sie noch so klein, erobert sich die Natur zurück, sobald sie nicht mehr genutzt wird. Unbebaute Grundstücke, Straßenränder und nicht mehr befahrene Eisenbahnstrecken bilden winzige Biotope. Zunächst besiedeln zu Unrecht ›Unkräuter‹ genannte Pflanzen, deren Samen vom Wind weitergetragen und ausgesät werden, diese Flächen. Sie bieten verschiedenen Insekten Lebensraum und Nahrung. Es folgen Vögel und, wenn ausreichend Platz vorhanden ist, sogar kleine Säugetiere, die sich von den Insekten ernähren.

Distelfalter
Dieser wanderfreudige Schmetterling bevorzugt Distel und Flieder als Nahrungsquelle.

Sommerflieder
Sie bietet mit ihren in Rispen wachsenden Blüten vielen Schmetterlingen wie dem Hauhechelbläuling Nahrung.

Bergeidechs
Zur Paarungszeit (April-Mai) tragen die Männchen heftige Kämpfe mit ihren Artgenossen aus.

Füchse wagen sich nachts bis an die Häuser vor, um in den Abfällen nach Nahrung zu suchen.

Bluthänfling
Er ist häufig an Bahndämmen zu finden. Seine Nahrung besteht aus Samen.

Distelfink
Dieser Körnerfresser wird auch Stieglitz genannt. Er liebt besonders Distelsamen.

Rohrammer
Sie ist ein Bewohner feuchter Lebensräume. Wo immer Weiher oder Teiche das Wachstum von Schilf ermöglichen, ist auch sie bald zu sehen.

Turmfalke
Seine Beute bilden vor allem Vögel und kleine Nagetiere.

Blaumeise
Der genügsame kleine Singvogel ernährt sich und seine Jungen vor allem von Insekten.

Die Böschungen der Bahndämme sind immer schon Flächen gewesen, wo sich auch innerhalb großer Städte eine Flora halten konnte, die ansonsten vom allgegenwärtigen Asphalt verdrängt worden ist.

Gemeiner Hornklee

Dichtes Dornengestrüpp ist typisch für diese ungenutzten Gelände. Es bietet Vögeln und kleinen Nagern Schutz.

Rotfuchs
Der überwiegend nachtaktive Jäger wagt sich manchmal bis an den Stadrand vor.

Einige typische Gräser: Taube Trespe (1); Mäuse-Gerste (2); Wiesenhafer (3).

ALTE MAUERN

Der Streifenfarn, das Zimbelkraut mit seinen hübschen violetten Blüten und das Laubmoos finden sich häufig auf alten Mauern.

Viele Grundstücke in London sind von Mauern umschlossen. Sonne, Wind, Regen und Eis sorgen mit der Zeit dafür, daß der Stein brüchig wird und die alten Mauern Risse bekommen. So können sich an ihnen Pflanzen festwurzeln, und nach und nach entstehen auch hier spezielle Lebensräume. Insekten und Spinnen siedeln sich an, Vögel suchen Nahrung. An Stellen, die lange der Sonne ausgesetzt sind, finden sich auch exotische Pflanzen, die zu Kolonialzeiten mitgebracht und eingebürgert wurden.

Schwebfliege
Diese Fliegenart tarnt sich als Wespe, um nicht von Vögeln gefressen zu werden, ist in Wirklichkeit aber harmlos.

Haussperling
Die zutraulichen, bislang in Städten allgegenwärtigen Vögel werden in jüngster Zeit selten.

Star
Sein Gefieder ist schwarz mit grünlich und bläulich schillernden Flecken.

Spornblume
Sie blüht von Mai bis September.

Heckenbraunelle
Mit ihrem Tarngefieder ist sie nicht leicht auszumachen.

Klebriges Greiskraut
Es gehört zu den häufigsten Wildkräutern in London.

Kanadischer Katzenschweif
Die Pflanze stammt ursprünglich aus Nordamerika.

Wanderratte
Sie lebt in der Kanalisation, in der Londoner U-Bahn und auf ungenutzten Flächen.

Amsel
Sie ist ein typischer Kulturfolger. Bei schönem Wetter singt sie schon im Januar.

GESCHICHTE

55-54 v. Chr.
Erste römische Feldzüge nach Britannien.

43 n. Chr.
Britannien wird römische Provinz.

Kaiser Konstantin. Münze, Ende 3. Jh. n. Chr.

409-410
Britannien erhebt sich gegen die römische Fremdherrschaft und beendet die Besetzung.

Römisches Mosaik aus London (im Bild rechts)

Um 450
Britannien wird angelsächsisch, die Sachsen siedeln in der Grafschaft Kent.

871-899
Erste Überfälle der Dänen und Regierung Alfreds des Großen

Der Tower of London im 15. Jh.

1. BIS 10. JH.: DIE GRÜNDUNG DER STADT

Londinium. Der Name der Stadt ist keltischen Ursprungs und bezeichnete eine römische Festung aus der Zeit der Eroberungszüge unter Kaiser Claudius (41-54). Die römische Siedlung entstand 43 n. Chr. rund 50 km von der Mündung der Themse entfernt, da sich der Fluß hier überqueren ließ. Um das Jahr 50 wurde eine feste Brücke errichtet, und London entwickelte sich zu einem Handels- und Verwaltungszentrum. Dieser erste Entwicklungsschub fand ein jähes Ende, als die Stadt während des blutigen Aufstandes unter Königin Boudicca im Jahr 61 in Schutt und Asche gelegt wurde.

Die größte Stadt Britanniens. London wurde schnell wiederaufgebaut. In der Festung auf dem Gebiet der späteren City of London befanden sich die Garnison und die römische Verwaltung der gesamten Provinz Britannien. Auf dem Höhepunkt ihrer Entwicklung im 3. Jh. zählte die römische Stadt 40 000 Einwohner. An den nun befestigten Ufern der Themse wurden Gebrauchs- und Luxusgüter aus dem gesamten Kaiserreich gelöscht, Getreide, Holz, Silber und Sklaven wurden von hier exportiert. Mit den Aufständen gegen die römische Besatzungsmacht und dem Einfall der Angelsachsen im 4. Jh. begann eine Phase der Instabilität und des Niedergangs. Im Jahr 410 befahl Kaiser Honorius dann den Abzug aller römischen Truppen.

Das sächsische London.
Gegen Ende des 5. Jh. war London weitgehend verlassen, denn die neuen Landesherren, die Sachsen, siedelten außerhalb der alten römischen Stadt. Im Zuge der Christianisierung wurde der Mönch Mellitus 604 zum ersten Bischof von London ernannt. Er ließ die erste St Paul's Cathedral errichten. Die Stadt wurde bald wieder zu einem Handelszentrum, das in den folgenden Jahrhunderten allerdings ständig dänischen Eroberungszügen ausgesetzt war. Vor allem König Alfred von Wessex (871-899) trotzte den Angreifern und machte London neben Winchester zur Hauptstadt seines Reiches. London begann eine eigene Verwaltung zu entwickeln. Als letzter König aus dem Hause Wessex herrschte Edward the Confessor (der Bekenner, 1042-1066). Der fromme Edward ließ Westminster Abbey erbauen und verlegte seine Residenz sogar in die unmittelbare Nähe der Klosteranlage.

11.-15. JH.: DIE CITY OF LONDON

Zur Zeit der normannischen Herrschaft wuchs die Bedeutung Londons weiter. William the Conqueror (der Eroberer, 1066-1087) ließ den Tower, Baynard's Castle und Montfichet Castle erbauen, um die Stadt zu schützen, aber auch, um angesichts ihres ständigen Autonomiestrebens königliche Stärke zu demonstrieren. Williams Nachfolger verlegten

Henry VI. (1421-1471) und St Edmund.

ihren Sitz nach Westminster, wodurch die Trennung zwischen der City of London und dem Zentrum der Monarchie aufgehoben war. Nun konzentrierten sich in London alle staatlichen Gewalten: Königliche Residenz, Parlament und Gerichtshof befanden sich in Westminster, die Rechtsschulen am Rand der Stadt und die Münze im Tower.

Die Privilegien. Der Aufschwung des Handels und die politischen Wirren des 12. und 13. Jh. ließen in der reichen Stadt den Wunsch nach einer effizienteren Verwaltung und nach größerer Eigenständigkeit gegenüber der Krone wachsen. 1191 verlieh der spätere König John Lackland (Ohneland) London das Stadtrecht, 1215 durch die *Magna Charta* das Recht zur Wahl des Bürgermeisters. Edward II. erkannte 1319 die vollständige Autonomie der City of London an, die bald auch einen eigenen Stadtrat wählte. Ende des 14. Jh. durfte sogar der Souverän die City nur mit Erlaubnis der Stadtverwaltung betreten.

Richard II. (1367-1400).

Schwere Zeiten. Zwischen 1348 und 1375 wurde die Hälfte der Stadtbevölkerung von der Pest dahingerafft, was verheerende soziale und wirtschaftliche Folgen hatte. 1381 erlebte London dann den Aufstand der Bauern unter deren Anführer Wat Tyler. Die Bauern kämpften gegen eine neue Kopfsteuer und für das Ende des feudalen Systems, ein Ziel, dem die Londoner durchaus Sympathie entgegenbrachten. Der blutige Aufstand scheiterte am Widerstand Richard II.

Hauptstadt London. London war nun die unangefochtene Hauptstadt Englands. Nur die Geistlichkeit hatte ihr Zentrum andernorts, was diese jedoch nicht daran hinderte, in London und Umgebung die Nähe der politischen Macht zu suchen. Die Rosenkriege von 1455-1485 hatten unmittelbar keinen Einfluß auf die Entwicklung der Stadt, durch den Sieg und die Thronbesteigung des Tudors Henry VII. im Jahr 1485 ergaben sich jedoch Entwicklungsmöglichkeiten, von denen man bis zu diesem Zeitpunkt kaum zu träumen gewagt hatte.

16. Jh.: Das Elisabethanische Zeitalter

Der Londoner Hafen. Der Hafen durchlief im 16. Jh. eine Phase beachtlichen Aufschwungs. Von hier aus wurden Verbindungen bis nach Amerika und nach Indien geknüpft. Erstmals wurden Aktiengesellschaften gegründet, die überdies mit königlichen Privilegien ausgestattet waren. Die erste

1066
Normannische Eroberung.

1139-1153
Bürgerkrieg zwischen Stephan von Blois und dem siegreichen Heinrich Plantagenet aus dem Hause Anjou.

1190
Richard Löwenherz nimmt am Dritten Kreuzzug teil, sein Bruder John übernimmt in dieser Zeit die Regentschaft.

1199
John Lackland besteigt den Thron.

1215
König John muß der Magna Carta zustimmen.

1348 -1375
Die Pest wütet in London.

1492
Christoph Kolumbus entdeckt Amerika.

1517
Beginn der Reformation: Luthers Thesen werden veröffentlicht.

Der Londoner Hafen vor 1760.

1509-1547
Regentschaft von Henry VIII. Der Streit über die Scheidung des Königs führt 1534 zur Abspaltung der Anglikanischen Kirche von Rom.

1553-1558
Regentschaft von Mary Tudor. Versuch einer Rekatholisierung und grausame Protestantenverfolgungen.

Elizabeth I. (im Bild rechts).

1603-1625
Regentschaft von James I. von England, zugleich James VI. von Schottland.

Die Kathedrale von Southwark, 1647.

1605
Die katholische Pulververschwörung unter Guy Fawkes wird vorzeitig aufgedeckt.

1649
Verurteilung und Hinrichtung von Charles I.

dieser Gesellschaften war 1555 die Moscow Company. Die Virginia Company betrieb die Kolonisierung und Ausbeutung der überseeischen Gebiete, die Sir Walter Raleigh 1585 entdeckt hatte. Im Jahr 1600 wurde die East India Company ins Leben gerufen, die für beinahe zwei Jahrhunderte die Geschicke Indiens bestimmen und die Entwicklung des Londoner Hafens zu einem dynamischen Warenumschlagplatz vorantreiben sollte. Mit dem neuen Wohlstand ging ein rapides Bevölkerungswachstum einher, und die Einwohnerzahl Londons stieg während des 16. Jh. von 50 000 auf 200 000. Die Stadt dehnte sich vor allem in nordwestlicher und östlicher Richtung aus, wo – jenseits des Hafens – Wapping und Limehouse besiedelt wurden.

Die Auflösung der Klöster. Im Jahr 1539 ordnete Henry VIII. die Auflösung der Klöster an, wodurch der Krone enorme Reichtümer zuflossen. Eine weitere Folge war aber auch, daß König und Stadtverwaltung Schulen und Hospitäler unter ihre Obhut nehmen mußten.

Das goldene Elisabethanische Zeitalter. Bereits im 15. Jh. hatte sich in London ein ausgeprägtes Geistesleben herausgebildet, das dann während der Herrschaft von Königin Elizabeth I. (1558-1603) weiteren Auftrieb erhielt. Die Königliche Kapelle verpflichtete hochtalentierte Musiker, und auch das Theater entwickelte sich beachtlich, was nicht zuletzt dem Genie eines William Shakespeare (1564-1616) zu verdanken war. Gleichwohl war London in diesem goldenen Zeitalter keineswegs vor äußeren Bedrohungen sicher, doch die als unbesiegbar geltende Armada Spaniens konnte 1588 versenkt werden.

17. Jh. : Glück und Unglück

Die Bürgerkriege. Während der Bürgerkriege 1642-1646 und 1648 stand London auf der Seite der vom König unterdrückten Puritaner und trat für die Ziele des Parlamentes ein. Die Restauration der Stuarts im Jahr 1660 bald nach dem Tod Oliver Cromwells beschränkte die kommunalen Freiheiten. Der Thronwechsel von James II. zu William III. und Mary II. von Oranien - die *Glorious Revolution* von 1688 - wurde demzufolge enthusiastisch begrüßt. Im Jahr darauf erkannte das neue Königshaus die Bill of Rights an.

Der Große Brand, 1666.

Krönung von George IV., 1821.

Die Katastrophen von London. 1665 wurde London erneut von einer Pestepidemie heimgesucht, die etwa 100 000 Todesopfer forderte. Ende des Jahres war die Stadt nahezu entvölkert, der König zog sich nach Oxford zurück, Unkraut überwucherte Straßen und Gebäude. Man hatte sich kaum von diesem schweren Schlag erholt, da wütete vom 2. bis zum 7. September 1666 der Große Brand und zerstörte das mittelalterliche London. In nur fünf Jahren wurde die Stadt unter der Leitung von Christopher Wren wiederaufgebaut, wobei man freilich den Gedanken einer grundlegenden Neuplanung aufgeben und sich mit der Erneuerung bestehender Strukturen begnügen mußte. Das wohlhabende Bürgertum ließ sich nun in den neuen Vierteln im Westen und damit unweit bestehender Adelshäuser nieder. Im Osten der Stadt schuf die Erweiterung des Hafengebiets Arbeitsplätze für Zuwanderer. Ende des Jahrhunderts zählt London etwa 600 000 Einwohner.

Die neue Wirtschaftshauptstadt. Im 17. Jh. überflügelte London endgültig Amsterdam als die weltweit bedeutendste Finanz- und Handelsmetropole. Die Stadt profitierte nicht zuletzt von der Rückkehr der jüdischen Bevölkerung und der Einwanderung französischer Hugenotten. 1694 wurde dann die Bank of England gegründet.

1653-1658
Oliver Cromwell ist Lord-Protektor.

1763
England erhält im Frieden von Paris Kanada zugesprochen und sichert sich als einzige europäische Macht Einfluß in Indien.

1773
Die Boston Tea Party: Massiver Protest der amerikanischen Kolonien gegen fortwährende wirtschaftliche Repressalien durch das englische Mutterland.

1776
Amerikanische Unabhängigkeitserklärung.

18. Jh.: Das Georgianische London

Der Prinzregent, der spätere George IV., 1815 (im Bild links).

Stadterweiterung. Die Herrschaft des Hauses Hannover leitete das goldene Zeitalter der Londoner Stadtentwicklung ein. Die Erweiterung begann im West End, aber auch in Marylebone und Westminster legten die wohlhabenden Familien ganze Stadtviertel an, in denen sich einheitlich gestaltete und prunkvolle Häuserreihen um einen rechteckigen Platz – einen *Square* – gruppierten. Von 1750 an erleuchteten Öllampen die unsicheren Londoner Straßen, und 1762 wurde das gesamte Viertel von Westminster erneuert: das Kanalisationsnetz erweitert, Straßen und Bürgersteige gepflastert, die öffentlichen Plätze mit Statuen ausgestattet und die Häuser numeriert. Anfang des folgenden Jahrhunderts durchzogen große Verkehrsadern das West End. Ferner waren zwischen 1750 und 1819 zahlreiche Brücken über die Themse gebaut worden, was den Aufschwung des südlichen Ufers begünstigt hatte. Die Einwohnerzahl wuchs während des gesamten 18. Jh. und überschritt 1815 die Millionengrenze. Die Entwicklung der Stadt wurden jedoch von einer immer deutlicher spürbaren sozialen Ungleichheit begleitet. Während sich im West End ein glänzendes soziales und kulturelles Leben entfaltete, lebte die Mehrheit der Bevölkerung unter unzulänglichen Bedingungen. Durch die *Gordon Riots* von 1780 und vor allem durch die Französische Revolution von 1789 wuchs die Furcht des Adels und des Großbürgertums, das unzufriedene Volk könne sich erheben.

Eröffnung der Tower Bridge, 1894.

1793-1815
Koalitionskriege gegen die französischen Revolutionsheere und Napoleon I.

1824
Gewerkschaften werden gesetzlich zugelassen. Eröffnung der ersten Eisenbahnlinie auf der Strecke Stockton – Darlington.

Königin Victoria, (1819-1901).

Das Viktorianische Zeitalter

Der Mittelpunkt der Welt. Im 19. Jh. wurde London zur größten Stadt der Welt. Die Bevölkerung stieg von 900 000 Einwohnern zu Beginn des Jahrhunderts auf über 2,4 Mio. im Jahr 1851 bis auf 6,5 Mio. zur Jahrhundertwende. Die Hauptstadt wirkte auf Schotten und Iren ebenso anziehend wie auf nichtbritische Einwanderer, unter ihnen vor allem mitteleuropäische Juden, die sich in der Gegend des East End ansiedelten.

1829
Gleichstellung der Katholiken, die die Bürgerrechte zurückerlangen.

Das Zentrum der Weltwirtschaft. In der City of London hatten nun zahlreiche Banken, die Börse und Versicherungsgesellschaften ihren Sitz und machten die Stadt so zum wichtigsten Finanzplatz der Welt. Im Hafen entstanden zwischen 1868 und 1905 neue Dockanlagen. Von hier aus wurde das Vereinigte Königreich mit Rohstoffen und Nahrungsmitteln aus aller Welt versorgt; ein Teil der Importe wurde mit Profit ins Ausland reexportiert. Auch die Industrie, die sich vor allem im Zentrum, im East End und im Süden Londons niedergelassen hatte, leistete einen großen Beitrag zum wachsenden Reichtum der Hauptstadt.

Der Kristallpalast, 1851 (im Bild rechts).

1832
Erste große Reform des Wahlrechts

1833-1834
Abschaffung der Sklaverei. Einrichtung von Armenhäusern

Die Weltausstellung von 1851. Am 1. Mai 1851 wurde die erste Londoner Weltausstellung eröffnet. Fast 14 000 Stände aus der ganzen Welt zogen 6 Mio. Besucher an. Zum Symbol des Erfolges wurde der von Joseph Paxton erbaute Kristallpalast, eine Kathedrale aus Glas und Metall.

St Pancras Station, nach 1869.

Neue Transportmittel. Der Bau der ersten Eisenbahnlinie verband London 1836 enger mit seiner Umgebung. 1863 kam die Untergrundbahn, die *Tube*, hinzu. Diese Neuerungen führten zu einem weiteren Wachstumsschub, so daß sich die bebaute Fläche von 1820 bis 1914 mehr als vervierfachte. Die Entstehung der typisch viktorianischen Vororte mit ihren zweigeschossigen Backsteinhäusern und kleinen Gärten ging mit dem Ausbau des Transportsystems einher.

1876
Königin Victoria wird Kaiserin von Indien; Einführung der Schulpflicht.

1899-1902
Die Burenkriege.

1906
Gründung der Arbeiterpartei.

Zwei Gesichter. West End und East End bildeten nun einen deutlichen Gegensatz. Das strahlende, mondäne West End bot Wohnraum für die Oberschicht. Hier befanden sich die Tempel des Luxuskonsums. Im East End

Kaufhaus Harrods (im Bild rechts).

Fleet Street.

hingegen lag jenes andere London, wo das Elend zu Hause war. 1880 begann dann die Gewerkschaftsbewegung in der Stadt auf sich aufmerksam zu machen. In der folgenden Dekade kam es zu Demonstrationen, Aufständen und Streiks von Arbeitern und Arbeitslosen. 1889 wurde dann nach allgemeinem Wahlrecht ein *London County Council* – ein Rat der Londoner Bezirke – gewählt, der von Anfang an unter der Führung der Sozialisten stand. Ein Instrument zur Bekämpfung der schlimmsten Mißstände schien geschaffen.

20. Jh.: Neue Bewährungsproben

Den Ersten Weltkrieg überstand London fast ohne Schaden, auch wenn es 1915 den ersten Luftangriff seiner Geschichte hinnehmen mußte. In der Zwischenkriegszeit dehnte sich die Stadt weiter aus. Die Bevölkerung des Ballungsraums London betrug im Jahr 1921 7,5 Mio. Einwohner, 1939 waren es bereits 8,7 Mio. Die City of London wurde jedoch geradezu entvölkert, so daß bereits im Jahr 1931 dort nur noch 11 000 Menschen lebten. Von der Wirtschaftskrise, die das ganze Land heimsuchte, blieb auch die Hauptstadt nicht verschont. Streiks, die faschistischen Aktivitäten von Sir Oswald E. Mosley und schließlich die Hungermärsche – am bekanntesten wurde der Marsch der Werftarbeiter von Jarrow im Jahr 1936 – gefährdeten den sozialen Frieden.

Churchill in den Trümmern des ›Blitz‹.

Der Zweite Weltkrieg und der ›Blitz‹. Während des Zweiten Weltkriegs stand London unter heftigem Beschuß. Auf den *Battle of Britain* genannten Luftkampf über Südost-England im September 1940 folgten im Winter 1940/1941 weitere heftige deutsche Luftangriffe auf London. Der ›Blitz‹ forderte 30 000 Tote und 50 000 Verletzte, doch England blieb das europäische Bollwerk gegen den Faschismus. London wurde in der zweiten Hälfte des Jahres 1941 Heimat zahlreicher Exilregierungen. In den beiden letzten Kriegsjahren war die Stadt erneut das Ziel verstärkter deutscher Luftangriffe, in deren Verlauf auch die unbemannten Flugkörper V1 und V2 zum Einsatz kamen.

Die Stellung halten - aber wie? Auch in der zweiten Hälfte des 20. Jh. hat London einen Teil des früheren Glanzes bewahren können. Gleichwohl ist es nicht länger die Hauptstadt einer Großmacht, da sich das britische Weltreich nach dem Zweiten Weltkrieg weitgehend aufgelöst hat. Auch Londons Stellung als internationale Finanz- und Wirtschaftsmetropole ist durch die ökonomischen Probleme Englands und die sukzessive Schließung des Hafens zwischen 1960 und 1980 geschmälert. Heute haben der Osten und der Süden der Stadt mit hoher Arbeitslosigkeit zu kämpfen, die vor allem die Immigranten aus den ehemaligen Kolonien trifft. Gleichzeitig wird das Stadtbild Londons durch gewaltige Immobilienprojekte verändert: Die Docklands, deren Umgestaltung sich als gigantische Fehlspekulation erwiesen hat, sind nur ein Beispiel.

Die Niederlassung von Lloyd's in der City of London.

1918
Einführung des Frauenwahlrechts.

1921
Unabhängigkeit der Republik Irland.

1931
Gründung des Commonwealth im Statut von Westminster.

1939-1945
England im Zweiten Weltkrieg; im Mai 1940 wird Winston Churchill Premierminister.

1953
Krönung von Elizabeth II.

1969
Kämpfe in Nordirland

1973
Großbritannien wird Vollmitglied der EG.

1982
Der Falklandkrieg.

1989-1990
Einführung der Poll Tax und Ende der Thatcher-Regierung; John Major wird Premierminister

Der Grosse Brand

Samuel Pepys (1633-1703)

Die große Feuersbrunst von London brach am Sonntag, den 2. September 1666, frühmorgens um zwei Uhr aus und wütete die folgenden fünf Tage. Bis auf ein Viertel im Nordosten wurde innerhalb der Stadtmauern ganz London zerstört; die St Paul's Cathedral sowie 99 Pfarrkirchen, 13 200 Häuser und unzählige Kunstschätz wurden vernichtet. Aber nur zwölf Menschenleben fielen den Flammen zum Opfer; der Große Brand rettete vielmehr Leben, da der Pestepidemie des Jahres 1665 endgültig ein Ende gesetzt wurde. Der Londoner Chronist Samuel Pepys beschrieb diese tragische Nacht in seinem *Geheimen Tagebuch* wie folgt: »Und der mächtig starke Wind trieb das Feuer in die Stadt, und alles erwies sich nach so langer Trockenheit als brennbar, selbst die steinernen Kirchenmauern [...]«.

Ein Zeitzeuge : Samuel Pepys
Der geborene Londoner führte zwischen 1660 und 1669 Tagebuch. Pepys kodierte seine Aufzeichnungen zu allgemeinen politschen und persönlichen Ereignissen aber so geschickt, daß diese erst 1825 entschlüsselt werden konnten. Durch die Dechiffrierung wurde das *Geheime Tagebuch* zu einer einzigartigen Informationsquelle über diese Epoche, in der der Große Brand ein einschneidendes Ereignis war: »Je dunkler es wurde, desto größer erschien das Feuer, in allen Winkeln, auf Hügeln, zwischen Häusern und Kirchen, so weit man sehen konnte, bis hinaus zur City leuchtete die schreckliche, böse, blutrote Flamme. Wir blieben, bis man das Feuer als einen einzigen, riesigen Bogen von dieser bis zur anderen Seite der Brücke sah, ein Bogen, der etwa eine Meile lang war. Der Anblick machte mich weinen.«

Herbst 1940: Polen war besetzt, Frankreich geschlagen. Am 7. September ließ Hitler London aus der Luft angreifen – der ›Blitz‹ hatte begonnen. Um 17 Uhr dröhnte die erste Angriffswelle heran, die 12 Stunden lang dauerte und großen Schaden verursachte. In den folgenden Monaten haben die Londoner jede Nacht in den Tunnels der Untergrundbahn, der *Tube*, Schutz vor dem Bombardement gesucht. Erst nach dem großen Angriff vom 10. Mai 1941 war der Luftkrieg um England zunächst beendet – das Gros der deutschen Luftwaffe wurde nach Osten verlegt.

»Their Finest Hour«
Am 15. September 1940 tobte über Südost-Eng land die Schlacht um Großbritannien (*Battle Britain*). Die Piloten der Royal Air Fo wuchsen über sich hinaus und fügt den Angreifern enorme Verluste zu. Es trat ein, womit in Europ niemand gerechnet hatte: Hitlers Offensive scheiterte »Niemals in der Geschich wagten so wenige Männ so viel [...]«, sagte Win ston Churchill späte

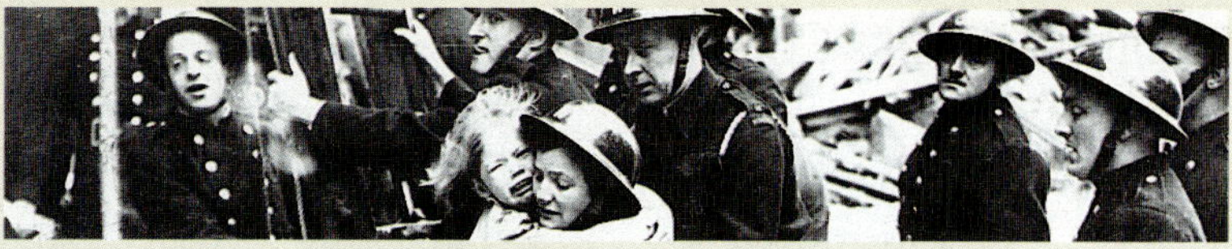

/inston Churchill

hurchill wurde im Mai 1940 Pre ıierminister. Als sich Europa eitgehend unter deutscher ontrolle befand, blieb Groß- ritannien Zentrum des Wi- erstandes. Obwohl die Nazis e britische Insel acht Mo- ate lang aus der Luft tackiert hatten, ließ hurchill sich nicht zu nem bequemen rieden verleiten.

Unter dem Bombenteppich

Während der Bombardements in den langen Stunden totaler Verdunkelung ließ die Deutsche Luftwaffe 100 000 Bomben und mehr als eine Million Brandbomben auf die Stadt fallen. Angesichts der Gefahr entwickelte sich ein neuer Patriotismus. Um den fürchterlichen ›Stahlgewittern‹ und Feuerstürmen widerstehen zu können, organisierten sich die Londoner immer besser. Trotzdem forderte der ›Blitz‹ 30 000 Tote und 50 000 Verletzte, weite Teile der Stadt waren völlig zerstört.

Die Stadt des Cockney

»Cross readings near Charing Cross« »Man muß von oben nach unten lesen«, empfiehlt die Legende dieser Abbildung.

Nach der Normannischen Eroberung im Jahr 1066 wurde das Englische durch das Französische, die Sprache der Eroberer und der führenden Schicht, verdrängt. Es wurden keine weiteren literarischen Werke in Englisch verfaßt, das somit auf den Rang einer gesprochenen Sprache herabsank. Als Ergebnis dieser Ausgrenzung konnte sich das Englische unbeeinflußt vom Lateinischen und Deutschen zu einer eigenständigen Sprache entwickeln, bis es im 14. Jh. den Status der untergeordneten Sprache ablegte. Aus politischen, wirtschaftlichen und demographischen Gründen tauchte in der Gegend um London ein Dialekt auf, der zur Norm, zum Standard-Englisch werden sollte.

Von ›Cokeney‹ zu ›Cockney‹. *Cokeney* ist ein Begriff aus dem Mittelenglischen (1150-1500) und bedeutet wörtlich übersetzt ›Hahnenei‹. Im übertragenen Sinne beschrieb *Cokeney* auch einen verweichlichten oder kindischen Mann oder auch einen schwächlichen Städter im Gegensatz zu einem robusten Landbewohner. Im 17. Jh. wurden dann ausschließlich die Bewohner Londons – humorvoll oder abwertend – als *Cockney* bezeichnet. Ab dem 18. Jh. bezeichnete man die Sprache der Londoner Arbeiterklasse als *Cockney*; das Wort klang nun in den Ohren der höheren Gesellschaft äußerst verächtlich.

Wollte man als echter Cockney gelten, so mußte man so nah an St Mary-le-Bow (in einiger Entfernung vom heutigen East End) geboren sein, daß man die Glocken hören konnte; nur dann traf das Sprichwort »Born within the sound of Bow Bells« zu. London hatte ursprünglich zwei Mittelpunkte: Die von verschiedenen Bevölkerungsschichten bewohnte *City* war das Handelszentrum, *Westminster* seit dem 11. Jh. politische Hauptstadt und ebenfalls am nördlichen Themse-Ufer, aber weiter westlich gelegen. Die beiden Zentren verschmolzen erst im 16. Jh. Nach dem Großen Brand verließ das gehobene

Der Turm zu Babel
»Ich mußte mich vor einer Menge von einfältigen und plumpen Leuten hüten, die auf mich zugingen, ohne mich zu sehen: Provinzler, die letztes Jahr in die Hauptstadt gekommen waren, [...] (die) sich anschauten, wenn ich sprach, und die unter sich besprachen, was sie für meine Fehler oder meine Schnitzer hielten.«
Valery Larbaud, *A. O. Barnabooth*

»Es ist im Englischen eine Vorliebe, sich auf »eine Gewohnheit, die seit Menschengedenken gleich geblieben ist«, zu berufen. »Nolumus mutari«, sagen die Barone; und der Cockney, den Fremde über den Grund einer bestimmten Gewohnheit befragen, beendet deren Neugierde kurzbündig mit einem »Meine Dame, mein Herr, es war immer so.«
Ralph Waldo Emerson, *English Traits*

Bürgertum nach und nach die City, um sich im West End zu etablieren. Im 18. Jh. verlief die Grenze zwischen den beiden von äußerst unterschiedlichen Bevölkerungsschichten bewohnten Vierteln West End und East End auf der Höhe des Soho Square; Regent Street wurde zum Teil als Schutzwall gegen Krankheiten gebaut, eine Grenze, die noch im 19. Jh. Gültigkeit besaß. Der Bau der Hafenanlagen ab 1800 begünstigte die verstärkte Ansiedlung der Arbeiterklasse, die weniger wohlhabend als die ebenfalls dort ansässigen, aus Frankreich eingewanderten Hugenotten war. Das Gebiet nahm schließlich den Charakter eines reinen Arbeiterviertels an und wird seit der Zeit als East End bezeichnet. Die City war im Gegensatz dazu Geschäftszone, in der Kleinadel, Bürgertum und Handwerksbetriebe ansässig waren. So fügten sich Dialekte und Akzente zur Londoner Sprache und bereicherten sie.

›Standard English‹ und ›Cockney‹. Die *Educations Acts* von 1870 oder die nach ihrem Urheber Forster-Gesetz genannte Reform bestätigte offiziell das »correct English« und die »three R's« (»reading, writing and arithmetic«: Lesen, Schreiben und Rechnen). Die Reform leitete außerdem die Einrichtung von Grundschulen in die Wege; von da an waren auch die Kinder des East End schulpflichtig. Dennoch war die Bezeichnung *Cockney* zu Anfang des 20. Jh. noch ausschließlich der Arbeiterklasse vorbehalten. Zugegebenermaßen trugen die Werke von Charles Dickens viel dazu bei, das Bild vom typischen Cockney zu prägen und zu bewahren. J. C. Lockhardt, Literaturkritiker und Schriftsteller, ging soweit, manche Dichter des 19. Jh., die wie Keats und Shelley seines Erachtens eine nachlässige Sprache hatten, als ›cockney school‹ zu bezeichnen. Der Großteil des

Die Absolventen der ›Public School‹

❝Das volle und tiefe Brummen eines Schnellzuges der Great Western ist für ein Gespräch kein unangenehmer Hintergrund, und die Reise war sehr amüsant. Nichts konnte die Freundlichkeit der beiden Herren übertreffen. Sie schlossen die Wagenfenster für einige Damen und senkten sie für andere; sie riefen den Schaffner herbei; nannten Kollegen, als man an Oxford vorbeifuhr; ergriffen noch im Flug Bücher und Handtaschen, die herabfielen. Dennoch war ihre Höflichkeit frei von Geziertem: sie trug den Stempel ›public school‹ und blieb trotz ihres Eifers männlich.❞

E. M. Forster, *Howards End*

❝Der Mann mir gegenüber war jung, gut gebaut, mit einer frischen Gesichtsfarbe, einem offenen und ehrlichen Antlitz und einem kleinen, blonden, krausen Schnäuzer. Er trug einen glänzenden Zylinder, einen schlichten und eleganten schwarzen Anzug, kurz alles, um ihm die Erscheinung dessen zu geben, was er war: ein junger Bewohner der City, ein Angehöriger der Klasse, die man Cockneys getauft hat, die aber die Elite unserer Freiwilligen-Regimenter, unserer Sportler und Athleten geliefert hat.❞

A. Conan Doyle, *Erinnerungen an Sherlock Holmes*

Orwell beschrieb den *rhyming slang* folgendermaßen: »Jedes Ding erhielt einen Namen, der sich mit dessen üblicher Bezeichnung reimt, so *hit or miss* statt *kiss*, *plates of meat* statt *feet* [...] « *(Down and Out in Paris and London)*

Der ›rhyming slang‹ Diese Sondersprache besteht aus Wortspielen, die täglich von Marktschreiern neu erfunden werden: Sie können so heimlich einem Kollegen einen niedrigen Preis nennen, während sie von anderen Kunden einen hohen Preis fordern.

Silbenspielereien sind eine weitere beliebte Art der Verschlüsselung und führen zur vollkommenen Verwirrung, wenn sie mit dem *rhyming slang* kombiniert werden.

Bürgertums sprach und spricht auch heute weiterhin Standard-Englisch (*standard english*). Der andere Teil der Londoner Bevölkerung bedient sich einer mehr oder weniger starken Mischung aus verschiedenen Akzenten (z.B. aus dem Südosten, vor allem aus Essex) und Cockney. Besonders im Radio ist immer eine akzentfreie Sprache gepflegt worden, daher der Begriff ›BBC-English‹. In den letzten Jahren werden auch bei den Journalisten von Funk und Fernsehen regionale Akzente akzeptiert, so daß manchmal gar Spuren des Amerikanischen zu entdecken sind. Auch innerhalb der Bevölkerung ist die Spaltung zwischen *Cockney* und *Standard English*, zwischen East End und West End, mittlerweile weniger deutlich spürbar. East End, Cockney und Arbeiterklasse sind heute nicht mehr untrennbar miteinander verbunden.

Cockney-Land und Cockney-Akzent. Der stärkste Cockney-Akzent wird in Poplar gesprochen, obwohl hier keineswegs der geographische Mittelpunkt des East End liegt. Das East End beginnt heute bei Aldgate und setzt sich entlang der Commercial Road und Whitechapel Road bis zum River Lea fort; es umfaßt Stepney, Limehouse, Bow, Old Ford, Whitechapel und Bethnal Green. In der Aussprache charakterisiert vor allem der Gebrauch des stummen ›h‹ den Cockney-Akzent (*half* spricht sich *'alf*). Das ›th‹ wird durch ›f‹ oder durch ›v‹ ersetzt, und manchmal sogar durch ›d‹; ›tt‹ wird nicht mehr gesprochen (*butter* wird *bu'er*) oder es wird durch ›dd‹ ersetzt (*better* wird *bedder*); ein ›t‹ am Schluß entfällt: *didn't* wird zu *didn'*. Das ›a‹ wechselt die Aussprache: *take* wird nicht mehr *teik* sondern *taik* ausgesprochen. Außerdem zeichnet sich das Cockney durch die Verwendung von absurden Wortkombinationen und die Nicht-Beachtung grammatischer Regeln aus.

Der Slang ›Cockney‹. Der *rhyming slang* ist für den Uneingeweihten eine unverständliche Sondersprache, die heute allerdings vom Aussterben bedroht ist. Er tauchte erstmals Ende des 19. Jh. auf, verbreitete sich in den dreißiger Jahren und wird heute noch manchmal von Hausierern und Marktfrauen benutzt. Um nicht von der Polizei verstanden werden zu können, wurde eine Art Code entwickelt. Der *rhyming slang* stellt nur einen von vielen Aspekten des Cockney dar, aber sicherlich den spielerischsten. Vor allem zahlreiche Musicals haben dazu beigetragen, daß seine Bedeutung für die Cockney-Kultur überbewertet wurde. Die Liste der Beispiele ist unendlich. So steht *Cain and Abel* für *table*, *trouble and strife* für *wife*, *holy friar* für *liar*, *bees and honey* für *money*, *pleasure and pain* für *rain*, *weasel and stoat* für *coat*, *dustbin lids* oder *God forbids* für *Kids*, *Lilian Gish* für *fish*, und selbst vor kurzem sagte man noch *Heath* statt *teeth*, um auf den ehemaligen Premierminister und sein Gebiß anzuspielen.

Kultur und Traditionen

Trotz aller Kritik an der *Royal Family* wurde die britische Monarchie von der Bevölkerung nie ernsthaft in Frage gestellt, und es herrscht allgemein reges öffentliches Interesse an Ereignissen im Buckingham Palace. Die königliche Familie steht an der Spitze der vier Länder (Schottland, Wales, England und Nordirland), die zusammen das Vereinigte Königreich von Großbritanien bilden. Die Königin hat keine direkte politische Macht und übt überwiegend repräsentative Funktionen aus. Sie ist Oberhaupt der anglikanischen Kirche, ernennt den Premierminister und löst auf dessen Antrag das Parlament auf. Doch vor allem gilt die Königin als das stabilisierende Element, das auch in politisch unruhigen Zeiten und während sozialer Spannungen ausgleichend und vermittelnd wirkt.

Die Krönung von Elizabeth II.
Am 2. Juni 1953 fand die Krönung von Elizabeth II., der ältesten Tochter des 1952 verstorbenen George VI., statt (im Bild oben).

Der Prince of Wales
Dieser Titel ist für den Kronprinz reserviert. Im Bild rechts steht der damalige Prince of Wales und zukünftige König Edward VIII. hinter seinem Vater, George V.

Elizabeth II. und Prince Philip
Seit 1947 ist Elizabeth mit dem Sohn des Andreas von Griechenland und der Alice von Battenberg verheiratet. Philip nahm den Namen *Mountbatten* an und bekam den Titel des Herzogs von Edinburgh. Das Paar hat vier Kinder: Charles (1948), Anne (1950), Andrew (1960) und Edward (1964).

Königin Victoria und ihr Haushofmeister
1837 übernahm Victoria I. (1819-1901) von ihrem Onkel William IV. die Herrschaft über Großbritannien und Irland. Ab 1876 war sie auch Kaiserin von Indien. Während der langen Regierungszeit der sehr populären Königin befand sich das britische Empire auf dem Höhepunkt seiner Macht.

Die königliche Garde setzt sich aus sieben Regimentern zusammen: die *Horse Guards* (*Blues and Royals* und *Life Guards*) bilden die Kavallerie, die *Foot Guards* (*Grenadiers, Coldstreams, Scots, Irish* und *Welsh*) die Infanterie. Ob auf einem Panzer oder zu Pferde, ob während der *Horse Guards Parade* oder anläßlich der *Trooping the Colour* (● *53*), das königliche Garderegiment strahlt immer dieselbe Gelassenheit aus.

Die »Horse Guards«
(Die Kavallerie)
1. Die *Blues and Royals*: blauer Rock und roter Federbusch auf dem Helm.
2. Die *Life Guards*: roter Rock und weißer Federbusch.

Die »Foot Guards«
Die Angehörigen der Infanterie tragen rote Röcke und eine Bärenfellmütze.
3. Die *Grenadiers*: weiße Verzierung an der Bärenfellmütze.
4. Die *Coldstreams*: rote Verzierung und paarweise gruppierte Knöpfe.
5. Die *Irish* (Iren): blaue Verzierung und zweimal vier Knöpfe.
6. Die *Welsh* (Waliser): grün-weiße Verzierung und zweimal fünf Knöpfe.

Grenadiere auf dem Weg zur Wachablösung am St James's Palace.

Standarte des ersten Batallions der 1915 gegründeten *Welsh Guards*, (links), und der *Life Guards*, der *Sovereign's Standard* (darunter).

Die »Scots Guards«
Die Schlacht von Alma im Jahr 1854 (links), bei der die *Scots Guards* ihre Standarte, die *Regimental Colours* tragen.
Das Regiment wurde 1642 von Charles I. gegründet und 1877 von Queen Victoria getauft. Der rote Rock der *Scots Guards* (rechts) unterscheidet sich von dem anderer Regimenter durch die in Dreiergruppen angeordneten Knöpfe und das schottische Emblem am Kragen. Im Gegensatz zu den anderen Infanteristen der Wachbrigade tragen sie keine Verzierung auf ihrer Bärenfellmütze. Diese Mütze wurde einst von den Soldaten Napoleons getragen und 1831 von den Engländern übernommen.

4 5 6

Im Laufe des Jahres finden in London zahlreiche Feste statt, die die britische Vorliebe für Traditionen und farbenfrohe Uniformen widerspiegeln. Die wichtigsten Feste sind: im Juni *Trooping the Colour* (die Fahnenparade); am ersten Sonntag im Oktober die Versammlung der *Pearly Kings and Queens* (die Perlen-Könige und -Königinnen) in St Martin-in-the-Fields; am zweiten Samstag im November die *Lord Mayor's Show* (das Fest des Bürgermeisters); und jedes dritte Jahr am Himmelfahrtstag *Beating of the Bounds* (das Abklopfen der Grenzsteine).

»Pearly Kings and Queens«
Die fliegenden Händler tragen mit Perlmuttknöpfen bestickte Trachten. Sie werden seit 1880 in ihrem Stadtviertel gewählt, um zwischen den Kollegen und der Polizei zu vermitteln.

»The Beating of the Bounds«
Die *Beefeaters* (königliche Leibwache und Wächter des Tower, ▲ *183*) begleiten eine Gruppe von Kindern, an deren Spitze ein Geistlicher geht. Die Prozession bewegt sich entlang der Ringmauer des Tower. Mit einem Stab schlagen die Kinder gegen die 31 Steine, die seine frühere Eingrenzung markieren.

Der Königliche Geburtstag
Die offiziellen Feierlichkeiten zum Geburtstag der Königin, *Trooping the Colour*, finden in Form einer großen Parade statt. Auf dem Platz Horse Guards Parade marschieren die sieben Regimenter der königlichen Garde auf (● *50*).

»ES REGNET FAHNEN UND STRÄUSSE; AUF HARTEN SOFAS, AUF TISCHEN MIT ABGENUTZTEN DECKEN, AUF KOMMODEN AUS WEISSEM HOLZ LIEGEN RESTE DER SCHLEMMEREIEN UND LAMETTA HERUM.«

JULES VALLÈS

»Lord Mayor's Show«
Früher zog anläßlich der Wahl des neuen Bürgermeisters eine prächtige Prozession über die Themse (im Bild oben). Heute benutzt der Bürgermeister eine vergoldete Kutsche (▲ *147*). Er empfängt im St Paul's Churchyard eine Bibel aus den Händen des Dekans, ehe er sich den Bürgern der Stadt und den Richtern des Royal Court of Justice zeigt.

»Trooping the Colour«
Colour bezeichnet die Fahne der Einheit, die geehrt wird. Elizabeth II. verläßt Buckingham Palace mit der Kutsche Königin Victorias und nimmt dann am kiesbedeckten *Horse Guards Parade* die Parade der Truppen ab.

Der Magistrat feiert
Der Lord Mayor der City von London fährt in seiner vergoldeten Kutsche von der Guildhall zu den Law Courts. Die Vertreter der verschiedenen Gilden und die Stadträte begleiten ihn. Farbenfrohe Kostüme, Schwertträger und andere Attraktionen gestalten diesen Umzug am zweiten Samstag im November äußerst prunkvoll.

Die Londoner Theater zählen zu den angesehensten Bühnen der Welt und erfreuen sich eines regen Publikumsinteresses. Ob klassisches oder modernes Theater, ob Oper, Ballett oder Musical, fast hundert Spielstätten bieten ein Programm, das aufgrund seiner Vielfalt und Qualität auch die Bedürfnisse eines verwöhnten Publikums befriedigt. Der hohe Standard des englischen Theaters beruht zweifelsohne auf der sorgfältigen Ausbildung der Schauspieler, die auch jenseits des Ärmelkanals große Anerkennung erfahren.

The Palace Theatre
Dieses imposante »viktorianische Schiff« wurde im Jahr 1891 als Royal Opera English House eingeweiht (● *82*). Bereits 1892 verwandelte es Augustus Harris in ein Varieté und gab ihm den Namen Palace Theatre of Varieties. Hier traten unter anderem Anna Pavlova und Waclaw Nijinsky auf. Heute gehört das Theater Andrew Lloyd Webber, dem erfolgreichen Musical-Komponisten, der das Gebäude mit hohem finanziellen Aufwand erhalten hat.

The Old Bedford
In diesem alten Volkstheater in Camden Town wurden vor allem Varietés aufgeführt. Die Atmosphä inspirierte verschiedene Künstler, unter ihnen Walter Richard Sickert (1860-1942, ● *101*), de das Publikum auf der Galerie des Old Bedfor (oben) in de Jahren 1894 bis 1898 mehrfach bildlich darstellte.

»In dieser schäbigen Loge sitzend war ich mit einem Mal wie verzaubert. Ich hatte vergessen, dass ich mich in London und im 19. Jahrhundert befand.«

Oscar Wilde

West End, das Theaterviertel
Rechts, von oben nach unten: Shaftesbury Avenue, die Theatermeile; die Fassade des Albery Theatre; das Royal Opera House (▲ *274*); das Theatre Royal in der Drury Lane. Die überwiegend viktorianische Architektur der West End-Theater ist imposant: prächtig verzierte Fassaden, Hallen und mächtige Säulen, Statuen, verschwenderischer Einsatz von Stuck- und Kunstschmiededekors. Fast alle Theater sind tagsüber der Öffentlichkeit zugänglich.

Shakespeare-Blumen
Bei der Grundsteinlegung für das National Theatre im Jahr 1951 trug die Königin ein Gebinde, das aus Blumen und Kräutern zusammengestellt worden war, die in Shakespeares Werken erwähnt werden.

National Theatre
Der architektonisch umstrittene Komplex am Südufer der Themse wurde von Denys Lasdun entworfen (▲ *322*) Die vollständig aus Beton errichtete Anlage, mit ihren terrassierten Etagen, von denen aus man einen herrlichen Blick auf die City hat, beherbergt drei Theater. Das größte wurde nach seinem ersten Direktor, Sir Laurence Olivier, benannt. Die Kulissen können tagsüber besichtigt werden.

Cricket gilt als Nationalsport der Engländer. Das Spiel entstand vermutlich im Mittelalter und hat sich seitdem ständig weiterentwickelt. Der Name soll entweder von dem Wort *crice* abgeleitet sein, was ›Stock‹ bedeutet, oder von dem französischen *cricquet,* einem Schläger für ein Ballspiel. Auch in den Staaten des Commonwealth wird begeistert Cricket gespielt; regelmäßig finden hochklassige besetzte internationale Wettbewerbe statt.

Das Spielfeld
Zwei Mannschaften mit je elf Spielern stehen sich auf einem Feld gegenüber, das um ein *pitch* zentriert ist, ein kurzgeschnittenes Rasenrechteck von 20 x 3 m. Auf dessen Schmalseiten steht jeweils ein *wicket* genanntes Tor, das ein Schläger - der *batsman* - verteidigt.

Fair-Play
Das Verhalten der Spieler auf dem Feld und ihre Achtung vor den Spielregeln sind typisch für den englischen Nationalcharakter: Wutausbrüche sind selten, Schiedsrichter-Entscheidungen werden meistens akzeptiert. Das Spiel selbst ist einfach, die Regeln aber sind überaus kompliziert.

Alles über Cricket
Am Lord's Cricket Ground in St John's Wood befinden sich ein Museum, ein Geschäft und eine Bibliothek.

Ausrüstung
Gespielt wird mit einem 96 cm langen Schläger aus Weidenholz und einem lederbezogenen Ball. Der *batsman* trägt Beinschützer und einen Lederhandschuh.

Die Pause
»Eine lange Pause von fünf Stunden unterbrach den gemächlichen Wettstreit dieser Gartenparty; [...] die Herren in Weiß glichen Yachtseglern, wie sie an kleinen Tischen in aller Ruhe ihren Tee einnahmen, ehe sie sich überaus entspannt erneut ihrem phlegmatischen und komplizierten Kampf widmeten.«
Julien Gracq

Sonnenschutz
Die Kopfbedeckung vervollständigt die Ausrüstung eines Kricketspielers: Sie schützt ihn vor der Sonne.

Saisoneröffnung
Wenn das Wetter es zuläßt beginnt die Saison in der zweiten Aprilwoche. Sie endet im September auf der Wiese des berühmten Lord's Cricket Ground in London, auf den dann alle Augen Englands gerichtet sind.

Die Kleiderordnung
Die Kleidung der Spieler ist weiß und sehr elegant. Nur den V-Ausschnitt und den Bund des Pullovers zieren farbige Streifen. Der Schiedsrichter trägt ein weißes Hemd und einen Hut - man meint, Jacques Tati habe sich aufs Spielfeld verirrt!

Anfang und Ende eines Spiels
Der Werfer wirft den Ball auf das gegnerische Tor. Dieses wird vom Schläger verteidigt, der versucht, den Ball so weit wie möglich zurückzuschlagen. Während das Team des Werfers dem geschlagenen Ball hinterherläuft, muß der Schläger möglichst viele Läufe (*runs*) zwischen den beiden Toren zurücklegen. Jede Etappe zählt einen Punkt. Wer die meisten *runs* erreicht und als erstes die gegnerischen Schläger ausschaltet, gewinnt.

Der Spielverlauf
Der *bowler* versucht, mit einem Ball den *bail* so zu treffen, daß dieser zu Boden fällt. Der *batsman* versucht, einen Treffer zu verhindern, da er ansonsten aus dem Spiel ist (*out*). Der Schläger scheidet auch dann aus, wenn ein Gegner den geschlagenen Ball erreicht, bevor dieser den Boden berührt.

Das Tor
Das Tor (*wicket*) besteht aus drei 70 cm hohen, vertikalen Holzstäben (*stumps*), auf denen ein Querholz (*bail*) liegt.

Das Training
Viele Jungen träumen davon, einmal große Cricketspieler zu werden. Die Beherrschung des Spiels erfordert jedoch hartes Training.

Aus dem sozialen Leben des Engländers ist das Pub (● *86*) nicht wegzudenken. Hier trifft man sich auf ein *ale* und *pork pie*. Das Wort *Pub* ist eine Abkürzung von *public house* (öffentliches Haus) und tauchte erstmals um 1885 im Sprachgebrauch auf. Ursprünglich wurde so die Eingangshalle oder der Speisesaal eines Wirtshauses bezeichnet, das sein eigenes Bier braute und verkaufte. Bier blieb das Getränk der Pubs und konnte sogar Gin als englisches Nationalgetränk vergangener Jahrhunderte ablösen.

Gesetzgebung
Kinder unter vierzehn Jahren dürfen Pubs normalerweise nicht besuchen. Im Kampf gegen den Alkoholismus wurde nach dem Ersten Weltkrieg ein Gesetz erlassen, das die Öffnungszeiten stark einschränkte. Dieses Gesetz wurde erst 1989 gelockert.

Die Atmosphäre
Das Innere der Pubs ist einladend, und traditionell sind die Wirtshäuser ein Ort geselligen Beisammenseins. Oft ist auch ein Teil des Pubs für das beliebte Pfeilwurfspiel *Darts* reserviert. Die Pubs wurden vor allem während der Regierungszeit Königin Victorias prächtig ausgestattet. (Links das um 1860 gebaute *Queen Victoria* und *The Princess Louise*.)

Garantierter Tapetenwechsel
Die Pubs werden von Vertretern aller Gesellschaftsschichten aufgesucht. Alle eint der Wunsch nach Geselligkeit. Fremde Besucher sind angesichts des unkomplizierten Miteinander immer wieder erstaunt.

Hell oder Dunkel?
Es gibt zahlreiche verschiedene Biere: helle Sorten wie das *pale ale*, das *bitter*, das *lager*, dunkle wie das irische *stout*, mehr oder weniger starke oder herbe Biere wie *best bitter* oder das *premium bitter*. Ein *ale* wird sehr sorgfältig gezapft und mit derselben Temperatur wie Rotwein serviert. Ordern Sie Ihre Bestellungen an der Theke, und bezahlen Sie auch dort: »*You may pay as you order!*«

Die Namen
Häufig sind die Namen der Pubs direkt mit der Geschichte oder der Tradition eines Stadtviertels verbunden. Namen wie *Red Lion*, *King's Head*, *George Inn* oder *Carpenter's Arms* sind auf den Wirtshausschildern auch bildlich dargestellt.

Im späten 17. Jh. begeisterte sich ganz England für ein neues Getränk aus China, den Tee. »Man trinkt Tee, um den Lärm der Welt zu vergessen.« Diesen Satz des chinesischen Gelehrten T'ien Yieng machte sich ein ganzes Volkes zu eigen. Teetrinken bestimmt den Tagesrhythmus der meisten Briten. Abseits der Hetze des Alltags genießen sie die Intimität des Augenblicks: »Das Teetrinken war eine herrliche Beschäftigung; hinzu kam, daß es stets köstliche Kleinigkeiten zu essen gab: kleine pikante Sandwiches, kleine weiche Mandelplätzchen...«
Katherine Mansfield,
The Garden Party

Der Teestrauch
Der junge, immergrüne Teestrauch *Camellia sinensis* wird Jahre vor der ersten Ernte ständig gestutzt, um möglichst viele Blattknospen zu erhalten. Grüner Tee (China), weißer Tee (China, sehr selten), schwarzer Tee, entweder fermentiert (Indien und Sri Lanka) oder halbfermentiert (Taiwan), Rauchtee, alle Sorten stammen von der gleichen Pflanze und unterscheiden sich einzig und allein durch die Behandlung der Blätter nach der Ernte. Farbe, Aroma und Geschmack werden bestimmt durch Bodenbeschaffenheit, Klima (Sonne oder Regen), Anbauhöhe und Erntezeit. Die Qualität des Tees hängt vom Alter der Blätter ab: Die jüngsten und zartesten, die in der Nähe neuer Triebe wachsen, ergeben feine und sehr aromatische Tees, während die größeren und älteren Blätter starken, aber qualitativ minderwertigen Tee hervorbringen.

Drei unerläßliche Zutaten:
- Der Tee: Die Namen der ›edleren Gewächse‹ verweisen auf ihre Herkunft, ihren ›Garten‹, so zum Beispiel Assam, Darjeeling, Yunnan.
- Die Teekanne: Sie kann aus Silber, Gußeisen, Porzellan oder Ton sein.
- Das Wasser: Quellwasser ist am besten geeignet.

›Tea time‹
Im 19. Jh. machte es sich die Herzogin Anna von Bedford zur Gewohnheit, zur Überbrückung der Zeit zwischen dem Mittagessen und dem Abendessen einen kleinen Imbiß und eine Tasse Tee zu sich zu nehmen. Königin Victoria legte das *Tea Time*-Ritual auf 16 Uhr fest (*Afternoon Tea*). Im Laufe der Jahre bürgerte sich am Hof der *Five o'clock Tea* ein. Mittlerweile hat die Teestunde einen weniger zeremoniellen Charakter angenommen, bleibt aber wichtiges Ritual und beliebte Mußestunde für die Bewohner der britischen Insel. Ob im Winter vor dem Kamin oder im Sommer im Garten (*Tea Garden*) – beim Tee versuchen die Gastgeber, eine Atmosphäre ›gemütlicher Geselligkeit‹ zu schaffen.

»Nur wenige Augenblicke sind so angenehm wie der des Nachmittagstees.« (Henry James)

Die Zubereitung
Die richtige Zubereitung des Tees trägt nicht unwesentlich zu dessen Gelingen bei: Wasser in einem *tea kettle* (Teekessel) auf nicht mehr als 95° erhitzen. Die Kanne vorwärmen und einen kleinen Löffel Teeblätter pro Tasse sowie – je nach Geschmack – noch einen Löffel *for the tea pot* (für die Kanne) hineingeben. Mit dem siedendem Wasser übergießen und Blätter ungefähr fünf Minuten, Teebeutel etwas kürzer, ziehen lassen. Behutsam umrühren und dann servieren. Diese *nice cup of tea* (köstliche Tasse Tee) kann mit Milch, Zucker oder Zitrone getrunken werden.

Der *Christmas Pudding* wird traditionell am ersten Weihnachtsfeiertag verzehrt, sollte aber möglichst einige Zeit vor dem 25. Dezember zubereitet werden, da er sein volles Aroma erst nach langer Lagerzeit entfaltet. Große Mengen kandierter Früchte und Zucker gehören zu den Zutaten, so daß diese englische Köstlichkeit nicht nur süß ist, sondern auch ein ganzes Jahr aufbewahrt werden kann. Man serviert *Christmas Pudding* warm oder heiß, dazu reicht man *brandy butter*.

2. 75 g Mandeln abbrühen, abziehen und zerkleinern.

3. 125 g feines Mehl und einen weiteren Teelöffel gemahlenen kandierten Ingwer in die Rührschüssel geben.

6. Die gehackten Mandeln und eine geriebene Möhre zufügen; alle Zutaten vermengen.

7. Sechs Eier aufschlagen und mit einem Schneebesen verquirlen.

10. Die Schüssel in eine zu einem Drittel mit Wasser gefüllte gußeiserne Form stellen.

11. 8 Stunden im Wasserbad kochen, dann unbedeckt abkühlen lassen. An einem kühlen und trockenen Ort aufbewahren.

»DAS WEIHNACHTSESSEN! - ES GIBT GERICHTE, DIE ZU EINER INSTITUTION GEWORDEN SIND, SO DER BERÜHMTE *PUDDING* UND DER WENIGER BEKANNTE *MINCE PIE*.«

JULES VALLÈS

Der *Christmas Pudding* wird in zwölf Arbeitsschritten aus einer Vielzahl verschiedener Zutaten – von kandierten Früchten über Orangeat bis zu Bier und Rindermark – zubereitet.

1. 275 g Paniermehl oder trockenes Brot, 225 g braunen Zucker, 1 Teelöffel kandierten Ingwer und 1 Teelöffel geriebene Muskatnuß in einer Schüssel vermischen.

4. Nun 125 g kandierte Kirschen und 25 g kandierte grüne Zitronen sowie 50 g Zitronat und 125 g Orangeat hinzugeben.

5. 225 g Korinthen, 225 g Sultaninen und 225 g schwarze Rosinen hinzufügen und gut mischen.

8. Die Eier in die Rührschüssel geben und kräftig rühren. 2 Eßlöffel Sirup unterrühren. In einem Topf 225 g Rindermark zergehen lassen.

9. Den Inhalt der Rührschüssel mit dem Rindermark und 300 ml Bier vermischen, den Teig in eine gebutterte Form füllen, diese mit eingefettetem Backpapier und Alufolie abdecken.

12. Für die *brandy butter* 150 g geschlagene Butter und 150 g Zucker verrühren, teelöffelweise 200 ml Weinbrand zufügen.

Gebäck
Lemon puffs, digestive biscuits und die köstlichen *ginger snaps* (oben) – aus Sirup und Ingwer hergestellt – werden zu jeder Tageszeit geknabbert.

Desserts
Englischen Wackelpudding (*jelly*) gibt es in verschiedenen Geschmacksrichtungen und Farben (oben: aus grünen Zitronen). Er

gehört auch in viele traditionelle Süßspeisen, z.B. den *trifle* aus Früchten. Der ebenfalls sehr beliebte *treacle pie* (links) ist ein mit Sirup überzogener Tortenboden.

Salt and vinegar crisps werden schon beim Frühstück zum Sandwich, aber auch noch am Abend zum Bier im Pub gegessen.

London wäre nicht London ohne die berühmten zweistöckigen Busse, die *double decker*. Die Miniaturausgabe oben kann man als Andenken mit nach Hause nehmen.

Die Tageszeitungen
Die englische Presse ist als eine der besten der Welt bekannt. Neben den *quality papers* oder renommierten Zeitungen (*Guardian, Independant, Times* ...) gibt es die berühmte Boulevard-Presse (*The Sun, Daily Star*...). Der *Evening Standard* erscheint gegen Ende des Arbeitstages und ist aus dem abendlichen Bild Londons nicht wegzudenken. Die Sonntagsausgaben der Tageszeitungen (*Sunday papers*) sind aufgrund ihrer Beilagen äußerst umfangreich.

Bier
Schon Geoffrey Chaucer und seine Zeitgenossen sprachen vor 600 Jahren von der Qualität des Londoner *ale*. Von den großen Londoner Brauereien sollen hier nur die Anchor Brewery, Courage Ltd., Black Eagle Brewery und Fuller Smith & Turner erwähnt werden. Einige Pubs – die sogenannten *freehouses* – brauen noch ihr eigenes Bier, da sie keiner der großen Brauereien gehören.

Architektur

Im 1. Jh. n. Chr. bauten die Römer eine Brücke über die Themse, errichteten eine Garnison und nannten die neue Ansiedlung Londinium. Zu Beginn des 3. Jh. schützten sie die Stadt mit einer Mauer (● *34*). Im ausklingenden 4. Jh. griffen wiederholt Pikten und Schotten von Norden sowie Angeln und Sachsen vom Festland her die römische Festung an und zerstörten sie. Wenig später wurde London zur Hauptstadt von Essex erhoben, einem der vielen Kleinkönigreiche des frühen Mittelalters. Im 7. und 8. Jh. entstanden westlich der Brücke vermutlich ein Palast und ein Vorgängerbau der Westminister Abbey sowie zahlreiche andere Gebäude.

London Wall
Die Römer umgaben Londinium zu Beginn des 3. Jh. mit einer 5 km langen massiven Mauer (▲ *178*).

Im Mittelalter wurde die Befestigung verstärkt, erhöht und teilweise durch eine Backsteinmauer ersetzt.

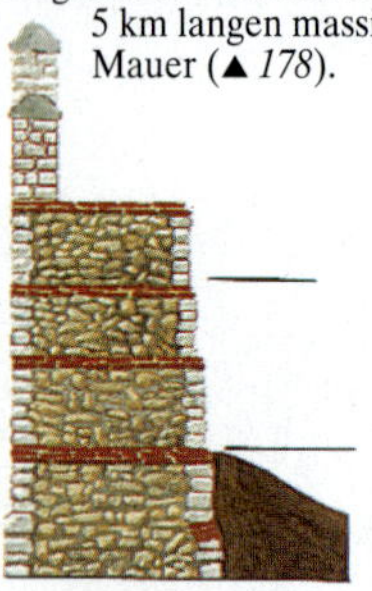

Ursprünglich verlief die Stadtmauer vom Tower über Aldgate, Bishopsgate, Cripplegate, Aldersgate, Newgate und Ludgate bis zur Themse. Seit der römischen Zeit hat sich der Boden kontinuierlich gehoben (Bild oben), so daß im Mittelalter die Stadtmauern nach und nach aufgestockt werden mußten.

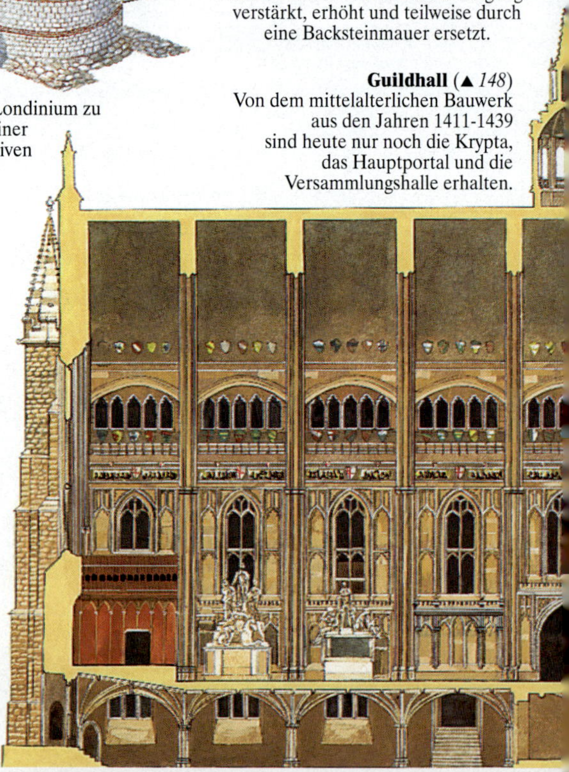

Guildhall (▲ *148*)
Von dem mittelalterlichen Bauwerk aus den Jahren 1411-1439 sind heute nur noch die Krypta, das Hauptportal und die Versammlungshalle erhalten.

Temple Church
Wie alle Kirchen der Templer wurde auch die Temple Church (1160-1185) als Rundbau errichtet (▲ *161*). Frühgotische Stilelemente finden sich neben normannisch-romanischen. Der Chor wurde um 1220 angefügt.

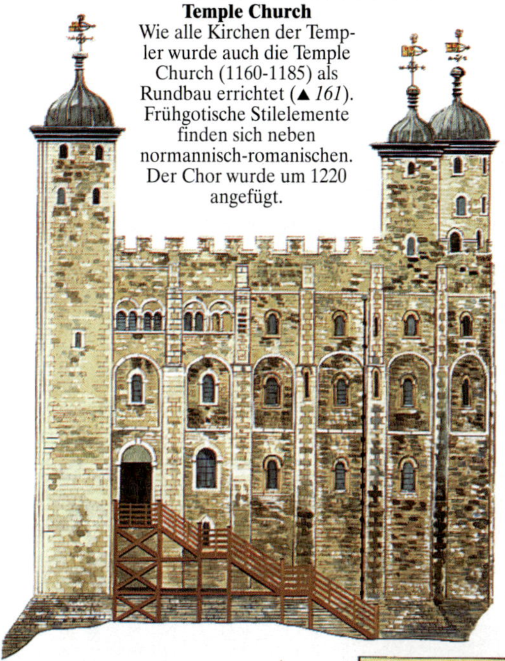

White Tower
Der Bau des White Tower wurde von William the Conqueror veranlaßt (▲ *182*). Der Turm entstand zwischen 1077 und 1097 und ist der wichtigste normannische Militärbau des Landes. Der robuste romanische Turm aus Caen-Stein bildet einen reizvollen Kontrast zu dem verspielten Hof und den Kegeldächern aus dem 16. und 17. Jh.

St Bartholomew-the-Great
Diese stattliche romanische Kirche aus dem Jahr 1123 zählt trotz vieler späterer Veränderungen zu Londons wichtigsten Bauwerken aus dem 12. Jh. (▲ *176*).

Dennoch gehört die Guildhall zu den größten gotischen mittelalterlichen Bauten Londons.

Westminster Hall
Das Gewicht der imposanten Stichbalkendecke aus Eiche wird von Stützpfeilern getragen (▲ *130*).

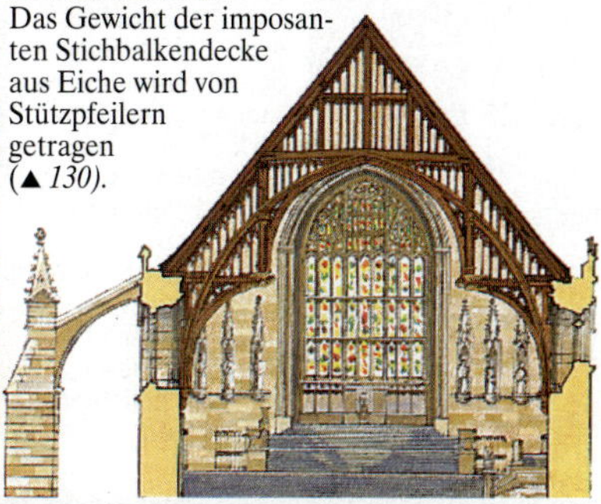

Aus der Zeit zwischen 1485 und 1688 sind nur wenige Monumente erhalten geblieben. Die mächtigen Tudor-Gebäude, wie etwa Whitehall und die königlichen Residenzen, findet man vor allem in den westlichen Stadtteilen, die vom Großen Brand (● *40*) verschont blieben. Die wohlhabenden Händler der Stuart-Zeit ließen von eigenen Architekten zahlreiche Gebäude außerhalb der Stadtmauern errichten. Sie schufen eine Mischung aus Elementen des Jacobean Style und des Klassizismus.

Middle Temple Hall (▲ *162*) Die Rosette ist ein klassisches Merkmal des gotischen Baustils des 16. Jh.

Queen's Chapel, St James's Palace Mit dieser katholischen Kapelle, die 1627 für Königin Henrietta Maria errichtet wurde, schuf Inigo Jones den ersten palladianischen Sakralbau Englands (▲ *241*).

Lincoln's Inn (▲ *165*) Dieser Eingang aus dem Jahr 1518 zeigt die zeittypische Mischung roter und blauer Backsteine.

Charlton House, Greenwich Das Wohnhaus von Sir Adam Newton, das zwischen 1607 und 1612 errichtet wurde, besitzt eine der schönsten Fassaden im Jacobean Style. Typisch sind die großen Fenster sowie die eleganten und kunstvollen Verzierungen. Das Wohnhaus ist ein schönes Beispiel für den zu dieser Zeit sehr beliebten H-förmigen Grundriß.

Staple Inn, High Holborn Dieser Komplex zählt zu den seltenen Fachwerkbauten des 16. Jh., die noch im Zentrum der britischen Hauptstadt zu finden sind. Nach seiner Restaurierung im Jahr 1937 blieben die Fassaden mit Spitzgiebeln und vorspringenden Fenstern erhalten.

Queen's House (▲ *328*) Inigo Jones realisierte sein Meisterwerk zwischen 1617 und 1637.

Middle Temple Hall Middle Temple Hall entstand zwischen 1562 und 1573 und schlägt stilistisch einen Bogen vom Mittelalter zum elisabethanischen Zeitalter (▲ *162*). Bemerkenswert ist die mittelalterliche Stichbalkendecke. Die Strenge der klassizistischen Wandbekleidung am Eingang wird durch Säulenstatuen aufgelockert.

The Banqueting House Für die Fassade dieses Gebäudes verwandte Inigo Jones in den Jahren 1619 bis 1622 erstmalig weißen Portland-Stein (▲ *144*). Jones orientierte sich an den weißen Fassaden der von Andrea Palladio geschaffenen italienischen Stadtvillen.

St James's Palace (▲ *240*) Henry VIII. hat diese Residenz um 1532 errichten lassen. Die Wohnhäuser, die Kapelle und der Eingangsturm sind allesamt im Tudor-Stil gehalten und bilden eine einheitliche Fassade.

Prince Henry's Room, The Strand Dieses Fachwerkhaus am Eingang zum Inner Temple entstand in den Jahren 1610/1611.

Von den über 100 mittelalterlichen Kirchen wurden 88, darunter auch St Paul's Cathedral, während des Großen Brandes von 1666 (● *40*) zerstört oder stark beschädigt. Der Mathematiker und Architekt Sir Christopher Wren (1632-1723) wurde vom König mit dem Wiederaufbau der Stadt betraut (● *171*, *174*). Er errichtete die neue St Paul's Cathedral und lieferte die Pläne für insgesamt 51 Kirchen.

St Mary Aldermary
Diese 1682 vollendete Kirche illustriert Wrens Fähigkeit, verschiedene architektonische Stilrichtungen souverän zu mischen (▲ *157*).

Die Gewölbe von St Mary Aldermary (▲ *157*)
Das Fächergewölbe schuf Wren im spätgotischen Stil.

St Mary-le-Bow (▲ *157*)
Die von Wren neugebaute Kirche (1670-1680) besticht durch ihren eleganten Turm.

St Mary Woolnoth (▲ *149*)
Dieses elegante Bauwerk von Nicholas Hawksmoor (▲ *312*) besitzt einen quadratischen Grundriß, den korinthische Säulen begrenzen, und wird durch große Fenster erhellt.

St Bride, Fleet Street
Der mit 75 m höchste Kirchturm der City überragt die 1678 von Christopher Wren geschaffene Kirche. Über einen quadratischen Sockel erheben sich vier oktogonale Aufsätze, die von einer Spitze gekrönt werden.

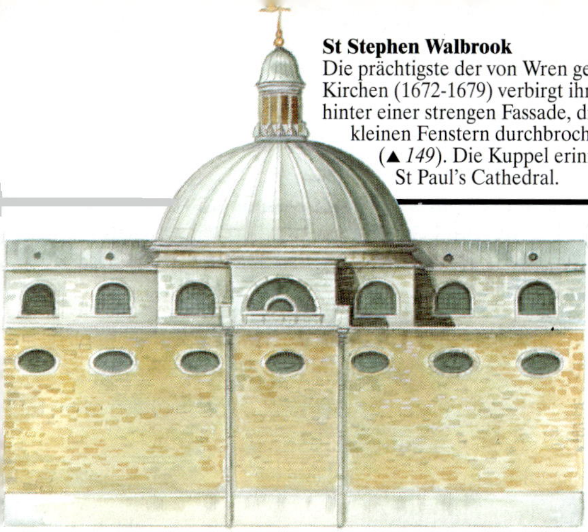

St Stephen Walbrook
Die prächtigste der von Wren geschaffenen Kirchen (1672-1679) verbirgt ihre Reize hinter einer strengen Fassade, die nur von kleinen Fenstern durchbrochen wird (▲ *149*). Die Kuppel erinnert stark an St Paul's Cathedral.

St Mary Woolnoth
(▲ *149*)
Die 1716 bis 1727 geschaffene Kirche zählt zu den Meisterwerken des Wren-Schülers Nicholas Hawksmoor. Das Äußere der Kirche erinnert an klassizistische Vorbilder. Korinthische Säulengruppen markieren die Eckpunkte des quadratischen Grundrisses. Das Säulenportal überragen zwei quadratische Türme. Im Inneren weist die Kirche überwiegend barocke Stilelemente auf.

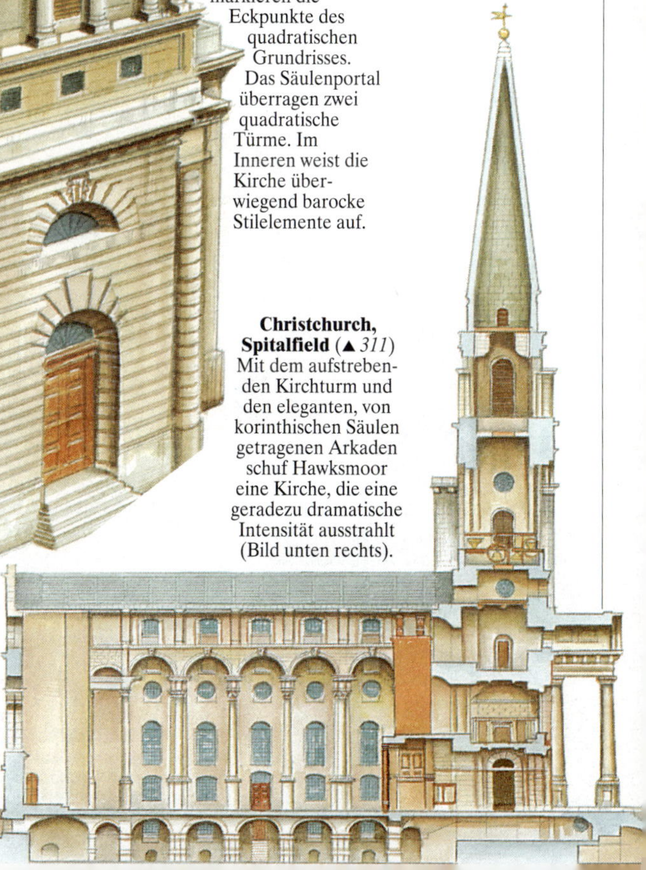

Christchurch, Spitalfield (▲ *311*)
Mit dem aufstrebenden Kirchturm und den eleganten, von korinthischen Säulen getragenen Arkaden schuf Hawksmoor eine Kirche, die eine geradezu dramatische Intensität ausstrahlt (Bild unten rechts).

Die Verwendung antiker Motive und die Längsausrichtung des Gebäudes zeigen den wachsenden Einfluß des Palladianismus.

Holy Trinity, Clapham
1774-1777 entstand die Kirche im eleganten neoklassizistischem Stil.

Die ehemals dörfliche Struktur Londons macht sich auch heute noch im Stadtbild bemerkbar. Viele Pfarrkirchen stammen aus dem Mittelalter und wurden im 18. Jh. von großzügigen Gemeindemitgliedern erneuert. Ihre Architektur weist unterschiedlichste stilistische Elemente auf. Während die Kirchen von Hampstead und Islington noch heute das Zentrum der lebendigen Stadtviertel bilden, liegen andere, fast unbekannte Kirchen wenig beachtet inmitten alter Friedhöfe.

St John's, Hampstead
In den Jahren 1745 bis 1747 wurde die Kirche von John Sanderson errichtet und 1872 von Frederic Pepys Cockerell vergrößert. Die Eleganz ihrer klassischen Elemente aus weißem Stein verbindet sich eindrucksvoll mit der Rustikalität des hellgelben Backsteins (▲ *261*).

St Mary, Islington
Der barocke, 1751-1757 errichtete Kirchturm besticht durch seinen ländlich anmutenden Charme und scheint kaum in eine Großstadt zu passen.

St Mary, Wanstead
Diese elegante Kirche erbaute Thomas Hardwick im späten 18. Jh.

Einfache klassische Arkaden, die im Gegensatz zum komplexen Grundriß des Chors stehen, säumen das langgezogene Hauptschiff.

St Ethelburgha
Am Rande der City liegt diese winzige Kirche, die an ländliche Pfarrkirchen erinnert.

St Mary, Perivale
Die bezaubernde mittelalterliche Kirche besitzt einen mit Holzbohlen verkleideten Turm aus dem 16. Jh.

St Mary Harmondsworth
Die Kirche, die im 13. und 14. Jh. entstand – nur der Turm kam später hinzu – gehört zu den wenigen, die nicht im 19. Jh. restauriert worden sind.

St Mary Stoke, Newington
Diese kleine gotische Kirche entstand im Jahr 1563.

St George-in-the-East (▲ *335*)
Die von Hawksmoor erbaute Kirche (1715-1729) besticht durch ausgeglichene Proportionen, die durch den hohen Ostturm mit gezackter Spitze und die beiden kleinen Glockentürmchen betont werden.

GEORGIANISCHE HÄUSER

Albury Street, Depford
Die Häuserkulisse im wohlhabenden Reederviertel entstand zwischen 1706 und 1714 und ist wegen ihrer reichverzierten Eingänge berühmt.

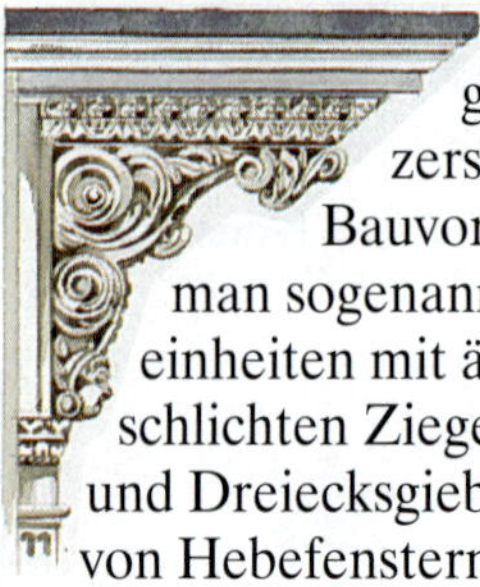

Nach dem Großen Brand von 1666, bei dem große Teile des mittelalterlichen London zerstört worden waren, wurde über verschärfte Bauvorschriften nachgedacht. In der Folgezeit legte man sogenannte *terraces,* aneinandergereihte Wohneinheiten mit ähnlich gestalteten Fassaden, an. Die schlichten Ziegelfassaden wurden durch Säulen, Pilaster und Dreiecksgiebel optisch aufgelockert. Die Verwendung von Hebefenstern mit Metallgewichten an den Scheiben war die wichtigste architektonische Neuerung um 1680.

Fenton House, Hampstead
Für das große Patrizierhaus von 1693 wurden exklusive Materialien verwandt, die gut erhaltene Fassade ist typisch für die *terraces* (▲ *262*) dieser Zeit.

Newington Green, Islington
Dieses ist eine der ältesten *terraces* aus Ziegelstein (1658).

39-42 Old Town, Clapham
Die hohen Dächer und die überladene Fassaden (1707) wirken etwas altertümlich. Die schweren Tore und die Kranzgesimse verschwanden nach 1709.

Queen's Ann Gate
Die gleichförmigen Häuser aus dem Jahr 1704 bilden gleichzeitig Straße und Square.

57-60 Lincoln's Inn Fields (▲ *165*)
Zwei im palladianischen Stil von Inigo Jones (1640) und Henry Joynes (1730) errichtete Häuser. Bemerkenswert sind die mächtigen Pilaster und die feingearbeitete Dachbalustrade.

The Rugby Estate, Holborn
Die Wohnhäuser dieses Straßenzuges wurden in den Jahren 1680 bis 1720 gebaut. Der *English Court*, ein kleiner, tiefliegender Hof direkt vor der Häuserfront brachte etwas Licht in die Kellerwohnungen der Hausangestellten. Die zweigeteilten Dächer sowie die Verzierungen über dem Eingang sind charakteristisch für die erste Epoche des georgianischen Stils.

Türen in der Rugby Street
Die Verwendung klassischer Architekturmotive kennzeichnet die um 1720 entstandenen Bauten.

36 Elder Street
Zwischen 1760 und 1780 finden Giebeldach und Säulen Verwendung.

Princelet Street
Konsolen und ein flacher Säulensims sind für die Jahre um 1720 typisch.

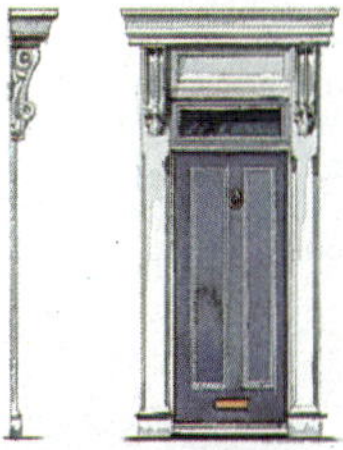

75 Elder Street
Rustikale dorische Elemente prägen diesen Eingang (1726).

Um 1760 hielt eine gewisse Strenge Einzug in die englische Architektur. Grauer und gelber Backstein sowie weißer oder elfenbeinfarbener Stuck kennzeichnen den schlichten Baustil. Der Architekt John Nash (1752-1835) schuf eine Vielzahl eindrucksvoller Terrraces (● *74*). Die aneinandergereihten Häuser wurden wiederum einem festen Prinzip folgend angeordnet: um einen Platz herum (*square*), im Halbrund (*crescent*) oder im Kreis (*circus*).

Bedford Square (▲ *300*) Die Eingangsportale des geogianischen Squares (1778-1783) bestehen aus groben Steinblöcken und Coade-Stein.

Fitzroy Square (▲ *308*) Terrace von R. Adam (1792).

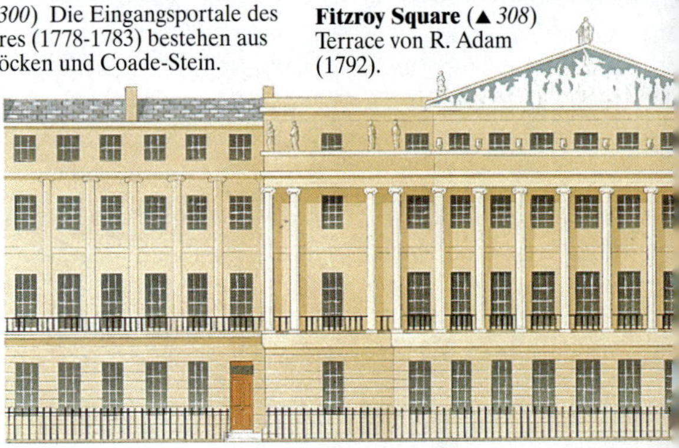

Cumberland Terrace ▲ (*258*) Die letzte von John Nash geschaffene Terrace aus dem Jahr 1826 faßt insgesamt 27 Wohnungen. Sie ist in drei Sektoren unterteilt und bildet einen einzigartigen Wohnpalast mit prachtvollen Portalvorbauten und Statuen.

Doughty Street (▲ *298*) Dieser Straßenzug aus der Zeit um 1800 setzt die Tradition der georgianischen Terraces durch die einfache Anordnung der strengen Ziegelsteinfassaden fort. Ein beispielhaftes Haus befindet sich in der Doughty Street Nr. 48. In diesem Gebäude, das 1830 saniert wurde, hat Charles Dickens eine Zeitlang gelebt.

The Paragon, Black Heath
Die typisch englische Bauweise ›der versetzten

Wohnhäuser‹ findet n diesem Bau ihren Jrsprung. Michael Searles schuf hier eine Häuserreihe (1794), deren offene Säulengänge und gebogene Anordnung die Weitläufigkeit verschiedener Vororte erklärt. Der neogotische, aber auch toskanisch beeinflußte Stil kennzeichnet die Blütezeit der georgianischen Architektur.

Chester Terrace (▲ *258*) **(1827)**
John Nash benutzt korinthische Säulen, um die Terraces am Regent's Park zu gestalten.

Lonsdale Square
In den Jahren um 1840 hielt der Historismus Einzug in die englische Architektur. Beeinflußt durch die Romantik zeigten die Architekten eine plötzliche Leidenschaft für den elisabethanischen Cottage-Stil.
In den Jahren 1838 bis 1843 errichtete Richard Chromwell Carpenter den Lonsdale Square in diesem Stil.

Milner Square
Der Milner Square (1842-1844) zeigt eine Größe und Vielfalt, die für die späteren Terraces typisch ist. Sämtliche Häuser besitzen drei Geschosse, die durch doppelte Pilaster untergliedert sind. Eine durchgehende Attika überdeckt die verschiedenen Baueinheiten und unterstreicht so die Länge des Gebäudes.

Butler's Wharf und Courage's Brewery
Die elegante Fassade der Courage's Brewery schmückt Butler's Wharf.

Bereits ein Jahr nach dem Dekret von 1799, das den Ausbau der Handelsflotte auf der Themse forderte, wurde die erste Dockanlage gebaut. Im 19. Jh. entstand in London der größte Hafen des Landes. Diese Entwicklung wurde durch die Möglichkeit begünstigt, Waren in Lagern zu verstauen, ohne Zoll entrichten zu müssen. Heute bilden die hohen Mauern dieser Gebäude die Kulisse eines gigantischen Spekulationsobjekts.

Shad Thames
Auf der Rückseite der Lagerhäuser von Butler's Wharf, die 1891 entstanden, befinden sich die Reste einer Brauerei aus dem Jahr 1789. Die hohen Giebel und die Eisenverstrebungen ihrer Brücken geben der Straße eine ganz eigene Atmosphäre.

West India Dock (▲ *330, 337*)
Diese Warenlager (1802-1803) sind streng funktional angelegt und wurden erst später durch architektonische Details aufgelockert: die Türme trennen Kuppelbauten mit attischen Fensteröffnungen und Bullaugen voneinander.

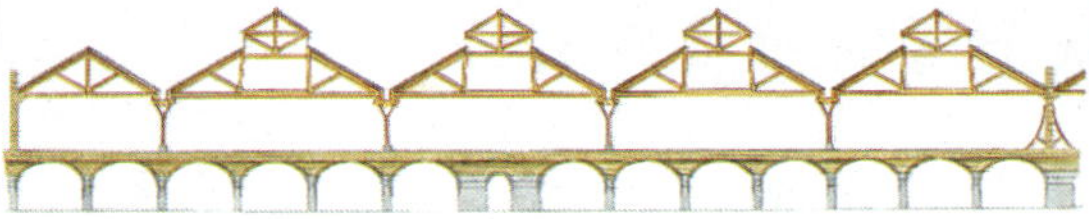

Tobacco Dock (▲ *335*)
Von den ersten Docks, die Daniel Asher Alexander 1811-1814 anlegen ließ, sind die außergewöhnlich großen Tabaklager erhaltengeblieben.

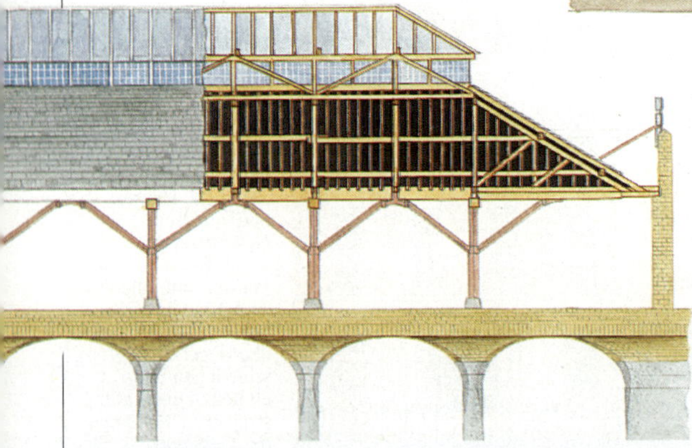

Stein, Holz, Stahl
Dieses Wunderwerk der Technik aus Eisen, Holz und Stei ist auch unter dem Namen ›Felldecke‹ (Skin floor) bekannt, da es zur Lagerung von Fellen diente. Der komplexe Aufbau, bei dem ein gußeisernes Gerüst das Holzgebälk trägt ruht auf den mächtigen Stein- unc Backsteingewölben alter Weinkeller.

St Katherine's Docks (▲ *334*)
Von 1825 bis 1828 ist diese Welt aus Ziegelstein und Wasser geschaffen worden (Grundriß siehe unten). Erhalten blieb das Ivory House (Elfenbeinhaus), das George Aitchison 1858-1868 errichtet hatte, ein Beispiel für die feuerfeste Ziegelstein- und Metallbauweise in den Docks.

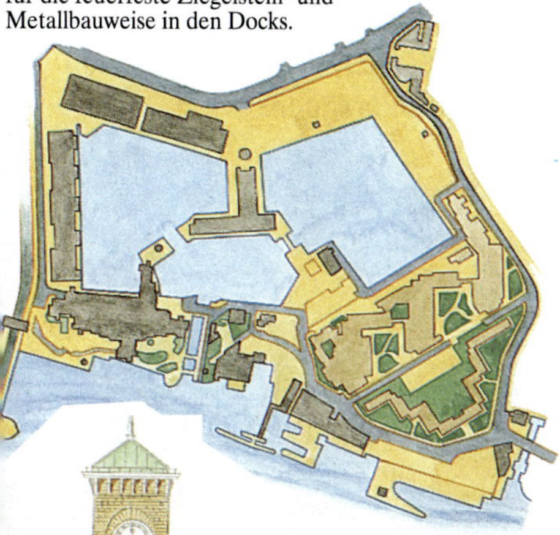

Hay's Wharf
Am ehemaligen Hay's Wharf, das 1861 angelegt wurde, sind die prächtigen viktorianischen Häuser mit ihren großen Fenstern und den hohen Arkaden erhalten geblieben. Die mächtigen Pilaster unterstreichen die Größe der früheren Lagerräume.

Ivory House (1858-1860)
(▲ *334*)

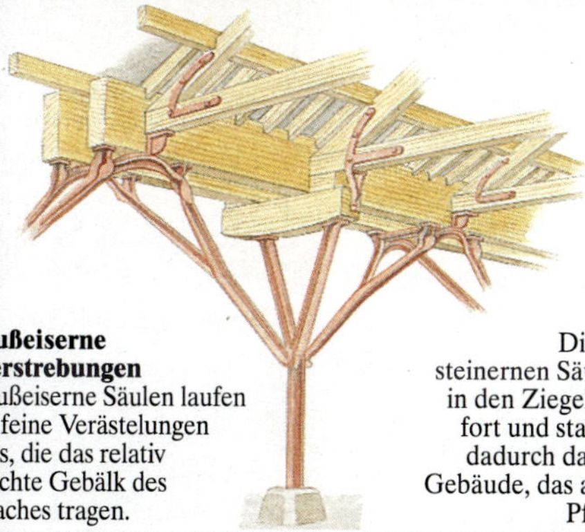

ußeiserne
erstrebungen
ußeiserne Säulen laufen
feine Verästelungen
us, die das relativ
ichte Gebälk des
aches tragen.

Fundamente
Die Ausläufer der steinernen Säulen setzen sich in den Ziegelsteingewölben fort und stabilisieren dadurch das gesamte Gebäude, das auf starken Pfählen ruht.

Viktorianische Gotik

Säulenkapitel mit Eisenbahnmotiven in der St Pancras Station

In der ersten Hälfte des 19. Jh. erlebte der gotische Stil eine Wiedergeburt. Einer der ersten Vertreter der neuen Schule war Augustus Pugin (1812-1852), ein katholischer Architekt, der bei seinen Zeitgenossen äußerst gefragt war und mit dem Ausbau der Houses of Parliament beauftragt wurde (▲ *129*). Überzeugte Anglikaner wie Butterfield, Scott, Street und ihre Schüler entwickelten Pugins Ansätze weiter, indem sie seine Ideen auf die besonderen Gegebenheiten der Londoner Backsteinarchitektur abstimmten. Bald begeisterten sich auch Privatleute für den neogotischen Stil mit all seinen Manierismen.

Tower House
Das 1876-1881 im Gutsherrenstil erbaute Tower House war der Wohnsitz von William Burges, einem leidenschaftlichen Anhänger der Neogotik.

New River Pumping Station
Mit den wachturmartigen Kaminen und den an Schießscharten erinnernden Fenstern gleicht dieses Gebäude eher einer mittelalterlichen Burg denn einem Industriebau. Es wurde 1854-1856 nach den Entwürfen von Chadwell Mylne erbaut und diente zur Trinkwasserversorgung von London.

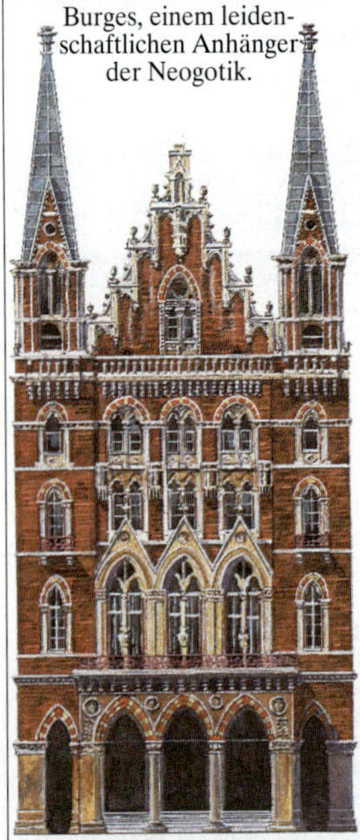

St Pancras Hotel
St Pancras Station ist mit einem ebenfalls im neogotischen Stil gehaltenen Hotel (1868-1874) verbunden. Wie kaum ein anderes Bauwerk symbolisiert St Pancras den imperialen Anspruch der viktorianischen Gesellschaft und deren große Mobilität. Die verwendeten Materialien – roter Backstein, roter und grauer Granit, beigefarbiger Stein – zeugen von der Begeisterung für eine beständige, polychrome Architektur, deren Farbenpracht sich selbst im berüchtigten Londoner Nebel behaupten konnte.

St Pancras Station
Sir George Gilbert Scott ha sich vor allem als Kirchenb meister einen Namen gema Mit dem Bau des Bahnhofs bäudes für die Midland Rail Company 1866-1868 erfüllte sein langgehegter Traum, ein auch ein bedeutendes öffe liches Gebäude im gotisch Stil gestalten zu können.

Royal Courts of Justice (▲ *162*)

George Edmund Street wurde 1866 mit seinem Entwurf für die Royal Courts of Justice Überraschungssieger des öffentlich ausgeschriebenen Architekturwettbewerbs. Street starb, bevor die Gebäude 1882 eröffnet wurden. Die Courts sind dem reinen gotischen Stil des 13. Jh. nachempfunden und zählen zu den letzten großen Bauten der Neogotik in London.

Holy Trinity Sloane

Der Bau der eleganten neogotischen Kirche wurde 1888 unter William Sedding begonnen und ist Beweis für das Fortwirken viktorianischer Einflüsse in der Architektur bis zur Jahrhundertwende.

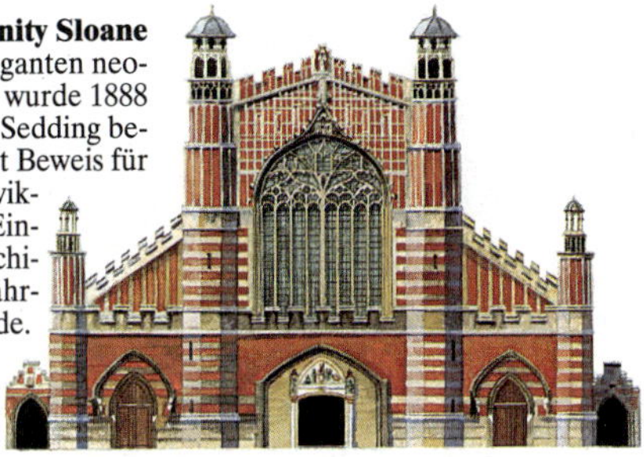

St James the Less

Der solide und nüchtern ausgestattete Bau aus dem Jahr 1861 hat einen geradezu romanischen Anstrich.

Am Beispiel der St. Pancras Station wird das Hauptprinzip der viktorianischen Architektur deutlich: Historische Baustile werden mit technischen Neuerungen verbunden.

Das Glasdach der St Pancras Station

Trotz seiner scheinbar simplen Konstruktion stellte der Bau dieses 210 m langen gebogenen Glasdaches, dessen maximale Höhe 75 m mißt, ein überaus ehrgeiziges Unternehmen dar. Lange Zeit sollte es die größte Glaskonstruktion der Welt bleiben.

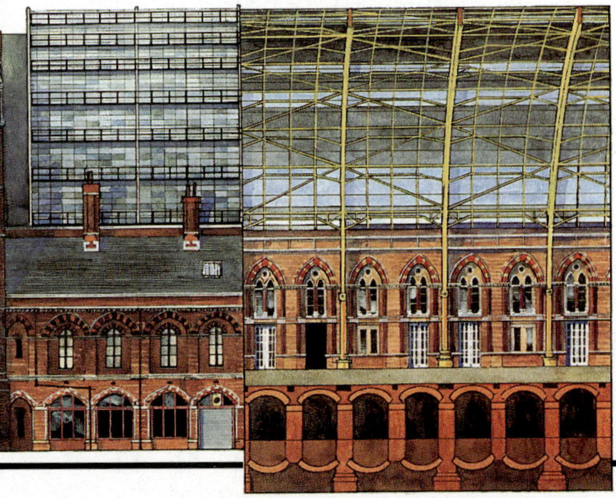

TERRAKOTTA UND KERAMIK

Gallipoli-Bad
Der 1895 errichtete, farbenfrohe Pavillon im orientalischen Stil diente als Eingang zu einem luxuriösen öffentlichen Bad.

In der Umgebung von London finden sich keine Steinbrüche. Man griff daher bereits Ende des 18. Jh. auf dekorative Keramikfliesen und -platten zurück, um die Eintönigkeit der Backsteinfassaden aufzulockern. Eleanor Coade aus Lambeth war bis Mitte des 19. Jh. die alleinige Anbieterin belastbarer Terrakotta, so daß diese sogar *coade-stone* genannt wurde. Billig und vielseitig, bot sich Keramik den viktorianischen Architekten zur Umsetzung ihrer historisierenden Ansätze geradezu an. Mit ihrer sauberen und glänzenden Oberfläche wurden Keramikkacheln zu dem Material, aus dem die edwardianischen Baumeister ihre Theater- und Kinopaläste schufen.

Mount Street
Diese *terrace* (1893) ist vollkommen mit rosafarbener Terracotta verkleidet.

The Palace Theatre, Cambridge Circus (● *54*)
In der ungewöhnlich aufwendig gestalteten Fassade dieses 1888-1891 von Thomas Colcutt errichteten Gebäudes wurden wechselweise roter Backstein und helle Terrakotta verarbeitet.

Hackney Empire
Dieses Gebäude aus dem Jahr 1901 wird von zwei imposanten Terrakotta-Kuppeln gekrönt.

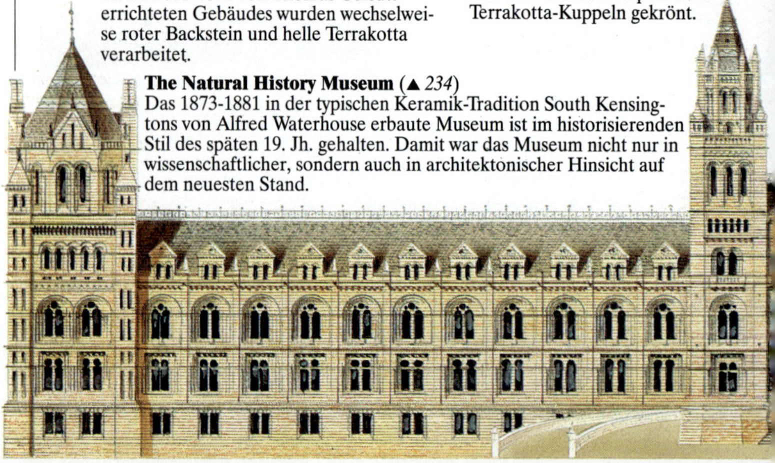

The Natural History Museum (▲ *234*)
Das 1873-1881 in der typischen Keramik-Tradition South Kensingtons von Alfred Waterhouse erbaute Museum ist im historisierenden Stil des späten 19. Jh. gehalten. Damit war das Museum nicht nur in wissenschaftlicher, sondern auch in architektonischer Hinsicht auf dem neuesten Stand.

Royal Albert Hall (▲ *236*)
Diese Halle aus Backstein und Terrakotta wurde 1867-1871 zu Ehren von Prince Albert, dem energischen Förderer der College- und Museumsbauten in South Kensington, errichtet. Den umlaufenden Fries schufen Studenten für keramisches Gestalten.

8 Addison Road (1905)
Der Terrakotta-Anhänger Halsey Ricardo setzte hier seine Theorien zur Bedeutung der Farbe für die Architektur in die Praxis um.

Doulton Factory
Das Gebäude wurde 1878 von R. Stark Wilkinson entworfen. In der farbenprächtig gestalteten, neogotischen Fassade sollte die vielseitige Produktpalette der Terrakotta-Firma *Doulton* präsentiert werden.

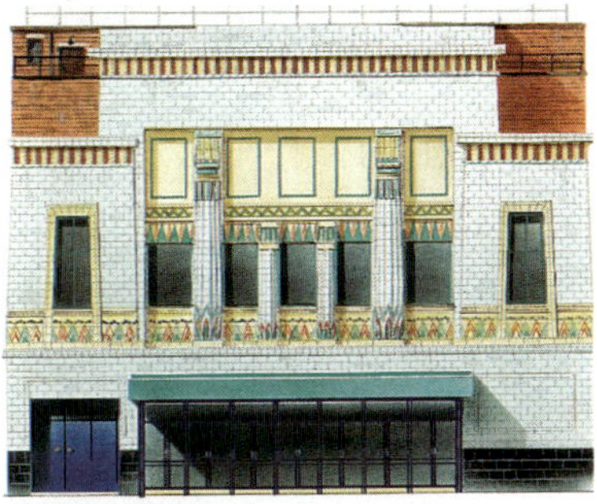

Carlton Cinema
Beim Bau dieses Gebäudes griff der Architekt George Cole 1929 auf glänzende, bunte Kacheln aus dem Hause *Hathernware* zurück, um die Aufmerksamkeit auf die im ägyptischen Stil gehaltene Fassade zu lenken.

In der Handelsmetropole London wurden seit dem Mittelalter verschiedene Märkte abgehalten, die nicht zuletzt die täglichen Bedürfnisse der ständig wachsenden Stadtbevölkerung deckten. Der Fleischmarkt befand sich in Smithfield, der Fischmarkt in Billingsgate; in Covent Garden und Spitalfields gab es Gemüse, in Leadenhall wurde mit getrockneten Lebensmitteln und Geflügel gehandelt. Die *arcades*, die überdachten Ladengalerien im West End, waren auf Luxusgüter spezialisiert.

Smithfield Market
(▲ *177*)
In diesem 1866-1868 errichteten Monumentalbau wurden weite, gußeiserne Bögen mit einer aufstrebenden, gotisch anmutenden Holzkonstruktion verbunden. Die klassische Fassade aus Stein und Ziegel wird durch zierliche barockisierende Kuppeln abgeschlossen.

Fassade der Old Bond Street Arcade
Sie war Vorbild für die Burlington Arcade.

Burlington Arcade
(▲ *281*)
Als Folge von Grundstücksspekulationen im West End entstanden dort um 1815 die ersten überdachten Ladengalerien. 1819 wurde die Burlington Arcade eröffnet. Die Galerie hat ein Glasdach, die schmalen Läden sind elegant ausgestattet. Die vergleichsweise schwerfällige Fassade stammt aus dem Jahr 1911.

Leadenhall Market (▲ *154*)
Der Architekt Horace Jones, der bereits Smithfield Market gestaltet hatte, entwarf diese luxuriöse Markthalle 1881.

Old Bond Street Arcade (1879)
Diese Ladengalerie ist zweifelsohne die eleganteste des viktorianischen Zeitalters. Das Gebäude ist auf jeder Seite in neun Bögen unterteilt, in denen sich jeweils ein von einem Giebelfenster gekröntes Schaufenster befindet. Die Bögen enden in durch Zierleisten angedeuteten Giebeln (im Bild oben). Architektonische Funktionselemente und künstlerische Ausgestaltung ergänzen sich ideal, das Problem der Beleuchtung wurde mit Hilfe einer durchgängigen Glasüberdachung meisterhaft gelöst.

Die Kuppel und die aufwendige Ausstattung des in Creme- und Rottönen gehaltenen Leadenhall Market zeugen vom Bemühen des Architekten, nicht nur den Ansprüchen des Groß-, sondern auch des Einzelhandels zu genügen.

Covent Garden
(▲ *272*)
Covent Garden, einer der ältesten Londoner Märkte erhielt erst 1829-1831 nach Plänen von Charles Fowler eine Markthalle. Eine zentrale Galerie wird an beiden Seiten von weitläufigen Hallen gesäumt. Daran gliedern sich Vorbauten an, denen ihrerseits toskanische Kolonnaden aus Aberdeen-Granit vorgelagert sind.

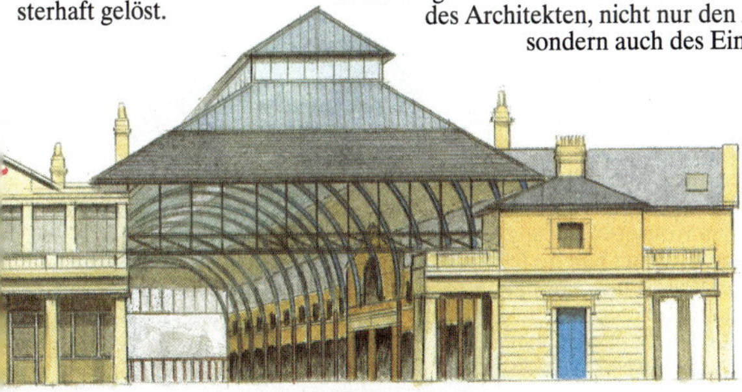

»The Mayflower Inn«
Bei der scheinbar altehrwürdigen Gastwirtschaft handelt es sich um einen Nachbau aus dem Jahr 1958.

Ende des 19. Jh. entstanden infolge eines harten Konkurrenzkampfes immer größere und luxuriösere Pubs. Heute gibt es kaum eine Straße in London, in der nicht eine glänzende Backstein- oder Fachwerkfassade, hell erleuchtete gravierte Milchglasfenster und ein sorgfältig gemaltes Wirtshausschild zur Einkehr in das *public house* verführen. Die in viktorianischer Zeit als unsittlich erachteten, aber vergeblich bekämpften Pubs sind bis heute Mittelpunkt britischer Geselligkeit geblieben (● *58*).

»The George«, Borough High Street
The George war die letzte Poststation auf dem Weg nach Canterbury. 1676 wurde das Gebäude renoviert; die um das Haus verlaufenden Holzgalerien stammen jedoch offensichtlich aus der Zeit vor dem Umbau.

»The Salisbury«, Green Lanes
Das 1899 eröffnete imposante Pub bildete das Kernstück eines Komplexes, der unter der Federführung des Architekten John Cathles Hill errichtet wurde. *The Salisbury* besteht aus einem großen Konzertsaal, einem Billardraum und mehreren separaten Salons. Die aufwendige Innenausstattung mit Glas, Holz, Kacheln und Gußeisen zeigt den Einfluß des Jugendstils.

»Prince Alfred«
Die Straßenfront dieses um 1890 eröffneten Pubs besticht durch die Fensterbögen und die kostbaren gravierten, bleigefaßten Scheiben. Im Inneren unterteilen Milchglasscheiben und Eichentäfelung den Raum in intime Ecken.

»Crockers«, Aberdeen Place
Die Wände des von C. H. Worley entworfenen Pubs sind mit Marmor verkleidet, in den Räumen flackert das Feuer offener Kamine. Mit der Innenausstattung von *Crockers* erreichte die für den Gutsherrenstil typische Üppigkeit einen bis dahin unerreichten Höhepunkt.

»The Princess Louise«
Dieses Pub wurde 1891 von dem Innenarchitekten Simpson und seinem Sohn neu eingerichtet. Sie schufen die reich verzierte Wandtäfelung und die reliefartigen Fayence-Friese. Die prunkvolle Eleganz wird durch die vergoldeten und mit Gravuren verzierten Spiegel der Firma *Morris* unterstrichen.

»The Blackfriar«, Blackfriars Bridge
Um etwa 1875 erbaut war *The Blackfriar* lange Zeit ein Pub wie jedes andere. 1904 wurde es jedoch im unverwechselbar angelsächsischen *Art and Crafts Style* der Jahrhundertwende neu gestaltet.

Das Gewölbe von »Blackfriar«
Mönche aus Marmor, Messing, Kupfer, Holz und Mosaik zieren seit 1904 die Wände des *Blackfriar*. Um 1917 wurde das Pub im selben Stil erweitert, als man Gewölbe der benachbarten Eisenbahn einbezog. Markige Sprüche an den Wänden, die Arbeit und Fortschritt preisen, stehen in krassem Gegensatz zur gemütlichen Atmosphäre des Ortes.

DAS EDWARDIANISCHE WEST END

Bush House
Das BBC-Gebäude (1925-1935) ist ein hervorragendes Beispiel für den Londoner Neoklassizismus.

Anfang des Jahrhunderts wurde das West En in einer konzertierten Aktion der beiden grö ten Grundbesitzer, der Krone und der Grosvenors, von Grund a saniert. So sollte der Wert der Grundstücke, die in London traditionell für 99 Jahre verpachtet wurden, gesteigert werden. Gleich zeitig versuchte man, den Verkehr um das West End herumzufüh ren. Mit der imposanten Architektur der modernen Geschäfts- und Bürogebäude veränderte sich das Bild der Londoner Straßen radikal.

27-30 Wigmore Street, ehemals »Debenham's«
Die Fassade dieses früheren Kaufhauses (1907-1908) ist mit Mamor aus Carrara verkleidet.

Almide Inveresk House
Die Fassade des Inveresk House am westlichen Ende von *The Aldwych* ist im sogenannten französischen Stil gehalten, der im edwardianischen London vor allem durch die Architekten Mèwes und Davies Furore machte. Hinter der Fassade verbirgt sich eine der ersten Stahlträgerkonstruktionen Londons.

»Selfridges«
Das Kaufhaus mit den riesigen ionischen Säulen bot eine architektonische Neuheit, wurde hier doch erstmals mit einer sichtbaren Stahlkonstruktion gearbeitet.

Regent Street

Der Anfang des 19. Jh. von John Nash konzipierte große Boulevard (▲ *283*) schien 90 Jahre später den Anforderungen nicht mehr zu genügen und wurde von Sir Reginald Blomsfield neu ngelegt. Backstein- und Stuckfassaden mußten den zeitgemäßeren glatten Steinfronten weichen.

»Liberty's«

Dieses Gebäude für *Liberty's* in der Marlborough Street (▲ *283*) wurde 1924 von dem Architekten Hall als Reminiszenz an die Tudor-Epoche konzipiert. Das reichhaltig ausgestattete Gebäude ist mit handgefertigten Klinkern verkleidet, und das in den oberen Etagen verwendete Holz stammt von zwei Schiffen aus dem 19. Jh.

»Harrods«, Knightsbridge

1894 wurde mit dem Neubau des bekanntesten Londoner Warenhauses begonnen. Die berühmte, von Neatby geschaffene Fassade aus Reliefkacheln, deren Dekor Elemente des Barock und der Renaissance aufweist (1902-1903), ist eines der glänzendsten Beispiele für den Eklektizismus des edwardianischen Zeitalters (▲ *225*).

Vororte um 1930

Zwischen 1914 und 1938 verdoppelte sich die Fläche Londons. Die Rezession der 30er Jahre traf primär die kohleabhängige Schwerindustrie, das traditionelle Standbein der britischen Wirtschaft. Weniger stark betroffene Industriezweige siedelten sich in dieser Zeit entlang der großen Verkehrsadern in der Peripherie an. Tausende von Arbeitern fanden in neuen Vororten eine Heimat; der Ausbau der U-Bahn begünstigte die Wanderung zusätzlich. Die Fabriken, Wohnhäuser, Kinos und Pubs in den *suburbs* weisen eine Stilvielfalt auf, in der der Art deco dominiert.

Coty Factory
Die ›Coty‹ ist eines der besten Beispiele für die im Art deco-Stil errichteten Fabriken an der Great West Road.

Odeon, Woolwich
Das 1937 von George Coles entworfene Kino war wegbereitend für diese Epoche. Die strenge Linienführung und die weißen Fassaden erinnern an deutsche Vorbilder.

Battersea Power Station
Battersea war eines der ersten Wärmekraftwerke Englands (1929-1935) und wurde zum Wahrzeichen der 30er Jahre. Charakteristisch sind die monumentalen Sockel aus Backstein, die Sir Giles Gilbert Scott, der Baumeister der Kathedrale von Liverpool, angeregt hat.

Grosvenor Cinema, Rayners Lane
Das 1936 von F. E. Bromige errichtete Gebäude fällt vor allem durch das spannungsreiche Spiel verschiedenartiger Formen und Flächen auf.

Southgate Station
Auch bei diesem 1933 vollendeten Rundbau besticht die klare, deutlich von schwedischen Vorbildern beeinflußte Linienführung.

Osterley Station
Der hohe Turm der Osterley Station (1934) vollendet ein Gebäude, das die Verbindung zwischen den Vororten und der Stadt symbolisieren sollte.

Die U-Bahn-Stationen
Eine Reise nach Schweden und in die Niederlande hinterließ bleibenden Eindruck bei Charles Holden, der sich bis dahin vor allem durch U-Bahn-Stationen im klassischen Stil hervorgetan hatte. Die geplante Verlängerung der *Piccadilly Line* ermöglichte ihm die Realisierung einiger neuer Ideen. Die erste Haltestelle, Sudbury Town (1932), gestaltete er als lichten Bau aus Backstein, Glas und Beton.

Hoover Building, Western Avenue
Die in den dreißiger Jahren sehr bekannten Architekten Wallis, Gilbert & Partner entwarfen das Gebäude und trugen der zeitgenössischen Forderung Rechnung, daß Fabriken Paläste der Arbeit, der Produktion und des Fortschritts sein sollten. In der Fassade sind verschiedene moderne Stilrichtungen vereint, die in einer leuchtend farbenfrohen, fast ägyptisch anmutenden Komposition verschmelzen. Verwendet wurden unter anderem Keramik und Schmiedeeisen.

St Saviour's Church, Eltham
Der Architekt dieser 1932 erbauten Kirche, N. F. Cachemaille-Day, wurde deutlich von den Sakralbauten des Deutschen Fritz Höger beeinflußt. Das Gebäude nimmt jene expressionistischen Stilmittel vorweg, die in England wenig später im Design der Odeon-Kinos wieder auftauchten.

Das London der Moderne und der Postmoderne

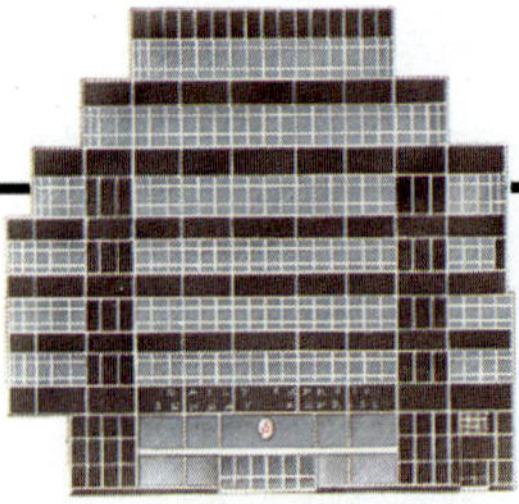

Daily Express Building, Fleet Street
Das transparente, sehr ausgewogene Gebäude wurde 1930 von William Owen entworfen.

Wie in kaum einer anderen Stadt floriert in London die Grundstücks- und Immobilienspekulation, und nur wenige, zumeist in der Hand privater Investoren befindliche Gebäude zeichnen sich durch architektonische Raffinesse aus. Dennoch entstanden gerade Ende der 80er Jahre eine Reihe reizvoller Bauwerke, deren Stil die gesamte Bandbreite vom modernen High-Tech bis hin zur in England sehr beliebten amerikanischen Postmoderne umfaßt.

Embankment Place, Charing Cross
Dieser Wohnkomplex (1987-1990) ist auf die Architektur des Bahnhofs abgestimmt, der von dem Gebäude überragt wird. Säulen und Glasfronten zieren diesen bislang zweifellos gelungensten Entwurf von Terry Farrell.

The Ark, Hammersmith
Umgeben von Hauptverkehrsstraßen erhebt sich dieser von Ralph Erskine konzipierte Bürokomplex (1988-1992). Die Etagen öffnen sich auf einen großzügigen Lichthof.

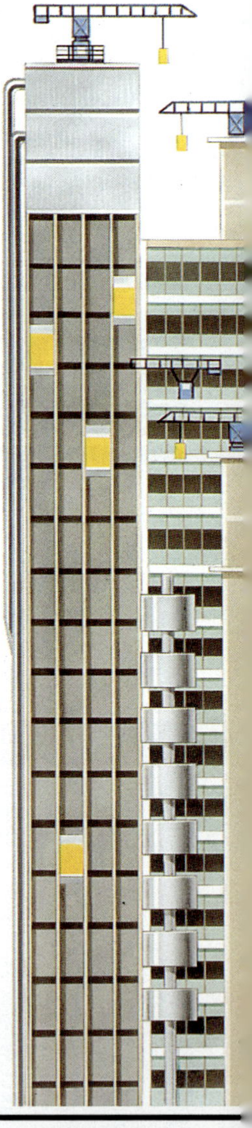

Stormwater Pumping Station, Isle of Dogs
In dem 1986-1988 von John Outram geschaffenen Gebäude sind massive ägyptische Säulen mit leuchtenden Farben und geheimnisvollen Symbolen kombiniert.

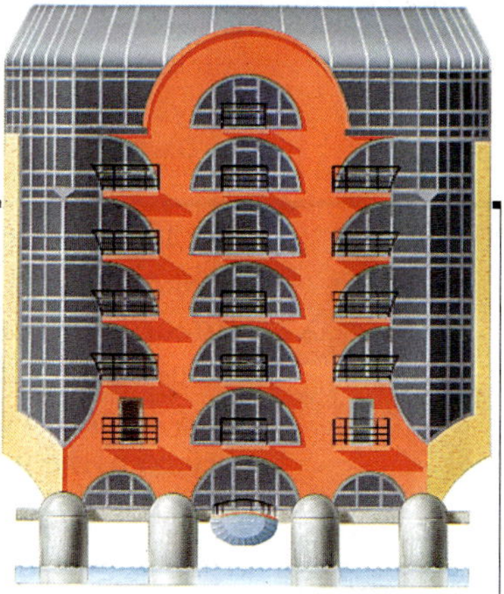

China Wharf, Mill Street
Campbell, Zogolovitch, Wilkinson und Gough gehörten zu den ersten Verfechtern des postmodernen Stils in London. Die China Wharf (1987-1988), in der sie auf die Gußeisenkonstruktionen und das Ziegelrot der alten Dockland-Lagerhallen zurückgegriffen haben, gehört zu den Glanzstücken ihres bisherigen Schaffens.

Lloyd's Building
Richard Rogers gilt als der innovativste Architekt Englands. Das Lloyd's Building (1981-1986) ist bislang sein einziges größeres Werk in London (▲ *153*). Die an sich unspektakuläre Anlage des rechteckigen Gebäudes um ein weitläufiges Atrium steht in spannungsreichem Gegensatz zur Fassade. Rogers hat hier wie beim Pariser Centre Pompidou die Versorgungsleitungen auf die Oberfläche des Gebäudes gelegt, durch Stahl- und Aluminiumkonstruktionen ergänzt und so ein neues Designelement geschaffen.

Canary Wharf Tower, Isle of Dogs
Dieser 244 m hohe Turm ist das Kernstück eines neuen Komplexes von Geschäftsgebäuden, die zur Wiederbelebung der Docklands beitragen sollten (▲ *338*).

Canary Wharf Tower
Cesare Pelli hat in diesem 1988-1991 errichteten Bauwerk ganz bewußt versucht, die räumliche Wahrnehmung des Betrachters zu täuschen. Zu diesem Zweck wiederholt er abstrakte Muster, die mit den Proportionen und Linien des Gebäudes verschmelzen.

The Clattern Bridge, Kingston
Das Bauwerk aus dem 12. Jh. ist die älteste Brücke Londons.

Blackfriars Railway Bridge
Die Pfeiler der 1862-1864 erbauten Brücke erinnern an romanische Säulen, die Stützen tragen das Wappen der Eisenbahngesellschaft.

Bis 1738 führte in London nur eine einzige Brücke über die Themse, die London Bridge. Heute gibt es in der Hauptstadt einschließlich der Eisenbahnbrücken, die im 19. Jh. zum größten Teil die älteren Bauten ersetzt haben, 31 Konstruktionen aus Stahl, Stein und Beton, die sich über den Fluß erstrecken.

Pfeiler der Blackfriars Railway Bridge

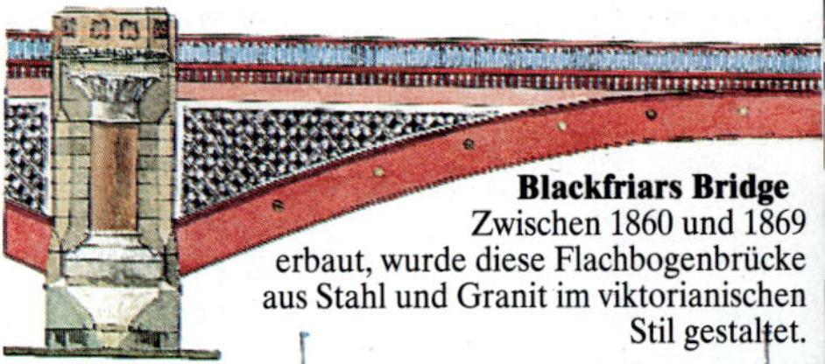

Blackfriars Bridge
Zwischen 1860 und 1869 erbaut, wurde diese Flachbogenbrücke aus Stahl und Granit im viktorianischen Stil gestaltet.

Albert Bridge
Tragende Elemente dieser 1870-1873 von Ordish erbauten eleganten Hängebrücke sind unter der Fahrbahn verborgen, um die Leichtigkeit und Transparenz nicht zu beeinträchtigen.

Tower Bridge
Die Tower Bridge wurde zwischen 1886 und 1894 von John Wolfe Barry und George D. Stevenson erbaut (▲ *189*). Die schottische Herkunft Stevensons erklärt die Anlehnung an die Architektur schottischer Prachtbauten. Da auf der Themse zwischen Tower und London Bridge auch noch zahlreiche größere Schiffe verkehren, wurde die Tower Bridge als Zugbrücke konzipiert.

London - von Malern gesehen

Suzanne Bosman

Die Houses of Parliament befanden sich gerade im Wiederaufbau, als Claude Monet (1840-1926) sein berühmtes Gemälde *La Tamise sous Westminster* (1: Detail) schuf. Monet malte dieses Bild während seines London-Aufenthaltes im Jahr 1871. Die subtilen Farbvariationen des Bildes, das exemplarisch steht für diese Schaffensperiode des Künstlers, erzeugen eine überaus dichte Atmosphäre. 1901 kehrte der Maler noch einmal nach London zurück und und blieb bis 1903. Monet malte eine Reihe von Bildern der Parlamentsgebäude, wie er sie von seinem Balkon im Hotel Savoy sah. Auch Canaletto (1697-1768) ließ sich im 18. Jh. vom Themse-Ufer inspirieren. In dem Gemälde *Die Themse und die City of London vom Richmond House* (1747, 2: Detail) malt er die majestätisch an St Paul's Cathedral vorbeifließende Themse. Das Bild zeigt Anklänge an sein venetianisches Œuvre. Canalettos Stil inspirierte auch mehrere englische Künstler, so zum Beispiel Samuel Scott (1702-1772). In dessen Gemälde *Old Westminster Bridge* (1750, vorige Seite) dominiert die monumentale Brücke die Szenerie.

2
1

DAILY NEWS

Der irische Maler John O'Conner (1830-1889) hat für sein 1884 entstandenes Gemälde *St Pancras Hotel and Station from Pentonville Road: Sunset* (4), eine der charakteristischsten Ansichten des viktorianischen London gewählt. Der Bahnhof mit seiner gläsernen Halle war zum Zeitpunkt seiner Errichtung zwar überaus modern, präsentiert sich aber dessen ungeachtet wie ein neogotisches Schloß, wie eine Reminiszenz an das Mittelalter. O'Connor kontrastiert in diesem Bild des Bahnhofs St Pancras den romantischen Sonnenuntergang mit dem städtischen Gewirr Londons, dargestellt durch die belebte Straße. Henry Pethers (1828-1865) Darstellung von Greenwich (2) mutet fast surrealistisch an. Der Blick erinnert an die Hafenszenen bei Sonnenuntergang von Claude Lorrain. Atkinson Grimshaw (1836-1893) hat bevorzugt nächtliche Flußszenen dargestellt, in denen die Silhouetten der am Ufer liegenden Schiffe an die Dächer der Stadt erinnern. Seine Darstellungen der Themse (1; 3) geben eine geradezu unheimliche Stimmung wieder, wie sie sich auch in den Romanen Conan Doyles wiederfindet.

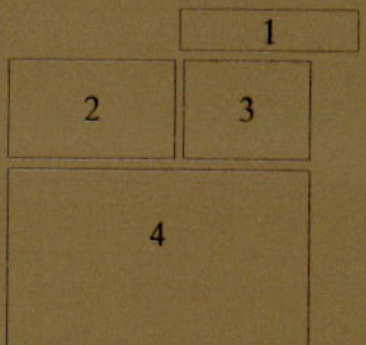

OXFORD
CREMORNE

In Walter Greaves (1846-1930) um 1862 entstandenen Gemälde *Hammersmith Bridge on Boat Race Day* (2) bevölkern zahlreiche Personen die Brücke. Die Regatten der Universitäten Oxford und Cambridge finden seit 1839 alljährlich auf der Themse zwischen Putney und Mortlake statt. Die Naivität von Greaves Stil und die fliehende Perspektive des Bildes geben uns eine originelle Interpretation einer Londoner Szene: Das Hauptaugenmerk richtet sich auf die Zuschauer des Wettbewerbs, die Ruderer im unteren Teil des Bildes treten dabei in den Hintergrund. Darstellungen von Szenen aus dem alltäglichen Leben finden sich in der Kunst des 20. Jh. immer häufiger.

Diese Entwicklung dürfte nicht zuletzt auf die von der Camden Town Group ausgehenden Impulse zurückzuführen sein, deren Mitglieder vom französischen Impressionismus beeinflußt wurden, aber auch an Szenen aus dem zeitgenössischen Leben besonders interessiert waren. Malcolm Drummond (1880-1945) stellt in seinem Gemälde *St James's Park* (1912) Londoner in einer solchen Vielfalt künstlicher Posen dar, daß sie an Karrikaturen erinnern (3). *Piccadilly Circus* (1912) von Charles Ginner dürfte in seiner Konzeption von der Fotografie, aber auch von Degas und Sickert inspiriert worden sein. Die Dichte der aus zahllosen dicken Pinselstrichen zusammengesetzten Bildfläche verstärkt den hektischen Eindruck der dargestellten Straßenkreuzung (4). Derselbe Eindruck von Hast und Raserei geht auch von dem Kunstwerk von Christopher Nevinson (1889-1946), *The Strand by Night*, hervor (1: Detail): Die dargestellten Menschen hasten durch den Regen. Die geometrische und verschwommene Darstellung der Figuren zeigt deutliche futuristische Einflüsse.

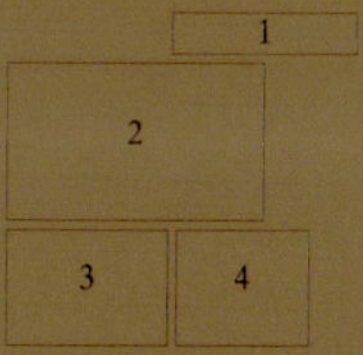

Thomas Girtin (1775-1802) zeigt in dem Aquarell *The White House at Chelsea* (1800) die Themse bei Chelsea zu einer Zeit, als es noch ein eher ländliches Dorf war (2). Sehr früh in seiner Karriere entwickelte Girtin einen eigenen Stil, und er erhielt bereits während seines doch recht kurzen Lebens große Anerkennung. Die lyrische Atmosphäre, die Girtins Darstellung des Flusses beherrscht, wird 150 Jahre später in dem Gemälde *The Quiet River: The Thames at Chiswick* (1943-1944) von Victor Pasmore (1908 geboren) wieder aufgenommen (1: Detail). Von einer dramatischen Seite zeigt Joseph Mallord William Turner (1775-1851) die Themse: der Brand der Houses of Parliament im Jahr 1834 (3). Turner soll dieses Ereignis von einem Boot auf der Themse aus beobachtet haben. Seine Aquarellzeichnung zeigt das Feuer, wie es sich orangefarben im Wasser reflektiert, und drückt Grauen und Entsetzen aus. Das Aquarell erweist sich als ideales Mittel, um den ephemeren Charakter dieser Szene festzuhalten: Gebäude, Wasser und Feuer verschwimmen in einem Strom der Farben. Turner hielt dieses Ereignis noch in zwei Ölgemälden fest, die aber keinesfalls eine solche Intensität erreichen.

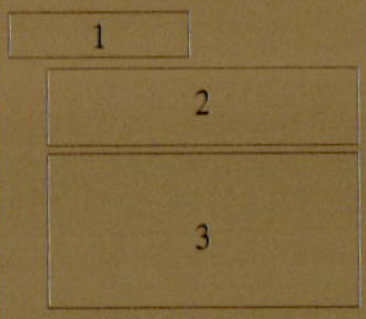

LONDON - VON MALERN GESEHEN

Der Amerikaner James Abbot McNeill Whistler (1834-1903) ließ sich 1859 in London nieder. Zu einer Serie von Bildern, in denen er vorzugsweise die dunstige Themse-Landschaft in der Dämmerung darstellte, gehört auch *Nocturne in Blue and Gold: Old Battersea Bridge* (1872), ein Werk, das von der japanischen Kunst beeinflußt ist.

London in der Literatur

LONDON IM 19. JAHRHUNDERT

Charles Dickens (1812-1870) ist zweifellos der bekannteste und populärste englische Schriftsteller des 19. Jh. Er arbeitet zunächst als Journalist bei Lokalblättern, wird dann Reporter des Morning Chronicle und veröffentlicht Skizzen des Londoner Lebens, der Straßen, der Plätze, der Theater – und der Gefängnisse. Fast alle seine ebenso unterhaltsamen wie gesellschaftskritischen Romane wurden in Fortsetzungen in Periodika publiziert; ihre große Kunst ist die lebendige Darstellung aller Volksschichten. So unvergeßliche Gestalten wie Oliver Twist, David Copperfield und Mr. Pickwick führen längst ein Eigenleben außerhalb der Literatur.

“Der Morgen war trostlos; es stürmte und regnete heftig, und die Wolken ballten sich schwer und düster. Auf den Straßen hatten sich während der Nacht große Pfützen angesammelt, und die Gossen waren zum Überfließen voll. Am Himmel zeigte sich ein schwaches Morgengrauen, das jedoch das Schauerliche der Szene eher verstärkte als milderte. Es diente nur dazu, das Licht der Straßenlampen bleicher zu machen, ohne wärmere oder hellere Farben auf die nassen Hausgiebel und die trübseligen Straßen zu werfen. Alles schien in diesem Stadtteil noch in den Federn zu sein, denn die Fensterläden waren überall fest verschlossen, und die Straßen, durch die sie gingen, waren lautlos und leer.

Als sie in die Bethnalgreenstreet gelangten, begann der Tag wirklich anzubrechen. Viele Lampen waren bereits erloschen; einige Fuhrwerke rollten langsam auf London zu, und hin und wieder rasselte eine schmutzbedeckte Postkutsche vorüber, wobei der Postillon nicht versäumte, im Vorbeifahren dem Frachtfuhrmann einen ermahnenden Hieb mit der Peitsche zu versetzen, wenn der etwa auf die unrechte Seite ausgewichen war und dadurch vielleicht die Ankunft der Kutsche auf dem Postamt um eine Viertelstunde verzögerte. Die Wirtshäuser, in denen die Gaslampen noch brannten, waren bereits geöffnet. Allmählich taten sich auch die übrigen Läden auf, und manchmal trafen sie Menschen. Später kamen einzelne Gruppen von Arbeitern vorbei, die zur Arbeit gingen, Männer und Weiber mit Fischkörben auf den Köpfen, von Eseln gezogene Gemüsekarren, Wagen mit Geflügel und bereits zerlegtem Fleisch, Milchweiber mit ihren Eimern und eine ununterbrochene Reihe von Leuten, die verschiedene Marktwaren nach den östlichen Vorstädten Londons schafften. Je näher sie der City kamen, desto mehr nahmen der Lärm und das Geschäftsgewühl zu, bis sie endlich zwischen Shoreditch und Smithfield zu einem wilden, lauten Getümmel anschwollen. Es war nun so hell, wie es an einem trüben Tag sein konnte, und für die halbe Bevölkerung Londons hatte der rührige Morgen begonnen.

Mr. Sikes eilte die Sonnen- und Kronenstraße hinab, kam auf der Chiswellstreet durch das Finsburyviertel nach Barbican, von da nach Longlane und endlich nach Smithfield, von wo sich ein Lärm vernehmen ließ, der Oliver Twist mit Staunen und Verwunderung erfüllte.

Es war Markttag. Man watete bis an die Knöchel im Schlamm; das Vieh dampfte, und die weißen Schwaden mischten sich mit dem Nebel, der schwer über den Schornsteinen zu hängen schien. Alle Pferche in der Mitte des weiten Platzes und ebenso viele, die man für den Augenblicksbedarf an den freien Stellen aufgeschlagen hatte, waren voll Schafe, und an den Pfählen um sie herum standen in langen Reihen Ochsen und Kühe angebunden, drei bis vier hintereinander. Bauern, Fleischer, Fuhrleute, Hausierer, Jungen, Diebe, Müßiggänger und Vagabunden der niedrigsten Klasse drängten sich in dichten Massen. Das Pfeifen der Fuhrleute, das Bellen der Hunde, das Brüllen und

las Ausschlagen der Rinder, das Blöken der Schafe, das Grunzen und Quieken der ›chweine, das Geplärr der Hausierer, das Schreien, Fluchen und Zanken auf allen ›eiten, der Ton der Klingel und der Tumult der Stimmen in den Wirtshäusern, das)rängen, Stoßen, Treiben, Schlagen, Rufen und Grölen, der abscheulich miß-›nende Lärm an der Ecke des Marktes und die ungewaschenen, unrasierten, ›chmutzigen und unflätigen Gestalten, die ohne Unterlaß hin und her liefen, bald ıs Gedränge hinein, bald wieder heraus – all das ergab ein betäubendes Schau-›iel, das die Sinne gänzlich verwirrte.“

CHARLES DICKENS, *OLIVER TWIST* (1837-39), ÜBERSETZT VON CARL KOLB, BEARB. VON ANTON RITTHALER, WINKLER VERLAG, MÜNCHEN 1959

:IN BEHAGLICHER WINKEL

„Einen behaglicheren Winkel, als den, in dem der Doktor wohnte, gab es in ganz ondon nicht. Der Weg ging dort nicht weiter, und die Vorderfenster von des oktors Wohnung boten eine angenehme Aussicht auf die Straße, die ganz einsam ar. Nördlich von dem Oxforder Wege standen damals noch nicht viele Häuser, nd auf den jetzt verschwundenen Häusern sah man Waldbäume, wilde Blumen nd Weißdorn. Eine Folge davon war, daß in Soho die Landluft in kräftigender reiheit sich umtrieb und nicht in das Kirchspiel hineinschlich wie verirrte obdach-se Arme. Auch sah man manche südlich gelegene Mauer, an deren Spalieren zu rer Zeit die Pfirsiche hingen.

rüh am Tag wurde die Ecke prächtig von der Sonne beschienen; aber wenn die raßen heiß wurden, trat sie in den Schatten, doch nicht so sehr, daß man nicht arüber hinaus in ein Lichtmeer hätte schauen können. Es war ein kühles ätzchen, aber doch zugleich heiter, ein wundervoller Platz für das Echo und ein ahrer Rettungshafen vor dem Straßenlärm.

n einem solchen Ankerplatz konnte man mit Recht eine ruhige Barke erwarten, nd sie war auch vorhanden. Der Doktor bewohnte zwei Stockwerke eines großen illen Hauses, in dem tagsüber angeblich mehrere Gewerbe betrieben wurden, schon man nur wenig davon hörte, und nachts alles ausgeflogen zu sein schien. In nem Gebäude an der Hinterseite, zu dem man über einen Hof mußte, wo die ünen Blätter einer Platane im Winde rauschten, wurde, wie es den Anschein itte, Kirchenorgelbau betrieben und Silberschmelz gefertigt, ferner Gold schlagen von einem geheimnisvollen Riesen, der seinen glänzenden Arm an der ordermauer zeigte, als hätte er sich selbst zu Gold geschlagen und wolle das auch it allen so machen, die zu ihm kämen, und drohe allen Besuchern mit einer nlichen Umwandlung. Doch sah oder hörte man nur wenig von diesen Gewer-n, ebensowenig wie von dem einsamen Mieter, der eine Treppe hoch wohnen, er von einem Hersteller von Kutschenbeschlägen, der unten sein Kontor haben llte. Hin und wieder legte wohl ein einzelner Arbeiter seinen Rock an und kam rch das Tor, es sah sich ein Fremder darin um, man vernahm über den Hof rüber ein fernes Klimpern, oder man hörte einen Schlag des goldenen Riesen. es waren jedoch nur Ausnahmen, die zur Bestätigung der Regel dienten, daß auf der Platane hinter dem Haus das Volk der Sperlinge und an der Ecke davor da Echo unbestrittene Herrschaft übte, vom Sonntagmorgen an bis zum Samstag abend.”

CHARLES DICKENS, *EINE GESCHICHTE AUS ZWEI STÄDTEN* (1859)
NACH ALTEN ÜBERSETZUNGEN, INSEL VERLAG, FRANKFURT/M. 198

In den Elendsvierteln

Im August 1902 brach der Amerikaner Jack London (1876-1916) nac Südafrika auf, um über den Burenkrieg zu berichten. In England erfuhr e daß sein Auftrag rückgängig gemacht worden war. Er entschloß sich, sta dessen über das Londoner East End zu schreiben, das berüchtigste Elend viertel Englands. Um unter den Gaunern, Obdachlosen, Huren und Säufern herum streunen zu können, ohne aufzufallen , kleidete er sich wie sie. Sein aus diese Erlebnissen entstandenes Buch Die Stadt der Verdammten *ist eine bittere Anklag gegen die soziale Situation in London zu Beginn des 20. Jahrhunderts.*

“In London kann man dem Anblick bitterster Armut nie für längere Ze entfliehen, denn von jedem beliebigen Punkt aus gerät man innerhalb von fün Minuten in einen Slum. Das East End aber, durch das wir nun fuhren, war e endloses, ununterbrochenes Elendsviertel. Die Straßen waren bevölkert mit eine anderen Menschenrasse: klein und schmächtig, zerlumpt un aufgedunsen vom Bier. Unsere Droschke rollte meilenwe kreuz und quer durch

ine Steinwüste von Schmutz und Elend. Hier und da torkelte in Mann oder eine Frau betrunken über den Bürgersteig, nd die Luft war vergiftet von Zank und Streit. Auf dem ſarkt wühlten gebrechliche alte Männer und Frauen im Abıll nach verfaulten Kartoffeln, Bohnen und Gemüse, ·ährend kleine Kinder wie Fliegen um einen Haufen fauliges)bst schwärmten und die Arme bis zu den Schultern in der ɪitschigen Fäulnis versenkten, aus der sie ab und zu ein halbɛrfaultes Stückchen hervorzerrten, das sie gierig verschlangen. ˌuf der ganzen Fahrt begegnete mir keine einzige Droschke. ›ie Kinder liefen uns nach und neben uns her, als seien wir ine Erscheinung aus einer anderen, besseren Welt. Von ıeinem Fenster aus sah ich nur düstere Mauern, :hmutzstarrende Bürgersteige und das Chaos auf den traßen, und zum ersten Mal in meinem Leben erdrückte ıich fast die Angst vor den Massen. ”

JACK LONDON, *DIE STADT DER VERDAMMTEN* (1903), ÜBERSETZT VON GISELA KIRBERG, BÜCHERGILDE GUTENBERG, FRANKFURT/M. 1981

NGLISCHE FRAGMENTE

Der deutsche Schriftsteller Heinrich Heine (1797-1856), als Jude vielen Schwierigkeiten ausgesetzt, war seit der Veröffentlichung seiner ersten Lyrik-Sammlung mit dem Titel Buch der Lieder *im Jahr 327 ebenso bekannt wie umstritten. Etwa zu dieser Zeit begann er auch mit der iederschrift seiner* Reisebilder, *denen er zwischen 1826 und 1831 mehrere Folgen nzufügte. In diesen vier Bänden, angeregt durch mehrere Reisen in Italien, Großbrinnien und anderen Ländern, teilt Heine, anstatt nur Orte und Begebenheiten zu schreiben, mit beträchtlicher Ironie seine zeitbezogenen kultur- und gesellschaftsitischen Beobachtungen mit, durch die seine vom Liberalismus geprägten Ideen hinırchscheinen, aufgrund derer er in die Mühlen der restaurativen Zensurpolitik geriet ıd ins Exil nach Paris gehen mußte.*

Ich habe das Merkwürdigste gesehen, was die Welt dem staunenden Geiste igen kann, ich habe es gesehen und staune noch immer – noch immer starrt in einem Gedächtnisse dieser steinerne Wald von Häusern und dazwischen der ängende Strom lebendiger Menschengesichter mit all ihren bunten Leidenhaften, mit all ihrer grauenhaften Hast der Liebe, des Hungers und des Hasses – ı spreche von London.

hickt einen Philosophen nach London; bei Leibe keinen Poeten! Schickt einen ilosophen hin und stellt ihn an eine Ecke von Cheapside, er wird hier mehr lern, als aus allen Büchern der letzten Leipziger Messe; und wie die Menschenɔgen ihn umrauschen, so wird auch ein Meer von neuen Gedanken vor ihm aufigen, der ewige Geist, der darüber schwebt, wird ihn anwehen, die verborgensten heimnisse der gesellschaftlichen Ordnung werden sich ihm plötzlich offenbaren, wird den Pulsschlag der Welt hörbar vernehmen und sichtbar sehen – denn wenn ndon die rechte Hand der Welt ist, die tätige, mächtige rechte Hand, so ist jene raße, die von der Börse nach Downingstreet führt, als die Pulsader der Welt zu trachten.

ɔer schickt keinen Poeten nach London! Dieser bare Ernst aller Dinge, diese lossale Einförmigkeit, diese maschinenhafte Bewegung, diese Verdrießlichkeit r Freude selbst, dieses übertriebene London erdrückt die Phantasie und zerreißt s Herz. Und wolltet Ihr gar einen deutschen Poeten hinschicken, einen Träumer, r vor jeder einzelnen Erscheinung stehen bleibt, etwa vor einem zerlumpten ttelweib oder einem blanken Goldschmiedladen – o! dann geht es ihm erst recht ılimm, und er wird von allen Seiten fortgeschoben oder gar mit einem milden

God damn! niedergestoßen. God damn! das verdammte Stoßen!”

Heinrich Heine, *Englische Fragmente - Reisebilder* (1826-31), in: H.H., Sämtliche Schriften, Bd. 3, (Hg.) Klaus Briegleb, Ullstein, Berlin, Wien 1981

Top of a bus, Sir!

Arthur Holitscher (1869-1941), Bankbeamter, Journalist, Lektor, schaffte den eigentlich Durchbruch als freier Schriftsteller mit Reportagen aus Amerika. Es folgten Reisen nach Rußland, Kanada, Japan, China und Indien. Die Schauplätze seine Buchs Der Narrenführer *sind Paris und Londor der zwanziger Jahre, er schildert Momentaufnahmen aus einer atemlosen Epoche.*

“London lernt man am besten au folgende Art und Weise kennen: Morgens, nach dem Frühstück in Boardinghouse (Speck und Eier, Röstbrot, Haddock, Orangenmarmelade und Tee, der geheiligten, alle Stürme, Kriege Systemwechsel, Kulturepochen überdauernden, un übertrefflichen, unbesieglichen Speisefolge de

Normalengländers), klettert man auf das Verdeck des ersten besten daherratternden Autobus.
»All the way, please!«
Durch die Straßen der inneren Stadt, über die Themsebrücken, die Vororte, die Gärten, Commons, Greens, Heidestrecken und Wiesen der weiteren Umgebung, durch verträumte kleine Dörfer, Weiler und Städtchen am Rand der nie aufhörenden Stadt führt das schnellfahrende Gefährt mit Windeseile. [...]
»All the way, please!« Der Motor rattert, die Zeit hat Eile, an der Endstation wartet bereits ein neuer Omnibus, der dich weiter hinaus, immer weiter ins Land führt. Wenn du Geduld hast, magst du auf solche Art, nach einer ineinander greifenden Kette von »all the ways« , an EINEM TAGE, vom Frühstück bis zum Dinner (Suppe, Weißfisch, Roastbeef mit gelben Kartoffeln, ungesalzenem Kohl, briefmarkengroßem Stückchen Chesterkäse, Applepie und Bisquit, durch Jahrhunderte heilig gehaltene Speisefolge!) das Meer sehen, oder Oxford, das weite, wunderbare Land, Berkshire, Essex, Buckingham, Gloucester [...].”

ARTHUR HOLITSCHER, *DER NARRENFÜHRER DURCH PARIS UND LONDON* (1925), S. FISCHER, FRANKFURT/M. 1986

LONDONER NEBEL

Julien Green (1900 geb.), französischer Schriftsteller amerikanischer Herkunft, lebte in Paris und von 1919-22 als Student und während des Zweiten Weltkriegs als Emigrant in den USA. Zeit seines Lebens reiste er viel und hielt seine Eindrücke in Tagebüchern fest. Die Aufzeichnungen Meine Städte *beschwören in klarer, sachlicher und scheinbar müheloser Prosa Vergangenes herauf, porträtieren ein London , das Green einst als Kind entdeckte.*

“London ist das Ziel meiner allerersten Reise gewesen. Das war im Jahre 1905 und mit meiner Mutter. Ich erinnere mich nur noch, bei Freunden einen Cake gegessen und dem Tower einen Besuch abgestattet zu haben. Es war im Winter, ein starker Wind wehte, wir stiegen auf einen Söller und blickten auf die schwarzen Fluten der Themse hinab [...]. Seitdem bin ich oft zurückgekehrt, manchmal nur ganz kurz, manchmal für mehrere Monate.
[...] In Chelsea. Besuch des Spitals, eines herrlichen Gebäudes von Wren. Alte Soldaten in blauen Tuchröcken wandern langsam durch die Gartenanlagen und suchen ein wenig Sonne. Die in gelben Stein gemeißelten Kettenmotive auf dem geschwärzten Backstein der Mauern wirken wie Uniformschmuck; zahllose schmale und strenge Fenster und sehr wenige Ornamente; diese langen Fassaden verdanken all ihre Schönheit einem auserlesenen Sinn für Proportionen und dem dieser Epoche innewohnenden Gefühl für das Majestätische. Ein leichter Dunst hängt in der Luft, setzt sich an den gelb werdenden Bäumen fest und verleiht der Landschaft ein unwirkliches Aussehen.
In Kenwood bei Hampstead Heath. Das anmutige Haus im neugriechischen Stil liegt über einem kleinen bewaldeten Tal. Eine kalte und schöne Residenz mit großen kahlen Räumen, in denen nur ein paar Stühle, ein Tisch und eine Vitrine stehen. Viele vortreffliche Gemälde von Rembrandt, Vermeer und Van Dyck. Ohne diese Bilder wäre es ein Haus, in dem sich ein Roman von Jane Austen hätte abspielen können. So feine und zerbrechliche Sessel, daß man sie nicht zu benutzen wagen würde, Kommoden, auf chinesische Art lackiert; da scheint es unvorstellbar, daß Leute inmitten so wohlerzogener Möbel in Wut geraten könnten. Draußen ein Wald. Und wir sind mitten in London.

An einem nebligen Tag gehe ich in ein Geschäft auf der Brompton Road, um mir ein Hemd zu kaufen. Der Verkäufer, ein weißhaariger Mann, erklärt mir, den wahren Fog gäbe es in London nicht mehr, seit sich die elektrische Heizung verbreitet habe. Zu seiner Zeit, sagt er, sei der Nebel so dicht gewesen, daß man sich auf der Straße immer an den Häuserwänden hielt; oder aber man wandte sich an einen der zahlreichen Blinden, denen man hier begegnet, und die, da sie nicht zu sehen brauchen, um sich zu orientieren, eine äußerst kostbare Hilfe waren, sofern sie ihr Stadtviertel gut kannten.”

JULIEN GREEN, *MEINE STÄDTE. EIN REISETAGEBUCH*, ÜBERSETZT VON HELMUT KOSSODO, PAUL LIST VERLAG, MÜNCHEN 1986

KING'S CROSS

Edward Morgan Forster (1879-1970) studierte in Cambridge, bevor er als Journalist, Literaturkritiker und Schriftsteller zu arbeiten begann. In Deutschland wurde Forster vor allem durch die Verfilmungen seiner Romane durch James Ivory bekannt; etwa Die Reise nach Indien, Zimmer mit Aussicht, Maurice *oder auch* Howards End. *In dem 1910 erschienenen Roman wechseln die Schauplätze zwischen London, wo die beiden Schwestern Margaret und Helen Schlegel leben, und dem titelgebenden Landsitz in der Provinz, der der Familie Wilcox gehört.*

“So wie viele andere, die lange in einer großen Hauptstadt gelebt haben, hatte auch sie entschiedene Ansichten über die verschiedenen Bahnhöfe. Sie sind unsere Tore zur Herrlichkeit in der Fremde. Durch sie fahren wir hinaus zu Abenteuern und Sonnenschein, zu ihnen kehren wir – leider! – wieder zurück. Hinter Paddington verbirgt sich ganz Cornwall und der fernere Westen; von Liverpool Street aus führen abschüssige Gleise zum Fen-Distrikt und zu den unendlichen Norfolk Broads; Schottland liegt hinter den Masten von Euston; Wessex hinter dem geordneten Chaos von Waterloo. Die Italiener sind sich dessen natürlich bewußt; wer von ihnen das Pech hat, in Berlin als Kellner arbeiten zu müssen, nennt den Anhalter Bahnhof ›Stazione d'Italia‹, denn nur von dort aus kann er in seine Heimat zurückkehren. Und das wäre doch schon ein ganz kaltherziger Londoner, der seinen Bahnhöfen keinen persönlichen Charakter verliehe und ihnen keine, wenn auch noch so verhaltenen Gefühle der Ehrfurcht und der Liebe entgegenbrächte.
Der Bahnhof King's Cross hatte Margaret – das wird den Leser hoffentlich nicht gegen sie einnehmen – stets an die Unendlichkeit denken lassen. Schon seine Lage – ein wenig zurückgesetzt hinter der gefälligen Pracht von St. Pancras – drückte eine Kritik am Materialismus des Lebens aus. Jene zwei großen Bögen, farblos, gleichgültig, mit einer unschönen Uhr auf dem Rücken, eigneten sich gerade als Tore zu einem unvergeßlichen Abenteuer, das wohl zu Reichtümern führen mochte, sich aber ganz gewiß nicht in der gewöhnlichen Sprache des Reichtums wiedergeben ließe.”

EDWARD MORGAN FORSTER, *WIEDERSEHEN IN HOWARDS END* (1910), ÜBERSETZT VON EGON PÖLLINGER, NYMPHENBURGER VERLAGSHANDLUNG, MÜNCHEN 1987

ÖNIGSKRÖNUNG IN WESTMINSTER

Der englische Beamte Samuel Pepys (1633-1703) hat von 1666 bis 1669 ein Geheimes Tagebuch *geführt, in dem er ebenso penibel über Verwaltungsquerelen im Marineamt und Schmiergelder berichtet wie von seiner Schürzenjägerei oder seinen Verdauungsproblemen. Erfrischend und amüsant zu sen, ist seine Chronique scandaleuse überdies ein Bericht bedeutsamer Ereignisse im ürgerlichen London des 17. Jh. wie der Pest von 1665, die an die hunderttausend Menschen dahinraffte, oder des großen Feuers von 1666. Am 23. April 1661 wird er euge der pompösen Königskrönung von Charles II.*

Etwa um 4 stand ich auf und begab mich zur Abtei, wo ich Sir. J. Denham, dem auinspektor folgte, zusammen mit einigen Leuten, die er hineinführte. Und kam it viel Umstand durch die Gefälligkeit Mr. Coopers, seines Dieners, auf eine oße Tribüne über dem Nordflügel der Abtei, wo ich mit viel Geduld von nach 4 s 11 saß, bevor der König kam. Und ein großes Vergnügen war es, die Abtei zu hen mit einem Podest in der Mitte, ganz rot überzogen, und ein Thron (das heißt n Stuhl) darauf nebst Fußschemel, und die Beamten aller Ränge bis hinab zu den eigern in roten Gewändern. Schließlich kommt der Dekan herein und die Domrren von Westminster mit den Bischön (viele von ihnen in golddurchwirkten iesterröcken) und nach ihnen der ochadel, alle in ihren Parlamentsroben, n höchst prachtvoller Anblick. Dann r Herzog und der König mit einem epter (von Lord Sandwich getragen) d Schwert und Reichsapfel vor ihm d die Krone auch. Der König in seinen oben, barhäuptig, was sehr schön war. nd nachdem alle ihre Plätze eingemmen hatten, folgte eine Predigt und r Gottesdienst; und dann unterzog sich r König im Chor am Hochaltar allen önungszeremonien, was ich und die eisten anderen in der Abtei nicht sehen nnten, zu meinem großen Leidwesen. s ihm die Krone aufgesetzt wurde, gann lautes Hochrufen, und er kam ch vorn zum Thron und unterzog sich iteren Zeremonien: leistete nämlich n Eid und hörte sich an, was der Bischof verlas; und seine Lords (die ihre Mützen fsetzten, sobald der König seine Krone aufsetzte) und die Bischöfe kamen und ieten vor ihm nieder. Und dreimal ging der Wappenherold zu den drei offenen iten auf dem Podest und verkündete, falls irgendwer irgendeinen Grund führen könnte, warum Charles Stuart nicht König von England sein sollte, dann lte er jetzt vortreten und sprechen. Und ein Generalpardon wurde auch vom rdkanzler verlesen und silberne Denkmünzen von Lord Cornwallis in die Menge worfen, aber ich konnte keine erwischen. Aber so großer Lärm, daß ich nur nig von der Musik mitbekam; und in der Tat hatte keiner etwas davon. Doch ich te einen so großen Drang zu pissen, daß ich hinausging, kurz bevor der König seine Zeremonien erledigt hatte, und ging um die Abtei herum nach Westnster Hall, den ganzen Weg zwischen Absperrungen und 10 000 Leuten, der den mit blauem Tuch belegt und Brettergerüste den ganzen Weg entlang. In die lle gelangte ich, wo es sehr elegant war mit Wandbehängen und ansteigenden zreihen voller prächtiger Damen, und meine Frau in einer schmalen auf der hten Seite.»

SAMUEL PEPYS, *DAS GEHEIME TAGEBUCH* (1660-69),
ÜBERSETZT VON JUTTA SCHLÖSSER,
INSEL-VERLAG, FRANKFURT/M. UND LEIPZIG 1980

DIE KÖNIGIN IN BOND STREET

Ihre Geburtsstadt London spielt eine zentrale Rolle in Leben und Werk vo
Virginia Woolf (1882-1941). Im Londoner Haus in Bloomsbury, nahe de
British Museum, wurde die Bloomsbury Group gegründet, die Schriftsteller
Historiker, Ökonomen und Kritiker vereinte und einen wichtigen Zweig de
englischen Avantgarde bildete. Ebenfalls in London gründete sie mit ihrem Ehemann
Leonard Woolf den Verlag Hogarth Press. In dem Roman Mrs. Dalloway, *der nur etw*
fünfzehn Stunden Handlung von den Vorbereitungen einer Abendgesellschaft bis zu
Abschied der Gäste umfaßt, begleiten wir die Protagonistin Clarissa bei ihren morgend
lichen Einkäufen durch die Straßen von London.

“Das Auto mit seinen geschlossenen Vorhängen und einem Air unergründliche
Reserviertheit fuhr jetzt langsam gegen Piccadilly, noch immer angestarrt, noc
immer die Gesichter zu beiden Seiten der Straße mit demselben dunkeln Hauc
von Verehrung kräuselnd, ob für Königin, Prinz oder Premierminister, das wußt
niemand. Das Gesicht war nur sekundenlang von drei Leuten erblickt worder
Sogar über sein Geschlecht gab es jetzt Meinungsverschiedenheiten. Doch e
konnte gar keinen Zweifel darüber geben, daß Erhabenheit im Innern saß; Erha
benheit fuhr verborgen die Bond Street hinunter, nur eine Handbreit entfernt vo
gewöhnlichen Leuten, die sich jetzt, zum ersten- und letztenmal, in Sprechweite de
Majestät Englands befinden mochten, des dauernden Sinnbilds des Staates, da
wißbegierigen Altertumsforschern bekannt sein wird beim Sichten der Ruinen de
Zeit, wenn London ein grasüberwachsener Fleck sein würde und alle, die heute, a
diesem Mittwochmorgen, die Gehsteige entlangeilten, nur noch Gebeine wären m
ein paar unter ihren Staub gemengten Eheringen und den Goldplomben unzählige
verfaulter Zähne. Das Gesicht in dem Auto aber wird dann bekannt.
Es ist wahrscheinlich die Königin, dachte Mrs. Dalloway, als sie mit ihren Blume
aus Mulberrys Laden trat; die Königin. Und eine Sekunde lang trug sie eine Mien
außerordentlicher Würde, wie sie so vor dem Blumenladen im Sonnenschein stan
während das Auto im Fußgängertempo mit geschlossenen Vorhängen weiterfuh
Die Königin, die ein Krankenhaus besucht; die Königin, die einen Wohltätigkeit
basar eröffnet, dachte Clarissa.
Das Gedränge war gewaltig für diese Tageszeit. Kricket auf Lord’s Platz, Rennen i
Ascot, Polo in Hurlingham, was war wohl heute los, fragte sie sich, denn die Straf
war verstopft. Die britischen Mittelständler, die da im Profil auf dem Oberdeck d
Omnibusse saßen, mit ihren Päckchen und Schirmen, manche Frauen sogar im Pe
an einem Tag wie diesem, sie alle waren wahrhaftig, so dachte sie, lächerlicher ur
unwahrscheinlicher als i
gend etwas, das man sich vo
zustellen vermochte; und d
Königin selbst wurde aufg
halten; die Königin wur
am Weiterfahren gehinde
Clarissa war auf der ein
Seite der Brook Street zu
Warten gezwungen; Sir Jo
Buckhurst, der alte Richte
auf der andern, mit de
Auto da zwischen ihnen (S
John hatte seit Jahren ve
kündet, was recht war, u
fand Gefallen an einer gu
gekleideten Frau), als d
Chauffeur, sich kaum mer
lich zur Seite neigend, de
Polizisten etwas sagte od
zeigte; der salutierte und h
den Arm und brachte n

einer Kopfbewegung den Omnibus auf die Seite, und das Auto fuhr hindurch. Langsam und fast lautlos setzte es seinen Weg fort.
Clarissa erriet; Clarissa begriff natürlich; sie hatte etwas Weißes, etwas Zauberkräftiges, Kreisrundes in der Hand des Bedienten gesehen, ein Scheibchen mit einem Namen darauf – dem der Königin, des Prinzen von Wales, des Premierministers – welcher sich kraft seines Glanzes seine Bahn brannte (Clarissa sah das Auto kleiner werden, verschwinden) und heute abend, im Buckingham Palace, inmitten von Kandelabern, glitzernden Ordenssternen, Fräcken, steif von goldenem Eichenlaub, Hugh Whitbread und allen seinen Amtsbrüdern, den Kammerherren Englands, erstrahlen würde. Und auch sie Clarissa, gäbe ein Fest. Sie straffte sich ein wenig; so würde sie oben am Kopf der Treppe stehn.”

VIRGINIA WOOLF, *MRS. DALLOWAY (1925),* ÜBERSETZT VON HERBERTH E. UND MARLYS HERLITSCHKA, S. FISCHER, FRANKFURT/M. 1986

DER FLANEUR IN COVENT GARDEN

Ende des letzten Jahrhunderts war der englische Schriftsteller Oscar Wilde (1854-1900) wegen seiner homosexuellen Neigungen von der prüden viktorianischen Gesellschaft geächtet; seine Manuskripte wurden von den Verlagshäusern abgelehnt. Heute ist Das Bildnis des Dorian Gray, *1890 veröffentlicht, einer der meistgelesenen Romane der englischen Literatur. Wilde beschreibt vor dem Hintergrund Londons die Suche eines jungen Dandys nach Lebensgenuß ohne moralische Tabus. Das märchenhafte Hauptmotiv des Romans ist die immerwährende Jugend der Hauptfigur, die allerdings die Spuren der vergehenden Zeit an einem Porträt ablesen kann, das Tag für Tag altert...*

“Wohin er ging, wußte er kaum. Er erinnerte sich, daß er durch schlecht erleuchtete Gassen gegangen, an elenden, in Schwarz getauchten Torwegen und verdächtig aussehenden Häusern vorbeigekommen war. Weiber mit heisern Stimmen und grellem Gelächter hatten ihn angerufen. Betrunkene waren fluchend und mit sich selbst redend wie gräßliche Affen an ihm vorbeigetaumelt. Er hatte unglaublich verwahrloste Kinder auf der Schwelle beisammen hocken sehen und hatte aus düstern Höfen Kreischen und Fluchen gehört.
Als der Morgen graute, befand er sich in der Nähe von Covent Garden. Die Dunkelheit hob sich hinweg, der Himmel färbte sich mit mattem Feuer und wölbte sich zu einer vollendeten Perle. Große Wagen voll nickender Lilien rasselten langsam durch die leere Straße. Die Luft war schwer vom Duft der Blumen, und ihre Schönheit schien seinem Schmerz Linderung zu bringen. Er ging in die Markthalle hinein und sah zu, wie die Männer ihre Wagen ausluden. Ein Fuhrmann in weißem Kittel bot ihm einige Kirschen an. Er dankte ihm, wunderte sich, warum er kein Geld dafür annehmen wollte, und begann sie, ohne recht dabei zu sein, zu essen. Sie waren um Mitternacht gepflückt worden, und die Kühle des Mondes wohnte in ihnen. Burschen, die Körbe mit rotgestreiften und gelben und roten Rosen trugen, zogen in langer Reihe an ihm vorbei und wanden sich durch die riesigen, graugrünen Gemüsehaufen durch. In der Vorhalle mit ihren grauen, von der Sonne gebleichten Säulen wartete eine Schar Mädchen, untätig, mit beschmutzten Rocksäumen und ohne Hut, bis die Versteigerung vorüber war. Andere drängten sich um die unaufhörlich auf und zugehenden Türen des Kaffeehauses an der Piazza. Die schweren Lastpferde strauchelten und stampften auf den holperigen Steinen und schüttelten ihr Geschirr und ihre Glocken. Etliche Fuhrleute lagen schlafend auf einem Haufen Säcke. Mit regenbogenfarbenem Hals und rosigen Füßen liefen die Tauben herum und pickten die Körner auf.”

OSCAR WILDE, *DAS BILDNIS DES DORIAN GRAY* (1890), ÜBERSETZT VON CHRISTINE HOEPPNER, INSEL-VERLAG, FRANKFURT/M. UND LEIPZIG 1991

HYDE PARK

Im Alter von 17 Jahren verläßt Joseph Conrad (1857-1924) sein Heimatland Polen, um zur See zu gehen. In seiner freien Zeit liest er Shakespeare und lernt englisch. 1895 schreibt er seinen ersten Roman – auf englisch – und ein Jahr später läßt er sich ganz in Großbritannien nieder. Von seinem Roman Der Geheimagent, *der 1907 erschien, sagte er : »Ich habe ein Buch geschrieben, in dem kein einziger Tropfen Wasser vorkommt – außer Regen, was ganz normal ist, weil alles in London spielt. Außerdem gibt es eine Handvoll Anarchisten darin, zwei Frauen und einen Dummkopf [...].«*

“Durch das Gitter des Parks gewahrten seine Augen Männer und Frauen zu Pferde auf der Allee, harmonisch im Galopp dahinfliegende Paare, gemessen im Schritt Reitende, müßig beisammenstehende Gruppen von drei oder vier Berittenen, einsame, ungesellig wirkende Reiter und einzelne Reiterinnen, denen in weitem Abstand der Reitknecht mit der Kokarde am Hut und breiten Leibriemen über der knappen Livree folgte. Kutschen rollten vorüber, meist offene Zweispänner, gelegentlich auch eine mit Raubtierfell ausgeschlagene Victoriachaise, über derem heruntergeklapptem Verdeck Hut und Gesicht einer Frau erschienen. Und alles dies wurde überstrahlt vom stechenden Blick der eigentümlichen Londoner Sonne – gegen die sich nichts weiter einwenden ließ, als daß sie blutunterlaufen aussah. Sie hing mit der Miene gewissenhafter und wohlwollender Wachsamkeit in mäßiger Höhe oberhalb von Hyde Park Corner. Selbst das Pflaster unter Herrn Verlocs Füßen nahm in ihrem diffusen Licht eine altgoldne Tönung an, und weder Mauer noch Baum, weder Tier noch Mensch warfen einen Schatten. Herr Verloc bewegte sich westwärts durch eine Stadt ohne Schatten in einer Atmosphäre aus zerstäubtem Altgold. Rötliche, kupferfarbene Glanzlichter lagen auf Dächern und Mauerecken, auf den Wänden der Kutschen, ja selbst auf dem Fell der Pferde und dem breiten Rücken von Herrn Verlocs Mantel, wo sie einen stumpfen rostfarbenen Effekt machten. Herr Verloc indessen war sich nicht im mindesten bewußt, rostig zu sein.”

JOSEPH CONRAD, *DER GEHEIMAGENT* (1907), ÜBERSETZT VON GÜNTER DANEHL, DIOGENES, ZÜRICH 1975

SWINGIN' LONDON

Colin MacInnes Roman Absolute Beginners *zeigt uns London 1958 als düster-fantastisches Traumland aus der Sicht eines rebellischen Teenagers: Vor dem Hintergrund der Subkulturen und Rassenkonflikte, der Modetrends, der Musik- und Kunstszene von Soho und der populären Jugendkultur entfaltet sich das Swinging London der beginnenden Sixties, mitten im gesellschaftlichen Umbruch.*

“Wir stiegen über die weiße Treppe zum Wintergarten unter dem Dach des Kaufhauses und standen vor dem großartigen Panorama, unserm Lieblingstreff.
Dazu muß ich erklären, daß Wiz und ich nie in diesen Laden kommen, um etwas zu kaufen – ausgenommen, wie heute, ein Sandwich mit Räucherlachs und Eiskaffee. Wie ein jung-verheiratetes Ehepaar sehen wir uns hier die neuesten Möbel und Stoffe an. Außerdem haben wir den großartigsten Ausblick auf London, den ich in der ganzen Stadt kenne und der anderen Nervensägen unseres Alters völlig unbekannt ist, vermutlich allen anderen auch, mal abgesehen von diesen alten Tanten aus Chelsea, die vormittags hier nach oben kommen, um ihren Tee zu trinken.
In Richtung Norden sieht man nicht viel, das stimmt, und nach Westen ist die Aussicht durch das Kaufhaus selbst versperrt. Aber wenn man sich auf seinem

Barhocker langsam von Osten nach Süden dreht, sieht man, wie beim Cinerama, neue Beton-Wolkenküsser, die wie Säulen auf alten englischen Plätzen emporragen, und dann die phantastischen Parks mit Bäumen wie klassischer französischer Salat und schließlich das Hafenleben entlang der Themse, dieser großartige Fluß, der an eine Meeresbucht erinnert, und über dem wildgewordene Möwen am Himmel kreisen, die mit ihren Schnäbeln fast gegen die gewölbten Glasscheiben schlagen, und bevor man weiß, was überhaupt los ist, hat man einmal die Runde gemacht und sitzt wieder vor seiner Tasse Eiskaffee. [...] *[Vom Kaufhaus bricht unser Hipster zu einer Tour durch London auf, die ihn in verschiedene Viertel führt.]*

Ich muß sagen , daß ich Belgravia in seiner Art ziemlich mag, nicht weil es das ist, für das die Daddies, die hier wohnen, es halten, nämlich den schwindelig machenden Gipfel verrückter Kultiviertheit, sondern weil ich es für ein altenglisches Produkt wie Wachablösung, vornehme Einreiher und Stiltonkäse in großen braunen Porzellankrügen oder ähnliche Sachen halte, für die sie im Esquire Reklame machen, damit die Amerikaner angelockt werden, das malerische Großbritannien zu besuchen. Ich meine in Belgravia die Blumenkästen und die Markisen über den Türen und die verschiedenen Gelb-Schattierungen, in denen die Vorderseiten der Häuser angepinselt sind. Das schöne Leben in Saus und Braus, und draußen vor dem Fenster die riesigen grünen Quadrate, das Schnurren der Autos, die entweder gemietet sind oder Diplomaten gehören, und wo alles auf Bestellung ins Haus gebracht wird, und die kleinen Restaurants, wo die Camp-Typen in engen Baumwollhosen eine halbe Avocado-Birne für fünf Pfund, einschließlich Bedienung servieren. Zu fehlen scheint hier nur noch der gute König Ted. Und ich bin nie in dieser Gegend, ohne daran zu denken, daß es ein großes weißgrünes Theater mit einer Komödientruppe ist, die ich sehr bewundere, obgleich es traurig macht, wenn man daran denkt.

Und durch diese Gegend wanderte ich nun und trug dabei meinen neuen italienischen Anzug, was in Belgravia tatsächlich eine Pionierleistung ist [...].

[Die Aufmachung gefällt allerdings auch seinem Halbbruder Vernon nicht:] »Diese Sachen, die du immer trägst«, sagte er schließlich, »ekeln mich an.« Und das hoffte ich von ganzem Herzen! Ich hatte haargenau meine vollständige Teenager-Ausrüstung an, die ihn wütend machte: die grauen spitzen Krokodillederschuhe, die hellrosanen Nylonsocken, die blauen hautengen Cambridge-Jeans, ein längsgestreiftes Freizeithemd, so daß die Kette mit meinem Amulett zu sehen war, und das bereits erwähnte kurze italienische Jackett – gar nicht zu reden von dem Kettenarmband mit Erkennungsnummer und meinem spartanischen Nahkampfschnitt [...].”

COLIN MACINNES, *ABSOLUTE BEGINNERS*, ÜBERSETZT VON LOTHAR GORRIS UND RALF NIEMCZYK, KÖLN 1986, KIEPENHEUER & WITSCH

MITTAG IN DER CITY

Bekannt wurde Wolfgang Koeppen durch seine Romane Tauben im Gras, Das Treibhaus *und* Der Tod in Rom. *In seinen Reiseberichten erweist sich der Schriftsteller als minutiöser Beobachter, der trotz seines sezierenden Blicks Lokalkolorit und Atmosphäre vermittelt. Seine* Empfindsamen Reisen *führen ihn auch nach London, »in den Zauberwald der roten Autobusse«.*

“Wie jeder Kontinentale, wäre ich bei meinem ersten Ausgang beinahe überfahren worden, ich blickte nach links, und das Auto kam von rechts, aber in London ist der Fußgänger König, und der Autofahrer, statt zu schimpfen, sagte »sorry«. Nirgendwo kann man sicherer über die Straße gehen als im dichtesten Verkehrsstrom der englischen Hauptstadt. Und dann gibt es die gelben Lampen, ewig leuchtende Monde, die dem Wanderer die sicheren Furten im Strom der Wagen weisen, die Übergänge, die ihm das Menschenrecht wiedergeben, die hier stets respektierte Würde, vor den Motoren zu passieren. Ich ging zum Strand, es war gegen Mittag, ich näherte mich der City, und da sah ich sie, die Herren in schwarzen Anzügen mit den steifen schwarzen Hüten, die Ritter der Royal-Exchange, die Höflinge der Bank von England und hundert anderer Banken traditionsreicher Namen, und das ehrenwerte Volk der Anwälte und der Richter spazierte hier in kärglicher Sonne, für eine Weile der Perücke der Rechtsprechung entronnen, und zuweilen sah man gar einen Hohenpriester des Pfundes und der Usancen, den Zylinder würdig und waagerecht auf dem Haupt. Man meine nicht, daß das Schauspiel komisch sei; sie trugen ihre Citytracht natürlich und anständig, und ihr Anblick weckte sofort Vertrauen zur englischen Währung, Vertrauen zum Britischen Weltreich, und die Überzeugung, daß, Indien hin, Suez her und Cypern und Malta dazwischen, der Löwe weiterleben wird. Es war die Mittagsstunde, die Stunde der Clerks, sie strömten aus den Büros, den Schalterhallen, den Kanzleien, sie kamen noch weltumbraust aus den Redaktionsstuben der Fleetstreet, sie füllten die Straßen, eine Männerwelt, in der die Stenotypistinnen und Sekretärinnen geschlechtslose, der Liebe entsagende Vestalinnen eines sachlichen, von Männern bedienten Kults waren, ganz im Gegensatz zu Paris, zu einem Mittag etwa auf der Place Vendôme, mit all den bunten Sternen der hohen Schneiderkunst – eine Milchstraße erotischer Sonnen. Diese Clerks nun stellten sich an, sie stellten sich geduldig in langen Reihen vor kleineren oder größeren und zu dieser Stunden hoffnungslos überfüllten Eßwirtschaften auf, einige vor bürgerlichen Mittagstischen, aber die meisten vor den Ausgabestellen totenbleicher Sandwiches. Dies hätte deprimieren können. Aber es gab die Pubs und die Inns, den Chefs, den gehobenen Stellungen und den freien Flaneuren vorbehalten, Tempel der Gemütlichkeit aus gebeiztem Holz und voll Rauch, die, selbst wenn sie gestern errichtet waren, wie aus der Zeit vor Londons großem Brand aussehen. Da stehen sie nun im Pub, die steif Behüteten, die Würdigen, die Rosigen und Zuversichtlichen, jeder ein Gentleman unter Gentlemen, selten sieht man eine Frau, braun wird das Bier aus dem Schanktisch gepreßt, der Whisky, der Gin kräftigen den Lebensgeist, von einer gesottenen Lammkeule werden breite Scheiben geschnitten, den Leib zu stärken, und immer riecht es gesund nach Curry, weil Indien einmal zur Krone gehörte; doch noch gemütlicher sind die alten Portwein und Sherrystuben, solide Eichenfässer, die noch unter Segeln über das Meer reisten, sind voll von dunklen oder lichten Säften, deren Duft ein strenges, ritterliches und süßes Iberien in diese Räume zaubert, als hätte eine katholische Majestät der Krone von England willkommenen Tribut gezollt.«

Wolfgang Koeppen, *Nach Russland und anderswohin. Empfindsame Reisen*, Suhrkamp, Frankfurt/M. 1973

Pakis und andere waschechte Engländer

Hanif Kureishis (geb. 1954) Roman Der Buddha aus der Vorstadt *erzählt die Geschichte Karim Amirs, Sohn eines indischen Immigranten und einer Engländerin, der die Diskriminierung von »Pakis« und anderen Einwanderern im London zu Beginn der Ära Thatcher hautnah erlebt. Aufgewachsen in einer trostlosen Vorstadt, sieht er die entscheidende Wende in seinem Leben nicht in der Lösung des kulturellen Zwiespalts, sondern in seinem Umzug in die City. Hier, so glaubt er, beginnt das Leben in der Szene, mit Drogen, Musik und Sex.*

»Das Leben in der City machte die Fenster in meinem Kopf weit auf. Wenn ich an die Möglichkeiten dachte, die sich mir an einem so bunten, schnellen und quirligen Ort eröffneten, wurde mir ganz schwindelig: und dieses Gefühl half mir nicht gerade, mit diesen Möglichkeiten irgendwie zurechtzukommen. Mir war immer noch völlig unklar, was ich eigentlich wollte. Ohne Ziel fühlte ich mich in der Menge verloren; und ich begriff erst allmählich, wie die Stadt funktionierte.

/est Kensington bestand praktisch nur aus Reihen fünfstöckiger Häuser mit bbröckelnden Stuckfassaden; die Wohnungen wurden meist zimmerweise an usländische Studenten, Durchreisende und ärmere Leute vermietet, manche von ınen wohnten schon jahrelang hier. Die District Line der U-Bahn verlief parallel ır Baron's Court Road und tauchte ungefähr in der Straßenmitte in die Erde ein; ie Züge donnerten nach Charing Cross und dann hinaus nach East End, dem 'iertel, in dem Onkel Ted aufgewachsen war. Anders als in den Vorstädten, in enen niemand Nennenswertes – außer H.G.Wells – je gelebt hat, kreuzte man hier ändig sie Spuren der VIPs. Gandhi persönlich hatte einmal in einem Zimmer in 'est Kensington gewohnt, und in der nächsten Straße hatte sich der berüchtigte ermieter Rachman eine Wohnung für die junge Mandy Rice-Davies gehalten; hristine Keeler hatte hier ihren Tee getrunken. IRA-Bombenleger lebten in inzigen Zimmerchen, trafen sich in Kneipen in Hammersmith und sangen zur perrstunde »Waffen für die IRA«. Und in der Nähe der U-Bahn-Station hatte üher Mesrine gewohnt.

ndlich war ich also in London, und nichts machte mir mehr Spaß, als den ganzen ıg in meinem neuen Revier herumzuschlendern. London kam mir vor wie ein aus mit fünftausend verschiedenen Zimmern; der ganze Reiz lag darin, zu ıtdecken, wie die Zimmer untereinander verbunden waren, und sie allmählich le zu durchlaufen.”

Hanif Kureishi, *Der Buddha aus der Vorstadt,* übersetzt von Bernhard Robben, Kindler-Verlag, München 1990

Iord in der Underground

Die Kriminalromane der in Pittsburgh/USA geborenen Amerikanerin Martha Grimes wirken nicht weniger britisch als die ihrer englischen Kolleginnen Agatha Christie, Dorothy L. Sayers und P. D. James, mit denen sie schon häufig verglichen wurde. Superintendent Jury von Scotland Yard ermittelt esmal wegen eines Mordes in der Londoner U-Bahn, der offensichtlich in Zusam-enhang zu einem Juwelenraub steht.

In der Londoner Underground tat sich nicht viel um diese Zeit – zwischen ittagspause und Büroschluß –, als Katie O'Briens Violine die letzten klagenden ne eines Nocturne von Chopin durch den gekachelten Korridor schweben ließ. ıßerst selten schwebte in den Gängen der Wembley-Knotts-Station etwas anderes rch die Luft als Ruß. Katie zupfte an den Saiten und überlegte sich, was sie als chstes spielen sollte. Niedergeschlagen inspizierte sie den offenen Geigenkasten: ganini hatte ihr keine einzige Zehn-Pence-Münze eingebracht, Beethoven auch

nicht. Überhaupt war zu den paar Münzen, die sie selbst hineingelegt hatte, n eine einzige hinzugekommen, ein Fünf-Pence-Stück von einem verwahrloste neunjährigen Jungen, der aussah, als hätte er sich besser Milch dafür gekauft. Doc er hatte Katie zwei ganze Minuten lang seine uneingeschränkte Aufmerksamke geschenkt und dabei rhythmisch den Kopf hin und her gewiegt, als wäre ein klein Dirigent darin eingesperrt. Ohne zu lächeln hatte er dann seine Münze hingele und war weitergegangen, bis er schließlich vom Labyrinth der graubraunen Gän verschluckt wurde. In der letzten Viertelstunde war der Junge ihr einziger Zuhör gewesen. Charing Cross, King's Cross oder Piccadilly hätten bestimmt mehr eingebracht, wären aber auch viel gefährlicher gewesen. In diesen Bahnhöfen wimmelte es gewöhnlich nur so von Bullen. Sie schienen nichts Besseres zu tun zu haben, als den Straßenmusikanten das Leben schwer zu machen – den Gitarre- und Akkordeonspielern, die ständig zahlreicher wurden mit ihren offenen Kästen, ihren Balladen und ihren Liedern. [...]

In dem hohlen Tunnel hallten die Töne von den Wänden wieder. In der Ferne war das Rumpeln eines Zugs zu hören, und ein weiterer Windstoß blies ihr die Haare ins Gesicht und Ruß in die Augen; er wirbelte die Papierfetzen zu ihren Füßen auf, als würde jemand am andern Ende die ganze Luft ansaugen. Ohne auf ihre neue Bluse zu achten, lehnte sie sich gegen die Wand und fragte sich, was sie als nächstes spielen sollte, ob es sich überhaupt lohnte, weiterzumachen. An der gegenüberliegenden Wand hing ein Evita Peron-Plakat. Die ganze Wand war über und über beklebt mit Werbung für Filme, Ausstellungen und Reiseziele. Evita trug ein trägerloses Kleid, die Arme hatte sie in einer Art Siegerpose erhoben. Vor ihr war ein Wald von Mikrofonen aufgebaut. Die schimmernden Lippen verunzierte ein Schnurrbart, auf die Corsage waren zwei spitze Brustwarzen aufgemalt, und in den hocherhobenen Händen hielt sie Hammer und Sichel.[...]

Sie hörte Schritte in der Ferne und schob sich die Violine unters Kinn. Als die Schritte in dem zugigen Tunnel näherkamen, fing sie an zu spielen; sie hoffte, ‹Don't cry for me, Argentina› würde erfolgreicher sein als das Nocturne. Sie schloß die Augen, als sei sie ganz in die Musik versunken. Einen Augenblick später sah sie, wie die Füße vor dem Gitter unter dem Plakat stehenblieben u schmückte die Melodie in Erwartung des Ping der Münzen im Geigenkasten ein paar Schnörkeln. Den Blick hielt sie jedoch gesenkt, als würde das Geld überhaupt nicht interessieren.

Deshalb traf es sie auch völlig überraschend.

Der brutale Schlag auf den Hinterkopf ließ sie in die Knie gehen, und schmutzige, ockerfarbene Fußboden des Tunnels sauste auf sie zu. Sie hörte no wie die Schritte sich entfernten, dann versank sie in dem Dunkel wie in ein Haufen Sand, tiefer und tiefer. Bevor sie völlig unter ihm begraben wurde, blieb noch ein Augenblick Zeit, sich wie zum Spaß die Frage zu stellen, ob Ev vielleicht aus ihrem Plakat herabgestiegen sei, mit den Armen, die Hammer u Sichel hielten, ausgeholt habe, und dann zurück nach Argentinien enteilt sei. Don't cry for me –"

MARTHA GRIMES, *INSPEKTOR JURY SUCHT D* *KENNINGTON-SMARA*
ÜBERSETZT VON UTA GORIDIS, ROWOHLT, REINBEK 1

Streifzüge durch London

Adressen und Öffnungszeiten der Sehenswürdigkeiten finden Sie nach Stadtteilen geordnet auf den Seiten 404-422.

▲ *Her Majesty's Ship Belfast* und Tower Bridge.

▲ Regent Street im weihnachtlichen Lichterglanz.

▼ Isle of Dogs und Canary Whar

▲ Hampstead Heath.

▼ Die City: Bank of England, Stock Exchange und ›Nat West‹.

▼ Royal Naval College, Greenwich.

▲ »Trooping the Colour«.

▼ Parade der *Horse Guards*.

Ein Spaziergang im Grovelands Park. ▲ »Garden Party« im Buckingham Palace.

▲ Das Wohnviertel Highgate konnte sich seinen ländlichen Charme bewahren.

▲ Syon House.

▼ Hampton Court Palace inmitten des französischen Gartens

Londoner Institutionen

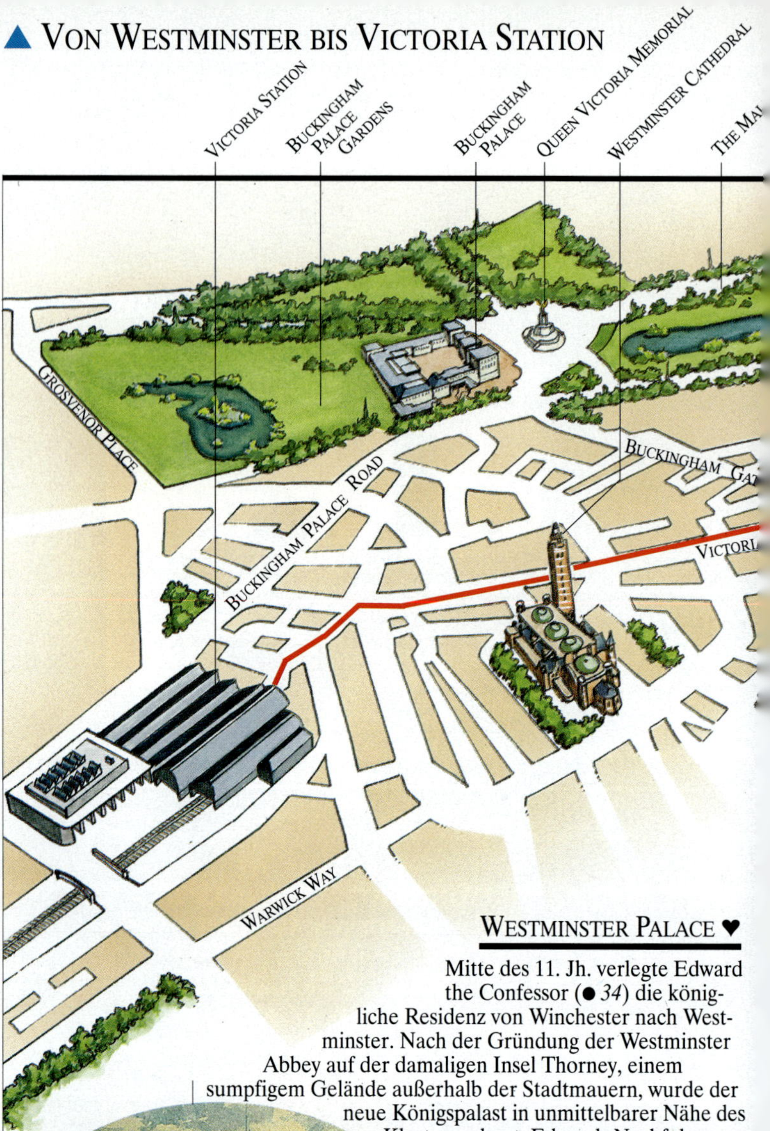

WESTMINSTER PALACE ♥

Mitte des 11. Jh. verlegte Edward the Confessor (● *34*) die königliche Residenz von Winchester nach Westminster. Nach der Gründung der Westminster Abbey auf der damaligen Insel Thorney, einem sumpfigem Gelände außerhalb der Stadtmauern, wurde der neue Königspalast in unmittelbarer Nähe des Klosters erbaut. Edwards Nachfolger, William the Conqueror, ließ sich 1066 in der Abtei krönen. Bis 1529, als Henry VIII. mit seinem Hof nach Whitehall umzog, wohnten alle Herrscher in Westminster Palace.

Entwicklung und Umgestaltung. Im Jahre 1097 ließ William II., Sohn von William the Conqueror, Westminster Hall bauen. In den folgenden Jahrhunderten wurde der Palast kontinuierlich erweitert: Im 13. und 14. Jh. entstanden die Kapelle des Heiligen Stephan, der Hof der Bittsteller und der Bildersaal; südwestlich des Palastes, neben der Abtei, wurde 1364-1366 der Juwelenturm errichtet. Bis zur Regierungszeit von Henry VII. wurden der Schatz und die Garderobe des Herrschers in dem Turm aufbewahrt, der dann von 1621 bis 1686 dem House of Lords als Archiv diente und in neuerer Zeit ein Museum zur Geschichte des Parlaments beherbergt. Weitere Gebäudeteile schlossen sich im 18. und 19. Jh. an, so zum Beispiel neue Ge-

❝In der Ferne verhallten zwei dumpfe Schläge Big Bens langsam in der Nacht [...]. An der Ecke Parker Street fühlte er plötzlich, daß etwas Erstaunliches in seiner Nähe geschehen sollte.❞
Jean Ray, *Harry Dickson*

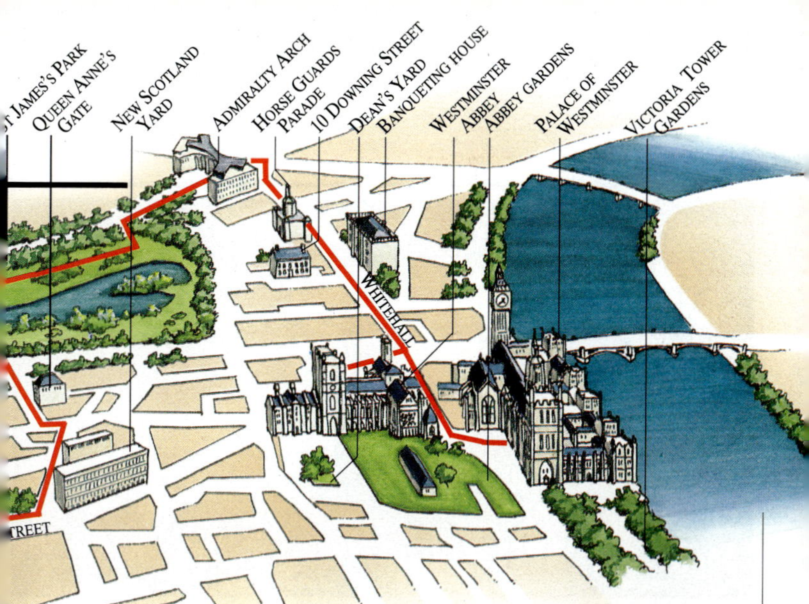

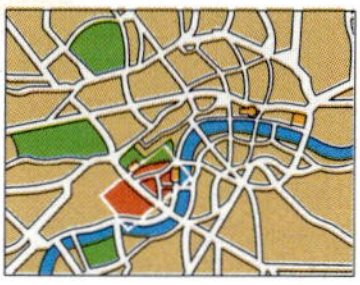

1 Tag

richtshöfe, die John Soanes um 1820 erbaute, oder ein nur dem König vorbehaltener Eingang zum House of Lords, die sogenannte *Scala Regia*. Bis zur Feuersbrunst von 1834 muß man sich das Palastgelände als ein Gewirr von Gäßchen vorstellen, in denen sich Pubs, Pensionen, Kaffeehäuser und zahlreiche Geschäfte jeglicher Art befanden.

Der Wiederaufbau: ein gemeinsames Werk von Barry und Pugin. Charles Barry (1795-1860) hatte es vor allem der Kooperation mit Augustus W. Pugin (1812-1852) zu verdanken, daß sich sein Konzept zum Wiederaufbau von Westminster nach dem Brand von 1834 gegen die Vorhaben der 96 Mitbewerber durchsetzen konnte. Aus der Zusammenarbeit dieser beiden so gegensätzlichen Baumeister entstand die einzigartige Architektur des Parlamentsgebäudes: Barry hat die klassisch-symmetrische Ausgewogenheit des Baus geprägt; die asymmetrischen Elemente, der Victoria-Turm, der Uhrturm mit der berühmten Glocke ›Big Ben‹ und die reiche Verzierung, die das Parlamentsgebäude zum

❝Denn wenn man in Westminster wohnte – wie viele Jahre schon? mehr als zwanzig – fühlte man sogar mitten im Straßenverkehr oder wenn man nachts aufwachte [...] eine ganz eigene Stille oder Feierlichkeit; eine unbeschreibliche Pause; ein erwartungsvolles Innehalten [...], bevor Big Ben zu schlagen begann. Da! Jetzt dröhnte er los. Erst eine Ankündigung, eine musikalische; dann, unwiderruflich die Stunde. Die bleiernen Ringe zergingen in der Luft.❞

Virginia Woolf, *Mrs. Dalloway*

»Berühmte Abtei, weißes Phantom über der Stadt, vergessen von dem frommen König, der sie erbaute.«
Paul Morand

Der Brand von 1834
In der Nacht vom 16. zum 17. Oktober 1834 verwüstete ein Feuer Westminster Palace. Kaum einer der in London anwesenden Künstler ließ sich das Schauspiel entgehen. Auch John Constable begab sich auf die Westminster Bridge, um den Brand besser beobachten zu können; William Turner, der sich zusammen mit einem Kollegen in einem Boot auf der Themse befand, hielt dieses Ereignis in Aquarellen fest (● *102*). Am nächsten Morgen war vom ehemaligen Königspalast und dem Sitz des Parlaments nichts mehr übrig außer Westminster Hall, dem Kloster und der Krypta der St Stephans Kapelle.

des *Gothic Revival* macht, gehen auf Pugin zurück, einen der kreativsten Vertreter des neogotischen Stils. Pugin schuf zudem den wesentlichen Teil der Innendekoration. Ein von Prinzgemahl Albert (▲ *228)* 1841 berufenes Komitee wählte Künstler aus, die den Parlamentssaal mit Fresken, Skulpturen und Kunstschmiedearbeiten ausstatteten: Dyce, Maclise und Gibson waren unter den Preisträgern. Die 1840 begonnenen Arbeiten konnten nach 20 Jahren abgeschlossen werden.

Westminster Hall ♥. Von den ersten Gebäuden steht noch immer jener imposante Saal, der vielleicht der größte in Europa war, als er 1097-1099 gebaut wurde. Richard II. ließ ihn zwischen 1394 und 1401 verändern: Die Mauern wurden erhöht, eine Vorhalle geschaffen, auf dem Kragstein ein mächtiges Gebälk aus Eichenholz errichtet (● *67*). Hier fanden die Sitzungen der ersten Parlamente statt, tagten die Gerichte, die sich den Saal im 17. und 18. Jh. mit den Handelskammern teilten, wurden die berühmten großen Prozesse abgehalten, unter anderem der gegen Guy Fawkes (● *36*). Nach der Rückkehr der Stuarts stand in Westminster Hall fast 25 Jahre lang der Kopf Cromwells zur Schau. Auch die Totenwachen für Edward VII. und Churchill wurden hier gehalten. Aber der mächtige Saal war auch Schauplatz festlicher Ereignissen: Bis zur Zeit von Georg IV. war er Krönungssaal. Heute dient er als Vestibül für das House of Commons.

Das Parlament. Das britische Parlament besteht aus zwei Kammern, dem *House of Lords* (Oberhaus), das die Kammer

Entwurf für den Eingangsbereich des House of Lords

Das House of Lords
Mit der Innenausstattung dieses majestätischen Saals hat Pugin seine ausgeprägte Vorliebe für die Neogotik demonstriert. Die Vergoldungen werden noch durch das Rot der gepolsterten Bänke hervorgehoben. Den Thron überwölbt ein Baldachin aus Spitze.

Im Bild links oben ist Königin Anne zu sehen, die einer Sitzung des House of Lords beiwohnt.

Das House of Lords, Gemälde von Joseph Nash (▲ *257*) **aus dem Jahr 1851.**

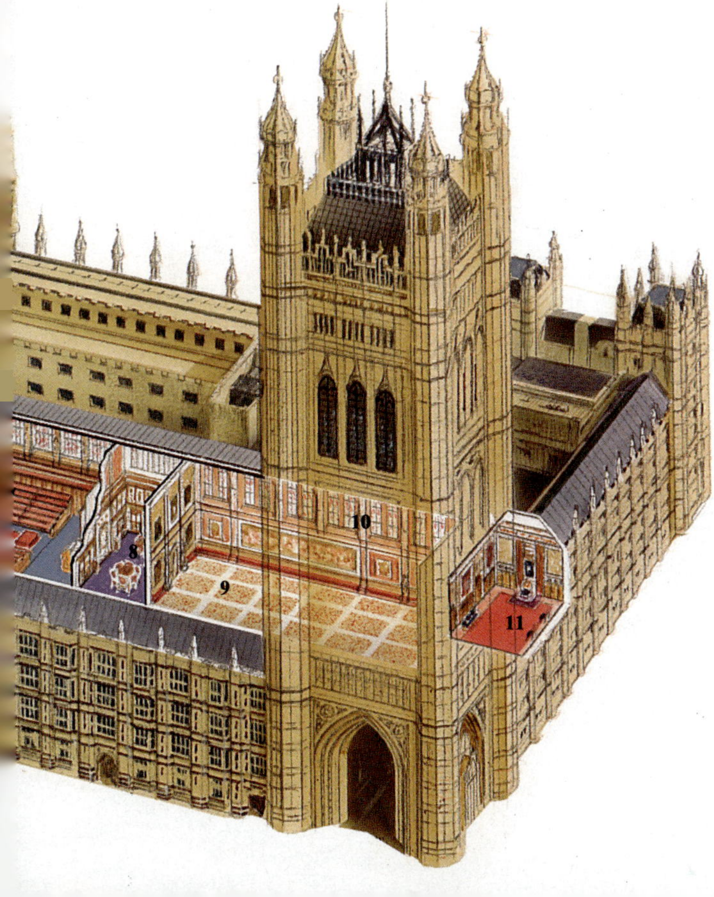

des Adels ist und dessen Zugehörigkeit lange Zeit ausschließ-ich erblich war, und dem *House of Commons* (Unterhaus), dessen Mitglieder gewählt werden. Bis zum 14. Jh. tagten die Parlamente gemeinsam in Westminster Hall, seitdem trennen sie sich nach einer ersten Sitzung in Anwesenheit des Königs.

Das House of Lords. Die über eintausend adligen Abgeordneten des Oberhauses (*Peers*) sind in drei Kategorien einzuteilen. Die Peers mit ererbtem Sitz bilden die größte Gruppe, zeigen jedoch das geringste Engagement. 1958 wurde die Position des Peer auf Lebenszeit geschaffen; diese sind in großer Zahl bei den Sitzungen anwesend; die 26 Vertreter der Geistlichkeit sind Bischöfe der anglikanischen Kirche. Die Möglichkeiten der Kammer wurden 1911 und 1949 durch Gesetze beschränkt. Heutzutage nutzen die Lords kaum noch ihr Recht, ein aufschiebendes Veto einzulegen. Allerdings zögern sie nicht, die Gesetzesvorlagen des Unterhauses abzuändern und dieses somit zu einer weiteren Lesung zu zwingen. An der Spitze des House of Lords steht der Lord Chancellor, der als Justizminister zu Füßen des Thrones auf dem sogenannten Wollsack (*woolsack*) Platz nimmt. Der breite, mit rotem Tuch bespannte Sitz erinnert daran, daß die britischen Inseln einst von der Schafzucht gelebt haben. Der Lord Chancellor wird von der Königin auf Vorschlag des Premierministers ernannt und gehört zum Kabinett.

Das House of Commons. Die Geschichte des Unterhauses ist die eines zweifachen Kampfes: Zum einen mußte es seine Rechte gegenüber dem Oberhaus durchsetzen, zum anderen hatte es gegen die Krone anzukämpfen. Als Charles I. 1642 im Unterhaus fünf Abgeordnete festnehmen lassen wollte, mußte auch er sich beugen, als der Sprecher der Commons antwortete: »Ich habe an diesem Ort weder Augen, um zu sehen, noch eine Zunge, um zu sprechen, es sei denn, um den Beschlüssen der Kammer zu folgen, als deren Diener ich hier bin [...].« Seitdem hat kein Regent das Unterhaus mehr betreten. Die Mitglieder der Kammer wurden zunächst nach dem Zensuswahlrecht bestimmt, das durch Reformen im 19. Jh. nach und nach gelockert wurde. Zwischen 1918 und 1928 erhielten Frauen in mehreren Etappen das Recht zu wählen, was den Kampf für das allgemeine Wahlrecht erfolgreich beendete. Im Unterhaus selbst wird abgestimmt, indem die Abgeordneten den Sitzungssaal durch verschiedene Gänge verlassen, die für ›ja‹ oder für ›nein‹ stehen. Am Ende des jeweiligen Ganges zählen meistens die Vorsitzenden der Parteien – die *whips* (Peitschen) – die Stimmen. Wenn auch beide Parlamentskammern immer um Abgrenzung bemüht waren, waren sie sich doch einig in ihrem gemeinsamen Kampf

Das politische Zentrum des Königsreichs
Nachdem Henry VIII. den Palast nicht mehr als Wohnsitz nutzte, entwickelte sich dieser zum politischen und administrativen Zentrum des Königreichs. Bereits vom 13. Jh. an tagten die Gerichte in Westminster Hall, nach 1883 in den von Soane rekonstruierten Gebäuden; der Palast wurde jedoch weiterhin vom Parlament genutzt, so daß der Begriff Westminster heute mit dem des Parlaments identisch ist.

“Im Westminster Palast verschmelzen einige Charakteristika Londons: jene nicht entwirrbare Mischung aus lang zurückliegender Tradition und kürzlich entstandener Nachahmung der Vergangenheit, Wahres und Halbwahres, Falsches, das wahr wird.”

Claude Roy, *Londres*

Wiederaufbau der Parlamentsgebäude, 1842.
Der Brand von 1834 bot die Gelegenheit, einen Palast zu entwerfen, der ganz auf die Bedürfnisse der Kammern zugeschnitten war, die bis zu diesem Zeitpunkt in behelfsmäßigen Gebäuden getagt hatten.

Das Unterhaus
Die Abgeordneten sitzen sich auf durch einen Gang, den *floor*, getrennten Bänken gegenüber.

so waren sie sich doch einig in ihrem gemeinsamen Kampf gegen den königlichen Machtanspruch. Die Auseinandersetzung erreichte 1215 eine ersten Höhepunkt, als die Adligen Köni John die Anerkennung der *Magna Charta* abrangen; die *Glorious Revolutio* endete 1689, als Mary II. und William I (● *36*) die *Bill of Rights* annahmen, in de zahlreiche Rechte der Bürger und ihrer parlamentarischen Vertretung festgeschrieben wurden. 1701 bestimmte das Parlament schließlich die Regeln der Thronfolge und kann von da an als Inhaber der hoheitlichen Macht bezeichnet werden.

Parlamentssitzungen. Die Abgeordneten im Unterhaus treffen sich unter dem Vorsitz des *Speaker*. Die Sitzung ist eröffnet, sobald der Speaker an den Tisch Platz nimmt, auf dem der *Sergeant-at-Arms* zuvor den goldenen Hammer, Symbol der Souveränität des Parlament niedergelegt hat. Der Speaker erteilt das Wort, akzeptiert oder verwirft Dringlichkeitsanträge und bestimmt die Redner. Während der Debatten wenden sich die Abgeordneten niemals direkt aneinander, sondern richten ihre Ausführungen immer an den Speaker.

Der Victoria Tower. Dieses 104 m hohe neugotische Gebä de liegt im Süden des Palastes. Es ist mit Statuen geschmück und von Zinnen gekrönt. Das Archiv des Parlaments mit mehr als drei Millionen Dokumenten ist hier untergebracht

Der St Stephen's Tower ♥. Der Uhrturm schließt die Fassade des Westminster Palace ab. Die erste, 16 Tonnen schwere Glocke hielt dem Schlag des zu schweren Klöppels nicht stand; die Legierung riß beim ersten Versuch, die Stunde zu schlagen. Eine zweite, 13,5 Tonnen schwere Glocke, ›Big Ben‹, läutete erstmals am 31. Mai 1859. Die Genauigkeit der Uhr wurde bis 1940 zweimal täglich telegrafisch vom Observatorium in Greenwich kontrolliert. Während des Zweiten Weltkrieges war diese Genauigkeit einer harten Belastungsprobe ausgesetzt: Am 10. Mai 1941, nach der Bombardierung des Palastes, wies sie eine Abweichung von eineinhalb Sekunden auf. Zwischen 1942 und 19 blieb die Uhr dreimal stehen: durch menschliches Versagen, aufgrund

nach Westminster, um die Sitzungsperiode des Parlaments zu eröffnen. Durch die Ehrenpforte erreicht sie die königliche Garderobe, wo sie Krone und Mantel anlegt. In Begleitung des Prince of Wales wird sie im Oberhaus von den Lords – alle in Robe – empfangen. Nachdem die Königin auf ihrem Thron Platz genommen hat, werden die Abgeordneten des Unterhauses vom Zeremonienmeister aufgefordert, das Oberhaus zu betreten, um der – allerdings vom Premierminister verfaßten – Rede der Monarchin beizuwohnen. Erst

dann kann das Parlament mit der Arbeit beginnen. Vor dieser Zeremonie findet eine rituelle Durchsuchung der Palastkeller statt, in Erinnerung an jene ›Pulververschwörung‹, die Guy Fawkes am 5. November 1605 angezettelt hatte.

St Margaret's Church

Die Kirche St Margaret am Parliament Square wurde im 12. Jh. gegründet, unter Edward III. abgerissen und zwischen 1486 und 1523 wieder aufgebaut. Den Bau zieren außergewöhnlich schöne flandrische Fenster, die zu Ehren der Hochzeit des Prinzen Arthur, ältester Sohn von Henry VII., mit Katharina von Aragon eingebaut wurden. Die Figuren an den Seiten einer Kreuzigungsszene stellen Arthur und Katharina dar. In St Margaret haben schon große Hochzeiten stattgefunden. Samuel Pepys (● *40*) ließ sich hier ebenso trauen wie Winston Churchill (● *42*).

Westminster Abbey ♥

Krönungsort und königliche Begräbnisstätte. Die Abtei von Westminster ist Krönungsort und königliche Begräbnisstätte zugleich. Bis auf Edward V. und Edward VIII. wurden hier sämtliche Herrscher Englands gekrönt, von William the Conqueror bis zu Elizabeth II. Die meisten der Könige, von Harold I. (1040) bis zu George II. (1760) sind in Westminster beigesetzt.

Die Gründung. Die erste Kirche soll im 7. Jh. errichtet worden sein. An derselben Stelle wurden dann – so wird vermutet – mehrere Bauten errichtet, unter anderem eine Benediktiner-Abtei. Im Jahr 1050

Big Ben
Ein Astronom aus Greenwich, George Biddell Airy, wurde damit beauftragt, das

Uhrwerk zu justieren, damit die Zeit und die Zyklen von Sonne und Mond auf die Sekunde genau angezeigt werden. Das Glockenspiel interpretiert eine Arie aus dem *Messias* von Händel.

Die Central Lobby
(Im Bild links) Weiträumig und mit Mosaiken geschmückt, liegt diese Halle in der Mitte des Palastes. Dort empfangen die Abgeordneten die Presse.

Einladungskarte zur Krönung von George IV. in Westminster Abbey

Französischer Einfluß
Strahlenförmig angeordnete Kapellen, Chorgang, die Verwendung steinerner Kreuze in den Kirchenfenstern, naturalistisches Blattwerk an den Kapitellen, Eckverblendungen und der musizierende Engel im Querschiff verweisen auf die Kathedrale von Reims. Die Form der Fenster erinnert an Amiens und die Sainte Chapelle; französischer Stil zeigt sich auch in den Strebepfeilern und Rosetten des Querschiffs.

begann Edward the Confessor mit dem Bau einer Abteikirche im normannischen Stil. Nach der Heiligsprechung des Königs um 1139 wurde die Abtei zum Ziel zahlreicher Pilgerer.

Umgestaltungen durch Henry III. Henry III. veränderte die Abtei erstmals: 1220 ließ er die sogannte Lady Chapel anfügen, und im Jahr 1245 beschloß er den Bau eines neuen Gebäudes. Der königliche Eingriff erwies sich als entscheidend für die Geschichte der Kathedrale: Henry III. engagierte die berühmtsten nationalen oder internationalen Architekten, die alle örtlichen Baumeister an Können bei weitem übertrafen. Der Grundstein wurde am 6. Juli 1245 gelegt, die Türme der Westfassade wurden jedoch erst fünf Jahrhunderte später vollendet. Der Architekt der neuen Abteikirche, Henry de Reynes, gab dem Bau einen französischen Charakter, der dem Geschmack des englischen Monarchen entsprach; de Reynes kannte die Vorliebe des Souveräns für gotische Kunst. So verraten sowohl der Grundriß als auch die Proportionen von Westminster Abbey französischen Einfluß. Doch trotz zahlreicher Parallelen zu Reims und Amiens bleibt die Abtei englisch, was durch traditionelle Elemente wie die zentrale Struktur der Gewölbe, Galerien und die vieleckige Form des Kapitelsaals deutlich wird.

Die Erweiterung durch Henry Yevele. Querschiffe, Nordfassade, ein Teil des Klosters und der Kapitelsaal wurden 1269 anläßlich der Überführung der sterblicher Überreste von Edward the Confessor in die Kapelle St Edward vollendet. Das große Mosaik aus Porphyr-Stein, Marmor und ägyptischem Glas, ein Werk des Römers Odericus, befand sich vor dem Hauptaltar. Aber der Tod Henry III. im Jahr 1272 unterbrach die Arbeiten. 1376 wurden sie unter der Leitung Henry Yveles wiederaufgenommen. Yvele hat als königlicher Baumeister auch Westminster Hall und das Hauptschiff der Kathedrale von Canterbury entworfen. Er führte den Bau des Mittelschiffs durch, änderte das Haus der

»Prozession der Ritter des Bathorden«
Dieses Gemälde von Giovanni Canaletto (1697 -1768) zeigt, wie die Ritter des Bathorden die Abtei von Westminster verlassen. Der König steht diesem Orden vor. Der Ordensrat versammelt sich in der Henry VII geweihten Kapelle. In jedem Chorstuhl des Kirchenschiffs sind die Wappen der jeweiligen Ritter in eine Kupferplatte graviert. Über dem Gestühl sind ihre Banner befestigt.

> “In diesem Labyrinth von Grabstätten muss ich daran denken, dass auch die meine sich bald öffnen könnte. Ein unbekannter Mann wie ich es bin wird aber niemals unter diesen Berühmtheiten einen Platz finden.”
>
> Chateaubriand

Äbte und fügte das Jerusalem-Zimmer hinzu. Yvele ignorierte stilistische Veränderungen seit der Zeit Henry de Reynes, führte die ursprünglichen Baupläne aus und verlieh den Bauten von Westminster so eine ungewöhnlich harmonische Einheit, die auch unter seinen Nachfolgern gewahrt blieb. Außer den Türmen, die Mitte des 18. Jh. von Hawksmoor (▲ *311*) errichtet wurden, konnten ie wesentlichen Teile der Abtei um 1519 vollendet werden. ls wenige Jahre darauf die Klöster aufgelöst wurden, ewahrte der königliche Schutz Westminster vor jeglicher erstörung.

rabstätte der Großen. Die Vielzahl der Monumente macht Vestminster Abbey zu einem Museum englischer Bildhauerei. Die Entwicklung der Grabkunst vom 13. Jh. bis in die Geenwart kann hier nachvollzogen werden. Die Abtei beherergt Gräber von sechzehn Königen und einigen ihrer Familienangehörigen. Die Grabstätten finden sich in den verschieenen Kapellen, unter denen die Grabmäler von Edward the onfessor und von Henry VII. einen besonderen Platz einehmen. Doch nicht nur Könige, sondern auch Adlige vurden seit Richard II. in der Abtei von Westminster beigeetzt oder durch ein Kenotaph geehrt. Insgesamt zählt man in en Mittel- und Seitenschiffen und dem Kapellenkranz der btei nicht weniger als 5 000 dieser Gedenkstätten. Aufgrund er ständigen Finanznot der Abtei zögerte deren Leitung icht, sich eine Bestattung in der Westminster Abbey ngemessen vergüten zu lassen.

edenkstätte. Die Gräber der Abtei sind thematisch ngeordnet. Ein Teil der Seitenschiffe und das nördliche uerschiff sind Grabstätten und Denkmälern großer taatsmänner des 19. und 20. Jh. vorbehalten: In der ›Ecke er Radikalen‹ erinnert eine Skulptur von Westmacott an harles Fox (1749-1806): Der glühende Verteidiger der ranzösischen Revolution stirbt in den Armen der ›Freiheit‹, ährend die Friedensgöttin sein Hinscheiden beklagt und ihm in schwarzer Sklave für seinen Kampf gegen die Sklaverei ankt. Im nördlichen Querschiff betrachtet Benjamin israeli, überzeugter Verfechter der viktorianischen Koloalpolitik, mit skeptischem Blick das Grab seines Rivalen Villiam Gladstone (1809-1898). Im südlichen Querschiff aben Gelehrte, Ingenieure, Baumeister, Professoren und chauspieler ihren Platz. In der Abtei wird auch an die beiden Veltkriege erinnert. Der ›Unbekannte Soldat‹ wurde 1926 im auptschiff beigesetzt. Eine Tafel im vorderen Teil des auptschiffs gedenkt Winston Churchill, eine andere in der ähe des Westportals dem amerikanischen Präsidenten ranklin Delano Roosevelt.

Das nördliche Querschiff
Die eindrucksvolle Fassade weist auf den Parliament Square. Die riesige Rosette, gefaßt in eine harmonische Gruppe von Strebebögen, erhebt sich über dem Dreifachportal.

Chapel of Henry VII
Die Kapelle wurde 1828 hinter den Altar verlegt und enthält das Grab des Königs. Das Grabmal ist ein Werk des Bildhauers Torrigiani, der Italien nach einer Auseinandersetzung mit Michelangelo hatte verlassen müssen.

Chorsänger von Westminster Abbey
Wie es bei den Londoner Kirchen üblich ist, hat auch Westminster seine Chöre, darunter auch einen Kinderchor.

Die Kapelle von Edward the Confessor und der Thron ♥. In der Mitte dieser Kapelle erhebt sich das Grabmal des 1161 heiliggesprochenen Königs. Das Prunkstück dieser Kapelle bildet der Thronsessel. Der hohe gotische Stuhl aus Eiche wurde von einem Meister Walter genannten Maler mit geometrischen Motiven verziert. In den unteren Teil des Thrones wurde der legendäre ›Stein von Scone‹ eingebaut, auf dem die schottischen Könige während ihrer Krönung saßen. Der Legende nach hatte Jakob sein Haupt auf diesen Stein gelegt, als er in Bethel schlief. Bei der Eroberung Schottlands im Jahr 1296 bemächtigte sich Edward I. dieses Symbols, brachte es nach Westminster und ließ es zwischen den Füßen des Sessels einfügen. Seit Edward II. im Jahr 1308 sind alle Herrscher auf diesem Thron gekrönt worden, der nur einmal, zur Zeit der Herrschaft Oliver Cromwells, aus der Abtei entfernt wurde. Im Andachtsraum vor der eigentlichen Kapelle liegen Henry V. sowie, seit Ende des 19. Jh., seine Frau Catherine de Valois (Kate) begraben. Drei Jahrhunderte lang war die einbalsamierte Leiche der Königin in einem offenen Grab ausgestellt.

Die Kapelle von Henry VII. ♥. Die Regierungszeit des Tudor-Königs Henry VII. war für die Geschichte der Abtei von großer Bedeutung. Der König wünschte für seinen 1461 ermordeten Onkel Henry VI. ein Begräbnis, das einem Heiligen angemessen war, nicht zuletzt um seine Macht zu demonstrieren. So ließ er eine Kapelle bauen, die einen besonderen Platz in Westminster Abbey einnimmt. Sie wurde erst um 1512 unter Henry VIII. fertiggestellt. Die Kapelle von Henry VII., Symbol der neuen Tudor-Dynastie, setzt sich aus Haupt- und Seitenschiffen, einer Apsis und einem Kranz aus fünf Kapellen zusammen. Im Inneren der Kapelle faszinieren

“In Westminster, wo neben Dichtern und Maria Stuart [...] der Kopf des uns nicht freundlichen Joseph Chamberlain aus der Wand guckt – hier liegt heute der Grabstein des ›unbekannten Kriegers‹ aus England: »unknown by name or rank.«”

Alfred Kerr, *Reisen in die Welt*

Krönung von William IV. in Westminster Abbey.

Das Mittelschiff
Prachtvoll und scheinbar schwerelos wirkt das Mittelschiff der Abtei auf den Besucher. Die geringe Breite von lediglich 12 m läßt das Schiff noch höher erscheinen als es mit 31 m ohnehin schon ist. Die Säulen sind aus dunklem Marmor, der Mittelgang wird durch ein riesiges Glasfenster aus dem 15. Jh, das sich über dem Westportal befindet, erhellt. Aus dem Hintergrund treten einzelne Elemente des Chores hervor.

»Die Ecke der Poeten ist in der ganzen Welt berühmt [...]. Alle, die hier ruhen, sind nicht nur grosse Engländer; sie sind zugleich Bürger des Universums, denn sie haben der Menschheit gedient.« Louis Énault

Fächergewölbe, verschlungene Nervaturen und kunstvolle Gehänge. Außer Henry VI. liegen hier auch Henry VII. und Elizabeth von York begraben. Im Norden teilen Elizabeth I. und ihre Halbschwester Mary Tudor dieselbe Gruft, und neben vielen weiteren haben auch Mary II. und William III. hier ihre letzte Ruhestätte gefunden.

Die Kapelle der Royal Air Force. Die Kapelle östlich der Chapel of Henry VII ist gegenwärtig der Königlichen Luftwaffe gewidmet. 1658 wurde Cromwell hier beigesetzt. Nach der Rückkehr der Stuarts exhumierte man dessen Leiche und hängte sie an den Galgen von Tyburn, wo sie bis zum 30. Januar 1661, dem Jahrestag der Hinrichtung Charles I., blieb. Danach wurde Cromwells Kopf aufgespießt und auf dem Dach von Westminster Hall zur Schau gestellt.

Zeremonielle und politische Bedeutung. Im Chor von Westminster Abbey werden traditionell die englischen Könige gekrönt. Die streng geregelte Zeremonie verläuft nach dem im 14. Jh. verfaßten *Liber regalis*. Die Abtei war jedoch nicht nur Ort zeremonieller, sondern auch politischer Handlungen. In dem symmetrisch achteckigen Kapitelsaal tagte von 1352 an das Unterhaus, was bei den Mönchen Mißfallen hervorrief, da sie sich von dem Lärm der Parlamentarier gestört fühlten. Das House of Commons wurde später im Refektorium der Abtei untergebracht. Die Mauern des Kapitelsaals sind mit Fresken des Mönches John of Northampton geschmückt, der Mosaikfußboden aus dem 13. Jh gilt als der schönste in England. Die Kacheln sind mit unterschiedlichen Motiven verziert, zwei Bänder mit Leoparden durchlaufen den Saal, ergänzt durch bildhafte Darstellungen und Rosetten. Der in der Südwestecke zu lesende Ausspruch von Henry III. ist wahrhaft zutreffend: »So wie die Rose die Blume der Blumen, so ist dieses Haus das Haus der Häuser.« Die Geschichte der Abtei wird im Museum unterhalb des Kapitelsaals lebendig, wo historische Persönlichkeiten in Holz oder Wachs dargestellt sind. Im Süden der Vorhalle zum Kapitelsaal befindet sich die *Chamber of the Pyx*. Diese um 1070 erbaute romanische Krypta war zunächst Sakristei, ehe sie im 13. Jh. als Schatzkammer der Abtei, dann bis zum 19. Jh. als die des Königshauses diente.

Die Ecke der Poeten
Im südlichen Querschiff liegt die ›Ecke der Poeten‹. Der erste Schriftsteller, der hier 1400 beigesetzt wurde, war Geoffrey Chaucer, Verfasser der *Canterbury Tales*. Immer mehr Dichter wurden nach und nach mit einer Gedenktafel geehrt. Auch der Komponist Händel ist mit einem von Roubiliac gestalteten Denkmal neben den Dichtern John Milton, William Shakespeare, George Byron, Alfred Tennyson und Henry James zu finden. Ben Jonson, Autor von *Volpone* ist hier zweimal geehrt: Ihm wurde sowohl eine Inschrift in der ›Ecke der Poeten‹ als auch ein Grabmal im nördlichen Seitenschiff gewidmet. Er hatte es sich gewünscht, in der Abtei beerdigt zu werden: »Zweimal zwei Fuß genügen mir.« So wurde er stehend mit der Inschrift »O rare Ben Johnson« beigesetzt.

Grabmal von Königin Elizabeth I.

Grab von Edward the Confessor
(Im Bild links) Von der ursprünglichen Grabstätte ist nur noch der Sockel erhalten. Der goldene Schrein darüber stammt aus dem 15. Jh. Auf dem Fries sind Szenen aus dem Leben des hl. Edward dargestellt.

Downing Street George II. schenkte 1732 das mittlerweile weltberühmte Haus Nr. 10 in der Downing Street seinem Schatzmeister Robert Walpole. Das Gebäude wurde später zur Residenz des britischen Premierministers, der im Obergeschoß seine Privaträume hat; im

Erdgeschoß tagt das Kabinett. Der Speisesaal wurde von John Soane gestaltet und zur Beleuchtung mit einer Kuppel ausgestattet – nach dem Vorbild seines eigenen Hauses in Lincoln's Inn Fields. In 11 Downing Street, in unmittelbarer Nachbarschaft des Premiers, lebt der Finanzminister.

Das Hauptquartier der Horse Guards Der Palladio-Verehrer William Kent hat dieses Gebäude 1745-1748 entworfen. Nach Kents Tod realisierte John Vardy dessen Pläne in den Jahren 1750-1760 (▲ *241*). Die Fassade mit Nischen und Mauervorsprüngen umgibt auf drei Seiten einen Hof und öffnet sich auf der vierten Seite durch drei Bögen auf den kiesbedeckten Paradeplatz *Horse Guards Parade*. Jedes Jahr zum Geburtstag der Queen am 10. Juni findet hier die Zeremonie *Trooping the Colour* statt.

DEAN'S YARD

Die Westminster School am Dean's Yard gilt als eine der besten *Public schools*. Früher war hier eine zur Benediktiner-Abtei gehörende Klosterschule untergebracht. Die Abtei blieb von der Auflösung der Klöster unter Henry VIII. unberührt (● *36*). **Ashburnham House.** Das 1662 von John Webb errichtete Gebäude ist berühmt für sein Treppenhaus, das auf ionischen Pfeilern ruht und durch eine Laterne erhellt wird. In der Umgebung von Dean's Yard liegen ruhige Straßen mit georgianischen Häusern, die häufig von Parlamentariern für die Dauer der Sitzungsperiode gemietet werden.

WHITEHALL

Whitehall verbindet Westminster mit Charing Cross. Hier konzentrieren sich Ministerien, der Sitz des Premierministers und wichtige Verwaltungsgebäude. **Whitehall.** 1245 wurde hier auf einem von der Westminster Abbey veräußerten Gelände York House errichtet, die Londoner Residenz der Erzbischöfe von York. Thomas Wolsey, von 1514 bis 1529 Erzbischof, Kardinal und Lord-Kanzler, verwandelte York House in einen Renaissance-Palast, auf den auch Henry VIII. mit Neid blickte, da er im Westminster Palace residierte, der nach dem Brand von 1512 nur notdürftig hergerichtet worden war. Henry VIII. beschlagnahmte York House schließlich, verließ den baufälligen Palast von Westminster und machte das Gebäude, das fortan Whitehall hieß, zur königlichen Residenz. Trotz umfassender Pläne des Herrschers, der zwischen Charing Cross und St James's Park umfangreichen Landbesitz erworben hatte, blieb Whitehall nur eine Ansammlung heterogener Bauwerke, von

Das Hauptquartier der Horse Guards
Ohne eine Miene zu verziehen bewachen täglich von 10 bis 16 Uhr zwei *Guards* zu Pferde Whitehall, zwei weitere Wachen stehen an den Seiten des Platzes Horse Guards Parade (● *50*).

denen heute nichts mehr erhalten ist. Das Geschlecht der Stuarts hätte einen bedeutenden Wandel in der Geschichte Whitehalls bewirken können: Inigo Jones (1573-1652) und sein Neffe John Webb (1611-1672) wurden damit beauftragt, den riesigen Palast mit rund 2000 Zimmern und das umliegende Areal vollkommen neu zu gestalten. Aber sie ließen ihre Pläne, die sich am Escorial nordwestlich von Madrid und an den Tuilerien in Paris orientierten, bald fallen. Von 1685 an hinterließ dagegen Christopher Wren in Whitehall seine Spuren, indem er für den katholischen James II. zunächst eine private Galerie und eine Kapelle baute und dann zum Fluß hin neue Räume für die Königin anschloß. Aber die Brände in den Jahren 1691 und 1698 zerstörten den Palast, nur Banqueting House blieb unversehrt. Da die Nachfolger von James II., Mary und William von Oranien, die königliche Residenz von Whitehall nach Kensington verlegten, wurde der Palast nicht wieder aufgebaut. Die politische Macht blieb jedoch in Whitehall und Westminster.

Downing Street. Der Name dieser schmalen Straße geht auf den Parlamentarier George Downing zurück. Im Süden wird die Straße durch das Auswärtige Amt und das Commonwealth Office begrenzt, das zwischen 1868 und 1873 entstand. Gegenüber, in Nummer 10, befindet sich der Wohnsitz des Premierministers. Im Jahr 1766 wurde die Fassade dieses Hauses mit schmucklosem Ziegelstein erneuert. Das Interieur wurde 1732-1735 von William Kent verändert, 1825 stattete John Soane den Speisesaal mit einer Decke im gotischen Stil und einer Kuppel aus. Spätere Veränderungen haben das Werk Kents und Soanes nicht beeinträchtigt.

Die alte Finanzverwaltung. Das Gebäude liegt am Rand von Whitehall. Die Fassade ist ein Werk von Charles Barry (▲ *129*) und stammt aus den Anfängen der viktorianischen Zeit.

Admiralität und Admiralty House. Der Wohnsitz des First Lord of the Admiralty ist das letzte

Whitehall
Im Laufe des 17. Jh. wurden Teile des Areals an Privatleute vermietet, an anderer Stelle errichtete man öffentliche Gebäude. Diese Entwicklung erreichte unter Queen Victoria ihren Höhepunkt.

Offizier der ›Life Guards‹
Auf dem großen Platz der Horse Guards' Parade finden seit dem 16. Jh. Truppenappelle und Paraden

statt, 1755 erstmals *Trooping the Colour*. Das Ereignis wird seit 1805 regelmäßig wiederholt. Die Fahnen- und Bannerzeremonie am Geburtstag der Regentin wurde ursprünglich abgehalten, um die versammelten Truppen an die Farben, die sie auf dem Schlachtfeld tragen, zu gewöhnen (● *50*).

öffentliche Gebäude im Westen von Whitehall und wurde 1786-1788 von Samuel P. Cockerell erbaut. Der Vorbau wurde bereits zwischen 1722 und 1726 unter der Leitung Thomas Ripleys errichtet. Die Innenräume des dreistöckigen Ziegelbaus enthalten zahlreiche nautische Instrumente.

Banqueting House ♥. Im Osten von Whitehall liegt das einzige erhaltene Gebäude des früheren Palastes. Mangels eines Empfangssaales ließ Elizabeth I. 1581 einen mit Glasfenstern und reicher Dekoration ausgestatteten Holzpavillon errichten, um dort den Herzog von Alencon zu empfangen. Dieses erste Banqueting House wurde 1606 unter James I. durch ein Steingebäude ersetzt, das dann 1619 einem Feuer zum Opfer fiel. Der König beauftragte Inigo Jones (▲ *273, 326*), Banqueting House wieder aufzubauen. Er orientierte sich dabei – wie auch in Greenwich (▲ 328) – an Palladio und schuf einen Fassadentyp, der den Adelshäusern im 18. Jh. als Vorbild diente (● *76*). Das Gebäude ruht auf einem Sockel. Die erste Etage wird von ionischen, die zweite von korinthischen Säulen akzentuiert, den Abschluß bildet eine Brüstung mit Säulenbalustrade.

Banqueting Hall ♥. Jones schuf einen weiten Saal, der doppelt so lang (34 m) wie breit (17 m) ist. Das Deckengemälde wurde 1629 von Charles I. bei Peter Paul Rubens in Auftrag gegeben, als dieser in diplomatischer Mission in London weilte. Die einzelnen Bildtafeln, in Brüssel gemalt und 1635 an der Decke befestigt, gestalten als zentrales Thema die Wohltaten, die England und Schottland durch die Weisheit und Größe von Charles I. erfuhren. Nach der Feuersbrunst von 1698 wurde die von Wren veränderte Halle zur königlichen Kapelle, bis Königin Victoria 1890 das Gebäude der Royal Service Institution überließ, die daraus ein Museum machte. Nach 1964 wurde Banqueting Hall restauriert und die Gemäldetafeln erhielten wieder ihren ursprünglichen Platz.

Deckengemälde von Rubens, Banqueting House
Peter Paul Rubens Barockgemälde preist die Errungenschaften von Charles I.

Admiralty Arch
Dieser Triumphbogen in der Nähe der Mall wurde 1911 von Sir Aston Webb erbaut und ist Teil einer Anlage zu Ehren der Königin Victoria.

THE MALL

Zwischen dem Admiralty Arch und dem Victoria Memorial vor dem Buckingham Palace erstreckt sich die Mall. Die 1660 angelegte pfeilgerade Paradestraße erhielt Anfang des 20. Jh. zu Ehren von Queen Victoria ihr heutiges Aussehen.

Eine beliebte Allee
Mehr als 150 Jahre war die Mall eine bei Adel und Bürgertum gleichermaßen beliebte Allee. Auf der Straße zwischen Trafalgar Square und Buckingham Palace finden auch zahlreiche königliche Festzüge und Paraden statt.

WESTMINSTER CATHEDRAL ♥

Auf der von architektonisch und historisch wenig aufregende Bürohäusern gesäumten und überaus hektischen Victoria Street gelangt man zum Ashley Place zwischen Francis Stree Ambrosden Avenue und Morpeth Terrace. An diesem ruhigen Flecken in der betriebsamen Innenstadt erhebt sich Westminster Cathedral, eine der letzten Kostbarkeiten aus viktorianischer Zeit. Fast fünfzig Jahre nach der rechtlichen

Gleichstellung der englischen Katholiken gab Kardinal Vaugham 1894 den Bau einer Kathedrale in Auftrag. Gemeinsam mit dem Architekten John F. Bentley, der viele seiner Vorstellungen durchsetzen konnte, konzipierte der Kardinal den orientalisch anmutenden Bau im frühchristlich-byzantinischen Stil. Westminster Cathedral ist der Hauptsitz der römisch-katholischen Kirche in England.

Im Zeichen der Größe. Das gewaltige äußere Erscheinungsbild – der Glockenturm ist 83 m hoch und die Kathedrale 110 m lang – wird durch die riesigen Ausmaße des Innenraumes noch übertroffen. Das Mittelschiff ist in England in seiner Größe einzigartig, es bietet 1200 Sitzplätze.

)ie Emporen, die sich über den Seitenschiffen erheben, fasen nochmals mehrere hundert Besucher. Der Architekt ließ Vände, Pfeiler und Kuppeln in Anlehnung an die Kirchen in Ravenna und an St Marco in Venedig mit Mosaiken und nehr als hundert verschiedenen Marmorarten schmücken.)er grüne Marmor der acht monolithischen Pfeiler des Aittelschiffs stammt aus den Steinbrüchen, aus denen schon ustinian um 563 den Stein für die Hagia Sophia kommen eß. Die Gestaltung des Innenraumes blieb jedoch nvollendet, so daß auch noch der nackte Ziegelstein zu rkennen ist. Die Lateralkapellen, besonders die Lady Chapel, sowie die Kapellen des hl. Paulus und des hl. Edmund wurden mit prächtigen Mosaiken versehen.

/ICTORIA STATION

)ie Buckingham Palace Road führt zur Victoria tation. Ursprünglich handelte es sich um zwei ahnhöfe, die um 1860 von den beiden führenden isenbahngesellschaften gebaut worden waren. Im ahr 1908 erfolgte der Zusammenschluß, und die outhern Railway ließ 1923 die Trennmauer wischen den beiden Bahnhöfen niederreißen. Auf er ›Continental Platform‹ der Victoria Station urden zahlreiche Monarchen und Staatsmänner nit aufwendigen Zeremonien empfangen und erabschiedet.

Southern Railway
Die Eisenbahngesellschaft war am Bau der Victoria Station beteiligt.

Byzanz und Italien
Bentley suchte nach einem für London untypischen Stil, da Westminster Cathedral nicht mit Westminster Abbey konkurrieren sollte. 1894 lernte er während einer Italien-Reise sowohl die frühchristliche als auch die italienische und byzantinische Architektur des Mittelalters zu schätzen. Auf der Basis dieser Anregungen entstand zwischen 1895 und 1902 ein Bau aus zwölfeinhalb Millionen roten Ziegeln, der mit weißem Portland-Stein akzentuiert wurde. Die Kathedrale ist eine Synthese aus byzantinischer Kuppelbasilika, als deren Urbild die Hagia Sophia gilt, und italienischem Kampanile aus Siena oder Venedig.

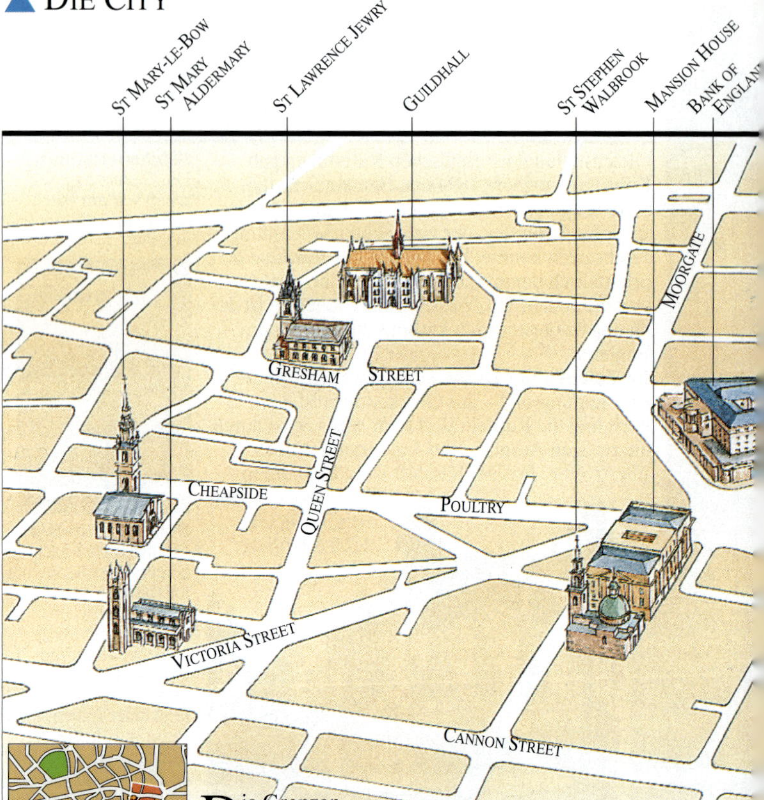

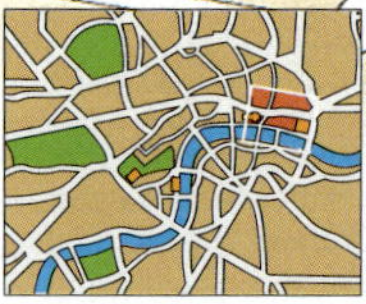

1/2 Tag

Die Grenzen der City wurden schon während der Regierungszeit Williams I. abgesteckt. Die City ist in 25 Bezirke, die *wards*, aufgeteilt und von der Krone sowie Westminster völlig unabhängig. Diese Unabhängigkeit wurde zu einer Zeit erworben, als die Macht der Könige schwand: 1215 bestätigte John Lackland im Rahmen der Magna Charta das Stadtrecht, und gab damit den Londonern das Recht, ihren eigenen Bürgermeister zu wählen.

»Liveries«. Die uniformierten Zünfte der City von London prägen seit dem 12. Jh. die Geschicke der Stadt. Ihr Name bezieht sich auf die Kleidung, die die Mitglieder während der Zeremonien tragen. Zwar verloren sie seit dem Mittelalter an Einfluß, doch haben die Zünfte ihre wohltätigen Aktivitäten bis heute beibehalten. 1514 beschloß die Versammlung der *aldermen* (Ratsherren) eine feste Anwesenheitsordnung für die zwölf großen Zünfte: die der Seidenwaren-, Gewürz-, Tuch- und Fischhändler, der Goldschmiede, Kürschner, Schneider, Kurzwarenhändler, Salzsieder, Eisenwarenhändler, Weinhändler und Tuchwirker. Diese Ordnung hat sich bis heute kaum verändert: Die hundertste Zunft, die der Informationstechniker, kam erst im Jahr 1992 hinzu.

Die Wahl des Lord Mayor. Alljährlich, seit 1192, findet in der Guildhall die Wahl des Lord Mayor statt, und zwar am 29. September, dem Tag des Heiligen Michael und ungefähren Datum der Wahl des ersten Lord Mayor. Zwei Kandidaten werden von der sogenannten Common Hall nominiert. Dann

Die Königin besucht den Lord Mayor
Königin Victoria besucht am 9. November 1837 die Guildhall. Als Oberhaupt der Stadt genießt der Lord Mayor gewisse Privilegien. Er hat Vortritt vor allen anderen, ausgenommen dem Souverän, und direkten Zugang zum Hof.

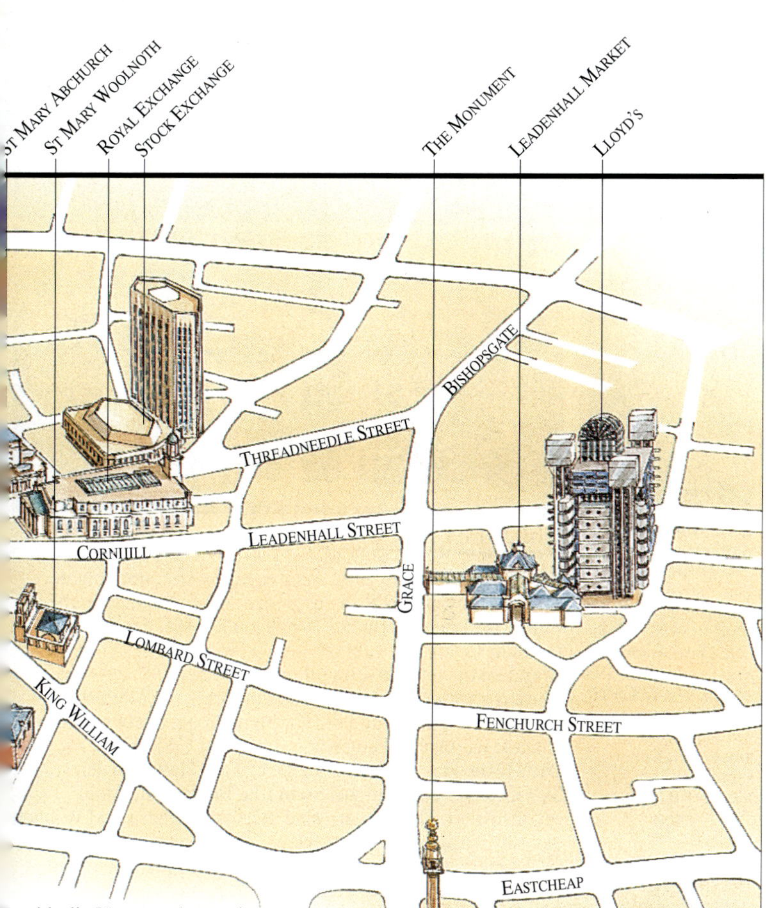

wählt die Versammlung mit erhobener Hand den Ersten der Liste mit dem Ruf: »All«! Den Zweiten der Liste ermutigt sie mit »Next year!« Die Amtseinführung des Bürgermeisters findet nach festen Regeln statt. Während des *Silent Change* werden die Insignien der Macht, u.a. das Staatsschwert und die Halskette mit dem Doppel-S, dem neuen Lord Mayor ausgehändigt. Die 20minütige Zeremonie findet in totaler Stille statt.

Lord Mayor's Show
Mit einer glanzvollen Parade wird der Lord Mayor zu seinem Antrittsbesuch ins Königshaus und zum Mansion House, seiner offiziellen Residenz, geleitet. Seit 1755 fährt der Würdenträger dabei in einer vergoldeten Kutsche, die von sechs Apfelschimmeln gezogen wird. Anläßlich der Festlichkeiten wurden früher von den Dichtern der City Theaterstücke verfaßt und in Szene gesetzt.

Lord Mayor's Bankett
Am Abend nach der Wahl gibt der neue Bürgermeister ein Bankett in der Guildhall. Diese Tradition geht auf das Jahr 1501 zurück. Heute findet das Bankett am ersten Montag nach der Show statt. Der Premierminister hält hier vor 700 Gästen eine wichtige politische Rede.

St Lawrence Jewry
Ein viereckiger Turm überragt die von Wren erbaute Kirche (▲ *171-174*). Zwischen den Säulen des Portalbereichs wechseln sich Fenster und Nischen ab, darüber findet sich ein mit Ornamenten besetzter Fries.

GUILDHALL ♥

Die Guildhall ist seit 1192 das Zentrum der kommunalen Macht. Der Bau des Rathauses, das die Guildhall beherbergt, wurde 1411 begonnen und 1439 beendet. Von den Gebäuden aus dem 15. Jh., die zum großen Teil während des Großen Brandes von 1666 (● *40*) und im Dezember 1940 zerstört worden waren, sind noch das Hauptportal, die Mauern der Versammlungshalle und die Krypten übriggeblieben. Die Fassade wurde von Dance dem Jüngeren 1788 erneuert.

Die Halle. Das Dach und die Decke der Halle wurden von Sir Giles Gilbert Scott aus Stein (die Bögen) und Stahl rekonstruiert. Die Mauern sind mit den Bannern und Wappen der zwölf großen Zünfte (*Livery Companies*) geschmückt. Die Glasmalereien listen die Namen der Lord Mayors auf und zeigen die Wappen der Herrscher.

Die Krypten. Unter der Guildhall befinden sich zwei Krypten: Die im Osten gelegene Krypta, deren Mittel- und Seitenschiffe durch Purbeck-Marmorsäulen getrennt sind, stammt vom Beginn des 15. Jh. Die im Westen befindliche Krypta, die wahrscheinlich Ende des 13. Jh. entstand, wirkt trotz ihres schönen Gewölbes, das von massigen achteckigen Säulen gestützt wird, sehr viel einfacher.

Die Bibliothek. Guildhall besitzt eine bemerkenswerte Bibliothek, die 1423 dank einer Stiftung von Richard Whittington zustandekam. Diese erste öffentliche Bibliothek wurde 1549 von dem Herzog von Somerset beschlagnahmt, 1828 erneut eingerichtet und 1873 der Öffentlichkeit übergeben. Die Bibliothek enthält eine wichtige Sammlung von Gravuren, Londoner Stadtkarten und Dokumenten über die Amtsperioden der verschiedenen Londoner Bürgermeister. Außerdem beherbergt sie ein Uhrenmuseum mit einer überaus umfangreichen Sammlung.

St Lawrence Jewry

Die gegenüber der Guildhall gelegene Kirche St Lawrence Jewry erhielt ihren Namen von dem angrenzenden jüdischen Viertel. Der Lord Mayor und die Ratsherren haben in der offiziellen Kirche der City Corporation eigene Kirchenstühle. Eine Kapelle ist dem Commonwealth geweiht, um an die wichtige Rolle zu erinnern, die die Kaufleute der City beim Aufschwung des Empire gespielt haben. Die Kirche aus dem 12. Jh. wurde erstmals durch den Großen Brand 1666 zerstört und 1687 von Wren neu erbaut. Das Kircheninnere, das 1940 große Schäden erlitt, ist von Cecil Brown restauriert worden.

Flußfeste
Wenn sich der neue Bürgermeister in einer Barke nach Westminster begab, erinnerte dies an prunkvolle Feste, wie sie in Venedig anläßlich der ›Vermählung‹ des Dogen mit dem Meer stattfanden.

St Mary Woolnoth ♥

An der Ecke der Lombard Street/King William Street steht St Mary Woolnoth. Die Kirche stammt aus vornormannischer Zeit und wurde erstmals unter William I. (1028-1087) erneuert. Wren (▲ *171-174*) begnügte sich damit, sie nach dem

Großen Brand notdürftig auszubessern. Die eigentliche Rekonstruktion übernahm 1716 sein Schüler Hawksmoor, dem in zehnjähriger Bauzeit eine der originellsten Kirchen der Stadt gelang (● *70*). Vor allem im Inneren, wo vier Reihen feiner korinthischer Säulen ein Quadrat begrenzen, zeigt sich ihre barocke Schönheit. Wichtige Denkmäler sind die von Edward Lloyd (▲ *153*), dem Gründer der illustren Versicherungsgesellschaft, und von John Newton, dem bekehrten Sklavenhändler, der in St Mary predigte.

Die Residenz des Lord Mayor
Das Mansion House wurde zwischen 1739 und 1753 auf dem Gelände des alten Stocks Market errichtet, dem Fleisch- und Fischmarkt, der dort im 13. Jh. abgehalten wurde. Nicht nur die Mitarbeiter des Lord Mayor, auch zwei Gerichtshöfe der Stadt haben hier ihren Sitz. Im Untergeschoß des Gebäudes befinden sich zehn Zellen für Männer und eine Zelle für Frauen, der sogenannte ›Vogelkäfig‹, in dem die Frauenrechtlerin Emmeline Pankhurst gefangengesetzt war.

Mansion House

Im Finanzzentrum der City erhebt sich das Mansion House. Das Gebäude, ein Werk von George Dance dem Älteren, ist ein massiver Bau im palladianischen Stil aus Portland-Stein. Seine Fassade besticht durch ihren Portikus mit kolossalen korinthischen Säulen. Das Ganze wird von einem Frontispiz überragt, auf dem London und die Themse dargestellt sind. Am Ende des 18. Jh. wurde Mansion House von Dance dem Jüngeren erneuert, der die Innentreppe entfernen ließ und die Ägyptische Halle, den Empfangssaal des Lord Mayor, verschönerte: Die Decke wurde mit einem Tonnengewölbe abgesenkt und hohe Fenster sowie geschnitzte Nischen hinzugefügt.

St Stephen Walbrook

St Stephen, 1672 bis 1679 von Wren erbaut, wirkt wie ein erster Entwurf von St Paul's Cathedral (▲ *171*).

Das Innere von St Stephen Walbrook
Der rechteckige Bau wird von vier Säulenreihen in fünf Seitenschiffe unterteilt und von einer Kuppel mit Laterne überragt. Das Licht kommt aus drei verschiedenen Quellen: der Laterne, den Fassadenfenstern und dem Hauptschiff.

Die Barren der Bank von England
Die Bank von England hütet in ihren Kellergewölben immer noch das Gold der Nation.

Eine Straße der City um 1900
Die alte Fotografie zeigt das Mansion House und Cheapside und gibt das Ambiente der City zu jener Zeit wieder, als sie noch das Finanzzentrum der Welt war.

DIE CITY

Die City, die über den Trümmern des alten römischen Londons erbaut und größtenteils während des Krieges zerstört wurde, hat seit den 50er Jahren ihr Aussehen stetig verändert. Immobilienspekulation, aber auch die Notwendigkeit, auf dem begrenzten Areal neue Büroflächen zu erschließen, haben moderne Gebäude aus dem Boden wachsen lassen, die sich nicht immer harmonisch in ihre Umgebung einfügen.

BANK OF ENGLAND ♥

Der Schotte William Paterson gründete 1694 diese private Institution, um das notwendige Geld für den Krieg gegen Frankreich aufzubringen. 1766 machte Premierminister William Pitt der Ältere sie zur Regierungsbank. Seit 1844 ist die Bank of England als Währungs- und Notenbank für die Sicherung der nationalen Geldreserven und die Ausgabe von Banknoten zuständig.

»The Old Lady of Threadneedle Street«. Im Jahr 1946 verstaatlicht, ist die ›alte Dame der Threadneedle Street‹ (wie sie einmal Ende des 18. Jh. vor dem Unterhaus genannt wurde) die Bank der Banken. Sie überwacht das komplexe britische Banksystem, das noch aus dem 18. Jh. stammt. Dieses System besteht aus *clearing houses* oder Depositenbanken und aus *accepting houses* oder Effektenbanken. Sie wird von einem Verwaltungsrat, den die Krone ernennt, geleitet. Die Pförtner tragen noch heute rosafarbene Uniformen und Zylinder.

John Soane. Die Bank richtete sich 1734 in der Threadneedle Street ein, nachdem sie zuvor in der Innungshalle der Kurzwaren-, dann der Gemischtwarenhändler in Poultry untergebracht war. 1788 übernahm John Soane (▲ *166*) die Aufgabe, ein Gebäude für die Bank of England zu errichten. Die Verwirklichung seiner Pläne erwies sich als schwierig, da nur wenig Platz zur Verfügung stand. Aus Furcht vor Übergriffen seitens der Bevölkerung errichtete man zur Straße hin eine blinde Mauer. Zwischen den beiden Weltkriegen wurde der Bau von Herbert Baker vergrößert und völlig umgebaut. Von Soanes Werk blieben nur Teile der Innenausstattung sowie die Außenmauer erhalten.

Die Bank von England
Soane schuf einen neoklassizistischen Bau mit einer fensterlosen Fassade, die mit korinthischen Säulen geschmückt ist. Dahinter verbergen sich das Stock Office (1792), die Zentralrotunda (1796) und das Dividend Office (1818-1823). Soanes Bauwerk besticht durch seine Leichtigkeit und Eleganz. Das neue Museum der Bank von England besitzt ein Modell dieses originellen Werkes.

ROYAL EXCHANGE

Gegenüber der Bank von England liegt die Royal Exchange. Sie wurde von Sir Thomas Gresham gegründet. Die Börse, die am Cornhill mit aus Flandern importiertem Material gebaut worden war, öffnete 1567 ihre Tore. Der Baustil orientiert sich am Vorbild der Börsen von Antwerpen und Venedig. Um ihren Innenhof reihen sich offene Arkaden. Im Obergeschoß befinden sich exklusive Geschäfte. 1570 wurde die Börse bei der Einweihung durch Elizabeth I. ›geadelt‹: Sie sollte fortan *Royal Exchange* (Königliche Börse) heißen. Nach dem Großen Brand baute Jarman sie wieder auf. Ein drittes Gebäude errichtete Sir William Tite nach einem weiteren Brand im Jahr 1838. Die Vorderfront des neoklassizistischen Baus weist einen mit acht korinthischen Säulen dekorierten Portikus auf. Das Giebelfeld der Säulen ist mit Skulpturen verziert. 1939 stellte die Royal Exchange ihre Funktionen ein; seit 1983 ist dort ein Terminmarkt für Währungen und Anleihen eingerichtet, der LIFFE (London International Financial Future Exchange). Von dem ursprünglichen Gebäude blieb nur die Pflasterung des Hofes im türkischen Stil übrig.

Die Wellington-Statue. Vor der Royal Exchange erhebt sich die von Francis Legatt Chantrey geschaffene Reiterstatue des Herzogs von Wellington (▲ *244*). Sie wurde aus der Bronze der Kanonen gegossen, die von den Franzosen in der Schlacht von Waterloo erbeutet wurden.

»Dividend Day«
Dieses Bild aus dem Jahr 1859 erinnert an den *Dividend Day*, den vierteljährlichen Zahltag an der Börse, an dem die Konteninhaber ihre Gewinne abholten.

Thomas Gresham
Thomas Gresham (1515-1579) war Handelsagent im Dienst der Krone. Als Vertreter der Londoner Kaufleute in Antwerpen erkannte er die Notwendigkeit, den wachsenden Handelsverkehr zu kanalisieren. Nach seiner Rückkehr führte er einen der Antwerpener Börse vergleichbaren Umschlagplatz für Transaktionen der Kaufleute aus der Lombard Street ein: die Royal Exchange. Sein Wappen, ein vergoldeter Grashüpfer, krönt noch heute die Fassade.

STOCK EXCHANGE

Die Einrichtung der Aktienbörse Stock Exchange war eine direkte Folge des starken Wirtschaftswachstums im 18. und 19. Jh. Aktiengesellschaften mit

großem Kapitalbedarf wurden gegründet und ihre Anteile an der Börse gehandelt.

Die Zeit der »coffee houses«. Bis ins 17. Jh. hinein wurden sämtliche Börsengeschäfte in den Innenräumen der Royal Exchange durchgeführt. Die Kaufleute der Warenbörse fühlten sich jedoch von den lärmenden Wertpapiermaklern gestört. Diese gingen daraufhin 1698 in die *coffee houses* der Change Alley zwischen Lombard Street und Cornhill. Zu den bevorzugten Adressen zählten Jonathan's Coffee House, das um 1680 eröffnet wurde, oder das ein Jahrzehnt ältere Garraway's, das erste Kaffeehaus, in dem auch Tee serviert wurde. Dort verhandelten die Börsenmakler mit ihren Klienten. Als ihnen 1773 der Zutritt zu Jonathan's verboten wurde, eröffneten die Makler unter dem Namen *Stock Exchange* eine neue Börse in der Threadneedle Street. Von Anfang an war die Stock Exchange ein von der politischen Macht unabhängiges Organ und sehr auf ihre Autonomie bedacht.

»Brokers« und »Jobbers«. Seit 1973 dürfen sich auch Frauen am Aktienhandel beteiligen. Der sogenannte *Big Bang* am 27. Oktober 1986 schuf grundlegend veränderte Arbeitsgewohnheiten. Alle Kreditbanken durften ab sofort den Aktienhandel in eigener Regie betreiben. Der Handel mit Wertpapieren erhielt von heute auf morgen eine neue Dimension. Die einmalige Unterscheidung der Stock Exchange-Mitglieder in *Brokers* und *Jobbers* wurde de facto überflüssig. Die *Jobbers* als eigentliche Wertpapierhändler konnten nur mit Personen

Die Atmosphäre der City
Wirklich lebendig ist die City nur während der Bürozeiten, wenn rund eine halbe Million Angestellte sich hier aufhalten. Das viktorianische Flair, das die City noch bis in die 50er Jahre kennzeichnete, gibt es heute nicht mehr. Der typische Angestellte mit Melone, schwarzer Weste und Nadelstreifenhose, den zusammengerollten Regenschirm unter dem Arm, ist fast verschwunden. Zwar sind Anzug und Krawatte immer noch ein Muß, doch sind Farbe und Phantasie auch in die City eingezogen. Zudem sind die Frauen in die einstige Männerdomäne eingebrochen. Gewohnheiten haben sich verändert: In den Büros ruft man sich beim Vornamen und frühstückt in den Snackbars. Ab 5 Uhr nachmittags jedoch scheint die City wie ausgestorben.

oder Banken verhandeln, die direkt an der Börse zugelassen waren. Die zugelassenen *Brokers* vermittelten zwischen den nichtzugelassenen Banken und den *Jobbers* auf Kommissionsbasis.

Die Privatbanken. Die meisten großen Privatbanken unterhalten ihren Firmensitz und Büros in der City. 1930 zog die Midland Bank in ein imposantes Gebäude ein, das Lutyens (1869-1944) 1936 vollendete. Man muß etwas zurücktreten, um die Kuppel sehen zu können. Sie erinnert an jene Kuppel, mit welcher Lutyens den Palast des Vizekönigs in New Delhi krönte. Ganz in der Nähe befinden sich auch die Büros der National Westminster Bank. Der 180 m hohe Turm der ›Nat West‹ befindet sich zwischen Bishopsgate und Old Broad Street, unmittelbar neben dem City of London Club, der im Jahr 1832 von einer Gruppe bedeutender Bankiers gegründet worden war. Die direkte Konfrontation des Clubs, eines 1833 im Stil des Palladianismus errichteten Bauwerks, mit dem 52 Stockwerke hohen, modernen Bankgebäude ruft bei manchen Betrachtern ein starkes Unwohlsein hervor; manche nennen es auch eine »architektonische Kakophonie«.

Lloyd's ♥

Lloyd's ist keine Versicherungsgesellschaft, sondern eine Art Börse für Versicherungsverträge. Man unterscheidet die Mitglieder (*underwriters*), die alleine autorisiert sind, Risiken abzudecken, und die jährlichen Beitragszahler (*Lloyd's names*), die ›aufgefordert‹ sind, Bürgschaft zu leisten. Jeder Vertrag wird zwischen einer Einzelperson oder einer Gesellschaft und einem Mitglied, 1991 waren es insgesamt 26 500, geschlossen. Das Mitglied teilt den Vertrag (die Dividenden und die Risiken) unter den Beitragszahlern auf.

Von der Taverne zur Leadenhall Street. Ende der 1680er Jahre richtete sich Edward Lloyd in einer Taverne in der Abchurch Lane an der Ecke zur Lombard Street ein, wo er mit Schiffen handelte und Versicherungsverträge abschloß. 1769 traf sich eine Gruppe von Kapitänen, Schiffseignern und Kaufleuten, um sich gegenseitig zu versichern, in der Pope's Head Alley im New Lloyd's Coffee House. Nachdem das Café für sie zu klein geworden war, richteten sie sich 1771 in der Royal Exchange ein, wo sie bis 1928 blieben. Danach zogen sie in die Gebäude der Leadenhall Street um.

Lloyd's, eine Kathedrale aus Metall und Glas
Mit diesem Gebäude, das im Mai 1986 eröffnet wurde, wollte das Unternehmen seine Zukunftsorientierung dokumentieren. Das Werk von Richard Rogers, einem der Architekten des Centre Pompidou, weist sechs Türme auf, die ein zentrales Atrium flankieren (● *93*). Die Anordnung wird von einem 60 m hohen Gewölbe aus Glas gekrönt. Im *Underwriting Room,* wo die Anteilsscheine unterzeichnet werden, befindet sich die *Lutine Bell*, eine Glocke, die mit einem Gong schlechte, mit zweien gute Nachrichten verkündet.

Lloyd's Coffee House
Die Ursprünge von Lloyd's reichen bis in die 80er Jahre des 17. Jh. zurück, als Edward Lloyd noch seine Kunden in der Taverne in der Abchurch Lane empfing.

Der Markt der City
Der neue Markt von Leadenhall wurde 1881 von Sir Horace Jones gebaut (● *85*). Die cremegelb und

rot bemalten Metallarkaden, der Glasbau und die zentrale Kuppel verleihen dem Markt einen gewissen Charme. Der vielbesuchte Luxusmarkt beliefert unter anderem die Banketts der *Livery Companies* (▲ *146*). Heutzutage hat sich hier eine Vielfalt von Snackbars, Feinbäckereien und Bars etabliert, die um die Mittagszeit von Kunden geradezu überlaufen sind.

LEADENHALL STREET

Hier fand im Mittelalter der Korn- und Heumarkt statt. Im Norden mündet die Straße in den Markt von Leadenhall, eine Enklave in der von Verwaltungen dominierten City. Gegen Ende des 13. Jh. erwarb die City diesen Grund und Boden und etwas später auch das Marktrecht.

St Andrew Undershaft. Der Name dieser Kirche (›unter dem Baum‹) stammt aus dem 15. Jh., als alljährlich neben der Kirche ein Maibaum gepflanzt wurde. Dieser Brauch wurde 1517 verboten. Die gotische, vielfach restaurierte Kirche beherbergt das Grab von John Stow (1525-1605). Der ehemalige Schneider und spätere Verleger sammelte mit Leidenschaft Manuskripte und war der erste richtige Chronist Londons. Seine Witwe ließ in St Andrew eine Terrakotta-Büste aufstellen, die Stow mit einem Federkiel in der Hand darstellt. Jedes Jahr findet hier in Anwesenheit des Lord Mayor eine Zeremonie statt: Er ersetzt die alte Gänsefeder in Stows Hand. Den alten Federkiel schenkt er zusammen mit einem Exemplar der Chronik von London, die Stow 1598 veröffentlicht hatte, demjenigen Schüler, der die beste Arbeit des Jahres über die Stadt geschrieben hat.

Einkaufen im Leadenhall Market
Nach dem Großen Brand von 1666 entstand in der Leadenhall Street ein Markt, der Fleisch, Wild, Fisch, Früchte und Gemüse anbietet. Auch Straßenhändler finden sich hier in großer Zahl ein.

CHEAPSIDE UND CORNHILL

Im Mittelalter war Cheapside die breiteste Straße der City. Sie wurde als einzige nicht verbreitert, sondern ist im Gegenteil schmaler als damals.

Der Markt von Cheapside. Hier fand der Londoner Hauptmarkt statt. Cheapside brodelte von Aktivitäten, darunter solche Spektakel wie Prozessionen, Leichenzüge oder Exekutionen. Der Pranger von Cheapside

»DER WAGEN FUHR DRAUF LOS. CHEAPSIDE, POULTRY. DIE SIRENE HALLTE IN DEN STRASSEN. DER INSPEKTOR KONZENTRIERTE SICH AUF DIE INDIZIEN, DENEN ER BALD FOLGEN WÜRDE [...].«
PETER ACKROYD

war früher berüchtigt. Während des Großen Brandes wurde die Straße jedoch zerstört. Jeder Straßenabschnitt hatte seine eigene Funktion, an die die Namen der Seitenstraßen noch heute erinnern. In der Bread Street, die Cheapside mit dem Queenhithe-Dock verbindet, fand der Brotmarkt statt und in der Milk Street der Milchmarkt. In der Ironmonger Lane arbeiteten die Schmiede, in der Goldsmith Street die Goldschmiede.

Die alte Straße der Verleger. Am Cornhill, dem höchstgelegenen Punkt der City, wurde der Kornmarkt abgehalten. Der Ort war berühmt für sein Gefängnis und seinen Galgen. Aber am Cornhill besaß Thomas Guy auch eine Buchhandlung und druckte seine Bibeln. Von 1816 bis 1868 wohnten Smith & Elder, die Verleger von Thackeray und den Brontë-Schwestern, in dem Haus Nr. 32, wo auch Sir Leslie Stephen, der Schwiegersohn von Thackeray und Vater von Virginia Woolf ein und aus ging (● *114* ▲ *308*). Heute haben sich am Cornhill Banken und Versicherungen niedergelassen. An der Ecke zur Lime Street befand sich das East India House, das Haus der 1600 gegründeten Ostindien-Gesellschaft, das 1862 zerstört wurde. Bis zum Sepoy-Aufstand im Jahr 1857 besaß die Gesellschaft das Handelsmonopol.

Die Kirchen von Cornhill. Im Süden des Cornhill sind zwei Kirchen sehenswert: St Michael, mit einem neugotischen Turm, den Hawksmoor 1715 bis 1722 erbaute. Außerdem St Peter-upon-Cornhill, die Kirche, in der Mendelssohn in den Jahren 1840 und 1842 Orgel spielte.

LOMBARD STREET

Nach der Ausweisung der Juden im Jahr 1290 übernahmen Kaufleute aus der Lombardei, die sich seit dem 12. Jh. in der heutigen Lombard Street niedergelassen hatten, die meisten Geldgeschäfte.

Die Straße der Banken. Fast alle großen englischen, aber auch ausländische Banken haben ihren Sitz in der Lombard Street. Zu den ältesten Bankhäusern gehört die Barclays Bank. Ursprünglich waren die Barclays Goldschmiede oder

Die Hauptstraße von Cheapside
Nach dem Wiederaufbau von 1720 entwickelte sich die Cornhill zu »einer schonen und breiten Straße, die hohe Häuser mit feinen Läden säumen«.

“Türme und Wolkenkratzer bieten dem Auge Abwechslung, und London besitzt zudem ein Netz von Burgen [...]. All dies wird nun von einem stromförmigen Band zusammengehalten, der majestätischen Themse.”
Claude Roy, *London*

Alexander Pope (1688-1744)
Der Dichter und Essayist lebte in der Lombard Street, in der sein Vater einen Tuchwarenladen besaß.

Fenchurch Street

Billingsgate Market
Der seit dem 13. Jh. bestehende Markt erhielt im Jahr 1699 per Edikt das Monopol für den Fischverkauf. Vor dem letzten Krieg wurden auf dem Billingsgate-Markt täglich 400 Tonnen Fisch umgesetzt.

Zum Gedenken an den Großen Brand
Im Innern dieser Säule aus Portland-Stein windet sich eine Wendeltreppe mit 331 Stufen zur Aussichtsplattform hinauf, von der aus man einen herrlichen Blick auf die Themse und die Dächer von London hat.

Silberarbeiter, die bereits 1694 in der Lombard Street wohnten. Zwischen 1736 und 1896 übernahmen sie kleinere Banken, die zum Teil ebenfalls von ehemaligen Goldschmieden gegründet worden waren. Die Barclays Bank hat der City den Poseidonbrunnen von Charles Wheeler geschenkt, der am George Yard steht.

Dickens erste Liebe. 1829 wohnte der 17jährige Charles Dickens in der Lombard Street Nr. 2, nahe der Bank Smith, Fane & Smith. Maria Beadnell, die Tochter des Bankdirektors war seine erste große Liebe.

FENCHURCH STREET

Die Verlängerung der Lombard Street erhielt ihren Namen vermutlich vom alten Heumarkt in der Gracechurch Street.

Lloyd's Register of Shipping. Die Fassade des Jugendstil-Gebäudes mit der Hausnummer 71 ist mit Säulen, Türmchen und Ornamenten geschmückt. Hier werden alle Schiffsurkunden klassifiziert und Schiffe registriert. Meinungsunterschiede über die Klassifizierungsmethoden des Lloyd's ließen eine Gruppe Reeder 1799 ihre eigene Organisation gründen. Die Versicherungsgesellschaft und das Lloyd's-Register sind sehr eng verbunden.

Plantation House. In diesem 1934-1937 errichteten Gebäude werden Kautschuk und tropische Produkte gehandelt. De riesige Bau bündelt die vielen kleinen Gäßchen, die auf ihn zulaufen. Seit dem 10. Jh. trafen in der Mincing Lane exotische Produkte ein. Hier befindet sich auch die Halle der Clotheworkers (Tuchwarenhersteller), ein Gebäude im neogeorgianischen Stil, das 1958 eröffnet wurde.

RUND UM DAS MONUMENT

Das Monument. Die Höhe (65 m) der dorischen Säule entspricht der Entfernung zum Ausgangspunkt des Großen Feuers in einer Backstube in der Pudding Lane. Das von Wren und

Hooke geschaffene Monument wurde 1677 eingeweiht und soll an den Großen Brand (● *40*) erinnern. Auf dem Sockelfries der Säule berichten vier Tafeln über das Ausmaß der Katastrophe und die Geschichte des Wiederaufbaus. Obwohl Trockenheit und ein kräftiger Wind in alten Zeiten genügt haben dürften, um den Ausbruch des Feuers zu verursachen, suchte man damals nach anderen Erklärungen. In dem antikatholischen Klima der Zeit um 1670 wurden die »Agenten des Papstes« als Sündenböcke hingestellt. So wurde die lateinische Inschrift auf der nördlichen Tafel im Jahr 1681 ergänzt, um die »Tollheit« der Katholiken anzuprangern. Als dann König James II. den Thron bestieg, wurden diese Worte wieder gelöscht, aber bei der Thronübernahme Williams III. (von Oranien) erneut eingraviert. Erst 1830, als auch die Katholiken die Bürgerrechte erhielten, verschwanden sie endgültig.

Billingsgate Market. »Und jeden Morgen traf in der Halle von Billingsgate eine Ladung köstlicher Austern ein [...], aber es gab immer noch Lachs für Belgravia und Heringe für Whitechapel«, schrieb Jules Vallès über Billingsgate, den einstmals größten Fischmarkt Londons, berühmt für seine Gerüche, seinen emsigen Trubel, seine frischen Heringe und seine derbe Sprache. 1982 wurde der Markt, nachdem er mehrere Jahrhunderte die Stadt versorgt hatte, geschlossen. Auf der Isle of Dogs, und zwar an den Kais der West India Docks, wurde eine neue Fischhalle eröffnet, die den Namen Billingsgate weiterführt (▲ *338*).

Im Bereich der Cannon Street

Nach dem Großen Brand wurden die Londoner Straßen verbreitert, so Queen Street und King Street, die entlang der Themse nach Guildhall führen. Sie sind die einzigen Verkehrsachsen, die aus der Zeit nach dem Brand erhalten blieben. In den Jahren 1829 bis 1835 wurden die King William Street, als Verlängerung London Bridge, und zwischen 1867 und 1871 die Queen Victoria Street angelegt, deren Trasse vom Embankment bis zur Bank von England verläuft.

St Mary Abchurch ♥. Diese 1681 begonnene Kirche an der Abchurch Lane zählt zu Christopher Wrens Meisterwerken. Sie wird von einem Turm aus rotem Backstein und Stein flankiert, den eine durchbrochene Kuppel und eine elegante Turmspitze aus Blei krönen. Das viereckige Schiff besitzt eine Kuppel, in die ovale Luken eingelassen sind, die auf acht Arkaden ruhen. Die Kuppel wurde von William Snow ausgemalt. Ein geschnitzter Altaraufsatz (1686) kann als einziger Einrichtungsgegenstand sicher dem Künstler Grinling Gibbons (▲ *173, 329*) zugeschrieben werden.

St Mary Aldermary. In der Nähe der Queen Victoria Street befindet sich die älteste Marienkirche. Wren verwendete hier beim Wiederaufbau 1681 bis 1682 unterschiedliche Formen der Gotik (● *70*), indem er ein fächerförmiges Gewölbe konzipierte, in dieses aber riesige Rosetten einarbeitete.

Die London Bridge
Sie wurde 1176 von Pierre von Colechurch an die Stelle der alten römischen Brücke gebaut und stellte den ersten europäischen Steinbau seit der Römerzeit dar. Mit ihren 19 Pfeilern und ungleichmäßigen Bögen war sie bis 1749 die einzige Londoner Brücke . Auf ihr reihten sich Wohnhäuser und Geschäfte aneinander. 1758 mußten die Bauten abgerissen werden. Zwischen 1823 und 1831 wurde eine neue Brücke von John Rennie gebaut. Die heutige Brücke stammt aus dem Jahr 1973.

St Mary-le-Bow (1670-1680)
Diese 1956-1964 von Laurence King restaurierte Kirche gehört zu den schönsten Werken Wrens (● *70*). Ihr Portalvorbau wird durch dorische Säulen gegliedert. Der nahezu unmerkliche Übergang vom viereckigen Turm zum runden Glockenturm macht die ganze Eleganz dieser Kirche aus, die den Einwohnern der City lieb und teuer ist: Richtige Cockneys werden in der Nähe der Glocken von St Mary geboren (● *44*). Sie ist eine der dreizehn Kirchen der City, die direkt dem Erzbischof von Canterbury unterstehen.

1 Tag

Fleet Street

Die Fleet Street erstreckt sich von den Royal Courts of Justice bis zum Ludgate Circus bei St Paul's. Ihr Name stammt vom Fleet River, der früher dort floß, wo heute die Farringdon Road verläuft. Einst mußte man die Fleet Bridge überqueren, um zur Kathedrale zu gelangen.

Wynkyn de Worde, der erste Pressekönig. Wynkyn de Worde, ein Schüler von William Caxton, dem Gründer der ersten englischen Druckerei, suchte die Nähe des großen Geldes, als er vom Westminster-Viertel in das Finanzviertel, die spätere City of London (▲ *146*) übersiedelte. Im Jahr 1491 eröffnete er dort *The Sun*, di erste Druckerwerk statt der Fleet Street. Den großen Erfolg der Unternehmung verdankt de Worde nicht zuletzt der Nachbarschaft zu den Juristen der *Inns of Court* und den Karmelitern von *Blackfriars*, die alle auf Veröffentlichungen und gedruckt Dokumente erpicht waren. Am Ende seines Lebens hatte Wynkyn de Worde achthundert Titel publiziert und ein Imperium gegründet, das zwei Jahrhunderte lang die Verlagswelt dominierte und zu dem auch eine damals noch junge Zeitun

»Fleet River«
Dieses Bild von Samuel Scoll (1702–1772) zeigt die Mündung des Fleet River von der Themse aus betrachtet. Links erkennt man den spitzen Kirchturm von St Bride, ein Bau von Sir Christopher Wren (▲ *171*).

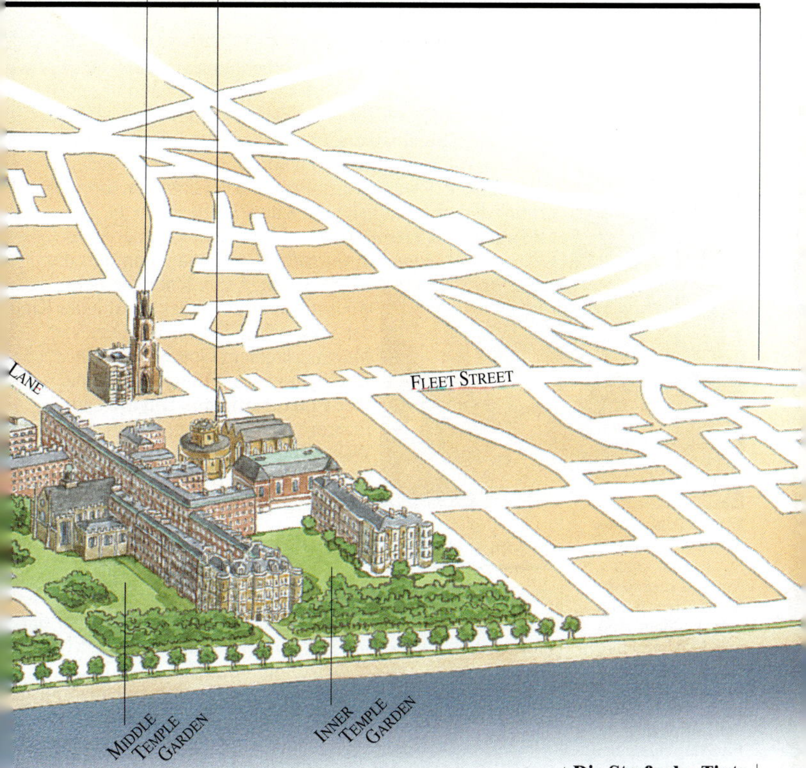

gehörte: *The Times*. Seitdem war die Fleet Street Standort von Hunderten von Verlagshäusern und wurde so sehr zum Inbegriff für Druckerzeugnisse, daß sie den Beinamen ›Straße der Tinte‹ erhielt. Die Straße entwickelte sich zu einer Hauptverkehrsader Londons, die das Zentrum der Politik mit dem der Geschäfte verbindet. Zu Beginn der 80er Jahre gerieten die englische Druckindustrie und die Presse in eine tiefe Krise, die die Verlage zwang, das Stadtzentrum zu verlassen. Es war *The Times*, die den Weg in die Docklands wies. Die Fleet Street hatte ihr Herzstück eingebüßt, und auch die Pubs verloren ihre eifrigsten Kunden: die Journalisten. Aber trotzdem lohnen die Pubs der Fleet Street immer noch einen Umweg, insbesondere das *Ye Olde Cheshire Cheese*, in dem Dickens und Samuel Johnson verkehrten. Auch das 1931 bis 1932 errichtete futuristische Gebäude des Daily Express ist sehenswert.

Die Straße der Tinte
❝Die Presse des mächtigen und unabhängigen England ist das Sprachrohr des Empire.❞

Emerson,
English Traits

ST CLEMENT DANES

Die Kirche St Clement Danes erhebt sich am äußersten Ende des Strand an der Stelle, wo angeblich der Dänenführer Harald bestattet worden ist. Im 11. Jh. wurde die Holzkonstruktion durch einen Steinbau ersetzt. 1682 wieder aufgebaut, ist sie die einzige von Christopher Wren konzipierte Kirche, die eine Apsis hat. 1719 wurde nach Plänen von Gibbs der Kirchturm erhöht und eine Sakristei mit Kuppeldach angebaut.

Orangen und Zitronen. Die Melodie des Kinderliedes *Oranges and lemons say the bells of St Clement's* imitiert den Klang der alten Londoner Kirchenglocken. Traditionell bekommt jedes Kind der Volksschule St Clement Danes im März nach einem Gottesdienst eine Zitrone und eine Orange geschenkt.

Der Pfarrer und das Rugby. Ein Pfarrer von St Clement Danes, William Webb-Ellis , soll – so berichtet eine Legende – der Erfinder des Rugbyspiels gewesen sein.

Ein Heiligtum der Royal Air Force
St Clement Danes wurde während des Krieges beschädigt und zwischen 1955 und 1958 mit Hilfe eines Zuschusses der Royal Air Force restauriert. Ein Denkmal, Wappen von Flugeinheiten, eine Inschrift mit den Namen beim Einsatz gefallener Flieger und Reliquien erinnern daran, daß die Kirche heute der RAF gewidmet ist.

TEMPLE BAR

Zwischen 1191 und 1319 festigte die von Mauern umschlossene City of London (▲ *174*) ihre Autonomie gegenüber der City of Westminster, wo sich das Zentrum der königlichen Macht befand. Temple Bar stand hinter den alten Befestigungen und markierte durch eine zwischen zwei Holzpflöcken gespannte Kette, die den Zugang zur Fleet Street versperrte, seit 1222 eine der Grenzen zwischen den beiden Bezirken. Im Jahr 1351 wurde ein Torbau, der in seinem Obergeschoß ein Gefängnis beherbergte, errichtet. Diesen baute Christopher Wren zu Beginn des Jahres 1672 neu. 1878 mußte dieses Tor dem ständig zunehmenden Verkehr weichen. An seiner Stelle wurde 1880 eine Steinsäule errichtet.

Das Tor der Hingerichteten. Bis 1772 wurden die Köpfe der Hingerichteten an der Temple Bar zur Schau gestellt. In der Nähe stand ein Pranger, an dem auch Daniel Defoe, der Verfasser von Robinson Crusoe, im Jahr 1703 eine Strafe verbüßen mußte.

Temple Bar heute
Das Monument wurde von Sir Horace Jones entworfen. Es wird von einem bronzenen Drachen, dem Symbol der Stadt, überragt.

DAS STADTVIERTEL DES TEMPLE

Im Westen, zwischen Fleet Street und Themse, liegt der *Temple*, ein Ort der Ruhe und des Friedens. Die Tempelritter, die sich seit der ersten Hälfte des 12. Jh. in London niedergelassen hatten, bekamen dieses Gelände am Ufer der Themse um 1160 zugesprochen. Sie errichteten dort eine Kirche, die 1185 geweiht wurde, und bald darauf ein Kloster. Nach dem Bruch zwischen Henry VIII. und der katholischen Kirche im Jahr 1536 nahm die Krone die Anlage in ihren Besitz. 1606 vermachte James I. den Temple den Leitern der Anwaltsschulen *Middle and Inner Temples*. Der Wiederaufbau durch Sir Edward Maude nach dem Zweiten Weltkrieg erfolgte teilweise im neogeorgianischen Stil.

Die Paper Buildings des Inner Temple
Die Paper Buildings liegen am Südteil des Inner Temple. Sie wurden im 19. Jh. von Vater und Sohn Smirke entworfen.

Die Inns of Court. Um die Temple Bar konzentrierten sich seit dem Mittelalter Rechtsschulen und Kanzleien. Ursprünglich wohnten die Rechtsgelehrten, die zu den jährlichen Sitzungen des königlichen Gerichtshofes nach London kamen, in Pensionen, den sogenannten *Inns*. Im 13. Jh. wurde das Rechtswesen noch nicht an Universitäten gelehrt, sondern an speziellen Rechtsschulen. Lehrer, Referendare, Anwälte und Studenten lebten an den Schulen, die ebenfalls als *Inn* bezeichnet wurden. Von den zahlreichen Rechtsschulen des 14. Jh.existieren heute nur noch die vier *Inns of Court* (*Lincoln's Inn*, *Middle and Inner Temples* und *Gray's Inn*). Sie bestehen alle aus einer eigenen Aula, einer Kirche, einer Bibliothek und einem Gewirr von Höfen, Alleen und Gärten. Die Inns bilden wie vor einem halben Jahrtausend auch heute noch eine Welt für sich.

Samuel Johnson
In dem Haus Nr. 17 am Gough Square lebte von 1746 bis 1759 Samuel Johnson. Hier verfaßte er das *Dictionary of the English Language*, das 40 000 Einträge und 114 000 Zitate umfaßt. In diesem Haus, das jetzt Museum ist, kann man die erste Ausgabe dieses Lexikons bewundern.

TEMPLE CHURCH ♥ ● 67

Die Temple Church, die der Heiligen Grabeskirche von Jerusalem nachempfunden ist, zählt zu den wenigen noch erhaltenen Rundkirchen Englands. Temple Church wurde in der Übergangsphase zwischen Romanik und Gotik errichtet und vereint Elemente beider Stilrichtungen. Zwischen 1220 und 1240 wurde der Bau durch einen gotischen Chor

Die Rotunde der Temple Church
Die Rotunde (im Bild links) wird von Säulen aus Purbeck-Marmor getragen und beherbergt die Gräber von neun Templern aus dem 12. und 13. Jh. Auf den Grabplatten sind die Ritter, die an einem Kreuzzug teilgenommen haben, mit gekreuzten Beinen dargestellt. Zu den Edelmännern gehört auch der im Jahr 1219 gestorbene William Marshal (oben), Graf von Pembroke und Bruder von John Lackland.

Temple Church
Die Temple Church wurde mehrmals umgebaut. Auf der Abbildung oben links ist zu erkennen, wie die Kirche nach den im 19. Jh. durchgeführten Restaurierungsarbeiten aussah. Das rechte Bild zeigt das Gebäude ohne das Dach, das im Zweiten Weltkrieg zerstört wurde.

vervollständigt. Das Hauptschiff und die Seitenschiffe schließen auf gleicher Höhe ab. Ende des 17. Jh. wurde von Christopher Wren (▲ *171*) ein Altaraufsatz entworfen, den William Emmett 1682 schnitzte. Nachdem Emmetts Werk 1840 von Sydney Smirke entfernt worden war, wurde es im Zuge der Restaurierungsarbeiten nach 1945 wieder installiert.

MIDDLE TEMPLE ♥

Middle Temple Gateway. Dieses Backsteintor wurde 1684 von dem Juristen Roger North errichtet. Es wird durch vier ionische Pilaster und ein Giebeldach verziert und führt zur Middle Temple Lane.

Middle Temple Hall. Der Backsteinbau (1562-1573) im Tudor-Stil befindet sich neben dem Fountain Court und ist das wichtigste Gebäude des Middle Temple (● *69*). Die doppelte Stichbalkendecke aus Eiche und die hervorragend gearbeitete Täfelung sind besonders sehenswert. Ein eichene Lettner im elisabethanischen Stil befindet sich im hinteren Teil des Saales, dessen Galerie von Karyatiden gestützt wird. Der Saal diente lange Zeit als Theater. Hier wurde Shakespeares *Was Ihr wollt* im Beisein von Elizabeth I. uraufgeführt

Zwei Tische. Unter einem Baldachin befindet sich der impo sante Tisch der *benchers*, der rangältesten Mitglieder des Inn Er wurde aus einer aus dem Wald der Windsors stammenden Eiche gefertigt und soll ein Geschenk von Elizabeth I. sein.

Daneben steht ein weiterer,

Royal Courts of Justice
Diese sind auch unter dem Namen Law Courts bekannt. Der Architekt George Edmund Street (1824-1881) wurde damit beauftragt, neue Courts zu entwerfen (● *81*). Mit dem Bau wurde 1874 begonnen, 1882 wurden sie von Queen Victoria eingeweiht. Die Bauten symbolisieren den Höhepunkt des neogotischen Stils, für den man sich in der viktorianischen Epoche begeisterte.

»*Richter in Fleet Street!* Ihr geht noch in Puderperücken und Seidentalaren über die Straße zum Stehlunch. Auch ihr, *Majestäten im Buckinghampalast*, habt eure Sitten konserviert, ebenso wie die Lords im Oberhaus, die Torys in den Commons [...] – ihr alle, *alle* seid von dieser Zeit verschont geblieben.«
Holitscher, *Narrenführer durch Paris und London*

etwas kleinerer Tisch, der *cupboard*, auf dem sich neue Anwälte in das Mitgliedsregister des Inn eintragen. Nach der Überlieferung soll dieser Tisch aus den Ladeluken der *Golden Hind* gemacht worden sein. Auf diesem Schiff hat Sir Francis Drake – ein Mitglied des Inn – die Welt umsegelt.
Die Bibliothek. 1956 im neogeorgianischen Stil wiederaufgebaut umfaßt sie neben den bemerkenswerten beiden Globen, die 1600 von Molyneux angefertigt wurden, eine bedeutende Sammlung von Werken zur amerikanischen Rechtssprechung.
Der Rosenkrieg. In den Middle Temple Gardens soll der Rosenkrieg seinen Anfang genommen haben, da hier angeblich Somerset die rote Rose, Symbol für das Haus Lancaster, und Warwick die weiße Rose, Symbol für das Haus York, gepflückt haben (● *35*). Dieser Bürgerkrieg (1455-1485) inspirierte William Shakespeare zu zwei seiner Tragödien: *Henry VI* und *Richard III*.

INNER TEMPLE ♥

Der alte Inner Temple mußte nach dem Zweiten Weltkrieg abgerissen werden. Die jetzigen Gebäude entstanden in den 50er Jahren. Vom *King's Bench Walk* bietet sich ein schöner Blick auf die Themse und die Inner Temple Gardens.
Inner Temple Gateway. Der Torbogen ist der älteste Eingang zum Temple und wird von einem der hübschesten Fachwerkhäuser Londons überragt. Das 1610 erbaute Haus beherbergte das Wachsmuseum von Mrs. Salmon und später einen Friseurladen, ehe es in ein Samuel Pepys gewidmetes Museum umgewandelt wurde.

DIE LAW COURTS

Die Laws Courts oder Royal Courts of Justice sind die königlichen Gerichtshöfe. Sie waren, ehe sie am Ende des 19. Jh. in die Nachbarschaft der Inns of Court umsiedelen, in Westminster Hall untergebracht. Die Fassade aus Portland-Stein

Auslage einer Buchhandlung in einem Durchgang von Lincoln's Court zur Carey Street.

Das ›Perückenviertel‹
Bei Gericht tragen Richter und Barrister Perücken. Barrister sind immer schwarz gekleidet, auch wenn sie gerade nicht Robe tragen.
In der Umgebung der Law Courts sieht man häufig Barrister, die kleine zweirädrige Karren mit sich führen. Damit transportieren sie Bücher, in denen die Fälle stehen, die sie vor Gericht zitieren wollen.

Die Law Courts
Blick auf die Fleet Street von Temple Bar aus. Middle Temple und Inner Temple sind hinter den rechts liegenden Häusern verborgen.

Lincoln's Inn
Das Grundstück war Eigentum der Grafen von Lincoln, und ihr Wappen – ein springender Löwe mit aufgerissenem Maul – ist an den Gebäuden angebracht.

Staple Inn und Lincoln's Inn
Staple Inn (oben) und Lincoln's Inn (unten) wurden im 14. Jh. gegründet und sind Teil der vier Inns of Court. Das Staple Inn beheimatet seit 1884 das Institute of Actuaries; Lincoln's Inn ist der Sitz eines Rechtsanwaltskollegs.

entlang dem Bell Yard erstreckt sich vom Strand bis zur Carey Street, wo sie in einem eleganten Turm aus schachbrettartigem Gemäuer endet (● *81*). Vier Elemente dominieren diese Fassade: der Uhrenturm, die Eingänge zum Hof sowie zur Hall und die Eisengitter, die die Vorliebe des Architekten George Edmund Street für Kunstschmiedearbeiten dokumentieren.

Die Hall. Dieses riesige, 76 m lange und 25 m hohe Schiff wird von einem Spitzbogengewölbe gekrönt. Von der Hall führen zahlreiche Korridore und Treppen zu den Büros der etwa 60 verschiedenen Gerichte des Obersten Gerichtshofes.

ST DUNSTAN-IN-THE-WEST

Geht man von Johnson's Court in Richtung Chancery Lane, so passiert man diese achteckige, zwischen 1829 und 1833 erbaute Kirche. Hier feiern Katholiken, Anglikaner und Orthodoxe ihre Gottesdienste. Der Bau ist ein frühes Londoner Beispiel für die Wiederbelebung der Gotik und ersetzte die aus dem 12. Jh. stammende Kirche, die der Verbreiterung der Fleet Street zum Opfer fiel (▲ *158*).

Die Turmuhr der Riesen. Die Uhr wurde im Jahr 1671 von den Überlebenden des Großen Brandes von 1666 gespendet. Die Turmuhr soll die erste in London gewesen sein, die Minuten anzeigte und ein doppelseitiges Zifferblatt hatte. Viertelstündlich schlagen zwei Riesen, die auch Dickens' Held David Copperfield (▲ *10*) bewunderte, auf eine Glocke.

CHANCERY LANE

Rechts neben der Kirche beginnt Chancery Lane. Ihr Name geht auf einen der ältesten Gerichtshöfe, den *Court of Chancery,* zurück. Um 1400 zog der Urkundenverwalter des Königs hierher, heute befindet sich hier ein *Public Record Office*, eines der Nationalarchive. Das hauseigene Museum enthält so seltene Dokumente wie Kopien des *Domesday Book* (älteste, 1089 verfaßte fiskalische Bestandsaufnahme Englands), ein Exemplar der *Magna Charta* von 1225 und das Testament von William Shakespeare ...

»Im Geiste sah ich noch die Grünflächen zwischen den Reihen pflaumenfarbiger Backsteinhäuser, und in alledem lag eine unbeschreibliche Poesie von Stille, Ruhe und Einsamkeit.«

Julien Green

Lincoln's Inn ♥

)ieses Inn wurde im 13. Jh. gegründet und ist das einzige der ier Gerichtsgebäude, das seinen ursprünglichen Charakter eibehalten hat. Der monumentale Torbogen an der Chancery ane datiert aus dem Jahr 1518 und ist von Türmen flankiert. /on hier aus blickt man auf die alten Gebäude aus der Tudor-Zeit, die bis auf die Kapelle gänzlich aus Backsteinen gebaut ind und einen Hof bilden.

erühmte Studenten. Neben Oliver Cromwell (1599-1658) tudierten hier Thomas Morus (1478-1535), der Dichter John)onne, der Jurist Jeremy Bentham und William Penn, ründungsvater des US-Staates Pennsylvania.

ie alte Halle ♥. Besondere Aufmerksamkeit verdienen die)ecke, der Lettner und die Erkerfenster an den beiden Enden er zwischen 1485 und 1492 erbauten Halle. Auch das Gemäl-e *Paulus vor dem römischen Prokurator* von William Hogarth us dem Jahr 1748 ist beeindruckend.

ie Kapelle. Die Fassade wurde in den Jahren 1619 bis 1623 n gotischen Stil rekonstruiert. Der Dichter Ben Jonson soll ei ihrem Bau als Maurer tatkräftig mitgeholfen haben. Die it einem Tonnengewölbe und Fenstern mit steinernem reuz versehene Kapelle besitzt eine Galerie, Lieblingstreff-unkt der Studenten. Sie diente 1659 achtzig Parlamentsmit-iedern, die die Monarchie wieder einführen wollten, als eheimer Treffpunkt. Die Kapelle wurde 1685 von Wren ▲ *171, 174*), 1791 von Wyatt und schließlich 1882 von Salter estauriert. Alljährlich wird hier im Dezember eine Messe efeiert, wobei die *Senior Judges* des Inn das Evangelium und ie Episteln lesen.

indsey House. Dieses Doppelhaus wurde lange Zeit Inigo ones zugeschrieben und ist ein gutes Beispiel für die Suche ach einem eigenen englischen Stil während der Stuart-Zeit ● *74*). Es ist jedoch nicht zu verkennen, daß der Architekt n den Werken des Andrea Palladio inspiriert wurde. Das acksteingebäude ist mit Stuckwerk verziert, und die spindel-rmigen Wandpfeiler enden in ionischen Kapitellen. Der ntwurf war wegweisend für andere Londoner Wohngebäude d wurde auch für das Nachbarhaus, Nr. 57-58, übernom-en, das um 1730 von Henry Joynes aus Portland-Stein baut wurde und mit Pilastern sowie einem etwas schwer-llig wirkenden Architrav verziert ist.

Lincoln's Inn Fields
Im Mittelalter erholten sich die Londoner und die Bewohner des Lincoln's Inn inmitten der Felder. Eigentümer des Areals waren die Hospitäler St John und St Giles, die den Ort als guten Weidegrund lobten. Seit der Regierungszeit von Elizabeth I. wurden auf den Lincoln's Inn Fields Todesurteile vollstreckt.

❝[...] Ich sah das alte Westminster und die grünen Temple-Gärten. Sonne lag auf ihnen, ein glücklicher, blauer Vorfrühlingshimmel stand darüber, und zwischen ihnen und Westminster hing, nicht zu schwer, eine Nebelwolke.❞

Charlotte Brontë
Villette

Ein Jurist auf den Lincoln's Inn Fields

Zwischen 1792 und 1824 erwarb Sir John Soane (1753-1837), Architekt der Bank of England, drei nebeneinander liegende Gebäude an den Lincoln's Inn Fields, um dort seine umfangreiche und wenig spezialisierte Sammlung von Kuriositäten unterzubringen. Seit Soanes Tod ist die Anlage nicht verändert worden und ist heute eines der unkonventionellsten Museen Londons.

Illustration der korinthischen Ordnung für Soanes Vorlesungen an der Royal Academy im Jahr 1819.

Die Bibliothek in Soanes Haus
Soane trug eine beeindruckende Sammlung von Manuskripten und Büchern (darunter auch die Bibliothek von Robert Adam) sowie von Zeichnungen und Gravuren zusammen.

Sir John Soane
Seit 1790 sammelte der Sohn eines Maurers Marmorstücke und Gußformen aus der Antike und der Renaissance sowie Bauteile römischer Architektur, Grabmäler, Bronzeplastiken und Vasen.

Quelle des Lichts
Das durch das Kuppel-
lach einfallende Licht
erleuchtet die Räume
m Zentrum des
Hauses.

**uerschnitt der
uppel des
ir John Soane's
Museum**
eorge Bailey hat
esen Querschnitt
310 erstellt. Er
eigt Soanes Samm-
ng antiker Kunst-
erke, die auf drei
tagen ausgestellt
nd. Der heutige
ufbau des Muse-
ns ist dieser Zeich-
ng sehr ähnlich.

»Imaginärer Blick auf die öffentlichen und privaten Bauten von Sir John Soane« J. M. Gandy zeichnete diese ungewöhnliche Darstellung der Bauwerke, die Soane zwischen 1789 und 1815 geschaffenen hat.

Die Gärten des Gray's Inn
Im 17. Jh. waren die Gärten von Gray's Inn ein schöner Ort für Spaziergänge, die allerdings wegen der dort stattfindenden Duelle nicht ungefährlich waren. Charles Lamb bezeichnete die Gärten von Gray's Inn als »die schönsten Gärten der Inns of Court.« Der vierzehnjährige Charles Dickens arbeitete hier als Gehilfe eines Rechtsgelehrten des Lincoln's Inn.

Royal College of Surgeons. Im Süden der Lincoln's Inn Fields befindet sich das *Royal College of Surgeons*. Die Chirurgen gründeten 1745 eine eigene Gesellschaft, die sich 1797 hier niederließ. Im Jahr 1800 entstand aus dieser Gesellschaft das Royal College. Die ersten, von Dance konzipierten Gebäude wurden 1835 von Charles Barry ersetzt (▲ *128*). Barrys Bauten wurden ihrerseits 1888 erweitert, nur die Fassade mit ihrer römischen Säulenhalle ist erhalten. Das College beherbergt das *Hunterian Museum*, das nach dem berühmten schottischen Chirurgen aus dem 18. Jh. benannt ist. John Hunter war fasziniert von den Möglichkeiten der Transplantation und legte eine reiche Sammlung anatomischer Kuriositäten an, die er als Anschauungsmaterial im Unterricht verwenden wollte. 1799 kaufte die Regierung diese Sammlung, die bis zum Zweiten Weltkrieg noch erweitert wurde.

New Square ♥. Dieser südöstlich der Lincoln's Inn Fields gelegene Platz wurde Ende des 17. Jh. um eine Rasenfläche herum gestaltet. Ein Torbogen führt vom New Square zur Carey Street. Im Norden des Platzes befinden sich die *Stone Buildings*, die 1774-1780 von Sir Robert Taylor im Palladio-Stil gebaut wurden. Sie bilden einen starken Kontrast zur *New Hall*, zum *Treasury* und zum Bibliotheksgebäude, die 1843 bis 1845 von Philip Hardwick im Neotudor-Stil aus Backstein errichtet wurden. Die bedeutende Bibliothek wurde bereits 1497 gegründet und enthält 70 000 juristische Werke. In der New Hall ist das riesige Fresko *Lawgivers* zu sehen, das 1859 von G. F. Watts in Anlehnung an Raffael und romantische Stilmittel gemalt wurde.

"Die Engländer bewahren die Sitten und Gebräuche, die Kostüme und den Prunk von früher, die Perücke, das Zepter und die Krone."
Emerson, *English Traits*

GRAY'S INN

Nördlich des Lincoln's Inn liegt das vierte der Inns of Court. Gray's Inn war im 14. Jh. war ein Hotel für Rechtsgelehrte und wurde benannt nach Sir Reginald Gray, Chief Justice of Chester, der hier zuvor seine Londoner Residenz hatte. Da William Shakespeares Gönner,der Graf von Southampton, ein Mitglied des Inn war, wurde *Die Komödie der Irrungen* 1594 in der Hall uraufgeführt. Obwohl die Hall während des Zweiten Weltkrieges zerstört und dann von Sir Edward Maude restauriert worden ist, gehören zu ihrer Einrichtung noch einige Stücke aus dem 17. bis frühen 19. Jh. Die alte Empore ist angeblich aus dem Holz einer spanischen Galeone geschnitzt. In den Gärten des Inn wurden im 17. Jh. zahlreiche Duelle ausgefochten. Heute sind sie die einzigen Gärten der Inns of Court, die der Öffentlichkeit zugänglich sind.

Die Gärten des Philosophen
Die Gärten bilden den schönsten Teil von Gray's Inn. Sie wurden 1606 von dem Philosophen Francis Bacon entworfen, der auch eine Abhandlung über Gärten verfaßt hat. Bacon war Student, *bencher* und schließlich Schatzmeister von Gray's Inn im Jahr 1608. Seine politischen Ämter verlor er 1621 wegen einer Bestechungsaffäre.

Das historische Zentrum

Ein Briefkasten von 1857
Dieser *Entwurf eines perfektionierten Briefkastens* kann im Postmuseum besichtigt werden.

St Paul's und Umgebung

Das Viertel zwischen der beeindruckenden St Paul's Cathedral und dem ebenso modernen wie umstrittenen Barbican-Center umfaßt weite Teile des römischen und mittelalterlichen London. Nur noch einige wenige und deshalb umso kostbarere Überreste sind erhalten.

General Post Office. In der King Edward Street befindet sich das G. P. O. (General Post Office), das Londoner Hauptpostamt. Das erste öffentliche Postamt wurde 1635 in der City eingerichtet. Seit seiner Gründung florierte der englische Postdienst und zog 1829 in ein von dem Architekten Sir Robert Smirke entworfenes Gebäude um, das damals eine Sehenswürdigkeit ersten Ranges war. Aber erst ab 1840 – nach der Einführung der Briefmarke – war das britische Postwesen das modernste der Welt. 1855 wurde in London der erste Briefkasten aufgestellt und noch bis zu zehn Mal täglich geleert. Das von Robert Smirke errichtete Gebäude wurde 1912 abgerissen und durch ein neues, von Sir Henry Tanners entworfenes ersetzt. In den Jahren 1890 bis 1895 hatte Tanners bereits das Bauwerk errichtet, von dem aus Guglielmo Marconi 1896 die erste Radioübertragung sendete. In den Räumlichkeiten des General Post Office wurde 1965 auf Initiative von Reginald M. Phillips das National Postal Museum eingerichtet. Phillips vermachte dem Museum seine Sammlung englischer Brief-

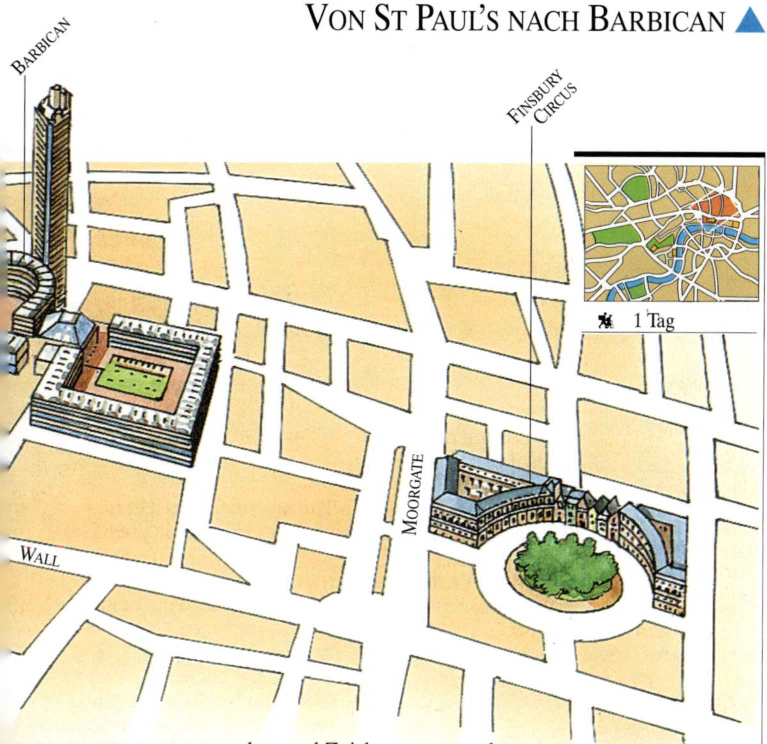

marken und Zeichnungen aus dem viktorianischen Zeitalter. Außerdem besitzt das Museum eine Briefmarkenreihe, die von 1840 an für England und Übersee von der britischen Post herausgegeben wurde. Diese Serie ergänzen Briefmarken aus den Mitgliedsländern der Weltpostunion. Somit bietet das Museum einen umfassenden Überblick über die Geschichte der Philatelie. Schließlich werden noch Gegenstände wie Briefmarkendosen, Poststempel und Briefkästen ausgestellt. Im Hof des General Postal Office in der Nähe des St Bartholomew's Hospital sind Überreste einer römischen Mauer sowie einer mittelalterlichen Festung zu sehen.

Black Penny
Der Stolz des Postmuseums ist die erste selbstklebende Briefmarke der Welt.

Sir Christopher Wren (1632-1723)
Der Großmeister der englischen Barock-Architektur wurde nach dem Großen Brand von 1666 (● *40*) mit dem Wiederaufbau Londons und der St Paul's Cathedral beauftragt.

St Paul's Cathedral

Geschichte. Die Kathedrale liegt auf einer Anhöhe, wo während der römischen Epoche (● *34*) ein Tempel stand, der der Jagdgöttin Diana geweiht war. Erstmals wurde hier 604 eine Kathedrale erbaut, die ein Brand im Jahr 1087 zerstörte. Die zwischen dem 11. und 13. Jh. im romanischen und gotischen Stil wiederaufgebaute neue Kathedrale galt als größte mittelalterliche Kirche Europas. Der obere Teil des 164 m hohen Kirchturms wurde 1561 durch ein Feuer beschädigt. Um die Kathedrale herum siedelten sich andere kirchliche Bauten wie das Bischofspalais und der Jesus-Turm an. Nach einer Periode der Verwahrlosung, während der in St Paul's sogar Jahrmärkte stattfanden,

Churchill und St Paul's
»Steht sie noch?«, pflegte der Premierminister jeden Morgen nach den Bombennächten des Jahres 1941 zu fragen. Aber wie durch ein Wunder blieb St Paul's während des Zweiten Weltkriegs verschont.

übertrug der Bischof von London die letzten bedeutenden Arbeiten 1634 Inigo Jones, der die Westfassade durch eine palladianische Säulenvorhalle bereicherte. Unglücklicherweise unterbrach der Bürgerkrieg (● *35*) die Arbeiten.

Das Werk Christopher Wrens. Nach der erneuten Machtübernahme durch die Stuarts (1660) wurde Wren beauftragt, die Renovierung von St Paul's durchzuführen. Doch eine Woche, nachdem sein Konzept akzeptiert worden war, wurde die Kathedrale während des Großen Brandes (● *40*) völlig zerstört und mußte neu aufgebaut werden. Wren machte als Leiter des Projektes mehrere Vorschläge, die in zwei verschiedene Richtungen gingen: Der erste Plan sah einen Grundriß in Form eines griechischen Kreuzes und eine Kuppel vor, wurde jedoch von der hohen anglikanischen Geistlichkeit als zu fortschrittlich abgelehnt. Mit dem ›Großen Modell‹ von 1673, dem ein riesiger Portikus und eine mit einer Kuppel überbaute Vorhalle hinzugefügt wurde, reagierte Wren auf diese Widerstände. Doch auch dieser Versuch scheiterte, und Wren sah sich gezwungen, nachzugeben. 1675 legte er einen neuen Plan vor, das sogenannte *Warrant Design*, das auf ein lateinisches Kreuz und den ›normannisch-englischen‹ Typ zurückgriff: ein langgestrecktes Kirchenschiff (das Schiff von St Paul mißt 152 m), lange vorspringende Querschiffe und ein langgestreckter Chor, der von engen Gängen umgeben ist, die in einer Apsis enden.

Die Kuppel von St Paul's. Der Bau wird überragt von einer säulengestützten Kuppel mit einem Durchmesser von 31 m. Die Kuppel durfte von innen nicht zu hoch, von außen nicht zu niedrig erscheinen. Wren löste dieses Problem, indem er drei Schalen übereinanderschichtete. Die Kuppel erreicht eine Höhe von 111 m, was 365 Fuß entspricht – für jeden Tag des Jahres einen. Von der Golden Gallery aus hat man einen atemberaubenden Blick über London.

Das Äußere. Neben der alles andere dominierenden Kuppel die von einer Bleischicht bedeckt ist, beeindrucken insbesondere der die Kuppel tragende zylindrische Tambour, der von einer Säulenreihe mit Nischen und Loggien umgeben ist und die stark vom Barock inspirierte Westfassade. Diese wird von einem Portikus mit paarweise angeordneten korinthischen Säulen gebildet. Im Giebel über dem Portikus ist die Bekehrung des hl. Paulus, des Schutzheiligen von London, darge-

Die Kuppel von St Paul's
Die von Säulen getragene Kuppel von St Paul's beeinflußte Soufflot beim Bau des Panthéons in Paris.

tellt. Die Westfront wird
on zwei Türmen flankiert.

as Innere. Für die imposante Innendekoration ngagierte Wren zwischen 1690 und 1720 eine ganze Gruppe on Künstlern. Zu ihnen gehörte James Thornhill (▲ *329*), er die Kuppel mit Fresken über das Leben des hl. Paulus chmückte. Grinling Gibbons (▲ *329*) schnitzte das herrliche horgestühl, den Bischofsthron und und das Orgelgehäuse. er französische Künstler Jean Tijou schmiedete das Chor- itter und die Balustrade der Treppe, die zur Bibliothek führt. on der wegen ihrer außergewöhnlichen Akustik verblüffen- en Whispering Gallery in der Kuppel hat man einen schönen lick über das Innere der Kathedrale.

ie Grabmäler. Erst nach dem Jahr 1790 wurden in St aul's Grabmäler angelegt. Seitdem ist die Kathedrale zu ei- er Begräbnisstätte bedeutender Persönlichkeiten geworden.

Blick von St Paul's über die Themse

»Da ich mich vor St Paul's befand, stieg ich zur Kuppel hinauf. Von dort sah ich London mit seinem Fluß, seinen Brücken, seinen Kirchen.«

Charlotte Brontë

The Morning Chapel

Dreißig Jahre Baustelle

Da an St Paul's mehr als 30 Jahre gebaut wurde, entstand das Sprichwort: »So langsam wie die Bauarbeiter von St Paul's.«

Si monumentum requiris, circumspice (Wenn Du ein Denkmal suchst, blicke Dich um), lautet die Grabinschrift, die Christopher Wren Jr. für seinen Vater verfaßt hatte, den Architekten, der mit dem Bau von St Paul's den Höhepunkt seines Schaffens erreichte. Die Baupläne weisen auf die lange Auseinandersetzung zwischen Wren und der königlichen Kommission hin, die die Rekonstruktion von St Paul's überwachte. Sie berichten aber auch von der Entwicklung des Projektes, dessen Zielsetzung noch im Verlauf der Arbeiten häufiger verändert wurde. Einige dieser Veränderungen stammen von Wrens Assistenten, Nicholas Hawksmoor (▲ *311*).

Gesamtansicht von St. Paul's
Der traditionelle Grundriß basiert auf einem lateinischen Kreuz mit einem Kirchenschiff, Querschiffen, einem Chor und von Kapellen eingefaßten Seitenschiffen.

Längsschnitt von St. Paul's
Dieser frühe Plan von 1675 zeigt bereits Züge des späteren Baus. Aber verschiedene Details, insbesondere an der Kuppel, sollten sich noch ändern.

Entwurf der Kuppel
Dieser Entwurf von 1675 nennt sich ›Endgültiger Plan‹, ist es aber nicht: Wren hatte zu diesem Zeitpunkt den Zwischenkonus aus Mauerwerk und den Säulenumgang noch nicht konzipiert.

Studie für den Säulengang

Entwurf der Westfassade
Die Westfassade war bereits hier mit einem eleganten zweistöckigen Portikus geplant. Die Zeichnung zeigt noch nicht die zwei seitlichen Türme, die die Massigkeit der imposanten Kuppel abschwächen werden.

Das Portal von St Bartholomew-the-Great
Das elegante Eingangstor von 1893 stammt von Sir Aston Webb. Das ursprüngliche Portal zu dem inzwischen nicht mehr bestehenden Mittelschiff ist noch im Westen des Gatehouse zu sehen.

Die Krypta birgt etwa einhundert Gräber, unter anderem die des Herzogs von Wellington, von Admiral Nelson und natürlich von Christopher Wren.

Der Gottesdienst in St Paul's. St Paul's ist immer wieder Schauplatz außergewöhnlicher Gottesdienste gewesen. Dort fanden Staatsbegräbnisse für Admiral Nelson (1805), den Herzog von Wellington (1852) und Winston Churchill (1965) statt. Königin Victoria feierte im Jahr 1887 in St Paul's ihr 50jähriges Thronjubiläum, und Prinz Charles und Lady Diana schlossen in der Kathedrale den Bund der Ehe.

SMITHFIELD

Das heute zur City (▲ *146*) gehörende Stadtviertel hat nichts mehr mit dem einstigen Vorort im Londoner Norden gemein, auch wenn der Name Smithfield (von *smooth fields*) ursprünglich auf ein Feld am Stadtrand hingewiesen hat.

St Bartholomew's Hospital ♥. 1123 gründete der Augustiner Thomas Rahere ein Kloster mit Hospital (das älteste Londons) auf einem Gelände, das ihm Henry I., dem er als Hofnarr gedient hatte, geschenkt hatte. Der Komplex wurde mehrfach umgebaut, zwischen 1730 und 1759 von James Gibbs, so daß von den ursprünglichen Gebäuden heute nichts mehr erhalten ist. Eine von Francis Bird – ein Mitarbeiter Christopher Wrens – geschaffene Statue von Henry VIII. erhebt sich über dem Eingang. Der Entdecker des Blutkreislaufs, William Harvey, leitete das Hospital von 1609 bis 1633, und William Hogarth (▲ *210*) war lange Zeit ehrenamtlicher Verwaltungsdirektor . Zwei seiner Bilder, *Der Teich von Bethesda* und *Der gute Samariter* (1735-1736), schmücken den Treppenaufgang.

St Bartholomew-the-Less. Die 1184 errichtete Kirche diente zunächst als Krankenhauskapelle und wurde im 16 Jh. zur Pfarrkirche umgestaltet. Zu Beginn der 50er Jahre behob man die Schäden aus dem Zweiten Weltkrieg im Rahmen einer umfassenden Restaurierung. Im Inneren der Kirche befinden sich die Gräber zahlreicher Chirurgen und Ärzte des Krankenhauses. Der viereckige Turm von St Bartholomew the Less stammt aus dem 15. Jh.

St Bartholomew-the-Great
Die älteste Kirche Londons ist neben St John's, der Kapelle des Tower und der Temple Church einer der wenigen Überreste normannischer Architektur in der Hauptstadt.

St Bartholomew-the-Great. Die Klostergebäude wurden 1544 von Richard Rich aufgekauft und blieben bis 1862 im Besitz seiner Familie. Im Laufe der Jahrhunderte litten die Gebäude stark unter der Zweckentfremdung: die Lady Chapel diente als Wohnhaus, ehe sie als Druckerei genutzt wurde. Im Kreuzgang befand sich ein Stall, im Querschiff eine Schmiede. Als man 1858 begann, den Bau zu restaurieren, war er nur noch eine Ruine. Das Kirchenschiff wurde vollkommen erneuert, nur noch der beeindruckende romanische Chor ist geblieben. Das Maßwerk der hohen Fenster, wie auch die westlichste Ecke des Chors und der Lady Chapel, gehen auf das 14. Jh. zurück. Der Kreuzgang stammt aus dem 15. Jh., der Turm entstand 1628 und das Portal 1893.

Smithfield Market. Im Mittelalter wurden auf dem Platz neben St Bartholomew außerhalb der Stadtmauern Hinrichtungen vollstreckt, seit dem 14. Jh. insbesondere schottische Rebellen oder protestantische Märtyrer. Man konnte aber auch Turnieren zusehen oder *St Bartholomew's Fair*, den großen Tuch- und Viehmarkt, besuchen, der an drei Tagen im August abgehalten wurde. Die Ursprünge des Viehmarktes gehen auf das 11. Jh. zurück. Dann, im 16. Jh., entwickelte sich um diesen Markt herum ein wichtiger Vorort, der sich bis zur äußersten St John Street erstreckte. Schließlich fühlten sich die Bürger durch die Betriebsamkeit des Marktes so belästigt, daß dieser 1855 verboten und der Viehmarkt nach Islington ausgelagert wurde. Übrig blieb ein Fleischgroßmarkt, der in den neuen Markthallen abgehalten wird.

Central London Meat Market. Die vier Hallen des Fleischmarktes wurden von Sir Horace Jones gebaut. Heute ist auch Smithfield von städtebaulichen Umstrukturierungsmaßnahmen bedroht, die eine gewachsene Struktur zerstören könnten, so wie einst in Covent Garden (▲ *272*), Billingsgate (▲ *154*) oder Spitalfields (▲ *312*).

Charterhouse Square ♥. Auf dem gepflasterten und von alten Gaslaternen beleuchteten Platz mit seiner beschaulichen Atmosphäre befindet sich das ehemalige, im 14. Jh. gegründete Kartäuserkloster. Ab dem 17. Jh. wurde das Kloster als Schule, später als Altersheim genutzt. Thomas Morus (▲ *197*, *320*) lebte dort zwischen 1499 und 1503. Heute sind die Gebäude für die Öffentlichkeit nicht zugänglich, aber man sollte die Gärten besichtigen, die man durch das Portal betritt.

The ›Fat Boy‹. Dieser pausbackige Bursche steht in der Giltspur Street an der Stelle, wo dem Großen Brand Einhalt geboten werden konnte.

Central London Meat Market
Der 1868 am heutigen Smithfield Market eröffnete Fleischmarkt wurde schnell von den Händlern angenommen. Hinter den Fassaden aus rotem Backstein befinden sich riesige, mit Glas überdachte Hallen.

»The Old Smithfield Market«
Dieses Bild von Thomas Sydney Cooper zeigt den Viehmarkt im 19. Jh.

The Old Wall Mauerteile aus dem Mittelalter umschließen die Überreste des römischen Befestigungswalles aus dem 3. Jh. (● *66*).

Der Gott Mithras Dieser Kopf aus dem 4. Jh. – 1954 im Mithras-Tempel entdeckt – zeugt vom orientalischen Mithraskult im römischen Londinium.

Museum of London

Seit 1976 befindet sich im Barbican-Viertel das sehr beliebte *Museum of London*, das aus der Zusammenlegung von *Guildhall* und *London Museum* hervorging.

Geschichte. Das Guildhall Museum wurde 1826 gegründet, um die Funde des römischen und mittelalterlichen London ausstellen zu können, die in der City entdeckt und der Londoner Stadtverwaltung überlassen worden waren. Das 1912 eröffnete, teils im Kensington Palace, teils im Lancaster House untergebrachte London Museum sollte Exponate zur Londoner Geschichte aufnehmen. Sir Mortimer Wheeler schlug 1927 vor, die beiden Museen zusammenzulegen. Seine Idee wurde erst nach dem Zweiten Weltkrieg aufgegriffen, da vorher keine geeigneten Räumlichkeiten zur Verfügung standen. 1965 wurde endlich ein entsprechender Beschluß gefaßt; das Museum of London war geboren. Endgültig realisiert wurde das Vorhaben erst 1971, als ein modernes Gebäude im Barbican-Viertel errichtet wurde. Für das Museum of London konnte dort eine komplette, auch auch in der Präsentation didaktisch wertvolle Sammlung eingerichtet werden, die sowohl die Wirtschafts- als auch die Kulturgeschichte der Hauptstadt umfaßt. Londoner Sehenswürdigkeiten, historische Wohnstätten und Geschäfte und die bedeutendsten Funde aus der Römerzeit sind dort ausgestellt. Der Haupteingang zum Museum durch die Fußgängerüberführung des Komplexes führt direkt zur oberen Etage. Von dort aus sollte man mit dem Besuch der zehn Säle beginnen, in denen die Geschichte Londons chronologisch dargestellt wird.

Die prähistorische Themse-Region. In diesem Saal wird die Entwicklung der Region von der Ur- und Frühgeschichte bis zum Jahr 42 n. Chr. dokumentiert. Zu den Ausstellungsstücken gehören steinzeitliche Feuersteine und in Heathrow gefundene Töpferarbeiten und Bronzewaffen.

Das römische London. Hier wird die Geschichte von Londinium (● *34*) von 43 bis 410 n. Chr. skizziert. Einer der Funde aus dieser Periode ist der Mithras-Tempel, der 1954 im Westen von Wallbrook entdeckt und in den Temple Court verlegt worden war.

Das mittelalterliche London. Über eintausend Jahre Geschichte von 410 bis 1484 sind in diesem Saal dokumentiert. Normannische Äxte und Beile aus der 11. Jh., eine mit Schnitzereien verzierte Holztafel vermutlich aus dem 14. Jh. (im Bild links), auf der Szenen

St Bartholomew's Fair
Der Jahrmarkt von St Bartholomew bot den Besuchern amüsante Zerstreuung, wie dieser Fächer zeigt (1728-1730).

aus den *Canterbury Tales* dargestellt sind, finden sich ebenso unter den Ausstellungsstücken wie eine vergoldete Brosche aus dem 6. Jh. (siehe unten).

Tudor-London. Dieser Raum zeigt den beständig wachsenden Reichtum der City of London. Gegenstände aus dem täglichen Leben der Londoner von 1485 bis 1603 sind ausgestellt – also von der Thronbesteigung von Henry VII. bis zur Regierungsübernahme der Stuarts unter James I. Waffen, Schmuckstücke, Kleinode und Kostüme sowie Stand- und Taschenuhren – von Mitgliedern der holländischen Gemeinde hergestellt – finden sich hier.

Diese Vase aus dem 13.-14. Jh. ist vermutlich venezianischen Ursprunges.

London unter den Stuarts. Das London der Jahre 1603 bis 1666 wird mit Modellen von Shakespeare-Bühnen, der London Bridge und der Totenmaske Cromwells dokumentiert. Der Große Brand des Jahres 1666 wird als Licht- und Tonschau eindrucksvoll inszeniert.

London unter den letzten Stuarts. Aus der Zeit vom ersten Jahr nach dem Großen Brand bis zur Thronbesteigung von George I. of Hanover im Jahr 1713 sind neben anderen Stücken die typische Kleidung eines Londoner Bürgers sowie ein Modell der neuen St. Paul's Cathedral (▲ *171*) ausgestellt.

Das georgianische London. Hauptattraktionen in diesem Saal sind die Nachbildung eines Gefängniszelle, ein Pranger und Waffen aus dem Zeitraum von 1714 bis 1800.

London im 19. Jh. Das Prunkstück ist hier ohne Zweifel ein Modell des für die Weltausstellung gebauten Crystal Palace.

Das spätviktorianische London. An die spätviktorianische Epoche (1881-1910) wird in diesem Raum durch die Nachbildung einer ganzen Straße und das Interieur eines Pubs erinnert.

London im 20. Jh. Der letzte Saal ist der Zwischenkriegszeit gewidmet und zeigt einen Fahrstuhl des Kaufhauses *Selfridges* von 1928, einen Luftschutzraum und ein Rundfunkstudio.

Fayence-Teller (1602)
Diese mit Email verzierte Töpferarbeit stammt vermutlich von einem flämischen Künstler. Sie trägt eine Inschrift, die an Elizabeth I. erinnert.

BARBICAN UND UMGEBUNG

Nördlich von St Paul's ist seit Beginn der 60er Jahre ein ›Viertel der Vertikalen‹ mit Türmen und Terrassen entstanden. Das etwa 25 ha große Gebiet umfaßt eine Vielzahl an Wohn- und Geschäftshäusern sowie ein riesiges, sich über mehrere Etagen erstreckendes Kulturzentrum. Inmitten dieses Komplexes finden sich noch einige gotische und neoklassizistische Kirchen und so manche Spur des historischen Londons. Auch der Name des Viertels verweist auf die Vergangenheit, einen römischen und mittelalterlichen Brückenkopf, der vor der eigentlichen Stadtmauer gelegen hat und als ›Barbacane‹ bezeichnet wird.

Barbican
Dieses Labyrinth aus Gebäuden, Höfen, Türmen, Treppen, Tunnels und Fußgängerüberführungen wurde in den sechziger Jahren gebaut.

Der Wiederaufbau. Wenn St Paul's Cathedral den ›Blitz‹ (● *42*) auch praktisch unbeschädigt überstanden hat, so war doch ein Drittel der City annähernd und das Viertel Barbican vollkommen zerstört. Die Probleme der Nachkriegszeit machten es unmöglich, vor 1955 mit dem Aufbau eines Stadtviertels zu beginnen, das zeitgenössischen Ansprüchen genügen sollte. Chamberlin, Powell und Bon erhielten den Auftrag, Wohnungen, Büros, Freizeitstätten, Geschäfte und Kulturzentren in einem Komplex zu vereinen.

Die umstrittene Realisierung. Die 1962 begonnenen Arbeiten zogen sich zwanzig Jahre hin und konnten erst am 3. März 1982 als beendet angesehen werden. In dem lange Zeit unbewohnten Barbican leben heute zwei Drittel der City-Bewohner. Der PKW-Verkehr verläuft unterirdisch, so daß ganz Barbican eine große Fußgängerzone ist. Ein dichtes Netz von Terrassen, Passagen, Plätzen und Wasserflächen verbindet die verschiedenen Elemente dieses Komplexes miteinander. Nichtsdestotrotz bleibt Barbican für viele ein nur schwer zugängliches, unzusammenhängendes und kaltes Stadtviertel, das von Beton und Stahl geprägt wird und selbst durch seine zahlreichen kulturellen Zentren kein menschliches Gesicht erhält. Zu den kulturellen Einrichtungen gehören das ›Museum of London‹, eine Schule für Schauspielkunst, ›The Guildhall School of Music and Drama‹ und ›The City of London School for Girls‹.

»Finsbury Circus«
Dieses Werk eines unbekannten Künstlers aus dem 19. Jh. stellt die Nordseite des Platzes mit dem Komplex der London Institution im Hintergrund dar.

The Barbican Arts and Conferences Centre. Dieses im März 1982 eingeweihte Kulturzentrum ist eine der größten soziokulturellen Einrichtungen Europas. Das Barbican-Center erstreckt sich über mehr als zehn ober- und unterirdische Stockwerke, über die der Konzertsaal des *London Symphony Orchestra* mit 2000 und das Theater der *Royal Shakespeare Company* mit 1500 Sitzplätzen, das etwas kleinere *Pit Theatre*, eine Bibliothek, eine Kunstgalerie, Konferenz- und Veranstaltungsräume, drei Kinos, Cafeterias und Restaurants verteilt sind. Gelbe Linien auf den Gehwegen leiten die Besucher von den umliegenden U-Bahn-Stationen direkt zum Kulturzentrum.

St Botolph's Aldersgate
Dieses Bild aus der viktorianischen Zeit zeigt die subtropische Flora des Friedhofes der Kirche St Botolph. Im Süden von Barbican an der Noble Street entstand 1880 der Postman's Park.

St Giles Cripplegate. Die Kirche, die als eine der wenigen mittelalterlichen Kirchen den Großen Brand von 1666 überstanden hat, trägt den Namen eines der fünf römischen Stadttore (Cripplegate, Aldgate, Bishopsgate, Newgate und Ludgate). Die heutige Kirche wurde Mitte des 16. Jh. gebaut, der Turm stammt aus dem 17. Jh. Im Chor befindet sich die Gräber des Entdeckers Martin Frobisher (1535-1594) und des Dichters John Milton (1608-1674). Oliver Cromwell (1599-1658) heiratete 1620 in dieser Kirche.

Wesley's Chapel
Diese Methodisten-Kathedrale wurde 1778 von dem Missionar und Evangelisten John Wesley (1703-1791) eingeweiht.

The Wall. Entlang der Schnellstraße London Wall – insbesondere in dem Garten der alten Kirche St Alfege und beim West Gate – befinden sich mehrere Überreste der alten Stadtmauer Londons. Die mittelalterliche Mauer aus dem 14. und 15. Jh. basiert auf römischen Fragmenten.

All Hallows Church. Die zwischen 1765 und 1767 im neoklassizistischen Stil errichtete Kirche ist ein Werk von George Dance d. J. (▲ *149*). Ein Altaraufsatz wurde von seinem Bruder Nathaniel Dance gemalt. Im Kirchgarten ist ein Fragment der römischen Befestigungsmauer zu besichtigen.

Finsbury Circus. Überquert man Moorgate, so gelangt man zu dem runden Finsbury Circus, in dessen Mitte ein ansehnlicher Garten liegt. Leider sind keine der um 1815 von Dance d. J. gebauten Wohnhäuser mehr vorhanden. Die Abbildung unten zeigt den Garten so, wie er im Jahr 1820 aussah.

▲ Tower of London und Tower Bridge

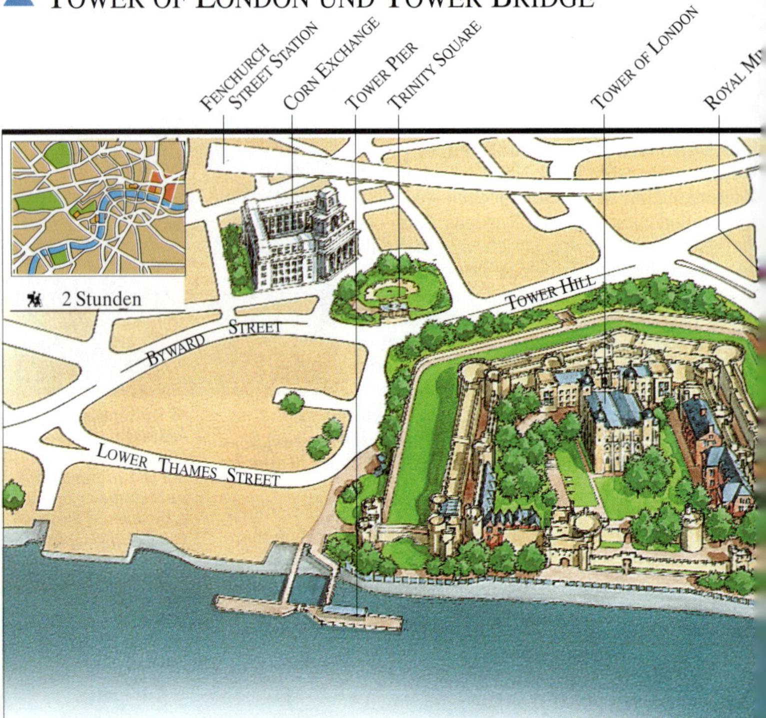

Im 3. Jh. stieg Londinium zu einer der blühendsten Städte des römischen Reiches auf. Reste der damaligen Mauer sind noch auf dem Trinity Square und im Innern des Tower zu sehen. Im Jahr 1066 eroberte der Normannenführer William the Conqueror die Stadt von den Angelsachsen und ließ zwölf Jahre später den wuchtigen White Tower errichten. Mitte des 13. Jh. war der innere Mauerring des Tower fertiggestellt. Edward I. ordnete im 14. Jh. den Bau des äußeren Befestigungsringes an. Der dominierende Weiße Turm wurde aus Caen-Stein errichtet. 1240 ließ Henry III. das gesamte Gebäude tünchen, daher auch der Name ›White Tower‹. Heute sind im White Tower eine umfangreiche Waffensammlung, das Herald's Museum und die St John's Chapel zu besichtigen. Sie ist die älteste Kirche Londons und ein Meisterwerk der frühen romanischen Kunst in England.

Der White Tower
Der ›Weiße Turm‹ ist das älteste Bauwerk des Tower und Kernstück dieser beeindruckenden Festung. Die gesamte Anlage wurde schon immer nur ›Turm‹ (The Tower) genannt.

Königlicher Palast und königliches Gefängnis ♥. Unter Henry III. (1216-1272) wurde der Tower zur königlichen Residenz erhoben. Etwa drei Jahrhunderte späte ordnete Henry VIII., wohl anläßlich des baldigen Einzuges von Anne Boleyn, seiner zweiten Gemahlin, erhebliche Erweiterungen des festungsartigen Palastes an. Zu jener Zeit um 1540, entstanden auch die ›Queen's Houses‹ genannten Fachwerkhäuser auf dem Tower Green, einem kleinen grüne Hügel innerhalb der Tower-Mauern. Seine eigentliche Berühmtheit erlangte der Tower als gefürchtetes Gefängnis für illustre Persönlichkeiten. Darüber hinaus war er eine exklusive Hinrichtungsstätte. Auf dem Tower Green rollten viele Köpfe, zu denen auch der von Anne Boleyn, der zweite

Gattin, und der von Catherine Howard, der fünften Gattin des heiratslustigen Henry VIII. zählten. Die Exekution auf dem Tower Green anstatt auf dem Tower Hill war übrigens besonders ›privilegierten‹ Gefangenen königlicher Herkunft vorbehalten. Diese wurden dann auch in der 1210 errichteten Chapel of St Peter ad Vincula bestattet. Die Liste der Gefangenen enthält Namen wie Sir John Oldcastle, der 1413 einige Zeit hinter den Mauern dieses finsteren Ortes verbrachte und dem Schafott nur dank König Henry V. entging, der ihm zur Flucht verhelfen ließ. Seine Freiheit währte nur wenige Jahre. Er wurde wieder gefangen und in St Giles's Fields verbrannt. Auch Thomas Morus (▲ *173*, *197*) und John Fisher, Bischof von Rochester, zählten zu den zeitweiligen Insassen des Tower. Sie wurden hingerichtet, weil sie sich weigerten, die Suprematsakte (Oath of Supremacy) von 1534 zu unterschreiben, die die Kirche von England unwiderruflich unter die königliche Oberhoheit stellte. Doch außer dem Klerus und den Regierenden fand sich auch schon mal ein berühmter Dichter wie beispielsweise Geoffrey Chaucer in den Kerkern wieder, wenn er zu stark gegen seinen König opponierte. Der einzige deutsche Insasse mit Rang und Namen war der im Zweiten Weltkrieg unter ungeklärten Umständen mit dem Fallschirm in England gelandete Rudolf Hess. Auch über grausame Morde im Tower wird erichtet: 1483 soll angeblich Richard III. seine Neffen, den Prinzen Edward V. und den Herzog von York, in einem Turm, den man seitdem den ›Bloody Tower‹ (den Blutturm) nennt, mgebracht haben.

Die Raben. Eine alte Legende umgibt die großen Raben des ower. Danach würden London und die Monarchie fallen, enn sie wegflögen. Sie werden also gefüttert und bekommen orsichtshalber die Flügel estutzt.

Die Hellebardiere (Wächter) des Tower of London
Die *Yeomen Warders* werden im Volksmund ›Beefeaters‹ genannt. Diese Bezeichnung ist vermutlich eine Verballhornung des alten französischen Ausdruckes *buffetier*, was soviel wie ›königlicher Mundschenk‹ heißt.

▲ Tower of London

1. Middle Tower
Hier endete früher die Zugbrücke. Das Gebäude stammt aus dem 13. Jh.

2. Byward Tower
Im Inneren befindet sich ein Fresko aus dem 14. Jh.

3. Bell Tower
Thomas Morus und die spätere Königin Elizabeth I. wurden hier gefangengehalten.

4. St Thomas's Tower
In dem Gebäude (13. Jh.) sind Modelle des Tower ausgestellt.

5. Bloody Tower
Hier soll Richard III. seine beiden Neffen ermordet haben.

6. Wakefield Tower
Hier werden die berühmten Raben des Tower regelmäßig mit Fleischstückchen gefüttert.

7. Beauchamp Tower
In dem Gebäude (Anfang des 16. Jh.) sind Ausgrabungsfunde ausgestellt.

8. White Tower
Normannische Stilelemente prägen den um 1100 errichteten Turm, so auch den

Waffensaal und die frühromanische dreischiffige St John's Chapel. Im 17. Jh. erhielten die vier gotischen Türme ihre Kuppeln.

9. New Armouries
Im früheren Marinedepot aus dem späten 17. Jh. sind heute verschiedene Waffen ausgestellt.

10. Royal Fusiliers Museum
Das Museum der Füsiliere soll an das 1685 entstandene Füsiliercorps erinnern, das 1881 das Regiment der City of London bildete.

11. Waterloo Barracks
Die Kaserne beherbergt die *Oriental Gallery* mit einer Sammlung orientalischer und afrikanischer Waffen.

12. Herald's Museum
Das Museum für Heraldik zeigt englische Wappen.

13. St Peter ad Vincula
Die sterblichen Überreste der Hingerichteten, darunter Thomas Morus und Anne Boleyn, fanden in der Kapelle aus dem 12. Jh. ihre letzte Ruhestätte. Das Gebäude wurde unter Henry VIII. restauriert.

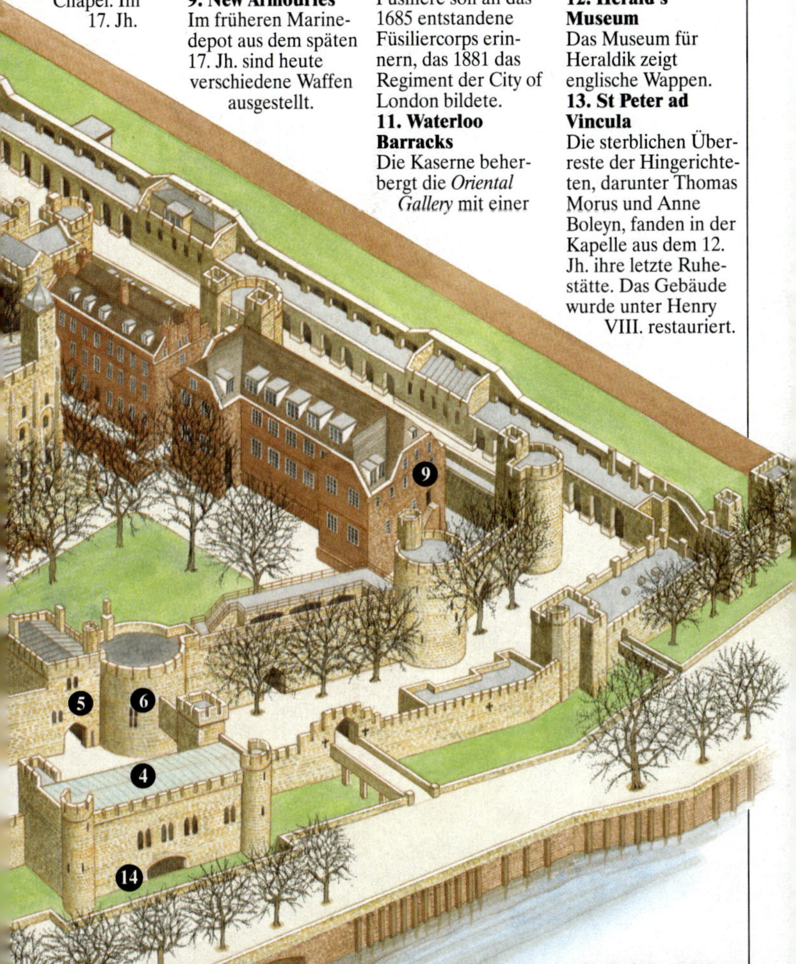

14. Traitors' Gate
Politische Gefangene wurden sofort nach ihrer Verurteilung in Westminster mit einem Boot über die Themse zum Tower gebracht Sie betraten ihr zukünftiges Gefängnis durch das sogenannte ›Verrätertor‹, das Traitors' Gate.

Die Krönungszeremonie, die bis auf die Regierungszeit von Edward the Confessor (1042-1066) zurückgeht, besteht aus den Ritualen der Eidesleistung, der Salbung, der Überreichung der königlichen Insignien und der Inthronisation. Die Abbildung links zeigt Elizabeth II. mit der *Imperial State Crown*, den Armringen und dem königlichen Fingerring. In den Händen hält sie Zepter und Reichsapfel. Die königlichen Insignien, die fast alle anläßlich der Krönung von Charles II. gefertigt wurden, sind im Jewel House des Tower ausgestellt.

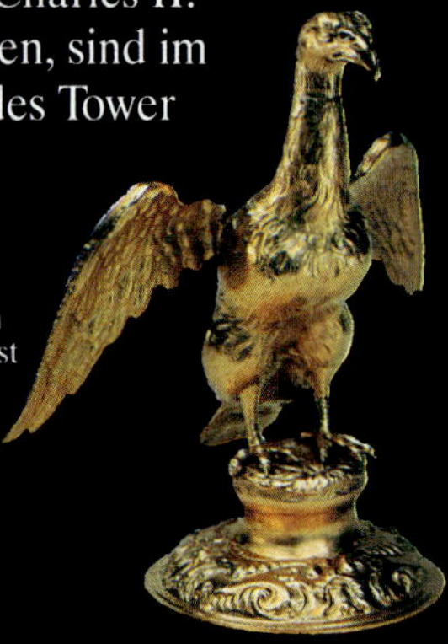

Das kreuzförmige Zepter
Das Zepter mit dem aufgesetzten Kreuz ist Symbol für die weltliche Macht. Im Jahr 1910 wurde der größte geschliffene Diamant der Welt, der ›Erste Stern Afrikas‹, in dieses Zepter eingelassen.

Das Salbgefäß und der Löffel
Während der rituellen Salbung salbt der Erzbischof mit geweihten Ölen die Hände, die Brust und das Haupt des Herrschers. Der Löffel (12. Jh.) soll bereits bei der Krönung von John Lackland im Jahr 1199 verwendet worden sein. Das Salbgefäß (Phiole) hat die Form eines Adlers.

Ehe der Erzbischof von Canterbury Elizabeth II. am 2. Juni 1953 die Imperial State Crown aufsetzte, trug die Herrscherin diese mit kostbaren Perlen besetzte Krone aus Gold.

Die Kaiserkrone von Indien (1911) und die Krone der Königinmutter Elizabeth (1937)
Die Kaiserkrone mit ihren rund 6000 Edelsteinen trug George V. nur einmal, und zwar in Delhi bei seiner Krönung zum Kaiser von Indien. Die Krone der Königinmutter (2) ist aus Platin und enthält den berühmten Kohinoor-Diamanten (›Berg des Lichtes‹).

1

2

3

4

Die Staatskrone (Vorderansicht)
Die *Imperial State Crown* (oben) wurde 1837 für die Krönung von Königin Victoria geschaffen. Sie besteht aus mehr als 2800 Diamanten, einem vorstehenden Saphir und dem Malteserkreuz. Die Herrscherin trägt diese Krone bei wichtigen offiziellen Anlässen.

Die Krone des Heiligen Edward und der Königin Mary
Charles II. trug als erster die 2,3 kg schwere Krone (3) Für die Krönungsfeierlichkeiten wurden gewöhnlich Diamanten geliehen. Die heutigen Halbedelsteine wurden im Jahr 1910 anläßlich der Krönung von George V. eingesetzt. Die andere Krone (4) trug seine Gemahlin, Königin Mary.

Der Ring des Herrschers und der Ring der Königin. Die beiden Ringe wurden 1831 für William I. und seine Gemahlin Adelheid angefertigt. Während der Krönungsfeierlichkeiten steckt der Erzbischof den Ring an den rechten Ringfinger des Herrschers.

▲ Tower of London und Tower Bridge

Einladungskarte
Der Prince of Wales brachte am Montag, 21. Juni 1886 eine Erinnerungsplakette an der Brücke an.

Die Yeomen Warders und die Schlüsselzeremonie
Die *Yeomen of the Guard* fungieren seit 1485 als königliche Garde. Damals eskortierten sie Henry VII. zu seiner Krönung. Seit Jahrhunderten findet nun die allabendliche Schlüsselzeremonie statt: Die Festungstore innerhalb der Mauern werden für die Nacht abgeschlossen, ein Vorgang, der exakt 7 Minuten beansprucht:

Um Punkt 21.53 Uhr verläßt der *Chief Yeoman Warder* in seinem rot-schwarzen Tudor-Kostüm den Byward Tower. Er trägt die Schlüssel zur Festung und eine Laterne. Am Traitors' Gate schließen sich ihm vier Soldaten mit Bärenfellmütze an. Die fünf durchschreiten wieder das Tor des Byward Tower, marschieren bis zum Außenportal und schließen es ab. Es folgen das Tor des Byward Tower und des Middle Tower. Den Wachgang beenden sie am Bloody Tower, wo sie ein Posten mit den Worten anhält: »Halt! Wer kommt da?« »Die Schlüssel.« »Wessen Schlüssel?« »Königin Elizabeths Schlüssel.« »Gott schütze Königin Elizabeth!« Alle rufen »Amen!«, und der Chief Yeoman bringt daraufhin die Schlüssel in den Queen's Tower.

Bis 1835 war im Tower eine königliche Menagerie untergebracht: 1235 schenkte Friedrich II., der Kaiser des Heiligen Römischen Reiches Deutscher Nation, Henry III. drei Leoparden. Damit spielte er auf die Leoparden an, die im Wappen des Geschlechts der Plantagenet vorkommen. 1252 kam ein Eisbär hinzu, ein Geschenk des norwegischen Königs. Der Bär erhielt eine Kette, die ihm genügend Spielraum ließ, in der Themse Fische zu fangen. Ludwig IX. schenkte seinem Vetter Henry III. gar einen Elefanten. Die Zahl der Tiere wuchs, und die Menagerie lockte immer mehr Zuschauer an. Doch 1822 war der Bestand auf nur einen Grizzlybären, einen Elefanten und einige Vögel zusammengeschrumpft. Daraufhin wurde Alfred Copps auf den Posten des *Royal Keeper* (des königlichen Wärters) berufen, der in wenigen Jahren 59 Arten ansiedelte. Sein Tatendrang wurde jedoch schon bald gebremst. Nachdem im Jahr 1835 ein Löwe ein Mitglied der Garnison angegriffen hatte, wurden die Tiere in die Zoological Gardens im Regent's Park (● *257*) überführt.

Tower Bridge ♥

Die mächtige Tower Bridge unterstreicht die Bedeutung der Themse für die Stadt London, die es ohne den Fluß nie gegeben hätte. Heute zählt die Brücke zu den bekanntesten Wahrzeichen der britischen Hauptstadt. Auch wenn die Tower Bridge altertümlich wirkt, so ist sie doch unerläßlich, um die Ströme von Autos, Fußgängern und Schiffen ungehindert fließen zu lassen. Zudem wurde ihr Funktionsprinzip dem heutigen Stand der Technik angepaßt.

Die Konzeption. Die Überlastung der Londoner Brücken machte es Ende der 80er Jahre des letzten Jahrhunderts erforderlich, stromabwärts eine neue Brücke zu bauten. Der führende Architekt der City, Sir Horace Jones, wurde mit der Konstruktion beauftragt. Der Anhänger niederländischer Baukunst schlug eine Klappbrücke mit relativ niedriger Fahrbahn vor (nur 9 m über dem Fluß).

Den großen Schiffen sollte so weiterhin die Zufahrt zum Upper Pool, dem oberen Hafenbecken zwischen der Tower Bridge und der westlich gelegenen London Bridge, ermöglicht werden. Die eigentlichen Bauherren der Tower Bridge waren jedoch Sir John Wolfe Barry und G. D. Stevenson (● *94*), der nach dem Tod von Sir Horace Jones im Jahr 1887 die ursprünglichen Pläne abänderte.

Die Architektur der Brücke. Parlament und City (wie auch Königin Victoria und das War Office) verlangten, daß die beiden Türme im neogotischen Stil zu errichten seien. Sie sollten nicht nur die hydraulische Anlage der Hebevorrichtungen verdecken, sondern auch mit dem benachbarten Tower eine harmonische Einheit bilden. Die schottische Herkunft des Ingenieurs G. D. Stevenson hinterließ erkennbare Spuren in Architektur und Verzierung der Türme. Die Steinmauern, die die Metallkörper verkleiden, hatten nicht nur einen ›kosmetischen‹ Effekt, sondern sollten das Gewicht der beiden Fahrbahnen tragen. Der Grundstein zu diesem »Flußtor der Stadt« (die Brücke ist 805 m lang) wurde 1886 vom Prinzen von Wales gelegt. Das weltbekannte Symbol Londons wurde jedoch bei seiner Einweihung im Jahr 1894 von einem großen Teil der Öffentlichkeit heftig kritisiert.

Die Durchfahrt der Schiffe. Sobald sich ein Schiff mit Aufbauten oder einem Mast von mehr als 10 m Höhe der Tower Bridge nähert, muß es der Brücke ein Signal senden. Südlich der Tower Bridge werden die Signale etwa in Höhe des Cherry Garden Pier ausgesandt. Zwischen dem Empfang des Signals und dem Heben der Brücke verstreichen sieben bis zehn Minuten. Hier gilt das strikte Prinzip, daß nicht die Schiffe warten müssen, sondern sich vielmehr der Straßenverkehr dem Verkehr auf dem Fluß unterzuordnen hat.

Eine Brücke für die Schiffe
Durch die besondere Konzeption der Brücke sollte auch der Schiffsverkehr auf der Themse erleichtert werden.

Detail des Brückengeländers
Die grün, weiß und rot bemalten Metallteile der Brücke sind u.a. mit verschiedenen königlichen Insignien verziert.

Tower Bridge, April 1892
Die Tower Bridge illustriert hervorragend das Zusammenwirken von Architektur und Ingenieurskunst, von Historismus und Technologie, das für die viktorianische Epoche typisch war. Trotzdem erhoben sich damals viele Stimmen gegen den Plan, den Metallkern der Brücke mit Steinmauern zu verkleiden.

Plan eines Fensters mit Oberlicht
Detail der großen Fensterluken und der Fenster im oberen Stockwerk.

Für die Tower Bridge lagen viele Entwürfe vor. Schließlich wurde dem Plan von Sir Horace Jones der Vorzug gegeben. Sir Joseph Bazalgette wollte beispielsweise im Jahr 1879 eine Brücke mit nur einem einzigen Bogen anlegen. Dies wurde aber wegen der zu geringen Höhe des Brückenbodens abgelehnt. Die endgültige Ausgestaltung der Türme wurde erst nach dem Tod von Jones beschlossen.

Pläne und ihre Verwirklichung
Die beiden links abgebildeten Entwürfe wurden nicht realisiert. Die rechts abgebildeten Zeichnungen – die zur Straße weisende Fassade und der Längsschnitt – sind Teil der dann endgültig verwirklichten Pläne.

Detailansicht des Geländers und der Steinverkleidung (Vorder- und Seitenansicht)
Stevenson änderte die von Jones entworfenen Pläne ab, indem er die Türmchen verlängerte und die horizontalen Bänder verstärkte.

❝Heute gibt es 11 Brücken (während des Krieges waren es sogar 20, davon 3 Holzbrücken): Tower Bridge, London Bridge, die Brücken von Southwark, Blackfriars, Waterloo Westminster, Lambeth, Vauxhall, die Albert-Bridge und die Brücken von Chelsea und Battersea. Sie folgen in dieser Reihenfolge nacheinander der Tower Bridge. Dahinter befindet sich ein Pool, in dem das Brackwasser der Themse aufgestaut wird [...].❞
Paul Morand,
Londres

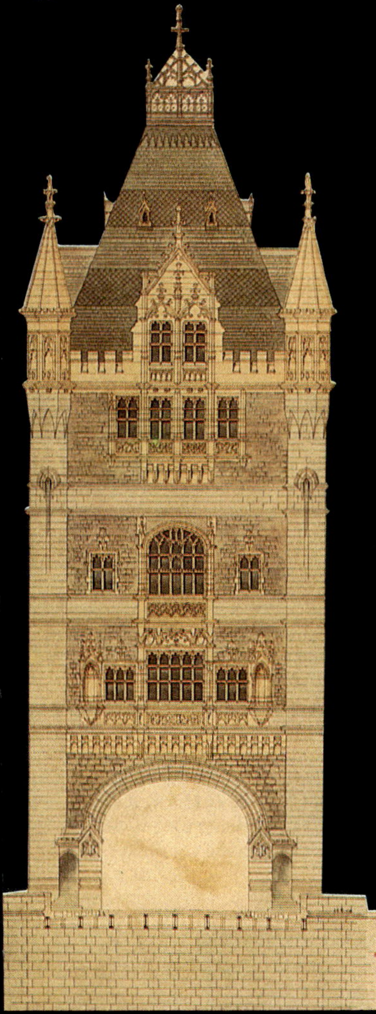

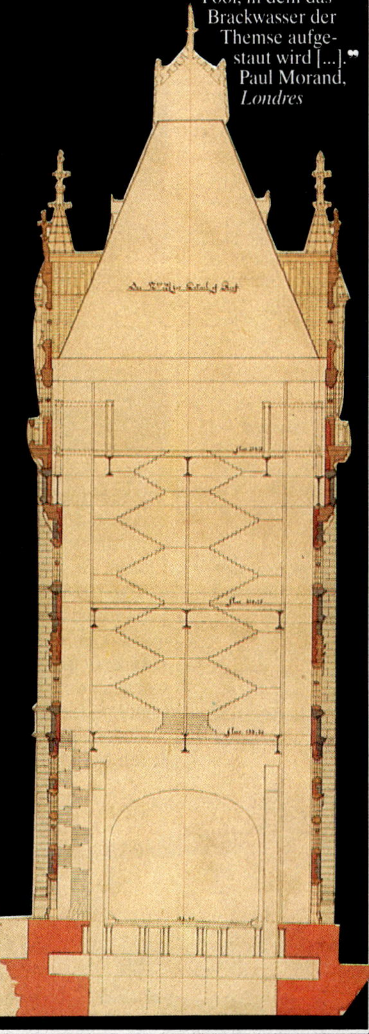

Der Fußgängerweg
Jeder Turm besitzt einen Aufzug, der es den Fußgängern erlaubt, die obere Brücke zu benutzen, wenn die untere Fahrbahn hochgezogen ist. 1911 mußte die Brücke wegen zu vieler Selbstmorde geschlossen werden. Heute schützen Glasscheiben die Lebensmüden vor unüberlegten Handlungen und die Brücke, die einen grandiosen Blick über den Fluß und die Stadt bietet, ist wieder allgemein zugänglich.

Londoner Impressionen
»Über der Themse hing dichter Nebel, der den roten Schein der Feuer auf den Fahrzeugen, die an den verschiedenen Landeplätzen lagen, dunkler färbte und die finsteren Gebäude an den Ufern noch trüber und undeutlicher erscheinen ließ.«
Charles Dickens, *Oliver Twist*

Ein einsatzbereiter Schlepper liegt ständig auf der Nordwest-Seite der Brücke vor Anker, um gegebenenfalls die Durchfahrt der Segelschiffe zu ermöglichen.

Die Arbeit auf der Brücke. Ständig arbeiten 80 Männer auf der Brücke, allein 14 sind mit der Kontrolle des Verkehrs beschäftigt. Wenn die Brücke geöffnet werden muß, benachrichtigt der diensthabende Wachmann den Polizisten, der den Verkehr auf der Brücke regelt und die Verkehrsampeln auf Rot schaltet. In der Vergangenheit hatte die mangelnde Abstimmung von Land- und Flußverkehr zu einigen Unfällen geführt. Einer von ihnen ging in die Geschichte ein: Der Fahrer eines Doppeldecker-Busses übersah das Rotlicht, das die Zufahrt zur Brücke sperren sollte. Doch irgendwie gelang es ihm, die Brückenfahrbahn noch zu queren, obwohl der Hebevorgang bereits eingesetzt hatte. Wenn die Schiffe vor der Brücke eingetroffen sind, brauchen sie nur eineinhalb Minuten zu warten, bevor sie passieren dürfen. Der Hebemechanismus, der von der Firma Armstrong, Mitchel & Co. aus Newcastle konstruiert wurde, hat bislang nie versagt. Seit 1970 ist der Verkehr auf der Themse drastisch zurückgegangen, denn die Kaianlagen des Upper Pool sind stillgelegt

worden. Seitdem passieren kaum noch Überseeschiffe die Tower Bridge. Damit war ihre Nützlichkeit in Frage gestellt, und man erwog, sie endgültig zu schließen oder eine modernere und wirtschaftlichere Technik einzubauen. Die Tower Bridge, die fast nur noch für den Straßenverkehr gebraucht wurde, lief Gefahr, zu einem Erinnerungsstück zu werden. Schließlich wurden die hydraulischen Maschinen der Brücke im Jahr 1976 durch ein hydroelektrisches System ersetzt.

Das Brückenmuseum und »H.M.S Belfast«. Im Jahr 1982 wurde in den Türmen ein Museum eröffnet, das die Geschichte der Tower Bridge dokumentiert. In dem direkt am Südufer gelegenen Maschinenhaus sind die alten hydraulischen Maschinen ausgestellt und werden vorbildlich erklärt. Seit dem Jahr 1971 liegt ein Schiff der Königlichen Marine, die *H.M.S Belfast*, die ebenfalls in ein Museum umgewandelt wurde, ganz in der Nähe vor Anker. Der Kreuzer *Belfast* war mit 1100 Tonnen der größte der Royal Navy und wurde im Zweiten Weltkrieg und in Korea eingesetzt.

»Dörfer« und Museen

▲ Chelsea

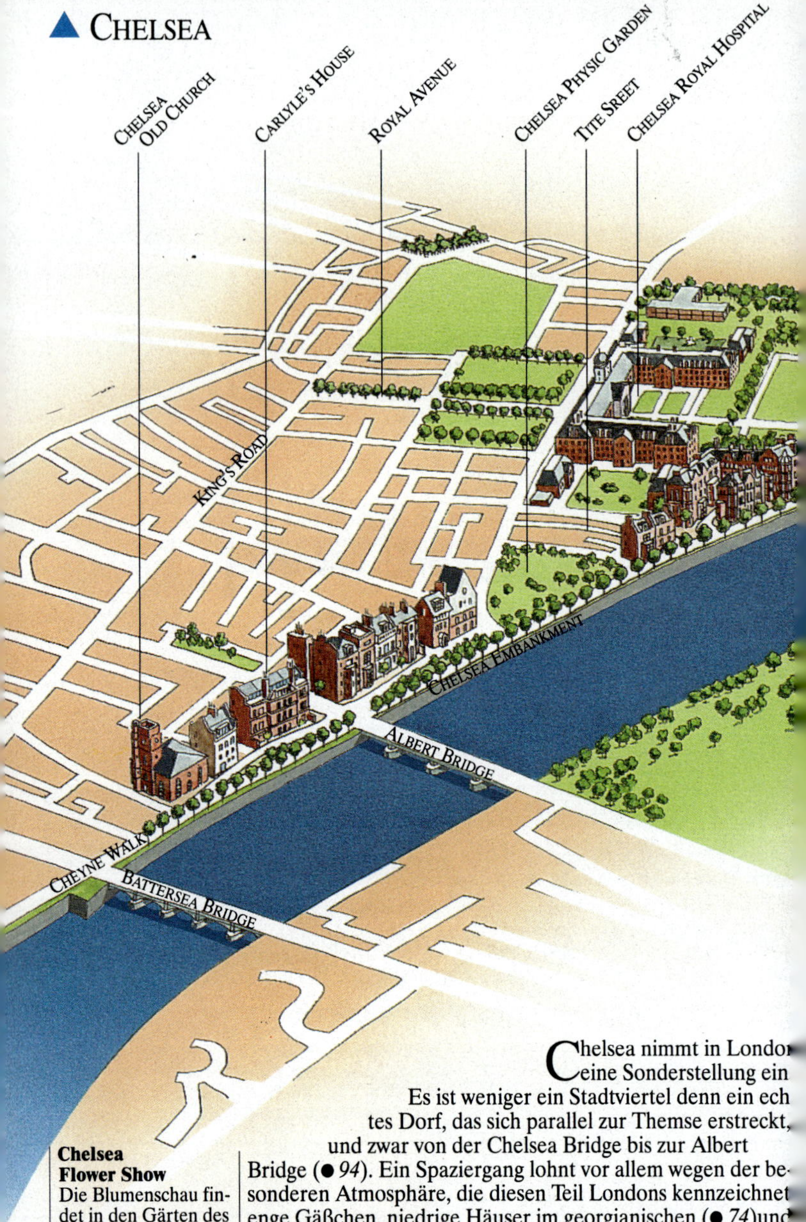

Chelsea nimmt in Londo eine Sonderstellung ein Es ist weniger ein Stadtviertel denn ein ech tes Dorf, das sich parallel zur Themse erstreckt, und zwar von der Chelsea Bridge bis zur Albert Bridge (● *94*). Ein Spaziergang lohnt vor allem wegen der be- sonderen Atmosphäre, die diesen Teil Londons kennzeichnet enge Gäßchen, niedrige Häuser im georgianischen (● *74*)und viktorianischen Stil (● *80*) und ruhige Plätze machen den besonderen Charme Chelseas aus. Geprägt haben den Ort aber auch seine Bewohner, die seit vier Jahrhun derten entscheidenden Einfluß auf da intellektuelle und künstlerische Lebe des Landes nehmen.

Chelsea Flower Show
Die Blumenschau findet in den Gärten des Royal Hospital statt.

Geschichte

In dem ursprünglich einfachen Fischerdorf siedelten sich im 16. Jh. Persönlichkeiten an, die dem Hofe nahestanden. So der Humanist Thomas Morus (1487-1535), Lord-

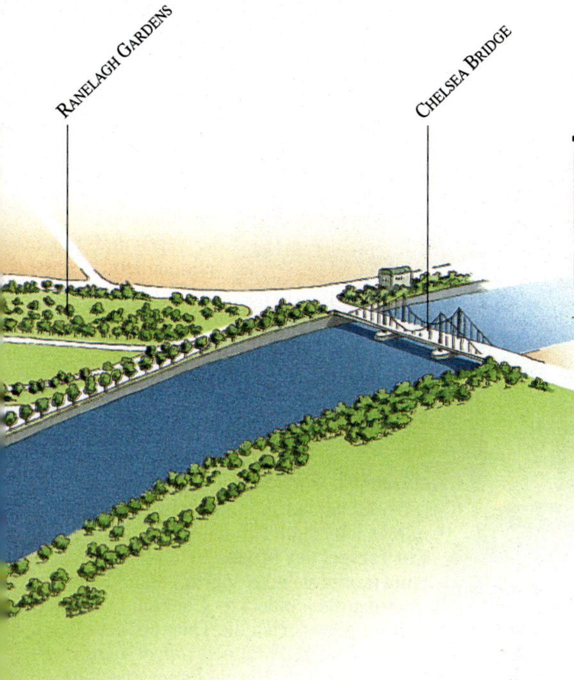

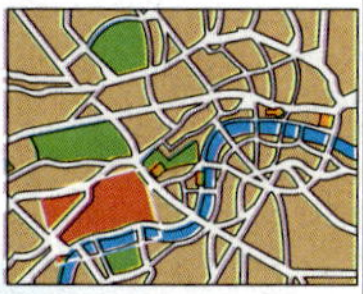

1 Tag

Lange Tradition Die Chelsea-Blumenschau findet alljährlich an vier Tagen im Mai statt. Sie wird auch von der königlichen Familie besucht.

kanzler des Königreiches unter Henry VIII., der sich 1520 in der Beaufort Street niederließ. Hier empfing er Erasmus von Rotterdam (1469-1536) und den Maler ɪans Holbein (1497-1543). 1537 ließ ıich Henry VIII. (● *35*) am Ufer der Themse einen Landsitz bauen: das New Manor House. Dieses Herren-ıaus, das im 17. Jh. in den Besitz der ′amilie Cheyne überging, wurde 1712 on dem Arzt Sir Hans Sloane (▲ *301*) ;ekauft, der hier seine umfangreiche Mineraliensammlung ausstellte.

ıltersruhesitz pensionierter ;oldaten. 1682 wurde in Chelsea auf ınweisung von Charles II. das Royal Hospital gegründet. Die Veteranen, die ier als Pensionsgäste lebten, rühmten ie Ruhe und die reine Luft. Auch ,ondoner aller sozialen Schichten zog s bald nach Chelsea. Sie strömten vor llem in die westlich des Royal Hospital gelegenen Ranelagh Gardens, o Konzerte, Bälle, Bankette und euerwerke stattfanden.

ɔas Refugium der Künstler. Zu ;eginn des 19. Jh. wurde die ländliche lylle auch bei Intellektuellen und Künstlern überaus beliebt. ie ersten, die sich hier ansiedelten, waren der Dichter Percy ysshe Shelley und der Landschaftsmaler Joseph Mallord Villiam Turner (● *102*). In der zweiten Hälfte des 19. Jh. ılgten unter anderem der Maler und Dichter Dante Gabriel ossetti (▲ *218*), die Maler Holman Hunt und James McNeill Vhistler (● *104*) sowie die Schriftsteller George Eliot, Henry

Chelseas Charme
Die aus rosa Backstein im flämischen Stil errichteten Häuser (rechts und oben) machen unter anderem den Reiz Chelseas aus.

James und Oscar Wilde (● *115*). Chelsea erwarb schnell einen Ruf als Wohnort von Künstlern, die wegen ihres unkonventionellen Lebensstils und ihrer angeblich lockeren Moral kritisiert wurden. Aber auch renommierte Historiker und Wissenschaftler siedelten sich in Chelsea an: zum Beispiel der schottische Essayist Thomas Carlyle oder der berühmte Brücken- und Tunnelbauingenieur Marc Brunel.

Gedenktafeln
Auf einigen Häuserfronten erinnern blaue Keramikschilder an den Aufenthalt einer berühmten Persönlichkeit.

Ein Tempel der Mode. In der Nachkriegszeit entwickelte sich das Viertel rasch, denn die Avantgarde ›entdeckte‹ Chelsea. In den 50er Jahren begeisterten die Theaterstücke der ›zornigen jungen Männer‹ (*angry young men*) wie John Osborne, Harold Pinter und John Arden das Publikum des Royal Court Theatre. In den 60er Jahren wurde Chelsea zum Mekka der musikbegeisterten englischen Jugend, denn hier wirkten die Rolling Stones. Die Designerin Mary Quant erfand in Chelsea den Minirock und machte den Stadtteil zu einer Mode-Hochburg. Im Laufe der 60er und 70er Jahre, als Chelsea zum Inbegriff des ›*swinging London*‹ wurde, siedelten sich zahlreiche Modeschöpfer in der King's Road an, wo sich auch heute noch (teure) Boutiquen finden. Die Popularität des Viertels ist nach wie vor ungebrochen, und so bleibt Chelsea ein lebendiger Stadtteil, der die Schönheiten seiner Architektur und seiner Plätze bewahrt hat, ohne nostalgisch in der Vergangenheit zu schwelgen. Neben populären Musikern, Modeschöpfern und anderen Künstlern haben in dem mondänen Viertel auch die Schriftstellerin Agatha Christie, der Philosoph Bertrand Russell, der Schauspieler Peter Ustinov, der Milliardär Paul Getty und Premierministerin Margaret Thatcher gewohnt.

EIN BESUCH IN CHELSEA

Seit gut dreißig Jahren siedeln sich in Chelsea zunehmend Modeboutiquen an, die eine überaus begüterte Klientel bedienen. Dies hat natürlich Spuren im Stadtbild hinterlassen, dennoch hat das Viertel seinen besonderen Charme erhalten können, der aus einer gelungenen Mischung aus

Berühmtheiten
Unter den vielen Persönlichkeiten, die in Chelsea lebten, sind so bekannte wie (von links nach rechts) James Abbot McNeill Whistler (1834-1903), amerikanischer Landschaftsmaler, der vor allem die Themse malte; George Eliot (1819-1880), Journalistin und Schriftstellerin; Oscar Wilde (1854-1900), Schriftsteller und Dramaturg, und der romantische Dichter Algernon Charles Swinburne (1837-1909).

Roter Backstein und weißer Stuck
Ein typisches Haus aus dem 19. Jh. in Chelsea.

alten Häusern, typischen Pubs, ausgefallenen Bauwerken und historischen Gärten resultiert.
Sloane Square. Diese Kreuzung, an der unter anderem das Royal Court Theatre und das Kaufhaus Peter Jones liegen, markiert im Norden die Grenze zwischen Chelsea und Belgravia. Der Platz verdankt seinen Namen dem Arzt und Sammler Sir Hans Sloane (▲ *301*).
King's Road. Die King's Road war ursprünglich die königliche Allee, die Charles II. Ende des 17. Jh. zwischen Whitehall (▲ *142*) und Hampton Court Palace (▲ *352*) anlegen ließ. Bis 1830 blieb die King's Road eine Privatstraße, die man nur mit einem Passierschein benutzen durfte. Heute gehört sie zu den lebhaftesten Straßen Chelseas. Eine bunte Menschenmenge drängt sich in den Geschäften, Restaurants und Pubs. Hier trifft sich die begüterte Londoner Jugend, die nichts mehr mit den Hippies der 70er und den Punks der 80er Jahre, die sich früher hier aufhielten, verbindet. Vor allem an Samstagen tauchen in der King's Road flotte Jaguars oder blitzende Harley Davidsons auf. Zahlreiche Antiquitätengeschäfte säumen die King's Road. Zu den renommiertesten zählt das Antiquarius Center (Nr. 135), der Chelsea Antique Market oder *Antiquarius* (Nr. 245-253) lädt mit seinen über hundert Ständen zum Stöbern in Antiquitäten und Trödel ein.

Old Town Hall. In dem zwischen 1885 und 1907 im englischen Barock-Stil erbauten ehemaligen Rathaus befindet sich heute eine Bibliothek und ein bei Londonern sehr beliebtes Standesamt.
Nr. 152 King's Road. Hier kann man The Pheasantry bewundern. Seine Fassade und der von einer Quadriga gekrönte Portikus wurden 1881 von dem Künstler Amédée Joubert geschaffen.
Argyll House. Gegenüber der neuen Schule der Schönen Künste an der Ecke zur Oakley Street blieb eine Gruppe von Häusern aus dem 18. Jh. erhalten. Das bekannteste trägt die Nummer 211: das Argyll House, das 1723 von dem Venezianer Giacomo Leoni gebaut worden war. Der Komponist Thomas Augustine Arne (1710-1778) und der Schauspieler Peter Ustinov haben dort gewohnt.
The Royal Avenue. Nur diese von Linden und schönen Häusern gesäumte Avenue blieb aus der Zeit Williams II. erhalten. Er wollte eine lange Prachtstraße von der Themse bis zu seinem Palast in Kensington bauen. Die Royal Avenue, die durch die grünen Wiesen von Burton's Court verläuft, endet beim zentralen Gebäudekomplex des Royal Hospital.

Royal Hospital ♥

Dieses von Charles II. 1682 gegründete Hospiz wurde nach dem Modell des Hôtel des Invalides in Paris gebaut. Wie sein Pariser Vorbild sollte es den Veteranen der neu geschaffenen königlichen Armee als Pflegeheim und Altersruhesitz zugleich dienen. Sir Stephen Fox, der Schatzmeister der Armee, kümmerte sich um die Finanzierung des Hauses. Der Chronist John Evelyn lieferte den Plan für das Hospital. Christopher Wren (● *68*, ▲ *171*, *353*), entwarf das Gebäude

Stendhal in Chelsea
❝London rührte mich durch seine Promenaden an der Themse nach Little Chelsea sehr. Dort standen Häuschen zwischen Rosensträuchern versteckt; sie wirkten auf mich wie eine wahre Elegie.❞
Bekenntnisse eines Egoisten. 1821-1830.

Thomas Morus
Diese Statue des Lordkanzlers wurde 1970 gegenüber der Chelsea Old Church am Cheyne Walk aufgestellt.

Ein ruhiger Zufluchtsort
Auf diesem Bild von Peter Tillemans (1684-1734) erheben sich die Gebäude des Royal Hospital mit ihrer strengen Architektur inmitten der Wiesen und der Ranelagh Gardens über der Themse. Das Gemälde veranlaßte den schottischen Historiker Thomas Carlyle zu der Bemerkung: »Ruhe und majestätische Würde – das Werk eines Gentleman.«

und leitete die Bauarbeiten. Die Bauarbeiten wurden erst 1692 beendet. 1689 kamen die ersten Pensionäre ins Royal Hospital, insgesamt 476. Die Zahl ist bis heute konstant geblieben. Zwischen 1765 und 1782 nahm der Architekt Robert Adam (● *75*, ▲ *245*, *263*) erste Änderungen vor. In den Jahren 1819 und 1822 wurden nach den Plänen von Sir John Soane (▲ *150*) im Osten und Westen Anbauten im streng neoklassizistischen Stil hinzugefügt. Da das Royal Hospital unter der deutschen Bombardierung im Zweiten Weltkrieg stark gelitten hatte, mußte es erneut umfassend restauriert werden.

Das Leben im Royal Hospital. Das Royal Hospital ist aus weiß abgesetztem, sattrotem Ziegel- und Portland-Stein gebaut und besteht aus einem zentralen Gebäude, das von einem Turm überragt wird. Die langen Seitenflügel dieses Gebäudes, in denen sich die Zimmer der Pensionäre befinden, bilden zusammen mit den übrigen Seitenflügeln auf jeder Seite Höfe. In der Mitte des Eingangshofes kann man die Statue von Charles II. im Gewand eines römischem Imperators bewundern, ein Werk von Grinling Gibbons (▲ *173*, *329*). Der zentrale Portikus mit dorischen Säulen trennt die 1692 eingeweihte Chapel von der Great Hall. Das Schnitzwerk an der Holztäfelung der Kapelle stammt von William Emmett und Renatus Harris. Das Tonnengewölbe der Apsis wurde zwischen 1710 und 1715 mit einem Fresko des Venezianers Sebastiano Ricci geschmückt. Hier hören an den Sonntagen Pensionäre wie Besucher gleichermaßen die Messe. Die Great Hall, die auf der anderen Seite des Portikus liegt, wird auch noch als Speisesaal genutzt. 1852 diente sie als Leichenhalle für die sterblichen Überreste des Herzogs von Wellington (▲ *244*). An den Wänden des Speisesaals hängen Repliken der während der Revolutions- und Kolonialkriege gebrauchten Fahnen. Auf der Stirnwand stellt ein Fresko des italienischen Malers Antonio Verrio König Charles II. dar. In den östlichen Nebengebäuden, die in der Nähe des Friedhofes des Royal Hospitals liegen, kann man ein kleines Museum zur Geschichte des Hauses besuchen. Es enthält auch eine reiche Sammlung von Medaillen und Orden, die zuvor den Pensionären verliehen worden waren.

Eine harmonische Konstruktion
Dieses Gemälde von Edward Haytley aus dem Jahr 1746 gibt die harmonische Geschlossenheit des Royal Hospital gut wieder. Die Schlichtheit der Gebäude wird von dem intensiven Rot des mit Weiß eingefaßten Backsteins noch unterstrichen. Im Vordergrund bilden die Gärten, die in der Zeit vor dem Bau des Chelsea Embankment noch bis zur Themse reichten, die Grenzen des Hospital.

Ein Feiertag im Hospiz
Während des Sommers sowie an Festtagen tragen die Pensionäre einen schwarzen, goldbetreßten Dreispitz und eine scharlachrote Uniform mit Orden.

Die Pensionäre. Sie sind leicht an der Uniform zu erkennen, die seit dem Ende des 18. Jh. nicht mehr verändert worden ist. Im Sommer, an Festtagen und zum Ausgehen tragen die Veteranen Rot und den Rest des Jahres Blau. Im Royal Hospital beginnt der Sommer am 29. Mai, dem Geburtstag von Charles II., dem Stifter der Institution. Die Pensionäre, die mindestens 65 Jahre alt sein müssen, erhalten einen Zuschuß für »Bier und Tabak« und Taschengeld. Unterkunft, Verpflegung und Wäsche zahlt die Regierung, dafür müssen sie an religiösen Veranstaltungen und Militärparaden teilnehmen. Traditionell werden die einfachen Soldaten im Speisesaal vor den Offizieren bedient. Nicht selten trifft man in der King's Road oder in den zahlreichen Pubs der Umgebung auf diese sogenannten *Chelsea Pensioners*.

Die Chelsea Flower Show. Die Gärten des Royal Hospital fallen sanft zum Flußufer hin ab. Hier findet alljährlich im Mai die Chelsea Flower Show statt, die von der Königin persönlich eröffnet wird. Auf der von der Royal Horticultural Society organisierten Blumenschau werden die Züchtungen ihrer Mitglieder ausgestellt und die besten prämiert. Ein Photo des Siegers in diesem viertägigen Wettbewerb wird traditionsgemäß am nächsten Tag in der *Times* veröffentlicht. Die Chelsea Flower Show genießt in ganz Großbritannien großes Ansehen und erfreut sich regen Zulaufs.

Ranelagh Gardens. Die östlich des Royal Hospital gelegenen Gärten erstrecken sich über den größten Teil des früheren Besitzes von Lord Ranelagh, bis zu seinem Tode im Jahr 1712 Schatzmeister les Royal Hospital. Von Mitte des 18. bis Anfang des 19. Jh. varen diese Gärten ein beliebtes Ausflugsziel der Londoner. Die Wege luden zu geruhsamen Spaziergängen ein, Pavillons oten diverse Vergnügungen, und in der zentralen Rotunde anden Konzerte und Feste statt.

Vational Army Museum. Westlich des Royal Chelsea Hospital öffnete 1971 in inem Gebäude an der Royal Hospital Road dieses Museum seine Pforten. Es lokumentiert die Geschichte der ritischen Armee und ihrer Regimenter on 1485 bis 1914.

M UMFELD DES CHEYNE WALK

Abseits der King's Road offenbart sich ein anderes Chelsea; ie dörfliche Enklave, die ihren subtilen Charme im Gewirr er Gäßchen wie der Oakley Street, der Old Church Street nd Upper Cheyne Row konserviert hat. Insbesondere die

Zuflucht für Veteranen
Noch heute dient das Royal Hospital als Altersitz und Pflegeheim für etwa 400 altgediente Pensionäre der britischen Armee, insbesondere für Veteranen des Zweiten Weltkrieges. Man kann deshalb nur einen Teil der Gebäude besichtigen, und zwar die Kapelle, ein kleines Museum zur Geschichte des Hospital und die Great Hall. Die ausgedehnten Gärten (siehe unten) laden zu einem Spaziergang ein.

Die Winteruniform
Die blaue Farbe läßt die Uniform der Veteranen relativ modern und zeitlos zugleich erscheinen.

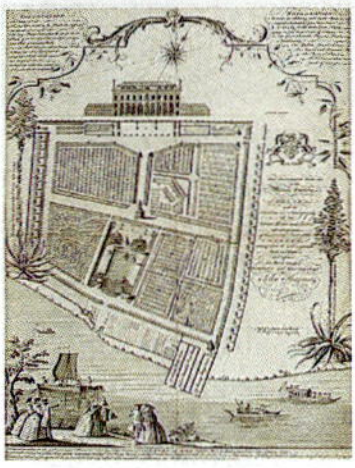

»Physic Garden«
Die beiden obigen Illustrationen zeigen den botanischen Garten im 19. Jh.

Keramiktäfelchen
Diese Gedenktafeln (rechts) schmücken des öfteren die Häuser in Chelsea.

Der große Wohltäter
Im südöstlichen Teil des Friedhofs der Chelsea Old Church liegt Sir Hans Sloane (1660-1753) begraben. Die Mineraliensammlung des Arztes bildete den Grundstock des British Museum.

georgianischen Häuser (● *76*) des Cheyne Walk am Ufer der Themse strahlen eine spezielle Gemütlichkeit aus. Kleine blaue Keramiktäfelchen an den Fassaden resümieren in wenigen Worten das Leben einzelner Persönlichkeiten, die in diesem Viertel gewohnt haben.

Chelsea Physic Garden ♥. Der älteste botanische Garten Englands, nach dem von Oxford, wurde 1673 von der Apothekergesellschaft als Heilpflanzen- und Kräutergarten angelegt. 1723 schenkte Sir Hans Sloane das Grundstück den Apothekern. Philip Miller, einem der größten Gartenbaukünstler aller Zeiten, wurde dann die Verantwortung für die Ausgestaltung der Anlage übertragen. Auch heute noch genießen die Zuchterfolge der im Chelsea Physic Garden tätigen Botaniker weltweit großes Ansehen. Bereits 1683 wurden hier die ersten Zedern Englands gepflanzt, und aus dem Mittelmeerraum stammende Baumwollpflanzen wurden im Physic Garden vermehrt und 1732 in die Südstaaten der USA versandt. Heute ist dieser Garten hinter den hohen schmiedeeisernen Gittern ein Botanikzentrum ersten Ranges. Man findet jahrhundertealte Bäume und mehr als siebentausend Arten von Gewürzpflanzen, Früchten und Gemüsen. Im Sommer ist der Garten allgemein zugänglich. Anspruchsvolle Führungen und zahlreiche Bücher und Broschüren, die im Informationsbüro ausliegen, erleichtern den Zugang zum Thema. Vom Eingangstor führt die Hauptallee zur Statue des Sir Hans Sloane, eine Kopie des 1737 von Rysbrack hergestellten Originals. Von hier aus hat man einen herrlichen Blick auf den Garten.

Cheyne Walk ♥. Auf dem Weg zum Themse-Ufer trifft man auf den Cheyne Walk, der am Fluß entlangführt. Die Straße säumen zahlreiche Backsteinhäuser aus der georgianischen Epoche (● *76*). Besonders bemerkenswert: Crosby Hall (Ecke Cheyne Walk/Danvers Street), 1466 bis 1475 von dem Wollhändler Sir John Crosby erbaut. Cheyne Walk ist auch unauflöslich mit der Geschichte der englischen Malerei verbunden: Hier wurde 1848 die präraffaelitische Bruderschaft gegründet, und hier lebten auch viele ihrer Anhänger (▲ *218*).

Berühmte Einwohner. Mary Ann Evans, unter dem Pseudonym George Eliot eine der berühmtesten realistischen Romanschriftstellerinnen des 19. Jh., starb im Jahr 1880 in

»SIE GABEN MIR EINIGE SANDWICH UND ETWAS GELD, UND ICH MACHTE MICH WIEDER AUF DEN WEG NACH LONDON; MIT WONNE ATMETE ICH DEN NEBEL VON CHELSEA EIN[...]«

JACK KEROUAC

dem Haus Nr. 4 des Cheyne Walk. Im 1717 erbauten Haus Nr. 16 lebte der Maler und Dichter Dante Gabriel Rossetti (1828-1882), der führende Kopf der Präraffaeliten, von 1862 bis zu seinem Tod. Hier gingen der Dichter Algernon Charles Swinburne (1837-1909), der Schriftsteller George Meredith (1828-1909) und der Kritiker und Zeichner John Ruskin (1819-1900) ein und aus. In der Nr. 21, den Carlyle Mansions, lebte Henry James (1843-1926), der amerikanische Romanautor, der 1915 die englische Staatsangehörigkeit annahm. In den 20er Jahren wohnten hier einige Zeit der Historiker Arnold Toynbee (1889-1975) und der Dichter Thomas Stearns Eliot (1888-1965), der 1948 den Nobelpreis für Literatur erhielt.

Lindsey House. Die Nr. 96-100 des Cheyne Walk nimmt Lindsey House ein, das um 1674 von dem Grafen Lindsey gebaut worden war. Der amerikanische Maler James Abbot McNeill Whistler (1834-1903) lebte einige Zeit im Haus Nr. 96. Er war ein erbitterter Gegener der Präraffaeliten und ihrer »literarischen« Malerei, wie er es nannte. Er selbst übte die »Kunst um der Kunst willen« aus. Zu seinen bekanntesten Bildern zählen Darstellungen der Battersea Bridge sowie ein Portrait des Historikers Thomas Carlyle. William Turner (1775-1851) verbrachte die zehn letzten Jahre seines Lebens unter dem Pseudonym ›Mr. Booth‹ in dem Gebäude Nr. 118-119 des Cheyne Walk. Der englische Landschaftsmaler ließ sich stark von der Themse inspirieren. Er gilt als einer der Vorläufer des Impressionismus. Die Clore Gallery in der Tate Gallery ist nur ihm gewidmet.

Die Präraffaeliten (▲ *218*). Die »Präraffaelitische Bruderschaft« wurde 1848 von Künstlern der Royal Academy gegründet. William Holman Hunt (1827-1910), John Everett Millais (1829-1896) und Dante Gabriel Rossetti waren die wichtigsten Initiatoren. Diese Maler stellten sich gegen die herkömmliche ›akademische‹ Malerei und betonten die

Der georgianische Stil
Die am Cheyne Walk gelegenen Häuser, von denen viele bereits zu Beginn des 18. Jh. entstanden, sind ein schönes Beispiel für den georgianischen Stil.

Carlyle Square
Typisch für Plätze der Jahre 1830 bis 1840 sind die gelben, mit weißem Stuck verzierten Backsteinhäuser. Interessanterweise entsprach das Chelsea, wie es sich am Carlyle Square darstellt, nicht dem Geschmack von Charles Dickens. In *Nicholas Nickleby* (1839) lobte Dickens die aristokratische Erscheinung des Belgrave Square, die sich angenehm vom »barbarischen Chaos von Chelsea« abhebt.

sozialen und religiösen Funktionen der Kunst. Ihre Technik verband den Symbolismus mit dem Naturalismus. Die präraffaelitische Bewegung wirkte im Symbolismus in der zweiten Hälfte des 20. Jh. nach.

Chelsea Old Church. Die alte Dorfkirche von Chelsea stammt zum Teil noch aus dem Mittelalter, allerdings wurde sie im 17. Jh. mit rosa Backstein verkleidet. Nach den Bombardierungen von 1941 mußte sie restauriert werden. In der Südkapelle oder More Chapel, befindet sich das Grabmal von Thomas Morus. In dieser Kirche fand im Jahr 1536 die nicht standesgemäße Heirat von König Henry VIII. mit Jane Seymour, seiner dritten Gemahlin, statt.

Thomas Morus in Chelsea. Die Old Church Street war früher die Hauptstraße Chelseas.Thomas Morus (1478-1535, ▲ *173, 320*) lebte hier. Der Autor von *Utopia* (1516), Philosoph und Schriftsteller, war Lordkanzler unter Henry VIII. Nach der Scheidung des Königs und der Abspaltung des englischen Klerus von der katholischen Kirche weigerte sich Morus, den König als Oberhaupt der neuen anglikanischen Kirche anzuerkennen. Er wurde des Hochverrats für schuldig befunden und im Tower von London enthauptet. 1886 wurde er selig, 1935 heilig gesprochen. Der irische Schriftsteller Jonathan Swift (1667-1745), wohnte in der Old Church Street wo er auch seine Kollegen John Gay (1688-1732), William Congreve (1670-1729) und Alexander Pope (1688-1744) empfing.

Cheyne Row ♥. Im Haus Nr. 24 wohnte von 1834 bis zu seinem Tod der schottische Schriftsteller und Historiker Thomas Carlyle (1795-1881), Autor von *Die Geschichte der Französischen Revolution* und *Geschichte Friedrichs II. von Preußen*. Carlyle liebte Chelsea sehr. Er fand es »an vielen Stellen schmutzig und unordentlich, andernorts aber so faszinierend und reich an Einzelheiten und Erinnerungen an große Männer«. Sein Haus beherbergt heute das Carlyle-Museum.

Cheyne Walk
Diese Straße gilt als eine der schönsten von London. Sie erstreckt sich entlang der Themse und wird von alten Häusern gesäumt.

Paulton's Square
Dieser kleine Platz, der in den Jahren um 1830 entstand, oberhalb der King's Road liegt und an das Viertel World's End angrenzt, ist trotz seiner Bescheidenheit reizvoll.

Die Pubs am Cheyne Walk
Chelsea genießt den Ruf eines Viertels, in dem sich die Pubs das gewisse Etwas bewahrt haben. Dies trifft sowohl auf das *King's Arms* (Nr. 114) als auch auf das *Eight Bells* (Nr. 50) zu, die im georgianischen Stil gehalten sind. Waren es früher überwiegend Künstler und Schriftsteller, die diese Pubs aufsuchten, sind es heute in erster Line Fernsehstars und Musiker.

Tite Street. Der Schriftsteller Oscar Wilde (1854-1900) (● *115*) lebte 1880 zunächst im Haus Nr. 3 der Tite Street und richtete sich später in derselben Straße in der Nr. 34 ein. Wilde, ein gebürtiger Dubliner, war befreundet mit McNeil Whistler (● *95*), dem Soziologen und Kunstkritiker John Ruskin (1819-1900), mit Sarah Bernhardt (1844-1923) und Mark Twain (1835-1910). Dank seiner exklusiven Lebensweise als Dandy, die er sorgfältig kultivierte, wurde er sehr schnell zum Liebling der feinen Londoner Gesellschaft. In seinem Haus in der Tite Street schrieb Oscar Wilde seinen einzigen Roman *Das Bildnis des Dorian Gray*, der eine Männerfreundschaft schildert und bei seinem Erscheinen im Jahr 1891 einen Skandal auslöste. Wilde wurde beschuldigt, homosexuelle Beziehungen zu dem jungen Lord Alfred Douglas, dem Sohn des Grafen von Queensberry, zu unterhalten und wurde im April 1895 im Cadogan Hotel in der Sloane Street festgenommen. Nach Verbüßung einer zweijährigen Gefängnisstrafe, die er in Reading absaß, mußte er nach Frankreich emigrieren, wo er auch starb. In der Tite Street Nr. 31 lebte von 1885 bis 1925 der amerikanische Maler John Singer Sargent (1856-1925). Zwar wurden seine Werke zu Lebzeiten heftig kritisiert, aber heute ist er als großer Porträtist anerkannt. Des weiteren sind an der Tite Street zwei Jugendstil-Häuser mit schönen Glasmalereien, Werke des Architekten Edward William Godwin, erwähnenswert. Das Haus Nr. 44 wurde 1878 für den Künstler Frank Miles errichtet. Das Haus Nr. 46, um 1884 gebaut, besteht aus vier übereinanderliegenden Ateliers.

Chelsea Embankment ♥. Die im Jahr 1874 fertiggestellte Uferstraße erstreckt sich entlang der Themse von der Albert Bridge bis zum Chelsea Royal Hospital. Zahlreiche Schiffe und Hausboote liegen hier vor Anker.

Blick auf die Themse vom Cheyne Walk.

Thomas Carlyle
Diese Statue des Historikers steht im Garten seines Hauses an der Cheyne Row.

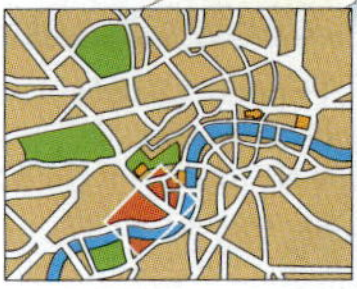

1/2 Tag

MILLBANK

Bis ins frühe 18. Jh. war Millbank nur eine durch Sümpfe und Felder verlaufende Straße, die Westminster und Chelsea verband. Der Name des Viertels geht auf die Mühle (*mill*) der Abtei von Westminster zurück, die sich früher am Ende der heutigen Great College Street befand. Sir Robert Grosvenor ließ sie 1736 abreißen, um an dieser Stelle ein Landgut bauen zu können.

Millbank Penitentiary. Im Jahr 1809 wurde das Anwesen der Familie Grosvenor abgerissen, um Platz für das *Millbank Penitentiary*, im 19. Jh. das größte Londoner Gefängnis, zu schaffen. Die Gründung der Anstalt geht auf die reformatorischen Ideen von Jeremy Bentham zurück. Er war der Ansicht, ein Gefängnis müsse kreisförmig angeordnet und die Wachposten in der Mitte plaziert sein. Die Häftlinge sollten zur Arbeit motiviert werden, indem ihnen die Hälfte der Einnah-

Das Gefängnis
Hinter diesen Mauern versteckt sich ein Labyrinth von etwa 3000 Gängen! Ein Gefängniswärter soll noch nach sieben Jahren Dienst seinen Weg mit einem Stück Kreide markiert haben!

»Von dem London, das Martin so geliebt hatte, war Vieles verschwunden! Ein London, beschränkt auf das West End [...]. Manchmal ging er nach Pimlico, um die Läden der Trödler aufzuspüren.« Michel Mohrt

men, die man durch den Verkauf ihrer Produkte erzielte, iberlassen wurde. Schon 1794 überzeugte Bentham die Regierung, den Bau eines solchen Mustergefängnisses zu finanzieren und trug sogar selbst einen Teil der Kosten. Diese Haftanstalt wurde 1821 fertiggestellt. Sie hatte die Form eines sechseckigen Sterns und erstreckte sich am Themse-Ufer iber sieben Hektar Sumpfland. 1843 wurde die Anstalt in ein gewöhnliches Gefängnis umgewandelt, 1890 geschlossen und bald darauf abgerissen. Auf dem Gelände entstand später die Tate Gallery.

Sträflinge in Millbank
Die Gefangenen waren in Einzelzellen untergebracht und produzierten Schuhe und Postsäcke. Während der ersten Hälfte ihrer Haftzeit war jegliche Art der Kommunikation streng verboten.

Pimlico

Pimlico wird im Osten von der Vauxhall Bridge Road, im Westen von der Chelsea Bridge Road und im Norden von der Ebury Street begrenzt.

Die Anfänge. Der genaue Jrsprung des Namens dieses ußerst ruhigen Stadtviertels st unbekannt. Einige meinen u wissen, daß der Name *Pimlico* von einem Getränk tammt, dessen Rezept schon or geraumer Zeit verlorengegangen ist; andere sind er Ansicht, daß ein ordamerikanischer ndianer-Stamm bei der Namensgebung Pate stand; wieder andere schwanken wischen dem Namen eines Vogels, der einst in dieser Gegend beheimatet war, und Ben Pimlico, einem Gastwirt us dem 16. Jh. Die erste Besiedlung Pimlicos geht auf das ahr 1626 zurück. Einige *cottages*, die sogenannten *Neat Houses*, wurden auf dem Anwesen der Abtei von Westminster rrichtet. Das, was später einmal Pimlico werden sollte, war 1 dieser Zeit nichts anderes als eine Ansammlung von trauchwerk, Gemüsegärten und unbesiedelten Ländereien, e bis 1830 der Familie Grosvenor gehörten. Sie verpachtete ren Besitz an Thomas Cubitt (1777-1855), der in Pimlico ieselbe Sanierungspolitik betrieb wie vorher in Bloomsbury nd Belgravia.

Die Haftanstalt im Jahr 1876
"Die Haftanstalt von Millbank erstreckt sich über nicht weniger als sieben Hektar Land. Sie ist aufgebaut wie ein Rad, dessen Speichen sechs Gebäudekomplexen mit jeweils einem Wachturm entsprechen. Das Haus des Verwalters bildet die Nabe. [...] Schon kurz nach der Öffnung des Gefängnisses sah man sich gezwungen, die recht strengen Regeln, zu denen auch die Einzelhaft gehörte, etwas zu lockern, denn durch vollständige Isolation kam es immer häufiger zu Fällen des Wahnsinns. Der Mensch ist als geselliges Wesen geboren und braucht die Gesellschaft anderer, auch wenn er ein Gauner ist."
Louis Enault
Londres

Thomas Cubitt. Er begann als Zimmermann, wurde dann auunternehmer und war schließlich neben Christopher ren (▲ *172*) und John Nash (● *76*, ▲ *257*) maßgeblich an r Urbanisierung Londons beteiligt. Die Bauten auf dem emaligen Familienbesitz der Russells in Bloomsbury und in elgravia gehen unter anderem auf Entwürfe Cubitts zurück. och Pimlico besaß nie denselben Chic wie Belgravia und irde lange Zeit sogar herablassend betrachtet. Doch auch enn Pimlico nicht so elegant ist wie andere von Cubitt itworfene Stadtviertel, so besitzt es doch eine Vielzahl isprechender, mit weißem Stuck verzierter Terraces aus dem ihen 19. Jh.

cleston Square. Thomas Cubitt begann 1835 mit der onstruktion dieses Platzes. Zu seinen berühmtesten nwohnern zählte Winston Churchill, der von 1908 bis 1922 Haus Nr. 33 wohnte. Dieses Haus fungierte ironischerweise hrend des Generalstreiks von 1926 als Hauptquartier der ibour Party .

»Vauxhall Gardens, the Grand Walk about 1751«
Canaletto (● *97*) malte mehrere Bilder der Vauxhall Gardens von einem Standpunkt am anderen Themse-Ufer aus. Bis zur Errichtung der Westminster Bridge waren die im Jahr 1660 eröffneten Gärten nur mit einem Boot zu erreichen. Samuel Pepys (● *40*) ging hier gern spazieren.
Im Verlauf des 18. Jh. avancierten die Gärten zu einem beliebten Ausflugsziel. Sie wurden mit Statuen, Ruinen, einem Wasserfall, chinesischen Pavillons, Rotunden sowie Fest- und Konzertsälen ausgeschmückt.

Ebury Street. In dieser äußerst angenehmen Wohngegend komponierte im Haus Nr. 180 der achtjährige Mozart seine erste Symphonie. Gegenüber befindet sich ein Beispiel für den sozialen Wohnungsbau des Jahres 1871, die Coleshill Flats.

Pimlico Road. Einige exquisite Antiquitätengeschäfte habe sich in der Haupteinkaufsstraße Pimlicos niedergelassen. Sehenswert ist auch die kleine gotische Kirche St Barnabas; sie wurde zwischen 1847 und 1850 von Thomas Cundy erbaut. Auf dem St George Square, einem langestreckten Platz zwischen Grosvenor Place und Lupus Street, steht d Kirche St Saviour, die 1864 nach Plänen von Thomas Cundy d. J. errichtet wurde.

Churchill Gardens. Dieser Wohnkomplex in der Grosvenor Road wurde zwischen 1952 und 1960 von den Architekten A. J. P. Powell und J. H. Moya erbaut, um Wohnraum für 6 500 Menschen zu schaffen.

Sir Henry Tate
Der Zuckerfabrikant und Kunstliebhaber gab der Tate Gallery ihren Namen.

TATE GALLERY ♥

Die Tate Gallery öffnete bereits 1897 unter dem Namen Gallery of Moder British Art ihre Tore. In der Zwischenzeit wurde diese Sammlur moderner Kunst zu einem der berühmtesten Museen der Welt.

»DER VERKEHR WAR STARK, UND SIE KAMEN IN DER VAUXHALL BRIDGE ROAD NUR LANGSAM VORAN. [...] ER WAR WAHRSCHEIN-LICH GERADE DABEI, IN EINEM PUB IN PIMLICO SEINEN ALLABEND-LICHEN SCHOPPEN ZU SICH ZU NEHMEN.«

❝Die Tate war mit Bomben übersät. Doch bereits 1951 waren alle Spuren des Krieges beseitigt. Jetzt birgt sie eine unvergleichliche Sammlung moderner Kunst.❞

Paul Morand, *Londres*

Die Tate Gallery
Die Entwürfe des neoklassizistischen Museums stammen von Sidney Smith: Die imposante Fassade beeindruckt durch ihren Portikus mit korinthischen Säulen und einer zur Themse weisenden Treppe.

ir Henry Tate. Das Museum trägt den Namen des ›eschäftsmannes und Kunstliebhabers Sir Henry Tate 819-1899). Er vermachte dem Staat ungefähr 60 emälde und drei Skulpturen englischer Künstler und nanzierte darüber hinaus die Errichtung des ebäudes. Sein Vermächtnis bildet den gentlichen Kern des Museums.

er Ausbau des Museums. Lord Duveen, ein eiterer Mäzen des Museums, finanzierte den ebäudeflügel, in dem früher die Turner-mmlung untergebracht war. Diese Kollektion efand sich zuvor in der National Gallery. Um atz für die Arbeiten ausländischer Künstler schaffen, wurde das Gebäude bereits 26 erstmals erweitert. Der dritte Um-u im Jahr 1937 wurde vollständig von ord Duveen finanziert. Ein vierter mbau erfolgte 1971, ein weiterer 1979. lerdings ist der Ausbau des Museums, s nur ungefähr ein Zehntel seiner Be-nde zeigen kann, nicht abgeschlossen.

e Clore Gallery. Der nach seinem äzen benannte Anbau wurde 1987 gens für den Nachlaß William Turners twa 300 Ölgemälde, mehr als 19000 ichnungen und Aquarelle) errichtet d ist der Stolz der Tate Gallery.

Drei separate Sammlungen bilden heute den Fundus der Tate Gallery. Der Weltruhm des Museums beruht auf der Qualität und der Vielfältigkeit ihrer Exponate. So befindet sich hier zum Beispiel die umfangreichste Kollektion britischer Malerei vom 16. Jh. bis zur Gegenwart (*Historic British*) und die in Großbritannien größte Sammlung moderner Kunst des 19. und des 20. Jh. (*Modern Collection*). Hinzu kommt eine bedeutende Sammlung zeitgenössischer Kunst (*Contemporary Collection*). Sowohl die *Modern* als auch die *Contemporary Collection* werden beständig durch Neuerwerbungen erweitert.

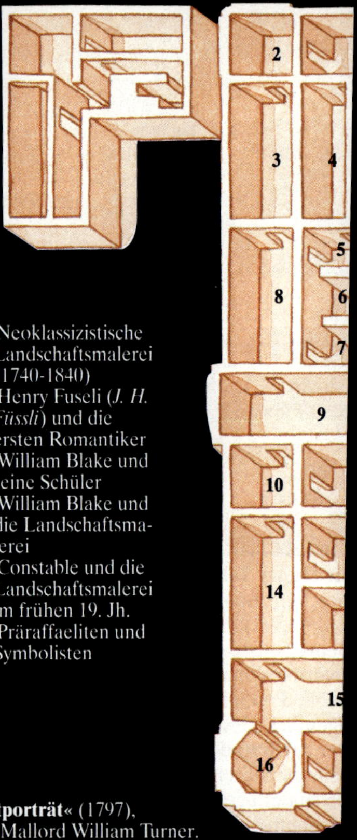

»Pompeji«
Ein Werk von Hans Hofmann (1880-1966) aus dem Jahr 1959. Der seit 1930 in den Vereinigten Staaten lebende deutsche Maler gründete 1933 eine Kunstschule in New York. Sein Werk ist bezeichnend für den abstrakten Expressionismus und die Farbfeldmalerei, wie auch das abgebildete Gemälde zeigt.

Da die Tate Gallery mehr Kunstwerke besitzt als sie zeigen kann, werden die Exponate ständig umgehängt und ausgetauscht.

1. Maler der Tudor- und der Stuart-Zeit
2. Zehn Jahre Aufschwung: London und die Kunst in den Jahren um 1740
3. Gruppenporträts des späten 18. Jh.
4. Neoklassizistische Landschaftsmalerei (1740-1840)
5. Henry Fuseli (*J. H. Füssli*) und die ersten Romantiker
6. William Blake und seine Schüler
7. William Blake und die Landschaftsmalerei
8. Constable und die Landschaftsmalerei im frühen 19. Jh.
9. Präraffaeliten und Symbolisten

»Selbstporträt« (1797), Joseph Mallord William Turner.

10. Die Porträtmalerei im späten 19. und frühen 20. Jahrhundert.
11. New English Art Club (1890-1910)
12. Degas, Renoir und Bonnard
13. Matisse und der Kubismus
14. Postimpressionismus, Fauvismus und englische Kunst von 1910 bis 1920
15. Neuerwerbungen: Allegorische und darstellende Malerei
16. Carel Weight
17. Der Konstruktivismus von 1910 bis 1950
18. Britischer Surrealismus; Mondrian und die abstrakte Kunst
19. Ivon Hitchens
20. Die Kunst während der Kriegsjahre (1939-1945)
21. Henry Moore von 1938 bis 1952
22. »Die Geometrie der Angst«
23. Britischer Nachkriegs-Realismus
24. Peter Blake
25. Mark Rothko
26. Matisse, Spätwerk
27. Barbara Hepworth
28. Zeitgenössische Meister
29. und 30. Neuerwerbungen

»Faa Iheihe«
Dieses Werk malte Paul Gauguin (1848-1903) während seiner letzten Tahiti-Reise. Der Titel ist mit ›Pastoralsymphonie‹ ins Deutsche zu übersetzen. Das Gemälde zeigt Gauguins Vision des Paradieses und ist nach einer eher pessimistischen Schaffensperiode als Hymne auf die Harmonie zwischen dem Menschen und der Natur zu verstehen. *Faa Iheihe* gehört zu einer seit 1910 zusammengetragenen Sammlung moderner europäischer und amerikanischer Kunst, die heute Werke vom Impressionismus bis zur Avantgarde der 80er Jahre umfaßt.

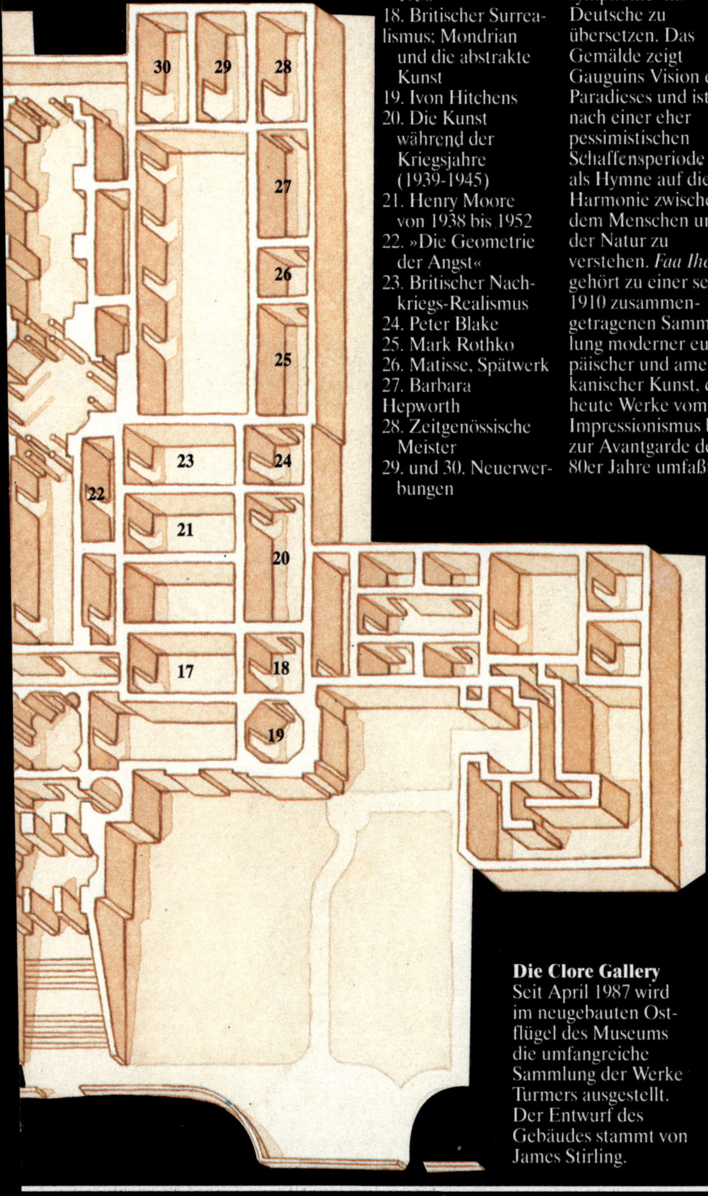

Die Clore Gallery
Seit April 1987 wird im neugebauten Ostflügel des Museums die umfangreiche Sammlung der Werke Turmers ausgestellt. Der Entwurf des Gebäudes stammt von James Stirling.

»The Forge«. Joseph Wright (1734-1797), auch Wright of Derby genannt, trat zuerst als Maler der industriellen Revolution in den Midlands in Erscheinung. Die häufig monumentalen Werke zeigen vor allem Porträts, Landschaften und vielfigurige Szenen.

»Der Maler und sein Mops«. William Hogarth (1697-1764) plazierte in diesem Werk von 1745 seine Büste auf Bücher von Shakespeare, Swift und Milton, um zu zeigen, daß er Malerei und Literatur für gleichwertig hält. Eine Analyse des Bildes ergab, daß Hogarth sich ursprünglich als Gentleman und nicht als Künstler porträtiert hatte.

»Seinem wahren Genie entsprechend entwickelte Hogarth einen neuen Malstil. [...] Mit meisterhafter Hand beschrieb er die höchst lächerlichen Schwächen des menschlichen Wesens.« A. Murphy

»Captain Thomas Lee«
Nachdem Captain Lee festgestellt hatte, daß er es sich finanziell nicht leisten konnte, weiter gegen Irland zu kämpfen, kehrte er 1594 nach England zurück, um bei Elizabeth I. vorzusprechen. Zur selben Zeit beauftragte Lee den flämischen Maler Marcus Geeraets d. J. (1561-1635), ihn zu porträtieren. Am Oberkörper trägt Lee prächtige Kleidung, seine nackten Beine lassen ihn aber eher als armen Soldaten erscheinen. Dargestellt wird er inmitten einer irischen Landschaft unter einer Eiche, dem Symbol für Tapferkeit.

»Familie Saltonstall«
Dieses Gemälde von David Des Granges (1611?-1675) zeigt eine Familie im 17. Jh. Auf den ersten Blick ist zunächst nur eine einfache Szene zu erkennen: Ein Mann gratuliert seiner Frau, die gerade ein Kind zur Welt gebracht hat. In Wirklichkeit sind aber, wie oft in der elisabethanischen Zeit, Lebende und Tote gemeinsam dargestellt: Saltonstall befindet sich hier in Gesellschaft zweier Frauen: Seine verstorbene erste Frau streckt ihre Hand nach ihren beiden Kindern aus, während die zweite das Neugeborene trägt.

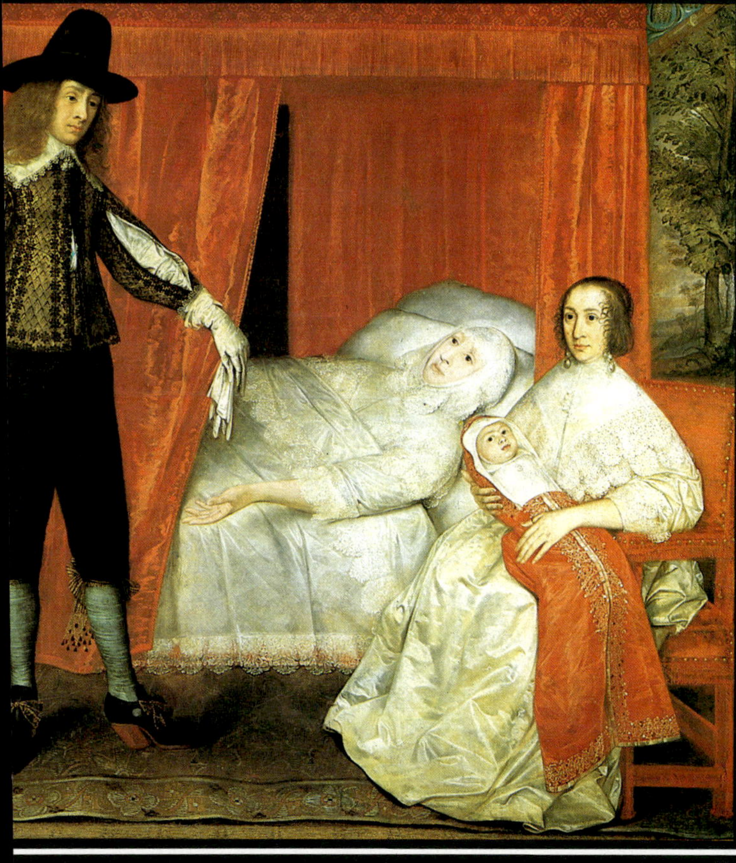

»Sir William Montgomerys Töchter stellen das Bild *Die drei Grazien schmücken eine Hymen-Herme*«
Joshua Reynolds (1723-1792), erster Präsident der Royal Academy, versuchte, das Ansehen der Porträtmalerei zu steigern, indem er Elemente der Genremalerei einführte. Seine Darstellung der drei Schwestern (1773) ist beispielhaft für diese Tendenz. Auf Wunsch des Verlobten von Elisabeth Montgomery verwendete er auch Symbole der klassischen Antike. Die Posen der drei Schwestern, die den Gott der Vermählung loben, erinnern an Poussin und Rubens. Rechts von Elisabeth steht die weiß gekleidete Anne, die bereits verheiratet ist; links ihre Schwester Barbara, die sich im folgenden Jahr verheiraten soll.

»Die Erntearbeiter«
Der Autodidakt George Stubbs (1724-1806) ist wohl der berühmteste Tiermaler Englands. Er arbeitete vor allem für den englischen Adel und malte mit Vorliebe Pferde. Doch auch das gewöhnliche Leben auf dem Land wurde von ihm in Bildern festgehalten. Zu einer Zeit, in der Bauern den Malern üblicherweise höchstens als Statisten dienten, gab Stubbs ihnen auf diesem Gemälde von 1785 eine tragende Rolle. Im Zentrum des Bildes steht ein Mädchen, rechts ein Reiter, der den Kontrapunkt zu einem Paar bildet, das Garben bindet. Die durch die Anstrengung gebeugten Körper einiger Männer bringen diese Gruppen zueinander in Beziehung.

»Hogarth ist der Prophet des alten Gesetzes, während Reynolds die äusserst radikale Reformation vertritt. Zwischen den beiden Extremen steht Ramsay.«

Jean-Jacques Mayoux

»Giovanna Baccelli« Thomas Gainsborough (1727-1788) ist einer der wenigen Maler seiner Zeit, die England nie verlassen haben. Er ließ sich erst spät, im Jahr 1774, in London nieder. Der Maler wurde vom Herzog von Dorset, dem englischen Botschafter in Paris, beauftragt, dessen Mätresse Giovanna Baccelli zu porträtieren. Die ehemalige Primaballerina des Haymarket Theatre debütierte zu dieser Zeit an der Pariser Oper. Das Bild stellt sie in einem Theaterkostüm dar. Die Lebhaftigkeit von Gainsboroughs Pinselstrich spiegelt die Leichtigkeit und Grazie der Bewegung wider. Gleichzeitig spielt er effektvoll mit Licht und Schatten. Dieses Gemälde wurde der Royal Academy 1782 gestiftet.

»Beatrice in der Kutsche spricht Dante an« William Blake (1757-1827) glaubte daran, die »göttliche Vision in einer Zeit geistiger Verwirrung erhalten zu müssen«. Dieses Aquarell (1824-1827) gehört zu einer Reihe von etwa hundert Arbeiten, die Dantes *Divina Commedia* illustrieren. Die Szene aus dem Fegefeuer zeigt Dantes erste Begegnung mit Beatrice.

»Der blinde Geiger« David Wilkie (1785-1841) war im England des frühen 19. Jh. äußerst erfolgreich. Der Schotte begann seine Karriere mit Dorfmalerei, wobei er sich in erster Linie von holländischen und flämischen Vorbildern inspirieren ließ. Sein Stil hatte schließlich Einfluß auf Maler in ganz Europa.

»Die Eröffnung der Waterloo Bridge«. Der englische Landschaftsmaler John Constable (1778-1837) verewigte in diesem Bild die Eröffnung der Brücke am 18. Juni 1817. Das Gemälde spielt auf ein Werk Canalettos an und soll die Stärke des britischen Empire demonstrieren

»Die Seufzerbrücke, der Dogenpalast und die Dogana; der malende Canaletto« Joseph Mallord William Turner (1775-1851, ● *102*) besuchte die für seine Kunst so bedeutende Stadt Venedig im Jahr 1832 bereits zum zweiten Mal. Mit diesem Gemälde huldigt Turner Canaletto, dem venezianischen Maler. Gleichzeitig zeigt es seine Identifikation mit der künstlerischen Tradition der Vergangenheit.

»Dogana, San Giorgio, Zitelle-Kirche«. Dieses Szenerie malte Turner im Jahr 1842, nachdem er von seiner dritten Venedig-Reise zurückgekehrt war. Das nuancenreiche Gemälde stellt Turners Vision vom Untergang des letzten großen Reiches dar.

»Petworth, Sonnenuntergang im Park«. Dieses Aquarell entstand um 1830. Turner, der mit dem Grafen von Egremont bekannt war, unterhielt ein Atelier in Petworth, am Wohnsitz des Grafen. Dort schuf er mehr als hundert Aquarelle.

»Schneesturm. Dampfboot vor einer Hafeneinfahrt«
Die Motive des Schneesturms und der aufgewühlten See kehren bei Turner immer wieder. Um das Bild malen zu können, ließ er sich vier Stunden am Mast eines Schiffes festbinden. Dieses Werk, das die Dynamik der Naturgewalten meisterlich darstellt und dennoch einen hohen Grad der Abstraktion erreicht, wurde 1842 zum ersten Mal der Öffentlichkeit vorgestellt. Den Kritikern gefiel das Bild nicht, einer von ihnen sah nur eine »Masse Seifenlauge und Tünche«.

»Beata Beatrix«
Gabriel Charles Rossetti (1828-1882), genannt Dante, gilt mit Holman Hunt und J. E. Millais als einer der Begründer der Präraffaeliten, die eine Kunstform im Geiste der Maler vor Raffael anstrebten. Sie wollten nur ernsthafte Dinge vollkommen realistisch wiedergeben. Später wandte sich Rossetti von ihnen ab. Nur die Sorgfalt in der technischen Ausführung wies noch präraffaelitische Züge auf. Eines seiner Lieblingsmotive war die schöne Elizabeth Siddal. Sie starb 1863, nur drei Jahre nach der Hochzeit mit Dante. Das Gemälde *Beata Beatrix* wurde erst nach ihrem Tod fertiggestellt.

»Die Geschichte der Brüderlichkeit beginnt bereits mit der Versöhnung zwischen Rossetti und Hunt. Dies geschah, nachdem Rossetti Hunts Werk *Der Nachtwächter der heiligen Agnes* gesehen und bewundert hatte.«

J. Harding

»Das erwachende Gewissen«
Die junge Mätresse erinnert sich an ihre Kindheit und wendet sich dem Garten zu, der von einem Spiegel reflektiert wird. In dem Gemälde von 1854 spielt Holman Hunt (1827-1910) mit der Lichtreflexion und stellt die Stimmung der jungen Frau auch im Hintergrund symbolisch dar.

»Die goldene Treppe«
Edward Burne-Jones (1833-1898), einer der führenden Köpfe der späten Präraffaeliten, wurde stark von Rossetti und der italienischen Malerei beeinflußt. Dieses Gemälde (1880) ist ein Beispiel für den verträumten Stil des Malers, der als ein Vorläufer des Jugendstils gilt.

»Ophelia«. John Millais (1829-1896) hat sich bei diesem Bild vom 4. Akt in Shakespeares *Hamlet* beeinflussen lassen, der Ophelias Tod schildert. Von Juli bis Oktober 1851 malte er während eines Aufenthaltes in Ewell, Surrey, den Hintergrund des Bildes. In London fügte er während der Wintermonate die Figur der Ophelia hinzu, für die Elizabeth Siddal, die Frau Rossettis, Modell stand. Millais hat die Pflanzenwelt sehr genau beobachtet. In diesem Gemälde finden sich zahlreiche Pflanzen und Blumen mit Symbolcharakter wieder: Die Mohnblume etwa steht für den Tod.

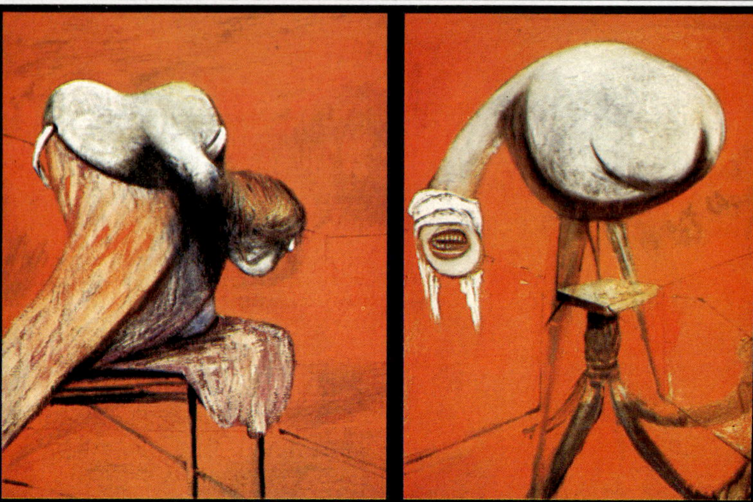

»Mr. and Mrs Clark and Percy«
David Hockney (1937 geboren) trat 1959 in das Royal College of Arts ein und stellte seine Arbeiten in der Whitechapel Art Gallery aus. Zunächst wurde er von Francis Bacon und Jean Dubuffet beeinflußt, tendierte aber ab 1965 nach einer Phase abstrakter Malerei zum Naturalismus. In diesem zwischen 1970 und 1971 ausgeführten Werk werden die Modeschöpfer Ossie Clark und Celia Birtwell portätiert.

»Whaam«
Der 1923 geborene Amerikaner Roy Lichtenste ist einer der prägenden Künstler der Pop Art. Z Beginn der 60er Jahre schuf er zahlreiche, unt anderem durch Comic strips inspirierte Kunstwe Dieses 1963 entstandene Werk besticht durch se kräftigen Farben.

»Rot und Schwarz«
Mark Rothko, amerikanischer Maler russischer Abstammung (1903-1970), stand zunächst unter Einfluß der Surrealisten. In den 50er Jahren entwickelte er einen eigenen Stil und ging dazu über, rechteckige Farbstreifen zu malen. Zu Beg bevorzugte er eher helle Farben, wandte sich da dunkleren Farben zu: schwarz oder dunkelrot au braunem Grund (links: *Rot und Schwarz*, 1957).

»Drei Studien für eine Kreuzigung«
Diese drei im Jahr 1944 entstandenen Personenstudien von Francis Bacon (1909-1992) sind stark vom Picasso der 20er Jahre beeinflußt. Bacon stellt die Personen auf diesem Gemälde als Eumeniden dar, Furien, die in den Tragödien des Aischylos Orest verfolgen. Die Figuren zeigen aufgerissene und kreischende menschliche Münder, ein Motiv, das bei Bacon immer wieder auftauchte.

»Weinende Frau«
Während des spanischen Bürgerkriegs wurde die Stadt Guernica am 26. April 1937 aus der Luft bombardiert. Zwei Tage später begann Pablo Picasso (1881-1973) sein berühmtes Bild *Guernica*, auf dem unter anderem eine weinende Frau mit ihrem toten Kind dagestellt wird. Er nahm dieses Thema im Juni 1937 erneut auf und fertigte zunächst 13 Studien und vier Gemälde, von denen das letzte abgebildet ist. Die damalige Geliebte Picassos, Dora Maar, stand Modell.

»Der Matador«. Dieses Werk aus der späten Schaffenszeit Mirós zeugt zugleich von der Kontinuität und dem Wandel in der Technik des Malers. Während die Formen weiterhin bis an die Grenze der Abstraktion schematisiert werden, grenzt der Maler die Figur durch einen kräftigen schwarzen Strich von ihrem Umfeld ab.

»Figur, Nanjizal« Barbara Hepworth (1903-1975) stand unter dem Eindruck der bretonischen Landschaft bei Cornouailles, als sie 1958 diese Holzskulptur schuf. Die Figur der von Henry Moore beeinflußten Künstlerin steht beispielhaft für ihr Bestreben, dem Wesen des benutzten Materials durch die gewählte Form Ausdruck zu verleihen.

»Early One Morning«
Der 1924 geborene Anthony Caro arbeitete von 1951 bis 1953 bei Henry Moore. Sein Frühwerk zeigt Einflüsse durch Moores Frauenskulpturen. Caro brach später mit der figurativen Plastik und gilt als einer der Wegbereiter der modernen Bildhauerei. Die abgebildete Aluminiumskulptur entstand 1962.

»Liegende Frau«
Dieses Gipsmodell entstand nach einer 1951 von Henry Moore (1898-1986) geschaffenen Bronzeplastik. Der Bildhauer variiert mit diesem Werk ein Thema, das er bereits vor dem Krieg wiederholt behandelt hatte. Die Plastik weckt zweierlei Assoziationen: Dargestellt ist einerseits die Göttin des Todes, wohl eine Verarbeitung von Moores persönlicher Erfahrung mit Krieg und Tod; andererseits kann man auch eine ›Muttergöttin‹ erkennen, Symbol der Erde und des Lebens. Moore selbst betrachtete diese Skulptur als den Schlüssel zu seinem Gesamtwerk.

›Das Ende des 20. Jh.«
n den 80er Jahren arbeitet Joseph Beuys 1921-1986) mit Basalt. Er fühlte sich zu liesem leblosen und durch die Natur gestalteten Material hingezogen. Für Beuys drückt dieses Gestein die Zerstörung allen Lebens aus.

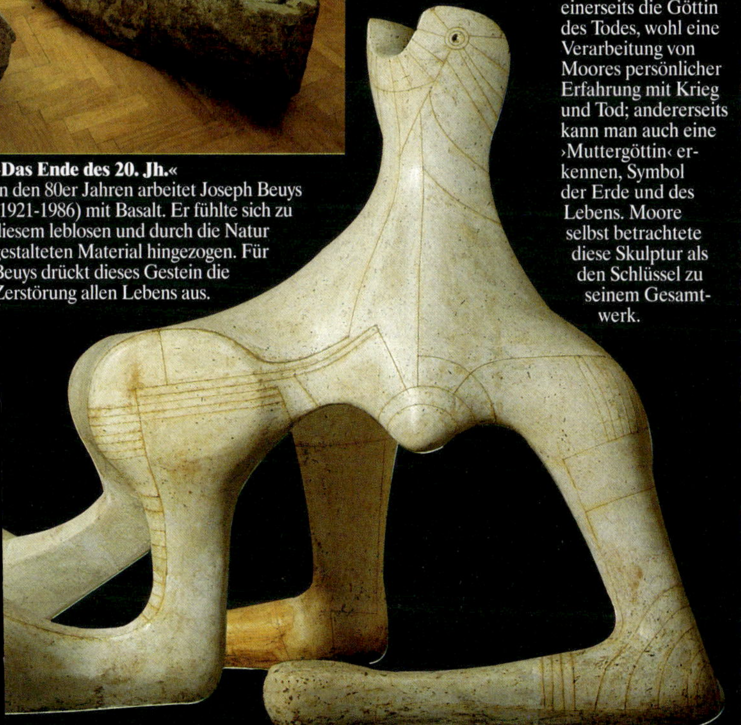

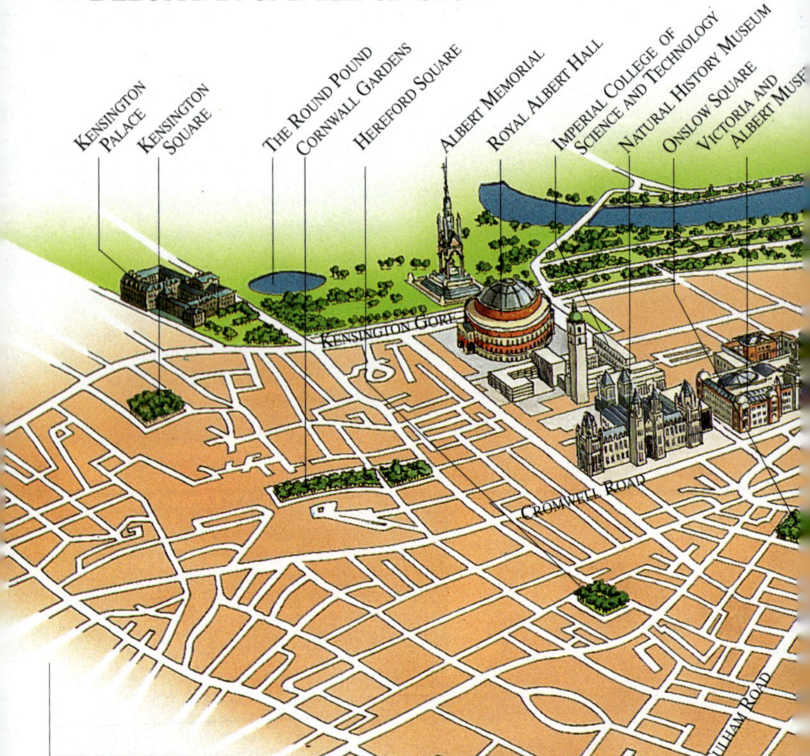

1 Tag

Die viktorianischen »Terraces«
Bemalter Stuck und gelber Ziegelstein schmücken die Fassaden der viktorianischen Häuser von Belgravia. Die weitgehend einheitlichen Häuserfronten säumen ganze Straßenzüge und werden als *terraces* bezeichnet.

Belgravia

Das ehemalige Gelände der *Five Fields*, das heute Belgravia und Pimlico umfaßt, gehörte früher zum Besitz der Familie Grosvenor. Anfang des 19. Jh., als der Hof in den Buckingham Palace umgezogen war, entstanden am heutigen Grosvenor Place im Osten von Belgravia zahlreiche neue Wohnhäuser für den Adel. Mit Unterstützung des Bauunternehmers Thomas Cubitt (1777-1855) ließ Lord Grosvenor die Sümpfe von Belgravia trockenlegen und mit dem Erdaushub, der beim Bau der St Katherine's Docks (▲ *334*) angefiel, auffüllen. Dann ließ er für den Adel und das Bürgertum Londons diverse Squares und Terraces errichten, deren schönstes Beispiel sicherlich der von dem Architekten George

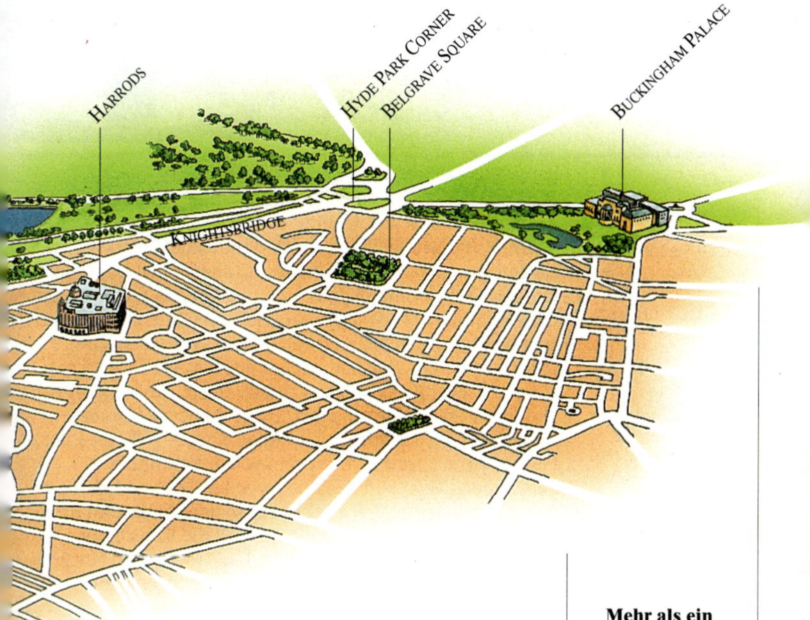

Basevi angelegte Belgrave Square ist. Heute gilt Belgravia neben Mayfair (▲ *281*) als vornehmstes Stadtviertel Londons.

KNIGHTSBRIDGE

Harrods. Das riesige Kaufhaus an der Brompton Road gehört nicht mehr zu Belgravia, sondern zum angrenzenden Knightsbridge. 1849 eröffnete Henry Charles Harrod einen kleinen Lebensmittelladen. Das Familienunternehmen entwickelte sich prächtig, 1894 bis 1903 mußte das Gebäude erweitert werden, 1939 erhielt es seine endgültige Form (● *89*). Die ockerfarbene Fassade kommt erst abends richtig zur Geltung, wenn Tausende von Lichtern sie hell erstrahlen lassen.

ENSINGTON

is ins 17. Jh. war Kensington ein unbe-eutender Vorort Londons. 1689 kaufte Villiam III. das Nottingham House in ensington und beauftragte Christopher /ren (● *70*, ▲ *171*, *250*, *349*), dieses aus in einen standesgemäßen Wohn-tz, den späteren Kensington Palace ▲ *250*), umzuwandeln. So gewann der adtteil dank Nottingham House und olland House an Glanz und Ansehen.
ie Squares von Kensington. Kensington Square, 1681 von nomas Young angelegt, gehört zu den ältesten Plätzen des iertels. Der im späten 17. Jh. zu Ehren von König James II. enannte King's Square war noch bis 1840 von Wiesen und

Mehr als ein Kaufhaus: Harrods
Ein Besuch im berühmten Kaufhaus Harrods lohnt in mehrfacher Hinsicht: Die Innenausstattung weist, besonders in der Lebensmittelabteilung (*Food Halls*), einen geradezu majestätischen Prunk auf. So ist zum Beispiel die Fleischabteilung vollständig mit Jugendstilkacheln verkleidet, die Jagdmotive zeigen (ein Werk von W. J. Neatby). Und natürlich sind die angebotenen

Produkte von erlesener Qualität und verschwenderischer Vielfalt.

Victoria und Kensington
Im Jahr 1901, dem Todesjahr der Königin, wurde Kensington zu ihren Ehren zum Königlichen Stadtbezirk erhoben. 1965 verschmolzen Kensington und Chelsea zum *Royal Borough of Kensington and Chelsea*.

Die Gebäude Kensingtons
Queen Victoria kam am 24. Mai 1819 im Kensington Palace zur Welt. Dort lebte sie, bis sie 1837 den Thron bestieg. Ihre lange Regentschaft war begleitet von einer Zeit intensiver Stadterweiterung. Auf den ehemaligen Ländereien des Adels von Kensington ließ sie *squares* und *crescents* (● *76*) anlegen: Edwards Square, Trevor Square, Montpellier Place, Pelham Crescent, Earls Terrace ...

Feldern umgeben. Während der ersten Hälfte des 19. Jh. verdoppelte sich die Bevölkerung Londons, und Kensington dehnte sich rasch aus. Überall entstanden elegante, zum Teil mit aufwendigen Säulenportalen und reichen Stuckverzierungen geschmückte Wohnhäuser für begüterte Londoner. Um 1846 schuf Charles James Freake Onslow Gardens und Onslow Square im typisch viktorianischen Stil. Ihre Namen gehen auf den damaligen Besitzer, den Grafen Onslow, zurück. Etwa zur gleichen Zeit stellte Edward Blore den kleinen friedvollen Hereford Square fertig. Kensington Palace Gardens (1843), führt in einer Länge von zwei Kilometern am Kensington Palace vorbei. Die Allee wurde 1873 von James Pennethorne angelegt. Die prunkvollen Wohnhäuser entstanden fast alle in der Zeit zwischen 1844 und 1870 und beherbergen heute überwiegend ausländische Botschaften. Parallel zu dieser Prachtstraße verläuft die Kensington Church Street, einst eine einfache Landstraße, die Notting Hill Gate mit Kensington verband. Heute locken gut erhaltene Gebäude aus dem 18. Jh. Besucher an.

Reiche Bürger und die Kunst. Charakteristisch für den Stadtteil Kensington sind die extravaganten Häuser, die von den führenden Schichten des 19. Jh. errichtet wurden. Viele dieser Gebäude stehen am Holland Park. Die Neureichen steckten viel Geld in die Ausstattung ihrer Villen und den Erwerb von Kunstwerken. Davon profitierte besonders der Maler Frederick Lord Leighton (1830-1896). Er wurde 1878 Präsident der Royal Academy und verkaufte so gut, daß er sich in relativ kurzer Zeit ein repräsentatives Haus leisten konnte: das Leighton House in der Holland Park Road Nr. 12. Im Erdgeschoß des ›Palastes‹ befindet sich die *Arab Hall*, ein arabischer Salon, der Leightons Interesse am Exotischen widerspiegelt. Der 1879 von George Aitchison entworfene, üppig verzierte Raum weist Mosaikfußböden, Springbrunnen und gekachelte Wände auf. In den anderen Räumen hängen Gemälde von Leighton und dessen Freunden. Nicht weit von Leighton House entfernt steht das Tower House in der Melbury Road Nr. 29. Dieses mittelalterlich anmutende Wohnhaus wurde 1876 bis 1881 von dem Architekten William Burges erbaut (● *80*).

In der Queen's Gate, der früheren Albert's Road, entstanden ab etwa 1870 Häuser im italienischen Stil. Obwohl einige von ihnen in der Zwischenzeit in kleine Appartments unterteilt und zu Hotels umfunktioniert wurden oder ganz verschwanden, blieb hier jenes Flair erhalten, das so charakteristisch für die Viktorianische Ära war.

South Kensington

Südlich von Kensington Village liegt South Kensington, eine bis ins 19. Jh. eher ländlich geprägte Siedlung - heute eine vornehme Wohngegend - für die unter anderem die sogenannten *mews* charakterisch sind. Die Bezeichnung *mews* steht für die hinter den hochherrschaftlichen Wohnhäusern gelegenen ehemaligen Stallungen, die mittlerweile zu reizenden und überaus idyllischen kleinen Wohnhäusen umgestaltet worden sind. Häufig führen pittoreske Gäßchen und Alleen dorthin. Der Stadtteil South Kensington entwickelte sich dramatisch im Zusammenhang mit der Londoner Weltausstellung von 1851. Die erwirtschafteten Gewinne verwendete man dazu, zahlreiche Museen und Schulen anzulegen. So wurde auf Initiative von Prinz Albert, Ehemann der Königin Victoria, in wenigen Jahren eine der größten Museumsanlagen der Welt geschaffen.

Zu Beginn des 20. Jh. veränderten sich die Häuser in Kensington. Die wohlhabenden Bewohner investierten mehr Geld in die großzügige Ausgestaltung der Innenräume als in prunkvolle Fassaden. Es erfolgte eine Rückbesinnung auf den georgianischen Stil mit seiner geraden Linienführung. Bedienstete lebten immer seltener im Haus, so daß man dieses nach und nach in einzelne Wohnungen unterteilen konnte.

❝Ehe er nach Knightsbridge gelangte, bog Herr Verloc nach links ab, aus dem geschäftigen, lärmenden Verkehr der Hauptstraße [...]. Und Herr Verloc marschierte[...] eine Straße entlang, die recht zutreffend als Privatstraße bezeichnet werden kann [...]. Soweit das Auge reichte, glänzten polierte Türklopfer und schimmerten geputzte Fenster mit tiefdunklem und undurchsichtigem Glanz. Alles war still, nur ein Milchwagen rasselte durch den fernen Hintergrund; ein Fleischerbursche, hoch über zwei roten Rädern thronend, jagte mit der edlen Kühnheit olympischer Wagenlenker um die Ecke.❞

Joseph Conrad, *Der Geheimagent*

›Albertopolis‹
Diese Luftaufnahme zeigt die Royal Geographical Society, die Albert Hall Mansions und im Vordergrund das Albert Memorial.

›ALBERTOPOLIS‹

Zwischen Chelsea und Kensington Gardens präsentiert sich Kensington als Ort der Wissenschaften und der Künste. Auf engstem Raum sind hier Museen, Hochschulen und Kulturinstitute versammelt. Dieser Teil Kensingtons, den man heute auch liebevoll spöttisch ›Albertopolis‹ nennt, versinnbildlicht den Glauben an intellektuelle Werte, dem sowohl das englische Bürgertum des 19. Jh. als auch Königin Victoria und Prinz Albert anhingen.

Die Blütezeit des Viktorianischen Zeitalters. Die erste Londoner Weltausstellung (▲ *38*) im Jahr 1851 war mit insgesamt sechs Millionen Besuchern ein großer wirtschaftlicher Erfolg und stellte einen Höhepunkt des Viktorianischen Zeitalters dar. Der viel beachtete *Crystal Palace,* speziell von Joseph Paxton für die Ausstellung im Hyde Park errichtet, brachte die Regierung und Prinz Albert auf die Idee, im Westteil Londons ein Kulturzentrum zu errichten. Bereits 1856 entstanden nördlich der Cromwell Road, finanziert durch die Einnahmen aus der Weltausstellung, die ersten Museen sowie naturwissenschaftliche und künstlerische Bildungsinstitute.

Prinz Albert und sein Wirken. Prinz Albert (links) übte zunächst vornehmlich repräsentative Funktionen aus und widmete sich der Erziehung seiner neun Kinder. Dann packte ihn die Leidenschaft für alles, was mit Erziehung, Kultur und Naturwissenschaft zusammenhing. Insbesondere bestand er darauf, Lehranstalten und Museen miteinander zu verknüpfen. Gemeinsam mit seinem Freund und Berater, Sir Henry

Cole, dem wichtigsten Gestalter von South Kensington und erstem Direktor des Victoria and Albert Museum, stellte er eine Sammlung von Objekten, die während der Weltausstellung 1851 angekauft worden waren, im Marlborough House aus. Der Erfolg war so groß, daß der Prinz und Cole sich entschlossen, die Sammlung zu erweitern und ein Museum zu errichten. Mehrere provisorische Gebäude dienten zwischen 1852 und 1856 als Sitz eines Museums für Kunst und Naturwissenschaft, und 1859 wurden die Gebäude fertiggestellt, die den Kern des späteren Victoria and Albert Museums bildeten. Der plötzliche Tod des Prinzen im Jahr 1861 beschleunigte paradoxerweise den Museumsausbau.

Die Welt der Museen. Zwei Baudenkmäler wurden zu Ehren von Prinz Albert errichtet: das Albert Memorial zwischen 1863 und 1872 und die Royal Albert Hall zwischen 1867 und 1871. Zahlreiche Museen und Lehrinstitute, naturwissenschaftliche Akademien und technische Colleges wurden gegründet; dicht aneinandergedrängt bildeten sie eine Art lebende Enzyklopädie der Wissenschaften und Künste. So entstanden ab 1873 und bis ins 20. Jh. hinein nacheinander das Natural History Museum, die Royal Geographical Society, das Royal College of Organists, das Royal College of Music, das Science Museum und das Geological Museum. Etwas später kam noch das Imperial College of Science and Technology und das Royal College of Art hinzu, die diesen weltweit einzigartigen Komplex, ein Paradies für Museumsliebhaber, vervollständigten.

VICTORIA AND ALBERT MUSEUM ♥

Dieses Museum gilt als Herzstück von ›Albertopolis‹. Seine Gründung geht auf das Jahr 1852 zurück. Das ehemalige Museum of Manufactures wurde 1859 zum South Kensington Museum und 1899 zum Victoria and Albert Museum.

Fünfzigjährige Bauzeit. Das Museum entstand in sechs Bauabschnitten, die Francis Fowke, Henry Young Darracott Scott und schließlich Aston Webb (▲ *243*) leiteten. Mangelnde Koordination erklärt, warum der gesamte Gebäudekomplex disharmonisch wirkt und beispielsweise die ornamentale Verzierung nur einzelne Abschnitte umfaßt. Das Zentrum des Museums bildet das *Quadrangle,* ein achteckiger Innenhof im lombardischen Renaissance-Stil. Seine Ostseite entstand zwischen 1856 und 1858 und sollte eine Sammlung englischer Gemälde aufnehmen, die John Sheepshanks, ein reicher Industrieller aus Yorkshire, dem Museum vermacht hatte. Die heutige Fassade stammt aus dem Jahr 1901. Der Westflügel des Museums, ein Werk von Godfrey Sykes aus dem Jahr 1864, gilt als architektonische Vorlage für den Stil, der den Rest des Museums und andere Gebäude in ›Albertopolis‹ ursprünglich prägen sollte: schlichter Ziegelsteinbau, verziert mit Terrakotta-Dekor und Mosaiken. Der Nordteil des Gebäudes und Haupteingang des Museums entstanden zwischen 1865 und 1869. Zwischen 1877 und 1884 kam im Süden des *Quadrangle* ein Gebäudeflügel für die Nationale Kunstbibliothek hinzu. Die Hauptfassade wurde 1899 bis 1909 von Aston Webb geschaffen. Die Verzierungen an den Bronzetoren erinnern deutlich daran, daß das Gebäude nicht nur ein Museum für Kunst, sondern auch für Naturwissenschaft war.

Das V & A
Im Jahr 1899 legte Königin Victoria den Grundstein für einen weiteren Seitenflügel des Victoria and Albert Museum. Dies sollte ihr letzter Auftritt in der Öffentlichkeit sein. Der Bau wurde 1909 fertiggestellt und von König Edward VII. eingeweiht. Das Victoria and Albert Museum nennen die Londoner heute einfach kurz und knapp ›V & A‹.

Das Werk von Aston Webb
Aston Webb, der später auch die Hauptfassade des Buckingham Palace entwarf, schuf die prächtige, zur Cromwell Road weisende Fassade des Victoria and Albert Museum. Die Pseudo-Renaissance-Fassade wird von einem 56 m hohen Turm überragt und ist mit Statuen des Bildhauers Alfred Drury geschmückt.

»Die Schlüsselübergabe«
Auf diesem von Raffael (1483-1520) geschaffenen Karton überträgt Christus dem knieenden Petrus die Führungsrolle unter den Aposteln. Der Karton wird auch als Rechtfertigung der päpstlichen Allmacht angesehen.

»Die Mühle von Flatford bei einer Schleuse in der Stour«
John Constable (1776-1837) gehört neben Turner zu den bekanntesten englischen Landschaftsmalern. Dieses Gemälde reflektiert das »helle Dunkel der Natur«.

Elisabethanische Miniatur
Dieses Medaillon eines Höflings schuf Nicholas Hilliard im 16. Jh.

Das Nationalmuseum für Kunst und Kunstgewerbe. Dieses außergewöhnliche Museum präsentiert in rund 150 Räumen Millionen von Ausstellungsstücken aus allen Ländern der Welt und aus allen geschichtlichen Epochen. Die drei Räume des ehemaligen Restaurants zeigen beispielhaft den Geschmack der Viktorianischen Epoche: der frühere *Green Dining Room*, dessen Originalausstattung von William Morris stammt; der *Gamble Room*, ab 1866 Speisesaal, mit seinen emaillierten Einlegearbeiten; und schließlich der ehemalige *Grill Room* mit Dekorationen von Edward Poynter. Beachtenswert ist auch die Keramiktreppe, die 1871 von Studenten nach den Zeichnungen von F. W. Moody fertiggestellt wurde.

DIE SAMMLUNGEN

Die Kartons von Raffael ♥. Diese Kartons (Entwürfe für größere Werke wie z. B. Wandteppiche oder Deckengemälde) sind die wichtigsten Kunstwerke der Renaissance, die sich derzeit in England befinden. Im Jahr 1623 kaufte der spätere König Charles I. in Genua sieben der insgesamt zehn Arbeiten Raffaels (die restlichen drei sind spurlos verschwunden), auf denen Szenen aus dem Leben der Apostel Petrus und Paulus dargestellt sind. Sie entstanden 1515 im Auftrag von Papst Leo X. in Rom und dienten als Vorlage für eine Reihe von Wandteppichen, die die Sixtinische Kapelle im Vatikan schmücken sollten. Charles schickte die Kartons an eine der großen englischen Teppichwebereien, die 1619 von James I. gegründete Mortlake-Manufaktur. Später überreichte Königin Victoria die restaurierten Kartons dem V & A als Dauerleihgabe.
Da Tapisserien von hinten gewebt werden, sind die Bilder auf den Kartons gewissermaßen ›seitenverkehrt‹: Man muß sie von rechts nach links lesen. Im selben Raum befindet sich ein nach einer der Vorlagen hergestellter Wandteppich.
Die indischen Sammlungen ♥. Die Sammlungen indischer Kunst in den Galerien des V & A gehörten bis 1956 dem Indian Museum, das auf der anderen Seite der Exhibition Road seinen Sitz hatte. Seit dem späten 18. Jh. war Indien für

»WAS MICH ALS BEWUNDERER DER SCHULE RAFFAELS (...) BETRIFFT, SO BIN ICH DOCH ÜBER SEINE RUHE UND SEINEN INNEREN FRIEDEN INMITTEN ALL DIESER TRAGISCHEN EREIGNISSE SEHR ERSTAUNT.« JULES MICHELET

»Der heilige Paulus predigt in Athen« Auf diesem Gemälde Raffaels zur Apostelgeschichte verkündet der heilige Paulus das Wort Gottes.

ıtische Forscher und Gelehrte ein bevorzugtes Studienbiet. 1801 gründete die East India Company ein privates useum in London, in dem Antiquitäten, Raritäten und storisch bedeutsame Funde aus Indien ausgestellt wurden. ıchdem die East India Company im Jahr 1858 aufgelöst und dien in eine englische Kronkolonie umgewandelt worden ır, brachte man die Sammlung ins India Office. Das fentliche Interesse an indischer Zivilisation und Kunst, das reits durch die Weltausstellung von 1851 geweckt worden ır, verstärkte sich zusehends. Ab 1880 erhielt das South ensington Museum den Großteil der Ausstellungsstücke des dia Office. In der zweiten Hälfte des 19. Jh. wurden die mmlungen um Produkte erweitert, die britische Industrielle rstellten, um die wachsende Nachfrage im eigenen Land friedigen und den indischen Markt erobern zu können. Der ındgang durch die Sammlungen gibt Einblick in verschiene Kunstformen sowie das religiöse und höfische Leben, er auch in den Alltag der einfachen Bevölkerung.

e britischen Sammlungen ♥. Das V & A ist das einzige useum, das, unter besonderer Berücksichtigung von alerei und Kunstgewerbe, einen Gesamtüberblick über 500 hre britische Kunst gewährt. Dem Werk des Architekten bert Adam (▲ *256*), einem der Wegbereiter des Neoklassimus, wird viel Beachtung geschenkt. Adam war von 1761 1768 Architekt des Königs und schuf zahlreiche öffenthe Bauten und Privathäuser. Dabei beschränkte er sich cht auf die Architektur, sondern kümmerte sich auch um Innenausstattung. Das Werk von William Morris (▲ *230*),

»Yamuna, Göttin des Flusses« Das V & A besitzt indische Skulpturen aus der Zeit von 2000 v. Chr. bis ins 19. Jh. Sie stellen verschiedene Gottheiten und Szenen aus dem Leben Buddhas dar. Unten eine hinduistische Skulptur aus Zentralindien (um 900 n. Chr.).

»Prinz zu Pferde« Gouache auf Papier, Mongolei um 1720.

»Tippoos Tiger« Die um 1790 für Sultan Tippoo Sahib gefertigte Figur zeigt einen Tiger, der über einen britischen Soldaten herfällt. Eingebaut ist ein Mechanismus, der das Gebrüll des Tigers und das Stöhnen des Soldaten wiedergibt. Die Engländer erbeuteten ihn 1799 in Indien.

Zu den Sammlungen des V & A gehören auch Kleidungsstücke. Hier ein von den Schwestern Callot entworfenes Abendkleid (um 1922).

Die Skulpturengalerie
Hier sind europäische Skulpturen aus dem 17. bis 19. Jh. ausgestellt, unter ihnen Werke der Franzosen David und Roubilliac sowie der Engländer Stone und Cibber.

Die Gußformengalerien
Hier werden Gipsabdrücke von Skulpturen und Reliefs gezeigt. Rechts eine 1864 gefertigte Replik der Trajanssäule in Rom.

Begründer des *Arts and Crafts Movement*, wird ebenfalls umfassend dargestellt. Der Maler, Architekt, Schriftsteller und Kunstgewerbler trug entscheidend zur Erneuerung des Kunstgewerbes bei, indem er eine Rückbesinnung auf alte Handwerkstechniken forderte. Der didaktische Anspruch des V & A, das ursprünglich als Museum für Industrie und Handwerk gedacht war, wird auch bei der Präsentation der Ausstellungsstücke deutlich. So wurde der Ausstellungssaal der englischen Malerei dank zahlreicher Schenkungen aus den Jahren 1857 bis 1908 zu einem lehrreichen Ausflug in die Kunstgeschichte gestaltet. Allein die umfangreiche Hinterlassenschaft des Industriellen John Sheepshanks umfaßt 233 Ölgemälde, darunter Werke von Mulready, Landseer, Etty, Turner, Gainsborough und Reynolds, sowie eine Sammlung von Aquarellen, bestehend aus präraffaelitischen Werken und Gemälden aus dem 20. Jh. Eine Abteilung des V & A ist nur den Werken von John Constable gewidmet: Nicht weniger als 95 Gemälde, 297 Zeichnungen und Aquarelle stammen aus dem Vermächtnis seiner Tochter Isabel und den Schenkungen von Sheepshanks und Henry Vaughan.

Die Miniaturportraits ♥. Das V & A besitzt die wohl bedeutendste Sammlung europäischer Portraitminiaturen. Vertreten sind unter anderem Werke von Hans Holbein d. J. und Nicholas Hilliard. Im 16. und 17. Jh. gelangte diese Kunstform in England zu hoher Blüte. Entsprechend zahlreich sind die Exponate aus dieser Epoche.

Europäische Kunst des 18. Jahrhunderts ♥. Im Jahr 1882 vermachte der ehemalige Militärschneider John Jones (1799-1882) dem V & A eine umfangreiche Sammlung von Kunstwerken. Hierbei handelte es sich im wesentlichen um französische Möbel und Ausstattungsgegenstände aus der Zeit Ludwigs XIV. bis Ludwig XVI. Jones gehörte zu denjenigen, die nach der Französischen Revolution von der Auflösung der Schlösser und Villen und dem Verkauf von Möbeln und Kunstwerken zu profitieren wußten. Er reiste durch Frankreich und erwarb zahllose mehr oder weniger wertvolle Stücke. Die scheinbar wahllose Zusammenstellung schmälert nicht den Wert seiner Sammlung. Auch nicht die Tatsache, daß er so manchen Gegenstand in dem Glauben erstand, er stamme aus dem 18. Jh., während es sich tatsächlich um ein Stück aus dem 19. Jh. handelte. Die Jones Collection bildet einen wesentlichen Bestandteil der Sammlung zur europäischen Kunst des 18. Jh. Besonders interessant ist diese Sammlung, weil hier der Versuch unternommen wurde, verschiedene Zimmer originalgetreu zu rekonstruieren. Dazu

»In diesem Museum findet man einen Spiegel neben einem Buch und gar eine filigrane Figur neben einem Gartenzaun.« Louis Énault

Tabakdose (um 1775)
Tabatiere von Pierre-François Drais mit Miniaturportraits der französischen Königsfamilie: Ludwig XVI., Marie-Antoinette und ihre Kinder (Jones Collection).

»Das überraschte Liebespaar« (um 1735)
Dieses Gemälde aus der Jones-Sammlung, das irrtümlich Antoine Watteau zugeordnet worden war, ist eines der Meisterwerke von Jean-François de Troy (1679-1752).

Die Vase von Tippoo
Diese Porzellanvase soll Ludwig XVI. dem Sultan von Mysore, Tippoo, als Dank für seine Unterstützung gegen die Engländer geschenkt haben.

gehören das Boudoir der Madame de Serilly, einer Zeitgenossin von Ludwig XVI., und ein ovaler italienischer Salon. Sehenswerte Einzelstücke sind vor allem die französischen Möbel aus dem 18. Jh., darunter verschiedene Arbeiten von André-Charles Boulle (1642-1732) und Martin Carlin, sowie inige englische Möbel, wie etwa dieses Kabinett (unten echts), das von M. Crosse entworfen und von der Firma Wright and Mansfield aus London für die Pariser Weltaustellung von 1867 hergestellt worden war. In diesen Räumen efindet sich weiterhin eine bedeutende Porzellan-Sammlung, eren Einzelstücke hauptsächlich aus der Porzellannanufaktur von Sèvres stammen; nur einige wenige Teile vurden in den Manufakturen von Vincennes und Chelsea roduziert. In dem Vermächtnis von Jones nehmen Miniaturen eine besondere Stellung ein, sowohl wegen ihrer Vielfalt (mehr als 160 Stücke wurden zusammengetragen, arunter eine interessante Sammlung von Jean Petitot aus em 17. Jh.) als auch wegen der diversen Epochen, ie vertreten sind: Die ältesten Stücke stammen us der Zeit der Renaissance. In den drei Sälen ur europäischen Kunst befinden sich darüber inaus Arbeiten französischer Bildhauer aus dem 8. Jh. Ausgestellt sind zum Beispiel die Büste *Voltaires* von Houdon, *Cupid und Psyche* von Clodion, *Perronet* von Pigalle und Werke zeitenössischer britischer Bildhauer, wie etwa die *Gracia, Puella Capuensis* von John Gibson. Auch Gemälde, Aquarelle und Zeichnungen sind ahlreich vertreten: Die Werke französischer Künstler, wie zum Beispiel Boucher, Lancret, ater und de Troy stehen neben Werken von uardi und denen britischer Zeitgenossen wie urner, Mulready, Etty, Frith und Landseer.

Die Saurier- und Echsensammlung ♥
In der zentralen Halle des Natural History Museum befindet sich die eindrucksvolle Saurier- und Echsensammlung. Die Halle, die von einem riesigen Saurierskelett dominiert wird, erinnert mit ihrer Kuppel aus Metall und Glas an das Mittelschiff einer Kathedrale.

Der Wiederaufbau
Mehrere Teile des Natural History Museum wurden während des Zweiten Weltkrieges zerstört und in den 50er und 60er Jahren instandgesetzt. Zwischen 1971 und 1975 wurde auf der zur Exhibition Road weisenden Seite ein Gebäudeflügel hinzugefügt, in dem

heute verschiedene Laboratorien untergebracht sind.

IN DER STADT DER WISSENSCHAFTEN

Natural History Museum ♥ (● *82*). 1860 verlegte man die naturgeschichtliche Abteilung des Britischen Museums nach Kensington. Den Kern des Museums bildete die Hinterlassenschaft des Arztes Sir Hans Sloane (1660-1753, ▲ *200*, *301*). Sloane vermachte seine rund 80000 Stücke umfassende Sammlung dem Museum unter der Bedingung, daß seinen Töchtern eine angemessene Pension gezahlt würde. In den nächsten 100 Jahren wuchsen die Bestände der naturwissenschaftlichen Abteilung des Museums durch weitere Schenkungen, unter anderem die von Captain Cook. Ein größeres Gebäude war dringend erforderlich. Mit der Planung betraute man 1866 Alfred Waterhouse, der den Bau 1873 in Angriff nahm. 1881 öffneten die ersten Abteilungen des Museums. Die Aufteilung der Innenräume stand bereits fest, seit der damalige Museumsdirektor, der Zoologe Richard Owen, 1859 fünf große Abteilungen schuf: die Paläontologie, Zoologie, Entomologie, Botanik und Mineralogie. Die West- und Ostflügel des Museums waren den Vögeln, den Fossilien und der

»KOMMT, ALL IHR NATIONEN, KOMMT!
AUS DEN STAHLWERKEN UND DEN KOHLEGRUBEN,
BRINGT WISSEN, IDEEN, TALENT UND TATKRAFT!...«

CHARLES MACKAY ZUR WELTAUSSTELLUNG VON 1851

Geologie gewidmet. 1990 wurde die Ostgalerie umgebaut, um Platz für eine Ökologie-Ausstellung zu schaffen. Das National History Museum ist zugleich Forschungszentrum und mit einer außergewöhnlichen Bibliothek ausgestattet.

Science Museum. Die seit 1857 zusammengetragenen Sammlungen sind in einem 1909 bis 1913 von Richard Allison geschaffenen Gebäude untergebracht. Herausragend sind die Woodcroft-Sammlung mit einer der ältesten Dampfloks, der ›Puffing Billy‹ aus dem Jahr 1813, und die Maudsley-Sammlung, die eine große Zahl an Werkzeugmaschinen und Schiffszubehör umfaßt. Auf fünf Stockwerken dokumentieren Instrumente, Modelle und praktische Vorführungen die industrielle Vorrangstellung England seit dem 18. Jh. Zugleich geben sie Aufschluß über die großen Entdeckungen unserer Zeit und deren praktische Anwendung.

Geological Museum. Dieses Museum, dessen Entstehung auf das Jahr 1835 zurückgeht, residiert seit 1933 in den jetzigen Räumlichkeiten. Vorher hatte es seinen Sitz in Craig's Court, Whitehall. Eine Fußgängerbrücke verbindet es mit dem Science Museum. Ursprünglich war dieses Museum der Geologie und dem britischen Bergbau gewidmet. Heute besitzt es eine Sammlung von ungefähr einer Million Objekten, darunter kostbare Edelsteine und Fossilien.

Imperial College of Science and Technology. Das College wurde 1953 erweitert, um mehr Studenten aufnehmen zu können. Vorher umfaßte die Akademie drei Institute, darunter das Royal College of Chemistry, das 1845 von Prinz Albert ins Leben gerufen wurde. Für den Neubau von 1953 mußten mehrere alte Gebäude abgerissen werden, so das Imperial Institute, von dem heute nur noch der Hauptturm im Renaissance-Stil zu sehen ist. Das Imperial College, zu dem mehrere Ingenieurschulen gehören, zählt heute zu den angesehensten Ausbildungsstätten der Welt.

Schwarzes Ungetüm
Vor einigen Jahren wurde die rußgeschwärzte Fassade des Natural History Museum gereinigt. Jetzt kommt ihre Schönheit wieder zum Vorschein, da die feinen Ornamente aus Terrakotta freigelegt wurden.

Palast und Kathedrale
Dieses Gemälde des Architekten Alfred Waterhouse gibt die gigantischen Ausmaße des Natural History Museum wieder. Die im historisierenden Stil des späten 19. Jh. gehaltene Fassade schmückt ein schönes Bogenportal mit zwei Turmaufsätzen. Die langgestreckte Front wird zudem durch vorgezogene Ecktürme aufgelockert, die dem palastartigen Museum gar das Aussehen einer Kathedrale geben.

Das Amphitheater
In dem Amphitheater der Royal Albert Hall finden 8000 Personen Platz. Es hat einen Durchmesser von gut 90 m und schließt nach oben mit einer Glaskuppel ab.

ROYAL ALBERT HALL ♥ ● 83

Bereits 1853 bestand der Wunsch, ein Kulturzentrum und eine Konzerthalle im früheren Gore House zu errichten. Allerdings wurde dieses Projekt erst nach dem Tod von Prinz Albert in die Tat umgesetzt. Um den Bau finanzieren zu können, schlug Sir Henry Cole vor, 1300 Sitzplätze zu einem Preis von 100 Pfund für 999 Jahre zu verkaufen. Den Bau des von Kritikern ›Wedgwood-Suppenschüssel‹ genannten Gebäudes übernahm der Architekt Henri Scott. Im Jahr1867 legte Königin Victoria den Grundstein zur Royal Albert Hall; eingeweiht wurde sie am 29. März 1871 durch den Prince of Wales. Die Fassade des roten Ziegelsteinbaus, die mit einem umlaufenden Balkon bestückt ist, ziert ein Terrakotta-Fries, das die Künste und Wissenschaften rühmt. Fast alle großen Dirigenten gaben sich hier ein Stelldichein. Seit 1941 finden in der Royal Albert Hall die berühmten Londoner ›Proms‹ statt. Die 1895 erstmalig von Henry Wood veranstalteten Promenadenkonzerte wurden ursprünglich in der Queen's Hall aufgeführt. Als dieser Saal 1941 jedoch bei einem Bombenangriff zerstört wurde, siedelten die ›Proms‹ in die Royal Albert Hall um, wo man sie jetzt jeden Sommer von Juli bis Mitte September genießen kann.

Albert Memorial
Zwölf Jahre, von 1861 bis 1872, dauerte es, dieses Denkmal gegenüber der Royal Albert Hall fertigzustellen. Geschaffen wurde das Monument von dem Architekten George Gilbert Scott, der im Auftrag von Königin Victoria baute.

Die Royal Geographical Society. Die Königliche Geographische Gesellschaft formierte sich bereits 1830, doch zog sie erst 1913 in die Lowther Lodge ein, die zwischen 1873 und 1875 von Norman Shaw realisiert wurde. Die Gesellschaft organisierte und finanzierte unter anderem die Afrika- und Südpol-Expeditionen von David Livingstone und Robert Falcon Scott. Die Bibliothek der Gesellschaft enthält etwa 130000 Bände, die nur den 7500 Mitgliedern zugänglich sind.

Das Albert Memorial. Das Marmorrelief am Sockel des 54 m hohen neogotischen Denkmals stellt berühmte Persönlichkeiten aus Kunst und Wissenschaft dar. Die Figurengruppen an den vier Eckpunkten symbolisieren Industrie, Handel, Ingenieurskunst und Landwirtschaft.

BROMPTON ORATORY ♥

Brompton Oratory
Dieses Gemälde von Herbert Gribble (1847-1894) betont die Größe und die prunkvolle Ausstattung des Brompton Oratory. Das Innere dieser Kirche im italienischen Barock-Stil wird von der farbigen Marmorverkleidung geprägt.

Im Jahr 1849 gründete Kardinal Newman (1801-1890) ein Oratorium in London. Der Orden der Oratorianer, einer katholischen Weltpriestergemeinschaft, wurde im 16. Jh. von dem heiligen Filippo Neri in Rom gegründet. Die barocke Kirche des Londoner Oratoriums entstand zwischen 1878 und 1884 nach den Plänen von Herbert Gribble. Das Innere beeindruckt vor allem durch die Größe des Kirchenschiffes, das seitlich von kleinen Kapellen gesäumt wird. Die lebensgroßen Statuen der zwölf Apostel, ein Werk von Guido Mazzuoli (1644-1725) wurden 1895 in Siena erworben. 1896 wurde vor dem Oratorium ein Denkmal für Kardinal Newman errichtet.

Durch die Londoner Parks

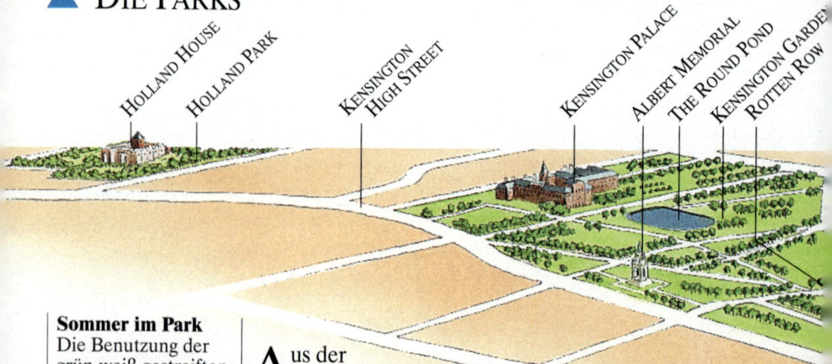

Sommer im Park
Die Benutzung der grün-weiß gestreiften Liegestühle in den Londoner Parks ist gebührenpflichtig.

Aus der Vogelperspektive betrachtet bietet London das Bild einer weitläufigen Stadt mit zahlreichen Grünflächen, die sich an einen kurvenreichen Fluß schmiegt. Die ausgeprägte Liebe der Engländer zu ihren Gärten beschrieb Emerson in seinem Buch *Englische Charakterzüge* mit der Passage: »England ist ein Garten. Unter seinem aschfarbenen Himmel scheinen die glattgekämmten Wiesen und Felder eher mit einem Pinsel gemalt denn mit dem Pflug bearbeitet zu sein«. Das Regierungsviertel Whitehall östlich des St James's Park ist der ideale Ausgangspunkt für eine Entdeckungstour durch die berühmten Londoner Parks: St James's Park, Green Park, Hyde Park, Kensington Gardens und Holland Park.

❝Die Engländer sind gewiß die größten Spazierfreunde in Europa. Diese Neigung hat die Anlage so vieler Gärten in London veranlaßt. Der St James's Park ist indessen der Hauptspaziergang der Londoner [...] Sammelplatz sowohl der feinen Welt, als aller andern Stände [...].❞
Johann Wilhelm von Archenholtz

ST JAMES'S PARK

Der älteste der königlichen Parks ist gleichzeitig der kleinste Londons. Im Norden wird er von der Prachtstraße The Mall begrenzt, hinter der sich das Stadtviertel St. James's ausdehnt.
Belebung eines Sumpfes. 1536 ließ Henry VIII. den Sumpf zwischen St James's Palace und Whitehall trockenlegen, denn er wünschte sich einen Ort, an dem er sich erholen konnte. Um die Attraktivität der Anlage zu steigern, ließ er sogar Hirsche hierher bringen. Charles II. übergab den Park 1662 der Öffentlichkeit, nachdem er, einem Plan des Landschafts-

St James's
Aquarell von Benjamin Read (um 1838).

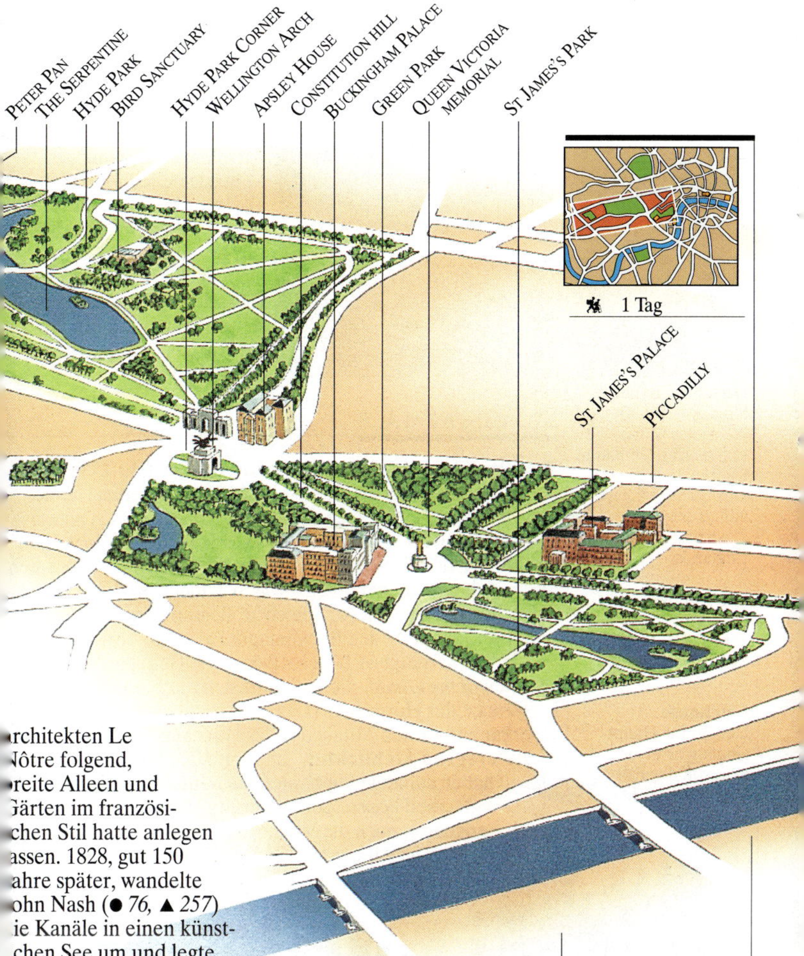

ırchitekten Le Nôtre folgend, ›reite Alleen und Gärten im französi- chen Stil hatte anlegen assen. 1828, gut 150 ahre später, wandelte ohn Nash (● *76*, ▲ *257*) ie Kanäle in einen künst- chen See um und legte rächtige Rabatten an. Im St. James's Park gedeihen erschiedene Blütenpflanzen und Nadelhölzer, Maulbeer- äume und Zypressen. Dichtes Strauchwerk und gewundene fade lassen den Besucher glauben, er sei auf dem Lande.

in Vogelreservat. Der langgestreckte See in der Mitte des arks ist ein Refugium vieler Vögel, die auf der sogenannten nteninsel im Osten einen idealen Nistplatz finden. Von der rücke, die den See teilt, hat man einen herrlichen Blick: Im Vesten ist der Buckingham-Palast zu sehen, im Osten die ächer und Türmchen der Kaserne der Horse Guards sowie ie Kuppeln von Whitehall Court. Der Park öffnet seine Tore ereits um 5.00 Uhr. Dies ist die ideale Zeit für all ne, die Vögel lieben und vor der Arbeit ein enig Natur genießen wollen. Im Ersten Veltkrieg wurde der See trockengelegt, n die Zeppeline nicht auf den in der ähe gelegenen Buckingham-Palast ıfmerksam zu machen. Später wurden ieder Seevögel ausgesetzt: rosa Flamingos, elikane, Schwäne (darunter auch die der önigin), Möwen, Gänse, Enten – insgesamt etwa 30 ɔgelarten. Der Birdcage Walk, der den See im Süden säumt, innert daran, daß James I. in der Nähe dieser großen hattigen Allee eine Voliere hatte errichten lassen. Im ımmer treten im Musikpavillon (*bandstand*) Orchester auf,

Veränderungen im St James's Park
Edward VI., Mary I. und Elizabeth I. gingen noch im St James's Park auf die Jagd. James I. ließ hier eine Voliere und eine Menagerie errichten. Charles II. legte die Alleen an und vereinigte die kleinen Teiche zu einem breiten

Kanal. Den idyllischen Rosamond-Teich (oben) beließ er jedoch im ursprünglichen Zustand.

Queen's Chapel
Sie wurde für Königin Henrietta Maria, die katholische Gemahlin Charles I., gebaut. Die Queen's Chapel gilt als die erste klassizistische Kirche Englands.

Die Küchen
Eine Momentaufnahme aus dem 19. Jh. (oben rechts).

Gatehouse
Den Tudor-Haupteingang erreicht man von der Pall Mall oder der St James's Street.

vor allem volkstümliche Militärkapellen mit Blechblasinstrumenten. Am Abend gehen im Park die Lichter an. Der Besucher kann noch bis Mitternacht verweilen: Blütendüfte steigen empor, und in der Ferne blinken die Lichter der Stadt.

ST JAMES'S PALACE

Der alte Königspalast. Henry VIII. ließ im Jahr 1532 den Tudor-Prunkbau an der Stelle eines früheren Lepra-Heimes errichten (● *69*). Nachdem Whitehall Palace (▲ *142*) einem Feuer zum Opfer gefallen war, wurde St James's Palace 1698 zur königlichen Residenz. Der englische Königshof nennt sich übrigens heute noch der »Hof von St James«. Königin Victoria zog es jedoch vor, gleich zu Beginn ihrer Regentschaft im Jahr 1837 den Buckingham Palace zu beziehen. Seitdem beherbergt St James's Palace die Hellebardiere (*Yeomen of the Guard,* die Leibgardisten der Königin), die Leibwache des Herrschers (*Gentlemen at Arms*), den Oberkämmerer und Mitglieder des Hofstaats.

Heterogene Architektur. Im Laufe der Jahrhunderte haben ständige Umbauten ein buntes Stilgemisch entstehen lassen. Vom ursprünglichen Gebäude existieren noch die Wache, ein Backsteingebäude mit kleinen Zinnen, sowie die achteckigen Türme. Der Haupteingang des Palastes, das *Gatehouse,* gehört ebenfalls zu den älteren Abschnitten. Von hier aus gelangt man in den *Colour Court* neben *Ambassadors' Court*, *Friary Court* und *Engine Court* einer der vier Höfe des Palastes Letzterer weist den Weg zu einer alten königlichen Kapelle aus der Zeit Henrys VIII. Der *Friary Court* wurde 1809 nach einem Brand im Neo-

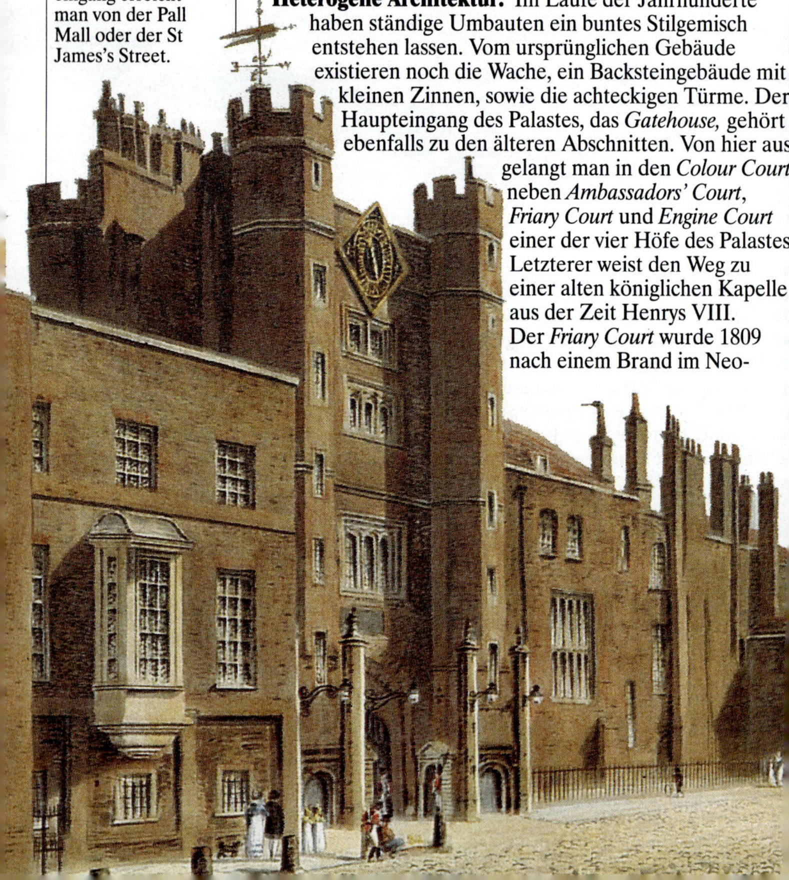

»St James's Park ist wie eine Landschaft: eine englische Landschaft mit riesigen alten Bäumen, richtigen Wiesen und einem grossen Teich, auf dem sich Enten und andere Wasservögel tummeln.« Hippolyte Taine

Tudorstil wieder aufgebaut. Einer alten Tradition folgend wird jeder neue Herrscher vom Balkon des Friary Court ausgerufen.

Gatehouse. Das alte Gebäude läßt sich von der Pall Mall aus dank seiner achteckigen Türme leicht ausmachen. Hier sind der Thronsaal (mit einem Kamin von Grinling Gibbons) untergebracht sowie der Gobelin- und Waffensaal; letztere sind das Werk von William Morris (1867).

Royal Chapel. Die königliche Kapelle liegt zwischen dem *Colour Court* und dem *Ambassadors' Court*. Dort heirateten die Könige George IV., George V. sowie Königin Victoria.

Queen's Chapel und Clarence House. Die Kapelle der Königin wurde 1623 von Inigo Jones (▲ *274*, *325*) unter Verwendung von Portland-Stein erbaut. Sie gilt als erster englischer Sakralbau des Palladianismus. Bis zum Durchbruch der Marlborough Road im Jahr 1809 war sie noch Teil des Palastes. Der Innenraum der Queen's Chapel wurde bereits 1661 umgestaltet, die Schnitzereien stammen von Grinling Gibbons. Das westlich von der Kapelle gelegene Clarence House errichtete John Nash im Jahr 1827. Heute residiert hier die Queen Mother.

Das Quartier der Horse Guards. Die palladianische Architektur verleiht der Kaserne aus dem 18. Jh. das Aussehen eines Palastes. Den Entwurf für das U-förmige Gebäude lieferte William Kent 1748, gebaut wurde es von John Vardy. Die Mischung aus Gewölben, Frontgiebeln und vorspringenden Fassadenteilen prangerte der Maler William Hogarth als leblose Architektur an. Richtung St James's Park erreicht man durch einen der drei Bögen hindurch einen großen freien Platz, die Esplanade der Horse Guards Parade. Zwischen 10.00 und 16.00 Uhr, dem turnusmäßigen Wachdienst der Horse Guards, schlägt die Uhr im Turm des Hauptgebäudes jede Stunde. Die Horse Guards lassen sich, wie auch die beiden Fußwachen, in keiner Weise von den Fotoapparaten der zahlreich anwesenden Touristen beeindrucken. Die Kaserne beherbergt etwa 40 Reiter der königlichen Garde (● *50*), die die Paläste Londons bewacht. Die Horse Guards bilden zwei Regimenter: die *Life Guards* (roter Rock, Helm mit weißem Federbusch, die Pferde mit schwarz-weißer Schabracke) und die *Blues and Royals* (blauer Rock, Helm mit rotem Busch, die Pferde mit schwarzer Schabracke).

Horse Guards Parade
Vom Eingang der Kaserne führt eine überwölbte Passage zu der großen Freifläche, die im Sommer täglich um 11.15 Uhr Schauplatz für die Wachablösung (*Changing of the Guard*) ist. Im Winter findet sie auf dem Innenhof statt. Die Esplanade der Horse Guards Parade wird von zwei Reiterstatuen der Marschalle Wolseley und Roberts sowie zwei Kanonen flankiert.

Buckingham Palace, von St James's Park aus gesehen
Dort, wo sich heute der Palast befindet, stand früher das Buckingham House. es wurde zu Beginn des 18. Jh., als dieses Gebiet noch vor den Toren Londons lag, für John Sheffield, den ersten Herzog von Buckingham und Mulgrave, fertiggestellt. Ungefähr hundert Jahre zuvor hatte James I. hier rund 10000 Maulbeerbäume anpflanzen lassen.

The Picture Gallery, Buckingham Palace
Die Gemäldegalerie, so wie sie sich heute präsentiert, geht zum Großteil auf Königin Mary, Gemahlin von George V., zurück. Sie ließ die Beleuchtung verbessern, die Zahl der ausgestellten Gemälde reduzieren, sowie den karmesinroten Teppich durch kleine farbenfrohe Teppiche ersetzen.

The Green Drawing Room, Buckingham Palace
Der Grüne Salon erhielt seinen Namen wegen der grünen Seide, mit der Stühle und Sessel überzogen sind, sowie wegen der mit grünem Brokat bespannten Wände. Geladene Gäste betreten den Salon durch die Tür der Gemäldegalerie und durchschreiten diesen auf dem Weg zu den anderen Sälen.

The Music Room, Buckingham Palace
Der Musikraum wurde in den Letzten hundert Jahren kaum verändert und präsentiert sich noch so, wie er zur Zeit Königin Victorias ausgesehen hat. Dort befindet sich übrigens auch ein herrliches Cembalo. Der Raum dient heute noch als Rahmen für königliche Tauffeiern oder als Empfangssalon für offizielle Besucher.

BUCKINGHAM PALACE

Im Jahr 1762 kaufte König George III., dem die Nachbarschaft zu St. James's nicht gefiel, kurzerhand das Buckingham House und schenkte es seiner Gattin Charlotte.

Umbauten durch John Nash. Anläßlich seiner Thronbesteigung im Jahr 1820 beauftragte George IV. den vielbeschäftigten Architekten John Nash (▲ *257*) damit, den Herrensitz zu einem Palast umzubauen. Da aber die Kosten für die Umbauarbeiten das staatlich genehmigte Budget überstiegen, blieb der Palast bis zum Tod des Königs im Jahr 1830 unvollendet. John Nash, dem die schönsten Teile des Gebäudes zugeschrieben werden, verlor den Auftrag, und Edward Blore übernahm die Leitung des Projektes. 1837, nach dem Regierungsantritt Königin Victorias ersetzte Blore die Kuppel durch eine Attika. 1847 wurde der Ostflügel fertiggestellt und kurz danach der Marble Arch zur Nordost-Ecke des Hyde Park versetzt. 1913 baute Aston Webb eine neue Fassade aus Portland-Stein. Dahinter verbinden kilometerlange Korridore die mehr als 600 Räume des Palastes!

Der große Saal. Prunkstück des Saales ist die große weiße Marmortreppe (*Grand Staircase*), die zur ersten Etage führt, in der sich die Staatsgemächer befinden. Eine Kuppel krönt das von Nash gestaltete Treppenhaus. Die reich vergoldeten Mahagoni-Balustraden sind schöne Beispiele für Kunstschmiedearbeiten im Regency-Stil. Der Nordflügel, in dem die Appartements der Königin untergebracht sind, weist zum Constitution Hill hinaus. Die Staatsgemächer, ebenfalls ein Werk Nashs, befinden sich in den Süd- und Westflügeln und umschließen hier wie dort die Gemäldegalerie.

Picture Gallery. Die 1914 fertiggestellte Gemäldegalerie enthält etwa 5000 Bilder der königlichen Sammlung und reicht bis in die Zeit Henrys VIII. zurück. Charles I. erweiterte die Galerie durch Bilder von Tizian und Raffael; George III. fügte Arbeiten von Canaletto und Gainsborough hinzu und George IV. Werke von Van Dyck und Rembrandt. Königin Victoria schließlich bereicherte die Picture Gallery um Bilder von Constable, Turner, Hogarth und Reynolds.

Der Speisesaal. Der Speisesaal wird nur für offizielle Bälle, diplomatische Empfänge und königliche Hochzeiten geöffnet. Die von John Nash entworfene Innenarchitektur wurde durch Edward Blore erneuert, der drei Kuppeln konstruierte. Der Mahagoni-Tisch bietet 60 Gästen Platz. Gegenüber der Gemäldegalerie und

Buckingham Palace und Buckingham House
Das von Joseph Nash 1846 gemalte Aquarell (ganz oben) zeigt den Marble Arch noch an seinem ursprünglichen Standort am Eingang zum Buckingham Palace. 1851 wurde der Triumphbogen zur Nordost-Ecke des Hyde Parks versetzt. Die Fassade des alten Buckingham House (oben) entwarf John Nash.

Musik im Palast
Das abgebildete Programm lädt zur Soirée am Freitag, den 13. Juni 1890 ein.

Der König ist krank
Im Jahr 1902, als Edward VII. krank im Bett lag, versammelte sich eine besorgte Menschenmenge vor dem Buckingham Palace.

»Summer Day in Hyde Park«
Dieses Bild des Genremalers John Ritchie, der 1858 bis 1875 in der Royal Academy ausstellte, zeigt das bunte Treiben an der Serpentine im Hyde Park.

"Marble Arch! Durch das Tor aus Marmor hinein in den Park. Da sind sie, meine Lieblinge: die Freiluftredner, Apostel, Schwindler, Heilige, Narren und Eigenbrötler, die Verkündiger des Glaubens an Gott, an die übrigen, an alle Götter, an den Menschensohn, alle Menschenkinder..."
Arthur Holitscher, *Der Narrenführer durch Paris und London*

Green Park
Im Osten des Parks, zwischen Piccadilly und der Mall, verläuft der Queen's Walk. Zu den interessantesten Häusern an der Mall gehört das Spencer House, ein prächtiger palladianischer Bau, der ungefähr in der Mitte der Prachtstraße liegt.

neben dem Grünen Salon (*Green Drawing Room,* dem früheren Salon von Königin Charlotte) befindet sich der Thronsaal. Am Ende dieses Flügels, der zur Mall weist, ist der berühmte Balkon angebracht, auf dem sich die königliche Familie zu besonderen Anlässen zeigt (● *48*). Nur die Galerie der Königin und die königlichen Ställe (*Royal Mews)* sind für das Publikum geöffnet.

Queen's Gallery. Die Galerie der Königin wurde 1962 eröffnet. Sie befindet sich an der Stelle einer 1940 von Bomben zerstörten Kapelle. Ein bedeutender Teil der königlichen Gemäldesammlungen wird hier dem Publikum präsentiert.

Royal Mews. Die königlichen Ställe befanden sich bis zur Errichtung der National Gallery in der Nähe des Trafalgar Square. Die neuen Häuser wurden 1826 fertiggestellt und bildeten ein kleines Dorf innerhalb des Buckingham-Palastes. Die Oberaufsicht über die königlichen Stallungen liegt bei dem *Master of the horse*, ein Titel, den es bereits seit 1391 gibt. Das Haus des königlichen Stallmeisters liegt am Eingang des Gebäudekomplexes. Früher befanden sich in diesen Ställen lediglich die Staatskarossen: die *Gold State Coach* aus dem Jahr 1761, die für die Fahrt zur Krönungszeremonie reserviert ist, und die *Irish State Coach* aus dem Jahr 1851, die am Tag der Parlamentseröffnung benutzt wird.

Bandstand, im Green Park
Bereits zu Beginn des Jahrhunderts waren die Musikpavillons, in denen im Sommer Konzerte stattfanden, ein allseits beliebter Treffpunkt.

»WIR GEHEN ZUM GREEN PARK, GLEICH NEBEN PICCADILLY. ZUM ERSTAUNEN MEHRERER ENGLÄNDER, DIE UNS ZUSEHEN UND ZUHÖREN, NOTIEREN WIR DORT DIE GESCHEHNISSE DES VORTAGES INS TAGEBUCH.« STENDHAL

❝Er verschloß sorgfältig seine Haustür und ging zum Hyde Park, wo er den Schlüssel im Gras verlor. Der Frühling stand in voller Blüte. Der Himmel war blau, an allen Bäumen sprossen Blätter. Liebespaare gingen Hand in Hand an der Serpentine spazieren. Dowds blickte aufmerksam um sich. Er lächelte. Dann überquerte er die Kreuzung am Hyde Park Corner und schlug die Richtung zum Victoria-Bahnhof ein, wo er den ersten Zug nach Frankreich nahm.❞

Pierre-Jean Rémy, *La Vie d'Adrian Putney*

)ie königlichen Kutschen sowie die Pferde der Königin sind ıatürlich ebenfalls hier untergebracht.

'alace Gardens. Die Gärten des 20 ha großen königlichen 'arks entwarf im 19. Jh. W. T. Aiton. Ihm zu Ehren trägt jetzt in Teich im Westen des Parks seinen Namen. Im Februar 1841 vagte sich Prinz Albert auf die noch zu dünne Eisfläche dieses 'eichs und nahm ein ungewolltes Bad!

ĴREEN PARK

1an braucht nur die Mall zu überqueren, nd schon ist man in dem schönen Park iit seinen Laternen und gußeisernen ırkbänken. Im 16. Jh. hat Henry VIII. ier noch gejagt. Heute schwebt über den eiten Rasenflächen permanent ein hwacher Lindenduft. Ein dichtes lätterdach hochaufragender Platanen berdeckt die Allee des Broad Walk. Der reen Park ist ein beliebter Picknickatz. Im Sommer genießen Angestellte ıd Schüler dieses Stadtviertels um die ittagszeit den Schatten der Bäume.

YDE PARK

ber die Piccadilly hinweg gelangt man m größten der königlichen Parks. Der yde Park bildet zusammen mit den

»Fliegen Sie mit B. O. A. C. nach Großbritannien«
Die British Overseas Airways Corporation ist die Vorläuferin der British Airways. Diese Werbepostkarte zeigt den an der Hyde Park Corner gelegenen Wellington Arch.

Rotten Row
Die frühere Verbindung zwischen St James's und Kensington Palace ist heute ein beliebter Reitweg.

angrenzenden Kensington Gardens (insgesamt ca. 310 ha Fläche) eine grüne Lunge im Zentrum der Hauptstadt. König Charles I. übergab im 17. Jh. Hyde Park seinem Volk, das ihn sich sofort zu eigen machte. Die Mehrzahl flanierte auf den Alleen, während sich einige in diskreten Schlupfwinkeln duellierten. Der Hinrichtungsplatz an der Tyburn-Ecke zog Zuschauer an, die es nach makabren Spektakeln gelüstete. Hyde Park wurde schnell zu einem mondänen Ort, an dem man sogar maskiert spazierenging. Eine Gepflogenheit, die Ausschreitungen verursachte und 1695 durch einen königlichen Erlaß schließlich verboten werden mußte. George II. ließ 1730 die Serpentine sowie 1737 die berühmte Rotten Row anlegen.

Serpentine. Der künstliche See wurde 1730 von Westbourne für die passionierte Landschaftsgärtnerin Königin Karoline angelegt. Nach Beendigung der Arbeiten wurden auf der Serpentine zwei Schiffe für die königliche Familie flottgemacht. 1814 fand im Hyde Park ein großes Volksfest statt, bei dem der See den Rahmen für die nachgestellte Schlacht von Trafalgar bildete. In der Serpentine soll auch die schwangere Harriet Westbrook, nachdem ihr Mann, der Dichter Percy Bysshe Shelley, sie verlassen hatte, den Tod gesucht haben. Heute kann man hier Boote mieten und baden. Übrigens gibt es eine alte Tradition, nach der am Weihnachtstag, bei Wind oder Schnee, hartgesottene Zeitgenossen im See baden, selbst wenn das Eis aufgebrochen werden muß... Die Serpentine Gallery ist ein altes Teehaus, das 1908 von Sir Henry Tanner gebaut wurde. Heute werden hier Wanderausstellungen zeitgenössischer Kunst vom Arts Council organisiert.

Speakers' Corner. Direkt am Marble Arch (▲ *252*), in der nordöstlichen Ecke des Parks, liegt die berühmte Speakers' Corner. 1855 versammelten sich hier 150 000 Menschen, um gegen den *Sunday Trading Bill* von Lord Robert Grosvenor zu protestieren, einen Erlaß, der auch sonntags den Handel erlaubte. Da diese Versammlung illegal war, erschien die

Der Herzog von Wellington (1769-1852)
Man kennt ihn vor allem als Sieger der Schlacht von Waterloo am 18. Juni 1815, als Napoleon vernichtend geschlagen wurde. Der konservative Politiker spielte national und international lange Zeit eine führende Rolle. Von 1828 bis 1830 war der vielseitig begabte Herzog britischer Premierminister.

Hyde Park Corner
Auf dem Foto sieht man links drei durch Säulen verbundenen Bögen (*Hyde Park Screen*). So hatte Decimus Burton 1828 den Zugang zum Park (von Südosten her) geplant. Rechts befindet sich Apsley House, das Wohnhaus des Herzogs von Wellington, das für Publikum geöffnet ist.

Spazierritt über die Rotten Row
Im letzten Jahrhundert gehörte es zum guten Ton, auf der Rotten Row gesehen zu werden: So fuhr man mit der Kutsche spazieren, um Bekannte zu treffen und sich sehen zu lassen.

Polizei, um einen beliebten Redner dingfest zu machen. Der konnte jedoch fliehen. Nach heftigen Protesten und weiteren illegal durchgeführten Veranstaltungen wurde 1872 schließlich das Versammlungsrecht offiziell anerkannt. Und in der Speakers' Corner, der »Ecke der Redner«, durfte fortan jeder offen reden, nur obszöne oder verleumderische Äußerungen wurden nicht geduldet.

Apsley House. Zwischen 1771 und 1778 baute Robert Adam das rote Backsteinhaus für Henry Bathurst, den Großkanzler von England (Baron Apsley war der zweite Titel der Grafen Bathurst). Später erwarb der Herzog von Wellington Apsley House. Seine Adresse: *Number One, London,* denn es war ursprünglich das erste Haus an der westlichen Grenze Londons. 1829 verstärkten Benjamin und Philip Wyatt die Mauern mit Bath-Stein, fügten die korinthische Säulenvorhalle hinzu und errichteten die Waterloo Gallery. Bis 1852 wurde hier am 18. Juni der Sieg von Waterloo mit einem Bankett gefeiert. Ein Tisch, so wie er für diesen Anlaß gedeckt wurde (mit portugiesischem, teilweise vergoldeten Silbergeschirr), kann in der Waterloo Gallery besichtigt werden. Apsley House beherbergt auch das reich ausgestattete Wellington Museum (mit Gemälden von Goya, Murillo, Velázquez, Rubens usw.).

Rotten Row. Ursprünglich hieß die Straße, die St James's Palace und Kensington Palace miteinander verbindet, *Route du Roi* (Straße des Königs). Der Name wurde im Laufe der Zeit verballhornt, und heute hat sich die Bezeichnung *Rotten Row* eingebürgert. Rotten Row war die erste beleuchtete Straße Englands. William III. ließ 300 Laternen anbringen, um den allgegenwärtigen Räubern ihr verbrecherisches Treiben zu erschweren. Trotzdem blieb der Park ein Schlupfwinkel für Strauchdiebe. 1749 geriet der Schriftsteller Horace Walpole auf dem Heimweg von Holland House in den Hinterhalt zweier Männern, die ihm seine Uhr und acht Guineen abnahmen. Heute ist die Rotten Row ein beliebter Reitweg, und jeden Morgen traben die Horse Guards (● 50) hier entlang. Der Weg wird auch ›The Mile‹ genannt.

KENSINGTON GARDENS

Christopher Wren gestaltete diesen Privatgarten des Kensington-Palastes, noch bevor William III. und Mary einzogen. Seine Nachfolgerin, Königin Anne ließ Teile der Gärten einebnen, weil sie holländische Beete nicht mochte. Zu Beginn des 18. Jh. übernahmen Henry Wise und Charles Bridgeman die erneute Umgestaltung des Parks.

»The Crinoline Equestrian«
»Man kann nur in Bewunderung ausbrechen vor so viel schlichter Eleganz meines Kleides!« heißt es in der Erläuterung zu dieser Lithographie aus der Mitte des 19. Jh.

Crystal Palace
Joseph Paxton entwarf das Gebäude für die Londoner Weltausstellung von 1851. Die luftige Stahl- und Glaskonstruktion wurde bereits 1852 abgerissen und in Sydenham wieder aufgebaut. Im Crystal Palce und seinen Anbauten entstand ein weitläufiger Vergnügungspark mit vielfältigen Attraktionen: Theateraufführungen, Konzerte und Ausstellungen fanden hier ebenso statt wie Zirkusvorstellungen und Fußballspiele. Statuen und Wasserfontänen schmückten den Park, in dem auch Feuerwerke veranstaltet wurden. 1936 wurde der Palast durch einen Brand zerstört.

»Autumn in Kensington Gardens«
Gemälde des Landschaftsmalers James Wallace (1872-1911). Königin Mary, Gemahlin von William III., mochte diesen Park sehr. Sie kümmerte sich intensiv um dessen Gestaltung und ließ holländische Gärten mit Blumenbeeten anlegen, die von niedrigen Buchsbaumhecken und Efeugewinden eingerahmt sind. George II. öffnete Kensington Gardens der etwas ›besseren‹ Londoner Gesellschaft, Königin Victoria erlaubte 1841 auch dem einfachen Volk den Zutritt. Die breite Schloßallee (Broad Walk) entwickelte sich im Laufe der Zeit zur beliebten Flaniermeile.

Sunken Garden
Die Kensington Gardens sind sehr viel strenger angelegt als der Hyde Park. Breite Alleen durchschneiden die Gärten und laufen sternförmig auf runde, mit Monumenten geschmückte Plätze zu.

Die Monumente des Parks. Zu den ältesten Gebäuden dieser Anlage gehört der in der Südost-Ecke der Kensington Gardens gelegene kleine Tempel, den William Kent 1726-1727 baute. In der zweiten Hälfte des 19. Jh. wurden weitere bedeutende Bauwerke errichtet. So das Albert Memorial (▲ *236*) im Jahr 1863 oder, ein Jahr später, ein Granitobelisk, der an die Entdeckung der Nil-Quelle durch John Hanning Speke erinnern sollte. 1893 wurde die Statue von Victoria aufgestellt, 1907 kam die Williams III. hinzu. *Physical Energy*, ein Werk von George Frederic Watts, stammt aus dem Jahr 1904. Die Plastik *Elfin Oak* (die Elfeneiche), ein Baumstamm mit geschnitzten Tieren, schuf Ivor Innes 1928. Diese Statue schmückt den Kinderspielplatz im Norden der Kensington Gardens.

ie Peter Pan-Statue . Nachdem sie 1912 aufgestellt wurde, ewann diese Statue rasch die Herzen der Londoner Kinder. u verdanken ist dieses kinderfreundliche Werk aus Bronze ir George Frampton. Die Idee zur Figur stammt on James Matthew Barrie, der sie für seine eschichte *The Little White Bird* schuf, die in den ensington Gardens spielt. Später wurde die igur des Peter Pan mit einem Theaterstück isterblich, das immer noch mit großem Erfolg London aufgeführt wird. Nina Boucicault, die e Rolle des Peter Pan seinerzeit spielte, diente m Bildhauer als Modell. Er zeigt sie beim ötenspiel. Zu den Füßen Peter Pans posieren aninchen, Eichhörnchen, Mäuse und Feen.

ound Pond. Der zentral gelegene Teich zieht vor allem am nntag zahllose Kinder und jung gebliebene Erwachsene an, e hier ihre kleinen Segelboote und Schiffsmodelle schwimen lassen. Anfang des 18. Jh. legten Henry Wise und arles Bridgeman den Round Pond im Auftrag von Königin ne an.

nken Garden. Auf der Ostseite des Parks befindet sich ser von Königin Anne angelegte und 1909 erneuerte

Das Gemach der Königin im Kensington Palace
Die prächtige Innenausstattung stammt von Sir Christopher Wren, wurde aber um 1720 von George I. verändert.

Kensington Gardens
Blick vom Ufer des Round Pond.

»Wenn ihr aber ein Blatt nicht gefiel, gab sie sich damit zufrieden, es wieder wegzuwerfen, und das Blatt verlor sich dann aufs neue unter einer Million anderer Blätter, die einander mehr oder weniger glichen, ob sie nun trocken oder schon brüchig waren. In diesen für die Jahreszeit fast schon zu kalten Herbsttagen überschwemmten die Blätter die Wiesen des Hyde Park und die der anderen Londoner Parks, die wie alle englischen Parks perfekt kultiviert sind.«

Pierre-Jean Remy, *La Vie d'Adrian Putney*

»My Lady's Garden«
Auf diesem Gemälde von John Young Hunter (1899) bildet der von hohen Mauern umgebene Holländische Garten (*Dutch Garden)* den Hintergrund. Charakteristisch für den 1812 von Ernesto Buonaiuti angelegten Garten sind die geometrisch angelegten und mit niedrigen Buchsbaumhecken eingefaßten Blumenrabatten.
Ein Detail, das auf dem Bild nicht zu sehen ist: Eine Vertiefung in der Mauer in der Nordecke des Gartens trägt den Namen Rogers's Seat. Darüber steht eine Inschrift von Lord Holland, der damit seinen Freund, den Bankier und romantischen Dichter Samuel Rogers, rühmen wollte.

Ziergarten. Liebevoll gestaltete Blumenbeete bilden ein Rechteck, und das gewölbte Blätterdach der alten Linden überschattet die Spazierwege.

Kensington Palace. Das alte Herrenhaus wurde ursprünglich für Sir George Coppin gebaut und vom Grafen Nottingham aufgekauft, dessen Namen es zuerst tragen sollte: Nottingham House. Nach der *Glorious Revolution* von 1688 (● *36*) zog das Königspaar William III. und Mary in das Gebäude ein. In der ländlichen Umgebung erhoffte sich der König Heilung für sein Asthma. Dem architektonisch interessierten Herrscher gefiel das neue Anwesen ausgesprochen gut, so daß er Sir Christopher Wren (● *70*, ▲ *171*, *353*) mit der Vergrößerung und dem Umbau des Herrensitzes beauftragte. Nicholas Hawksmoor (▲ *311*) überwachte die Arbeiten. Wren entwarf eine neue Fassade, schuf mehrere königliche Appartements, eine herrliche Treppe (mit einem schmiedeeisernen Treppengeländer von Jean Tijou), und fügte dem Palast noch die königlichen Ställe hinzu. Königin Anne brauchte sich 1704 nur noch dem Bau der Orangerie zu widmen. Unter George I. wurden drei Prunkgemächer im palladianischen Stil umgebaut. 1727 übernahmen George II. und Königin Karoline den Palast. König Georg III. übersiedelte 1760 in das Buckingham House. Anfang des 19. Jh. nahm James Wyatt am Kensington Palace Veränderungen im neoklassizistischen Stil vor. Victoria, Tochter des Herzogs von Kent, wurde 1819 im Kensington Palace geboren. Hier erhielt sie auch am 20. Juni 1837 die Nachricht, daß sie Königin werden sollte. Heute leben Prince Charles und Margret, die Schwester der Königin hier. Die Staatsgemächer im südöstlichen Teil des Kensington Palace sind fürs Publikum geöffnet. Im Erdgeschoß zeigt eine interessante Ausstellung höfische Kleidung aus der Zeit nach 1750. Die Räume sind mit Holztäfelungen und Gemälden aus dem 17. und 18. Jh. geschmückt. Große Spiegel mit geschnitzten und vergoldeten Rahmen von Grinling Gibbons (▲ *173*) schmücken die Privatgemächer der Königin. Sehenswert auch der Kuppelraum von William Kent und der private Ratssaal im Königstrakt.

Über Notting Hill zum Holland Park. Der Weg zum Holland Park ist einen kleinen Abstecher über Notting Hill vert. Nordwestlich der Kensington Gardens liegt die berühmte Portobello Road, auf der täglich der größte Trödel- und Antiquitätenmarkt Großbritanniens stattfindet. Kurz vor der Abzweigung zum Holland Park liegt ein kleiner sehenswerter Platz, Campden Hill Square. Zur Weihnachtszeit tellen die Anwohner Kerzen in ihre Erkerfenster, was dem iktorianischen Platz ein märchenhaftes Aussehen gibt.

Holland Park

Holland Park ist ein reizender Ort: Er ist umgeben von herrlichen viktorianischen Häusern und einem richtigen kleinen Wald mit Eichhörnchen, Pfauen, australischen Emus und anderen, weniger exotischen Vögeln. Früher gehörte der Park zu dem 1607 gebauten Holland House, das jedoch 1941 im Krieg durch Bomben zerstört wurde. Holland House umgeben drei Gärten: der *Rose Garden,* der *Dutch Garden* und der *Iris Garden.* Dort gedeihen Trompetenbäume, ımbus, Yucca, Linden, Stechpalmen, Eichen, Pappeln und chen. Den Park schmücken ein Lord Holland gewidmetes enkmal (1872) von Watts und Boehm; außerdem *The Boy d the Bear Cubs* (1902) von John MacAllan Swan und ein erk von Eric Gill. Ein kleiner kegelförmiger Bau stammt s dem 18. Jh. und diente zur Eisaufbewahrung. Das zentral legene Café lädt erschöpfte Besucher zur Rast ein. In der henswerten Orangerie aus dem 17. Jh. befinden sich Kopien n Bronzestatuen. Dort werden auch Ausstellungen und nzerte veranstaltet.

lland House. Heute sind nur noch Teile des alten Wohnuses vorhanden, das für Sir Walter Cope, Schatzkanzler ter James I., gebaut worden war, und her Cope Castle hieß. Lediglich der tflügel, einige Arkaden im Hof und ein tal aus dem Jahr 1629, das Nicholas ne und Inigo Jones zugeschrieben d, sind erhalten geblieben. Holland use befand sich lange Zeit im Besitz Familie von Charles James Fox, dem teren Sprecher der Whigs. Zwischen 0 und 1830 trafen sich im Salon von y Holland zahlreiche Literaten wie Dickens, Wordsworth, d Byron und Talleyrand. Außerdem wurde der Salon von tikern der Whigs besucht, die sich um ihren eher liberalen rer C. J. Fox versammelten und die Rechte des amentes gegenüber der Monarchie zu verteidigten ten. Das Haus wurde auch *The Jacobean Holland House* annt. 1952 ging Holland House in den Besitz des London nty Council über.

Entspannung im Holland Park
Wie die anderen Londoner Parks ist auch der Holland Park zu jeder Jahreszeit ein beliebter Ort der Entspannung. Im Sommer wird er von schattensuchenden Londonern geradezu überlaufen. Da der Park nach Süden hin sanft abfällt, eröffnet sich Spaziergängern ein schöner Blick über die Dächer der Stadt.

Die Veränderungen des Holland House
Die Radierung unten zeigt Holland House, wie es ursprünglich aussah; das ovale Foto in der Mitte stammt aus heutiger Zeit.

Im Sommer werden auf der Terrasse vor dem Holland House, der sogenannten *Court Theatre,* Theaterstücke, Ballettvorführungen und Opern gegeben.

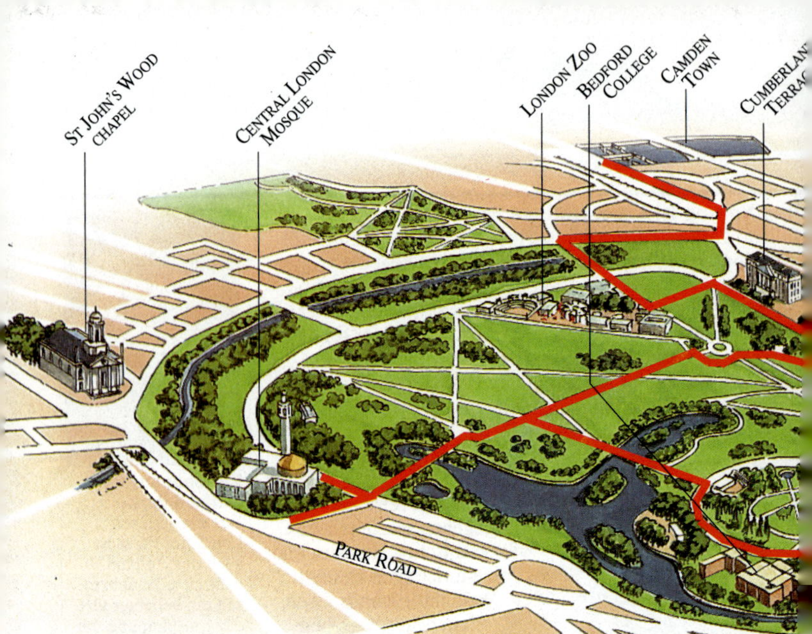

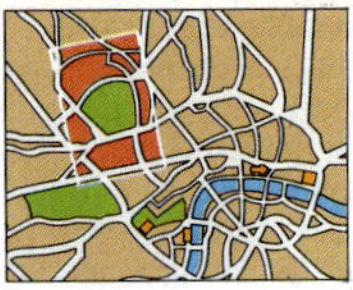

1 Tag

Auf dem Weg vom Marble Arch durch Marylebone zum Regent's Park fühlt man sich in das London des 19. Jh. zurückversetzt. Das vornehme Wohnviertel ist durchzogen von Plätzen und Grünanlagen. Prächtige Herrschaftshäuser säumen die Straßen.

Marylebone und Umgebung

Marble Arch. Am Ende der Park Lane, die die östliche Grenze des Hyde Park bildet, befindet sich das Verkehrsronde Marble Arch. Der Triumphbogen wurde 1828 von dem Architekten Decimus Burton aus weißem italienischem Marmor errichtet. Marble Arch war eigentlich als Einfahrt zum Buckingham Palace (▲ *242*) geplant, wurde jedoch 1851 an den heutigen Platz gebracht, weil die Durchfahrt mit den geschmiedeten Eisentoren für die königliche Kutsche zu schmal war. Seit Anfang des 20. Jh. fließt der Verkehr um das Tor herum.

Marble Arch
Wenige Schritte von Marble Arch entfernt weist ein steinernes Dreieck im Straßenbelag auf den Tyburn-Galgen hin. Hier wurden 600 Jahre lang die zum Tode verurteilten Häftlinge aus dem Londoner Tower hingerichtet.

Marylebone. Das Viertel zwischen Marylebone Lane und Marylebone High Street war noch im 18. Jh. ein unbedeutendes Dorf am Rand Londons. Bald wurde es jedoch eingemeindet, und neue Straßen, Plätze und Häuser entstanden. Die Umgestaltungen fanden teilwei unter der Leitung von Robert Adam (1728-1792) statt, der von seinen drei Brüdern unterstützt wurde (▲ *268*). Adam führte Freizügigkeit und Bewegung in die Architektur ein u schuf so ein Gegengewicht zu dem strengen aristokratischen Palladianismus. Die daraus resultierende architektonische Vielfalt ist noch heute zu erkennen.

Harley Street. Seit Mitte des 19. Jh. ließen sich bevorzugt Ärzte in der 1720 angelegten Harley Street nieder. Gebäude aus dem 18., 19. und frühen 20. Jh. finden sich hier in enger Nachbarschaft. In dem 1765 erbauten Anwesen mit der Ha

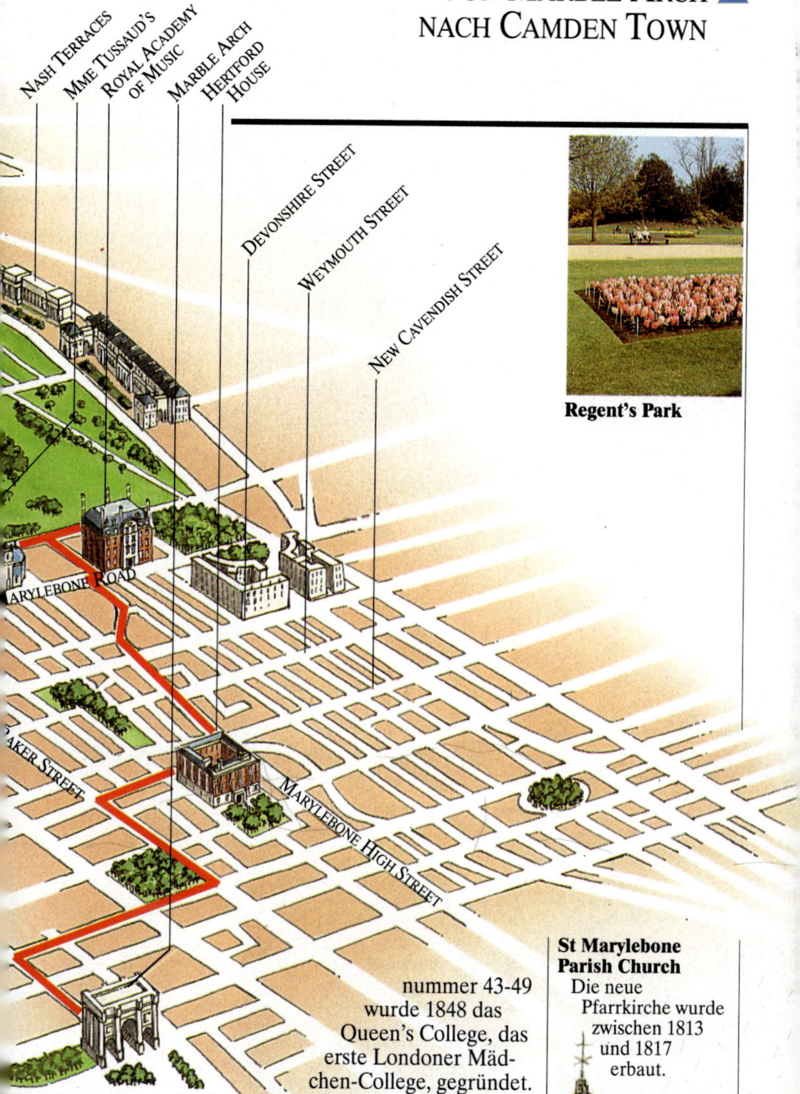

Regent's Park

nummer 43-49 wurde 1848 das Queen's College, das erste Londoner Mädchen-College, gegründet.

ueen Anne Street. In dem Mitte des 18. Jh. angelegten aßenzug lebten die Ärzte, die in Harley Street keinen Platz funden hatten. In ihrer Nachbarschaft wohnten Architek-, Rechtsanwälte, Ökonomen und Künstler. Auch J. M. W. rner (▲ *215*) verbrachte die Jahre 1799 bis 1851 in dieser gend. Das 1770-1771 aus schottischem Stein erbaute andos House ist eines der beeindruckendsten Zeugse der dekorativen Baukunst der Brüder Adam.

vonshire Place. Im Haus Nr. 2 praktizierte 1 der Arzt Arthur Conan Doyle, der geie Vater von Sherlock Holmes.

rtland Place. e der größten ltebaulichen strengungen, 1773 von den m-Brüdern in Wege geleitet de.

St Marylebone Parish Church
Die neue Pfarrkirche wurde zwischen 1813 und 1817 erbaut.

Im Hertford House am Manchester Square befindet sich die berühmte Wallace Collection. Sie entstand aus der Privatsammlung des 4. Marquess of Hertford und seines Sohnes, Richard Wallace (1818-1890). Nach dem Tod von Wallaces Gattin im Jahr 1897 wurde die Sammlung dem englischen Staat vermacht. Sie ist seit 1900 für die Öffentlichkeit zugänglich. Bemerkenswert sind vor allem die Werke französischer (Fragonard, Boucher, Watteau), italienischer (Guardi) und spanischer Künstler (Velázquez, Murillo). In der Galerie, die von 1976 bis 1981 umgestaltet wurde, sind auch Möbel und ›Kuriositäten‹ ausgestellt.

Meeresvenus
Diese Majolika schuf Francesco Xanto Avelli 1533.

»Der lachende Kavalier«
Dieses berühmte Portrait aus dem Jahr 1624 stammt von dem Niederländer Frans Hals (um 1585-1666). Seine Malerei hat zahlreiche Künstler des 19. Jh. beeinflußt.

Die Astronomische Uhr
Diese Uhr aus vergoldeter und patinierter Bronze schuf Michel Stollerweck (ca. 1746-1775). Sie ist Bestandteil einer umfangreichen Uhrensammlung.

»ES KANN NICHT OFT GENUG BETONT WERDEN, DASS DIE GESETZE DER SCHÖNHEIT EWIG UND UNVERGÄNGLICH SIND; LEDIGLICH DIE ERSCHEINUNGSFORMEN VERÄNDERN SICH.«

EUGÈNE DELACROIX

»Madame de Pompadour«
Dieses Gemälde von François Boucher (1703-1770) zeigt die Mätresse Ludwigs XV. Der Marquess of Hertford erwarb das Werk zusammen mit anderen während der Französischen Revolution.

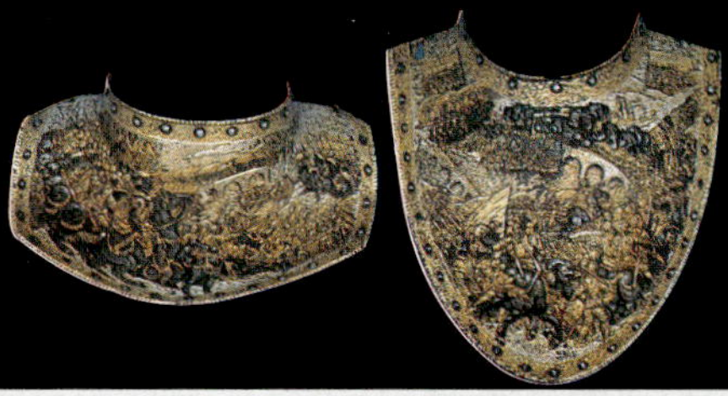

Mailänder Rüstung (um 1610)
Diese Brustpanzer gehören zu der umfangreichen Waffensammlung, die der Marquess of Hertford vom Grafen von Nieuwe-kerke erwarb.

»Regent's Park« Dieses Gemälde von John Knox (1778-1845) zeigt den Blick über London und den Regent's Park vom Primrose Hill aus.

Marylebone High Street und Thayer Street. Die Hauptverkehrsader war einst das Zentrum des Dorfes Marylebone. Durch die vielen kleinen Geschäfte hat sich das Viertel eine dörfliche Atmosphäre bewahrt.

Squares und Places. Portman Square wurde zwischen 1764 und 1784 auf dem Grund der Portmans erbaut. Das zwischen 1773 und 1776 erbaute Home House Nr. 2 zählt zu den schönsten Wohnhäusern, die Robert Adam gebaut hat. Es zeugt von seiner Fähigkeit, verschiedene Stilrichtungen zu kombinieren. Die elegante Enklave von Stratford Place entstand im Jahr 1774. Den Manchester Square dominiert Hertford House, das die Wallace Collection beherbergt.

Baker Street. Sir Arthur Conan Doyle ließ den Detektiv Sherlock Holmes in der Baker Street Nr 221 B leben. Ganz i der Nähe ist der literarischen Figur ein Museum gewidmet.

MARYLEBONE ROAD

St Marylebone Parish Church. Auf dem vom Herzog von Portland gestifteten Grundbesitz baute Thomas Hardwick zwischen 1813 und 1817 eine neue Pfarrkirche, die mit einen korinthischen Portikus geschmückt ist. Das Kuppeldach des Turmes wird von weiblichen Statuen gestützt.

Royal Academy of Music. Das Gebäude aus rotem Backstein wurde 1910-1911 im englischen Barock-Stil erbaut. Di Akademie zählte bei ihrer Eröffnung nur 21 Schüler, unter denen sich auch Dickens (● *106*) Schwester Fanny befand.

Madame Tussauds Wachsfigurenkabinett (◆ *386*). Marie Tussaud kam 180 von Frankreich nach London. Sie brachte 35 Wachsfiguren mit, die berühmte Opfer der Französischen Revolution darstellten. 1884 zählte das Museum bereits 400 Figuren. Heute besteht es unter anderem aus einer Galerie bekannter Persönlichkeiten, einer Horrorkammer und Relikten aus alten Londoner Gefängnissen. Es ist eines der beliebtesten Museen der Stadt, das alljährlich Millionen von Besuchern anzieht.

London Planetarium. An die Decke der großen kupfernen Kuppel wird de Sternenhimmel projiziert. An bestimm Abenden werden unter der Kuppel Konzerte gegeben, zu denen eine Lasershow geboten wird.

Cumberland Terrace Dieser prächtige Palast ist das grandioseste Werk, das John Nash im Regent's Park schuf.

Das Planetarium In direkter Nachbarschaft zu Madame Tussauds Wachsfigurenkabinett kann der Lauf der Sterne und Planeten beobachtet werden.

Regent's Park ♥ ● 24

"Bäume/
Ihr großen Bäume Londons/
Wie die letzten der Bisons seid Ihr verbannt worden/
Sehr weit hinter die Gitter/
Der für Euch bestimmten Parks [...]"
Jacques Prévert, *Le Grand bal du printemps*

Dem Historiker Hippolyte Taine, der 1864 nach London kam, erschien der Regent's Park wie ein »ruhiges, abgeschiedenes Viertel: dort hört man nicht mehr das Geräusch fahrender Wagen, hier vergißt man London, es herrscht Einsamkeit.« Regent's Park ist der jüngste Londoner Park und bietet ohne Zweifel die größte Abwechslung. Das fast 200 ha große Areal war früher ein Jagdrevier von Henry VIII. 1811 übertrug der Prinzregent, der zukünftige König George IV., seinem Lieblingsarchitekten John Nash die Aufgabe, den Park zu gestalten. Nash träumte von einer Gartenstadtanlage. Vorgesehen war der Bau von 56 Villen, einem Sommerpalast für den Prinzregenten und einem Pantheon. Um den Park herum sollten sich einheitlich gestaltete Häuserzeilen (*terraces*) reihen. Das Projekt scheiterte letztendlich mangels Geld und Interessenten. Im Lauf der Jahre entstand trotzdem eine harmonische und ausgefallene Parkanlage. Der gesamte Komplex wurde 1827 von Nashs Assistent, Decimus Burton, fertiggestellt. Der Regent's Park ist erst seit 1838 für die Öffentlichkeit zugänglich.

Ein Besuch des Parks. Im Norden des Parks befindet sich der Zoologische Garten. Die weitläufigen Rasenflächen werden als Liegewiese oder für sportliche Aktivitäten genutzt. Alleen, Wasserbecken und Blumenbeete lösen einander ab und bieten vielfältige Gelegenheiten, sich zurückzuziehen und zu entspannen. Einen Besuch des gesamten Parks und der Terraces beginnt man am besten am *Park Crescent,* einer halbkreisförmigen Gebäudereihe, die von ionischen Säulen geziert wird. Der romantische *Boating Lake* im Westen wird von Eschen gesäumt. Im *Inner Circle* liegt der *Queen Mary's Garden* mit seinen Rosenanlagen sowie das *Open Air Theatre*, wo regelmäßig Vorstellungen stattfinden und alljährlich Shakespeares *Sommernachtstraum* aufgeführt wird.

St John's Lodge. Diese Villa aus dem 18. Jh. befindet sich im Südwesten des Regent's Park inmitten eines geheimnisvoll anmutenden Gartens, der, obwohl öffentlich zugänglich, noch nicht einsam ist (siehe oben).

Die Nash Terraces (♥ ● *76*)**.** Die Terraces sind eine palastartige Anlage mit einer langgestreckten stuckverzierten Fassade im Regency-Stil, hinter der sich großbürgerliche Wohnungen verbergen. Sie sind Bestandteil des städtebaulichen Projektes von John Nash. Zu den Terraces zählen im

Nash Terraces
Diese monumentalen Bauten im Regency-Stil säumen den gesamten südlichen Regent's Park.

Eine Moschee im Park
Die Moschee im Westen des Parks mit einem Minarett und einer Kuppel aus Kupfer wurde zwischen 1972 und 1978 von Frederick Gibberd errichtet.

Westen die *York Terrace* und die *Cornwall Terrace,* die 1820-1821 gebaut wurde, sowie der *Sussex Place*, dessen Gebäude mit korinthischen Säulen und kuppelgekrönten Türmen geschmückt sind. Zwei der östlich gelegenen Terraces verdienen besondere Aufmerksamkeit: die 300 m lange *Chester Terrace* mit ihren korinthischen Säulen und die 1825 erbaute *Cumberland Terrace*, das grandioseste Werk Nashs. Die langgestreckte Fassade ist durch Säulenvorbauten und einen Giebelaufsatz gegliedert und wird von drei Statuen überragt. Nach dem Zweiten Weltkrieg erweckten die verfallenen Terraces das Interesse der Spekulanten. Mittlerweile sind sie in Luxusappartements umgewandelt worden.

St Katharine's Hospital. Der Nord-Ost-Eingang des Parkes am Gloucester Gate liegt direkt gegenüber dem einstigen St Katharine's Hospital. Dieser neugotische Komplex wurde 1826 von Ambrose Poynter gebaut und setzt sich aus der früheren Kirche der hl. Katharina (heute die Kirche der dänischen Gemeinde Londons) und anderen Gebäuden zusammen. Heute ist hier die St Katharine's Stiftung beheimatet, deren ursprünglicher Sitz der Umgestaltung der Docklands zum Opfer fiel (▲ *334*).

Central London Mosque. Die neue Londoner Moschee liegt in der Nähe des Hanover Gate im Westen des Regent's Park. Der beeindruckende Bau befindet sich in direkter Nachbarschaft zum Winfield House, der Residenz des amerikanischen Botschafters, und zeugt von der Bedeutung des Islam in der britischen Hauptstadt.

Leben im Zoo
Jede Geburt eines neuen Zoobewohners wird durch einen Anschlag am Haupteingang verkündet.

LONDON ZOO

Der Zoologische Garten erstreckt sich über eine Fläche von etwa 15 ha im Norden des Regent's Parks. Sir Stamford Raffles hatte 1826 die Zoologische Gesellschaft Londons gegründet. Er beschloß 1828, für die Mitglieder einen Tierpark anzulegen, der dann 1867 zum offiziellen Londoner Zoo wurde. Decimus Burton führte die ersten Planungen für den Zoologischen Garten durch und entwarf insbesondere die Pläne für den Giraffen-Pavillon und den Kamel-Pavillon, der zum Uhrenturm umgestaltet wurde.

Ein fortschrittlicher Zoo. Der Londoner Zoo war wahrhaft wegbereitend, als 1913 erstmals in der Welt in

Am Kanal
Am Zoo entlang verläuft der Regent's Canal, der einst, wie auf dem nebenstehenden Bild zu sehen, bis in das East End führte.

Der Zoo im 19. Jahrhundert
Diese Radierung aus dem vorigen Jahrhundert zeigt die Tiere im Zoo in Käfigen: Die Mappin Terraces sind noch nicht gebaut.

den *Mappin Terraces* die Tiere in ihrer natürlichen Umgebung gezeigt wurden. 1934 wurde dann das Pinguin-Haus geschaffen, dem 1962-1965 die Elefanten- und Rhinozeros-Häuser folgten. Ausgehend von einem Plan Sir Hugh Cassons fand in den Jahren um 1960 eine allgemeine Restrukturierung des Tiergartens statt. 1967 trug dann Lord Snowdon, Gemahl von Prinzessin Margaret, zur Weiterentwicklung des Zoos bei, indem er für die Vögel ein riesiges Fluggehege konstruieren ließ. 1976 schließlich wurde durch die *New Lion Terraces* für die großen Wildkatzen ein Bereich geschaffen, der ihren natürlichen Bedürfnissen und Gewohnheiten entsprechen sollte. Zum Londoner Zoo gehört auch ein Institut für vergleichende Physiologie, ein Tierkrankenhaus und eine ›Dämmerzone‹ (der Pavillon Charles-Clore), wo man Nachtsäugetiere beobachten kann. Insgesamt beherbergt der Zoo mehrere tausend Tiere aus 1 162 Arten, über die in einer umfangreichen Bibliothek weitere Informationen gesammelt werden können.

Kinderzoo und -farm. Im Süden des Zoos können Kinder mit gezähmten Kleintieren spielen.

Camden Lock
Künstler, Trödler und Antiquitätenhändler treffen sich seit nunmehr fast fünfundzwanzig Jahren am Wochenende auf den alten Kaimauern und Docks entlang der Schleusen am Regent's Canal.

Camden Lock und Umgebung

Der Regent's Park wird im Norden vom Regent's Canal begrenzt. Um die Schleusen des Kanals herum findet jedes Wochenende ein Kunsthandwerk- und Trödelmarkt statt.

Primrose Hill ♥. Über dem Kanal erhebt sich der 62 m hohe Primrose Hill (»Frühlingshügel«). Von dort oben bietet sich ein schöner Blick über die Stadt. Primrose Hill war mit seinen Wiesen und Baumgruppen lange Zeit ein bevorzugter Austragungsort für Duelle.

Regent's Canal (● *18*). Seine charmantesten Ecken befinden sich zweifellos in der Nähe des Zoologischen Gartens und der Macclesfield-Brücke. Der Kanal wurde 1820 eröffnet und verband die Themse mit Paddington und von da aus mittels des Grand Union Canal mit Birmingham. Heute verkehren auf dem Kanal keine Frachtschiffe mehr. Angler und Spaziergänger tummeln sich auf den Wegen entlang des Kanals, und aus den einstigen Frachtkähnen sind inzwischen Vergnügungsschiffe geworden.

Camden Lock. Jedes Wochenende bauen Trödler und Antiquitätenhändler ihre Stände an den Schleusen des Regent's Canal auf. Dieser riesige Flohmarkt ist eine Fundgrube für jedermann. Bekleidung, Schmuck, Kunsthandwerk, Schallplatten, Bücher und viele ausgefallene Dinge werden angeboten. Die alten Lagerhallen und Schuppen der Eisenbahngesellschaft und der Kanalschiffer bieten ein stilvolles Ambiente, kleine Cafés laden zur Erholung ein. Camden Town ist ein altes volkstümliches Stadtviertel, wo heute überwiegend junge Leute leben.

Scharfe Konkurrenz
Camden Lock steht heute vor allem mit dem Flohmarkt der Portobello Road in scharfem Wettbewerb.

▲ Von Hampstead nach Highgate

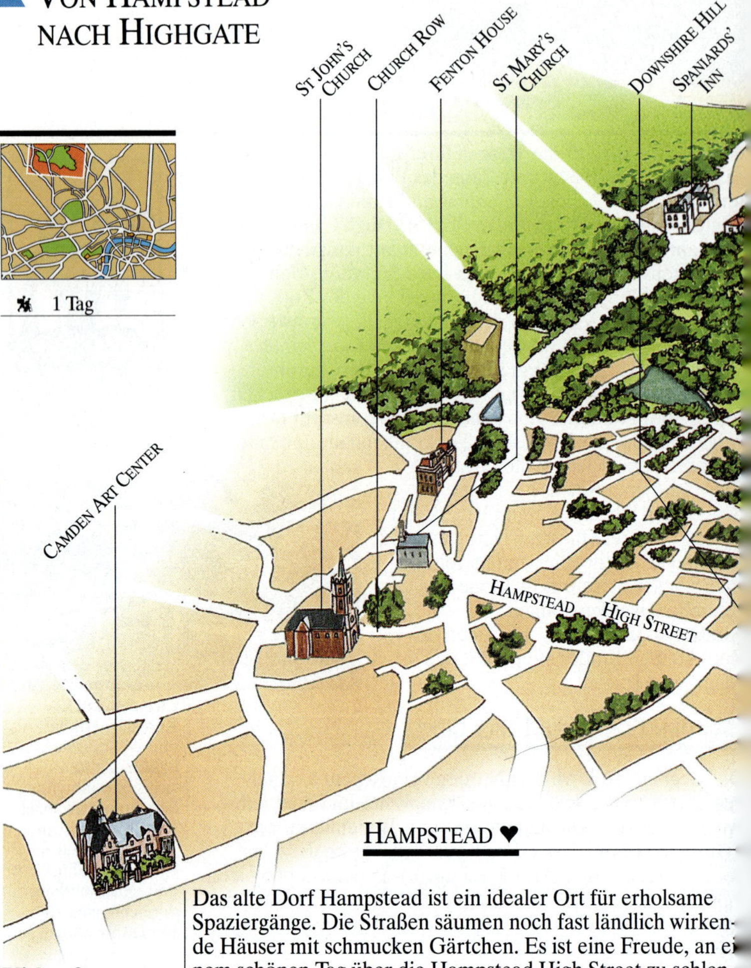

1 Tag

Hampstead ♥

Das alte Dorf Hampstead ist ein idealer Ort für erholsame Spaziergänge. Die Straßen säumen noch fast ländlich wirkende Häuser mit schmucken Gärtchen. Es ist eine Freude, an einem schönen Tag über die Hampstead High Street zu schlendern. Die Geschäfte sind sogar sonntags geöffnet. Ende des 17. Jh. wurden große Teile des Waldes, der damals noch das heutige Stadtviertel bedeckte, gerodet, um London nach dem Brand von 1666 (● *40*) wieder aufzubauen. Im 18. Jh. richteten zahlreiche Londoner Adlige in Hampstead in der Nähe des Parkgebietes ihren Zweitwohnsitz ein, da die Gegend für ihre gute Luft und ihr ausgezeichnetes Quellwasser berühmt war. Seit 1700 wird dieses Mineralwasser übrigens auch in Gaststätten verkauft; im Flask Walk wurde es in Flaschen abgefüllt. In der Well Walk Street befand sich ein Thermalbad. In derselben Straße wohnten John Keats und John Constable (▲ *214*), der zuvor in der Lower Terrace gelebt hatte. Auch heute noch kommen dort gerne Künstler zusammen. Um

Blick auf Hampstead und den Bathing Pond vom Parliament Hill: Das auf einem Hügel gelegene Thermalbad im georgianischen und viktorianischen Stil zog neben den Kurgästen auch zahlreiche Intellektuelle wie Gainsborough, Keats, Shelley, Byron, Kipling, Lawrence, Wells und Freud an.

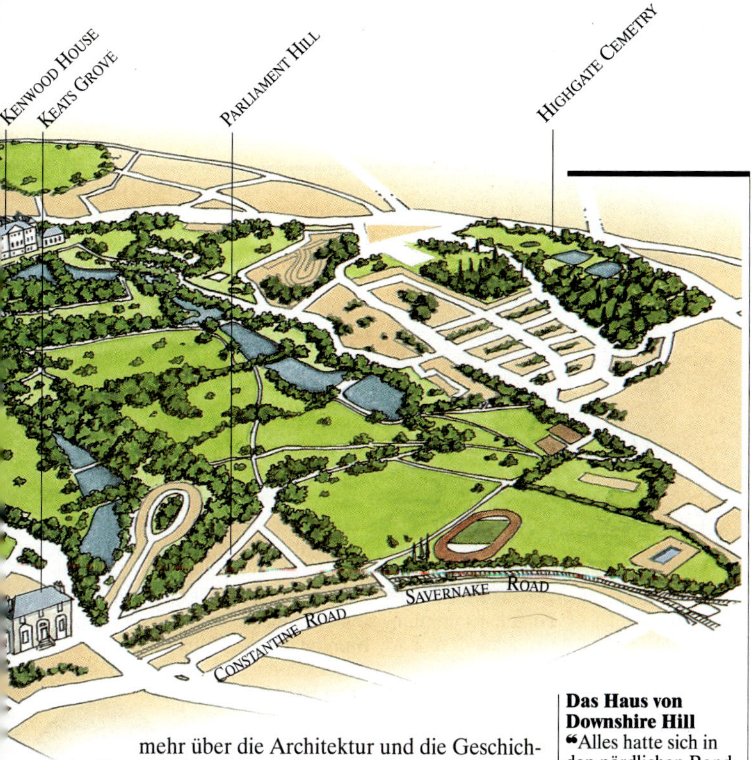

mehr über die Architektur und die Geschichte dieses Stadtteiles zu erfahren, sollte man die Church Row entlang gehen und ihre georgianischen Häuser bewundern, ehe man St. John Street erreicht.

Die Kirchen von Hampstead. *St John's Church* (● 72) wurde 1747 aus hellgelbem Backstein erbaut und im 19. Jh. vergrößert. Der gezackte Glockenturm verleiht ihr ein mittelalterliches Aussehen. Auf dem alten Friedhof ist John Constable begraben. Über den Holly Walk erreicht man *St Mary Church*, die 1816 von dem französischen Abbé Morel gegründete katholische Kirche, deren weiße Mauern einen reizvollen Kontrast zu dem braunen Backstein der umliegenden Häuser bilden. In ihren beiden Kapellen sind sehr schöne Mosaiken aus dem 20. Jh. zu sehen. Hinter dem 1880 errichteten Nationalen Institut für Medizinische Forschungen liegt Mount Vernon. In Holly Bush befindet sich ein 1797 für den Maler George Romney (1734-1802) erbautes Haus, das außen mit Holz vertäfelt ist.

Keats House. John Keats lebte von 1818 bis 1820 am damals Wentworth Place genannten Keats Grove in einem Doppelhaus, das von seinen Freunden Charles Armitage Brown und Charles Wentworth Dilke gebaut worden war. Keats kam 1816 nach Hampstead, um sich dort mit dem Journalisten und Dichter Leigh Hunt zu treffen, der im Vale of Health wohnte. Durch Hunt, den Initiator eines literarischen Zirkels, lernte Keats Percy Bysshe Shelley, William Hazlitt, William Wordsworth und Charles Lamb kennen. 1817 richtete er sich zusammen mit seinen beiden Brüdern George und Tom im Well Walk ein. Nachdem George nach Amerika emigriert und Tom an einer Lungenentzündung gestorben war, nahm er Browns Einladung an und

Das Haus von Downshire Hill

❝Alles hatte sich in den nördlichen Randgebieten verändert. Früher war hier kein Park, sondern eine städtische Heidelandschaft ohne genaue Grenzen, halb verlassener Garten, halb wildes Terrain, mit engen Häuserreihen im Süden und verwildertem Strauchwerk im Norden.❞

Julien Gracq, *Carnets du grand chemin*

»Admiral's House«
Dieses Ölgemälde von John Constable (um 1820) zeigt die dörfliche Atmosphäre Hampsteads, die auch heute noch einen Teil des Charmes ausmacht.

zog in die linke Hälfte des Hauses. Dilke vermietete seinen Teil an Mrs. Brawne, deren Tochter Fanny die Verlobte des Dichters wurde. Heute ist in Keats House ein Museum eingerichtet, in dem Manuskripte und persönliche Gegenstände ausgestellt sind. Am Keats Grove kann auch der Hof einer alten Brauerei besichtigt werden, der von Häusern aus dem 17. Jh., den *Old Brewery Mews*, umgeben ist.

Fenton House (● *74*). Das 1693 errichtete Gebäude ist nach dem Kaufmann benannt, der es 1793 erwarb. In Fenton House sind Musikinstrumente ausgestellt, unter anderem ein Cembalo aus dem Jahr 1612, auf dem Händel gespielt haben soll; außerdem eine von Lady Binning zusammengestellte Möbel- und Porzellansammlung sowie Gemälde von John Constable und Brueghel d. Ä. Lady Binning hat das Haus 1952 dem National Trust vermacht. Die an der Hampstead Grove und entlang Admiral's Walk gelegenen Häuser entstanden zu Beginn des 18. Jh. Der Autor der *Forsyte Saga,* John Galsworthy, wohnte von 1918 bis zu seinem Todesjahr 1933 in der dem Admiral's House benachbarten *Grove Lodge*.

Hampstead Heath. Dieses grüne Heideland mit einer Fläche von 170 ha trennt Hampstead von Highgate. Bis zum 13. Jh. lebten hier ausschließlich Wölfe. Es dauerte bis zum Ende des 17. Jh., bis die Heilkräfte des Quellwassers entdeckt und Hampstead bevölkert wurde. Heute ist der Park, in dem sich ausgedehnte Grasflächen, Wälder und Weiher abwechseln, ein beliebtes Ausflugsziel. Musikliebhaber werden zu schätzen wissen, daß im Sommer neben dem *Concert Pond* Open-Air-Konzerte veranstaltet werden. Vom *Parliament Hill* aus hat man einen schönen Blick auf London. Mehrere bekannte Pubs liegen in der Nähe des Parks. Im *Upper Flask Inn* am Flask Walk traf sich der Kit-Kat Club. Diese Gesellschaft der Whig-Anhänger (▲ *251*) hatte illustre Mitglieder, wie die Schriftsteller Alexander Pope (▲ *155*), Sir Richard Steele, Joseph Addison und den Maler Godfrey Kneller. Auch Keats und Shelley waren Stammgäste dieses Gasthofes. Der Name des Clubs soll von dem Konditor Christopher Katt stammen, bei dem die ersten Versammlungen stattgefunden haben. Auf dem Gipfel von Hampstead Heath, in der Nähe des *Whitestone Pond* befindet sich das *Jack Straw's Castle*, ein historisches Pub, das schon Charles Dickens (● *106*, ▲ *299*) aufsuchte. Über die Spaniards' Road erreicht man

John Keats (1795-1821)
Der Dichter lebte drei Jahre in Hampstead. Die berühmte *Ode to a Nightingale* wurde 1819 an einem Mai-Abend im Garten von Wentworth Place gedichtet.

Home, sweet home !
Der Name Hampstead soll von *homestead* (›Besitz‹, ›Heim‹) abstammen. Es heißt, einst habe ein Sachse den gößten Teil des Waldes gerodet, um einen Hof zu errichten.

Kenwood House. Auf dem Weg liegt der vierhundert Jahre alte Gasthof *Spaniards' Inn,* wo in der Regierungszeit von James II. die spanischen Gesandten residierten. Im Jahr 1780 hat der Gastwirt die Aufrührer von Gordon betrunken gemacht und so Kenwood House vor der Zerstörung bewahrt. Außerdem war *Spaniards' Inn* ein Treffpunkt von Künstlern wie Shelley, Keats, Byron und Dickens.

Kenwood House ♥. Im Jahr 1754 kaufte Generalstaatsanwalt Lord Mansfield das Kenwood-Anwesen. Lord Mansfield beauftragte Robert Adam mit der Umgestaltung des damals etwa fünfzig Jahre alten Backsteinbaus. Die Wohnungen, die der junge Architekt neben der nach Hampstead Health ausgerichteten Südfassade bauen ließ, zeugen von seiner reichen Erfindungsgabe und der Harmonie seines Werkes. Die Bibliothek ist hierfür das beste Beispiel. Nach dem Tode von Lord Mansfield im Jahr 1793 ließ sein Neffe an der Nordfassade zwei Seitenflügel anbauen und den Haupteingang von Adam durch eine Säulenvorhalle vergrößern. 1925 erwarb Lord Iveagh das Kenwood House und stellte hier seine Gemäldesammlung mit Werken von Rembrandt, Vermeer, Gainsborough und Turner und anderen aus (● *102*, ▲ *214, 216*). Ehe er 1927 verstarb, vermachte er Haus und Sammlung dem Staat.

HIGHGATE

Über den Highgate Hill verläuft die Highgate High Street, die 1386 auf Anordnung des Bischofs von London gebaut wurde, da die Straße, die um den Hügel herumführte, im Winter weder begeh- noch befahrbar war. Der Name ›Highgate‹ weist auf die riesigen Tore hin, die oben auf dem Hügel standen. Dort wurde den Reisenden ein Wegezoll abverlangt. Unten erinnert Whittington Stone an Richard Whittington, den die Legende als armen Lehrling beschreibt, der London in Begleitung seiner Katze verläßt, dann aber die Glocken von St Mary-le-Bow (▲ *157*) hört, die ihn auffordern, schnurstracks umzukehren, um Bürgermeister von London zu werden. Er wurde viermal zum Lord Mayor gewählt, und als

Robert Adam und das Kenwood House
Die Südfassade des Kenwood House zieren Pilaster mit feinem antikem Stuckwerk.

Begrenzt wird die Bibliothek durch zwei Apsiden, die mit zwei korinthischen Säulen abgeschlossen sind. Eindrucksvoll ist auch die kunstvoll verzierte gewölbte Decke.

Das Anwesen von Kenwood
Zum Anwesen Kenwoods gehört auch ein englischer Garten. Heute finden hier Open-Air-Konzerte in einer durchaus als ländlich zu bezeichnenden Atmosphäre statt.

Ruhestätte der Berühmtheiten
Zahlreiche Persönlichkeiten ruhen auf dem eindrucksvollen Friedhof von Highgate:

Karl Marx, Herbert Spencer, Michael Faraday, George Eliot, Charles Dickens, Sir Ralph Richardson…

Das Freud-Museum
1938 floh der Vater der Psychoanalyse vor den Nazis in die Nr. 20 von Maresfield Gardens, wo er schon im folgenden Jahr starb. Bis zu ihrem Tode im Jahre 1982 lebte auch seine Tochter Anna dort. Das Haus blieb weitgehend unverändert.

Cromwell House
Das 1637-1638 erbaute Backsteinhaus liegt auf der Ostseite von Highgate Hill.

er 1423 starb, wurde aus seinem Erbe der Bau des Rathauses (*Guildhall;* ▲ *148*) finanziert.

Lauderdale House. Das Dorf Highgate ist entstanden, als die Aristokratie Londons versuchte, der beständig zunehmenden Hektik der Stadt zu entfliehen. Highgate hat sich seinen ländlichen Charakter bewahrt, was unter anderem durch das im 16. Jh. erbaute Lauderdale House dokumentiert wird. Das zwischenzeitlich vom Herzog von Lauderdale umgestaltete Gebäude erwarb im Jahr 1871 der Philanthrop Sir Sidney Waterlow. Er vermietete es an das Hospital St Bartholomew. 1889 vermachte Waterlow das Haus und den Park dem London County Council. Heute finden in dem Gebäude am Waterlow Park Ausstellungen und Konzerte statt. Museum und Restaurant sind für jedermann zugänglich.

Highgate School. Elizabeth I. ermächtigte im Jahr 1565 Sir Roger Cholmley, in der heutigen North Road eine Schule zu eröffnen, um Knaben aus guter Familie die beste Erziehung zu gewähren, aber auch »zur Unterstützung der Enterbten des besagten Dorfes«. Die 1571 gegründete Schule konnte etwa vierzig Schüler aufnehmen. 1980 wurde sie von 673 Jungen besucht. Die heutigen Gebäude, die aus der Zeit von 1865-1868 stammen, sind im französisch-gotischen Stil gehalten. Pond Square liegt im Herzen des Dorfes und verdankt seinen Namen den Tümpeln, die sich bei Erdaushebungen bildeten, 1864 aber zugeschüttet wurden. Der Dichter Samuel Taylor Coleridge und der Violonist Yehudi Menuhin wohnten in der Nr. 3 bzw. 2 von The Grove, einer für ihre Eleganz berühmten Straße. South Grove bildet eine harmonische Einheit von Häusern aus dem 18. Jh. Am Ende von Swain's Lane liegt *Holly Village* (♥), ein etwas exzentrisches Ensemble von 1865 von Henry Darbishire gebauten *cottages*. Unter den modernen Bauten stechen Highpoint 1 & 2 hervor, die 1938 auf dem North Hill von Lubetkin und Tecton erbaut und von Corbusier eine »Gartenstadt in der Vertikalen« genannt wurden.

Highgate Cemetry ♥. Die neugotische St Michael's Church wurde 1830 von Lewis Vulliamy an der Stelle des früheren Wohnsitzes von Sir William Ashurst gebaut, der 1694 Bürgermeister von London gewesen war. Kurz darauf wurde der Rest des Besitzes an Stephen Geary verkauft, der die London Cemetery Company gründete und den 1839 eröffneten Friedhof konzipierte. Bereits 1857 mußt Highgate Cemetry bei Swain's Lane erweitert werden. Zahlreiche Persönlichkeiten liegen auf dem Gelände begraben, das zu einer Touristenattraktion geworden ist. Die Eintrittsgelder kommen der Pflege der Anlage zugute.

Das West End

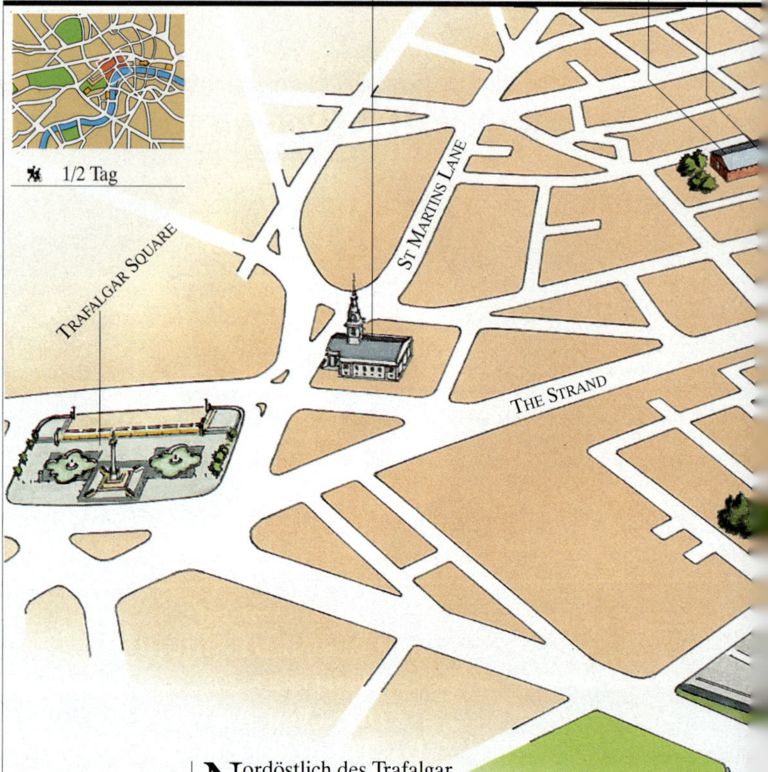

Nordöstlich des Trafalgar Square, nicht weit von der City entfernt, liegt das traditionsreiche Herz Londons. Der Weg vom Strand zum Covent Garden führt entlang der Themse und wird von zahlreichen Theatern gesäumt. Dieses historische Stadtviertel wurde im 20. Jh. leider fast vollständig umgestaltet.

St Mary-le-Strand's Church
Die Kirche liegt wie auch St Clement Danes genau in der Mitte des Strand. Die belebte breite Straße umfließt die Kirche, die wie eine Insel in der Verkehrsbrandung wirkt.

The Strand

Die breite Verkehrsader zwischen Fleet Street und Charing Cross Station verbindet die City mit Westminster und ist eine der belebtesten Straßen Londons. Schon in der Mitte des 19. Jh. bemerkte Charlotte Brontë: »Ich ging zum Strand und stieg den Cornhill hinauf; dann stürzte ich mich in das rege Leben dieser Stadt, bereit, die Gefahren, die eine Überquerung der Straße mit sich brachte, auf mich zu nehmen.«

Geschichte. Der Strand war früher nur ein Weg, den unbebautes Gelände vom Fluss trennte; sein Name bedeutet soviel wie ›Ufer‹. Im 16. Jh. ließ der ansässige Adel hier Herrschaftshäuser errichten, deren Gärten bis zur Themse

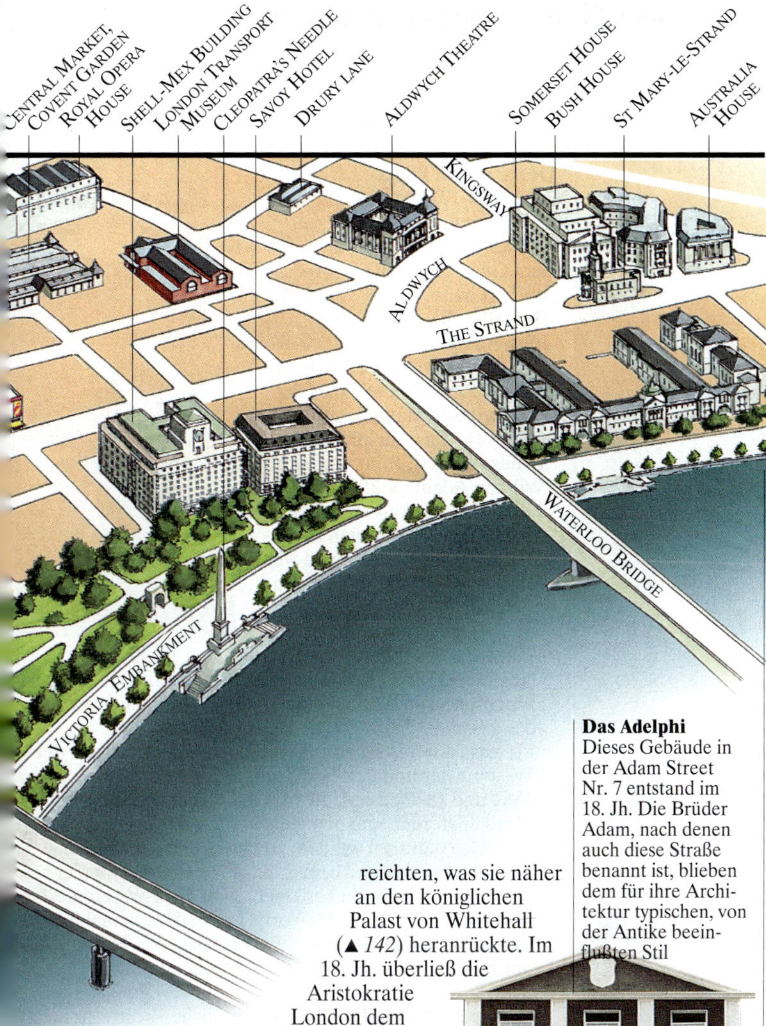

reichten, was sie näher an den königlichen Palast von Whitehall (▲ *142*) heranrückte. Im 18. Jh. überließ die Aristokratie London dem Bürgertum: die 'aläste verschwanden, um Raum für Geschäfte, Iotels und Theater zu schaffen. In Verbindung nit den Neuerungen des 19. Jh. ergab sich ein eränderrtes Erscheinungsbild des Strand. Die Gebäude dieses Stadtviertels beherbergen ieute Behörden und Büros, doch bestimmen uch weiterhin Geschäfte und Theater das unte Treiben in dieser Gegend.

t Mary-le-Strand's Church. Diese Kirche var der erste von fünfzig unter Queen Anne rrichteten Kirchenneubauten (▲ *312*). Sie ntstand zwischen 1714 und 1717 und gilt als Meisterwerk des schottischen Architekten ames Gibbs (1682-1754). Einige Elemente des Gebäudes, wie zum Beispiel der halbkreisförmige Säulengang, lassen erkennen, daß die t Paul's Cathedral als Vorbild diente. Die klassizistische Kirche St Mary-le-Strand wird durch ein terrassenförmiges Dach und einen dreistufigen Kirchturm mit Kuppel abgeschlossen und gefällt durch bemerkenswert ausgewogene roportionen. Die Ausstattung des Kircheninneren zeichnet ch durch besondere Schlichtheit aus; hervorzuheben ist die

Das Adelphi
Dieses Gebäude in der Adam Street Nr. 7 entstand im 18. Jh. Die Brüder Adam, nach denen auch diese Straße benannt ist, blieben dem für ihre Architektur typischen, von der Antike beeinflußten Stil

treu und lockerten die streng gegliederte Fassade durch feine Stuckskulpturen und gußeiserne Balustraden auf.

Decke im Stil Fontanas (1634-1714), eines großartigen Architekten des Barock, bei dem Gibbs in Rom studiert hatte.

Das Adelphi. In der John Adam Street und der Adam Street befinden sich die Überbleibsel eines der ehrgeizigsten Städtebauprojekte des 18 Jh.: das Adelphi der Brüder Robert, John, James und William Adam (▲ *252*) aus dem Jahr 1772. Die klassizistischen Gebäude mit herrlichen Innenausstattungen bilden einen weitläufigen Komplex (*terrace*) am Ufer der Themse (● *76*), in einer Gegend also, die bei den Künstlern des späten 18. Jh. und frühen 19. Jh. sehr beliebt war. Zwischen 1936 und 1938 haben Umbau- und Modernisierungsmaßnahmen jedoch leider das Ausehen des gesamten Stadtviertels völlig verändert.

Victoria Embankment. Diese Uferstraße zwischen der Westminster und der Blackfriars Bridge wurde zwischen 1864 und 1870 erbaut. Sie lädt mit ihren delphinförmigen Straßenlaternen und den gußeisernen Bänken, die von Kamelen getragen werden, zu einem entspannenden Spaziergang an der Themse ein. Eine Reihe schmaler Gärten trennt das Embankment vom York Watergate. Dies ist der Überrest des York House, des ehemaligen Stadtpalastes der Erzbischöfe von York, den Henry VIII. im Jahr 1529 konfiszierte und zur neuen königlichen Residenz machte.

Cleopatra's Needle. Zwei neuzeitliche Bronzesphingen umrahmen diesen ägyptischen Obelisken aus rosa Granit. Es handelt sich hierbei um einen der zwei Monolithen, die 1500 v. Chr. in Heliopolis, Ägypten, hergestellt wurden. ›Die Nadel der Kleopatra‹ stammt nicht etwa aus der Regierungszeit der Herrscherin, sondern aus der des Pharaos Thoutmosis III. und war ein Geschenk des ägyptischen Vizekönigs Mohammed Ali. Der 21 m hohe Obelisk wurde 1878 – nach einem äußerst schwierigen und abenteuerlichen Transport von Alexandria nach London – am Ufer der Themse aufgestellt. Das Gegenstück befindet sich im Central Park in New York.

Somerset House
Ursprünglich waren der neoklassizistische Palast und die Themse nicht durch eine Uferstraße getrennt.

Savoy Hotel. Auf dem Weg von Cleopatra's Needle zum Strand zieht der luxuriöse Gebäudekomplex des Savoy Hotels den Blick auf sich. Das Hotel wurde zwischen 1884 und 1910 dort erbaut, wo sich von 1245 an der Savoy-Palast befand. Einer der bekanntesten Gäste des Savoy Hotels war Claude Monet, der vom Balkon des Hotels aus malte (● *96*). Der heutige Bau beherbergt zudem das 1881 gegründete Savoy Theatre. Hier wurde einst eine typisch englische Theaterform kreiert: die humoristisch-satirischen ›Operettas‹ von William Schwenk Gilbert und Arthur Sullivan.

Shell-Mex Building. Gleich neben dem Savoy Hotel steht dieses imposante Gebäude aus dem Jahr 1931, welches zunächst das größte Hotel Europas – das Cecil Hotel – beherbergte. Im Jahr 1900 wurde der Bau zum Sitz der Shell-Mex-Gesellschaft. Die Dachterrasse bietet eine herrliche Aussicht, die bereits den österreichischen Maler Oskar Kokoschka inspirierte. Das Shell-Mex Building mit seiner riesigen Turmuhr läßt sich am besten von der anderen Uferseite aus betrachten.

Charing Cross Station. »Die Flutwellen der menschlichen Existenz brechen sich in Charing Cross«, sagte bereits der Schriftsteller Samuel Johnson (1709-1784). Hier befindet sich einer der größten Bahnhöfe Londons, der die Hauptstadt mit dem Süden Großbritanniens verbindet. In das 1864 eröffnete Gebäude ist ein neogotischer Hotelbau integriert. Auf dem Bahnhofsvorplatz befindet sich ein Eleonoren-Kreuz, das 1865 von Edward Middleton Barry entworfen wurde. Es handelt sich dabei um eine Nachbildung eines der zwölf Kreuze, die König Edward I. zum Gedenken an seine 1290 gestorbene Gattin Eleonore von Kastilien errichten ließ.

Coutts Bank. Die bekannte Coutts Bank ist in einen von Nash entworfenen Komplex auf der anderen Seite des Bahnhofsvorplatzes integriert. Hier wird das Privatvermögen der englischen Königsfamilie verwaltet.

Somerset House. Von den Palästen der Londoner Aristokratie, die einst den Strand säumten, ist heute nur noch dieses gigantische Gebäude im georgianischen Stil erhalten. Im Jahr 1547 wurde in königlichem Auftrag mit dem Bau des Renaissance-Palastes begonnen. In der Folgezeit wurde das Gebäude von Inigo Jones (▲ *68*) und John Webb umgestaltet, mit der Zeit aber immer mehr vernachlässigt und 1775 sogar abgerissen. Im wenig später von dem schottischen Architekten Sir William Chambers (1723-1796) konzipierten neuen Somerset House residierten ursprünglich eine Reihe von Ministerien und anderen staatlichen Institutionen. Im Laufe des 19. Jh. wurden zwei weitere Flügel angebaut; der Ostflügel wird heute vom King's College genutzt. Das Somerset House beherbergt auch einen Teil des Nationalarchivs und, seit 1990, das Courtauld Institute. Vier Flügel aus Portland-Stein gruppieren sich um einen Innenhof, in dessen Mitte sich eine Bronzestatue befindet, die George III. darstellt. Hierbei handelt es sich um ein Werk von John Bacon (1778).

Shell-Mex Building und Savoy Hotel
Diese beiden Bauten dominieren das Victoria Embankment.

Somerset House
Dieses Gemälde zeigt den Portalvorbau des Bauwerks.

»Un bar aux Folies Bergère«
Dies ist sicherlich das bekannteste Gemälde von Edouard Manet (1832-1883), einem der Väter des Impressionismus.

THE COURTAULD INSTITUTE GALLERIES

Die Sammlung des Courtauld Instituts wurde 1990 in das Somerset House verlegt, nachdem sie über fünfzig Jahre in äußerst beengten Räumlichkeiten am Woburn Square untergebracht war. In den elf stilvollen Sälen im ersten Stock des Ostflügels befinden sich Goldschmiedearbeiten und venezianische Glasarbeiten, italienische Keramiken sowie eine bedeutende Gemäldesammlung, die zahlreiche Werke großer Meister der europäischen Malerei umfaßt. Der exzellente Ruf des Courtauld Instituts beruht insbesondere auf der Sammlung französischer Impressionisten und Post-Impressionisten.

»Ein Quacksalber auf einem Markt«
Rembrandt van Rijn (1606-1669) war nicht nur ein Meister des Pinsels, sondern schuf auch außergewöhnliche Zeichnungen.

Samuel Courtauld. Der Grundstock für die Sammlung wurde von Samuel Courtauld (1876-1947) gelegt. Courtauld entstammte einer französischen Hugenotten-Familie, die nach des Aufhebung des Ediktes von Nantes nach London emigrierte. Courtauld kam zunächst in der Textilindustrie zu Reichtum und Ansehen. Dann erfaßte ihn die Leidenschaft für die Malerei des späten 19. Jh., und er erwarb in kürzester Zeit eine fantastische Sammlung, die er 1932 der Universität von London vermachte.

Die Italienische und die Holländische Schule. Der Großteil der Werke flämischer und italienischer Meister von der Renaissance bis ins 17. Jh. entstammt der Sammlung von Lord Lee of Fareham und Mark Gambier-Parry sowie der Princes Gate Collection. Bemerkenswert sind insbesondere ein italienisches Triptychon und ein Polyptychon aus dem 14. Jh., eine Dreifaltigkeitsstatue, ein Werk von Botticelli aus dem 15. Jh. und ein Gemälde von Brueghel d. Ä. (16. Jh.).

»Adam und Eva«
Dieses Werk von Lucas Cranach dem Älteren (1472–1553) aus dem Jahr 1526 greift biblische Themen auf.

»[...] SIE KÜSSTEN SICH IN DER NATIONAL GALLERY, IM COURTAULD INSTITUTE UND IM VICTORIA AND ALBERT MUSEUM UND BESUCHTEN FAST JEDEN ABEND EIN THEATER ODER EIN KONZERT [...].« IRIS MURDOCH

»Die Bekehrung des hl. Paulus«
Dieses Gemälde von Peter Paul Rubens (1577-1640) zeigt die für die Arbeiten des flämischen Meisters typische Farbintensität. Sein Werk steht exemplarisch für den Barock und vereint Elemente des flämischen Realismus und des italienischen Manierismus.

;ehenswert sind auch einige Portraits von den englischen Aalern Romney und Gainsborough (▲ *213*) aus dem 18. Jh.)ie Sammlung des Grafen Seilern vereint 32 Werke von Lubens aus dem 16. und 17. Jh., darunter drei Zeichnungen ler Kreuzabnahme aus der Kathedrale von Anvers, eine)arstellung der Grablegung und sechs Entwürfe der esuitenkirche von Anvers. Außerdem beinhaltet diese ammlung einige Bilder des Rubens-Schülers Van Dyck.
:in Querschnitt des Französischen Impressionismus.)ie Gemäldesammlung, die Samuel Courtauld im Laufe der ahre zusammengetragen hat, vereint Kunstwerke von fast llen großen Malern des französischen Impressionismus: arunter Gemälde von Edouard Manet (*Un bar aux Folies-ergères*), Claude Monet (*Automne à Argenteuil*), Auguste :enoir (*La Loge*), Camille Pissaro (*La Gare de Lordship ane*), zwei Gemälde Paul Gauguins owie zwei Werke von Vincent Van Gogh, arunter das berühmte Selbstbildnis mit ɔgeschnittenem Ohr. Darüberhinaus rgänzen noch einige Bilder von Sisley, oudin, Degas und Berthe Morisot diese edeutende Sammlung ... Einer der Säle t den Post-Impressionisten gewidmet. ier finden sich Arbeiten von Seurat *eune femme se poudrant*), Utrillo (*Rue à nnois*), Cézanne (*La Montagne Sainte-ctoire*), Toulouse-Lautrec (*Jeanne Avril*) und Modigliani *lu*).

»La Montagne Sainte-Victoire«
Paul Cézanne (1839-1906) inspirierte immer wieder das Gebirgsmassiv Ste-Victoire im Hinterland von Aix-en-Provence (1886-88). Seit 1889 lebte er völlig zurückgezogen im Süden Frankreichs.

:itgenössische Kunst. Die Sammlung des Courtauld stituts wurde durch private Schenkungen bereichert. So rmachte zum Beispiel der englische Maler und Kunstitiker Roger Fry (1866-1934) dem Institut seine Sammlung itgenössischer Malerei, die neben eigenen Arbeiten auch emälde von Bonnard, Browse, Derain und Hunter sowie ouachen von Rouault, afrikanische Skulpturen und Kreation der Omega-Gruppe enthält, die 1913 von Fry ins Leben rufen wurde.

Covent Garden im 18. Jahrhundert Balthazar Nebot zeigt in diesem Gemälde von 1737 die Arkaden der Piazza und die Fassade der Kirche St Paul von Inigo Jones.

Covent Garden

Märkte und Theater haben diesen Stadtteil fast drei Jahrhunderte lang geprägt. Der gelungene Umbau im Jahr 1980 hat dem Viertel zu neuem Leben verholfen.

Klostergarten. Covent Garden, einst Gemüsegarten der Mönche von Westminster (▲ *137*), kam durch die Unterdrückung der Mönchsorden unter der Herrschaft von Edward VI. in den Besitz der Familie Russell, der Grafen von Bedford. Der vierte Graf von Bedford entschloß sich 1631, auf diesem Gelände eine Piazza bauen zu lassen und betraute den königlichen Architekten Inigo Jones mit diesem Projekt (▲ *68*). Dieser orientierte sich an der Place des Vosges in Paris und der typisch toskanischen Piazza und schuf zwischen 1631 und 1635 einen großzügig konzipierten, rechteckigen Platz inmitten der eng bebauten Stadt. Aus finanziellen Gründen wurde der Platz nur an zwei Seiten von Arkaden flankiert; die Südseite begrenzten dabei die Gärten des Bedford House, die Westseite die Kirche St Paul's. Mit der einheitlichen Fassadengestaltung seiner Häuserreihen und den gradlinigen Straßen war Covent Garden der erste *Square* Londons. Vorübergehend wohnten hier die Angehörigen des Königshofes. 1661 entschied die Familie Russell allerdings, einen Obst-, Gemüse- und Blumenmarkt zu gründen, der sich schnell zum größten Handelsplatz Englands entwickelte. Um die Ausschweifungen und das Treiben dieses bunten, aber chaotischen Marktes in geordnete Bahnen zu lenken, errich-

“Nachdem ich mich vom Portal der Kirche entfernt hatte [...], stieg ich in eine Pferdedroschke und ließ mich in das Gewühl von Covent Garden kutschieren. In jener Zeit konnte man dort immer ein Bett finden, und es war nicht von Bedeutung, wie spät es war.”

Charles Dickens, *Great Expectations*

Covent Garden im 19. Jahrhundert Dieses Aquarell von John Wykeham Archer gibt die Atmosphäre von Covent Garden im 19. Jh. wieder.

In dem Roman *Pygmalion* (1913) von George Bernard Shaw (1856–1950) trifft Prof. Higgins unter dem Portal von St Paul's die Blumenverkäuferin Eliza Doolittle. Er wettet mit seinem Freund Pickering, daß es ihm gelingt, sie von ihrem Cockney-Akzent zu befreien und zu einer Dame von Welt zu machen. Die bekannteste Bearbeitung des Romans ist die Verfilmung des Musicals *My Fair Lady* (1963) durch George Cukor.

tete der Architekt John Fowler zwischen 1829 und 1833 in der Mitte der Piazza drei langgestreckte Hallen nebeneinander. Diese waren in einzelne Verkaufsstände unterteilt und von gußeisernen Kolonnaden umgeben. Später wurde noch ein Glasdach aufgesetzt. Heute ist nichts mehr von der einstigen Piazza von Inigo Jones übrig, nur noch die Arkaden im Norden des Platzes erinneren an den ursprüng-lichen Entwurf.

Der Markt von Covent Garden um 1960
Bis in die sechziger Jahre hinein blieb der berühmte Markt, der fester Bestandteil des Londoner Stadtlebens war, in der Halle, die der Herzog von Bedford 1829 hatte erbauen lassen.

Der Einzug der Komödianten. Die Errichtung des Theatre Royal Drury Lane im Jahr 1663 und schließlich die Gründung les Covent Garden Theatre im Jahr 1732 veränderten den Charakter des Viertels und zogen bald eine große Anzahl von Theaterbegeisterten an. Als das königliche Theater-Monopol m Jahr 1843 aufgehoben wurde, erlebte Covent Garden inen regelrechten Boom: Im Lauf des 19. Jh. entstanden ierzig neue Bühnen, die noch mehr Leben in dieses ohnehin ehr quirlige Viertel brachten.

ine gelungene Wiedergeburt. Covent Garden blieb bis 974 eine bunte und lebhafte Gegend. Als der Markt dann in len Süden der Stadt verlegt wurde, geriet das Viertel in rnsthafte Gefahr, zerstört zu werden. Da Anwohner, Künstler und Architekten hartnäckig gegen die Errichtung on Bürogebäuden protestierten, entschieden die Behörden, Covent Garden adäquat zu sanieren. Seit dem Abschluß der Arbeiten im Jahr 1980 erlebt das Viertel einen zweiten rühling. In die Fußgängerzone mit vielen Cafés unterhalten Komödianten und Musiker die Passanten, und im Neal's Yard aben sich viele Boutiquen angesiedelt.

lower Market. Gegenüber den Markthallen befindet sich er Jubilee Market aus dem Jahr 1904. Hier wird noch immer Markt abgehalten, so zum Beispiel der montägliche Flohmarkt. Nebenan liegt der 1891 eingerichtete ehemalige lower Market (Blumenmarkt), der jetzt das Theatre Museum und das London Transport Museum beherbergt. Die Sammlung alter Omnibusse, Straßenbahnen und Dampflokomotiven wird vervollständigt durch Fotografien, Gravuren, Fahrkarten und Plakate und illustriert die Entwicklung des öffentlichen Transportwesens.

Die Kirche St Paul's. Eine Anekdote erinnert an die Gründung von St Paul's: Der Graf von Bedford hatte es für nötig befunden, eine Kirche errichten zu lassen, um das Bauvorhaben von Covent Garden abschließen zu können. Nicht gewillt,

Der Markt von Covent Garden heute
Im Gegensatz zu den Markthallen von Paris hat die Verbannung des Großmarktes von Covent Garden auf die Südseite der Themse nicht zur Zerstörung der alten Gebäude geführt. Seit dem Umbau im Jahr 1980 beherbergen die Hallen Geschäfte, Boutiquen und Restaurants.

viel Geld zu investieren, soll er angeblich Inigo Jones im Jahre 1613 damit beauftragt, etwas sehr Simples zu bauen, »etwas im Stil einer Scheune«, woraufhin ihm der Architekt »die attraktivste Scheune Englands« versprochen haben soll. Ein einfach konstruiertes Gebäude in Anlehnung an die Architektur Palladios wurde errichtet: ein Rechteck mit einem flachen Giebeldach und einem Säulenvorbau sowie eine Blendfassade zur Piazza. Die Kirche, die 1633 fertiggestellt wurde, brannte 1798 ab. Das heutige Gebäude, ein Werk von Thomas Hardwick, ist eine originalgetreue Nachbildung.

DAS THEATERVIERTEL

● 54

Von der Mitte des 17. Jh. an wurde das Viertel am Strand durch die Gründung des Savoy, des Vaudeville, des Adelphi, des Aldwych Theatre und der beiden großen Theater von Covent Garden, das Royal Theatre und das Royal Opera House, zum Zentrum von Londons Theaterwelt.

The Theatre Royal Drury Lane. Dieses Schauspielhaus wurde 1812 von Benjamin D. Wyatt (1755-1850) erbaut und war das vierte Theater, das in diesem Viertel nach 1663 entstand. Edmund Kean (1789-1833) interpretierte hier die großen Charaktere aus den Stücken Shakespeares. Das Theater ist 1922 neu aufgebaut worden und faßt heute 3000 Zuschauer.

The Royal Opera House. Das Royal Opera House ist besser bekannt unter dem Namen Covent Garden Theatre. Zweimal brannte das Theatergebäude ab. Das heutige Opernhaus (das dritte Gebäude) wurde zwischen 1856 und 1858 von Edward Middleton Barry erbaut. Das Äußere des Bauwerks wird von den sechs korinthischen Säulen mit einem aufgesetzten Portikus dominiert. Die Akustik des Opernhauses, das über mehr als 2000 Sitzplätze verfügt, ist weltberühmt. Die Gründungen der Royal Opera Company im Jahr 1946 und des Royal Ballet (1956) steigerten den Ruf dieses Theaters noch, das zu den drei besten Opernhäusern der Welt gezählt wird.

St Paul's, die Kirche der Schauspieler
St Paul's gilt als Kirche der Künstler und Theaterleute. Der Schriftsteller Samuel Butler, der Holzschnitzer Grinling Gibbons, der Komponist Thomas Arne, der Hofporträtist Sir Peter Lely und der Dramaturg William Wycherley liegen in einer Gruft auf dem angrenzenden Friedhof begraben. Der Maler William Turner wurde hier getauft.

Das Königreich des Theaters
Im 17. Jh. war Covent Garden bereits das Zentrum der Theaterwelt. Das Royal Opera House wurde 1732 von John Rich gegründet, der mit der Produktion von John Gays *Beggars' Opera* zu Geld gekommen war. Die Gravur von 1809 zeigt das Innere des Theaters.

»Es handelte sich um Bess Sedgwick, von der sie eher erwartet hatte, sie aus einer Diskothek in Soho oder aus der Covent Garden Opera herauskommen zu sehen.«

Agatha Christie

›Es ist eine interessante Straße für diejenigen, die die Frauen beim Einkauf

eobachten wollen, denn die Geschäfte und Cafés sind allesamt sehr nah beiein-

ıder, und die Schaufensterauslage ist derart gestaltet, daß sich die Gemüter des

ıönen Geschlechts in ständiger Erregung befinden.« Henry Mayhew, *The Shops*

l Companies of London and the Trade and Manufactures of Great Britain, 1865.

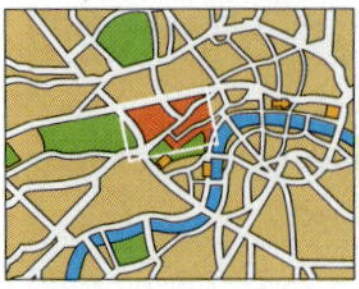

1/2 Tag

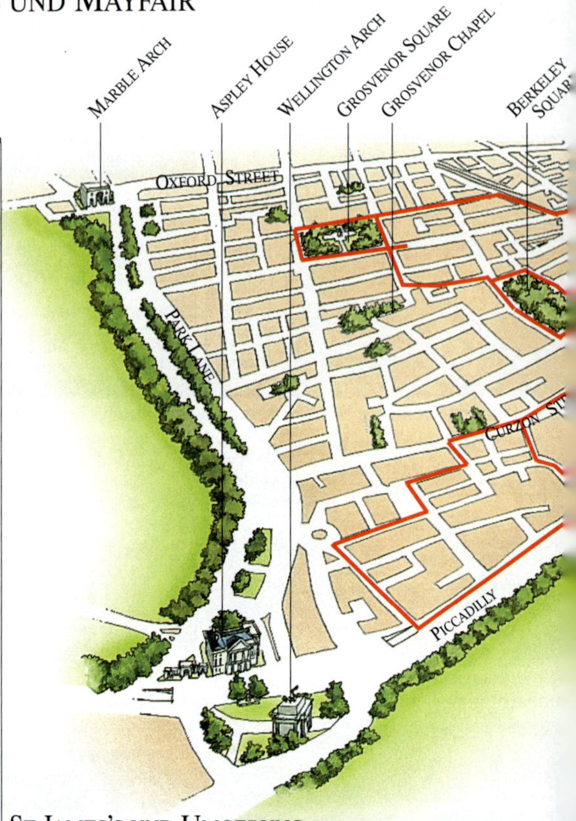

St James's Piccadilly Church Diese Kirche aus Backstein und Portland-Stein wurde 1674 von Christopher Wren (▲ *171*) erbaut und nach dem Zweiten Weltkrieg von Sir Albert Richardson restauriert. Das Gebäude, das aus einem einzigen Raum mit einem offenen Laufgang besteht, erstreckt sich unter einem mit Gipsfiguren ornamentierten Tonnengewölbe. Der Orgelkasten (17. Jh.) stammt aus der königlichen Kapelle von Whitehall und ist ein Werk von Grinling Gibbons (▲ *176*). Auch das marmorne Taufbecken und die Altarschnitzereien gehen auf Gibbons zurück.

ST JAMES'S UND UMGEBUNG

Eine gewisse Vertrautheit, Ruhe und Unerreichbarkeit bestimmen die Szenerie von St James's. Das Stadtviertel, das von Piccadilly, Haymarket und St James's Park begrenzt wird, ist bekannt für seine geschlossenen Gesellschaften und sein ›königliches‹ Flair, ein Überbleibsel aus dem 17. Jh. Weite Teile der Architektur aus dieser Zeit wurden im 19. und 20. Jh. durch moderne Büros und Kaufhäuser ersetzt.
Ein königliches Stadtviertel. Seit dem Einzug von König Charles II. in den St James's Palace (▲ *240*) im 17. Jh. zogen die angrenzenden Wohnviertel auch den Adel an. Henry Jermyn, Graf von Saint-Albans, war maßgeblich an deren

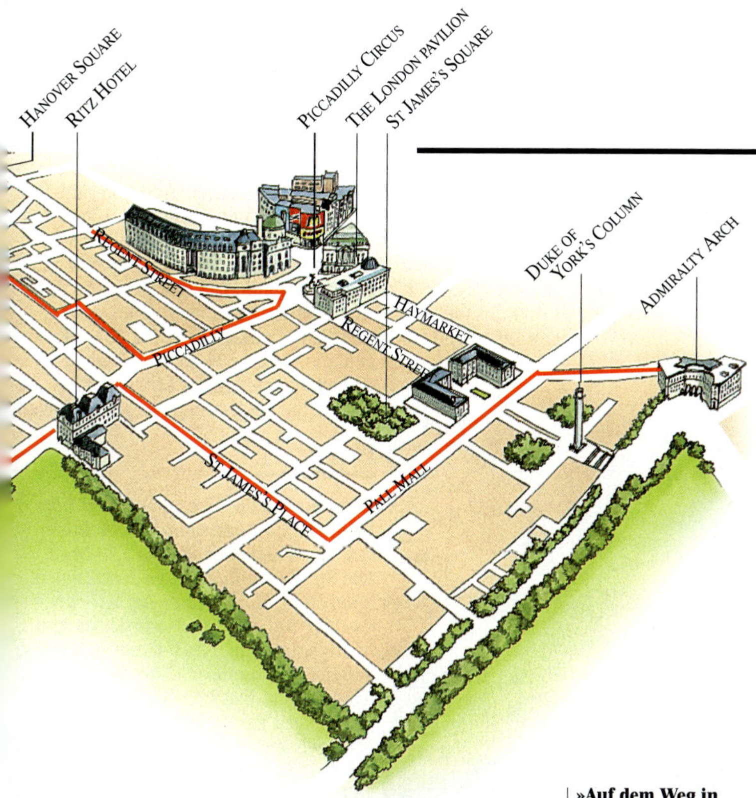

:ntwicklung beteiligt: Er nutzte die Gelegenheit, indem er
in ganzes Stadtviertel auf dem Grund erbauen ließ, mit dem
r einst für seine treuen Dienste unter Charles II. entlohnt
vorden war. Als die Herrschaftshäuser rund um den St
ames's Square fertiggestellt waren, verkaufte er diese an
eiche Aristokraten, die bestrebt waren, dem Königshof so
ah wie möglich zu sein. Weiteren Auftrieb erhielt das Viertel
urch den Einzug der wichtigsten Ministerien im 18. Jh. Um
on den Bedürfnissen dieser an Luxus gewöhnten Klientel
rofitieren zu können, ließen sich zahlreiche Cafés und Ge-
chäfte in der St James's Street nieder. Trotz des Umzugs von
)ueen Victoria in den Buckingham Palace im Jahr 1837 blieb
t James's eine Hochburg der Londoner ›High Society‹.

ie Zeit der Dandys. Das Dandytum entstand im England
es frühen 19. Jh. Als Dandys wurden ausschließlich die jun-
en Leute der gehobenen Gesellschaft bezeichnet, die durch
ie Raffinesse und die Extravaganz ihrer Kleidung, ihres Be-
ehmens und ihres Geschmacks Nonkonformismus und ihre
erachtung gegenüber der Demokratisierung des politischen
nd sozialen Lebens ausdrückten. Die Inkarnation des Dandy
t ohne Zweifel George Brummel (1778-1840), der ›Beau
rummel‹ genannt wurde. Die Freundschaft mit dem Prinzen
on Wales, dem zukünftigen George IV., öffnete ihm die Tür
r gehobenen Gesellschaft, in der er schnell den Ruf
langte, der elegante König der Mode zu sein. Brummel
erfektionierte seinen Stil soweit, daß er neue Kleider erst
n seinem Kammerdiener tragen ließ, um »sie von der Ge-
öhnlichkeit des Neuen zu reinigen«. Streitigkeiten mit dem
inzen sowie Spielschulden veranlaßten ihn im Jahr 1813,
ch Caen in Frankreich zu gehen, wo er in Armut und dem
ahnsinn nahe starb.

»Auf dem Weg in den White's Club«
Das Bild William Archers auf dem Weg zu seinem Club, 1819 von Richard Dighton festgehalten, erinnert an die Beschreibung eines Dandys, die Chateaubriand 1836 gab: »Ein echter Dandy muß verführerisch, locker und frech sein und sein Äußeres pflegen [...]«.

Neunhundert Clubs Im 19. Jh. gab es in London etwa 900 Clubs, wo hauptsächlich Billard gespielt und Konversation betrieben wurde (unten der Salon des Brook's Club).

Das Club-Leben. St James's ist die Wiege der berühmten Clubs, die fester Bestandteil der englischen Tradition sind. Ihre Vorgänger sind die *coffee houses*, in denen ein damals neu aus Arabien importiertes Getränk, der Kaffee, oder eine Schokolade aus Amerika serviert wurde. Nach und nach verwandelten sich diese Kaffeehäuser in Begegnungsstätten, wo über Politik, Literatur und Geschäfte debattiert, aber auch gegessen und getrunken und zuweilen sogar übernachtet wurde. Die Clubs nehmen nur eine begrenzte Zahl ausschließlich männlicher Mitglieder auf, die auch heute noch strenge Regeln befolgen.

PALL MALL

Biegt man in die Cockspur Street oder Pall Mall East ein, dann befindet man sich am östlichen Ende der Pall Mall. Die Straße verdankt ihren Namen dem Spiel *Paille Maille*, einer Art Krocket, das hier früher gespielt wurde. In den häufig unauffälligen Häusern sind einige äußerst renommierte Clubs beheimatet.

Athenaeum. Das berühmteste aller Clubhäuser wurde 1823 gegründet. Die Naturwissenschaftler Charles Darwin (1809-1882) und Thomas Huxley (1825-1895), die Schriftsteller Charles Dickens (1812-1870, ● *106*), Joseph Conrad (1857-1924) und Rudyard Kipling (1865-1936), aber auch Politiker und Bischöfe zählten zu seinen ausgewählten Mitgliedern. Die Regeln des Athenaeums verlangen, daß ein neues Mitglied einstimmig aufgenommen wird. Die Wahl finde mittels schwarzer und weißer Kugeln statt: Wenn auch nur eines der Mitglieder sein Veto einreicht, indem es eine schwarze Kugel wirft, ist der Clubanwärter *blackballed*, also abgelehnt. Der Philosoph und Mathematiker Bertrand Russell (▲ *308*) mußte vierzig Jahre warten, bevor er sich erneut – erfolgreich – um die Aufnahme bemühen konnte. Das Athenaeum ein griechisch inspirierter Bau aus den Jahren 1828-1830, stammt von dem Architekten Decimus Burton (▲ *252*). Eine Statue der Pallas Athene schmückt das Säulenportal in der prächtigen Halle befindet sich ein Abbild Apollos; ein Leseraum, ein Speisesaal, ein Spielsaal und eine 40 Meter lange Bibliothek, deren Wände von Kunstwerken geziert werden, sind ebenfalls Bestandteile des Athenaeums. Die Privaträume der Mitglieder befinden sich in den oberen Stockwerken. Es ist in diesem Clubhaus oberste Pflicht, die Regeln einzuhalten. So dürfen zum Beispiel im Speisesaal keine Geschäfte getätigt werden.

Traveller's Club. Das von Charles Barry (▲ *132*) zwischen 1829 und 1832 erbaute Ha an der Pall Mall Nr. 106 beherbergt den 18 gegründeten Club, der vor allem Reiselusti zu seinen Mitgliedern zählt.

Der Marquess of Hertford im Jahr 1818.

Reform Club. Ein weiteres Bauwerk von Charles Barry befin- det sich in der Pall Mall Nr. 104-105, einem ›italienischen Palast‹, der seit 1841 bevorzugter Treffpunkt der Liberalen ist.
Royal Automobile Club. Der R. A. C. hat seinen Sitz in der Pall Mall Nr. 80, einem Bau, der 1908-1911 von den Architek- ten des Ritz Hotels (▲ *280*) errichtet wurde. Das 1698 erbaute Schomberg House, in dem der Maler Gainsborough (▲ *213*) von 1774 bis 1778 gelebt hat, gehört auch zum Club, der heu- te etwa 15 000 Mitglieder aus dem gesamten Königreich zählt.
Oxford and Cambridge Club. Der 1830 von Lord Palmer- ston gegründete Club befindet sich in Pall Mall Nr. 71. Das Gebäude wurde von den Brüdern Smirke, den Architekten des British Museum (▲ *300*), erbaut. Hier treffen sich die Ab- solventen der zwei renommiertesten Universitäten Englands.

Brooks's Club
Der Club in Nr. 60 an der Ecke Park Place wurde 1764 von Charles James Fox und dem Herzog von Portland, den Führern der Whigs, gegründet. Das Gebäude aus dem Jahr 1778 stammt von dem Architekten Henry Holland (oben, im Jahr 1825).

John Lobb
Die Schuhleisten jedes Kunden werden in diesem ›Geschäfts-Museum‹ aufbewahrt.

St James's Street

Von der Pall Mall gelangt man direkt in die elegante St James's Street, eine der vornehmsten Straßen Londons. Hier herrscht eine Atmosphäre von Wohlstand und unvergleichlicher Erlesenheit. Die ältesten, weltweit bekannten Handelshäuser haben hier ihren Sitz.
Die Clubs von St James's. Boodle's (in der St James's Street Nr. 28) und besonders die zwei rivalisierenden politischen Clubs Brook's in der Nr. 60 und White's in der Nr. 37 gehören zu den ältesten der St James's Street. In dem 1827 erbauten Haus Nr. 69-70 residiert der Carlton Club der Tories, der 1832 vom Herzog von Wellington gegründet wurde.
Berry Brothers & Rudd. Dieses Familienunternehmen, das im 17. Jh. in der St James's Street Nr. 3 gegründet wurde, ist vor allem für exzellente Bordeauxweine und für Whisky bekannt. Seit 1765 dient die Waage im Verkaufsraum dazu, die ausgewählte Kundschaft zu wiegen, deren Gewicht in einem von neun ledergebundenen Büchern festgehalten wird.
Lock's. Der Hutmacher befindet sich seit 1759 in Haus Nr. 6. Hier wurde der berühmte Nelson-Hut kreiert, und auch heute versorgt sich die gehobene Gesellschaft bei Lock's noch mit Melonen und Zylindern.
Lobb's Bespoke Bootmakers. Der beste Schuhmacher der Welt – sagt man – befindet sich in der St James's Street Nr. 9. Er ist nicht nur offizieller Lieferant der Königin, sondern zählte zu seinen Kunden auch Persönlichkeiten wie Winston Churchill, Katherine Hepburn und Frank Sinatra.
Byron House. An dieser Stelle wachte Lord Byron eines schönen Morgens im Jahr 1811 auf und war berühmt: Seine Gedichtsammlung *Ritter Harolds Pilgerfahrt* war mit durchschlagendem Erfolg veröffentlicht worden.

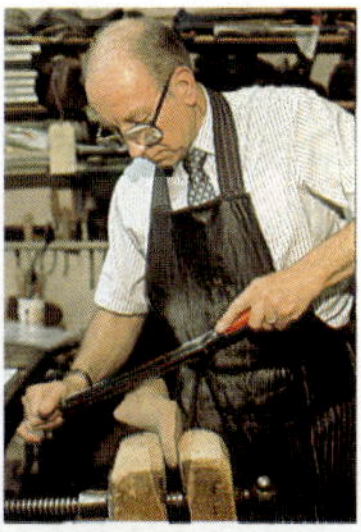

Hugh Johnson
verkauft nicht nur Weine, sondern alles, was mit Önologie zu tun hat – egal ob neu oder alt.

White's Club
Der Konkurrent des Brook's Club wurde 1693 im White's Chocolate House gegründet. Hier befindet sich die Hochburg der konservativen Tories. ›Beau Brummel‹ und zahlreiche Premierminister zählten zu den Mitgliedern dieses Clubs. Im übrigen hat Prinz Charles hier seine letzte Nacht als Junggeselle verbracht.

Der Ruhm des Ritz
Das Ritz ist berühmt für seine Arkaden, die denen der Rue de Rivoli ähneln, sowie für ein Interieur im Louis-quinze-Stil und den *afternoon tea*.

JERMYN STREET

Hier hat die Parfümerie Floris ihren Sitz (siehe oben). Seit 1730 ist Floris vor allem wegen seiner Potpourris, seines Parfüms von Stephanotis und seiner Badesalze aus rosafarbenen Geranien beliebt. Die erlauchte Kundschaft reicht von Königin Victoria, dem Herzog von Windsor und Elizabeth II. bis zu Prinz Charles. Etwas weiter laden der berühmte Käsehändler Paxton & Whitfield, der Zigarrenhändler Davidoff und der Goldschmied Grima zu einem Einkaufsbummel ein.

PICCADILLY

Diese große Straße, die im 18. Jh. zwischen Hyde Park Corner und Piccadilly Circus angelegt worden ist, trennt St James's von Mayfair. Heute reihen sich hier angesehene Hotels, Luxusboutiquen, ehemalige Herrschaftshäuser und prächtige Wohnhäuser, in denen Clubs residieren, aneinander.

Ritz Hotel. Das größte Hotel Londons wurde 1906 von Mewes & Davis an der Ecke Green Park errichtet. Ein Stahlgerüst verstärkt die Fassade aus norwegischem rosa Granit.

Burlington Arcade. Diese um 1819 erbaute Passage aus der Regency-Zeit beherbergt 41 Geschäfte, die Luxusartikel aller Art anbieten.

The Royal Academy of Arts. Im Burlington House, gegenüber Shepherd's Market, ist seit über einhundert Jahren die Royal Academy of Arts beheimatet. Das im Palladio-Stil ausgeführte Gebäude wurde zwischen 1867 und 1874 von Banks & Barry erbaut und vor kurzem von Norman Foster renoviert. An der bereits 1768 gegründeten Akademie wird Kunst unterrichtet und jedes Jahr im Sommer eine Ausstellung organisiert. Die Akademie erhält von jedem ihrer Mitglieder eine Arbeit, so daß sie Werke von Thomas Gainsborough (▲ *213*), Benjamin West, Sir William Chambers, William Turner (▲ *102, 216*) und John Constable (▲ *214*) zu ihrem Besitz zählt. Die ständige Sammlung wird durch Ankäufe bereichert, zu denen unter anderem eine Skulptur von Michelangelo gehört: *Maria mit dem Kind und Johannes.*

Fortnum and Mason's. Dieses Delikatessengeschäft darf das königliche Wappen tragen und ist besonders für seine Orangenmarmelade, *pickles* und Tee bekannt.

Die Buchhandlung Hatchard. Hatchard war einst ein literarischer Club, in dem Lord Byron und der Herzog von Wellington verkehrten.

Regent Street im Jahr 1820
Diese Ansicht der Regent Street vom Oxford Circus aus vermittelt die luxuriöse und vornehme Atmosphäre des Stadtviertels Mayfair zu Beginn des letzten Jahrhunderts.

»MAYFAIR IST DAS GRÖSSTE BALLUNGSZENTRUM, DAS DIE WELT IN BEZUG AUF INTELLIGENZ UND KNOW-HOW, REICHTUM UND SCHÖNHEIT ZU BIETEN HAT.«

SYDNEY SMITH

MAYFAIR

Das kleine Stadtviertel Mayfair ist am Rand des Hyde Park gelegen und wird von Oxford Street, Regent Street und Piccadilly begrenzt. Der Name Mayfair geht zurück auf die Mai-Märkte: Vieh- und Getreidemärkte, die von 1688 an jeweils in der ersten Maiwoche stattfan-den. Im 18. Jh. wurde das Viertel von den Grosvenors, den Herzögen von Westmin-ster, bebaut; danach entstanden prächti-ge Wohnhäuser und mehrere Squares. Mayfair ist heute das reichste und teuer-te Stadtviertel Londons. Es ist in zwei Bereiche geteilt: die Bond Street mit hren Luxusboutiquen und Hyde Park mit einen eher schmucklosen Wohnhäusern. n dieser Gegend wohnten unter nderem Lord Byron, der Historiker Macaulay, im 19. Jh. der Premierminister Gladstone und der Schriftsteller Graham Greene sowie in neuerer Zeit der hemalige Führer der Konservativen, Edward Heath.

urzon Street. In dieser Geschäfts-traße befinden sich noch einige Wohn-äuser aus dem 18. Jh., so zum Beispiel as Crew House (Nr. 15), das 1730 von dward Shepherd erbaut wurde. Der aden des Parfümhändlers und könig-chen Friseurs, G. F. Trumper, ist einen kleinen Umweg wert. eine Rasiercremes mit Mandel-, Sandelholz-, und Rosenduft owie die Ziegenmilchseifen sind einzigartig.

hepherd Market. Dieser kleine Marktplatz, 1735 von dward Shepherd entworfen und 1860 umgestaltet, hat sich nen gewissen dörflichen Charakter bewahrt und gefällt durch ne Fußgängerzone und kopfsteingepflasterte Höfe. Dort sind ebensmittelgeschäfte wie Bendicks Chocolate Shop, Restau-nts und Antiquitätenläden ansässig.

erkeley Square. Dieser Square wurde nach den Plänen von William Kent (1685-1748) zwischen 1737 und 1747 erbaut. Auf der Ostseite des Platzes in Burton Street Nr. 17, dem heutigen Berkeley Square House, wurde Königin Elizabeth II. geboren.

Grosvenor Square. 1785 hat im Haus Nr. 9 an dem Platz am äußersten Ende der Upper Brook Street der spätere Präsident der Vereinigten Staaten, John Adams, als amerikanischer Gesandter gelebt. Seitdem wird das Viertel auch ›Little America‹ genannt.

Brook Street. Geht man die Brook Street in Richtung Hanover Square, dann gelangt man zum Savile Club, dessen Innenausstattung im französischen Stil des 18. Jh. gehalten ist. Im Haus Nr. 25 verbrachte der Komponist Georg Friedrich Händel (1685-1759) die letzten 30 Jahre seines Lebens. Kurz bevor man in die

The Royal Academy
Isaac Newton und Samuel Pepys (● *40*) waren im 17. Jh. Präsidenten der Akademie.

Burlington Arcade
zählt zu den ältesten Londoner Ladengalerien (● *84*) und steht unter dem Schutz von *beadles* (Küster), die Gehrock und Zylinder tragen. Tagsüber achten sie darauf, daß sich die Kunden und Spaziergänger an die zahlreichen Benimmregeln halten. Nachts ist die Passage geschlossen.

Die Straßennamen
Viele Aristokraten, deren Bautätigkeit im 18. Jh. das Gesicht des Stadtviertels veränderte, sind in Mayfair verewigt. So finden sich zum Beispiel die Namen von Thomas Bond, Lord Dover, Sir Nathaniel Curzon, Hugh Audley, Lord Chesterfield, Lady Berkeley of Stratton und die Grosvenors in den Straßenbezeichnungen dieses Viertels wieder.

Café Royal
Dieses renommierte Café befindet sich in der Regent Street kurz vor dem Piccadilly Circus. Seit seiner Gründung im Jahr 1865 haben sich hier mit Vorliebe Künstler aufgehalten, unter ihnen Oscar Wilde (1854-1900), Aubrey Beardsley (1872-1898) und die Maler James Whistler (1834-1903) und Auguste John (1878-1961).

Liberty's
Dieses große Kaufhaus, das vor allem wegen seiner Baumwoll- und Seidenstoffe Rang und Namen hat, liegt an der Ecke Regent Street und Great Marlborough Street. Das heutige Gebäude entstand in den Jahren 1924 und 1925. Der Anbau in der Great Marlborough Street ist im Tudor-Stil (● *69*) gehalten.

Bond Street einbiegt, stößt man auf das berühmte Claridge's Hotel, das 1860 den Ruf des besten Hotels Londons genoß, eine Einschätzung, die auch heute noch berechtigt ist.
Savile Row. Hier konzentriert sich die Elite der britischen Schneider: Henry Poole, Schneider von Napoleon III., H. Huntsman & Sons, J. Dege & Sons und Gieves & Hawkes.
Museum of Mankind. Das Gebäude des Völkerkundemuseums in Burlington Gardens Nr. 6 wurde 1867 im Renaissance-Stil fertiggestellt. Bevor 1972 die ethnologische Sammlung aus dem British Museum hierhin übersiedelte, gehörte der Bau zur Universität von London. Ausgestellt werden Kunstwerke aus vorkolumbianischer Zeit, afrikanische Skulpturen, Kunsthandwerk sowie Gegenstände, die James Cook im 18. Jh. aus Ozeanien mitgebracht hat.

Bond Street

Bond Street ist die größte Verkehrsader von Mayfair. Sie verläuft als Old und als New Bond Street zwischen Piccadilly und Oxford Street. Lord Nelson (▲ *286*) und seine Geliebte Lady Hamilton, ›Beau Brummel‹ und Lord Byron lebten hier.
Hoflieferanten. Der Name Bond Street steht für Luxusgeschäfte wie etwa die Modehäuser Beal & Inman oder Herbie, das Schuhgeschäft Church & Co sowie Aprey's, wo Leder, Schmuck und Antiquitäten angeboten werden. Auf den Tafeln über den Ladenlokalen ist »By Appointment to Her Majesty« zu lesen, ein Prädikat, mit dem sich nur die Hoflieferanten schmücken dürfen und das für einzigartige Qualität bürgt.

»Gerüchte verbreiten sich eiligst zwischen Bond Street und Oxford Street […], unsichtbar und still, wie eine Wolke.«

Virginia Woolf

Regent Street

Die Regent Street, die sich vom Athenaeum bis kurz hinter den Oxford Circus zieht, wurde zwischen 1813 und 1823 nach Plänen von John Nash (▲ *257*) erbaut. Die von eleganten Häusern flankierte Prachtstraße verband den Wohnsitz des Prinzregenten, das Carlton House im St James's Park, mit dem Regent's Park. Zwischen 1898 und 1928 wurde Regent Street vollständig umgebaut. Heute befinden sich hier exklusive Kaufhäuser, so zum Beispiel Liberty's, Aquascutum und Hamley's (◆ *386*), eines der größten Spielwarengeschäfte.

Liberty's. Die Gründung des Geschäfts durch Arthur Liberty geht auf das Jahr 1875 zurück (● *89*) . Liberty's Stoffe und Möbel erregten schon damals großes Aufsehen. Heute gehören die Liberty-Drucke, die immer noch äußerst exklusiv sind, zu den Klassikern des englischen Stils und können über Jahre hinweg nachbestellt werden. Liberty's ist aber auch ein Kaufhaus, in dem Damen- und Herrenmode sowie Haushaltswaren angeboten werden.

The Quadrant. Quadrant wird der lange und prächtige Bogen genannt, den die Regent Street in der Nähe des Piccadilly Circus macht. Die Fassaden, im 20. Jh. wiederaufgebaut, weisen unverkennbar auf John Nash als Architekten hin.

Piccadilly Circus. Der berühmteste Platz Londons droht häufig im Verkehr zu ersticken, bleibt aber dennoch ein Anziehungspunkt für alle Besucher dieser Stadt. Nachts schillert er im Licht riesiger Leuchtreklametafeln, von denen die erste schon 1890 installiert wurde. Der Brunnen in der Mitte des Platzes wird von einer Statue überragt, die nicht, wie zumeist angenommen, den Gott Eros, sondern den Engel der Wohltätigkeit darstellt. Sie wurde 1893 in Gedenken an den viktorianischen Philantropen Anthony Ashley Cooper errichtet.

Regent Circus und Oxford Street
Oxford Circus, im 19. Jh. unter dem Namen Regent Circus konzipiert, liegt an der Kreuzung Oxford Street und Regent Street.

»Old Regent Street«
Das turbulente Leben auf der Regent Street in Höhe des Quadrant zeigt dieses Gemälde von J. Kynnersley Kirby.

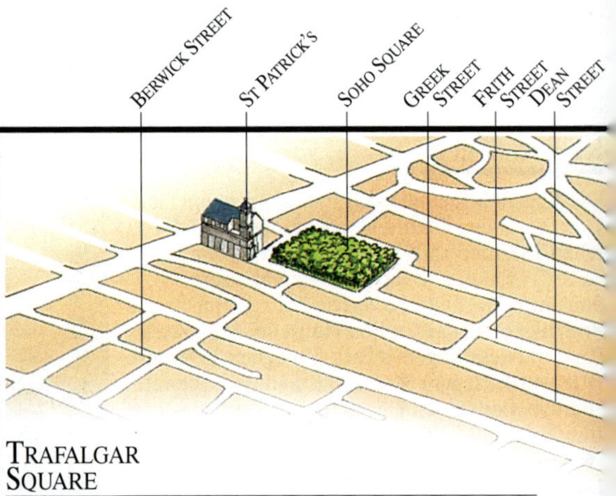

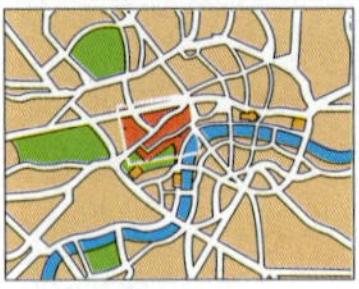

1 Tag

Weihnachtslieder am Trafalgar Square
Der mit weißen Lichtern geschmückte Weihnachtsbaum ist der Sammelpunkt für Chöre, die zugunsten von Wohltätigkeitsvereinen singen.

Weihnachten auf dem Trafalgar Square
Seit dem Jahr 1947 wird alljährlich zu Weihnachten ein riesiger, bunt geschmückter Tannenbaum auf dem Trafalgar Square aufgestellt. Die Stadt Oslo bedankt sich mit diesem Geschenk symbolisch bei Großbritannien, das der norwegischen Königsfamilie während des Zweiten Weltkrieges Zuflucht gewährt hatte.

TRAFALGAR SQUARE

Auf dem Gelände des heutigen Trafalgar Square befanden sich bis 1820 die königlichen Stallungen, die *Royal Mews*. Lediglich das Reiterstandbild von Charles I., das der Franzose Hubert Le Sueur (1633) anfertigte, sowie die Kirche St Martin-in-the-Fields gab es bereits damals. Den neuen Platz entwarf John Nash. Mit einer großzügigen Gedenkstätte sollte hier Admiral Horatio Nelson geehrt werden, weil dessen Siege Großbritannien zu einer uneingeschränkten Seeherrschaft verholfen hatten. Sir Charles Barry führte die Arbeiten zwischen 1829 und 1841 aus. Statuen von George III., George I., General Henry Havelock sowie Admiral Charles J. Napier markieren die Ecken des Platzes. Die Brunnen schließlich stammen von Sir Edwin Lutyens (1939).

Die Nelson-Säule. Seit 1843 thront die Statue von Admiral Nelson auf der rund 50 m hohen Granitsäule. Im Sockel erinnern vier Bronzereliefs, die aus eingeschmolzenen französischen Kanonen angefertigt wurden, an die siegreichen Schlachten des berühmten Admirals, inbesondere an die gegen die französisch-spanische Flotte bei Trafalgar am 21. Oktober 1805. Die 6 m langen Bronzelöwen zu Füßen der Statue wurden 1867 von Sir Edwin Landseer entworfen, einem renommierten Hof- und Tiermaler.

Stelldichein am Trafalgar Square. Trafalgar erfüllte von jeher eine wichtige Rolle als Treff- und Sammelpunkt. Insbesondere die Nelson-Säule dient häufig als Ziel- oder Startpunkt für Demonstrationen und Aufmärsche. In der Weihnachtszeit ziert ein riesiger Tannenbaum den Square. An Silvester versammeln sich Tausende um den Baum und warten darauf, daß Big Ben 12 Uhr schlägt, um sich dann ein »*Happy New Year!*« zu wünschen. Mutige Menschen folgen einer alten Tradition und beginnen das neue Jahr mit einem Bad in einer der Brunnen. In der nahegelegenen Kirche St

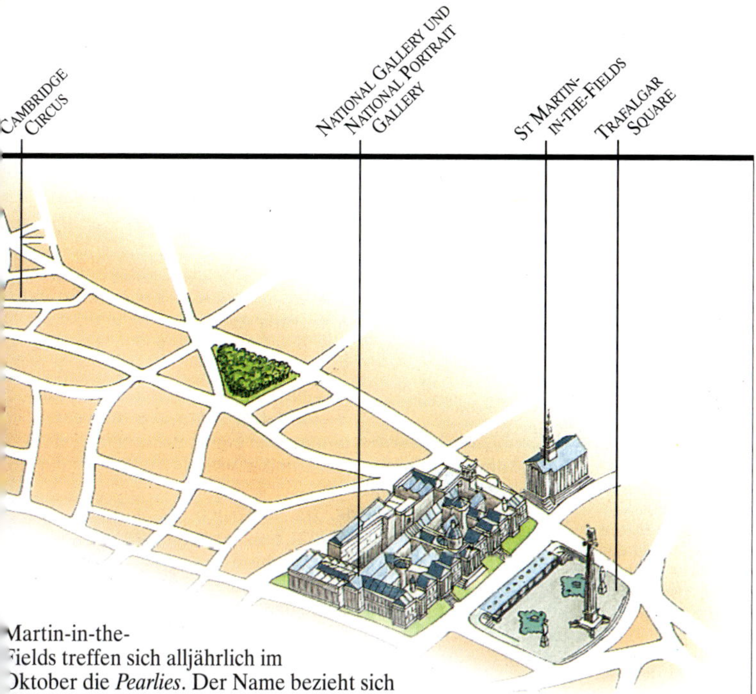

Martin-in-the-Fields treffen sich alljährlich im Oktober die *Pearlies*. Der Name bezieht sich auf die Perlmuttknöpfe an ihren Anzügen. Ursprünglich sahen die *Pearlies* ihre Aufgabe darin, die Beziehungen zwischen den Trödlern des East End und der Polizei zu verbessern. Später setzten sie ihr soziales Engagement als Spendensammler für wohltätige Zwecke ein. Auch heute noch treten die *Pearly Kings* und *Pearly Queens* (● *52*), die auch die Cockney-Gemeinschaft repräsentieren, bei Wohltätigkeitsveranstaltungen auf.

South Africa House. Das South Africa House, 1935 von Sir Herbert Baker (1862-1946) erbaut, ist ein sechsstöckiges Gebäude auf der Ostseite des Trafalgar Square. Hier stand früher das berühmte Hotel Morley. Am Eingang des Gebäudes befindet sich unter den Skulpturen von Flora und Fauna die Statue einer Antilope, des *springbok*, den die Rugby-Mannschaft Südafrikas im Namen führt.

Canada House. Das Canada House, von Robert Smirke, dem Architekten des British Museum, zwischen 1824 und

Die Krönung von Victoria (1819-1901)
Prinzessin Victoria bestieg den Thron am 20. Juni 1837. Ihre Krönung (1838) und das diamantene Thronjubiläum (1897) wurden prunkvoll gefeiert. In die Zeit ihrer Regentschaft (1838-1901) fällt die Glanzzeit des British Empire.

Edward Baily (1788-1867)
Dieses Gemälde eines unbekannten Künstlers zeigt den Bildhauer Baily bei seiner Arbeit an der Nelson-Statue.

Horatio, Lord Nelson (1758-1805)
Sir William Beechey porträtierte den Admiral (Bild rechts) um 1800. Nelson wurde dabei ein wenig idealisiert, denn er hatte bei der Schlacht von Calvi im Jahr 1794 das rechte Auge verloren.

“Vor dem Bombenangriff auf die dänischen Bollwerke in der Ostsee verbrachte Nelson an Bord eines Kahns ganze Tage damit, die Fahrrinne auszuloten, ein recht mühseliges Unterfangen. Das berühmte Manöver von Clerk d'Eldin, das darin bestand, den gegnerischen Flottenverband zu durchbrechen und mit zwei Schiffen die Außenflanke des Feindes anzugreifen, entsprach eigentlich der Kriegsstrategie Napoleons. Nelson hat diese Art der Kriegsführung übernommen und sie den Verhältnissen auf hoher See angepaßt.”
Emerson, *English Traits*

1827 erbaut, befindet sich auf der Westseite des Platzes, genau gegenüber dem South Africa House. Dieses Gebäude sollte ursprünglich das Royal College of Physicians aufnehmen, das jetzt im Regent's Park seinen Sitz hat.
Admiralty Arch. Diesen im Südwesten des Trafalgar Square gelegenen Triumphbogen schuf Sir Aston Webb im Jahr 1910 zu Ehren von Königin Victoria. Der Admiralty Arch verbindet zwei Gebäudekomplexe, die der Admiralität unterstehen, und markiert den Anfang der Prachtstraße The Mall.
St Martin-in-the-Fields. Im Nordosten des Platzes dominiert die 1721 bis 1726 von James Gibbs errichtete Kirche. Sie zeigt einen für ihre Epoche geradezu revolutionären architektonischen Stil: Ein korinthischer Portikus mit einem dahinter aufragenden Turm erinnert an einen römischen Tempel. Der Maler William Hogarth, der Philosoph Francis Bacon und die Schauspielerin Nell Gwynn, Mätresse von Charles II., liegen hier begraben. St Martin-in-the-Fields ist die Pfarrkirche für das Viertel St James's und den Buckingham Palace, bietet aber auch Obdachlosen Zuflucht. Musik hat ebenfalls eine lange Tradition, schon Händel spielte an der alten Orgel. Heute finden hier mehrmals pro Woche die berühmten Mittagskonzerte statt.

Die Tauben. Trafalgar Square ist den Besuchern auch durch seine unzähligen Tauben bekannt, die nicht gerade zur Sauberkeit des Platzes beitragen (vor der Säule Nelsons wurde bei einer Reinigung schon einmal mehr als eine halbe Tonne Taubendreck entfernt). Bisher sind alle behördlichen Versuche, die Zahl dieser Vögel zu reduzieren, fehlgeschlagen.

»Es ist um mich geschehen, Hardi! Dieses Mal ist es ihnen gelungen. Ich habe mir das Rückgrat gebrochen!«

Nelson zum Kapitän der *Victory*
während der Schlacht bei Trafalgar am 21. Oktober 1805

National Gallery

Im Jahr 1824 erwarb die britische Regierung 38 Gemälde – darunter Werke von Tizian, Raffael, Rembrandt und Rubens – aus der Sammlung von John Julius Angerstein, einem russischen Bankier, der im Jahr zuvor gestorben war. Die Kunstwerke waren zunächst im Haus des Sammlers an der Pall Mall ausgestellt. Bald darauf beauftragte man den Architekten William Wilkins mit dem Entwurf einer neuen Gemäldegalerie. Im Jahr 1838 wurde das 140 m lange und 17 m breite Gebäude im klassizistischem Stil fertiggestellt. In einem der beiden Flügel war bis 1869 die Royal Academy untergebracht. Spätere Erweiterungen wurden in den Innenhöfen des Gebäudekomplexes durchgeführt. Den hinteren Gebäudetrakt schuf der Architekt Robert Venturi. 1855 entschied sich das Parlament für einen regelmäßigen Kauf von Gemälden und formulierte im Jahr 1864 den Grund dazu wie folgt: »Wenn man sowohl die alten als auch die modernen Meisterwerke verstehen will, muß man das Genie, das diesen Bildern zugrunde liegt, bewundern lernen; und zwar nicht nur ein perfektes Einzelstück, sondern gerade auch die Entwicklungsstufen dahin [...]. Die Rolle, die Giotto und Masaccio in der florentinischen Malerei spielen, ist vergleichbar mit der Stellung, die Chaucer und Shakespeare in der englischen Literatur einnehmen. Eine Staatsgalerie, die kein Gemälde dieser beiden Meister besitzt, ist genauso unvollständig wie eine Staatsbibliothek, die weder Chaucer noch Shakespeare vorweisen kann.«

Trafalgar Square gestern und heute
Die langgezogene Fassade der National Gallery säumt die gesamte Nordseite des Trafalgar Square. Unten rechts ist der Kirchturm von St Martin-in-the-Fields zu sehen. Die Fotografie oben zeigt Nelson's Column, St Martin-in-the-Fields und das South Africa House.

Die 2000 Gemälde umfassende National Galler zählt zu den führenden Gemäldemuseen de Welt. Hier sind unter anderem die schönsten Sammlungen italienischer Meister außerhalb Italiens (frühe Werk und Renaissance) und eine der bedeutendsten Sammlungen der flämischen und holländischen Schule vertreten.

»Maria mit Kind«
Duccio di Buoninsegna (1260-1318) ist einer der größten Maler der sienesischen Schule. Seine Werke aus dem frühen 14. Jh. gehören zu den ältesten der National Gallery. Dieses Gemälde dokumentiert deutlich den Einfluß der byzantinischen Schule auf die Meister von Siena. Andererseits markiert die Farbgebung auf goldenem Grund bereits den Übergang zur Gotik.

»Die Schlacht von San Romano«
Dieses Gemälde von Paolo Uccello (1397-1475) ist eines der Tafelbilder aus dem Jahr 1456, die aller Wahrscheinlichkeit nach von der Familie Medici in Auftrag gegeben wurden. Sie illustrieren die Schlacht von San Romano im Jahr 1432, in der die Sienesen von den Florentinern geschlagen wurden. Der Ritter ohne Rüstung im Vordergrund ist wahrscheinlich der florentinische Kapitän Niccolo da Tolentino. Dunkle Farben dominieren, und mehrere Fluchtpunkte bestimmen die Perspektive des Bildes.

»Der Doge Leonardo Loredan«
Leonardo Loredan, von 1501 bis 1521 Doge in Venedig, war etwa 65 Jahre alt, als Giovanni Bellini seine Büste herstellte. Dieses Werk erinnert mit seiner düsteren Stimmung und dem neutralen Hintergrund stark an Mantegna. Bellinis Stärke lag vor allem darin, die Büste mit Leben zu erfüllen, indem er intensiv mit Licht- und Schatteneffekten arbeitete.

»Maria auf der Wiese«
Der Venezianer Giovanni Bellini (1430-1516) war ein Meister der Farbgebung. Nach 1500 veränderte er als offizieller Hofmaler seine künstlerischen Ausdrucksformen, blieb jedoch seinen ursprünglichen Motiven treu. Ein Beispiel dafür ist dieses Madonnenbild, in dem sich Maria über den nackten Körper ihres Kindes beugt. Hier steht die Helligkeit der Farben im Vordergrund.

»Anna Selbdritt«
Leonardo da Vinci (1452-1519) hat diesen Karton ein Jahr vor seinem Abschied von Mailand im Auftrag von Ludwig XII. angefertigt. Nach seiner Ankunft in Florenz nahm er das Thema für das Altarbild der Annunziata erneut auf. Der Karton, der 1501 zum ersten Mal ausgestellt wurde, begeisterte die Florentiner.

Mütterliche Dualität
Siegmund Freud war von diesem Gemälde Leonardo da Vincis so beeindruckt, daß er es psychoanalytisch deutete. Er sah in diesem Werk eine Darstellung da Vincis eigener Mutter. Da Vinci war der Sohn eines Notars und einer jungen Bäuerin. Etwa ein Jahr nach seiner Geburt heiratete der Vater eine junge Aristokratin und nahm das Kind mit in die Ehe. Der Stiefmutter brachte Leonardo eine außergewöhnliche Zuneigung entgegen. Freud glaubte, daß der Künstler die eigene Erfahrung dadurch verarbeitete, daß er Maria und ihre Mutter Anna etwa gleichaltrig darstellte.

»Junger Mann mit Schädel in der Hand«
Frans Hals (um 1580 bis 1666) war ein großer Porträtist, dem Künstler, Theologen und Gelehrte Modell standen. Dieses Modell, ein junger Mann mit breiten sinnlichen Lippen und einer unregelmäßigen Nase, entspricht dem männlichen Ideal des 16. und 17. Jh. und erinnert an andere

Werke des Künstlers. Der in ein Tuch gehüllte Junge hält in einer Hand einen Schädel und scheint in eine Unterhaltung vertieft. Einige Kritiker sehen in ihm einen Sohn des Malers. Wie die Caravaggisten versuchte Frans Hals, die dramatisch wirkenden Hell-Dunkel-Effekte, die durch künstliches Licht erzeugt werden, auszunutzen.

»BEI SEINER SUCHE NACH FARBIGEN FLÄCHEN MALTE FRANS HALS MIT DEM GLEICHEN EIFER DIE FALTE EINER HALSKRAUSE, DIE FRANSEN EINES TUCHES ODER DAS STRAHLENDE LÄCHELN EINES DIENSTMÄDCHENS« ELIE FAURE

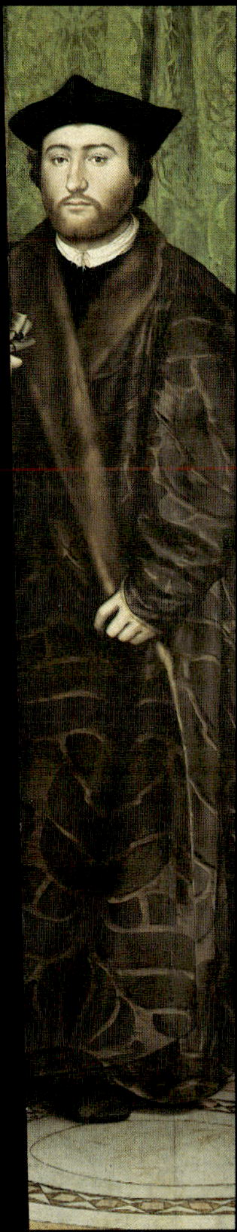

»Die Gesandten«
Hans Holbein d. J. (1497-1543) stammte aus Augsburg und war ab 1538 Hofmaler von Henry VIII. Das Bild links zeigt Jean de Dinteville, im Jahre 1533 Gesandter des französischen Königs in England. Rechts steht Georges de Selve, Bischof von Lavaur, der Dinteville am 11. April um 10.30 Uhr einen Besuch abstattete, wie der Globus und die Uhr auf dem Regal anzeigen. Der Schädel im Vordergrund, die Anstecknadel von Dinteville, die zerrissene Saite der Laute – all dies verweist auf eine eitle und leere Welt. Auf dem Gemälde ist außerdem eine Nachbildung des Marmorbodens (aus dem Jahr 1268) zu sehen, der die Vorderseite des Altars von Westminster Abbey (▲ *137*) ziert.

»Arnolfini-Hochzeit« (1434)
Dieses Gemälde von Jan van Eyck (1390-1441) stellt die Heirat von Jean Arnolfini, einem Kaufmann aus Brügge, und der schwangeren Jeanne Cename dar. Mit einer gotischen Signatur oberhalb des Rundspiegels im Hintergrund weist Van Eyck darauf hin, daß er Zeuge dieser Hochzeit war.

Selbstporträt mit 34 Jahren
Sein ganzes Leben lang hat Rembrandt (1606-1669) in Selbstporträts die Spuren, die Zeit und Schicksal in seinem Gesicht hinterließen, festgehalten. Das qualitativ durchaus hochwertige Bild scheint nicht auf Wunsch (und nach Bezahlung) eines Mäzens entstanden zu sein. Wahrscheinlich handelt es sich um eine Vorfassung zu einem der künstlerischen Selbstporträts, die Rembrandt der Öffentlichkeit vorstellte.

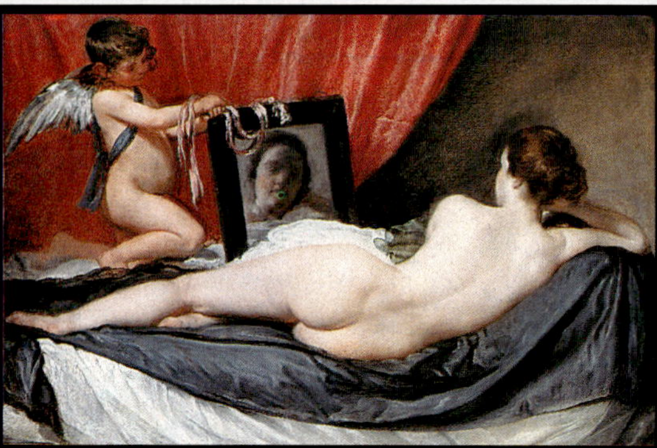

»Venus im Spiegel«
Dies ist der einzige Frauenakt von Velázquez (1599-1660). Hier verbindet er zwei venezianische Motive des 17. Jh.: das der sitzenden Venus und das der liegenden Venus vor einem Spiegel. Bevor dieses Bild von der National Gallery angekauft wurde, befand es sich in Rockeby Park, Yorkshire - daher auch die Bezeichnung *Venus von Rockeby*.

»Die großen Badenden II« (1900-1905)
Badende Frauen waren ein beliebtes Thema bei Paul Cézanne (1839-1906). Der Maler löste sich hier von

»Die Straße von Middelharnis«
Das Meisterwerk des großen holländischen Landschaftsmalers Meindert Hobbema (1638-1709) fasziniert auf ganz eigene Weise. Die kühne geometrische Komposition hebt sich von der üblichen Darstellungsweise seiner Motive – Flüße und Wassermühlen – sehr deutlich ab. Middelharnis ist ein kleines Dorf auf einer Insel an der Meuse-Mündung.

»Der Ehevertrag«
Dieses Bild Hogarths (1697-1764) ist das erste aus der *Marriage à la mode* (1742-1744), einer Satire auf die gehobene Gesellschaft. Dargestellt wird eine Eheschließung, die nur auf Geld und Eitelkeit baut. Hier arrangiert ein verarmter Aristokrat die Heirat seines Sohnes mit einer reichen Bürgerstochter. Zur »Heirat nach der Mode« wurden auch Kupferstiche angefertigt.

»MEIN GEMÄLDE GLEICHT EINER THEATERBÜHNE UND MEINE FIGUREN DEN AKTEUREN, DIE DURCH GEWISSE GESTEN UND MIENEN EINE PANTOMIME SPIELEN.«

WILLIAM HOGARTH

der naturalistischen Darstellung der Anatomie und versuchte mit Hilfe der Farben blau und grün die Formen zu betonen. Dieses Bild markiert den Beginn des Kubismus.

«Badende in Asnières»
Dieses erste große Werk (1883) von Georges Seurat (1859-1891) gibt eine Szene aus der neuen Pariser Vorstadt wieder: Die Personen blicken zur Insel La Grande-Jatte, während ein leichter Wind den Fabrikrauch aus Gennevilliers herüberweht. Das Bild ist ein frühes Beispiel des Pointillismus, einer Technik, bei der sich das Bild aus kleinen Farbtupfern zusammensetzt.

Links ein Porträt von Oliver Cromwell (1599-1658), gemalt von Samuel Cooper, dann das des jungen George IV. (1762-1830) von Thomas Lawrence, und rechts das Bild William Blakes (1757-1827) von Thomas Philips.

Die ersten Konservatoren, die nach eigenem Ermessen kaufen durften, erwarben viele Werke, die den Geschmack der damaligen Zeit gut wiedergeben. Heute besitzt die National Gallery eine Auswahl von mehr als 2000 Werken au über fünf Jahrhunderten – von den frühen Italienern bis zu den Impressionisten.

NATIONAL PORTRAIT GALLERY

An der Ostseite der National Gallery, zwischen St Martin's Place und Orange Street, befindet sich seit 1896 die National Portrait Gallery. Sie gilt als ein einzigartiges Kaleidoskop englischer Geschichte: eine Sammlung von ungefähr 9000 Porträts (Gemälde, Radierungen, Zeichnungen, Fotografien und Skulpturen), die Könige, Politiker, Musiker, Schriftstelle und Künstler von der Zeit des Königs Henry VIII. bis zur Gegenwart abbilden. Das Museum wurde 1856 gegründet, um »die Porträts von Personen aufzunehmen, die sich in der Geschichte Englands besonders hervorgetan hatten«. Staatsoberhäupter und Schriftsteller dominierten schon bald gegenüber Wissenschaftlern und Industriellen. In der historischen Rückschau nimmt daher die englische Königsfamilie eine herausragende Stellung ein. Obwohl nicht alle Porträts künstlerisch hochwertig sind, birgt dieses Museum

Sir Edwin Landseer (1802-1873)
John Ballantyne stellte 1865 den Bildhauer bei seiner Arbeit an einem der bronzenen Löwen der Nelson-Säule dar.

ioch einige Schätze, wie das Porträt von Henry VIII., ein
Verk Hans Holbeins (1497-1543), ein Selbstbildnis von
George Stubbs (1724-1806) oder das *Chandos Portrait* William
hakespeares.

:in Rundgang durch das Museum. Die einzelnen Räume
les Museums sind mit jeweils zeittypischen Stoffen und
'arben dekoriert, so daß die Werke gleichsam in ihrer natürlichen Umgebung präsentiert werden. Der Besucher wird von einem Porträt Margret Thatchers empfangen, einem Werk von Rodrigo Moynihan. Mit dem Aufzug geht es in den dritten Stock, der Werke von der Tudor-Zeit bis zum 18. Jh. beherbergt. Zu den wichtigsten Stücken gehören: das Porträt von Thomas Morus sowie Porträts von Henry VIII., Shakespeare (der Ersterwerb des Museums) und Elizabeth I.

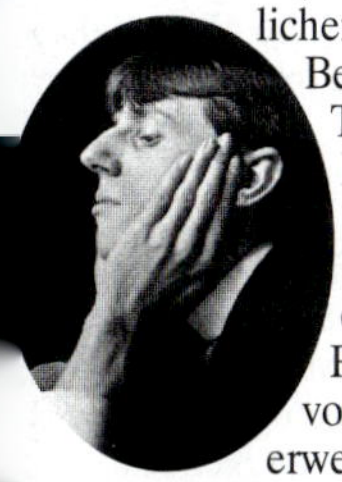

ie Stuart-Zeit. In diesen Räumen befindet sich ein Minia-
ırporträt Oliver Cromwells, geschaffen von Samuel Cooper
609-1672), einem der größten britischen Porträtisten; da-
ben ein Porträt des Schriftstellers Samuel Pepys, 1666 von
hn Hayls angefertigt. Die Französin Louise de Kerouaille
ng als Geliebte Charles II. in die Geschichte Englands ein.
er französische Maler Pierre Mignard (1612-1695) malte sie
82 in Begleitung ihres schwarzen Dienstmädchens.

ie Siege von Marlborough. Den Teilnehmern des Spani-
hen Erbfolgekrieges (1701-1714), bei dem sich Frankreich
ıter Führung von Ludwig XIV. gegen das restliche Europa
llte, ist ein Raum gewidmet. Der Herzog von Marlborough,
ı Vorfahr von Winston Churchill, tat sich dabei als
ihrer der alliierten Armeen hervor. Sein Reiter-
ındbild stammt von Godfrey Kneller (1646-1723).

r Kit Kat Club. Die Mitglieder des Kit Kat Club
262), eines vornehmen politisch-literarischen Clubs
s 18. Jh., wurden ebenfalls von Kneller verewigt.

e Romantiker. Eine Reihe Porträts ist den
:schiedenen Literaten und Künstlern der Romantik
widmet, darunter William Wordsworth, Samuel
lor Coleridge, Percy Bysshe Shelley, Lord Byron,
lliam Blake, John Constable und James Barry.

e viktorianische Ära. Das bemerkenswerteste Stück der
nmlung viktorianischer Porträts im ersten Stock ist das
dnis von Königin Victoria, das sie am Tag ihrer Krönung
stellt. Beachtung verdienen auch die Porträts von Charles
:kens, den Schwestern Brontë und Florence Nightingale.

Jerry Barret stellte Florence Nightingale (1820-1910) inmitten der Menschen dar, die sie in Scutari, Türkei, gepflegt hat (ganz oben). Vanessa Bell (oben links), Schwester von Virginia Woolf, war selbst Malerin. Um 1918 stand sie für Duncan Grant Modell. Henry VIII. (Mitte) wurde hier von einem unbekannten Künstler porträtiert. Um 1675 malte Sir Peter Lely die Schauspielerin Nell Gwynn (1650-1675) (oben rechts). Links in der Mitte eine Fotografie des Zeichners Aubrey Beardsley (1872-1898), die Frederick Henry Evans (1894) anfertigte.

George Bernard Shaw (1856-1950)
Ein Aquarell von Bernard Partridge (um 1925).

Chinesisches Neujahrsfest in Soho
Soho, ehemaliger Zufluchtsort französischer Emigranten, hat sich zu einem kosmopolitischen Stadtviertel gewandelt. Dies findet seinen Niederschlag nicht zuletzt in den vielen griechischen, italienischen oder koreanischen Restaurants. Die chinesischen Lokale findet man vor allem an der Gerrard Street.

LEICESTER SQUARE

Über die Pall Mall gelangt man vom Trafalgar Square zum Haymarket, wo sich zwei sehr schöne Theater befinden: das Haymarket und gleich gegenüber das Her Majesty's. Von dort aus gelangt man durch die Panton Street direkt zum Leicester Square, einen belebten Platz, den vor allem Touristen bevölkern. Hier bestimmen Souvenirläden, Spielhöllen und Diskotheken das Bild. Vor einem Kiosk stehen Kunden in einer wohlgeordneten Warteschlange an (wie es in England üblich ist), denn hier gibt es Theaterkarten zum halben Preis. Leicester Square, einst nur ein Garten, kam im 18. Jh. bei Künstlern sehr in Mode. Seitdem ist der Platz wichtiger Bestandteil des Londoner Theater- und Kinoviertels, zu dem auch St Martin' Lane, Monmouth Street, Shaftesbury Avenue, Haymarket, Charing Cross Road und der Strand gehören. Aufgeführt werden amerikanisch angehauchte Musicals, Boulevard-Stücke und avantgardistische Theater, aber auch große Klassiker, wie zum Beispiel *The Mousetrap* (Die Mausefalle) von Agatha Christie, die seit 35 Jahren im Programm ist.

SOHO

Das kleine Stadtviertel Soho besteht aus einem Labyrinth von kleinen Gäßchen, eingezwängt zwischen Oxford Street, Regent Street, Shaftesbury Avenue und Coventry Street. Zahlreiche Künstler, Intellektuelle und Exzentriker lebten hier: Dylan Thomas, Giacomo Casanova, Jean-Jacques Rosseau und Wolfang Amadeus Mozart fanden in Soho Abwechslung und Inspiration. Lange Zeit war das etwas düstere Viertel ein Auffangbecken für Flüchtlinge und erhie bald den Ruf eines Sündenbabels. Neben internationalen Restaurants finden sich hier Striptease-Lokale und anrüchige Kabaretts (wi

Ein heißes Viertel
Soho gilt seit jeher als verrufen. Nach dem Zweiten Weltkrieg haben sich die Anwohner zusammengetan, um die Schließung möglichst vieler Erotikshops zu erreichen. Seit 1959 sind die Prostituierten verpflichtet, ihrem Beruf nicht mehr auf der Straße, sondern in Studios nachzugehen.

etwa das *Mme Jojo*). Tagsüber ist Soho laut und lärmend. Am Soho Square und an der Wardour Street haben sich namhafte Unternehmen der Medienbranche (unter anderem Künstleragenturen und Filmgesellschaften) angesiedelt. Inmitten lieses Trubels liegt der Straßenmarkt in der Berwick Street, Treffpunkt für qualitätsbewußte Feinschmecker und Hausrauen. Nachts füllen sich die Straßen mit Theater- und Kinobesuchern, die unter der gleißenden Leuchtreklame ler Sexshops dahinschlendern. Die parallel zur Regent Street verlaufende Carnaby Street ist die wohl bekannteste Straße Sohos, doch die *Swinging Sixties* und die extravagante Kleidung, die die Modeschöpferin Mary Quant entwarf, gehören schon längst der Vergangenheit an.

Der Markt von Berwick Street
Einfache Hausfrauen und anspruchsvolle Gourmets besuchen diesen Straßenmarkt im Herzen von Soho.

OXFORD STREET

Oxford Street ist mit 2,5 km die längste Einkaufsstraße Londons. Allerdings unterscheidet sie sich hinsichtlich der Ausstattung an Geschäften kaum von den anderen. Hier versammelt sich lediglich alles, was in der britischen Geschäftswelt Rang und Namen hat: Marks & Spencer, Boots, Body Shop und Littlewoods, aber auch Edelboutiquen wie Selfridges (● *88*), John Lewis, Debenhams (● *88*) und House of Frasers. Man sollte es nicht versäumen, noch einen Abstecher in die Boutiquen am St Christopher's Place zu machen. Der winzige Eingang ist mit einem Pfeil gekennzeichnet und befindet sich unter der Nr. 350. Liberty's (● *89*, ▲ *283*), das für seine exklusiven Stoffe und Seidenwaren berühmt ist, findet man unter dem Oxford Circus an der Ecke Great Marlborough Street zur Regent Street.

Oxford Street

❝Wir treten hinaus in das bunte Treiben und werden natürlich sogleich in Richtung Haymarket geschoben. Wir wollen in die Oper gehen, und zwar in die Galerie für 5 Schillinge. Dort wird *Don Juan* zum vorletzten Mal gespielt [...]. Wir sollten versuchen, Karten zum halben Preis zu ergattern. Doch eigentlich sitzt man im *Pit* gar nicht gut, denn es ist dort immer furchtbar heiß. Wir beschließen, statt dessen etwas bummeln zu gehen. Bald stoßen wir auf die großartige Oxford Street; sie ist erleuchtet so weit das Auge reicht und kreuzt andere prächtige Straßenzüge.❞
Stendhal, *Voyage à Londres*

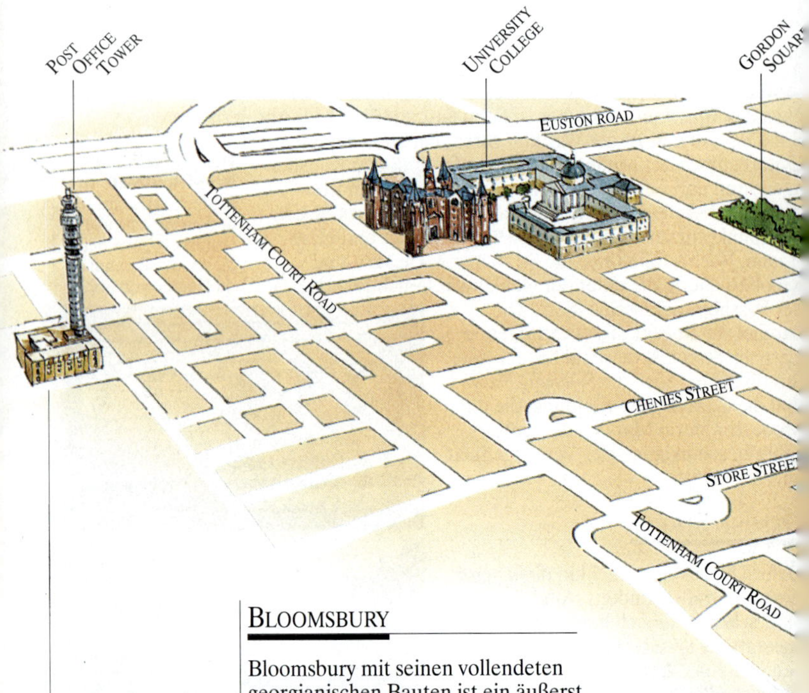

BLOOMSBURY

Bloomsbury mit seinen vollendeten georgianischen Bauten ist ein äußerst homogenes Viertel. Zahlreiche Plätze, kleine Straßen und die für die englische Hauptstadt so typischen Terraces (● *76*) prägen das Gesicht dieses Stadtteils. Hier, im Schatten des British Museum, leben traditionell vor allem Künstler und Intellektuelle. Begründet wurde der Aufschwung Bloomsburys im späten 17. Jh. durch Lord Southampton, der am heutigen Bedford Square einen Stadtpalast errichten ließ. Weitere Adelige folgten seinem Beispiel, ab dem 18. Jh. ließen sich hier auch zahlreiche Künstler nieder: unter anderem die Maler John Constable (1778-1837) und Dante Gabriel Rossetti (1828-1882) sowie die Schriftsteller Charles Dickens (1812-1870) und George Bernard Shaw (1856-1950). Zum intellektuellen Zentrum Londons wurde Bloomsbury nicht zuletzt durch Vanessa Bell, deren Schwester Virginia Woolf und die anderen Mitglieder der Bloomsbury Group (▲ *308*).

Tavistock Square. Den langgestreckten Platz mit seinem schönen Park und den eleganten Häuserzeilen legte Thomas Cubitt um 1820 an. Im Woburn House befindet sich heute das Jewish Museum, ein jüdisches Kulturzentrum mit einer interessanten Sammlung von Kultobjekten, alten Möbeln und Kunstgegenständen.

Dickens' House (● *76*). Der Autor Charles Dickens (● *106*) lebte von 1837 bis 1839 in der Doughty Street Nr. 48. Hier schrieb er die *Pickwick Papers*, *Olivier Twist* und *Nicolas Nickleby*. Das Museum besitzt zahlreiche Briefe, Manuskripte, Möbelstücke des Schriftstellers sowie Erstausgaben seiner Werke und versucht, sämtliche Publikationen zum Thema Dickens zu sammeln. Im Keller befindet sich eine Nachbildung der Küche von Dingley Dell, die in den *Pickwick Papers* beschrieben wird.

Die Plätze von Bloomsbury
Bloomsbury wurde bereits im 18. Jh. zum beliebten Wohnviertel. Seine zahlreichen Plätze wie z. B Russell Square (unten) oder Bedford Square (darunter) und die kleinen Straßen machen den besonderen Charme des Stadtteils aus.

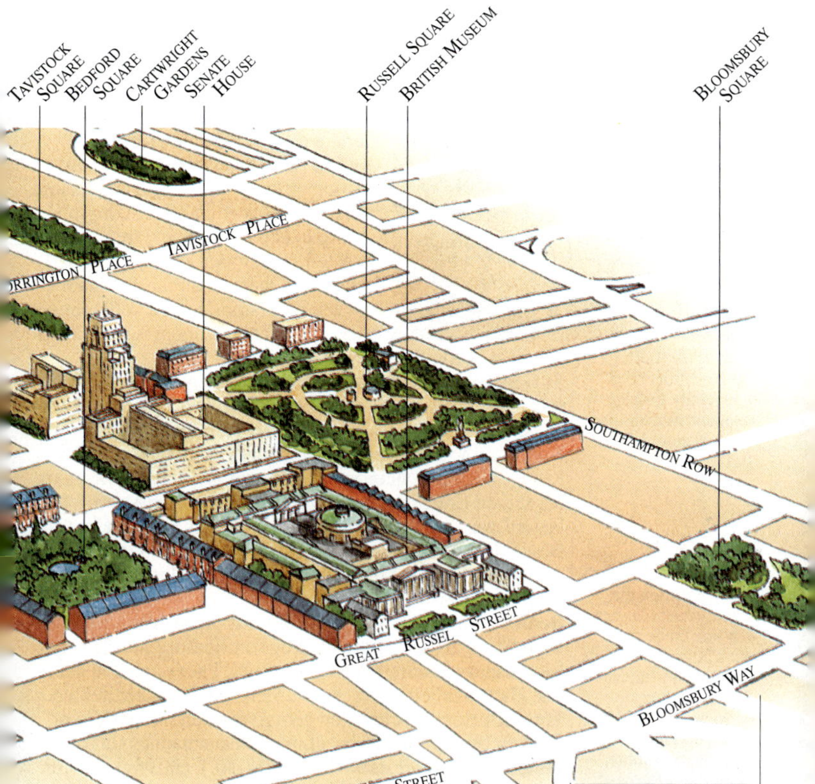

Russell Square. Der weitläufige, um 1800 angelegte Platz vurde im frühen 20. Jh zur bevorzugten Adresse des wohlabenden Mittelstandes. Heute dominiert das Russell Hotel 1898), ein imposantes Gebäude im viktorianischen Stil, den arkähnlichen Square.

London University. Die Universität besteht aus zahllosen achübergreifenden Colleges und Instituten, ie über ganz London verteilt sind. Das Jniversity College, die älteste Einrichtung er Universität, wurde 1826 in der Gower treet gegründet. Hier waren, im Gegenatz zu Oxford und Cambridge, die der nglikanischen Kirche unterstanden, uch Nicht-Anglikaner zum Studium ugelassen. Der größte Teil der Institute edelte sich im 20. Jh. in dieser Gegend n. Die Hauptverwaltung, das Senate House, 933 von Charles Holden errichtet, befindet ch an der Westseite des Russell Square.

Bloomsbury Square. Dieser Platz, der zu den ältesten ondons gehört, ist der historische Kern und das heutige entrum von Bloomsbury. Von dem Palast, den der Graf von outhampton um 1660 erbauen ließ, sind heute nur noch die ärten, die einst den Southampton Square bildeten, erhalten. n Jahr 1670 heirateten zwei der größten Landbesitzer ondons, Lady Rachel, Erbin des Southampton Estate und ord William Russell, Sohn des Grafen von Bedford, dessen

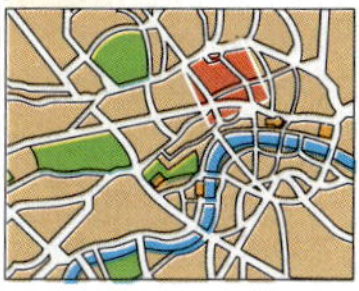

1 Tag

Charles Dickens (1812-1870)
Das Haus in Bloomsbury, in dem der Schriftsteller von 1837 bis 1839 lebte, ist heute Museum (unten).

University College
Im Nordflügel des University College residiert derzeit die Slade School of Fine Arts.

Familie einige Jahre zuvor Covent Garden (▲ *272*) angelegt hatte. Das Southampton House wurde umbenannt in Bedford House und Southampton Square in Bloomsbury Square. Der neue Stadtteil, der großen Anklang bei der Londoner Oberschicht fand, reichte im Norden bis Hampstead (▲ *260*). Heute säumen elegante georgianische Häuser die Gärten von Bloomsbury Square.

St George's Bloomsbury. Diese zwischen 1716 und 1731 erbaute Kirche wurde nach den Plänen von Nicholas Hawksmoor (▲ *311*) ausgeführt. Der pyramidenförmig auslaufende Kirchturm wird von einer römisch gekleideten Statue des Königs George I. gekrönt. Inspirieren ließ sich Hawksmoor bei seinen Entwürfen wohl durch das Mausoleum von Halikarnassus, dessen Überreste im 19. Jh. teilweise in den Besitz des British Museum gelangt waren. Zeitgenossen des Architekten hielten die Gestaltung des Kirchturms für geschmacklos.

Bedford Square. Bedford House wurde im Jahr 1800 abgerissen, als der fünfte Herzog von Bedford nördlich des Bloomsbury Square neue Straßen und Plätze anlegen ließ. Die Häuserzeilen (*Terraces)* wurden von dem Architekten James Burton im schönsten georgianischen Stil (● *76*) entworfen. Die Statue des berühmten Staatsmannes Charles James Fox (Führer der Whigs im 18. Jh.), ein Werk von Sir Richard Westmacott (1775-1856), überblickt seit 1816 die Nordseite des Platzes. Südlich des Bedford Square liegt der Southampton Place. Die Häuser, die sich um diesen Platz gruppieren, entstanden um 1740.

“Wir betraten die Drehtür am Eingang. Ich war tatsächlich ein wenig verwirrt, als ich mich im Innern des Britischen Museums befand, der geistigen Heimat von Karl Marx, Samuel Butler und Bernard Shaw, und das mit einem Zweitagebart und staubigen Kleidern.”
Colin Wilson, *Soho auf Abwegen*

British Museum ♥

Man bräuchte wohl mehr als eine Woche, um alle Kunstschätze des British Museum (sechs bis sieben Millionen Objekte) besichtigen zu können. Untergebracht sind die Sammlungen, die zu den bedeutendsten der Welt zählen, in einem mehrfach ausgebauten Gebäudekomplex, dessen Grundstock das Montagu House bildete. Es mußte 1823 erweitert werden, da es für die Aufnahme der Sammlungen von König George IV. zu klein geworden war. Der Architekt Robert Smirke leitete

The Egyptian Sculpture Gallery und Upper Egyptian Gallery:
Die ägyptischen Abteilung zeigt unter anderem Skulpturen aus verschiedenen Epochen der ägyptischen Kunst, Mumien und eine Papyrus-Sammlung.

von 1823 bis 1852 die Bauarbeiten. 1852 wurde Montague House abgerissen und von Smirkes Bruder Sydney durch eine klassizistische Fassade ersetzt. Sydney Smirke schuf auch den Lesesaal (*Reading Room,* ▲ *308*). Zwischen 1884 und 1938 wurde das Museum durch den Bau des südöstlichen Pavillons, dem nach Edward VII. benannten Nordflügel (1914) und die griechischen Galerien im Westflügel (1938) erneut erweitert.

Die Entstehung des Museums. Den Grundstock des Museums bildeten die Sammlungen von Sir Hans Sloane (1660-1753, ▲ *197*), Naturforscher und Arzt aus Chelsea. Er hatte in seinem Wohnhaus am Bloomsbury Square Nr. 3 und im Nachbargebäude Mineralien, Korallen, Insekten, Muscheln, Vögel und etwa 32000 Münzen und Orden zusammengetragen. Nach seinem Tod erbrachte eine staatliche Lotterie einen Erlös von 300000 Pfund Sterling und gestattete den Ankauf des wertvollen Schatzes. Später kamen zudem die Manuskriptsammlungen von Robert und Edward Harley, den Grafen von Oxford, und, im Jahr 1756, als Schenkung Georges II., die 17000 Manuskripte der Königlichen Bibliothek hinzu. Im Jahr 1759 öffnete schließlich das Montagu House seine Pforten. Zunächst beschränkte sich die Zahl der Besucher auf etwa zehn pro Tag, denn um Eintrittskarten zu bekommen, mußte ein schriftlicher Antrag gestellt werden. Ende des 18. Jh. entstanden die archäologischen Sammlungen, die heute international den guten Ruf des Museums ausmachen. Das British Museum besitzt Kunstgegenstände aus dem asiatischen Raum, den islamischen Ländern und dem mittelalterlichen Europa sowie eine große Sammlung von Gravuren und Zeichnungen. Die naturgeschichtlichen Bestände werden bereits seit 1883 in einem eigenen Museum in South Kensington ausgestellt. Die British Library, die derzeit noch im Erdgeschoß untergebracht ist und eine eigenständige Institution darstellt, soll noch vor dem Jahr 2000 ausgeziehen und sich in Islington niederlassen.

»Der sitzende Nackte« von Michelangelo
Diese Studie gehört zu einer Sammlung von Zeichnungen.

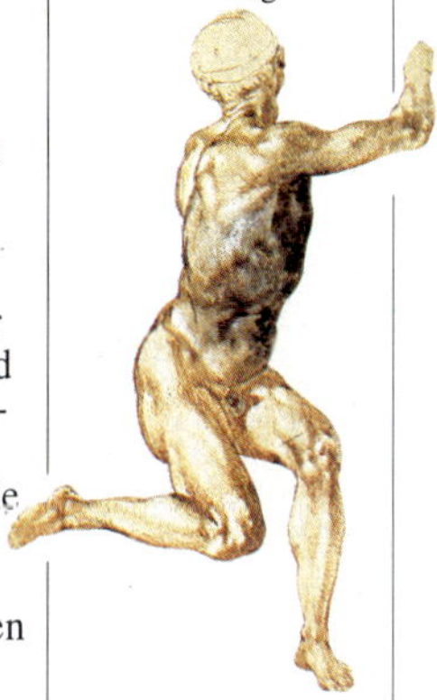

Der Tempel der Erinnerung
Massiv, imposant, streng und hinter Gittern versteckt, so präsentierte sich das British Museum bereits 1852, als es erweitert wurde.

Eine der größten Attraktionen des British Museum bildet die Sammlung antiker griechischer Kunst, zu denen auch die *Elgin Marbles* zählen. Der Earl of Elgin, von 1802-1812 englischer Botschafter in Konstantinopel, brachte zwischen 1801 und 1804 zahlreiche Fragmente des Parthenon-Tempels der Athener Akropolis, etwa ein Dutzend Statuen, 20 Reliefdarstellungen des ionischen Fries und 15 Metopen, nach London. Er handelte in dem Bewußtsein, daß der durch venezianischen Beschuß stark beschädigte Tempel ohne seine ›Rettungsaktion‹ verfallen würde. Die griechischen Behörden fordern seit langem die Rückgabe der Kunstschätze. Die Briten halten dagegegen, daß die Kostbarkeiten ohne die Arbeit des British Museum längst zerstört worden wären.

»Der Grabtempel der Nereiden« (Griechische Kunst)
Diese restaurierte Fassade gehörte zu dem Nereiden-Monument einer um 400 v. Chr. in Xanthos, Kleinasien, erbauten Grabanlage. Die Statuen der Nereiden, Meernymphen, die die Seele Verstorbener ins Jenseits begleiten, standen ursprünglich zwischen den ionischen Säulen des Tempels.

»Der Kopf der Aphrodite« (Griechische Kun
Diese Bronzestatue (2.–1. Jh. v. Chr.) wurde i Sadagh, im Nordosten der Türkei, gefunde

»Das Pferd der Selene« (Griechische Kunst)
Dieser Pferdekopf war Bestandteil der Quadriga der Selene, die sich am Ostgiebel des Parthenon-Tempels befand.

»Die Elgin Marbles«
Marmorplastiken aus dem Tempel der Athena Parthenos auf der Athener Akropolis. Sie umfassen etwa zwanzig Reliefdarstellungen aus einem Fries, der um die Cella des Parthenon lief und den Festzug der Panathenäen zu Ehren der Athena darstellt.

Boxer und Kämpfer (Griechische Kunst)
Der Hals der Amphore (550–525 v. Chr.) zeigt Lehrmeister oder Schiedsrichter, die die Kämpfer beobachten. Auf dem Bauch des Gefäßes sind einige Boxer dargestellt; dazwischen findet sich die Signatur des Malers Nikosthene.

»Musikstunde« (Römische Kunst)
Dieses Fresko aus dem 1. Jh. n. Chr. stammt aus Herculaneum, einer antiken Stadt in Italien.

Herakles oder Dionysos (Griechische Kunst)
Die Figur stellt entweder den auf einem Löwenfell ruhenden Herakles oder den auf einem Pantherfell ruhenden Dionysos dar. Sie stammt vom Ostgiebel des Parthenon-Tempels (5. Jh. v. Chr.). Daneben befanden sich noch weitere Skulpturen, die Helden der griechischen Mythologie darstellen.

Die ägyptische Sammlung
Diese Sammlung ist eine der wichtigsten außerhalb Ägyptens und zweifelsohne die spektakulärste des British Museum. Anfänglich bestand sie aus Gegenständen, die eine französische Expedition 1798 in Ägypten entdeckt hatte und die nach dem Vertrag von Alexandrien im Jahr 1801 in englischen Besitz übergingen. Ab 1882 wurde die Sammlung durch zahlreiche Funde des Egypt Exploration Fund beträchtlich erweitert.

»Die Jagd im Sumpf« (Ägypten)
Der Ausschnitt aus den Malereien der Grabkammer des Schriftgelehrten Nebamun in Theben (um 1400 v. Chr.) zeigt eine Jagdszene aus dem Jenseits. An Bord eines Nachen aus Papyrus jagt der Verstorbene in Begleitung von Frau und Tochter Vögel. Man beachte die Katze über dem Bug des Bootes. Die Tiere wurden speziell für den Fang von Vögeln dressiert.

»Der Stein von Rosetta« (Ägypten)
Dieser Stein (um 196 v. Chr.) wurde 1799 im Nildelta, in Rachid (Rosetta), gefunden. Auf einer schwarzen Basalt-Platte findet sich eine Huldigung an Ptolemaios V., die sowohl in ägyptischer Sprache, und zwar in Hieroglyphen (Schrift der Priester) und in demotischer Schrift (Schrift des Volkes), als auch in griechischer Sprache verfaßt ist. Anhand dieses Steins gelang es im Jahr 1822 Jean-François Champollion (1790-1832), das Geheimnis der Hieroglyphen lüften.

Die Gayer-Anderson Katze (Ägypten)
Diese Bronzestatue (um 30 v. Chr.) stammt aus der Zeit der römischen Besetzung Ägyptens und wurde von John Gayer-Anderson und Mary Stout gefunden. Die Katze wurde im antiken Ägypten als Inkarnation der Götti Bastet verehrt.

»WAS BEDEUTET DAS MIT DEMOTISCHEN ZEICHEN VERSEHENE STÜCK MAUERWERK ZWISCHEN DEM DRITTEN UND VIERTEN KOLOSS GLEICH AM EINGANG DES GROSSEN TEMPELS LINKS?«

GUSTAVE FLAUBERT

Die Nahost-Sammlungen
Die Sammlungen sumerischer, persischer, babylonischer, hethitischer, assyrischer und phönizischer Kunst halten einem Vergleich mit denen zur griechischen Kunst durchaus stand. Im 19. Jh. erleichterten die guten Beziehungen zwischen Großbritannien und der Türkei die Arbeit der britischen Archäologen.

ssyrische Löwenjagdreliefs
ssurbanipal, der letzte König von Assyrien 669–627 v. Chr.), unterwarf Babylon und roberte Ägypten. Das Relief (um 645 v. hr.) stammt aus seinem Palast in inive. Die Funde von Nimrud, Ninive nd Assur im heutigen Irak, sind Sir usten Henry Layard (1817-1894) u verdanken. Seine Entdeckung er Bibliothek des Königs ssurbanipal bildete die Basis für e Entstehung der Assyriologie.

»Der Löwe von Nimrud«
Die Skulptur zierte den Eingang des Ishtar-Tempels in Nimrud.

Amenophis III. (Ägypten)
Amenophis III. (1411-1375 v. Chr.), ließ in Theben einen prachtvollen Palast und einen gewaltigen Grabtempel errichten. Die schwarze Granit-Skulptur zeigt den Herrscher in klassischen Gewändern.

Granit-Löwe (Ägyptische Kunst)
Die Skulptur entstand vermutlich um 1380 v. Chr. und gehörte mit einem zweiten roten Granit-Löwen zum Tempel von Soleb in Nubien. Der Löwe trägt eine Inschrift von Tut Ench Amun.

Diverse Sammlungen
Die Sammlungen des British Museum beschränken sich nicht nur auf die Antike oder spezielle Kunstrichtungen. Sie umfassen ebenfalls Münzen und Orden, Gravuren und Drucke sowie Fächer, Exlibris und Spielkarten.

Die Bodhisattva Tara (Ceylonesische Kunst)
Diese vergoldete Bronzestatue aus dem 12. Jh. wurde in der Nähe von Trincomalee, Sri Lanka (dem einstigen Ceylon) gefunden. Sie ist Teil der orientalischen Kunstsammlung des Museums, die sowohl Stücke aus Südostasien als auch Funde aus dem Fernen Osten beinhaltet.

Sächsischer Kelch (Englische Kunst)
Dieser gläserne Trinkbecher aus dem 4. Jh. wurde ir einem sächsischen Grab auf dem Friedhof von Mucking, Essex, gefunden.

Armband (Persien)
Dieses goldene Armband, das aus zwei zueinander gewandten Greifköpfen besteht, legt, wie viele andere kostbare Stücke, Zeugnis ab von der vergangenen Herrlichkeit des persischen Reiches. Neben fein getriebenem Gold- und Haarschmuck sowie Geldmünzen ist dieses Armband Teil des Oxus-Schatzes (500-300 v. Chr.). Dieser wurde in Zentralasien, in der Nähe des Flußes Amu-Darja, der in den Aral-See mündet, entdeckt.

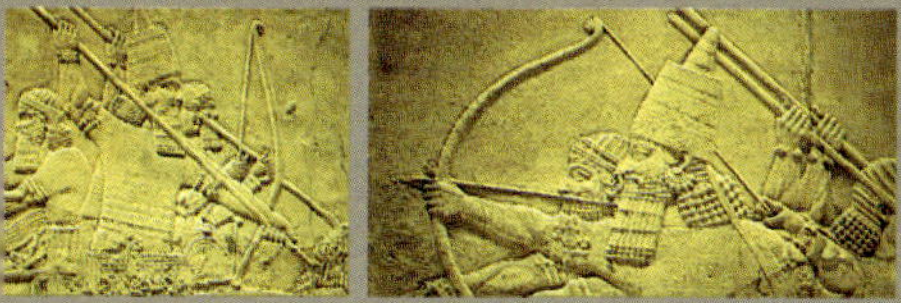

Reliefs (Assyrien)
Sie zeigen die Kriegsbeute des Königs Assurbanipal (um 645 v. Chr).

»Der Streitwagen von Oxus« (Persien)
Dieser aus massivem Gold gefertigte Streitwagen gehört ebenfalls zum Oxus-Schatz.

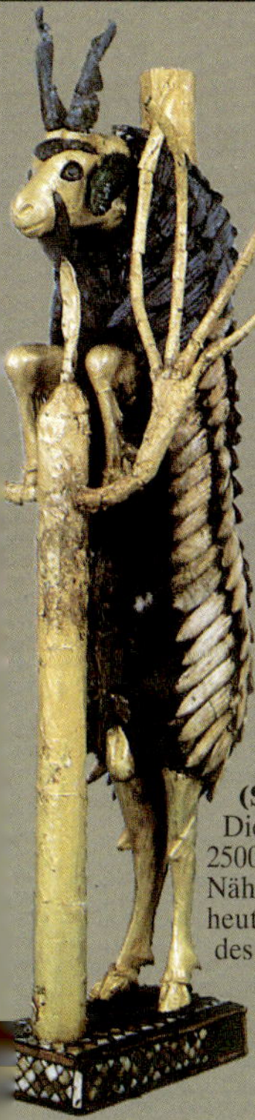

»Der Widder auf dem Baum« (Sumerische Kunst)
Diese 47, 5 cm hohe Skulptur (um 2500 v. Chr.) wurde in Ur, in der Nähe von Babylon im Süden des heutigen Irak entdeckt. Der Körper des Widders besteht aus Holz, das teilweise vergoldet wurde. Hörner und Fell bestehen aus geschnitztem Lapislazuli.

Ming-Porzellan (China)
Diese Blumenvase datiert aus der Zeit der Ming-Dynastie unter der Regentschaft des Ch'eng hua (1465-1487). Sie zählt zu den schönsten Stücken der Sammlung chinesischen Porzellans des British Museum.

Der Reading Room
“Die Stimmen der Engländer sind hier besonders gedämpft. Im Vergleich zum durchschnittlichen Londoner Gemurmel ist die Lautstärke ihrer Stimmen hier noch ein paar Nuancen niedriger. In dieser geräumigen Bibiothek könnte ich mich völlig verlieren.”
Paul Morand

Fitzroy Square (● *76)* gilt als einer der schönsten Plätze Londons.

Virginia Woolf (1882-1941)
1917 gründete sie gemeinsam mit ihrem Ehemann Leonard den Verlag Hogarth Press und verlegte K. Mansfield, T. S. Eliot und S. Freud, aber auch ihre eigenen Werke wie *Das Tagebuch eines Schriftstellers.*

BRITISH LIBRARY

Im selben Gebäude wie das British Museum befindet sich die British Library, eine der größten Bibliotheken der Welt. Sie besitzt etwa 18 Mio. Bücher und mehrere interessante Einzelstücke, darunter die Lindisfarne-Bibel (um 700), zwei Originale der Magna Charta von 1215 (die erste englische Verfassung), Original-Ausgaben der Werke Shakespeares und die Gutenberg-Bibel (1453). Den Lesesaal, den berühmten *Reading Room* mit seiner 32 m hohen und 42 m breiten Kuppel, schuf Sydney Smirke 1856. Karl Marx und Wladimir Iljitsch Lenin, das chinesische Staatsoberhaupt Sun Yat-Sen und die Schriftsteller George Bernard Shaw und Rudyard Kipling haben hier gelesen und gearbeitet.

Die Bloomsbury Group. Dieser Name steht für eine Gruppe von Künstlern, Schriftstellern und Intellektuellen, die Anfang des 20. Jh. in Bloomsbury lebten. Sie trafen sich regelmäßig bei der Schriftstellerin Virginia Woolf. Deren Ehemann, der Verleger und Autor Leonard Woolf, ihre Schwester, die Malerin Vanessa Bell, der Maler Duncan Grant, der Volkswirtschaftler Maynard Keynes, der Dichter Thomas Stearnes Eliot, die Kunstkritiker Quentin Bell und Roger Fry sowie der Schriftsteller E. M. Forster gehörten dieser Gruppe an. Auch wenn sich ihre Interessen nicht immer deckten, so waren sie sich doch einig in ihrer Abneigung der viktorianisch geprägten Moral. Ihre Lebensweise erregte damals mindestens soviel Aufsehen wie ihre Arbeiten. Eine weitere Gruppe von Intellektuellen verkehrte zu dieser Zeit im Salon der Lady Ottoline Morrell, in der Nähe des Fitzroy Square, am anderen Ende der Tottenham Court Road. Hier trafen sich der Schriftsteller Aldous Huxley, der Maler und Bühnenbildner Léon Bakst, der Tänzer Waclaw Nijinski und der Philosoph Bertrand Russell.

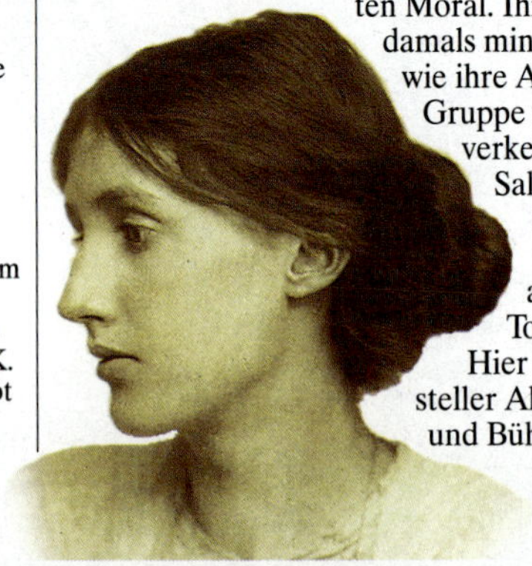

East End

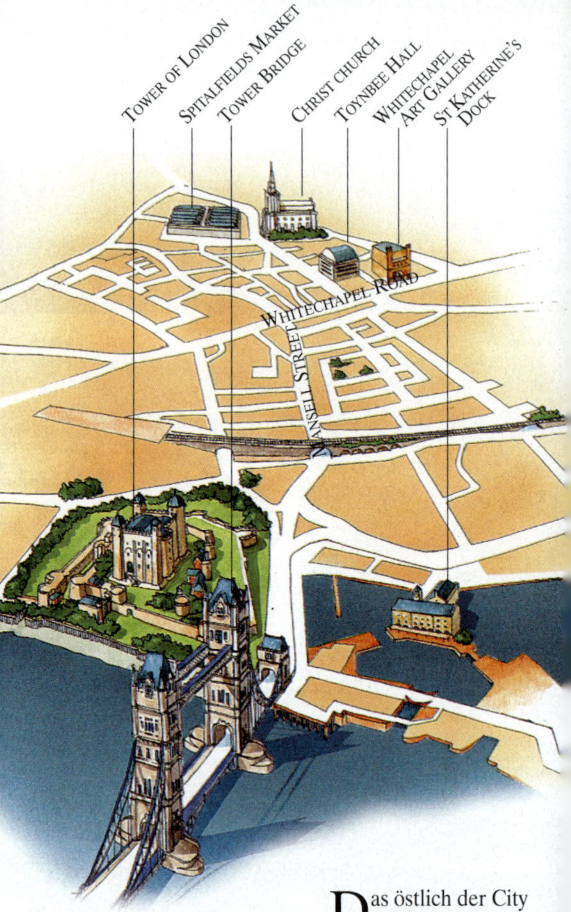

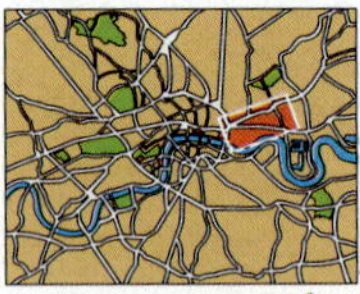

1/2 Tag

Das östlich der City gelegene Gebiet zwischen Tower und Isle of Dogs zeichnet sich nicht durch imposante Bauten aus, denn es war immer Zufluchtsor für die weniger Betuchten. Auch heute noch prägen Einwanderer aus allen Teilen der Welt das Bild dieses Stadtteiles.

GESCHICHTE

Die Geschichte der Vororte Spitalfields, Stepney, Whitechapel, Bethnal Green, Ratcliff, Limehouse und Poplar, die heute das East End bilden, ist eng mit dicht aufeinanderfolgenden Einwanderungswellen verbunden.

Die Ankunft der Hugenotten. Nach der Bartholomäusnac im Jahr 1572 und verstärkt nach der Aufhebung des Ediktes von Nantes im Jahr 1685 flohen viele französische Hugenotten nach England. Etwa 40 000 ließen sich in Londen, vor allem im East End nieder. In kurzer Ze erwarben sie als geschickte Handwerker meist Weber, einen guten Ruf und bald auch genügend Kapital, um in den Westteil Londons umzusiedeln.

Die Armen des Königreiches komme Im Verlauf des 18. Jh. folgten neue Einwanderer aus den Midlands, Schottland und Wales. Sie verließen ihr Land, das zu arm und zu dicht besiedelt war, um seine Bevölkerung noch

Kirche im East End
Die ebenso großartige wie ungewöhnliche Christ Church in Spitalfields ist ein Werk von Nicholas Hawksmoor.

»IN DIESER NACHT KONNTE THOMAS NICHT DEN NÖTIGEN SCHLAF FINDEN. ER WAR ERFÜLLT VON EINEM GEFÜHL DER ZUNEHMENDEN PANIK, DAS MIT JEDEM GLOCKENTON DER KIRCHE VON SPITALFIELDS GRÖSSER WURDE.« PETER ACKROYD

ernähren zu können. Zu jener Zeit waren die Lebensbedingungen im East End bereits so, wie sie von Dickens, Engels, Jules Vallès oder Gustave Doré beschrieben wurden: Überbevölkerung, Alkoholismus, Krankheit, Armut und Prostitution bestimmten das Schicksal dieses Proletariats, das in schäbigen Häusern und dunklen Gassen sein Dasein fristete.

Die Erschütterungen des 19. Jh. Das East End des 19. Jh. wird durch zwei große Einwanderungswellen gekennzeichnet: Nach der furchtbaren Hungersnot von 1847 kamen unzählige Iren, und um 1880 suchten osteuropäische Juden den Pogromen zu entfliehen. Letztere waren, wie bereits in ihrer Heimat, überwiegend im Textilgewerbe tätig. Das Elend im damaligen London führte bald zu ersten Bemühungen, die Lebensbedingungen zu verbessern. Mit diesem Ziel gründete 1878 William Booth die Heilsarmee.

»Meine Spaziergänge führten mich nur selten in die Gegend des verrufenen Viertels Whitechapel, das Sodom und Gomorra der ehrwürdigen Mrs. Biggs, meiner Hauswirtin.«
Julien Gracq, *Carnets du grand chemin*

Die Einwanderer aus den Ländern des ehemaligen Empire. Ab 1950 waren es die ›Neu-Briten‹, Zuwanderer aus den ehemaligen Kolonien, hauptsächlich aus Pakistan, Indien und später Bangladesh, die nach England strömten. Sie prägen immer noch das Gesicht des East End, denn ihnen gelingt es selten, soviel Wohlstand zu erwerben, daß sie das Viertel wieder verlassen können. Die Ausweitung der City und das Erscheinen der Yuppies scheint jedoch heute für das traditionsbewußte East End eine weit ernstere Bedrohung darzustellen als alle Völkerwanderungen der letzten Jahrhunderte.

SPITALFIELDS

Christ Church ♥ (● *71*) Diese Kirche an der Ecke Commercial Street/Fournier Street, wurde zwischen 1714 und 1729 von dem Architekten Nicholas Hawksmoor erbaut (● *71*). Sie entstand auf Wunsch von Queen Anne (1676-1725), die dem sittlichen Verfall Londons Einhalt gebieten wollte. Um diesen Plan realisieren zu können, erhob sie 1710 eine Steuer, mittels derer in London und der näheren Umgebung der Bau von 50 neuen Kirchen finanziert werden sollte. Zwölf wurden schließlich gebaut (zum großen Teil durch Hawksmoor), drei davon im East End: Christ Church, St Anne Limehouse (▲ *336*) und St George-in-the-East (▲ *335*). Christ Church zeichnet sich durch einen flachgedeckten, dreischiffigen Innenraum und von korinthischen Säulen getragene Arkaden aus.

Nicholas Hawksmoor. Christ Church wird als Meisterwerk von Nicholas Hawksmoor (1661-1736) betrachtet, dem großen englischen Architekten und Gründer der Schule des englischen Barock. Als Schreiner ließ er sich im Alter von 18 Jahren in London nieder und trat in die Dienste von Sir Christopher Wren (▲ *171*, *174*), dem er bei so großartigen

»Zu Mittag trafen sie sich auf dem Vorplatz der Kirche von Spitalfields [...]. Das Dröhnen der Lastwagen vom gegenüberliegenden Markt und das Getöse der Preßlufthämmer, die etwas weiter die Straße hinauf den Boden der Commercial Road durchlöcherten, erschütterten die ganze Gegend.«
Peter Ackroyd

Eine lange Tradition
Traditionell werden im East End Textilien wie diese Seidenjacke (um 1787) hergestellt. Im Bild unten ein Werbeprospekt für Webstühle.

Projekten wie der St Paul's Cathedral zur Seite stand. Ab 1699 leitete er unter Queen Anne den Bau verschiedener Kirchen. Dabei arbeitete er mit den Architekten John Vanbrugh (1664-1726) und Thomas Archer (1648-1743) zusammen.

Fournier Street und Elder Street ♥. Unter den französischen Protestanten, die sich nach der Bartholomäusnacht im Jahr 1572 und der Aufhebung des Ediktes von Nantes im 17. Jh. in Spitalfields niederließen, befand sich eine große Anzahl von Seidenwebern, deren ehemalige Wohnhäuser auch heute noch in diesen beiden Straßen zu finden sind. Die Gebäude in der Fournier Street (der Namen geht auf einen Hugenotten zurück) und Elder Street besitzen sehr schöne Türen und im Obergeschoß große Fenster, um den Handwerkern an den Webstühlen optimales Licht zu verschaffen. Dieses Stadtviertel, das erst kürzlich renoviert wurde, weist mit seinen Häusern aus den Jahren 1720 bis 1750 eine für London sehr selten gewordene Einheitlichkeit auf.

Spitalfields Market. Der Obst- und Gemüsemarkt in der Commercial Street wurde im Jahr 1682 von König Charles II. gegründet. 1980 wurde er in einen Vorort verlegt. In den Gebäuden aus dem frühen 20. Jh. werden heute unbehandeltes Obst und Gemüse sowie Handwerksprodukte verkauft.

Columbia Road. Sonntag morgens findet in der Nähe von Spitalfields Market ein Blumenmarkt statt, bei dem man noch waschechtem *Cockney* (● *44*) und *Rhyming slang* begegnen kann. Trotz des fortschreitenden Wandels im Stadtbild und den stetigen ethnischen Veränderungen dieses Stadtviertels erfährt der Cockney-Dialekt gerade eine neue Blütezeit. Im englischen Fernsehen läuft eine äußerst erfolgreiche Serie mit dem Titel *Eastenders,* deren Helden in einem Armenviertel des heutigen East End zu Hause sind.

Petticoat Lane♥. Dieser Markt in der Middlesex Street bietet alles, was das Herz begehrt. Wenn er am Sonntag seine Tore öffnet, ähnelt er fast einem orientalischen Basar. Seinen Namen erhielt er durch die jüdischen Händler und Schneider, die um 1900 neue und gebrauchte Kleidung, darunter auch Petticoats, zum Verkauf anboten. Heute säumen Hunderte von Ständen die Straßen und ziehen vor allem Bengalen, Pakistani, Inder und Araber an. In Whitechapel High Street Nr. 90 erinnert das berühmte Restaurant *Blooms* an die jüdische Tradition des Stadtviertels. Die zahlreichen Geschäfte und Restaurants in der Middlesex Street haben meist auch am Sonntag geöffnet.

Brick Lane. In diesem alten Stadtteil stellte man im 18. Jh. vor allem Bier und Ziegelsteine her. Die Brauerei

Die Schönheit des East End
„Ich weiß nicht, was mich nach East End trieb, wo ich mich alsbald in einem Labyrinth von stinkenden Straßen und gräßlichen Squares verlief [...]. Doch wäre ich nicht hierher gekommen, hätte ich mir den schönsten Roman meines Lebens entgehen lassen."
Oscar Wilde, *Das Bildnis des Dorian Gray*

Bengalische Saris
Diese in einem Schaufenster in Spitalfield ausgestellten Saris belegen die große Präsenz dieser Bevölkerungsgruppe im East End.

Truman, die sich mitten unter den verschiedenen Geschäften und Schneidereien des hauptsächlich von Bengalen bewohnten Stadtbezirks Londons befindet, ist das einzige Überbleibsel aus dieser Zeit. Heute trifft man in der Nähe von Brick Lane auf einige der besten indischen Restaurants der Stadt. Auf dem Markt von Brick Lane werden Backwaren, Fische, seltene Gewürze, Kleider, Haushaltswaren und politische Publikationen angeboten . Doch hinter all diesen Farben, Gerüchen und dem Charme der Exotik versteckt sich die harte Realität der illegalen Schneidereien. In Kellern und Hinterhäusern arbeiten in diesen Werkstätten mehr als 30 000 Bengalen, Pakistani und Inder unter erbärmlichen Bedingungen und stellen für einen Hungerlohn Kleidungsstücke her, die in europäischen Boutiquen teuer verkauft werden. Armut und Unruhe bestimmen seit Jahrhunderten das Leben in diesem Stadtteil. 1978 fanden hier Rassenkrawalle statt, die sich über mehrere Tage hinzogen: die *Brick Lane Riots* waren eine Antwort auf wiederholte Angriffe von Seiten militanter Rassisten, die sich gegen die Einwanderer von Brick Lane richteten.

Brune Street. Hier gibt es eine um die Jahrhundertwende gegründete jüdische Armenküche, die auch heute noch einmal in der Woche ihre Tore öffnet.

Eine Cockney-Spezialität. In Bethnal Green, einem kleinen Park hinter der Vallance Road, kann man immer noch Aal in Aspik, *Jellied eels*, eine der ältesten Cockney-Spezialitäten, probieren. In großen Emailwannen werden die Aale jeden Morgen von *Jellied eel experts* vorbereitet, bevor sie schließlich von den Verkäufern neben *Whelk-and-cockles* (Schnecken und Herzmuscheln) oder *Eel-and-pies* (Aal und Pastete) feilgeboten werden.

WHITECHAPEL

Whitechapel, im Zentrum des East End gelegen, gehört zu den heute beliebtesten Londoner Wohnvierteln. Der Name geht auf die weißen Steinwände von St Mary Matfelon zurück, eine Kirche, die im 13. Jh. errichtet und 1338 in St Mary Whitechapel umbenannt wurde.

Die Straße nach Essex. An der Ecke zur Aldgate beginnt die Whitechapel High Street, die ins ländliche Essex führt. Die Breite der Whitechapel Road und der sich anschließenden Mile End Road resultiert aus der historischen Bedeutung dieser Straße, auf der unzählige von Ochsen oder Pferden gezogene Karren und Wagen verkehrten. Auf beiden Straßenseiten entstanden Häuser, die sich allerdings in respektvoller Entfernung von Schlamm, Kuhfladen und Pferdeäpfeln hielten. Doch abseits der breiten Wege war

Das Viertel der Hugenotten
In der Fournier Street (oben) und der Elder Street (unten) stehen noch die alten Häuser der französischen Weber mit ihren verzierten Türen. Die mittlerweile renovierten Wohnhäuser sind gefragte Objekte auf dem Immobilienmarkt.

Spitalfields Market
Dieses Aushängeschild des Blumenmarktes könnte trügen: Einer der ältesten Märkte Londons liegt vielleicht schon in den letzten Atemzügen und könnte demnächst durch ein Einkaufszentrum ersetzt werden.

Das Elend
❝Ost-London ist ein solches Getto. Hier leben keine Reichen und Mächtigen, hierher kommt kein Tourist, hier leben, zeugen und sterben zwei Millionen Arbeiter. Es ist nun nicht so, daß alle Arbeiter Londons eingepfercht sind, aber die Tendenz geht dahin [...]. Das East End ist nicht, wie viele meinen, eine Stadt der Slums – es *ist* ein riesiger Slum.❞
Jack London,
Die Stadt der Verdammten, 1981

Whitechapel ein unüberschaubares Labyrinth von Alleen, Hinterhöfen und finsteren Gassen.

Ein schlechter Leumund. Whitechapel galt seit dem 16. Jh. als einer der gefährlichsten Stadtteile Londons. Im 19. Jh. war er Schauplatz sozialistischer und anarchistischer Unruhen. Hier trieb auch der berüchtigte Jack the Ripper im Jahr 1888 sein Unwesen.

Jack the Ripper. Whitechapel und Jack the Ripper sind nicht voneinander zu trennen. Am 3. August 1888 wurde inmitten des belebten East End im dichten Nebel eine 35jährige Prostituierte in einem Treppenhaus im George Yard ermordet und verstümmelt aufgefunden. Am 8. September desselben Jahres entdeckte die Polizei in der Hanbury Street Nr. 29 den Leichnam einer weiteren Prostituierten; sie starb unter denselben Umständen. Angst breitete sich in dem Stadtviertel aus, als sich in einem Brief an eine Londoner Zeitung, den er mit *Jack the Ripper* unterzeichnet hatte, der Mörder zu seinen Verbrechen bekannte und weitere Morde ankündigte. Von Scotland Yard durchgeführte Ermittlungen erbrachten keinerlei Ergebnisse und konnten nicht den Mord an zwei weiteren Prostituierten in den Straßen von Whitechapel am 30. September verhindern. Das letzte, Jack the Ripper zugeschriebene Verbrechen übertraf alle früheren an Grausamkeit. Das Opfer, eine junge, hübsche Prostituierte namens Mary Jane Kelly, wurde am 9. November völlig zerstückelt in der Hanbury Street aufgefunden. Dann hörten die Verbrechen plötzlich auf. Die Polizei stellte bald darauf ihre Nachforschungen ein, ohne jemals Jack the Ripper identifiziert zu haben, was natürlich die Legendenbildung förderte. Doch im Zusammenhang mit diesen Morden, die eine große Publizität erfuhren und zu einer Zeit geschahen,

»Julia wurde getötet. Stop. Setzen Sie sich mit dem Beerdigungsinstitut Moore, London, Whitechapel Road, in dieser Sache in Verbindung. Stop. Unser herzlichstes Beileid.« Lillian Hellman

als die soziale Einheit Englands bedroht war, wurde auch das Bürgertum mit der Tatsache konfrontiert, daß im Zentrum des größten Weltreiches fast eine Million Engländer in Armut und Elend lebten. Daraufhin wurde das Viertel saniert und eine Wohlfahrtsstelle für seine Bewohner eingerichtet.

Eine kaufmännische Tradition. Whitechapel war ab 1708, neben den Märkten von Smithfield (▲ *177*) und Haymarket (▲ *296*), einer der drei großen Heumärkte Londons. Die Nachfrage nach Heu und Stroh war enorm, denn Pferde gehörten zum Londoner Alltag. Jeden Dienstag, Donnerstag und Samstag trafen riesige, mit Heu beladene Wagen aus Essex, Suffolk und Hertfordshire ein. Um die Jahrhundertwende wurde das Heu dann per Zug oder Lastwagen transportiert. Von 7 Uhr morgens bis in den frühen Nachmittag hinein waren die Whitechapel Road und sämtliche angrenzenden Straßen von Wagen und einem Gewimmel von Menschen erfüllt, die der intensive Heugeruch einhüllte. Im Jahr 1927 wurde dieser Markt aufgelöst, und damit verschwand auch der letzte Rest ländlichen Lebens aus dem Zentrum Londons. Doch einige alte Märkte existieren noch in der Stadt, so der Waste Market, entstanden Mitte des 19. Jh., und, etwas weiter im Norden, der Mile End Waste.

Ein multikultureller Stadtteil. Whitechapel war auch für seine rituellen Schlachthöfe und für seinen jüdischen Fleischmarkt bekannt, der seit dem 17. Jh. die jüdische Gemeinde versorgte. Zudem ist hier ein wichtiger Trödelmarkt entstanden. Heute haben Pakistani und Bengalen die jüdische Bevölkerung abgelöst und das Textilgewerbe übernommen.

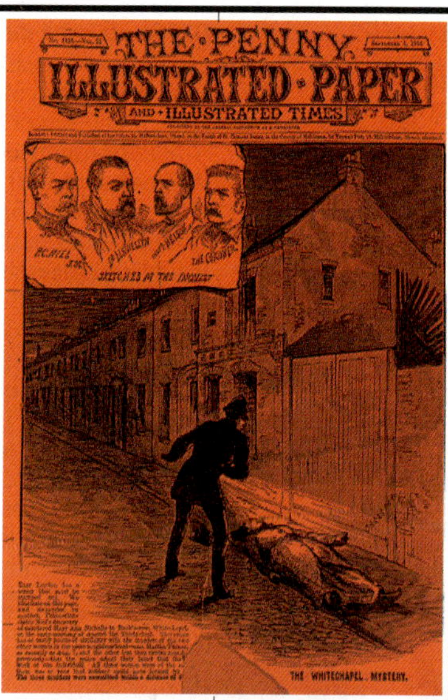

»The Penny« Zeitungsartikel, wie zum Beispiel im *Penny Illustrated Paper*, über die Verbrechen von Whitechapel lösten bei den Londonern, speziell natürlich bei den Bewohnern des East End, eine wahre Massenpsychose aus.

Wer ist der Mörder? Drei Personen standen unter Verdacht: George Chapman wurde 1902 wegen anderer Verbrechen erhängt; Montague John Druitt, der Hauptverdächtige, beging 1889 Selbstmord; und der Duke of Clarence, Enkel Queen Victorias, konnte sichere Alibis vorweisen.

In den Räumen der alten Whitechapel Bell Foundry (oben) befindet sich unter anderem eine Sammlung, die Stimmgabeln aus vier Jahrhunderten umfaßt.

Die Sanierung des Stadtviertels. Schon Mitte des 19. Jh., und verstärkt nach 1888, wurden Anstrengungen unternommen, das Viertel instandzusetzen. Doch trotz der modernen Bauten und seiner zahllosen Geschäfte konnte das Flair einer Arbeitersiedlung des 19. Jh. beibehalten werden.

Whitechapel Bell Foundry. Die Glockengießerei entstand 1738 in der Whitechapel Road Nr. 32-34. Hier wurden die größten Glocken der Welt gegossen (bzw. nach dem Zweiten Weltkrieg umgeschmolzen). Diese Firma stellte Big Ben (▲ *128*), Liberty Bell (die erste Freiheitsglocke der Vereinigten Staaten) und die Glocken der Westminster Abbey her. Die Gebäude der Gießerei und das Wohnhaus aus dem 18. Jh. bilden ein beachtenswertes Zeugnis der vorindustriellen Architektur Londons.

St Dunstan and All Saints. Diese Kirche befindet sich in der südlichen Mile End Road. Sie wurde vermutlich unter dem Episkopat von Dunstan im späten 10. Jh. gegründet. Der älteste erhaltene Teil der Kirche geht auf das 13. Jh. zurück, doch wurde sie im 20. Jh. vollständig restauriert. Das wuchtige Hauptschiff und die Seitenschiffe werden von modernen Fenstern erhellt.

Whitechapel Art Gallery
Hier werden Sammlungen zeitgenössischer Kunst und der klassischen Moderne gezeigt.

Whitechapel Art Gallery ♥. Augustus Barnett, Vikar von St Jude, gründete 1881 in der Absicht, »das West End ins East End zu bringen« gemeinsam mit Arnold Toynbee in der Commercial Street die Toynbee Hall, die erste öffentliche Universität. Um die Bewohner von Whitechapel mit den schönen Künsten vertraut zu machen, organisierte er zunächst mehrere Kunstausstellungen und eröffnete mit Hilfe einer Gruppe von Philanthropen kurz vor der Jahrhundertwende die Whitechapel Art Gallery an der Ecke Commercial Street/Whitechapel High Street. Das Jugendstilhaus, ein Werk von C. H. Townsend, erinnert mit seinem Portalvorbau und den Ecktürmchen an ein kleines Schloß. Hier finden regelmäßig Ausstellungen zu avantgardistischer Kunst, aber auch zu lokalen Themen statt. Besondere Beachtung verdient die jährliche Oktober-Ausstellung.

Wohnblock in der Commercial Road
Die Fenster dieser Fassade sind mit feinen Gesimsen und Medaillons aus weißem Stuck verziert.

Die Märkte von Whitechapel. Der Waste Market gegenüber dem London Hospital entstand Mitte des 19. Jh. und bietet täglich, außer Sonntag, Obst, Gemüse und Schmuck feil. An Samstagen greift das rege Treiben auch auf den Norden des Viertels, in den Mile End Waste Market über. Ein Teil des Geländes wurde in Gärten verwandelt, in denen eine Statue von William Booth (▲ *311*), dem Gründer der Heilsarmee, steht.

Aldgate. Die Bevölkerung dieses alten Marktfleckens setzte sich schon im 17. Jh. aus Schneidern und Modeschöpfern zusammen. Im Haus Aldgate High Street Nr. 47 befindet sich eines der ältesten und traditionellsten Pubs Londons, das *Hoop & Grapes Pub*.

Middleton Street
Neben den vielen Geschäften gibt es in der Middleton Street den bekannten *Tubby Isaacs Sea Food Kiosk*, in dem man die verschiedensten Fische und Muscheln verzehren kann.

ENTLANG DER THEMSE

▲ Von Lambeth nach Southwark

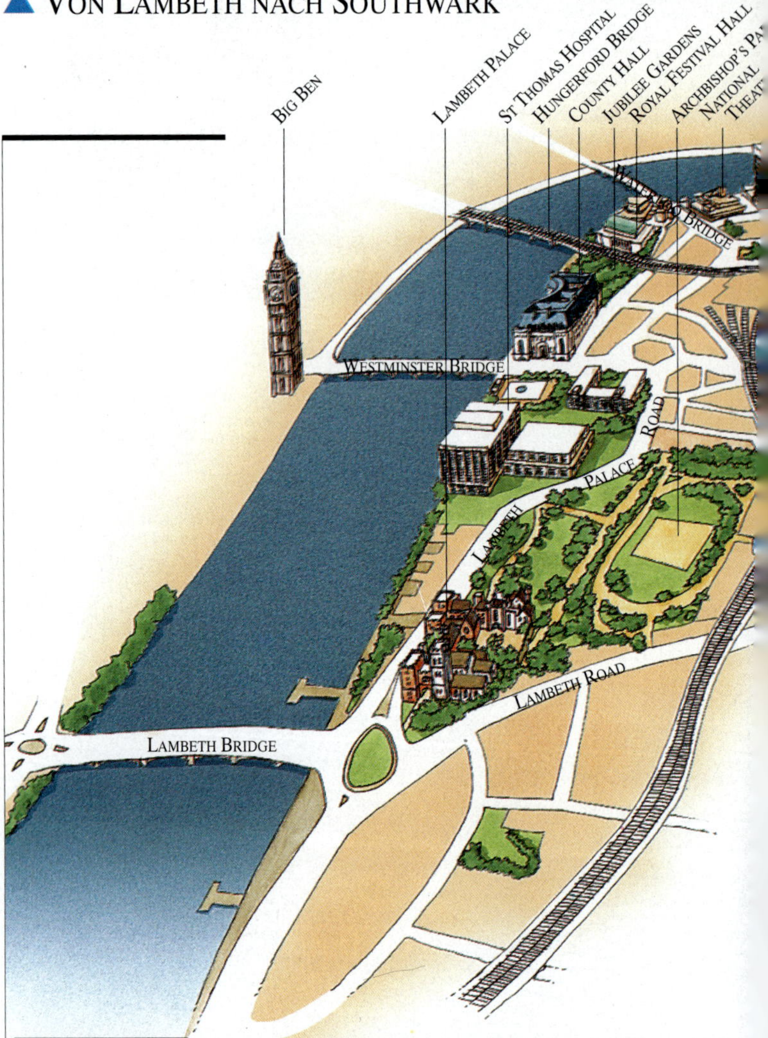

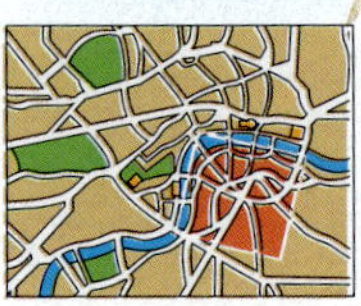

1/2 Tag

Zwischen Lambeth Palace und Southwark Cathedral führt eine bequeme Promenade am Südufer der Themse entlang. Von hier aus bietet sich ein herrlichen Ausblick auf das gegenüberliegende Ufer und die City mit ihren historischen Baudenkmälern. Früher erstreckte sich vom Flußufer

»Yachts of the Cumberland Fleet Starting at Blackfriars« Gemälde aus dem späten 18. Jh. Der Schiffsverkehr auf der Themse nahm rasch zu, nachdem Henry VIII. in Deptford, in der Nähe des Greenwich Palace, eine Werft hatte erbauen lassen.

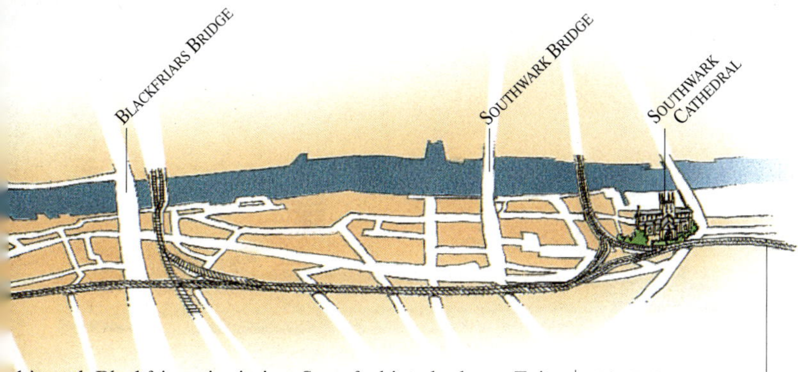

bis nach Blackfriars ein riesiges Sumpfgebiet, das lange Zeit den Namen Lambeth Marsh (der Sumpf von Lambeth) trug. Die Bezeichnung Lambeth stammt angeblich von *loamhithe*, ›lehmige Anlegestelle‹. Im übrigen bedeutet Llyn Din, die keltische Bezeichnung für London, ›das Fort am See‹. Bis ins 18. Jh. blieb dieser Abschnitt der Themse Sumpfgebiet, hier und da durchzogen von Feldern und Dämmen. Die Hauptattraktion von Lambeth ist sein Palast, Lambeth Palace, ein Überbleibsel aus dem 13. Jh. Noch im letzten Jahrhundert sorgte eine Fähre für die Verbindung zwischen Lambeth Palace und Westminster Palace am gegenüberliegenden Themse-Ufer. Diese Fähre, *horse ferry* genannt, war die einzige, die Wagen und Pferde befördern durfte.
Kunst und Gewerbe. Ab 1670 entstanden im Norden von Lambeth Manufakturen, darunter die Porzellanmanufaktur Doulton, die für ihre Jagdmotive bekannt ist (● *83*.) Im Jahr 1720 entwickelte Richard Holt einen speziellen Stein, den er nach der Firma, die sein Patent 1760 übernahm, Coade-Stein nannte. Der überaus widerstandsfähige Stein wurde gerne von Bildhauern benutzt. Als die Coade Artificial Stone Manufactory ihre Tore 1840 schloß, ging auch die Formel für die Herstellung des Steins verloren.

»Die Erde«
»Die einzigen Länder, sagt Alfieri, in denen die Mühsal des Lebens auf sich zu nehmen lohnt, sind Italien und England: Ersteres, weil sich dort die Natur gegen die schlechten Einflüsse der Regierung durchsetzt; zweiteres, weil dort die Kunst die Natur besiegt und aus einem rauhen und unwirtlichen Land ein Paradies des Wohlbehagens und des Überflusses macht.«
Emerson,
L'Âme anglaise

LAMBETH PALACE ♥

Der zwischen 1207 und 1229 errichtete Palast ist seit siebeneinhalb Jahrhunderten die Stadtresidenz der Erzbischöfe von Canterbury. Im Laufe der Zeit haben verschiedene Prälaten bauliche Veränderungen durchführen lassen.
Krypta und Kapelle. Die überwölbte Krypta, die unter der Kapelle liegt, ist der älteste Teil des Gebäudes und stammt aus dem frühen 13. Jh. Fast alle Erzbischöfe Englands wurden hier geweiht. 1633 ließ Erzbischof Laud sie restaurieren und einen neuen Altar, Fenster, eine Kanzel und einen Chorstuhl einbauen. Nach dem Zweiten Weltkrieg mußte sie vollständig erneuert werden.
Morton's Tower. Dieses massive Torhaus wurde im späten 15. Jh. von Erzbischof John Morton erbaut.
Great Hall. Die 1663 im gotischen Stil durch Erzbischof Juxon wiederaufgebaute Halle besitzt eine 21 m hohe Eichenbalkendecke, die prachtvoll verziert ist. 1828 ließ Edward Blore den Wohntrakt des Gebäudes restaurieren und verwandelte die Hall in eine Bibliothek, deren Bestände auf einer Schenkung des Erzbischofs Bancroft im Jahr 1610 basieren. Sie enthält herrliche Werke, darunter das Gebetbuch von Elizabeth I. und kolorierte Manuskripte.

Lambeth Palace und St Mary's
Der Geschichte der Gartenarchitektur widmet sich ein Museum in dieser Kirche aus dem 14. Jh. Der Garten wurde im 17. Jh. von John Tradescant und seinem Sohn angelegt.

Shell Centre und County Hall
Die Bedeutung der Industrie für London spiegelt sich auch in der schroffen Silhouette des Shell Centre wider, das zwischen 1953 und 1963 erbaut worden ist. Die County Hall (das Rathaus), die man schon von weitem an ihren Dächern aus italienischem roten Ziegelstein erkennt, wurde an Stelle einer Brauerei errichtet.

Guard Room. In diesem Raum wurde 1534 Thomas Morus (▲ *183*, *197*) durch Thomas Cromwell und die Lords of Council verurteilt, weil er sich geweigert hatte, den Oath of Supremacy zu unterzeichnen und seinen König als Oberhaupt der Kirche anzuerkennen. Heute befinden sich hier eine Sammlung von Porträts der Erzbischöfe seit 1503, Werke von Holbein, Van Dyck, Reynolds, Hogarth und anderen.
Verurteilungen und Revolten. (● *36*). Im Jahr 1378 wurde der englische Reformator John Wycliffe, der der Ketzerei angeklagt war, in dieser Kapelle verurteilt. Wiederholt war der Palast Angriffen ausgesetzt. 1381 wurde er von revoltierenden Bauern unter der Führung von Wat Tyler eingenommen. Der Lollard's Tower ist eigentlich ein 1435 erbauter Wasserturm, dessen Name auf Anhänger des Kirchenreformers Wycliffe zurückgeht, die hier eingekerkert gewesen sein sollen. Nach dem Bürgerkrieg der Jahre 1646 bis 1658 diente Lambeth Palace als Gefängnis. 1648 saß der Dichter Richard Lovelace hier ein.

Imperial War Museum
Das Museum in der Lambeth Road erinnert an die militärischen Konflikte, in die England und der Commonwealth seit 1914 verwickelt waren.

ST THOMAS'S HOSPITAL

Im frühen 12. Jh. gegründet, war das St Thomas's Hospital einst Teil des Klosters St Mary-Overie in Southwark. In Gedenken an Thomas Becket, Erzbischof von Canterbury, nannte man das Krankenhaus St Thomas-der-Märtyrer. Im 13. Jh. verlegte man es an die Borough High Street. Mit der Auflösung sämtlicher Klöster im Jahr 1540 ließ Henry VIII. auch das Krankenhaus schließen. Unter dem Namen St Thomas-der-Apostel öffnete es Edward VI. 1551 wieder. 1859 kaufte die Eisenbahngesellschaft von Charing Cross das Grundstück, um ihr Schienennetz erweitern zu können. St Thomas's wurde in die Lambeth Palace Road verlegt. Am 13. Mai 1868 legte Königin Victoria den Grundstein, und schon 1871 wurde das Gebäude fertiggestellt. Den pavillonartigen Aufbau entwarf Henry Currey nach dem Vorbild des Krankenhauses Lariboisière in Paris. Nach dem Zweiten Weltkrieg wurden W. Fowler Howitt und Yorke Rosenberg & Mardall mit dem Wiederaufbau des Krankenhauses beauftragt. Dieses Projekt mußte jedoch abgebrochen werden. Drei von den sieben Pavillons und eine mit Doulton-Fayencen verzierte Kapelle sind heute noch zu sehen.
Florence Nightingale Museum. Bereits vor ihrer Abreise auf die Halbinsel Krim im Jahr 1854 führte diese außergewöhnliche Frau zahlreichen Veränderungen in der Organisation des Krankenhauses ein. Zur Oberschwester ernannt, eröffnete sie 1860 die erste Krankenpflegeschule. Der rasche Fortschritt der Wissenschaft führte schon 1871 zur Gründung einer medizinischen Fakultät und, im Jahr 1900, von elf Fachabteilungen. Ein Florence Nightingale gewidmetes Museum gehört zum Krankenhaus.

Florence Nightingale
Die Schwestern des Saint Thomas werden *Nightingales* genannt.

County Hall

Der ehemalige Sitz diverser Londoner Stadtverwaltungen liegt am Themse-Ufer in der Nähe der Westminster Bridge gegenüber der Houses of Parliament. Das Fundament wurde bereits im Jahr 1909 gelegt, doch die Bauarbeiten begannen erst 1922 und wurden 1963 beendet. Ralph Knott hat den Zentralbau im Stil der Edwardian Renaissance entworfen (● *88*). Der Bau umfaßt mehrere Innenhöfe. Seine Fassade wurde aus Portland-Stein gefertigt, nur der Sockel besteht wie die Kais aus Granit. Die langgezogenen Flügel des imposanten Gebäudes treffen in der Mitte in einem sanft geschwungenen Halbkreis aufeinander. Links von der County Hall sieht man einen Löwen aus Coade-Stein (1837), der einst das Wahrzeichen der nahegelegenen Lion's-Brauerei war und jetzt das South Bank Centre ziert. Der Jubilee Garden, der sich neben der County Hall befindet, wurde 1977 anläßlich des 25jährigen Regierungsjubiläums von Elizabeth II. eröffnet. Die County Hall steht seit 1986, dem Jahr der Auflösung des Greater London Council, leer.

Die Skulpturen der County Hall
Die Skulpturen, die die Außenfront der County Hall zieren, sind ein Werk von Ernest Cole und Alfred Hardiman.

Southwark

Von der Zeit der römischen Besetzung bis weit ins 18. Jh. inein war Southwark der einzige Vorort südlich der Themse.)bwohl nahe der City gelegen und durch eine Brücke mit ihr erbunden, fiel dieser Stadtteil nicht unter deren Gerichts- arkeit. Einige Zonen, sogenannte *liberties,* die einst zum Besitz eines Abtes oder Vogtes gehörten, waren völlig utonom. Diese Unabhängigkeit begünstigte unter anderem as Aufblühen zahlreicher Theater.

Durchgangsort. An der südlichen Zufahrtsstraße nach ondon gelegen, wurde Southwark bald für seine zahlreichen Gasthöfe und Herbergen bekannt, darunter auch das *Tabard,* tartpunkt für 28 Pilger, deren Wallfahrt nach Canterbury in en *Canterbury Tales* (1383) von Geoffrey Chaucer (1340-

Die Themse bei Lambeth
Dieses Gemälde aus dem Jahr 1706 zeigt die Überquerung der Themse mit der *horse ferry*, der einzigen Fähre, die Pferde transportieren durfte. Obwohl stromabwärts um 1750 mit dem Bau der Westminster Bridge begonnen wurde, blieb die Fähre bis ins 19. Jh. in Betrieb.

Die Docks nahe der Kathedrale von Southwark
Der in dieser Umgebung anachronistisch anmutende Dreimaster scheint auf seine letzte Fahrt zu warten.

Die erste Southwark Bridge
Zwischen 1814 und 1819 entstand hier die erste Brücke, die aus drei Metallbögen und einem Hauptpfeiler bestand. Dickens erwähnte die Brücke bereits in seinem Buch *Klein Dorrit*. Die neue Brücke, die aus fünf Stahlträgern zusammengesetzt ist, konstruierte Sir Ernest George zwischen 1912 und 1921.

1400) beschrieben werden. William Shakespeares *Heinrich VI.* und *Die Abenteuer des Mr. Pickwick* von Charles Dickens erinnern an das *White Hart*. Von diesen Herbergen ist heute nur noch das *George Inn*, das 1677 erbaut wurde, erhalten.

Theater. Die ersten festen Theater Londons (nach *The Theatre* und *The Curtain* im Norden der Stadt) ließen sich in Southwark, vor allem an der Bankside, nieder. Das *Rose Theatre*, ein strohgedecktes Gebäude aus Holz und Gips, wurde 1586 erbaut, aber bereits 1605 wieder zerstört. Erst kürzlich hat man die Grundmauern dieses Theaters wiedergefunden. Bis 1603 wurden hier Stücke von Marlowe, Kyd und Shakespeare aufgeführt. Besonders bekannt an der Bankside waren das *Globe Theatre*, das *Swan Theatre* und das *Hope Theatre*.

Globe Theatre und Shakespeare Globe Museum ♥. William Shakespeare, der wohl größte englische Dramatiker, war Miteigentümer und Schauspieler des *Globe Theatre*. Der Name des runden Gebäudes, das 1598 ganz aus Holz erbaut wurde, stammt von seinem Aushängeschild: Atlas, der die Welt auf seinen Schultern trägt. Das Theater wurde auch ›Wooden O‹, hölzerner Kreis, genannt. 1613 setzte eine Kanone während der Vorstellung von *Henry VIII*. das Theater in Brand und zerstörte es. Obwohl im Jahr 1614 neu aufgebaut, schloß das Theater bereits drei Jahre später wieder seine Pforten, dieses Mal für immer. Derzeit wird es an seinem alten Standort originialgetreu wieder aufgebaut. Nur wenige Schritte entfernt befindet sich in einem Lagerhaus aus dem 18. Jh. das *Shakespeare Globe Museum*. Hier wird anhand von Szenen und Figuren aus Shakespeares Stücken die Geschichte des elisabethanischen Theaters dokumentiert. Heute lebt die alte Londone Theatertradition an der South Bank weiter. Im South Bank Art Centre finden sich unter einem Dach vereint *Royal Festival Hall, National Theatre, Museum of the Moving Image* (MOMI), *National Film Theatre* und *Hayward Gallery*. Die Bebauung des Viertels begann im Jahr 1951 anläßlich des Festival of Britain mit der Errichtung der Royal Festival Hal Der Saal, der von Robert Matthew und Leslie Martin entworfen und 1962 von T. P. Bennet umgestaltet wurde, faß etwa 3000 Besucher. 1968 wurden die Queen Elizabeth Hall, der Purcell Room und die Hayward Gallery fertiggestellt. Neun Jahre später, 1977, kamen dann das National Theatre, das an das National Film Theatre (welches bereits 1958 an d South Bank verlegt wurde) angegliedert ist, und ein kleines Stück weiter das Kino-Museum, das MOMI, hinzu.

Southwark Cathedral und Pickford's Wharf
Neben dem schönsten Gebäude am Südufer der Themse, der Southwark Cathedral, finden sich Bauten, die sich nur wenig harmonisch in ihre Umgebung einfügen.

Southwark Cathedral ♥

Im Jahr 1106 errichteten die Augustinermönche von St Mary Overie eine romanische Kirche. Das Kloster, das 1212 einem Brand zum Opfer fiel, wurde durch einen gotischen Bau ersetzt. Das Mittelschiff erneuerte im 19. Jh. A. W. Blomfield. Im Jahr 1905 wurde die Kirche in den Rang einer Kathedrale erhoben. Im Inneren trifft man auf das hölzerne Standbild eines Ritters (1275) und ein Bild von John Gower, Dichter und Freund von Geoffrey Chaucer. Im südlichen Seitenschiff steht das von Henry McCarthy errichtete Shakespeare Monument (1911). Darüber illustrieren von Christopher Webb geschaffene Kirchenfenster Shakespeares Dramen. Ganz in der Nähe der Kathedrale liegt das Operating Theatre of Old St Thomas 's Hospital, ein Operationssaal aus dem Jahr 1821.

Winchester House
In diesem Palast lebten die Bischöfe von Winchester von 1109 bis 1642, dem Jahr, in dem das Parlament die Diözese auflöste. Danach diente das Gebäude als Gefängnis und verfiel nach und nach. Bei einem Brand im Jahr 1814 kam eine riesige Fensterrosette aus dem 14. Jh. zum Vorschein.

Southwark Cathedral und London Bridge
Diese Gegend ist stark frequentiert, denn die Vorstädter, die in der City arbeiten, erreichen über die London Bridge Station ihre Büros.

▲ Greenwich

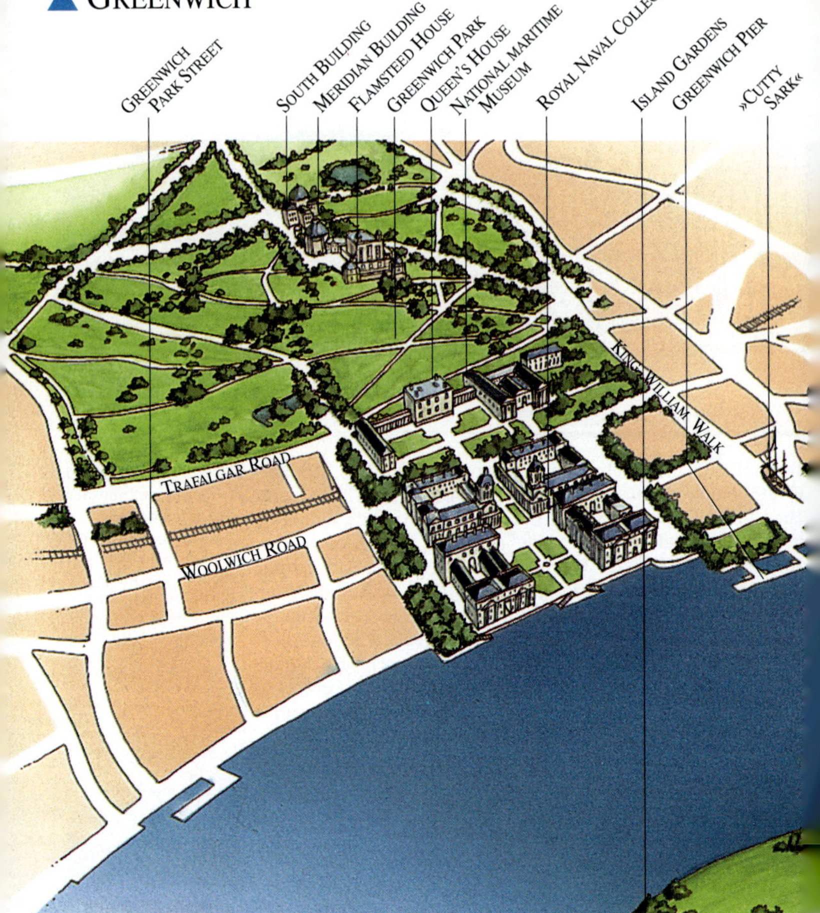

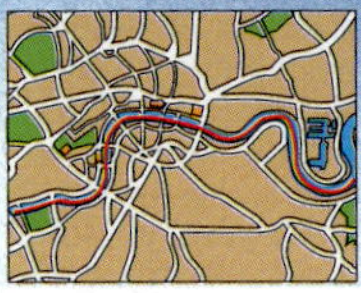

1 Tag

»Ich kenne nichts, was imposanter ist als die Themse, wenn man sie vom Meer kommend in Richtung London Bridge hinauffährt.«
Friedrich Engels

Greenwich liegt etwa zehn Kilometer südöstlich der London Bridge am Südufer der Themse, direkt gegenüber den Island Gardens (▲ *339*). Die schönste und angenehmste Art, nach Greenwich zu gelangen, ist eine Dampferfahrt mit einem der Thames Buses, die am Westminster Pier, Charing Cross Pier oder Tower Pier (◆ *371*) ablegen. Die Fahrt dauert etwa 90 Minuten und ist an sich schon einen Besuch in Greenwich wert, denn vom Fluß aus zeigt sich London von einer ganz anderen Seite. Am Südufer der Themse liegt inmitten ehemaliger Lagerhäuser die

»VOM GRUNDE DER THEMSE KANN MAN DIE SIRENEN HÖREN/
SIE HABEN NOCH IMMER KINDERSTIMMEN.«
JACQUES PRÉVERT

Kathedrale von Southwark (▲ *323*); am Nordufer die City (▲ *146*) mit einer Reihe von Kirchtürmen, die mit St Paul's Cathedral (▲ *171*) als Blickfang eine hübsche Silhouette bilden. Schließlich nähert man sich den Docklands (▲ *330*) und, in der Schleife des Themsebogens, der Isle of Dogs (▲ *336*).

»The ferry« (1784)
Dieses Gemälde illustriert die Bedeutung der Themse als wichtigste Verkehrsader Londons.

GREENWICH

Dieses Viertel, das in erster Linie durch den Null-Meridian und die Festlegung der G. M. T., der Greenwich Mean Time, bekannt ist, prägen einige imposante und monumentale Bauten, darunter das Queen's House und das Royal Naval College (das ehemalige Royal Naval Hospital). Dieses Glanzstück englischer Architektur geht auf die Architekten Inigo Jones (▲ *144*) und Sir Christopher Wren (▲ *171, 174*) zurück, die Greenwich so umgestalteten, daß es sich zu einem der bevorzugten Aufenthaltsorte des englischen Hofes entwickelte. Auch heute noch liegen hier einige königliche Jachten vor Anker.

Geschichte. Bis zum Jahr 1428, als der Herzog von Gloucester hier das Schloß *Bella Court* errichten ließ, war Greenwich nur ein einfaches Fischerdorf. Bereits 1433 wurde der Palast auf Anweisung von Henry VI. umgebaut und ein Park angelegt. Henry VIII., der hier zur Welt kam, ließ das Schloß erneut umbauen, den Park vergrößern und eine königliche Waffenschmiede errichten, die bald den Manufakturen von Mailand und Nürnberg den Rang ablaufen sollte. Hier kamen zwei seiner Kinder zur Welt, und seine fünfte Heirat mit Anna von Kleve wurde hier vollzogen. Im Jahr 1616 entschloß sich James I., für seine Gemahlin Anna von Dänemark eine Sommerresidenz entwerfen zu lassen. Der Architekt Inigo Jones (1573-1652) schuf hier sein erstes Meisterwerk. Die Bauarbeiten wurden allerdings bereits 1619, im Todesjahr der Königin, eingestellt, um einige Jahre später unter Charles I. erneut in Angriff genommen zu werden. Dessen Nachfolger,

❝ Wer immer die Anlagen am Themseufer entworfen hat, war ein Genie. Fest und doch zärtlich umschließen sie den Fluß, wie ein Junge ein Mädchen, nachdem alles vorbei ist, und dann erstrecken sie sich in einer großen Kurve von dem Parlamentsding, unten in Westminster, die ganze Strecke nach Norden und Osten [...].❞
Colin MacInnes
Absolute Beginners

Flamsteed House und Observatorium
Dieses Gemälde zeigt die Hügelkuppe, auf der 1675 die Gebäude des Königlichen Observatoriums und das Wohnhaus (Entwurf Christopher Wren) für den Hofastronomen John Flamsteed errichtet wurden.

Die Kais von Greenwich
Das Gemälde von John O'Connor (1850-1889) spiegelt die für Greenwich typische Mischung von ursprünglicher Flußlandschaft und monumentalen Bauten wider.

Charles II., ließ den alten Tudor-Palast abreißen und beauftragte John Webb, den Schwiegersohn von Inigo Jones, mit einem Neubau. Erst 1694 griffen William III. und Königin Mary II. die alten Pläne wieder auf und ließen die Anlage von Wren und seinen Assistenten Hawksmoor (▲ *311*) fertigstellen. Endgültig abgeschlossen wurden die Arbeiten allerdings erst im 19. Jh.

Das Stadtbild. Neben den imposanten Bauwerken des National Maritime Museum und des Royal Naval College birgt Greenwich einige weitere interessante Überraschungen, wie etwa jene schönen Backsteinhäuser aus dem 17. und 18. Jh. Die im reinsten georgianischen Stil erbauten Häuser befinden sich vor allem in der steil ansteigenden Straße Croom's Hill. Im Zentrum von Greenwich lohnen einige Häuser mit stuckverzierten Regency-Fassaden einen Abstecher. Antiquariate und Antiquitätenläden laden zum Stöbern ein.

St Alfege. Der Name dieser Kirche geht auf den Erzbischof von Canterbury zurück. Er wurde 1012 von den Dänen als Geisel genommen und in Greenwich hingerichtet, nachdem er sich geweigert hatte, seine Freiheit mit Geld zurückzukaufen. Die jetzige Kirche entspricht allerdings nicht dem Original-Gebäude, in dem Henry VIII. am 28. Juni 1491 getauft wurde. Sie stammt vielmehr von Hawksmoor, der sie 1714 fertigstellte. Der spitze Kirchturm wurde 1730 von John James errichtet. Die Wandmalereien im Innern der Kirche, ein Werk von James Thornhill (▲ *173*), sowie die Holztäfelungen haben während des Zweiten Weltkrieges leider stark gelitten.

Die »Cutty Sark«. Sie gilt als einer der schönsten und schnellsten Klipper , die je gebaut wurden. Aufgrund ihrer Schnelligkeit war sie prädestiniert für den Transport von wertvollen, verderblichen Gütern, wie etwa Tee aus China. Das Segelschiff lief im Jahr 1869 in Dumbarton in Schottland vom Stapel. Im Zeitalter der Dampfschiffe war die *Cutty Sark* allerdings bald nicht mehr konkurrenzfähig. 1895 wurde sie deshalb an ıe portugiesische Gesellschaft veräußert. Im Jahr 1954 ufte die *Cutty Sark Preservation Society* sie zurück, brachte : nach Greenwich und dockte den Klipper dort auf. Heute herbergt er ein Schiffahrtsmuseum, in dem das Leben an ırd der großen Segelschiffe des 19. Jh. dokumentiert wird. eich neben der *Cutty Sark* liegt die *Gipsy Moth IV*, auf der r 65jährige Sir Francis Chichester 1968 im Alleingang um : Erde gesegelt ist.

ld Royal Observatory und Flamsteed House ♥. König ıarles II. gab den Bau eines Observatoriums für seinen ɔfastronomen John Flamsteed (1646-1719) im Jahr 1675 in ıftrag. Der Architekt Christopher Wren baute, wie er selber gte, »for the observer's habitation and a little for pompe«. ıs eigentliche Observatorium wurde mittlerweile nach ssex verlegt. Heute beherbergt das Flamsteed House die ;tronomie- und Navigationsabteilung des National aritime Museum. Exzellente Modelle und alte strumente dokumentieren die Geschichte der ıvigation. Bekannt und berühmt ist Greenwich, weil f einer internationalen Konferenz in Washington Jahr 1884 der durch den Ort verlaufende ıngengrad als Null-Meridian festgelegt wurde. ein Verlauf wird mit Hilfe einer Linie auf dem ›lände des Museums dargestellt.) Damit war ıe Achse festgelegt, entlang derer sich die Welt eine östliche und eine westliche Hemisphäre fteilt. Jeden Tag, um Punkt 13 Uhr, fällt ein Ball f einem der Türme von Flamsteed House an ıer Stange herab. Er gibt die Normalzeit an, an der h alle 24 Zeitzonen der Erde orientieren. Diese adition wird zwar bis heute gepflegt, die exakte ›itmessung erfolgt inzwischen allerdings mit Hilfe einer omuhr. Von der Terrasse des Flamsteed House hat man rigens einen herrlichen Blick auf London.

›yal Naval College. In diesem ehemaligen, am Ufer der ıemse gelegenen Hospital verbrachten einst pensionierte eleute ihren Lebensabend. Der Komplex besteht aus vier nmetrisch an einer Mittelachse orientierten Bauten, die veils einen Innenhof einschließen. Zwischen den ›lonnaden der beiden rückwärtigen Häuser hindurch blickt ın auf das Queen's House . Den ersten Entwurf für die ılage lieferte John Webb zwischen 1662 und 1669. ıristopher Wren und Nicolas Hawksmoor entwarfen den dteil, in der sich das interessanteste Zimmer des Gebäudes findet: die *Painted Hall.* Die von James Thornhill schaffenen Malereien an den Wänden und an der Decke rherrlichen William III. und Königin Mary II. Das ›genstück zur Painted Hall bildet die Kapelle (*The Chapel*),

»Das Greenwich Hospital von der Themse aus«
Im Hintergrund dieses Gemäldes von William Lionel Wyllie (1851-1931) erkennt man die imposante Architektur von Greenwich.

»Cutty Sark«
Das Gedicht *Tam o'Shanter* des schottischen Lyrikers Robert Burns stand Pate für den Namen der *Cutty Sark*. Er bedeutet kurzes Hemd und bezieht sich auf die Bekleidung der Galionsfigur.

Deckengemälde des Royal Naval College
Der bemerkenswerteste Teil des Royal Naval College ist die Painted Hall, der ehemalige Speisesaal. Die Barock-Malereien an der Decke, ein 1708 bis 1727 ausgeführtes Werk des Malers James Thornhill, zeigen in allegorischen Szenen den Herrschaftsanspruch der Dynastie Williams III. (von Oranien).

die, nachdem sie 1772 ausgebrannt war, zwischen 1779 und 1789 von dem Architekten James ›Athenian‹ Stuart (1713-1788) im griechisch-klassizistischen Stil ausgestaltet wurde. 1873 bezog das Royal Naval College die zwischenzeitlich verwaisten Gebäude.

Queen's House. Im Jahr 1616 ließ James I. für seine Gemahlin eine Sommerresidenz entwerfen. Als Baumeister wählte er Inigo Jones, der sich bis dahin als Architekt nicht besonders hervorgetan, sondern in erster Linie spektakuläre Bühnendekorationen geschaffen hatte. Auf seinen Italien-Reisen lernte er den klassizistisch inspirierten Baustil des Andrea Palladio kennen. Das Queen's House gilt neben dem Banqueting House (▲ *144*) als Musterbeispiel des sogenannten Palladianismus, der sich durch Symmetrie und Schlichtheit auszeichnet. Jones hatte bei der Planung des Queen's House ein Problem zu lösen: Mitten durch das Grundstück verlief die Straße von London nach Rochester, die die Angehörigen des Königshofes überqueren mußten, wollten sie zum hügelaufwärts gelegenen Palastgarten gelangen. Jones entwarf ein Doppelhaus dessen beide Teile durch einen überdachten Gang im ersten Stock miteinander verbunden waren. Im 17. Jh. entstanden schließlich die östlichen und westlichen Seitenwände.

National Maritime Museum. Das größte und schönste Seefahrts- und Marinemuseum der Welt befindet sich seit dem 19. Jh. im Queen's House und den Gebäuden des Old Royal Observatory. Eine Reihe wertvoller Andenken aus großen Seeschlachten, eine bedeu-

tende Gemäldesammlung und Schiffsmodelle dokumentieren die Geschichte der britischen Seefahrt. Im *Navigation Room* finden sich alte Navigationsinstrumente, darunter See- und Weltkarten, Globen (die umfangreichste Sammlung der Welt) und Schiffschronometer. Besonders beeindruckend sind die Cook- und Nelson-Galerien, die mit zahlreichen eindrucksvollen Gemälden und persönlichen Erinnerungsstücken der verschiedenen Reisen des Weltumseglers und der siegreichen Seeschlachten des Admirals gedenken. Den Polarexpeditionen des frühen 20. Jh. widmet sich die *Arctic Gallery.*

Greenwich Park. Hinter dem Museum befindet sich der Park von Greenwich, einst königliches Jagdrevier, dessen Pläne Charles II. von Le Nôtre, dem Landschaftsarchitekten von Versailles, ausführen ließ, ohne ihm vorher das Gelände gezeigt zu haben. Das führte dazu, daß von Le Nôtres Plänen, die von einem weitläufigeren Gelände ausgegangen waren, nur die Alleen mit den heute 300 Jahre alten Kastanien realisiert werden konnten. Im Park findet sich auch eine Bronzeskulptur von Henry Moore (▲ *223*). Allein der Blick auf London und die Themse ist bereits einen Abstecher auf den Greenwich Hill wert.

Admiral Nelson
Horatio Nelson (1758-1805, ▲ *286*) gehört zu den britischen Nationalhelden. Er fügte den Franzosen in zwei Seeschlachten verheerende Niederlagen zu: bei Abukir (1798) und bei Tragfalgar (1805), wo er tödlich verwundet wurde.

Eine Barke auf der Themse bei Greenwich

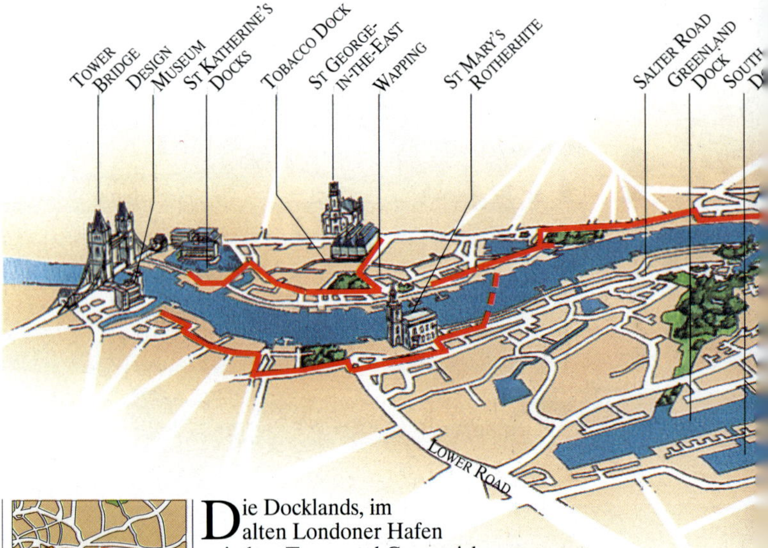

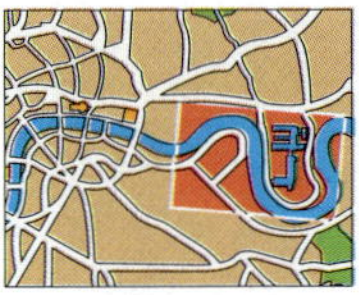

1Tag

»West India Dock« Gesetze aus den Jahren 1799 und 1800 erlaubten der West India Company, auf der Isle of Dogs zwei Hafenbecken und einen Kanal von ca. 1 km Länge anzulegen, der die in den Fluß ragende Landzunge zweiteilt. Diesen Blick auf die Isle of Dogs von Blackwall aus hielt William Daniell 1802 im Bild fest. Heute befindet sich hier Canary Wharf.

Die Docklands, im alten Londoner Hafen zwischen Tower und Greenwich Reach gelegen, sind derzeit die größte Baustelle Europas. Im Augenblick ruhen die Arbeiten, doch irgendwann soll hier einmal eine neue Stadt entstehen, die das Bild dieses Teils von London von Grund auf verändern wird. Die rund 20 km^2 umfassende Fläche symbolisierte einst die wirtschaftliche Macht Großbritanniens und des gesamten Empire. Mit der Neugestaltung des Terrains verschwinden jetzt die letzten Zeugnisse der fast 200jährigen Geschichte des Hafens.

DIE GESCHICHTE DER DOCKS

Schon gegen Ende des 18. Jh. entsprach die Kapazität der alten Hafenanlagen nicht mehr den Ansprüchen der Handelsgesellschaften: Jedes Jahr gingen Tausende von Schiffen in der Nähe von London, in Limehouse, Greenwich und Blackwall, vor Anker und warteten darauf, Kohle, Holz, Weizen oder Wolle ab- oder aufzuladen. Die immer länger werdenden Wartezeiten trieben die Preise allmählich in die Höhe. Im Jahr 1793 drohte die einflußreiche West India Company damit, sich anderweitig niederzulassen, wenn die Anlagen nicht bald ausgebaut würden.

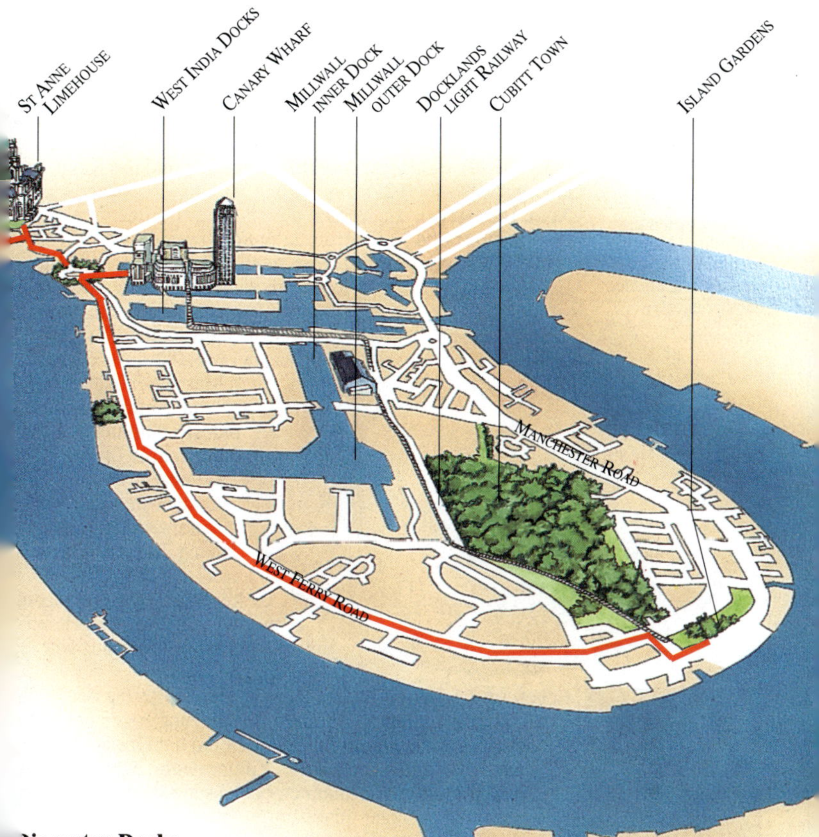

Die ersten Docks. Anfang des 19. Jh. entspannte sich die Situation. 1802 wurde in Wapping das West India Dock eingeweiht, kurze Zeit später das London Dock. Dieses Dock, ein Werk von D. A. Alexander und John Rennie, umfaßte mehrere Hafenbecken, in denen mehr als 300 Schiffe Platz fanden. Mitte des 19. Jh. wurden hier jährlich etwa 2000 Frachtschiffe abgefertigt. In den Speichern lagerten Waren aus den Tropen und in den Kellergewölben unterhalb der Kais wurden Wein und Brandy aufbewahrt. Der von der Regierung gepachtete Tabakspeicher (Queen's Warehouse) befand sich ebenfalls auf

einem der Kais. In Blackwall wurden 1806 die East India Docks in Betrieb genommen, 1812 das Regent's Canal Dock. Der ungebremste Aufschwung der englischen Wirtschaft, die Entwicklung Londons sowie die Ausdehnung des britischen Herrschaftsgebietes machten die Errichtung weiterer Anlagen erforderlich. 1828 wurden St Katherine's Docks, ein Werk des Architekten Thomas Telford (1757-1834), fertiggestellt. Unter Queen Victoria entstanden das Poplar Dock im Osten (1852), das Royal Victoria Dock im Süden (1855), die West India

Pubs in den Docks
Den Weg von St Katherine nach Bermondsey säumen zahlreiche Pubs, so z. B. das *Dickens' Inn* in St Katherine. In Wapping kann man im *Town of Ramsgate* einkehren, wo einst Gefangene eingesperrt waren, bevor sie nach Australien verschifft wurden.

Docks und das Millwall Dock (1868), das South West India Dock (1870), das Royal Albert Dock (1880) und das King George V. Dock (1921).

Neue Industrien. Im Verlauf des 19. Jh. entstanden um die Warenhäuser und Kais herum zahlreiche neue Gewerbebetriebe. Die Napoleonischen Kriege und die wirtschaftliche Expansion des Landes erforderten die stetige Weiterentwicklung des Schiffsbaus. Gleichzeitig florierten auch die Zulieferbetriebe aus der Metallindustrie und dem Maschinenbau, aber auch die Nahrungsmittelindustrie blühte. In den 60er Jahren drohte, bedingt durch die Verlagerung des Containerhafens nach Tilbury, das Aus für die Docks und die anderen Gewerbebetriebe. Sie zogen entweder in andere Gegenden um,oder verschwanden ganz von der Bildfläche.

»Ein Kai in der Nähe der London Bridge«
Bis ins frühe 19. Jh. hinein wurden die gelöschten Waren manchmal wochenlang auf den Kais gelagert.

Leben und Arbeiten in den Docks. Die Eröffnung der Dockanlagen und der industrielle Aufschwung zogen neue Bevölkerungsschichten in den Stadtteil um die Docks. Aus ganz England kamen Ingenieure, Zimmerleute, Mechaniker, Seiler, Lagerhalter, Fährmänner, Schleusenwärter, Händler und mehr oder weniger qualifizierte Arbeiter mit ihren Familien, um auf den Baustellen sowie in den neuen Firmen und den Docks Arbeit zu finden. So entstand hier gegen Mitte des 19. Jh. eine bunt gemischte Gesellschaft, in der die Ärmsten der Armen direkt neben den wohlhabenderen Mitgliedern der britischen Gesellschaft lebten. Die einen waren auf der Suche nach einer Arbeitsstelle, die anderen nach lukrativen Investitionsmöglichkeiten. Von 1870 an verließen Ober- und Mittelschicht die Docks, um sich in vornehmeren Wohngegenden niederzulassen. Handwerker und Dockarbeiter blieben und bildeten eine relativ homogene Gemeinschaft, in der nahezu uneingeschränkte Solidarität herrschte. Das begrenzte Areal der Docks wurde zum Dreh- und Angelpunkt für Familie, Arbeit, Schule und Freizeit.

Isambard Kingdom Brunel (1806-1859)
Der Sohn von Marc Brunel (1769-1849), dem Erbauer des Thames Tunnel, entwarf den *Great Eastern*, den seinerzeit größten Passagierdampfer der Welt, der in Millwall erbaut und 1858 zu Wasser gelassen wurde.

Der Niedergang. Im Zweiten Weltkrieg wurde fast die Hälfte der Lagerhäuser zerstört; besonders betroffen waren die Docks der West India Company und von St Katherine's. Um 1950 waren sie weitgehend wiederaufgebaut, doch die immer größer werdenden Schiffe erforderten eine Verlegung der Docks in den Mündungsbereich der Themse. Diese Entwicklung ging auf Kosten der stadtnahen Hafenanlagen und begünstigte die Tilbury Docks 30 km östlich der City.

Die Umgestaltung. Das Ende der 60er Jahre war gekennzeichnet durch die Stillegung der Docks und deren anschließende Umwandlung in Wohnungen, die 1969 in den St Katherine's Docks begann und schon bald sämtliche Docks auf beiden Uferseiten einbezog. 1981, im Jahr der Schließung der Royal Docks, veröffentlichte die London Docklands Development Corporation (LDDC) ihre Pläne für eine gigantische Umstrukturierung der Docklands. Dieses Projekt nahm inmitten der Isle of Dogs mit der Errichtung der Canary

»Londinium war für seinen Handel berühmt und wimmelte nur so von Händlern.«

Cassiodorus

Vharf Gestalt an. Die Verlagerung des geschäftlichen Zen-rums Londons in den Osten der Stadt hat zu einem beispiel-)sen Gewerbetransfer geführt. So haben viele große Zeitun-en die Fleet Street verlassen und sich in den Docklands ngesiedelt: die *Times* in Wapping; die *Financial Times* in lackwall; der *Daily Telegraph* und der *Guardian* in Millwall nd die *Daily Mail* in Rotherhithe. Zu Beginn der 90er Jahre bten bereits etwa 65000 Menschen in den Docklands, rund)000 hatten hier Arbeit gefunden. Doch dieser fantastische ufschwung wurde durch den Rückgang der britischen

Die Docks im Zweiten Weltkrieg
Die Dockanlagen beginnen an der Tower Bridge. Links St Katherine's Docks und London Docks in Wapping; rechts, in einer Schleife der Themse, die Surrey Docks.

Ivory House, St Katherine's Docks
Der Ingenieur Thomas Telford und der Architekt Philip Hardwick erdachten für St Katherine's Docks im Jahr 1828 eine großartige Neuerung: Die Lagerhäuser, die zum Schutz gegen Brände aus Backstein und Eisen gebaut waren, standen direkt am Rand der Hafenbecken und ermöglichten so das Ausladen der Schiffe und die Einlagerung der Waren in einem einzigen Arbeitsgang.

Der Eingang zu den Docks von Wapping

Konjunktur stark verlangsamt. Zahlreiche Büros und Wohnungen stehen immer noch leer, und das Projekt Canary Wharf wurde wegen Geldmangels bis auf weiteres auf Eis gelegt. Das Ziel, bis ins Jahr 2000 Wohnungen für etwa 110000 Menschen und 200000 Arbeitsplätze zu schaffen, scheint mittlerweile unerreichbar.

VON ST KATHERINE'S NACH WAPPING ♥

St Katherine's Docks ♥ (● *78*). Der Bau der St Katherine's Docks war ein überaus spektakuläres Unterfangen: Ein ganze Stadtviertel, dessen Entstehungsgeschichte bis ins Mittelalter zurückreichte, wurde dem Erdboden gleichgemacht, 1250 Häuser wurden zerstört. Das alte Krankenhaus und die Kirche St Katherine's (▲ *258*), die Königin Mathilde im Jahr 1148 in der Nähe des Tower of London (▲ *182*) zum Gedenken an ihr jung verstorbenen Söhne bauen ließ, mußten ebenfalls der neuen Hafenanlage weichen. Mehr als 11000 Menschen, die i der Nähe der königlichen Stiftung lebten und weder Grundstücke noch Mietverträge besaßen, wurden ungeachtet der zah reichen Proteste ohne irgendeine Entschädigung vertrieben. Die Behörden begründeten Abriß und Vertreibung mit der Notwendigkeit, das Stadtviertel, in dem schlechte hygienische Verhältnisse herrschten, sanieren zu müssen. Einzig und allein das Domkapitel wurde von der neuen Betreibergesellschaft de St Katherine's Docks entschädigt und erhielt Grundstücke am Regent's Park, um dort Häuser, eine Schule und die neue Kirche St Katherine's zu erbauen, die heute der dänischen Gemeinde in London als Gotteshaus dient. Die 1825-1828 nach einem Entwurf dea Architekten Thomas Telford errichteten St Katherine's Docks gehörten zu den ersten Anlagen, die im Jahr 1969 als Folge der Werftenkrise stillgelegt wurden. Heute befindet sich dort ein riesiger Gebäudekomplex, in dem Vergnügungsstätten und Kommerz gleichermaßen beheimate sind. Es entstanden Büros, das Tower Thistle Hotel, Kunstgewerbeläden, ein Jachthafen sowie ein internationales Geschäftszentrum. Im Ivory House, einem 1854 erbauten ehemaligen Lagerhaus für Elfenbein, befinden sich heute Wohnungen, Geschäfte und Büro Ein altes dreistöckiges Lagerhaus aus Holz beherberg das Pub *Dickens' Inn*.

The Historic Ship Collection. Im östlichen Becke der St Katherine's Docks befindet sich seit 1979 die Historic Ship Collection. Gezeigt werden alte Schiff wie die *Challenge*, ein Schleppdampfer; die *Nore*, ei Leuchtturmschiff aus dem Jahr 1931; die *Cambria*, ein Handelssegler von 1906. Die *H.M.S. Discovery* (eine Abkürzung für Her Majesty's Ship *Discovery*), ein Schiff der königlichen Marine, wurde zum Museum umfunktioniert. Der Dreimaster, ein

»Wir passieren von einem London Dock zum anderen [...]. Es scheint, als wäre jede schwimmende Planke von einem geheimnisvollen Strom hierher getragen worden.«

William B. Jerrold

dampfbetriebenes Segelschiff, wurde im Jahr 1910 in Dundee, Schottland, gebaut. Kapitän Robert Falcon Scott benutzte es 1901 bis 1904 für seine erste Antarktis-Expedition.

Wapping. Das Nachbarviertel von St Katherine's hatte früher wegen der lockeren Sitten und der Armut seiner Bevölkerung einen äußerst schlechten Ruf. Jules Vallès schrieb jedoch in seinem Werk *La Rue à Londres* von 1876, »daß Wapping mit seinen Prostituierten weniger unangenehm ist als die Stadtviertel, in denen nur arme und lasterhafte Menschen leben«. Heute wurde dieses Viertel teilweise saniert, ein Anlaß für Claude Roy, sich in *Londres* von 1986 zu beschweren: »Die alten Stufen des Anlegeplatzes von Wapping, auf denen vor 200 Jahren Tausende von Arbeitslosen auf die Passagierdampfer warteten, um den Passagieren einen Schilling abzuknöpfen, waren während meines letzten Besuches morsch. Heute existieren sie gar nicht mehr.«

Tobacco Dock (● *78*). Das Geschäftszentrum von Tobacco Dock wird, wenn die Arbeiten beendet sind, zweimal so groß sein wie das von Covent Garden. Einige der restaurierten Gebäude zeigen noch die typische Architektur der alten Londoner Lagerhäuser, so auch Skin Floor, an der Straße The Highway, Ecke Wapping Lane gelegen. Die riesigen Hallen mit ihren großartigen Spitzbogen- und Tonnengewölben aus Backstein beherbergen heute Boutiquen und Cafés.

St George-in-the-East. Diese nördlich des Tobacco Dock in der Cannon Street gelegene Kirche wurde zwischen 1714 und 1729 von Nicholas Hawksmoor (▲ *311*) mit den Einnahmen der 1711 erlassenen Kohlensteuer erbaut. St George entstand auf Wunsch der Tory-Regierung und Queen Anne, die die ärmsten Arbeiterviertel Londons nicht ohne kirchlichen Beistand wissen wollten. Das Äußere der Kirche und der hohe Turm aus Portland-Stein haben keinerlei Veränderungen erfahren. Nur das Innere wurde 1960 renoviert, nachdem es 1941 fast völlig zerstört worden war. Im Mittelschiff befindet sich eine moderne Kapelle.

Wapping High Street. Diese Straße bietet eine Reihe schöner Gebäude aus dem 18. Jh. und einige alte Speicherhäuser. Hier befinden sich die Büros der 1798 gegründeten Londoner Wasserschutzpolizei, der Metropolitan Special Constabulary. An der Wapping Wall liegt das *Prospect of Whitby* (links), das älteste am Themse-Ufer gelegene Pub. Sein Ursprung geht auf das Jahr 1520 zurück. Hier trafen sich einst Schmuggler und Diebe; doch auch der Schriftsteller Samuel Pepys (● *40*) und der Maler Joseph Mallord William Turner (● *102*, ▲ *215, 216*) saßen seinerzeit auf der Terrasse und beobachteten das lebhafte Treiben auf dem Fluß.

Tobacco Dock
Das alte Tobacco Dock beherbergt heute ein Geschäftszentrum. Zwei schöne Dreimaster am Kai lohnen eine Besichtigung.

Der Eingang zu den Katherine's Docks

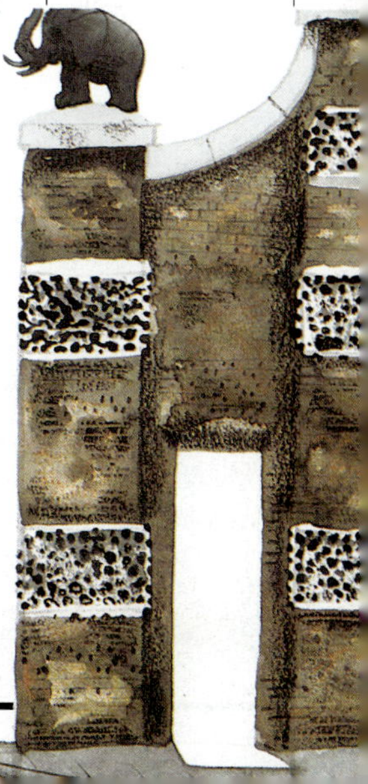

VON LIMEHOUSE ZUR ISLE OF DOGS

Eine Kirche von Hawksmoor
Der St Anne Limehouse umgebende Friedhof verleiht der Kirche eine eigenartige Atmosphäre.

❝...Auf dem Trockendock baut man sie und bessert sie aus, die Armee von Handelsschiffen, die ausziehen, die Reichtümer der Welt zu suchen, um sie anschließend in jenen Abgrund von Armut und Luxus zu schütten, den man London nennt.❞
Théophile Gautier, *Caprices et Zig-Zag*

Queenhithe
Queenhithe ist eine der wenigen Dockanlagen oberhalb der London Bridge. Nur kleine Boote durften an diesem Kai anlegen.

Limehouse. Über Limehouse, die Dockanlage, in der im 18. Jh. Kohle abgeladen wurde, gelangt man in die Commercial Road. Hier steht St Anne, eine von Hawksmoor (▲ *311*) zwischen 1714 und 1730 erbaute Kirche. St Anne ist ein typisches Bauwerk des protestantischen Barock, der sich durch das Fehlen gerundeter Formen auszeichnet. In der Limehouse Reach lockt das Pub *The Grapes,* das Charles Dickens (● *106*) im ersten Kapitel von *Our Mutual Friend* (1865) erwähnt, denn auch er zählte einst zu den Gästen.
Poplar. Dieses Viertel entstand nach der Eröffnung der Dockanlagen und der Schiffswerften. Die Zahl seiner Einwohner stieg rapide von 500 im Jahr 1801 auf 55000 im Jahr 1881. Hochqualifizierte Handwerker und Angehörige der untersten sozialen Schicht lebten hier Tür an Tür. Während der großen Depression in den 30er Jahren hatte die damals von George Lansbury geführte Labour Party in Poplar, das damals zu den ärmsten Vierteln Londons zählte, überproportional großen Zulauf.
St Matthias Church. Diese 1654 an der Poplar Street errichtete Kirche ist eines der ältesten Gebäude der Docklands. 1776 restauriert, dient sie seitdem der West India Company als Privatkapelle. Mitte des 19. Jh. wurde sie unter Verwendung von Kent-Stein im viktorianischen Stil erneut umgebaut. St Matthias Church ist seit 1977 geschlossen und war seitdem mehrmals Ziel blinder Zerstörungswut. Derzeit kann sie nur von außen besichtigt werden.
Isle of Dogs ♥. Die ›Hunde-Insel‹ (insbesondere Millwall und Cubitt Town) war im 19. Jh. das Zentrum des Schiffbaus Hier ließen sich einst die größten Firmen Englands nieder

ınd bauten Segel- und Dampfschiffe. Um 1860 beschrieb Thomas Wright die Isle of Dogs: »Es gibt hier mehr als ein Dutzend Firmen, darunter das riesige Unternehmen Millwall Iron Works, das ungefähr 4000 Männer und Kinder beschäftigt.« Die Bevölkerungsentwicklung der Isle of Dogs bestätigt diese Veränderung: Obwohl die Insel im 19. Jh. kaum bewohnt war – im Jahr 1858 lebten hier 5000 Menschen – zählte sie zwischen 1901 und 1939 bereits mehr als 21 000 Einwohner. Im Jahr 1858 realisierte die Werft Russell im Südwesten der Halbinsel einen Entwurf von Isambard Kingdom Brunel (▲ *332*) und baute den Great Eastern, der fünfmal so groß war wie jeder andere Dampfer der Welt.

Die Werften heute. Seit Mitte der 80er Jahre hat auch die Isle of Dogs Teil an der Entwicklung und Modernisierung der Docklands: Der Dschungel von Kränen dient heute nicht mehr dem Beladen von Schiffen, sondern gehört zu einer riesigen Baustelle, auf der Bürokomplexe und Luxusappartments entstehen. Das seltsam farbige Gebäude stellt allerdings keinerlei architektonische Einheit dar. Einige der schönsten Lagerhäuser blieben zwar erhalten, doch bilden sie heute zusammen mit terrassenartigen Bauten, Gebäuden aus Glas und Stahl oder Büroanlagen in Gestalt eines Passagierdampfers ein wenig homogenes Viertel. Sämtliche Hafenbecken wurden zu Jachthäfen umgebaut. Diese Veränderung hatte auch direkten Einfluß auf die Arbeitsplätze im Hafen. Banken und Medienbetriebe zogen in die Docklands, und die weniger qualifizierten Hafen- und Dockarbeiter wurden somit definitiv vertrieben. Da sie nicht die finanziellen Möglichkeiten hatten, eines der Luxusappartments zu kaufen, waren sie gezwungen, das Viertel zu verlassen und Platz für Londons Yuppies zu machen. Der gigantische Anstieg der Immobilienpreise war die Folge intensiver Spekulation, die durch die liberale Wirtschaftspolitik der Thatcher-Regierung möglich geworden war.

West India Docks
Zwei riesige Lagerhäuser, die um 1825 wiederaufgebaut wurden, sind die einzigen Zeugen der Blütezeit der Docks.

Die Isle of Dogs
❝Der Fluß trieft vor Öl und Pech.
Die Schuten treiben mit dem Wechsel der Gezeiten ab.
Ihre roten, dem Wind ausgesetzten Segel drehen sich von hier nach da [...].
Die Boote treiben Hölzer vor sich her in Richtung Greenwich, auf der anderen Seite der Isle of Dogs.❞
T. S. Eliot, *The Waste Land*

Der Thames Tunnel Der 1843 von einem französischen Emigranten, dem Ingenieur Marc Brunel (1769-1849), konstruierte, 460 m lange Tunnel war der erste Fußgängertunnel der Welt, der einen Fluß unterquerte.

Der Canary Wharf Tower Dieses Gebäude rief bei den Londonern nicht gerade Begeisterungsstürme hervor. So erklärte Prinz Charles 1988: »Die Docklands der achtziger Jahre stellen den Sieg des kaufmännischem Opportunismus über die bürgerlichen Werte dar. Zu viele mittelmäßige Bauten und ein Zug, der eine Miniaturstadt anfährt, leisten einen recht schwachen Beitrag zum Wiederaufbau unserer Hauptstadt.«

Billingsgate Market. Dieser Fischmarkt, einst an der Lower Thames Street in der City gelegen, befindet sich seit Januar 1982 im Norden der Isle of Dogs am Nordkai der West India Docks. Billingsgate Market ist in ein modernes Lagerhaus eingezogen, das in eine Markthalle umgewandelt und mit riesigen Kühlräumen ausgestattet worden ist.

Canary Wharf. Um die neuen Gebäudekomplexe der Docklands zu besichtigen, geht man am besten an der Canary Wharf entlang, über die Westferry Road zum Heron Quay. Hier steht der höchste Turm Englands, ein Werk des Amerikaners Cesar Pelli, der schon das World Finance Center in Manhattan entwarf (● *93*). Der lange Pier zieht sich an einer Achse entlang, die zum Westferry Circus führt. Ein gigantisches Einkaufszentrum wird hier in den Galerien und Kolonnaden entstehen. Während die Isle of Dogs zum Dreh- und Angelpunkt des zukünftigen Zentrums Londons wird, entsteht in Canary Wharf das Herz der Londoner Geschäfts- und Finanzwelt. Das gigantische Unternehmen wurde von der amerikanischen Firma Olympia & York finanziert und sollte auf einer Fläche von etwa 1 Mio. m^2 Büros, drei Türme und 55 000 Arbeitsplätze schaffen. Ein Teil der Planungen wurde bereits realisiert, doch seit dem kürzlich angemeldeten Konkurs von Olympia & York ruhen die Arbeiten erneut. Ein angenehmes Gegenstück zu diesem finanziellen und architektonischen Chaos bilden die alten Hafenbecken mit ihren Jachten und alten Handelsschiffen, die mittlerweile Restaurants beherbergen.

Docklands Light Railway. Diese computergesteuerte Hochbahn soll die Docklands stärker an die City anbinden. Sie durchfährt die gesamte Isle of Dogs vom Süden der Halbinsel bis zur Station Bank. Doch entgegen allen Versprechungen hat sich dieser futuristische Zug bislang als unfähig erwiesen, die derzeitige Flut von Fahrgästen zu befördern.

Mudchute Park. Ein hübscher Spaziergang führt vom Mudchute Park zu den Island Gardens, vorbei an einem Bauernhof, der im Jahr 1977 von Ted John eingerichtet wurde. Kühe, Schweine, Hühner und Ponys sowie ein Lama sind hier zu Hause. Auch ein Reitstall gehört zum Hof.

Island Gardens. Von diesem kleinen Park im Süden der Isle of Dogs hat man einen herrlichen Blick auf Greenwich und das Royal Naval College (unten links). Dorthin gelangt man durch den Greenwich Footway Tunnel, der zwischen 1897 und 1902 unter der Themse angelegt wurde.

Das Südufer der Themse

Das Südufer und Rotherhite erreicht man von Island Gardens aus entweder durch den Tunnel, der unter dem Fluß hindurchführt, und anschließend per Bus, oder mit dem Schnellboot. Auch dieses Areal blieb nicht von städtebaulichen Veränderungen verschont. In den 80er Jahren entstand zwischen London Bridge und Tower Bridge die London Bridge City.

Surrey Docks. Die einzigen Docks, die sich am Südufer befanden, umfaßten eine Fläche von etwa 140 ha. Die ersten Firmen siedelten sich im Jahr 1807 hier an. Sie besaßen das Monopol für den Handel mit nordischen Hölzern und Getreide sowie die Verarbeitung von Papiermasse. 1864 schlossen sich die verschiedenen Docks des Südufers angesichts der Konkurrenz von Küstenschiffahrt und Eisenbahn nach dem Muster der am Nordufer angesiedelten zur Surrey Commercial Docks Company zusammen. 1970 wurden die Docks stillgelegt. Seit 1981 entstand hier ein Geschäfts- und Freizeitgelände.

Rotherhithe ♥. Aus diesem kleinen Hafen fuhr 1620 die *Mayflower* in Richtung Amerika ab. An Bord befanden sich 102 englische Siedler, darunter 41 Puritaner, die später Plymouth in Neu-England gründeten. Howland Great Wet Dock, das Zentrum der späteren Surrey Docks, entstand 1696 in Rotherhithe. Hier wurden die Schiffe ausschließlich instandgesetzt und repariert.

Surrey Docks Farm. Es bietet sich an, den langen Weg von Rotherhithe nach Bermondsey mit dem Bus zurückzulegen. Doch sollte man nicht versäumen, der Surrey Docks Farm einen Besuch abzustatten. Auf diesem 1975 angelegten Bauernhof werden Produkte aus biologischem Anbau verkauft. Der Lavender Pond Nature Park entstand zwischen 1980 und 1981 auf den Fundamenten von St Saviour's Dock.

St Mary's Rotherhithe
St Mary's (links) wurde 1714 restauriert. Den Kirchturm schuf Lancelot Dowbiggin 1747. In der Nähe der Kirche befinden sich einige alte Lagerhäuser, die jetzt zu Appartments umgebaut worden sind.

»Mayflower Pub«
Das 1550 erbaute *Mayflower Pub* (unten) trägt den Namen des Schiffes, das einst die ersten Pilger nach Amerika brachte. Das Wirtshaus besitzt das Sonderrecht, amerikanische Briefmarken zu verkaufen.

»The Steelyard«
Dieses Gemälde von George Shepherd (1811) gibt Einblick in die Arbeitswelt auf den Docks.

Unkenntliches London
Der österreichische Maler Oskar Kokoschka (1886-1980) fand keinen Gefallen an den Veränderungen der Stadt, in die er 1938 emigrierte. So schrieb er 1972: »Wenn sich das Gesicht Londons so verändert, daß die Stadt nicht mehr wiederzuerkennen ist, dann liegt das nicht nur an den zwei Weltkriegen, sondern und vor allem an den Spekulanten und Bauunternehmern. Mit ihrer Hilfe werden die Londoner bald völlig von einem organischen Wachstum ihrer Metropole befreit sein.«

Blick auf die Tower Bridge von den Docks

Bermondsey. Die zwei zwischen Bermondsey und Southwark gelegenen viktorianischen Lagerhäuser an der Tooley Street entwarf Cubitt im Jahr 1857. Heute beherbergen die renovierten Gebäude unter einem Tonnengewölbe aus Glas und Stahl, das an die Architektur des Crystal Palace erinnert, die Läden der Hay's Galleria. Im Süden des Viertels befindet sich am Bermondsey Square ein interessanter Antiquitätenmarkt. Das Pub *The Angel* wurde im 15. Jh. von den Mönchen von Bermondsey gegründet und war früher ein Gaunertreffpunkt, in dem auch der Schriftsteller Samuel Pepys (1633-1703) und der berühmte Seefahrer James Cook (1728-1779) verkehrten.

Tooley Street. Dieser Straßenname ist eigentlich eine Abwandlung von St Olave. Im 13. und 14. Jh. lebten hier die reicheren Bürger der Stadt, darunter auch einige Prälaten, wie z. B. die Äbte des Klosters St Augustin von Canterbury. Im Jahr 1560 entstand das Gymnasium von St Olave. Einer seiner Direktoren war Robert Harvard, der Vater des Gründers der gleichnamigen amerikanischen Universität. Im 19. Jh. entwickelte sich zwischen Tooley Street und der Themse eine Lagerhauszone, darunter Butler's Wharf. St Olave's House, ein bemerkenswertes Gebäude aus dem Jahr 1831, entstand auf den Fundamenten der ehemaligen Kirche. Heute ist Tooley Street eine der Hauptverkehrsadern von London Bridge City.

Shad Thames (● *78*). Auch dieses Gebiet erfuhr umfassende Sanierungsmaßnahmen: Die alten Lagerhäuser wurden instandgesetzt, Fassaden erneuert und neue Bauwerke integriert. So entstand eine interessante Mischung aus moderner Bauten und Zeugnissen der Industriearchitektur des 19. Jh., in denen sich heute elegante Lofts, Restaurants, Geschäfte und Kulturzentren befinden.

Design Museum ♥. Auf einem Grundstück zwische Shad Thames und der Themse gründete im Juli 1989 der Designer Conran das erste Design-Museum der Welt. Neben einer interessanten, historisch ausgericl teten Dauerausstellung werden hier auch Wanderausstellungen gezeigt.

Branam Tea and Coffee Museum. Neben dem Design Museum liegt das Branam Tea and Coffee Museum, das die Geschichte der beiden wichtigsten Ha delsgüter Londons dokumentiert. Die Sammlung vo Gegenständen, die im weitesten Sinne mit Tee oder Kaffee zu tun haben, wurde erst kürzlich eröffnet.

AUSFLÜGE

▲ Von Putney nach Richmond-upon-Thames

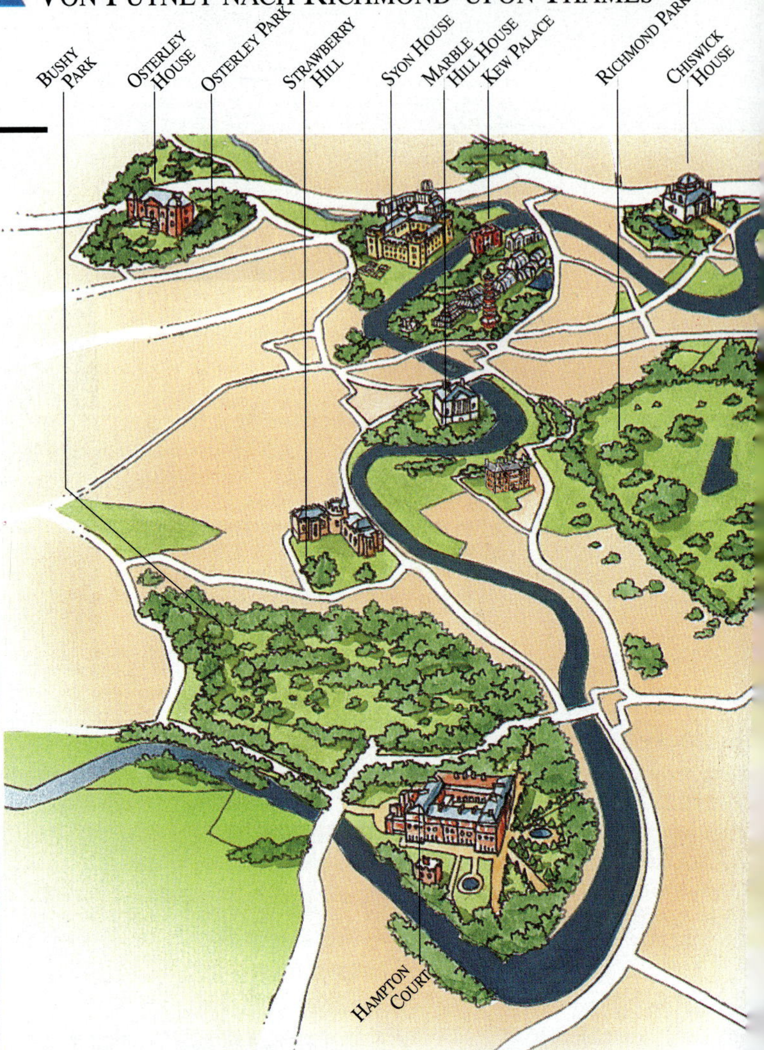

Chiswick House
Im Zuge eines Umbaus im Jahr 1768 fügte der Architekt James Wyatt den rechten Gebäudeflügel hinzu. Den unteren Teil der Treppe flankieren Statuen von Palladio und Inigo Jones.

Putney

Während des Bürgerkrieges Mitte des 17. Jh. (● *36*) trat in diesem Dorf das Kriegsgericht Oliver Cromwells zusammen. Heute ist Putney mit seinen viktorianischen und edwardianischen Häusern ein angenehmer und ruhiger Vorort am rechten Themse-Ufer

Putney Bridge. An der Brücke, die Putney mit Fulham verbindet, wird jedes Jahr im März das berühmte *Boat Race* gestartet. Über die Strecke von sieben Kilometern bis Mortlake rudern jeweils acht Sportler der Cambridge University und der Oxford University um die Wette. Das erste Bootsrennen dieser Art fand am 10. Juni 1829 in Henley statt. 1912 kenterten beide Boote, das Rennen wurde unterbrochen und neu gestartet.

Fulham

Dieser Vorort am linken Themse-Ufer galt im 19. Jh. als ›Gemüse- und Blumengarten der nördlichen Themse‹. Gegen Ende des 19. Jh. war Fulham eine Arbeitersiedlung, die in

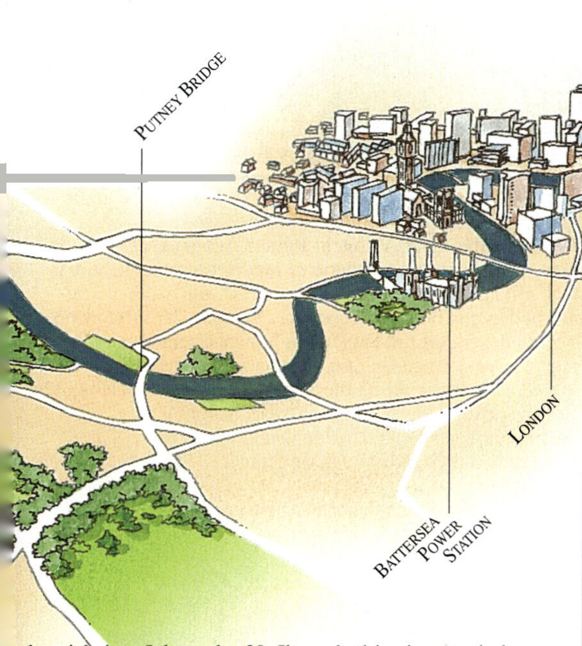

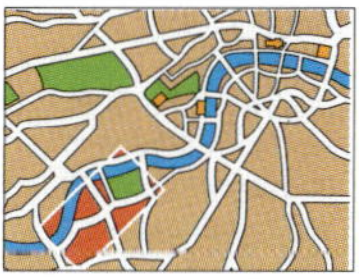

1 Tag

den siebziger Jahren des 20. Jh. endgültig einen typischen Vorstadtcharakter erhielt.

All Saints Church. Im Innern dieser Kirche, die vor allem durch ihren sehenswerten Turm aus dem 14. Jh. auffällt, befinden sich einige interessante Grabstätten aus dem 18. Jh. Gleiches gilt für den Hof, wo im 18. und 19. Jh. verstorbene Bischöfe begraben liegen.

Bishop's Park. Der an der Themse gelegene Park gehörte vom 17. Jh. bis 1868 zu Fulham Palace, der von 704 bis 1973 Sommerresidenz der Bischöfe Londons war.

Chiswick

Hogarth's House. Im Jahr 1749 erwarb der Maler William Hogarth (▲ *210, 292*) ein kleines Haus, das er »my little box by the Thames« nannte. Heute sind in diesem Häuschen zahlreiche graphische Arbeiten des Künstlers ausgestellt.

Chiswick House. Der 3. Graf von Burlington schuf zwischen 1727 und 1729 dieses elegante Wohnhaus. Seinen Bauplänen lagen Palladios Villa Rotonda und Scamozzis Villa Rocca Pisana zugrunde, deren Architektur er auf seinen ausgedehnten Italien-Reisen zu lieben gelernt hatte. Die Innenausstattung des Gebäudes wurde William Kent (1685-1748), wie Burlington selbst ein Schüler von Inigo Jones (▲ *273, 326*), übertragen. Die Räume im Erdgeschoß legen sich wie ein Ring um das Kernstück des Gebäudes, den achteckigen Kuppelraum. Im Kellergeschoß sind einige Kupferstiche vom Chiswick House zu sehen.

Syon House ♥

Das am linken Themse-Ufer gelegene und in weitläufige Parkanlagen eingebettete Syon House gehörte ursprünglich zu einem Kloster. Im Jahr 1534 ging der Besitz an den Herzog von Somerset über.

Die große Galerie von Syon House
Diese großartige Galerie beeindruckt schon allein wegen ihrer Dimensionen: Sie erstreckt sich über eine Länge von 40,60 m und eine Breite von 4,20 m. Landschaftsmalereien von Zucarelli zieren die Wände. Ein Teil des Mobiliars stammt von Robert Adam.

Kew Gardens
Auf der anderen Seite der Themse erhebt sich das düster wirkende Syon House.

Seit 1604 befindet sich das Anwesen im Besitz der Familie Percy, den Herzögen von Northumberland.

Der Landsitz. Der Architekt Robert Adam (▲ *267*) wurde 1761 beauftragt, das Gebäude zu modernisieren. Die Great Hall mit ihren dorischen Säulen, dem schwarzweißen Marmorboden und den Kopien antiker Statuen, der farbenfrohe Vorraum, verziert mit Säulen aus italienischem grünem Marmor, die 40 m lange Galerie, die von zahlreichen Fenstern erhellt wird, sowie die Kupferstichgalerie stehen im lebhaften Kontrast zur strengen Tudor-Fassade. Schon die hier ausgestellten Gemälde von Lely, Van Dyck und Gainsborough sind einen Besuch wert.

Der Park. Die Parkanlagen wurden von Capability Brown, dem erfolgreichsten Landschaftsgärtner des 18. Jh., entworfen. Im Großen Gewächshaus aus dem Jahr 1830 gedeihen exotische Pflanzen, insbesondere Orchideen. Im Westflügel ist ein Aquarium untergebracht. Seit 1981 wird das London Tropical House von Schmetterlingen bevölkert. Der Rosengarten des Parks zählt mehr als 400 verschiedene Arten.

ROYAL BOTANIC GARDENS, KEW ♥

Am Südufer der Themse liegt direkt gegenüber dem Syon House einer der bezauberndsten botanischen Gärten der Welt, Kew Gardens. Er erstreckt sich über ein Gelände, das ehemals drei Besitztümer umfaßte, von denen heute noch Kew Palace erhalten ist. Vor allem das botanische Interesse einiger Herrscher aus dem Hause Hannover hat dazu beigetragen, daß zu den Royal Botanic Gardens nicht nur einer der faszinierendsten Gärten der Welt, sondern auch einige interessante Bauten aus dem 18. Jh. gehören.

Die Prinzessin und die Heilkräuter. Ihre Vorliebe für Heilkräuter bewegte Prinzessin Augusta von Wales um 1759 dazu, auf einem Teil ihres Grundstücks in Kew einen kleinen botanischen Garten zu gestalten. Sie stellte William Aiton als Gärtner an und beauftragte Sir William Chambers

Kew Palace
Der wegen seines Stils auch Dutch House genannte Palast war die bevorzugte Sommerresidenz von König George III. und Königin Charlotte, die dort einen einfachen Lebensstil pflegten.

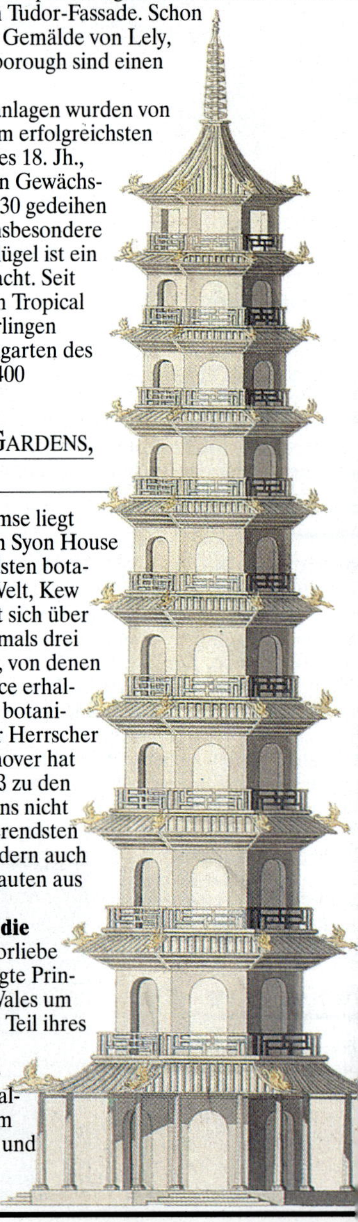

Die Pagode
Die dekorativen Elemente wie Drachen und bunte Ziegel sind leider seit langem verloren.

„Es beweist keine große Originalität, wenn man Kew Gardens bestaunt [...]. Der Pflanzenreichtum ist unvergleichlich und außergewöhnlich; das sieht und riecht man [...].“
Paul Morand, *Le Grand Incendie de Londres*

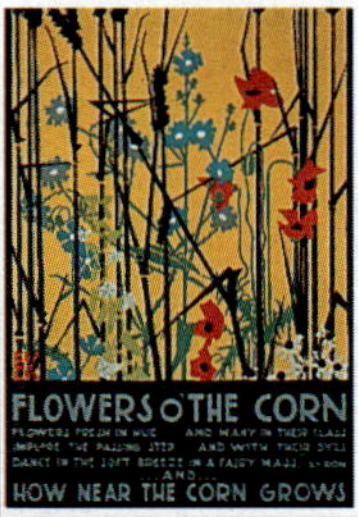

(▲ *269*) mit dem Bau der Gebäude, zu denen auch die Orangerie und die zehnstöckige, achteckige Chinesische Pagode (Bild gegenüber) gehörten. Nach dem Tod der Prinzessin 1772 verbanden ihr Sohn George III. und dessen Gattin Charlotte Kew mit dem angrenzenden Richmond. Dann beauftragten sie den Naturwissenschaftler Sir Joseph Banks mit der Pflege des botanischen Gartens. Dieser ließ Pflanzen aus der ganzen Welt zusammenzutragen. Die Landschaftsgestaltung übernahm auf Ersuchen Georges III. Capability Brown.

Die Sommerresidenz der königlichen Familie. Das Königspaar und seine dreizehn Kinder verbrachten die Sommermonate im White House von Kew. 1631 war unter der Leitung eines holländischen Kaufmanns das Dutch House, auch Kew Palace genannt, entstanden. Zunächst nur Nebengebäude des White House, wurde Kew Palace bald zu einer der Lieblingsresidenzen der königlichen Familie. 1802 wurde White House niedergerissen. Im dahinterliegenden Queen's Garden wachsen heute wie im 17. Jh. Tulpen, Weißbuchen, Lavendel und Bergamotte.

Queen Charlotte's Cottage. Königin Charlotte liebte es, in dem strohgedeckten Haus in den ehemalige Gärten von Richmond ihren Tee zu nehmen. Im ersten Stock des Gebäudes befindet sich der Picknick-Saal, wo Prinzessin Elizabeth 1805 ein Fresko malte. Später zählte dieses Landhaus und einige Hektar angrenzender Wald zum Besitz von Queen Victoria, bis diese ihn 1897 anläßlich ihrer diamentenen Jubiläumsfeier der Allgemeinheit übertrug.

Die Blütezeit des botanischen Gartens. Nachdem der Garten 1840 in den Besitz des Staates übergegangen war, wurde er sich zu seiner jetzigen Größe erweitert. William Hooker, der erste Direktor der Anlage, ließ Mitte des 19. Jh. verschiedene Museen und Ausstellungsräume, das Herbarium und die Bibliothek errichten. Unter Leitung seines Sohns Joseph wurde 1876 das Jodrell Laboratory eingerichtet. Während der botanische Garten zu Zeiten Prinzessin Augustas 3,5 ha umfaßte, erstreckte er sich nun über eine Gesamtfläche von 121 ha und beherbergte eine Sammlung von mehr als 30 000 Pflanzenarten. Ein Spaziergang durch Kew Gardens gleicht heute einer botanischen Weltreise, auch wenn der gewaltige Sturm im Jahr 1987 große Verwüstungen zur Folge hatte und ein Zehntel des Baumbestandes zerstört wurde.

Der Besuch des Gartens. Der Spaziergang durch Kew Gardens beginnt am schmiedeeisernen Haupteingang, einem Werk von Decimus Burton aus dem Jahr 1845. Der Löwe und das Einhorn, die das Portal ursprünglich schmückten, zieren heute ein Seitentor. Einige der Bäume und Pflanzen, die den Broad Walk säumen, stammen noch aus der Zeit Prinzessin Augustas. In den Gärten stößt man zunächst auf die von Chambers errichtete Orangerie und schließlich in der Nähe des Flußufers auf Kew Palace. Die 1773 ausgehobene Talmulde ist mit Rhododendron-Sträuchern und Eichen gepflanzt und ein Teil der Landschaftsgestaltung Capability

Queen Charlotte's Cottage
Königin Charlotte liebte es, in diesem kleinen, strohgedeckten Haus aus dem Jahr 1772 zu picknicken. An den Wänden der im Untergeschoß liegenden Druckerei werden auch heute noch Stiche von William Hogarth (▲ *210*) gezeigt.

Die Chinesische Pagode
Die 50 m hohe Chinesische Pagode sollte keine bestimmte Funktion erfüllen, sondern lediglich die Bewunderung des Betrachters erwecken. Der Bau der Pagode rief in England eine allgemeine Begeisterung für chinesische Architektur hervor. Auch veranlaßte sie angeblich den Herzog von Choiseul, die Canteloup Pagode in der Nähe von Amboise erbauen zu lassen.

Browns. Die grasbewachsenen Wege führen an einem künstlich angelegten See vorbei und enden hinter einem Kiefernwald an einem Aussichtspunkt, von dem sich ein herrlicher Blick auf das gegenüberliegende Themse-Ufer, Isleworth und Syon bietet. Der Weg oberhalb des Queen's Cottage durch den Jubiläumswald führt schließlich zur Marianne North Gallery, die einen Besuch lohnt. Die 1882 errichtete Galerie birgt insgesamt 832 Gemälde, auf denen Pflanzen, Insekten und exotische Landschaften dargestellt sind. Die Gemälde stammen ausschließlich von Marianne North, die zwischen 1871 und 1885 die ganze Welt (Kanada, Jamaika, Brasilien, Japan, Indien, Singapur, Indonesien, Australien und Neuseeland) bereiste.

The Palm House. Die schmiedeeiserne Konstruktion des Palmenhauses (Bild oben links) und dessen unvergleichliche Sammlung tropischer Pflanzen beeindruckte bereits zu Zeiten Queen Victorias die Besucher. Auch heute noch wachsen hier Gummi- und Bananenbäume, verschiendene Palmen sowie besonders seltene Spezies, wie etwa die vom Aussterben bedrohten Zykasgewächse. Das Gewächshaus entstand zwischen 1844 und 1848 unter der Leitung von Decimus Burton (▲ *257*) und dem Ingenieur Richard Turner, der auch das angrenzende Waterlily House erbaute. Gleich hinter diesem Gewächshaus befinden sich die französischen Rosengärten.

The Palm House Pond. Direkt vor dem Palm House befindet sich ein Teich mit einem Springbrunnen, den eine Herkules-Statue von 1826 ziert. Am Abend lassen sich zahllose Fischreiher auf der Statue nieder.

The Waterlily House. Im Nordteil des botanischen Gartens steht das das 1852 für eine Riesenseerose aus dem Amazonasgebiet erbaute Wasserlilienhaus. Heute befindet sich die Seerose im Princess of Wales Conservatory. Gegenwärtig wachsen im Waterlily House Papyrus,

Temperate House
Hier sind subtropische Pflanzen aus aller Herren Länder beheimatet. Eine chilenische Palme, die heute bereits die Decke des Gewächshauses berührt, geht zurück auf aus Chile eingeführte Samenkörner und wurde 1846 gepflanzt.

Palm House
Dieses im Jahr 1844 von Decimus Burton und Richard Turner entworfene gläserne Gewächshaus weist beeindruckende Dimensionen auf: Es ist 110 m lang, 30 m breit und 20 m hoch und birgt in seinem Innern einen tropischen Miniaturwald, in dem Bananenbäume, Ingwerstauden und Palmen gedeihen. Auch zahlreiche andere tropische Pflanzenarten werden in dem 26°C warmen Gewächshaus gezogen.

Lotusblumen und seltene Kürbisgewächse, die sich an den Innenwänden nach oben ranken.

The Temperate House. Dieses größte und eindrucksvollste Gewächshaus der Kew Gardens ist das letzte bedeutende Werk Decimus Burtons und wurde etappenweise zwischen 1860 und 1899 erbaut. Der Nordflügel beherbergt Pflanzen aus dem asiatischen Raum, das nördliche Oktogon Pflanzen aus Neuseeland und von den Pazifischen Inseln, das südliche Oktogon zahlreiche Heidekräuter und Pflanzen aus Südafrika und der Zentralbau einen kleinen Wald, den man am besten von den Burton Galleries aus überblicken kann.

Holly Walk. Nördlich des Temperate House befinden sich der bezaubernde Holly Walk, das Berberis Valley und der King William Temple, in den die Namen der militärischen Siegeszüge Großbritanniens und seiner großen Strategen eingraviert sind. Der Tempel wird von einem Segelmast geziert, der aus einer einzigen Douglas-Tanne geschnitzt wurde und ein Geschenk der British Columbia Loggers Association ist.

Princess of Wales Conservatory. Dank neuester Technik ist es in diesem erst 1987 eröffneten Gewächshaus möglich, Pflanzen aus unterschiedlichen Klimazonen unter einem Dach zu kultivieren.

Order Beds. In der Nähe des Wassergartens und der Rasenfläche befinden sich die ›geordneten Blumengärten‹, anhand derer Studenten seit der Zeit Sir Joseph Hookers in Taxonomie unterrichtet werden, also lernen, wie Pflanzen erkannt und eingeordnet werden.

Sir Joseph Banks Building. Dieses 1990 eröffnete Gewächshaus ist mit Erde bedeckt und somit ein Musterbeispiel für besonders geringen Energieverbrauch. Wissenschaftler und Botaniker der Kew Gardens arbeiten intensiv daran, den Besuchern des Gewächshauses die Wechselbeziehung zwischen Mensch und Flora zu verdeutlichen.

Campsis Grandilora
Eine der 30 000 Pflanzen, die in den Kew Gardens zu sehen sind.

Der Innenraum des Temperate House
Dieses Gewächshaus zeichnet sich durch ein besonders ausgefeiltes Heizungssystem aus.

Das tropische Gewächshaus
Häufiger Niederschlag einerseits und große Hitze andererseits haben starke Schäden am Palm House verursacht, so daß es zwischen 1984 und 1989 restauriert werden mußte. Die im Zuge der Arbeiten unter dem Gewächshaus eingerichteten Wasserspeicher bergen eine Ausstellung über tropische Wasserpflanzen.

Der Eingang zum Osterley House
1761 verwirklichte der Architekt Robert Adam vor dem Haupteingang des Gebäudes einen der schönsten Portalvorbauten Englands.

Osterley Park House ♥

Inmitten einer Landschaft von Seen, Wäldern und Feldern liegt Osterley House. Das Gebäude ist ein wahres Schmuckstück, trotz des Lärms von der nahegelegenen M4 und den Flugzeugen, die, von Heathrow kommend, direkt über das Anwesen fliegen. Der ursprüngliche, von vier Ecktürmen flankierte Bau wurde 1562 für Sir Thomas Gresham, den Gründer der Royal Exchange (▲ *151*) errichtet. Die einstigen Tudor-Reitställe aus rotem Ziegelstein stehen auch heute noch.

Ein Werk von Robert Adam. Im Jahr 1761 beauftragte Robert Child, Inhaber der Child's Bank, bedeutender Kaufmann und Eigentümer des Osterley House, den Architekten Robert Adam mit dem Umbau des Gebäudes. Obwohl Robert Child 1763 starb, beendete Adam sein Werk auf Kosten von Francis Child, dem Bruder des Verstorbenen: Er errichtete eine Orangerie, die 1950 allerdings durch ein Feuer zerstört wurde, und einige Gebäude in den angrenzenden Gärten. Das Landhaus ist stark klassizistisch geprägt und gehört zu den gelungensten Arbeiten von Adam.

Die Innenausstattung des Osterley House. Robert Adam gestaltete auch jedes noch so kleine Detail von Osterley House mit akribischer Hingabe. Eine der Hauptattraktionen ist das Staatsbett mit seinem blumenbesetzten seidenen Baldachin. Der Eingang des Hauses wurde nach Vorbild eines römischen Vorzimmers entworfen. Die Regale der Bibliothek sind ein Werk John Linnells, während die feinen Malereien im etruskischen Saal von Pietro Borgnis ausgeführt wurden. Über die Long Gallery gelangt man zu einer von Ringelblumen – dem Symbol der Child's Bank – übersäten Wiese. Die Blumen finden sich auch als Motiv auf dem Polster eines Sofas wieder. Francis Child vererbte das Anwesen seiner Enkelin Sarah Sophia, die den Earl of Jersey heiratete. 1949 überließ der 9. Earl of Jersey das Haus und dessen Mobiliar dem National Trust. Seitdem gehört Osterley mit den libanesischen Zedern aus dem 18. Jh., den Alleen und Seen zu den beliebtesten Ausflugszielen der Londoner.

Die Gärten von Osterley House. Bei der Gestaltung der Gärten holte sich Robert Child Rat bei dem schottischen Architekten Sir William Chambers (▲ *269*), der auch den dorischen Pan Temple errichtete.

Strawberry Hill
Gesamtansicht des neogotischen Gebäudes von Horace Walpole.

TWICKENHAM ♥

Nur die Themse trennt Twickenham von Richmond. In diesem noblen Londoner Vorort finden sich zahlreiche Herrschaftshäuser aus dem 17. Jh.

Ein Paradies für Künstler. Bereits im 18. Jh. zog Twickenham die höfische Gesellschaft an, die diesen kleinen Ort vor den Toren Londons sehr schätzte. Auch viele Künstler und Literaten ließen sich hier nieder, so zum Beispiel der Historiker Horace Walpole, die Maler Godfrey Kneller und J. M. W. Turner (▲ *215, 216*) oder der Dichter Alexander Pope (1688-1744; ▲ *157*), der von 1719 bis zu seinem Tod in der Pope's Villa, direkt an der Themse, lebte. Wegen seines Stadions gilt Twickenham auch als das ›Mekka des Rugby‹.

Strawberry Hill. Der Bau aus dem 18. Jh. gleicht in keinster Weise den klassischen Wohnhäusern dieser Zeit. Horace Walpole (1717-1797), 4. Graf von Oxford, Literat und Historiker, versuchte zwischen 1749 und 1766 das bescheidene Häuschen zu einem mittelalterlichen Schloß in Miniaturformat umzuformen. Er ließ sich bei der Realisierung seiner Pläne von den Stichen verschiedener Kathedralen und den Grabdenkmälern von Westminster Abbey inspirieren. Die Treppe im Innern des Gebäudes ist nach dem Vorbild der Kathedrale von Rouen entstanden. Die Kirchenfenster sind im flämischen Stil ausgeführt. Heute ist Strawberry Hill Eigentum des Priesterseminars von St Mary's College.

The Gallery, Strawberry Hill
Horace Walpole bewohnte das Anwesen ab 1747. Er selbst nannte Strawberry Hill »sein kleines Spielzeug, die hübscheste Tändelei, die man jemals gesehen hat [...]«. Die neogotische Galerie enthält Elemente der *Henry VII. Chapel* in Westminster; die mit Spiegeln eingefaßten Nischen wurden einem Grabdenkmal der Kathedrale von Canterbury nachempfunden.

MARBLE HILL HOUSE

Nach den Entwürfen des Architekten Roger Morris und mit der Hilfe von Lord Herbert wurde Marble Hill House (im Bild unten) im Westen von Twickenham zwischen 1724 und 1729 für Henrietta Howard errichtet, die einstige Geliebte von George II. und spätere Gräfin von Suffolk. Das dreistöckige Gebäude im palladianischen Stil lohnt sich auch wegen seiner schönen Innenausstattung einen Besuch.

HAM HOUSE

Das nahe der Themse gelegene Ham House ist eines der Landhäuser, die sich die Aristokratie während der Stuart-Zeit in der näheren Umgebung Londons bauen ließen. Nachdem Ham House vier Jahre geschlossen war, wird das ›Dornröschen-Schloß‹ nach seiner Wiedereröffnung am 2. April 1994 ein weiteres reizvolles Ausflugsziel für alle Besucher Londons sein.

Geschichte. Ham House wurde im Jahr 1610 für Thomas Vasavour, den Ratgeber von James I., erbaut. 1637 ging der Besitz an William Murray, den 1. Earl of Dysart, über und blieb bis 1948 im Besitz von dessen Familie. Das Gebäude, die Möbel und die Innenausstattung wurden nach 1670 leicht verändert, als die Gräfin von Dysart und deren zweiter

Portal des Ham House
❝Der Eingang führt durch ein Portal auf einen verlassenen Hof mit alten Bäumen, einer Sonnenuhr und einem Futtertrog für die Esel.❞
Augustus Hare, 1879

Ehemann, der Herzog von Lauderdale, das Haus luxuriös ausstatteten.

Eine Vielzahl von Künstlern. Die Lauderdales sicherten sich bei der Ausarbeitung der Großen Treppe die Dienste des Schreinermeisters Thomas Carter. Die mit alten Waffen versehene Balustrade stellt mit ihren geschnitzten und gezackten Holztafeln ein wahres Meisterwerk dar. Aller Wahrscheinlichkeit nach wurde Franz Cleyn, der die Teppichweberateliers im benachbarten Mortlake leitete, angestellt, um die Innenausstattung der Räume im Nordteil des Wohnhauses zu leiten. Nach der Restauration von Charles II. beauftragten die Lauderdales den Architekten William Sanwell mit dem Anbau eines Südflügels. Dieser Anbau umfaßte die Staatsgemächer des oberen Stockwerks, die anläßlich des Besuchs von Königin Katharina von Portugal, der Gattin Charles II., ausgeschmückt wurden, sowie einige luxuriöse Privaträume im Erdgeschoß.

Eine fantastische Originalausstattung. Lyonel Tollemache, der Sohn von Elizabeth Lauderdale und dem 3. Earl of Dysart, war infolge der von seiner Mutter veranlaßten Arbeiten so stark verschuldet, daß er sich gezwungen sah, den Ausbau des Anwesens ruhen zu lassen. Auch die nachfolgenden Generationen veränderten nichts, was für den Besucher des späten 20. Jh. ein wahrer Glücksfall ist. Der Großteil der Gemälde, darunter Porträts von Lely und Seelandschaften von Van der Velde, sowie das Mobiliar, so zum Beispiel die ›verstellbaren Ruhestühle‹ für den von der Gicht geplagten Grafen, gehörten schon immer zum Inventar des Hauses. Im mit gelbem Satin ausgeschlagenen Ankleideraum befinden sich Samt-Gobelins, die die Jahre seit 1630 überdauert haben. Das Arbeitszimmer und die Bibliothek sind im Biedermeierstil gehalten. Der blaue, jetzt leicht bräunliche Damast und die Einfassungen aus blauem besticktem Samt stammen aus den Jahren um 1670. Die Sammlung der Bibliothek, die auch Arbeiten von Caxton und Wynkyn de Worde (▲ *158*) umfaßte, wurde um 1930 verkauft. Im Museumsraum sind eine Reihe von mit Blumen und Engeln besetzten Wandteppichen aus vergoldetem Leder zu sehen. 1948 erwarb der National Trust das Wohnhaus und die dazugehörigen Gärten. Eine der wenigen Veränderungen, die vorgenommen wurden, war der Rückbau einer Straße, die vom Nordeingang des Landhauses zu einem Landungssteg an der Themse führte.

Die Gärten. Charmante Gartenlauben und Lavendelbeete, wie sie einst von den Lauderdales entworfen worden waren, zieren auch heute noch die Gärten von Ham House. Die Sommerhäuschen vor dem Südportal sind nach dem Vorbild eines Stiches von 1737 gebaut worden.

Statue im Garten
Obwohl das Victoria and Albert Museum (▲ *229*) das Wohnhaus verwaltet und für Teile des Inventars verantwortlich ist, hat sich 1975 der National Trust der Restaurierung der Gartenanlage von Ham House angenommen.

Das Wappen des Ham House
Auf beiden Seiten des Eingangstores befindet sich ein geschnitztes Wappen.

“Das wie ein Prinzengemach möblierte Haus am Ufer des schönsten Flusses der Welt besticht durch die Schönheit seiner Blumenbeete, der Gärten, Orangerien, Baumgruppen, Wege, Innenhöfe, Statuen, seiner Aussicht, der Brunnen und Vogelhäuser.”
John Evelyn, 1678

Die Brücke von Richmond im Jahr 1780, drei Jahre nach ihrem Bau.

Richmond-upon-Thames ♥

Dieses charmante kleine Dorf war seit den Plantagenets Sommerresidenz der Könige von England. Richmond ist wegen seiner auch heute noch unberührten Natur und seiner ruhigen Lage eines der bevorzugten Ausflugsziele der Londoner. Im Park liegen direkt an der Themse die Gasthäuser *The Three Pigeons* (Petersham Street Nr. 87) und *The Roebuck* (Richmond Hill Nr. 130), die beide vom Anfang des 18. Jh. stammen. Besonders das *The Roebuck* bietet einen herrlichen Ausblick über den Fluß. Bei einem Besuch in Richmond sollte man nicht versäumen, die *Maids of Honour*, eine lokale Spezialität, zu kosten. Das Lieblingsgebäck des Königs Henry VIII. verdankt seinen Namen den vier Backsteinhäusern in der Maids of Honour Row, die der spätere König George II. im Jahr 1724 errichten ließ, und in denen die Hofdamen der Prinzessin von Wales lebten. Das Rezept für die Delikatesse bleibt ein Geheimnis.

Richmond Park (■ *24*). Im Osten von Richmond schließt sich ein herrlicher Park an. Das Gelände (Bild unten) war einst Jagdrevier von Charles I. und mit einer Fläche von 951 ha und mehreren Seen der größte der königlichen Londoner Parks. Baumgruppen, alte Eichen und große Weiher, auf denen sich Schwäne und verschiedene andere Wasservögel tummeln, prägen die Landschaft. Richmond Park ist der einzige Park Londons, in dem noch Damwild lebt.

Richmond Bridge. Die steinerne fünfbogige Brücke wurde 1777 von James Paine erbaut. Bis 1859 mußte hier noch Brückengeld entrichtet werden. Obwohl die Brücke 1937 vergrößert wurde, hat sie kaum etwas von ihrem ursprünglichen Charme verloren, der schon so manchen Maler inspiriert hat.

White Lodge. Eines der Häuser, die über den Park verteilt sind, ist dieses Jagdhaus im palladianischen Stil. Es wurde 1729 für König George II. erbaut. 1894 brachte hier Königin Mary, die Gattin Georges V. den späteren Herzog von Windsor zur Welt. Heute ist White Lodge der Sitz der Royal Ballet School.

Richmond Hill. Von dort hat man einen herrlichen Blick auf die Themse, die sich durch das Tal schlängelt. Die englischen Maler ließen sich gerne von dieser Aussicht inspirieren. Sir Joshua Reynolds, der bedeutendste englische Porträtist des 18. Jh., lebte im Wick House direkt auf dem Hügel. Im 19. Jh. gaben Turner (▲ *216*) und Constable (▲ *214*), die großen Meister der Landschaftsmalerei, in ihren Bildern die Farben und Formen dieser Landschaft wieder.

Zufluchtsort französischer Emigranten
Während der Französischen Revolution und der folgenden Wirren suchten zahlreiche Adlige in Twickenham und Richmond Zuflucht, so zum Beispiel die Familie von Orléans und Chateaubriand.

“Der Winter hat hier wenig zu bedeuten, und die Gärten von Kew und Richmond sind so mit Lorbeer und anderen immergrünen Stauden und Bäumen besetzt, unter denen so viel Vögel singen und flattern, daß ich kaum inne werde, daß das die Zeit ist, da man in Göttingen in Schlitten fährt.”
Georg Lichtenberg, *Aphorismen, Essays, Briefe*

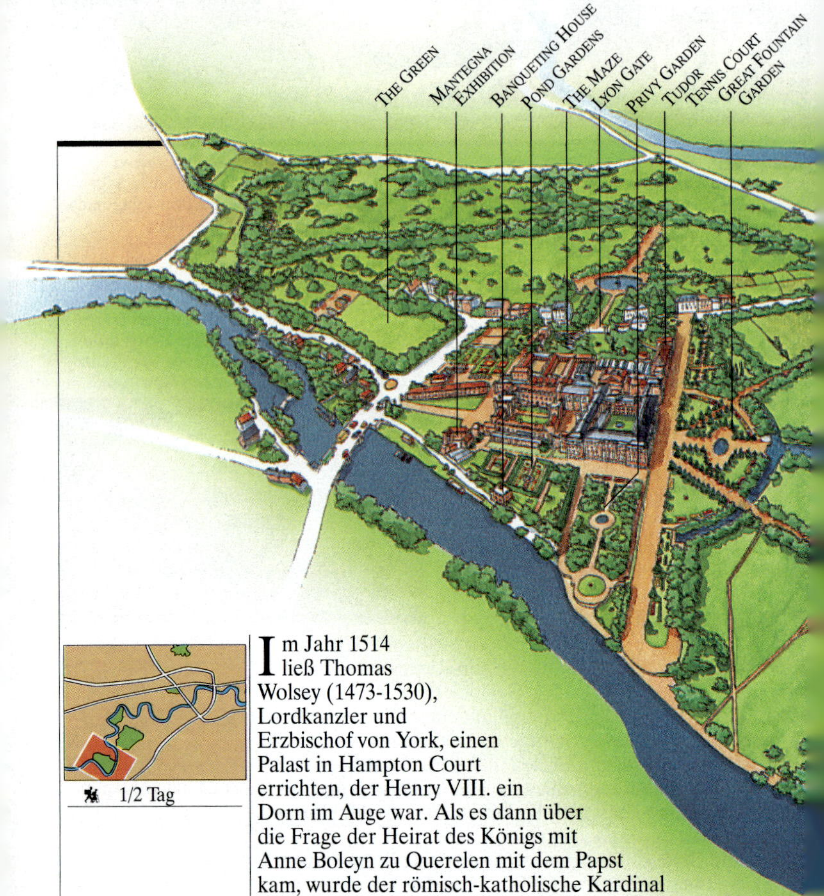

1/2 Tag

Residenz der Könige Hampton Court, 25 km südwestlich von London direkt an der Themse gelegen, war der bevorzugte Aufenthaltsort der englischen Könige vom 16. bis zum 18. Jh. Königin Victoria zog jedoch Schloß Windsor vor und machte 1838 den Palast für die Öffentlichkeit zugänglich.

Im Jahr 1514 ließ Thomas Wolsey (1473-1530), Lordkanzler und Erzbischof von York, einen Palast in Hampton Court errichten, der Henry VIII. ein Dorn im Auge war. Als es dann über die Frage der Heirat des Königs mit Anne Boleyn zu Querelen mit dem Papst kam, wurde der römisch-katholische Kardinal Wolsey, der sich zudem gegen die Reformation stellte, des Hochverrats angeklagt. 1529 wurde sein gesamter Besitz vom König konfisziert, kurz darauf starb der Erzbischof von York.

Drei Paläste. Hampton Court, im spätgotischen Tudor-Stil errichtet, wurde ursprünglich um zwei Höfe herum erbaut: den Base Court und den Clock Court. Später erweiterte man den Komplex nach Osten um den Round Kitchen Court. Der Palast aus rotem Backstein, weißen Zinnen und zahlreichen Türmchen, die mit einer Bleikuppel bedeckt sind, besaß einst eine prachtvolle Innenausstattung. Henry VIII. ließ den Palast noch weiter ausbauen. Zwischen 1532 und 1535 wurde die Große Halle neu gestaltet, die Kapelle fertiggestellt und verschiedene königliche Wohnräume hinzugefügt, von denen heute nur noch das Great Watching Chamber übrig ist. Der riesige königliche Hofstaat erforderte überdie eine Vergrößerung des Küchenareals. Schließlich veranlaßte der Kön im Westflügel des Schlo ses den Bau eines zusät lichen geräumigen Saal 1689 beauftragten William III. und Queen Mary Sir Christopher Wren (▲ *171*, *174*) mit der Umgestaltung des

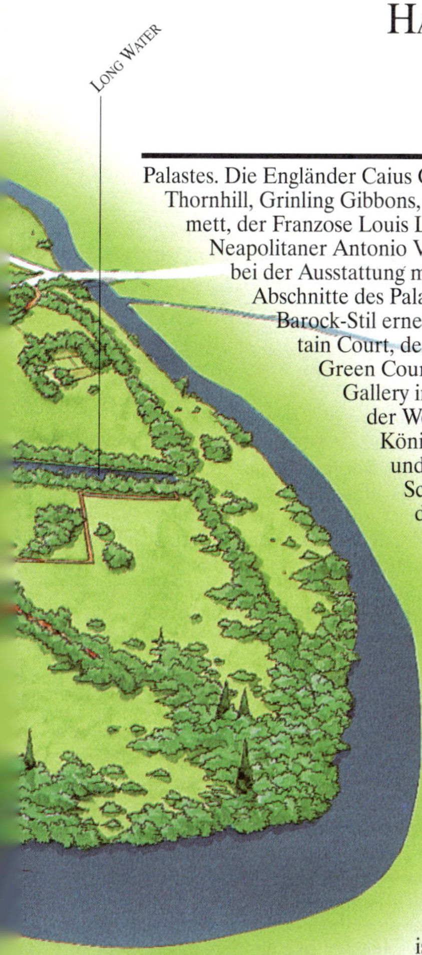

Palastes. Die Engländer Caius Cibber, James Thornhill, Grinling Gibbons, William Emmett, der Franzose Louis Laguerre und der Neapolitaner Antonio Verrio wirkten bei der Ausstattung mit. Drei große Abschnitte des Palastes wurden im Barock-Stil erneuert: der Fountain Court, der ehemalige Green Court, die Cartoon Gallery im Südteil und der Wohntrakt der Königin im Ost- und Nordteil des Schlosses. Außerdem wurden die Wohnräume des Königs umgestaltet und die langgezogenene Ostfassade errichtet.

Trophy Gates. Das ›Trophäen-Tor‹ aus der Mitte des 18.Jh. ist der Haupteingang des Schlosses.

Great Gate House. Dieser großzügige Backsteinbau wurde unter Kardinal Wolsey erbaut. Die zwei rückwärtigen Anbauten stammen aus dem Jahr 1536. Der Tierkämpfer, der die Brücke bewacht, kam erst im Jahr 1950 hinzu.

Base Court. Der heutige Palast entspricht dem von Wolsey entworfenen Plan. Dies wird besonders am Base Court deutlich, dem westlichen Hof, an den die Räumlichkeiten der Dienerschaft anschließen.

Clock Court. Dieser Hof erhielt seinen Namen 1540, als hier die berühmte astronomische Uhr angebracht wurde. Der ionische Säulengang im Südteil ist ein Werk von Christopher Wren.

Fountain Court. Die vier Stockwerke am Fountain Court schuf Wren nach Vorbild des Schlosses von Versailles. Er kombinierte Portland-Stein und hellen orangefarbenen Backstein. Die runden Dachfenster der Südfassade sind mit Grisaille-Medaillons versehen, in denen Laguerre griechische Motive, die Arbeiten des Herkules, dargestellt hat.

Round Kitchen Court und Chapel Court. Den Round Kitchen Court ließ Kardinal Wolsey errichten, Chapel Court schuf Christopher Wren, als er diesen Gebäudetrakt im 17. und 18. Jh. umgestaltete.

“Hampton liegt inmitten eines großen französischen Gartens, der zur Zeit Williams III. angelegt wurde, als unser Stil in Europa vorherrschend war. Trotzdem findet sich auch der englische Geschmack wieder; Man hat die Rabatten mit Rosensträuchern bepflanzt, die dicht an dicht an schlanken Spalieren emporklettern und Blumensäulen bilden. Enten und Schwäne bevölkern die Wasserflächen; Seerosen öffnen ihre seidig glänzenden Blüten. Die alten Bäume werden mit eisernen Stangen abgestützt; um sie, wenn sie absterben, nicht völlig zu verlieren, macht man aus ihren Stämmen eine Art großer Urnen. Offensichtlich schätzt und liebt man sie.”

Hippolyte Taine, *Notes sur l'Angleterre*

Die Ostfassade
Sir Christopher Wren (● *70*, ▲ *171*) schuf die neue Fassade. Ein imposanter Portikus, den ein skulptiertes Giebeldreieck von Caius Cibber schmückt, führt zum Garten hinaus.

▲ Hampton Court Palace

Die astronomische Uhr
Die astronomische Uhr über dem Anne Boleyn's Gateway blickt auf mehr als vierhundert Jahre Geschichte zurück. Sie gibt die Stunde, den Tag, den Monat, die Anzahl der Tage, die seit Jahresbeginn vergangen sind, die Mondphasen und sogar die Zeit der Flut auf der Höhe der London Bridge an. Die zu Zeiten von Kopernikus entwickelte Uhr zeigt noch den Kreislauf der Sonne um die Erde – entsprechend dem alten ptolemäischen Weltbild.

Die Tudor-Kamine
Der Palast wird von kleinen, mit Bleikuppeln bedeckten Türmen und verzierten Backsteinkaminen überragt.

Die Wohnräume des Königs. In den königlichen Wohntrakt gelangt man über die ›Treppe des Königs‹ (King's Staircase) von der Südseite des Clock Court aus, und durch den Wachraum. Die Gemälde an der Decke des Schlafgemachs von William III. (William III's Bedroom) stammen von Verrio. Eine Treppe führt vom Arbeitszimmer des Königs in die Galerie der Königin. Die königlichen Wohnräume sind entlang des Fountain Court über die Communication Gallery verbunden. In dieser Galerie sind die *Windsor Beauties* ausgestellt, die elf Damen des Hofstaates von Charles II., die Peter Lely porträtierte.

Cartoon Gallery. Die südlich des Fountain Court gelegene Galerie wurde von Wren für die Kartons Raffaels entworfen, die Charles I. 1632 gekauft hatte. Die Kartons befinden sich heute im Victoria and Albert Museum (▲ *230*).

Der Wohntrakt der Königin. Über die Queen's State Staircase betritt man die Gemächer der Königin, einen Komplex von etwa 20 Zimmern, die teilweise unter der Regentschaft von Anne (1702-1714) eingerichtet wurden. Die Galerie der Königin (The Queen's Gallery) ziert ein Kranzgesims von Gibbons. Nördlich schließen sich das Schlafgemach (The Queen's Bedchamber), mit einer Decke von James Thornhill aus dem Jahr 1715, und das Wohnzimmer der Königin (The Queen's Drawing Room) an. Vom Wohnzimmer schaut man auf den Garten (The Great Fountain Garden).

Wolsey's Closet. Die Decken des Arbeitszimmers und die übrigen Wohnräume des Kardinals sind mit seinem Wappen geschmückt und mit Holzschnitzereien reich verziert. Sie geben einen guten Eindruck von der ursprünglichen prunkvollen Ausstattung .

Great Watching Chamber. Die große Wachstube liegt vor dem Wohntrakt Henry VIII. Die Decke dieses Raums ist mit Schnitzereien und dem Wappen der Tudor aus Papiermaché verziert.

Great Hall. Der große Saal wurde unter Henry VIII. erbaut und besitzt eine mit Holzschnitzereien verzierte Decke im englischen Stil, ein Werk von James Nedeham. Die mit Kandelabern und Akanthusblättern reich verzierten Segmente wurden von Richard Rydge geschnitzt und sind im italienischen Renaissance-Stil gehalten. Wandteppiche wie sie zur Zeit Henry VIII. üblich waren stellen die Geschichte Abrahams dar. Di Fensterscheiben schuf Thomas Willemen im 19. Jh.

Die Südfassade
Die Fassade war mit dem Wappen Wolseys, das heute am Anne-Boleyn-Tor im Clock Court hängt, und Terrakotta-Medaillons des Florentiners Giovanni da Maiano geschmückt. Diese Medaillons zeigen die römischen Kaiser und sind ein Beleg für den Einzug der italienischen Renaissance in England.

Tudor Kitchen. 1529 ergänzte Henry VIII. die von Wolsey erbaute Küche um einen zusätzlichen Küchenraum (Great Kitchen) mit drei Kaminen. Ein beleuchtetes Modell zeigt dem Besucher den Weg, den das Essen von der Küche aus nahm. Zuerst über eine Eichentreppe in den Horn Room und von dort aus in die Great Hall, wo es schließlich serviert wurde.

Die Gärten. Charles II. und William III. gaben den Gärten in den Jahren 1660 und 1689 ihr heutiges Aussehen. Charles II. ließ sie im französischen Stil anlegen: eine Wegkreuzung und ein Wassergraben erinnern an das Schloß von Versailles. William III. ersetzte den großen Kanal später durch einen halbkreisförmigen. Privy Garden (der Privatgarten) erstreckt sich im Süden des Palastes bis zur Themse hin und wird von einem Eisengitter abgeschlossen, das Jean Tijou konstruierte. Direkt neben dem Privy Garden befindet sich ein Gewächshaus mit einem Weinstock (The Great Vine), der bereits 1768 gepflanzt wurde.

Der Ballsaal. Im Nordteil des Palastes gelegen, wurde der Ballsaal ursprünglich für Henry VIII. erbaut und unter Charles II. und William III. restauriert.

Banqueting House und Orangery. Wren entwarf sowohl den Festsaal, den Verrio ausgestaltete, als auch den Wintergarten des Schlosses. Hier hängen neun Gemälde von Andrea Mantegna, die den Triumphzug Cäsars wiedergeben.

Haunted Gallery
In dieser Galerie, die an den Round Kitchen Court grenzt, soll der Geist von Catherine Howard umgehen, der fünften Frau von Henry VIII., die 1542 hingerichtet wurde.

The Chapel
Die Kapelle von Wolsey erhielt 1536 eine geschnitzte Gewölbedecke. Die Ausstattung stammt von Wren, mit Ausnahme des Altarbildes, das Gibbons schuf.

King's Staircase
Dieses Bild von Pyne (1819) zeigt den Treppenaufgang von Jean Tijou sowie die von Antonio Verrio geschaffenen Decken- und Wandgemälde.

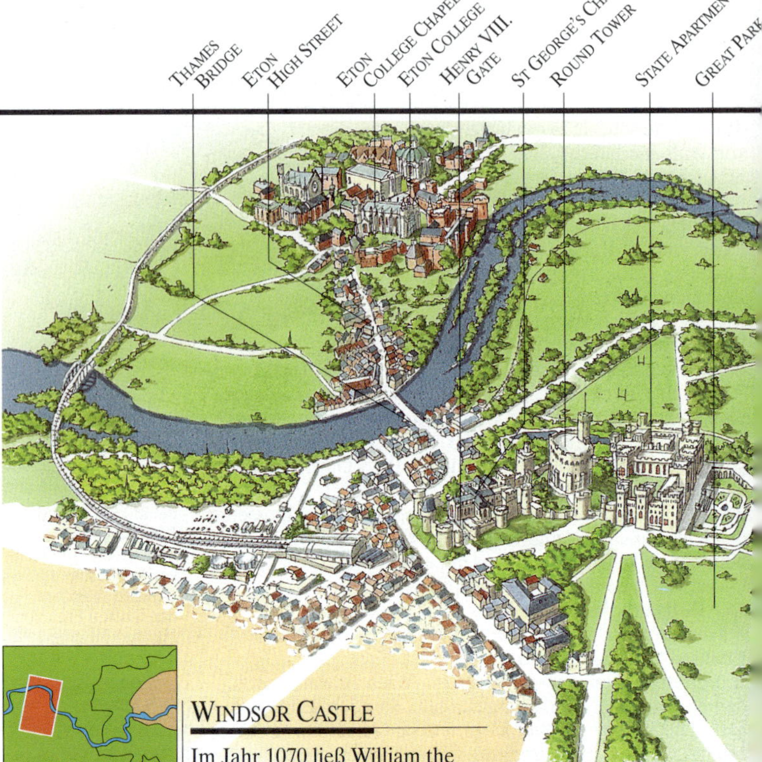

1 Tag

Die Wachablösung Mehrere Regimenter, darunter das der Grenadiere, bewachen tagaus, tagein Königin Elizabeth II. und das Schloß, so wie es schon zur Zeit von Elizabeth I. geschah. Hält sich die Königin in ihrer Sommerresidenz Windsor Castle auf, dann findet die Zeremonie der Wachablösung im Innenhof, dem Quadrangle, statt. Während der Wintermonate wechseln die Wachen in der Nähe des Henry VIII. Gate.

Windsor Castle

Im Jahr 1070 ließ William the Conquerer auf einem Felsvorsprung über einer Biegung der Themse eine Holzfestung errichten, um den Westteil Londons verteidigen zu können, aber auch, um königliche Stärke gegenüber der beständig nach Autonomie strebenden Stadt zu beweisen. Die Einteilung des Schlosses in einen unteren, einen mittleren und einen oberen Burghof ist typisch für mittelalterliche Bauten. Auch die Außenfassade hat sich vergleichsweise wenig verändert, selbst wenn George IV. und sein Architekt Jeffrey Wyatville um 1820 die Schloßmauern, die einst Elemente von Tudor- und Stuartstil zeigten, vereinheitlicht und so die charakteristische Windsor-Fassade geprägt haben.

Schloßgeschichte. Die Architektur von Windsor Castle spiegelt den Geschmack der Monarchen wider, die dieses Schloß bewohnten. Im 12. Jh. wurde die Festung unter der Herrschaft von Henry II. durch einen Steinbau ersetzt und erhielt fünf Rundtürme, darunter den *Curfew Tower* im unteren Schloßhof. Edward III. ließ das Schloß im 14. Jh. vergrößern und den von der königlichen Familie bewohnten Teil um den oberen Schloßhof erweitern. 1475 gründete Edward IV. das St George's College, die St George's Chapel und das Horseshoe Cloister, wo

die Geistlichkeit untergebracht wurde. Unter der Herrschaft von Henry VIII. erhielt Windsor einen Haupteingang, das Henry VIII. Gate. Zwischen 1675 und 1683 ließ Charles II. die königlichen Gemächer des oberen Schloßhofes luxuriös erneuern. Danach wurde das Schloß lange vernachlässigt. Erst zwischen 1760 und 1820 ließ George III. den Bau wieder instandsetzen. Nun begann unter dem Architekten James Wyatt eine Zeit der ›Gotisierung‹, die George IV. mit Wyatts Neffen, Jeffrey Wyatville, beendete.

Die Kunstschätze Windsors. Das Schloß Windsor birgt unvergleichliche Kunstschätze, zu denen ein Großteil der Royal Collection gehört. Diese umfaßt die Bibliothek, die Druckerei, die Königlichen Archive, zahlreiche Gemälde (Rubens, Canaletto, Van Dyck, Reynolds, ...), Zeichnungen (Holbein, Leonardo da Vinci, Raffael und Michelangelo, ...), Möbelstücke, Rüstungen und Wandteppiche von unschätzbarem Wert.

Der Brand vom November 1992. Das Schloß und seine Kunstschätze wären fast zerstört worden, als in der Privatkapelle der Königin Feuer ausbrach. In kurzer Zeit breitete sich das Feuer auf die Staatsgemächer aus und konnte erst nach etwa 24 Stunden unter Kontrolle gebracht werden. Die Mehrzahl der transportablen Kunstwerke wurde an einen sicheren Ort gebracht, doch die durch den Brand verursachten Schäden belaufen sich auf etwa acht Mio. Pfund.

Die Besichtigung des Schlosses

Das Henry VIII. Gate gegenüber der St George's Chapel führt in den Lower Ward, den unteren Schloßhof.

St George's Chapel. Die Chapel ist Ruhestätte von zehn Monarchen und spiritueller Sitz der Ritter des Hosenband-

Blick von der Themse auf das Windsor Castle
»Dies ist das romantischste Schloß der Welt«, schrieb Samuel Pepys. Aquarelle aus dem 18. Jh. zeigen das von Kähnen und Kaminkehrern umlagerte Tor.

Der Salisbury Tower und das Henry VIII. Gate bilden seit dem 16. Jh. den Haupteingang des Schlosses.

Dieses Gemälde der Ostterrasse, ein Werk von Joseph Nash aus dem Jahr 1840, hält die entspannte Atmosphäre fest, die zur Zeit Queen Victorias in Windsor herrschte.

Im Bild oben der Sitzungssaal des Königs und die ehemalige Wachstube. Diese enthält unter anderem einen mit Gold und Silber ausgelegten Schild, ein Geschenk Friedrichs I.

George III. Wegen seines landwirtschaftlichen Interesses wurde George III. auch der ›Bauernkönig‹ genannt. Seine Knappen berichteten, er habe bisweilen täglich 30 Meilen zu Pferde zurückgelegt, um eine Provinz in der Grafschaft Berkshire zu inspizieren.

ordens. Diese treffen sich hier jedes Jahr im Juni mit der Königin und begeben sich in der ihnen eigenen Uniform zum Gottesdienst. Die Gründung der St George's Chapel im Jahr 1475 geht auf Edward IV. zurück, der danach strebte, eine Kapelle zu schaffen, die der des Eton College – ein Schmuckstück der englischen Spätgotik – ebenbürtig war. Das Hauptschiff und das Gewölbe entstanden unter Henry VIII. Eine Platte am Boden erinnert an die Entdeckung der Gräber von Henry VIII., Jane Seymour und Charles I. Unter der Chorhaube befindet sich eine Krypta, in der die Grabdenkmäler zahlreicher Mitglieder der Königlichen Familie aus dem Hause Hannover zu finden sind.

Horseshoe Cloister. Das ›Hufeisen-Kloster‹ wurde zwischen 1478 und 1481 gegenüber dem Westtor für die Geistlichkeit errichtet. Die Wohnräume gehören nun zur St George's Chapel. Unter anderem beherbergen sie die Chorknaben, die Schüler der St George's School am Fuß der Schloßmauer sind.

Albert Memorial Chapel. Nach dem Tod Prinz Alberts (▲ *228*) 1861 ließ Queen Victoria die baufällige St George's Chapel verschönern, um hier den Leichnam des Prinzen in angemessenem Rahmen aufbaren zu können, bevor dieser ins Frogmore Mausoleum überführt werden sollte. Sir George

Die Terrasse von Windsor Castle

Im Bild oben der Ballsaal und der Salon des Königs, einst Rubens-Saal genannt, in dem unter anderem ein Selbstporträt des Malers hängt.

Gilbert Scott war von 1863 bis 1873 für die Gestaltung des ausgefallenen Innenraums der Kapelle verantwortlich. Die tiefe Trauer Queen Victorias bezeugen unter anderem die beschrifteten Marmorplatten an den Wänden, das mit einem Mosaik aus venezianischem Glas verzierte Gewölbe und die Südfenster, die einige der Vorfahren Prinz Alberts darstellen. In der Kapelle befindet sich des weiteren das Grabmal des Duke of Clarence, der 1892 verstarb. Es handelt sich dabei um ein Werk von Alfred Gilbert.

Round Tower oder Norman Keep. Wenn sich die Königin gerade in Windsor aufhält, ist das königliche Banner auf diesem Turm zu sehen; der Union Jack hingegen signalisiert ihre Abwesenheit. Wyatville erhöhte diesen Turm, als unter George IV. das gesamte Schloß restauriert wurde. Heute sind hier das Königliche Archiv und eine Fotosammlung der königlichen Familie untergebracht. Auf der Anhöhe befand sich ursprünglich der aus Holz erbaute *Round Tower* (der runde Turm), der einst von William the Conqueror errichtet worden war. Der Hügel selbst entstand durch eine Aufschüttung, als damals die Wassergräben ausgehoben wurden. In diesen einstigen Wassergräben liegt heute der *Moated Garden* (der Wassergraben-garten), der 1910 vom damaligen Verwalter des Schlosses angelegt wurde. Oberhalb dieses Gartens befinden sich die einzigen zwei Fenster, die im Zuge der Gotisierung des Gebäudes durch die Hannover-Monarchen nicht erneuert wurden.

The North Terrace. Die Terrasse auf einem Hügel an der Nordseite des Schlosses wurde unter Henry VIII. angelegt und bietet eine herrliche Aussicht auf die Themse, die Kapelle von Eton und die Anhöhe von Chiltern. Hier ist der Eingang zu den Staatsgemächern und Queen Mary's Puppenhaus.

Die State Apartments. Die Staatsgemächer im 1670 unter Charles II. neu eingerichteten Nordflügel des Schlosses dienten ausländischen Monarchen bei offiziellen Besuchen als Unterkunft. Für die Verschönerung der Gemächer nahm dieser die Hilfe der Architekten Hugh May, Grinling Gibbons (▲ *173*) und Antonio Verrio (▲ *198*) in Anspruch.

King's Dining Room. Das königliche Speisezimmer ist das vortrefflichste Beispiel der von Gibbons und Verrio ausgeführten Arbeiten. Den Zugang zum Speisezimmer bildet die

Details des Schlosses
Das Bild unten rechts zeigt das Henry VIII. Gate. Die Löcher im Mauerwerk des Tores dienten dazu, heißes Öl auf angreifene Truppen zu gießen.

Der Innenraum des Schlosses
In den verschiedenen Höfen, Türmen und Terrassen leben die meisten der mehr als 350 Angestellten des Schlosses.

Der Hosenbandorden
Ein kleiner Zwischenfall führte zur Gründung des größten englischen Ordens. Während eines Balls, der 1384 in Windsor abgehalten wurde, verlor die Gräfin von Salisbury ihr Strumpfband. König Edward, der gerade mit ihr tanzte, hob dieses auf und erklärte vor dem ironischen Grinsen seines Hofstaates: »Ein Schelm, der Schlechtes dabei denkt; wer heute darüber lacht, wird sich zur Ehre rechnen, es [als Orden] morgen zu tragen.« Somit war der Hosenbandorden begründet.

Ausblick von den nördlichen Schutzwällen
Im Hintergrund sind die kleine Stadt Eton und die Anhöhe von Chiltern zu erkennen.

Grand Staircase (die Große Treppe), die 1866 und 1867 im Auftrag Queen Victorias von dem Architekten Anthony Salvin restauriert wurde. Unter George IV. und William IV. veränderte Sir Jeffrey Wyatville erneut die Staatsgemächer. Er schuf aus dem Vorzimmer Charles II. (*The King Charles II.'s Presence Chamber*) und einem Teil des Empfangszimmers (*The Audience Chamber*) den ›Hosenbandordensraum‹ (*The Garter Throne Room*), in dem die neuen Mitglieder des Ordens durch die Königin eingewiesen werden. Die Innenausstattung der verschiedenen Gemächer spiegelt den Geschmack Köngin Victorias wider, die mit Vorliebe auf Schloß Windsor weilte und hier zahlreiche Empfänge abhielt .

The Waterloo Chamber bzw. Großer Speisesaal. In diesem an den Hosenbandordensraum grenzenden Saal speist im Juni die Königin mit den Rittern des Ordens. Die im Auftrag von George IV. von Sir Thomas Lawrence gemalten Porträts stellen all die bedeutenden Männer dar, die 1815 zum Sieg über Napoleons Truppen beigetragen haben.

The King's State Bedchamber. Der Betthimmel im Schlafzimmer des Königs ist in den Farben Napoleons III. – grün und violett – gehalten. Die aufgestickte Zahl 1855 verweist auf das Jahr von Napoleons und Eugénies Besuch.

Queen Mary's Doll's House. 1925 wurde Queen Marys Puppenhaus in einem von Lutyens entworfenen Raum untergebracht. Auch das Puppenhaus im Verhältnis 1:12 ist ein Werk Lutyens. Die Front dieses Miniaturpalastes kann nach oben gehoben werden, so daß ein Einblick in die vier Etagen mit ihren 40 Zimmern möglich ist. Es gibt nicht nur funktionierende Aufzüge, Toiletten mit Wasserspülung und Wasserleitungen, sondern auch echte Kronjuwelen, die durch ein Gitter geschützt sind. 1500 Firmen und Privatleute haben dazu beigetragen, aus diesem Puppenhaus eine Miniaturausgabe dessen zu machen, was das frühe 20. Jh. in Sachen Kunst, Technik und Kreativität zu bieten hatte. Die Bibliothek enthält neben zwei Purdey-Karabinern eine Sammlung sorgfältig ausgearbeiteter Stiche und Zeichnungen, darunter Werke von Paul Nash und

St George's Chapel
Die Kapelle und die dazu gehörigen Bauten sind reich an alten Geschichten. In diesem ›Königlichen Kuriosum‹ hatten kirchliche Würdenträger keinerlei Machtbefugnis. In der heutigen Bibliothek des Kapitelsaals wurde das Shakespeare-Stück *The Merry Wives of Windsor* uraufgeführt.

An den Wänden von Windsor Castle umfassen zwei Engel das königliche Wappen, das mit dem Leitspruch des Hosenbandordens versehen ist.

»Cricket Match on the Green at Eton« Gemälde von William Evans, um 1843.

Mark Gertler, Erzählungen von Conan Doyle und Gedichte von Siegfried Sasson. Gertrude Jekyll entwarf den Garten in einer Schublade unter dem Puppenhaus – in der Garage steht ein Rolls Royce Silver Ghost. Überdies findet sich im Doll's House ein Broadwood-Klavier und, in der Waschstube, eine Miniaturnähmaschine von Singer.

St George's Hall. Dieser im oberen Schloßhof gelegene Saal wurde 1362-1365 errichtet und um 1820 von Wyatville ausgebaut. Um diese Arbeit durchführen zu können, ließ er die baufällige Kapelle von Charles II. abreißen. In dem 66 m langen, 10 m breiten und ebenso hohen Raum versammeln sich im Juni die Ritter des Hosenbandordens vor der Prozession zu ihrem alljährlichen Gottesdienst in der St George's Chapel. An den Wänden dieses Raums hängen Wappen und Rüstungen von Rittern des Ordens.

Eton College

Die berühmteste aller englischen Bildungseinrichtungen ist in Eton am anderen Themse-Ufer gelegen. Eine Fußgängerbrücke führt von Windsor über den Fluß in die kleine Stadt. Auf der von alten Gebäuden gesäumten Eton High Street flanieren die *Etonians* – die Stundenten des Eton College – in ihrer traditionellen Uniform aus gestreifter Hose und Jacket oder Frack. Einzig die 80 Mitglieder 1820 gegründeten und ›Pop‹ genannten elitären Gesellschaft sind berechtigt, von der Standarduniform abweichende Westen zu tragen.

Eton College. Die ›Queen of Public Schools‹ hat unzählige englische Staatsmänner und Dichter hervorgebracht. Henry VI. war erst 18 Jahre alt, als er das Eton College mit der Charta von 1440 ins Leben rief. Der Gründer nahm das College von Winchester zum Vorbild, das 1382 von William Wykeham eingerichtet worden war. Aus dieser Schule entstammen auch die ersten Lehrmeister und Schüler von Eton. Mit einer Oberschule für Weltgeistliche, einem Direktor und zahlreichen Lehrern, einer altruistischen Schule und einem Armenhaus sollte König Henry seine Gottergebenheit unter Beweis stellen. Während des Krieges zwischen dem Hause Lancaster und dem Hause York wurde der König im Jahr 1460 entthront, als sich die Kapelle – ein vortreffliches Beispiel der *Perpendicular-*

Eton im vorigen Jahrhundert

»Ist er erst einmal in der Schule aufgenommen, muß er sich zwischen Rudern und Kricket entscheiden. Dann werden Fremdsprachen, literarische oder musische Kreise, die ersten Versuche, in einer der vier Schülerzeitungen und die Redeübungen in den parlamentarisch anmutenden *debates* zwischen den siebzig Etonians Nebensache. *Swimming, boats, oars* – dies sind die Zauberworte. Wer im Fußball oder im Kricket gut ist, wird auch im Leben Gutes leisten.«

Paul Morand
Londres

Schulbesuch in Eton

»Schaue ich fünfzig Jahre oder mehr zurück in die Vergangenheit, dann frage ich mich, ob es jemals jemanden gegeben hat, der so viele Jungen, so viele Leben so glücklich gemacht hat wie König Henry VI., der Gründer unserer Schule.«

M.R. James,
Direktor des Eton College im Jahr 1918

Die Kapelle des Eton College
Diese Kapelle, die aus Caen-Stein, Eichen aus den Wäldern von Windsor und Ziegeln aus Slough erbaut wurde (Bild unten links), wäre doppelt so groß, hätten die Rosenkriege ihren Bau nicht unterbrochen.

Der Kreuzgang des Eton College
Der Bau des Kreuzgangs (Bild rechts) wurde 1443 begonnen, aber erst im 18. Jh. vollendet. Er bildet auch heute noch das Zentrum der Schule.

Style genannten englischen Spätgotik – noch mitten im Bau befand. Daraufhin stagnierte die weitere Entwicklung Etons vorerst. Der Nachfolger von Henry VI., Edward IV. aus dem Hause York, stand sogar kurz davor, das Eton College zu schließen. Heute steht die Statue des Gründers im Innenhof der Schule, den ein Gebäude aus dem 15. Jh. umgibt. Der Kreuzgang, der Speisesaal mit seiner achteckigen Küche sowie eine Reihe weiterer Gebäude wurden im Laufe der nachfolgenden Regentschaften hinzugefügt. So zum Beispiel der Lupton Tower, der im gotischen Tudor-Stil (● *68*) gehalten ist. 1690 erweiterte Sir Christopher Wren den Westteil der Schule durch

einen Hof und errichtete hier eine Hochschule, die während des Zweiten Weltkriegs stark beschädigt wurde. Henry VI. hatte ursprünglich siebzig Schüler vorgesehen, heute sind es mehr als hundert. Sie werden *Oppidani* oder auch *Townsmen* genannt. Ihren Namen erhielten die ›Stadtjungen‹, da sie nicht direkt in der Schule, sondern außerhalb wohnten.

Windsor Great Park. Der an Windsor Castle grenzende Home Park ist in privater Hand, große Teile des Windsor Great Park sind jedoch zugänglich. Der Park erstreckt sich über etwa zehn Kilometer südlich von Windsor und ist von weitläufigen Alleen durchzogen. Im Südteil legte 1750 der damalige Verwalter des Parks, William, Earl of Cumberland und Sohn von George II., einen künstlichen See an, den er Virginia Water nannte.

The Long Walk. Die Große Promenade, die Charles II. im Windsor Park anlegen und George IV. bis zur Ostterrasse von Windsor Castle verlängern ließ, erstreckt sich über fünf Kilometer. In der Ferne steht die Reiterstatue von George III., ıuch *Copper Horse* (Kupferpferd) genannt, ein Werk von Westmacott aus dem Jahr 1831. Während der Rennwoche von Ascot durchfahren die Königin und ihre Gäste den Long Walk auf dem Weg zum Pferderennen per Kutsche.

Savill Garden. Sir Eric Savill ist für die Gründung des Gartens in den Jahren um 1930 verantwortlich. Nach dem Krieg wurde der Garten in *Valley Gardens* (Tal-Gärten) ımgetauft. Im Mai erstrahlen Rhododendronsträucher und Azaleen, im Herbst erfüllen Obst- und Laubbäume den Garten mit leuchtenden Farben. Savill erklärte einst, daß es sich bei diesem Park nicht um einen botanischen Garten handele, sondern ım einen Privatgarten, der auch von der Öffentlichkeit genutzt werden könne.

Frogmore. Das Schloß von Frogmore und dessen Gärten, die den Sommer über geöffnet sind, sowie das königliche Mausoleum sind einen kleinen Umweg wert. Der gigantische Landsitz aus dem Jahr 1680 bildete über Generationen hinweg für die Damen des königlichen Hofes einen Aufenthaltsort, in den sie vorübergehend vor dem höfischen Zeremoniell entfliehen konnten. Der *Green Pavilion* wurde bereits zu Lebzeiten Königin Charlottes restauriert. Die Blumenbilder, die sie einst zur Verzierung des Mary Moser Chamber in Auftrag gegeben hat, hängen auch heute noch dort. Die Cross Gallery wurde von einer ihrer Töchter bemalt. Prinzessin Elizabeth besaß großes künstlerisches Talent. Verschiedene Arbeiten der Prinzessin sind im von der Gemahlin Georges V. eingerichteten Queen Mary's Black Museum ausgestellt. Das Museum wurde nach Fotos aus der königlichen Sammlung rekonstruiert.

Royal Mausoleum. Der Bau dieses in der Nähe des Frogmore House gelegenen Mausoleums geht auf den Architekten Grüner zurück. Die im italienischen Stil gehaltene Innenausstattung zeigt die Bewunderung Prinz Alberts für den Maler Raffael.

Das Gartenschlößchen der Charlotte
Charlotte, die Gemahlin Georgs III., war die erste, die diesen Landsitz zu schätzen wußte. Von ihren sechs Töchtern begleitet, beschäftigte sie sich hier mit der Pflanzenwelt, las oder ging spazieren.

Die Bibliothek des Eton College
Die 1729 erbaute Bibliothek des Eton-College enthält Manuskripte aus dem 15. Jh., eine Kopie der ersten gedruckten Bibel und mehrere Shakespeare-Manuskripte.

»Wer ist ein Etonian? Ein Etonian ist, wer eine fragwürdige Handlung einfach mit »It's unenglish!« abtut.«
Paul Morand
Londres

Im Bild rechts: Johannes der Täufer in einem Gemälde von Guido Reni (1575-1642).

DULWICH ♥

Das charmante Dorf entstand rund um den Landsitz von Dulwich, der sich im Mittelalter im Besitz der Abtei von Bermondsey befand. Die Abtei wurde im 19. Jh. zerstört.

Dulwich College. 1619 gründete der Schauspieler Edward Alleyn diese Schule für Kinder bedürftiger Familien. Mitte des 19. Jh. bezog das College neue Gebäude, die 1841 von Charles Barry (▲ *129*) erbaut und Ende der 60er Jahre des 19. Jh. von dessen Sohn erweitert wurden.

Dulwich Picture Gallery. 1626 vermachte Edward Alleyn dem College 39 Gemälde. 1811 erhielt es eine weitere, diesmal sogar 371 Gemälde umfassende Sammlung, die größtenteils der Kunsthändler Noel Desenfans (1745-1807) zusammengetragen hatte. Ursprünglich war Desenfans vom polnischen König beauftragt worden, einen Grundstock für eine Galerie in Warschau zu erwerben. Als dieses Projekt scheiterte, besaß Noel Desenfans eine beachtliche Anzahl an Kunstwerken, die er seiner Frau und seinem Freund, dem Maler Sir Francis Bourgeois (1756-1811) vererbte. Nach dem Tod von Bourgeois vermachte Frau Desenfans alle Gemälde dem College. Es wurde beschlossen, eigens für die Gemäldesammlung ein Gebäude errichten zu lassen. Mit dem Bau wurde John Soan (▲ *166*) beauftragt, der fünf Säle – drei eckige und zwei oval – konzipierte, die um ein Mausoleum zum Gedenken an die drei Stifter angeordnet werden sollten. Weitere Schenkungen bereicherten die Sammlung, vor allem die 46 für die englisch Malerei des 17. und 18. Jh. repräsentativen Gemälde, die Charles Fairfax Murray zwischen 1911 und 1919 der Dulwich Picture Gallery vermachte.

Die Dulwich Gemäldegalerie öffnete 1814 ihre Tore, zehn Jahre vor der National Gallery (▲ *288*). Bis 1858 war die Galerie nur einen Tag pro Woche für das Publikum geöffnet. Das Gebäude (im Bild unten) wurde nach dem Zweiten Weltkrieg originalgetreu rekonstruiert.

Eine Reihe von Meisterwerken
Die Sammlung der Dulwich Picture Gallery umfaßt zahlreiche Gemälde großer Meister wie Rembrandt, Van Dyck, Murillo, Poussin (im Bild rechts *Triumph Davids*), Veronese und anderer. Viele der Gemälde haben Desenfans und Bourgois während der Französischen Revolution und den Napoleonischen Kriegen den emigrierten französischen Adligen abgekauft. Auch Gemälde englischer Maler wie Hogarth und Gainsborough sind Bestandteile der Sammlung.

PRAKTISCHE INFORMATIONEN

Mit dem Flugzeug

◆London wird mehrmals täglich von großen deutschen Flughäfen aus angeflogen; Direktflüge von Zürich und Wien. Reisende aus der BRD kommen fast immer an einem der Großflughäfen Heathrow oder Gatwick an. Bis auf den London City Airport liegen alle Flughäfen weitab vom Zentrum.

◆ **Flughäfen:** Heathrow (24 km von London), Gatwick (46 km), Stansted (60 km); untereinander und

mit dem London City Airport (11 km) durch Pendelzüge verbunden.

Vom Flughafen ins Zentrum

◆ **Von Heathrow**

Mit der U-Bahn
Piccadilly Line. £ 3,10; etwa 45 Min.

Mit dem Bus
– National Express. £ 6,25; 1 Std. bis Victoria Coach Station.
– Airbus A1 oder A2. £ 6; alle 20 Min. bis Victoria Coach Station; 1 Std.
Airbus A1 fährt über Cromwell Road, Hyde Park Corner.
Airbus A2 fährt über Paddington Station, Holland Park, Bayswater und Russell Square.

Mit dem Taxi
£ 30-35 bis ins Zentrum. Fahrt 45 Min. – 1 Std.

◆ **Von Gatwick**

Mit dem Zug
Gatwick Express. £ 8,90; alle 15 Min., nachts stündlich, 30 Min. Fahrzeit bis Victoria Station.

Mit dem Bus
Flightline 777. £ 7,50; verkehrt von 6.35 Uhr bis 23.25 Uhr, Abfahrtszeit immer 25 Min. nach der vollen Stunde, Fahrtdauer 1 Std. 10 Min. bis Victoria Station.

Mit dem Taxi
£55 – £ 60; etwa 1 1/ Std.

◆ **Von Stansted**
Mit dem Zug
Stansted Express. £ 10; alle 30 Min., Fahrtdauer 45 Min., Ankunft Liverpool Street Station.
Mit dem Taxi
£ 55 – £ 60; Fahrtdauer 1 Std. 15 Min.
◆ **Von London City Airport**
Mit Bus und Zug
Airport Shuttle Bus bis Canary Wharf (Docklands Light Railway Station, DLR), (£ 1), 10 Min. Fahrtzeit, und bis Liverpool Street Station, (£ 3), 20 Min. Fahrtzeit
Mit dem Bus
Bus Nr. 473 nach Stratford.

Mit Zug und Schiff

Die Bahnverbindungen aus der BRD haben Anschluß an folgende Fähren: Hoek van Holland – Harwich oder Ostende – Dover. Die Dauer der Überfahrt beträgt sowohl von Harwich bis Liverpool Street Station, als auch von Dover bis Victoria Station in etwa 2 Std.

Mit Auto und Fähre

Verbindungen: Calais – Dover, Zeebrügge/ Ostende – Dover, Boulogne – Folkstone, Dünkirchen – Ramsgate, Hoek van Holland – Harwich und Hamburg – Harwich. Fahrpläne und Preisliste bei den *Britischen Zentralen für Fremdenverkehr* (Adressen S. 404). Vorausbuchung in den Ferienmonaten empfehlenswert. In England gilt Linksverkehr! Die Kanalhäfen sind etwa 120 km von London entfernt, Fahrtdauer ca. 2 Std.

Eurotunnel

Seit 1994 bringt der Pendelzug *Le Shuttle* Pkws und Lkws in 35 Min. durch den 50 km langen Eurotunnel von Calais nach Folkstone. DER-Reisebüros informieren über die Tarife.

Mit der U-Bahn
Offiziell heißt die Londoner U-Bahn Underground, von den Londonern wird sie jedoch meistens *Tube* genannt. Die Londoner Untergrundbahn ist die älteste der Welt; sie wurde bereits am 10. Januar 1863 eingeweiht. Die elf Linien tragen jeweils eigene Namen und sind verschiedenfarbig markiert. Die unterschiedlichen Linien kreuzen sich und bedienen insgesamt 268 Stationen im Stadtgebiet. Da häufig mehrere

U-Bahn-Linien von demselben Bahnsteig abfahren, müssen Sie sich an den Leuchttafeln orientieren, die die jeweilige Endstation anzeigen. Vorsicht auch bei Linien, die sich gabeln! Die Türen der Wagen öffnen sich automatisch, außer bei einigen wenigen, hier müssen Sie einen Knopf drücken. Die *Tube* verkehrt täglich außer sonntags (7.30 - 23.30) von 5.30 Uhr bis Mitternacht. Rushhour: 8.30 - 9.30 und 17 - 18.30 Uhr. Wann der letzte Zug fährt, können Sie einer Anschlagtafel auf jeder Station entnehmen. Am Wochenende oder außerhalb der Rushhour werden manche Stationen nicht bedient. Auskunft erhalten Sie rund um die Uhr unter: Tel. (0171) 222 12 34, in verschiedenen Büros des British Travel Centre oder auch bei der London Underground Ltd, 55 Broadway, SW1.

FAHRKARTEN
Die Londoner U-Bahn ist nicht gerade billig. Fahrkarten erhalten Sie am Schalter und an den Automaten. Schwarzfahren ist teuer; falls Sie ertappt werden kostet das £ 200, Rauchen in der U-Bahn ist verboten und wird mit bis zu £ 1000 Strafe geahndet.

◆ **Tarife**
Einfache Fahrt in Zone One: 90 p.

◆ *Visitor's Travelcard*
Der Erwerb dieser Karte berechtigt zu freier Fahrt in U-Bahnen, Bussen, BR-Zügen sowie der Docklands Light Railway (DLR) und zum verbilligten Eintritt zu einigen bekannten Sehenswürdigkeiten. Die Karte ist

lediglich in British Rail International Büros erhältlich.

◆ *One Day Travelcard* Tageskarte (Bus, U-Bahn, DLR) für 2, 4 und 6 Tarifzonen. Die Karten gelten Montag bis Freitag ab 9.30 Uhr, Samstag, Sonntag und an Feiertagen ohne zeitliche Einschränkung. Verkauf in allen U-Bahnstationen und an einigen Automaten.

◆ *LT Card* Tageskarte (Bus, U-Bahn, DLR) gültig für diverse Zonen und ohne zeitliche Einschränkung.

◆ *Group Day Tickets* Tageskarten für Gruppen von 10 oder mehr Personen (U-Bahn, DLR). Bis zu sieben Tage im voraus in allen U-Bahnstationen käuflich zu erwerben.

Mit dem Zug

◆ **British Rail**
Mit dem Zug erreichen Sie Vororte, die nicht an das U-Bahnnetz angebunden sind und andere Destinationen.

◆ **Docklands Light Railway (DLR)**
Verbindet die Docklands mit der City und Stratford mit Greenwich.
Docklands Light Railway Ltd (DLR), PO BOX 154, Castor Lane, Poplar, London E14 ODX.
Tel. (0171) 918 4000
Die Züge verkehren Mo bis Fr von 5.30 bis 0.30 Uhr; zwischen 7 und 20 Uhr im Achtminutentakt, außerhalb dieser Zeiten alle 10 Min. Samstagsverkehr ist jetzt in Betrieb. Tickets, *Travelcards* und Fahrscheine der DLR (an jeder DLR-Haltestelle am Schalter und am Automaten), bekommen Sie bei London Transport, London Underground und British Rail. Sie gelten im gesamten Streckennetz der DLR und auch für die U-Bahn. Ticket: 70 p bis £ 1,80 je nach Anzahl der Zonen.

◆ **Charing Cross Station**
Strand, WC 2
Tel. (0171) 928 5100
Verbindet London mit dem südlichen Umland und den südöstlichen Landesteilen.

◆ **Euston Station**
Euston Road, NW1
Tel. (0171) 387 7070
Von hier aus gelangen Sie in den Nordwesten Englands, in die Midlands, nach Nordwales, Schottland und Irland.

◆ **King's Cross Station**
Euston Road, NW1
Tel. (0171) 278 2477
Ab hier Züge nach York, in den Osten und Nordosten, nach Schottland, Edinburgh und Aberdeen.

◆ **Liverpool Street Station**
Bishops Gate, EC2
Tel. (0171) 928 5100
Von hier aus in den Osten und Nordosten Londons, nach Essex und East Anglia.

◆ **Paddington Station**
Praed Street, W2
Tel. (0171) 262 6767
Züge Richtung Westen nach Oxford, Bristol, Plymouth, Ost- und Südwales, Irland über Fishgard.

◆ **Victoria Station**
Buckingham Palace Road, SW 1
Tel. (0171) 928 5100
Züge in den Südosten Londons, Richtung Südosten und Kontinent (Kanalhäfen).

◆ **Waterloo Station**
Waterloo Road, SE1
Tel. (0171) 928 5100
Züge ins südliche London und Richtung Südengland. Seit 1994 Eurostar Channel Tunnel-Verbindung.

Mit dem Auto

Verkehrsregeln: In GB herrscht Linksverkehr, in Ortschaften Höchstgeschwindigkeit 30 Meilen (48 km/h), auf Landstraßen 60 Meilen (97 km/h)

und 70 Meilen (113 km/h.) auf zweispurigen Straßen und Autobahnen; für alle Wageninsassen gilt Anschnallpflicht. Für weitere Informationen siehe Highway Code, den man in allen Kanalhäfen Großbritanniens bei der *Automobile Association* (AA) oder dem *Royal Automobile Club* (RAC) erhält.
Leihwagen:
– Avis Rent-a-Car Heathrow Airport Tel. (0181) 899 1000

– Stansted Airport
Tel. (01279) 66 3030
– Gatwick Airport
Tel. (01293) 52 9721
– Central London Reservations
Tel. (0181) 848 8733
– Hertz Rent-a-Car Central London Reservations
Tel. (0181) 679 1799

Mit dem Taxi

Taxi-Stände gibt es an den Bahnhöfen, aber Sie können auch ein freies auf der Straße anhalten (zu erkennen an dem erleuchteten Schild *For Hire* oder *Taxi*). Die Preise sind niedriger als auf dem Kontinent, die Taxen bieten zudem mehr Komfort. Die Fahrt von Heathrow Airport bis Piccadilly Circus kostet etwa £ 35. Das Trinkgeld sollte 10 bis 15% des Fahrpreises betragen. Gönnen Sie sich wenigstens eine Fahrt in einer der berühmten schwarzen Taxen.
Radio Taxicabs
Tel. (0171) 272 0272
Computer-cab
Tel. (0171) 286 0286
Dial a Cab
Tel. (0171) 253 5000
Minicabs sind billiger, allerdings nicht immer so zuverlässig. Die Fahrer haben eine weniger schwere Prüfung zu absolvieren: Ihre Kenntnis der Topographie Londons ist daher nicht immer ausreichend, um den schnellsten Weg fahren zu können. Sie müssen telefonisch bestellt werden. Telefonnummern in den *Yellow Pages.*

Mit dem Schiff

Auf der Themse verkehren regelmäßig Boote flußabwärts von Westminster Charing Cross und Tower Pier nach Greenwich und zur Thames Flood Barrier. Von April bis Oktober fahren sie alle 20 bis 30 Min., im Winter seltener.
– Westminster Tower Boat Trips Ltd.,
Tel. (0171) 488 0344 oder City Cruises,
Tel. (0171) 488 0344.
– Westminster Greenwich Thames Passenger Boat Services,
Tel. (0171) 930 4097

oder Greenwich Pier,
Tel. (0181) 858 3996.
– London Launches,
Tel. (0171) 930 3373.
– Catamaran Cruises Ltd., Tel. (0171) 987 1185 oder Greenwich Pier, Tel. (0181) 858 3996.
– Campion Launches Boat Services, Tel. (0181) 305 0300.
– Circular Cruises Westminster,
Tel. (0171) 839 2111
– King's Cross River Cruises,
Tel. (0171) 357 6354
– Westminster Passenger Services Association (Upriver) Ltd.,
Tel. (0171) 930 4721, Sie verkehren im Sommer regelmäßig zwischen Putney, Kew, Richmond und Hampton Court. Weitere Informationen erhalten Sie telefonisch unter: London Tourist Board's Recorded River Service line, Tel. (0891) 505 471.

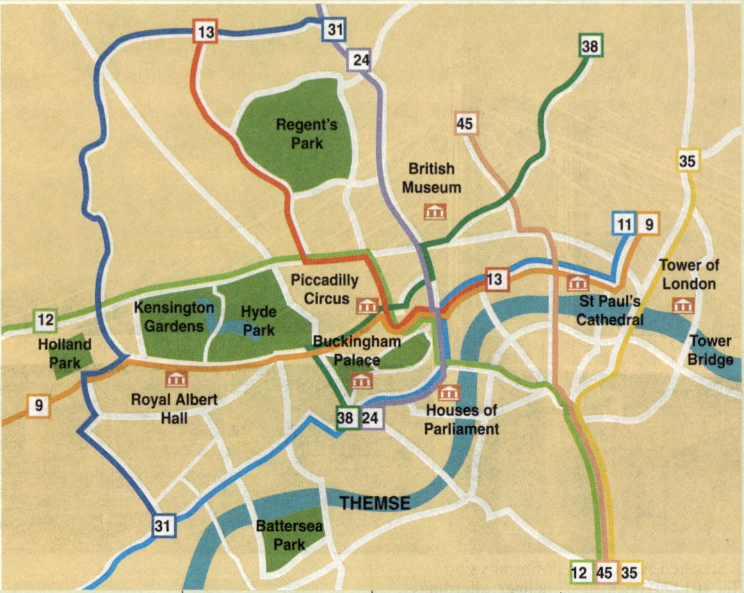

MIT DEM BUS
Busfahren ist eine der bequemsten Möglichkeiten, sich in London fortzubewegen und die Stadt zu erkunden. Die Doppeldecker sind billiger als die U-Bahn, allerdings auch langsamer und nicht immer pünktlich.

Leider werden die berühmten roten Busse mit der offenen Plattform, die wir unweigerlich mit London verbinden, immer seltener. Sie verkehren von 5 – 23.30 Uhr, es gibt auch Nachtbusse. Achten Sie darauf, ob der Bus tatsächlich die ganze Strecke abfährt, die Endstation ist jeweils an der Vorderfront ablesbar. Vor dem Erreichen Ihres Fahrtzieles müssen Sie rechtzeitig ein Zeichen (Glocke) geben. Fahrpläne gibt es an den Schaltern der U-Bahn, aber Sie können sich auch anhand der Aushänge an den Haltestellen informieren. Hier sind sämtliche Linien und Haltestellen aufgeführt. Rauchen ist in den Bussen auch auf der oberen Plattform verboten.

◆ Haltestellen
Es gibt zwei Arten von Haltestellen: Feste Haltestellen sind an einem Schild mit weißem Grund zu erkennen, Bedarfs-Haltestellen, an

denen nur auf Wunsch gehalten wird, erkennt man an einem Schild mit rotem Grund.

◆ Transportbedingungen
Sie können entweder eine *Travelcard* (◆ *369*) benutzen, oder unmittelbar einen Fahrschein erwerben. In den neuen Bussen zahlen Sie direkt beim Fahrer; in den alten Bussen gibt es noch einen Schaffner, der zu Fahrscheinverkauf und -kontrolle an Ihren Platz kommt.

The Original London Sightseeing Tour
Busrundfahrten mit einem sach- und

stadtkundigen Führer in einem roten Doppeldecker zu den wichtigsten Sehenswürdigkeiten. Dauer ca. 1 Std., Start halbstündlich von diversen Punkten im Zentrum (£ 10 für Erwachsene, £ 5 für Kinder). Tel. (0181) 877 1722.

»DIE ADRESSEN MEINER LONDONER FREUNDE ERZÄHLEN VON DEN VERSCHIEDENEN GESICHTERN DER STADT, IHREN LÄNDLICHEN WURZELN, IHREN LAUNEN UND IHREM ZAUBER«

CLAUDE ROY

Gardens – um Gärten angelegte *Terraces*.

Fields – hier befanden sich früher Wiesen.

Place – bezeichnet Plätze, aber auch Straßen.

Crescent – halbkreisförmige Straße

Avenue – breite Straße, Boulevard .

Mews – hier befanden sich früher Stallungen.

Lane – alte Allee.

Villas – von Einzelhäusern gesäumte Straße.

Row – Landstraße oder Chaussee.

Street – Straße.

Walk – alte Landstraße.

Gate – Tor oder Portal.

Gore – früher ein dreieckiges Grundstück .

Terrace – Reihenhaus-Ensemble.

London, die größte Stadt des Vereinigten Königreiches, erstreckt sich über eine Fläche von 1561 km² und hat mehr als 6,7 Millionen Einwohner (*Greater London* besteht aus 32 Bezirken mit noch einmal 10 Millionen Einwohnern). Als Hauptstadt von Großbritannien und Nordirland ist sie Sitz verschiedener politischer Institutionen: des Parlaments, der Regierung und der Krone. Nach New York und Tokio ist London das drittgrößte Finanzzentrum der Welt. Flughäfen, Bahnhöfe und Telekommunikationseinrichtungen machen die Stadt zum landesweiten Kommunikationszentrum. Die Londoner Presse erreicht innerhalb Europas die höchsten Auflagen und besitzt weltweites Renommee.

Die Stadtlandschaft

DIE CITY
In der City nördlich der London Bridge konzentrieren sich alle finanziellen Aktivitäten: Hier befinden sich die Bank von England, die Stock Exchange (Aktienbörse) und Lloyd's. Das tagsüber geschäftige Zentrum ist nachts wie ausgestorben, die Zahl seiner Einwohner sinkt ständig. Sie verlassen die City und ziehen in die Vororte von Greater London.

DAS WEST END
Im Viertel um Westminster finden sich große Parks, Theater, Kinos und Geschäfte. Es ist durch The Strand mit der City verbunden.

Canary Wharf (oben links)
St Katherine's Dock (oben rechts)

DAS EAST END
Quirliges, aber armes Viertel in der Nähe des Hafens.

DIE NEUEN STADTTEILE
Seit 1946 sind zahlreiche neue Wohnviertel entstanden, in denen überwiegend Immigranten leben: Crawley und Bracknell südlich der Themse, Hemel, Hempstead, Welwyn, Stevenage, Harlow im Norden und Basildon im Osten.
Diese neuen Vorstädte liegen oft mehr als 100 km von der City entfernt.

Wirtschaft in der Krise
London entstand in der Nähe eines Übergangs über die Themse. Der wirtschaftliche Erfolg der Stadt war daher immer eng mit dem des Hafens verknüpft, dessen Anlagen sich heute über 40 km entlang dem Themse-Ufer erstrecken. Die Wirtschaftsmacht England hat heute mit schwerwiegenden Problemen zu kämpfen. Die traditionellen Lon-

doner Industriezweige (Stahl, Autos und Chemie) stecken schon lange in der Krise. Die Elektronikindustrie leidet unter der mächtigen Konkurrenz aus Japan, Europa und Südostasien.
Die Ölförderung in der Nordsee hat den Ölhandel im Londoner Hafen reduziert, der heute nur noch 1/5 des nationalen Handels ausmacht.

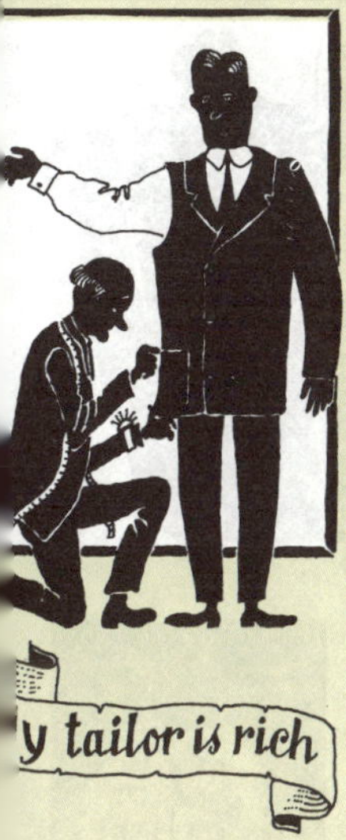

Die Industriezweige, die noch florieren, sind Tourismus, Mode- und Luxusartikel, Verlagswesen und die Möbelbranche.

London, das Finanzzentrum
London ist bis heute Hauptsitz des europäischen Börsenwesens.

Umsatz 1990: Aktien im Wert von 609 und Staatsobligationen im Wert von 973 Milliarden Pfund.

Royal Opera House, Covent Garden.

London, kultureller Anziehungspunkt und Medienhauptstadt

KULTURELLE DYNAMIK
Die Londoner sind eifrige Kino-, Konzert- und Theatergänger (mehr als 300 Theater) sowie Bibliotheksnutzer. Kino-Stars (Stephen Frears, Peter Greenaway, James Ivory) und Popmusiker (Elton John, Sting, Rod Stewart, Paul McCartney) arbeiten für ein großes internationales Publikum. Die künstlerische Produktion in Großbritannien floriert nicht zuletzt dank der riesigen Absatzmärkte des alten Empire. Die Stadt hat immer Schriftsteller angezogen (William Boyd, Anthony Burgess, Peter Ackroyd, Patricia Highsmith). Zur literarischen Szene gehören auch Personen wie Ian

McEwan, Martin Amis und Anita Brookner.

KNOW-HOW
London hat ein großes Renommee als Stadt der kulturellen Kreativität (professionelle Künstleragenturen, Aufnahmestudios, Schauspielschulen, Kunstakademien, Konservatorien etc.).

William Boyd

Anthony Burgess

Kartenvorbestellungen
– An der Theaterkasse; in der Regel bis 22 Uhr geöffnet. Am Tag der Vorstellung gibt es Restkarten zu ermäßigten Preisen.
– Telefonisch, Bezahlung mit Kreditkarten (ist auch bei Kinos möglich).

Vorverkaufsstellen
Hohe Vermittlungsgebühren!
Geöffnet 24 – 24 Uhr :
– First Call
Tel. (0171) 240 7200
– Ticketmaster
Tel. (0171) 379 4444
– West End Theatre Bookings
Tel. (0181) 427 6566
– Fenchurch Booking Agents
Tel. (0171) 724 0747
– Ticket World
Tel. (0171) 702 9878
– Half Price Ticket Booth, Leicester Square (12 – 14 Uhr, Matinee; 14.30 – 18.30 Uhr, Abend, außer So). Hier bekommen Sie für den selben Tag (max. vier) Karten zum halben Preis. Barzahlung.

Der »echte« Londoner
– Der echte Londoner wartet nie vor dem Buckingham Palace, um die Queen zu sehen.
– Der echte Londoner wird niemals vom Regen überrascht.
– Der echte Londoner kann nicht kochen; um den gegenteiligen Eindruck zu erwecken, kauft er Fertiggerichte bei Marks und Spencer.
– Der echte Londoner meidet die Carnaby Street (der letzte wurde dort 1967 gesichtet).
– Der echte Londoner läßt sich auch niemals am Piccadilly Circus blicken.
– Der echte Londoner meidet jeglichen Körperkontakt oder Wortwechsel im Bus und in der U-Bahn.
– Der echte Londoner betritt nur am Neujahrstag, zwischen zwei Abendveranstaltungen, den Trafalgar Square.
– Der echte Londoner besucht keine Restaurants mit englischer Küche.

Medien

◆ Presse
Tageszeitungen: *The Times*, *Independant*, *Daily Telegraph*, *Guardian*, *Financial Times*. In der Regel haben sie samstags eine ausführliche Wochenendbeilage

Daily Mail, *Express*, *Sun*, *Mirror* und *Today* sind Boulevardblätter. Sonntagszeitungen: *Observer*, *The Sunday Times*, *Independent on Sunday*, *News of the World*, *Sunday Mirror*, *Sunday Express* und *The Mail on Sunday*.

◆ Radio
Die BBC (fünf Hauptprogramme und BBC World Service) hat 120 Millionen Hörer in der ganzen Welt und sendet jede Woche 735 Stunden Programm in 35 Sprachen.

Das BBC-Gebäude

◆ Fernsehen
Die britischen Dokumentationen und Unterhaltungssendungen sind weltweit ein echter Exportschlager. Vier Kanäle – BBC 1, BBC 2, ITV und Channel 4 – werden landesweit ausgestrahlt, MTV und Skychannel in ganz Europa.

Einkaufen

Die Geschäfte sind von 9 oder 9. 30 bis 17 oder 18 Uhr geöffnet, einige jeden Tag. Längere Öffnungszeiten: Mi in Knightsbridge und in der Kensington High Street bis 19, am Sloane Square bis 20 Uhr; Do in der Oxford und Regent Street bis 19 oder 20 Uhr. Schlußverkauf findet hauptsächlich im Januar und Anfang Juli statt.

Märkte
Die Londoner Märkte lohnen einen Besuch. Sie können richtige Schnäppchen machen oder zumindest malerische Orte entdecken.

ANTIKES UND TRÖDEL
– Die Märkte in der Petticoat und der Brick Lane im East End gibt es seit der Jahrhundertwende. Das Angebot reicht vom alten Computer über Spielsachen zu 60er Jahre-Kleidung.
– Der samstagliche Flohmarkt auf der Portobello Road im Westen Londons ähnelt dem in der Brick Lane. Für die bessere Qualität müssen Sie allerdings auch höhere Preise zahlen.
– Camden Passage in Islington genießt wegen seiner Antiquitäten hohes Ansehen.
– Camden Lock ist einer der beliebtesten Märkte. An einer Schleuse des Regent Canal werden an Hunderten von kleinen Ständen alte und neue Kleidung, Kunst und Kunsthandwerk, Schmuck, Schallplatten und Kassetten angeboten. Er ist überlaufen und recht teuer, bietet allerdings originelle Sachen. Zudem ist die Umgebung überaus malerisch.

BLUMEN
– Columbia Road, in der Nähe der Brick Lane; diesen Pflanzen- und Blumenmarkt kann man am frühen Sonntagmorgen besuchen.

ANTQUARISCHE BÜCHER
– Paddington Road. Liebhaber alter Bücher können hier an zahlreichen Ständen fündig werden.

CENTRAL LONDON MEAT MARKET
– Der Fleischmarkt findet in Smithfield statt: hier kaufen die Londoner Metzger ihr Fleisch. Falls Sie den Geruch ertragen, können Sie diesen Markt täglich, außer sonntags, zwischen 5 und 8 Uhr besuchen.

UNTERKUNFT
◆ **Hotelvermittlung**
– Bed and Breakfast, GB, PO Box 66, Henley on Thames, Oxon, RG9 1XS, Tel. (01491) 57 88 03 Fax (01491) 41 08 06.
– British Hotel Reservation Centre, Victoria Station (Gleis 8), Tel. (0171) 828 1027/ 1849.
– Central London Accomodation Service, 83 Addison Gardens, W14 ODT, Tel. (0171) 602 9668
– Hotel Booking Service Ltd., 4 New Burlington Place, W1X 1FB, Tel. (0171) 437 5052 Fax (0171) 734 2124.
– Hotel Finders, 20 Bell Lane, NW4 2AD, Tel. (0181) 202 7000 Fax (0181) 202 3871
– Hotelguide, 3 Crescent Stables, 139 Upper Richmond Road, SW15 2TX, Tel. (0181) 780 1066 Fax (0181) 780 2352.
– London Accomodation Centre, 22 Wardour Street, W1V 3HH, Tel. (0171) 287 6315
– Expotel, Kingsgate Place, NW6 4HG Tel. (0171) 328 1790 Fax (0171) 328 8021.

◆ **Jugendherbergen**
– Youth Hostels Association Trevelyan House, 8 St Stephen's Hill, St Albans, Herts, AL1 2DY, Tel. (01727) 85 52 15
– Imperial College Summer Accomodation Centre, Watts Way, Princes Garders, SW7 1LU, Tel. (0171) 594 9507.

◆ **Camping**
– Motorhome Rentals (Europe), Lowood Garage 12 Kings Avenue, SW4 8BQ, Tel. (0171) 720 6492.
Tent City, Old Oak Common Lane, W3 7DP, Tel. (0181) 749 9074. Geöffnet Juni –Sept., keine Caravans.

ELEKTRO-GERÄTE
Die elektrische Spannung in GB beträgt 240 V, 50 Hz Wechselstrom. Sie benötigen einen Adapter für die Benutzung Ihres Rasierapparats, Föns etc. in London. Einige Hotels halten Adapter für ihre Gäste vorrätig.

MASSE UND GEWICHTE
1 inch (in) = 2,54 cm
1 foot (ft) = 30,48 cm
1 yard (yd) = 91,4 cm
1 quart (qt) = 1,13 l
1 mile (mi) = 1,61 km
1 pint (pt) = 0,57 l
1 gallon (gal) = 4,55 l
1 ounce (oz) = 28,35 g
1 pound (lb) = 454 g

Wie in anderen europäischen Hauptstädten auch, sind in London die Preise vom Touristenandrang in bestimmten Vierteln und dem örtlichen Preisniveau abhängig: Der Preis für *Fish and chips* kann sich plötzlich verdoppeln, je nachdem, ob Sie in Spitalfields oder in Mayfair sind. Das Hauptproblem ist das der Unterkunft: je größer das Zimmer, desto höher die Preise. Die Kosten steigen beträchtlich, auch wenn der Service nahezu gleich bleibt .

DIE KOSTEN FÜR EIN TELEFONGESPRÄCH

von London nach:	
London	5 p / 1 Min. (Mo - Fr 8 - 18 Uhr) 5 p / 3 Min. (18 - 8 Uhr; am Wochenende)
Europa	40 p / 1 Min. (Mo - Fr 8 - 18 Uhr) 30 p / 1 Min. (18 - 8 Uhr, am Wochenende)
New York	40 p / 1 Min. (Mo - Fr 8 - 18 Uhr) 40 p / 1 Min. (18 - 8 Uhr, am Wochenende)
Tokio	1,04 £ / 1 Min. (Mo - Fr 8 - 18 Uhr) 99 p / 1 Min. (18 - 8 Uhr, am Wochenende)

Telefonieren
London hat zwei Vorwahlnummern: 0171 (Zentrum) und 0181 (Vororte). Bei Gesprächen von einer Zone in die andere gilt die jeweilige Vorwahl. Innerhalb einer Zone wählen Sie nur die siebenstellige Nummer. Nat. Auskunft: 192. Intern. Auskunft: 153. Notruf: 999. Vermittlung national: 100, international: 155.

Telefonieren ins Ausland
◆ Von London in die Bundesrepublik Deutschland wählen Sie 01049 vor der gewünschten Nummer (Österreich 01043, Schweiz 01041), die erste Null der Vorwahl der deutschen Stadt entfällt dann.

Es gibt kaum noch alte rote Telefonzellen.

Telefonzellen
Hier können Sie Münzen (10, 20, 50 p, £ 1) oder Telefonkarten benutzen. Diese erhalten Sie in Postämtern oder in Zeitungsläden, die das Zeichen *Phonecard* aufweisen.

Zeitverschiebung
In Großbritannien gilt Greenwich Mean Time (GMT); es ist also eine Stunde früher als auf dem Kontinent. Sommerzeit Ende März bis Ende Oktober, die Uhren werden 1 Std vorgestellt.

Postämter
Postämter sind Mo bis Fr 9 – 17.30 Uhr und Sa 9 – 13 Uhr geöffnet. Das Postamt William IV Street am Trafalgar Square hat Mo bis Sa von 8 bis 20 Uhr geöffnet. Nachtschalter gibt es nicht. Manche Zeitungshändler verkaufen auch Briefmarken. Es gibt zwei Porto-Tarife: der Erste-Klasse-Tarif gilt innerhalb der EG.

Geldwechsel
£ 1 = 2,50 DM. Bargeld und Euroschecks können Sie unter Vorlage eines Ausweises bei allen Banken wechseln (geöffnet Mo – Fr 9.30 – 15.30, z. T. Sa 10 – 12.30 Uhr) Banken, die rund um die Uhr geöffnet haben, finden Sie an den Flughäfen Heathrow und Gatwick. Die privaten Wechselbüros haben häufig lange Öffnungszeiten, erheben aber z. T. sehr hohe Gebühren. Diese *Commission charges* müssen gut sichtbar ausgehängt werden.

Währung
Die Grundeinheit der Währung ist das Pfund Sterling, das sich in 100 Pence unterteilt. Banknoten gibt es zu 5 £ , 10 £ , 20 £ und 50 £ Münzen zu 1 p, 2 p, 5 p, 10 p, 20 p, 50 p, 1 £.

PREISE

1 Pint Bier: Zwischen 1,60 und 2,20 £

Fish & chips: 1,80 – 2,30 £

Tee mit Scones oder Sandwich: 4 – 5 £

Taxi: 4 – 5 £ für ca. 3 km

Eintrittskarte für Museum: 3 – 5 £

Karte für ein klassisches Konzert: 6 – 30 £ Oper: 20 – 150 £

Mahlzeit: 9 – 25 £ und mehr

(Günstiger in indischen oder chinesischen Restaurants)

Doppelzimmer mit Bad: 40 – 150 £ (die Preise sind nach oben offen)

Feste & Veranstaltungen

	Januar	Februar	März	April	Mai	Juni	Juli	August	September	Oktober	November	Dezember
• New Year's day (Empfang des Lord Mayor in Westminster)												
• Chinese New Year (variabel)	●	●										
• Oxford and Cambridge Boat Race (2. Sa vor Ostern)			●	●								
• London Marathon				●								
• Chelsea Flower Show					23-26							
• Trooping the Colour (Parade zum Geburtstag der Queen)						●						
• Wimbledon Lawn Tennis Championship						19 -	3					
• Royal Tournament							●					
• Notting hill Carnival								●				
• Guy Fawkes Day											5	
• Lord Mayor's Show (Parade des Bürgermeisters)											●	

Feiertage

1. Januar, Karfreitag (*Good Friday*), Ostermontag (*Easter Monday*), 1. Mo im Mai (*Man Day Holiday*), Pfingstmontag (*Whit Monday, Spring Bank Holiday*), letzter Mo im August (*Summer Bank Holiday*), Weihnachten (*Christmas Day*), 26. Dezember (*Boxing Day*).

Der schönste Monat für einen Besuch in London ist der Juni, der »Glorious June«, denn dann ist das Wetter am angenehmsten. Mai, September und Oktober sind ebenfalls gute Reisemonate. Es regnet nicht so häufig und die Stadt-Luft ist weniger stickig als im Sommer. Zudem sind noch nicht so viele Touristen in London.

WESTMINSTER UND VICTORIA

Cabinet War Rooms
Clive Steps,
King Charles St, SW1
Tel: (0171) 930 6961
Geöffnet 9.30 - 17.30, letzter Einlaß 17.15 Uhr.

Westminster Abbey
Parliament Square, SW1
Tel: (0171) 222 5152
Geöffnet Mo - Fr 9.20 - 16, Sa 9 - 14, 15.45 - 17 Uhr.

INNS OF COURT

Dr Johnson's House
17 Gough Square, EC4
Tel: (0171) 353 3745
Geöffnet 11 - 17.30, (im Winter bis 17 Uhr), So u. an Feiertagen geschl.

Hunterian Museum
Lincoln's Inn Fields, WC2
Tel: (0171) 405 3474
Geöffnet Mo - Fr 10 - 17 Uhr.

Public Record Office Museum
Chancery Lane, WC2
Tel: (0181) 876 3444
Geöffnet Mo - Fr 9.30 - 17 Uhr.
Census Rooms and Rolls Chapel
Geöffnet Sa; So u. an Feiertagen geschl.

Sir John Soane's Museum
13 Lincoln's Inn Fields, WC2
Tel: (0171) 405 2107
Geöffnet 10 - 17 Uhr, So, Mo u. an Feiertagen geschlossen.

CITY UND ST PAUL'S

Bank of England Museum
Bartholomew Lane, EC2
Tel: (0171) 601 5545
Geöffnet Mo - Fr 10 - 17 Uhr, Sa, So, an Feiertagen geschl.

Guildhall
Off Gresham Street, EC2
Tel: (0171) 332 3780
Geöffnet 10 - 17 Uhr, im Winter So geschl.

The Monument
Monument Street, EC3
Tel: (0171) 626 2717
Geöffnet 9 - 17.40, Sa, So 14 - 17.40, Oktober bis März 9 - 15.40 Uhr, So geschlossen.

Museum of London
150 London Wall, EC2
Tel: (0171) 600 3699
Geöffnet Di - Sa 10 - 17.50, So 12 - 17.50 Uhr. Mo u. Weihn. geschl.

National Postal Museum
King Edward St, EC1
Tel: (0171) 239 5420
Geöffnet Mo - Fr 9.30 - 16.30 Uhr, Sa, So u. an Feiertagen geschl.

THE TOWER

HMS Belfast
Morgan's Lane, Tooley Street, SE1
Tel: (0171) 407 6434
Tägl. geöffnet 10 - 18 Uhr.

Tower Bridge
Southwark, SE1
Tel: (0171) 403 3761
Geöffnet 9 - 16.45 (Winter), 10 - 17.15 Uhr (Sommer).

Tower of London
Tower Hill, EC3
Tel: (0171) 709 0765
Geöffnet März - Okt. 9 - 18, So 10 - 18, Nov. - Feb. 9 - 17, So 10 - 17 Uhr.

KENSINGTON

Commonwealth Institute
230 Kensington High Street, W8
Tel: (0171) 603 4535
Geöffnet 10 - 17, So 14 - 17 Uhr.

Natural History Museum
Cromwell Road
South Kensington, SW7
Tel: (0171) 938 9123
Geöffnet 10 - 17.50, So 11 - 17.50 Uhr.

Science Museum
Exhibition Road, SW7
Tel: (0171) 938 8000
Tägl. geöffnet 10 - 18 Uhr.

Victoria & Albert Museum
Cromwell Road
South Kensington, SW7
Tel: (0171) 938 8500
Geöffnet Mo 12 - 17.50, Di - So 10 - 17.50, Uhr.

HAMPSTEAD

Freud Museum
20 Maresfield Gardens, NW3.
Tel: (0171) 435 2002
Geöffnet 12 - 17 Uhr, Mo, Di geschl.

MARYLEBONE

Madame Tussaud's
Marylebone Road, NW1
Tel: (0171) 935 6861
Geöffnet Mo - Fr 9.30 - 17.30, Sa u. So 9 - 17.30 Uhr.

Sherlock Holmes' Museum
221b Baker Street, NW1
Tel: (0171) 935 8866
Tägl. geöffnet 9.30 - 18 Uhr.

COVENT GARDEN

London Transport Museum
The Piazza
Covent Garden, WC2
Tel: (0171) 379 6344
Geöffnet 10 - 18, Fr 11 - 18 Uhr.

Theatre Museum
Covent Garden, WC2
Tel: (0171) 836 7891
Geöffnet Di - So 11 - 19 Uhr, Mo geschl.

BLOOMSBURY

British Museum
Great Russell St, WC1
Tel: (0171) 636 1555
Geöffnet 10 - 17, So 14.30 - 18 Uhr.

Dickens' House
48 Doughty Street, WC1
Tel: (0171) 405 2127
Geöffnet 10 - 17 Uhr, So u. an Feiertagen geschl.

SÜDLICH DER THEMSE

Design Museum
Butler's Wharf, 28 Shad Thames, SE1
Tel: (0171) 403 6933
Geöffnet 10.30 - 17.30 Uhr.

Imperial War Museum
Lambeth Road, SE1
Tel: (0171) 416 5000.
Tägl. geöffnet 10 - 18, nach 16.30 Uhr freier Eintritt.

Lambeth Palace
Lambeth Palace Road, SE1
Tel: (0171) 928 8282.

London Dungeon
28 Tooley Street, SE1
Tel: (0171) 403 0606
Tägl. geöffnet 10 - 17.30, Okt. - März letzter Einlaß 16.30 Uhr.

Museum of the Moving Image (MOMI)
South Bank
Waterloo, SE1
Tel: (0171) 401 2636
Tägl. geöffnet 10 - 18 Uhr, Weihn. geschl.

Shakespeare Globe Museum and Rose Theatre Exhibition
Bear Gardens
Bankside, SE1
Tel: (0171) 928 6342
Tägl. geöffnet 10 - 17 Uhr, an Feiertagen geschl.

GREENWICH

Cutty Sark & Gipsy Moth IV
Greenwich Pier, SE10
Tel: (0181) 858 3445
Geöffnet 10 - 18, So 12 - 18, im Winter bis 17 Uhr.

National Maritime Museum
Greenwich, SE10
Tel: (0181) 858 4422
Tägl. geöffnet 10 - 17, Okt. - März 12 - 17 Uhr.

Old Royal Observatory
Flamsteed House
Greenwich Park, SE10
Tel: (0181) 858 4422
Tägl. geöffnet 10 - 17, Okt. - März 12 - 17 Uhr.

WESTLICH DER THEMSE

Chiswick House
Burlington Lane, W4
Tel: (0181) 995 0508
Geöffnet 10 - 13 u. 14 - 18 Uhr, Okt. - März 10 - 13 u. 14 - 16 Uhr.

Syon House
Park Road
Brentford, Middlesex
Tel: (0181) 560 0881
Geöffnet Mo, Di, Do, Fr 10 - 18 u. Mi, Sa, So 11 - 17 Uhr.

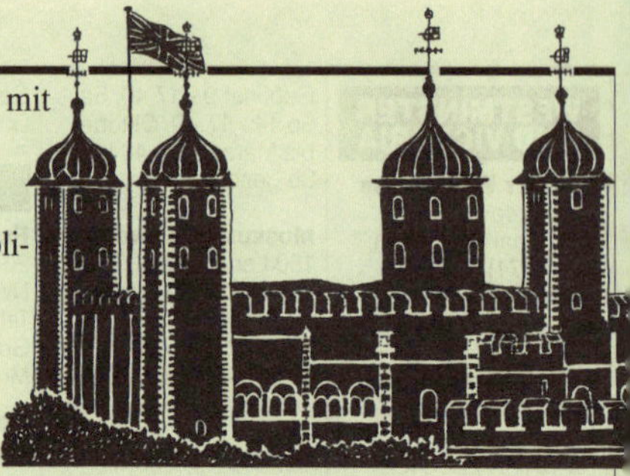

Tower of London
(▲ *182*)
Vier Türme mit byzantinischen Kuppeln krönen den normannischen White Tower, der von zwei Schutzwällen umgeben ist.

National Gallery
(▲ *287*)
Die Gesandten von Hans Holbein, dem Hofmaler von König Henry VIII., stellt einen der Höhepunkte der Sammlung dar.

Das Parlament
❝Man wandte sich vom Palladio-Stil der Gebrüder Adam ab und setzte Spitzbogengewölbe, bleigefaßte Fenster, Möbel, grüne Ripsvorhänge, Niello-Stichwaffen und Fialen ein. Der neue *Perpendicular Style* bestimmte von jetzt ab ein mehrfarbiges Interieur.❞
Paul Morand, *Londres*

Begeben Sie sich mit einem Doppeldecker-Bus nach Westminster (▲ *128*), dem politischen und religiösen Zentrum Londons. Vor dem Besuch von Westminster Abbey empfiehlt sich ein kurzer Abstecher zum Parliament Square, der einen herrlichen Blick auf die Houses of Parliament und Big Ben, St Margaret's und die Abtei bietet; von der Westminster Bridge aus blickt man über die Themse auf die neogotische Fassade des Parlamentsgebäudes. In Westminster Abbey, königliche Ehren- und Grabstätte, kann man die Atmosphäre der hier stattfindenden Krönungszeremonien nachempfinden. Keineswegs versäumen sollte man einen Besuch von Henry VII. Chapel und Chapter House. Dann geht es mit dem Bus weiter über Whitehall zum Tragfalgar Square (▲ *284*). Ein Besuch der National Gallery (▲ *287*) mit ihrer Sammlung englischer Malerei des 18. und 19. Jh. ist fast zwingend. Arbeiten von Hogarth, Gainsborough, Constable und Turner gehören zur Ausstellung. Nach einer kurzen Pause in der Krypta von St Martin-in-the-Fields (▲ *286*) empfiehlt es sich, über die Fleet Street zur St Paul's Cathedral (▲ *171*) zu fahren, einem der Meisterwerke von Christopher Wren. Von der Kuppel aus hat man einen schönen Blick auf das Innere der Kathedrale und von der Golden Gallery aus präsentiert sich das gesamte City-Panorama. Von St Paul's geht es mit dem Bus oder zu Fuß zum düster wirkenden Tower of London (▲ *182*), der von den berühmten *Beefeaters* bewacht und angeblich immer noch von den Geistern der hier einst Hingerichteten heimgesucht wird. Über zwei Wallanlagen hinweg gelangt man zum White Tower und zum Jewel House. Vom Tower aus sind es nur noch ein paar Schritte zur Tower Bridge, dem Wahrzeichen Londons. Von der Brücke bietet sich ein großartiger Blick auf die gesamte Stadt. Danach bleibt eigentlich nur noch eines: ein Abendessen in einem der Restaurants an der Southbank.

Erster Tag. Es empfiehlt sich, in einem der Hotels am äußerst zentral gelegenen Russel Square zu wohnen. Die Stadtbesichtigung sollte im British Museum (▲ *300*) beginnen. In der Duveen Galery befinden sich die berühmten Parthenon-Skulpturen, die Lord Elgin aus Griechenland nach England gebracht hat. Im Manuskript-Raum der British Library sind angelsächsische Chroniken, verschiedene Urkunden, Handschriften, Partituren und vieles mehr zu sehen. Nach dem Museumsbesuch sollte man in einem Pub in Bloomsbury zu Mittag essen. Frisch gestärkt geht es weiter zu den Lincoln's Inn Fields (▲ *165*), wo Sie sich eine der berühmtesten juristischen Fakultäten der Welt ansehen können. Hier finden Sie auch die Kunstsammlung des Architekten John Soane (Hausnummer 13). Danach geht es in Richtung City (▲ *146*), vorbei an Cheapside, Poultry und Lombard Street. In einer fast irrealen Atmosphäre befindet sich hier eines der wichtigsten Finanzzentren der Welt. Wenn Sie die Oper lieben, dann sollten Sie den Tag mit einem Konzert in Covent Garden (▲ *272*) und einem anschließenden Essen in einem der Restaurants des sehr lebendigen Viertels ausklingen lassen.

Zweiter Tag. Der Vormittag dürfte mit der Erkundung von ›Albertopolis‹ (▲ *228*) ausgefüllt sein. Auf den Besuch im Naturwissenschaftlichen Museum (Science Museum) könnte ein Rundgang durch das Victoria and Albert Museum folgen. Die Sammlung indischer Kunst, die Werke von Raffael und von Constable sind wahrhaft einen Besuch wert. Im Museumsrestaurant läßt sich übrigens ganz vorzüglich speisen. Weiter geht es mit der Besichtigung der Royal Albert Hall (▲ *236*), des Albert Memorial und einem anschließenden Spaziergang durch den Hyde Park (▲ *245*), vorbei an Speakers' Corner bis hin zur Oxford Street. Mit dem Doppeldecker fährt man dann zum Tower Gateway, der sich in der Nähe des Tower befindet. Von dort aus ›überfliegt‹ die Docklands Light Railway die gesamten Docklands. Von Island Gardens (▲ *339*) bietet sich ein bezaubernder Blick auf Greenwich und das Royal Naval College. Nach Durchquerung des Themse-Tunnels sollten Sie sich schließlich eine kleine Pause in der *Trafalgar Tavern* gönnen. Frisch gestärkt geht es mit dem Schnellboot zur London Bridge. Am Südufer der Themse lädt dann in Southwark das *George Inn* ein, ein schönes Gasthaus aus dem 17. Jh.

Victoria and Albert Museum (▲ *229*)
Das V & A (im Bild links) wurde auf Initiative von Prinz Albert nach der Weltausstellung von 1851 gebaut.

St Katherine's Dock (▲ *334*)
Anlegestellen und Hafenbecken wechseln sich im Hafen von London ab. St Katherine's Dock entstand im Jahr 1928.

Bloomsbury (▲ *298*)
Dieses Wohnviertel hat traditionell Künstler und Intellektuelle angezogen.

Das Royal Naval College (▲ *327*)

Blake und Mortimer Die beiden Helden der *Halsbandaffäre* von Edgar P. Jacobs durchquercn ganz London.

Westminster Cathedral (▲ *145*) (im Bild oben rechts)

Hampstead (▲ *260*) Im 18. Jh. zog dieses Dorf die Londoner Oberschicht an, aber auch viele Künstler und Schriftsteller.

Die Lutine Bell im Lloyd's Museum (▲ *153*) Diese Glocke – 1793 durch die Engländer von der französischen Fregatte *La Lutine* erobert – läutete bei guten Neuigkeiten zweimal, bei schlechten Neuigkeiten einmal.

Montag. Es ist äußerst schwierig, eine preiswerte Unterkunft in London zu finden, so daß nur die Wahl zwischen einem *Boarding House* in Bloomsbury oder Chelsea oder *Bed and Breakfast* in einem der Vororte wie Ealing bleibt. Von Victoria Station gelangen Sie über Victoria Street zu einer katholischen Kirche im frühchristlich-byzantinischen Stil: Westminster Cathedral (▲ *145*). Ein kurzer Abstecher in die angrenzenden Gassen führt Sie in eines der letzten erhaltenen viktorianischen Stadtviertel Londons. Am Parliament Square lädt Westminster Abbey ein, ein wahres Museum der englischen Bildhauerei. Im Schatten der Abtei liegt St Margaret's. Die Tate Gallery bietet sich als nächstes Ziel an (▲ *208*). Hier können Sie sich vor allem an der englischen Malerei vom 16. Jh. bis in die Gegenwart erfreuen. Nach diesem anstrengenden Tag wäre es zu empfehlen, in Chelsea (▲ *194*) etwas zu entspannen, bevor Sie sich zum Abendessen wieder in das Getümmel der King's Road stürzen.

Dienstag. Mit dem Bus geht es nach Hampstead. Das bezaubernde Kenwood House (▲ 263) wurde von den Brüdern Adam für Lord Mansfield gebaut. Die Gemäldesammlung des letzten Eigentümers, E. C. Guiness, Herzog von Iveagh, vervollkommnet eine außergewöhnliche Innnenausstattung. Nach einem Spaziergang im Park und einem kleinen Imbiß sollte man sich nun in Richtung Dorf begeben. Auf dem Weg zum Fenton House über die Church Row und Frognal liegt der Pavillon von John Keats. Mit ein wenig Glück kommen Sie im Fenton House sogar in den Genuß einer musikalischen Darbietung. Gegen Abend sollten Sie sich wieder zum Trafalgar Square begeben und vielleicht einen Imbiß in der Krypta von St Martin-in-the-Fields einnehmen, bevor Sie einem Barock-Konzert beiwohnen. Für das Abendessen sind die Restaurants am Leicester Square zu empfehlen.

Mittwoch. Diesen Tag sollten Sie der City widmen. Begeben Sie sich bereits am Vormittag von Aldwych aus zu den Inns of Court, dem juristischen Zentrum Londons. Dazu gehören der Temple und die Temple Church, Gray's Inn, Lincoln's Inn, und auch Lincoln's Inn Fields, wo die Kunstsammlungen von John Soane ausgestellt sind. Über Holborn geht es weiter zum Fleischmarkt in Smithfield. Das Nachbarviertel St Bartholomew ist ein idealer Ort, um sich zu entspannen. Hier sollten Sie sich St Bartholomew-the-Great (▲ *176*) und Cloth Fair ansehen. Auch Barbican ist einen Besuch wert. Weiter geht es über St Martin's-le-Grand zur St Paul's Cathedral. Über Cheapside und Poultry gelangt man ins Zentrum. Hier haben die Bank of England, die Stock Exchange, die Royal Exchange (▲ *151*) sowie Lloyd's – heute in einem von Rogers entworfenen Bau – ihren Sitz. Das Straßenbild von Threadneedle, Cornhill, Lombard Street, Leedenhall Street und Fenchurch Street (▲ *156*) wird bestimmt durch korrekt geklei dete Frauen und Männer, die mit einer Aktentasche unter dem Arm durch die Straßen eilen. Um der Hektik zu entrinnen, sollten Sie sich ein Mittagessen auf dem Leadenhall Market oder in der näheren Umgebung gönnen. Für den späteren Nachmittag bietet sich ein Spaziergang über die London Bridge und ein Besuch der Southwark Cathedral (▲ *323*) an. Zum Abschluß wäre ein Abendessen im *George Inn* in der Borough High Street zu empfehlen.

Donnerstag. Nach einem Spaziergang durch Bloomsbury (▲ *298*) auf den Spuren von Virginia Woolf sollten Sie das British Museum und die British Library besuchen. Die Sammlung ägyptischer und griechischer Kunst sowie der Manuskript-Saal sind besonders bemerkenswert. Begeben Sie sich dann auf eine Entdeckungsreise durch das London des John Nash: vom Piccadilly Circus über Regent Street (▲ *283*) und Portland Place zum Regent's Park (▲ *257*). Schlendern Sie an den Terraces am Outer Circle entlang und genießen Sie den Spaziergang durch den Park zu den Rosen in Queen Mary's Garden. Der Rückweg über Baker Street führt Sie durch eines der schönsten Londoner Stadtviertel im *Georgian Style*: am Portman Square das Home House von Robert Adam; am Manchester Square das Hertford House mit der einzigartigen Wallace Collection (▲ *254*).

Freitag. Mit der Docklands Light Railway und durch den Themse-Tunnel erreichen Sie Greenwich (▲ *325*). Außer dem Royal Naval College und dem National Maritime Museum sollten Sie auch das Observatory besuchen. Nach einem Mittagessen in der *Trafalgar Tavern* geht es per Schnellboot flußaufwärts bis Charing Cross. Im Somerset House an der Waterloo Bridge können Sie in den Räumen der Royal Academy die Courtauld Institute Galleries besichtigen. Nach einer Theatervorstellung oder einem Musical in Covent Garden sollten Sie in einem der Restaurants nahe des alten Marktes den Tag beenden.

Samstag. Den Vormittag sollten Sie unter das Motto ›Albertopolis‹ stellen. Über die Exhibition Road und Queen's Gate gelangt man zum Victoria and Albert Museum, dem Nationalmuseum für schöne und angewandte Kunst. Ein Imbiß im Museumsrestaurant wird Sie genügend stärken, um anschließend Kensington Gardens, Paddington und Little Venice zu erkunden. Mit dem Boot geht es dann vom Regent's Canal zur Camden Lock (▲ *259*), der Kanalschleuse, die im Zentrum des Wochenendmarktes liegt. Für den Abend bietet sich Soho an (▲ *296*).

Sonntag. Ausgangspunkt ist das Banqueting House (▲ *144*) von Inigo Jones in Whitehall (▲ *142*). Im großen Saal des ehemaligen Palastes befindet sich ein Deckengemälde von Rubens, das von Charles I. in Auftrag gegeben wurde. Den Nachmittag können Sie in Hampton Court (▲ *352*) verbringen. Nehmen Sie dazu am besten ab Westminster das Schnellboot. Nach der Besichtigung des Palastes lohnt noch ein Besuch der französischen Gärten, die Charles II. 1660 und Charles III. 1689 anlegen ließen.

Cumberland Terrace, Regent's Park (▲ *256*) (im Bild links) Ein Werk von John Nash.

›The Blackfriars‹, Blackfriars Bridge (● *87*). Das Schild des Pubs zeigt einen schwarzgekleideten Mönch (*blackfriar* = schwarzer Bruder).

Covent Garden (▲ *272*; Bild links).

»Beefeater«
Die Wächter des Tower tragen Hellebarden und blaue Uniformen aus der Tudor-Zeit. Zu Zeremonien und festlichen Anlässen werden rot-goldene Uniformen angelegt.

Von Lewis Carroll, dem Autor von *Alice im Wunderland*, bis hin zu Mr. Hornby, dem Vater von Meccano: Was die Unterhaltung von Kindern anbelangt, waren die Engländer schon immer erfinderisch. London bietet neben einem der schönsten Zoos der Welt (Regent's Park, ▲ *257*) eine Vielfalt von Sehenswürdigkeiten und Attraktionen für Kinder.

SPIELE UND SPEKTAKEL

Puppet Theatre Barge. Little Venice, Blomfield Road, W9. Tel. (0171) 249 6876. Ein Puppentheater mit 50 Plätzen an Bord eines Bootes, das im Sommer über den Grand Union Canal schippert. Es werden chinesische Schattenspiele und Theaterstücke mit handgeschnitzten Marionetten aufgeführt.

Unicorn Theatre for Children. Great Newport Street, W2. Tel. (0171) 836 3334. Das einzige Theater im West End für Kinder im Alter von eins bis dreizehn Jahren. Während jeder Saison werden mindestens vier Stücke gespielt, von denen ein jedes ein bestimmtes Alter anspricht. Das Angebot reicht vom modernen Kasperltheater mit echten Schauspielern bis hin zu Aufführungen von Pantomime und klassischem Theater.

Museum of the Moving Image. South Bank Arts Center, SE1. Tel. (0171) 401 2636. Das 1988 gegründete ›MOMI‹ verfolgt die Geschichte des Films von der *Laterna magica* bis hin zu den letzten technologischen Neuerungen der modernen Studios. Täglich veranstalten Leinwandhelden von 10 bis 18 Uhr Führungen durch das Museum.

Bethnal Green Museum. Cambridge Heath Road, E2. Tel. (0181) 980 2415. Puppen in verschiedenen Landestrachten aus mehreren Epochen sowie herrliche Puppenhäuser vom Miniaturschloß bis zum rustikalen Landhaus werden hier ausgestellt, überdies Modelleisenbahnen und eine Sammlung von Zinnsoldaten.

Spiele im ›MOMI‹
Hier können Kinder ihre schauspielerischen Fähigkeiten entdecken oder ihre eigenen Zeichentrickfilme realisieren. Überdies locken Attraktionen wie etwa der aus einem Western stammende Saloon, oder *Superman*, der tatsächlich durch das Museum zu fliegen scheint.

Madame Tussaud's Museum. Marylebone Road, NW1. Tel. (0171) 935 6861 (verbunden mit dem Planetarium). Das Wachsfigurenkabinett wurde 1835 von Madame Tussaud (1761-1850) gegründet, die bereits im Alter von 17 Jahren in Paris ihre ersten Wachsporträts von Persönlichkeiten aus der Zeit vor und während der französischen Revolution schuf. The Chamber of Horrors ist für kleine Kinder kaum geeignet.

Hamley's. 188-196 Regent Street, W1. Tel. (0171) 734 3161. Dies ist zweifelsohne die größte Spielwarenhandlung Londons. Auf sechs Etagen werden Stofftiere, Puppen, Autos, elektronische Spiele, Modelleisenbahnen und Bücher angeboten: eine Schatztruhe für Kinder und Eltern.

GESCHICHTE FÜR KINDER

Buckingham Palace. The Mall, SW1. London Tourist Board. Tel. (0891) 505 452. Im Sommer verläßt jeden Tag um 11.25 Uhr eine Einheit der Königlichen Wache die Wellington Barracks, um sich zum Buckingham Palace zu begeben und

dort um 11.30 Uhr die wachhabenden Posten abzulösen. Die Zeremonie des *Changing of the Guard* symbolisiert britische Tradition und den Fortbestand der Monarchie. Die Übergabe der Palastschlüssel und die Wachablösung finden unter Musikbegleitung und mit lautem Absatzgeklapper statt. Die mit roten Waffenröcken bekleideten Wachen, die bei dieser Zeremonie keine Miene verziehen dürfen, tragen unter ihrer Bärenfellmütze einen legendären Gleichmut zur Schau.

Die Kronjuwelen. Tower of London, Tower Hill, EC3. Tel. (0171) 709 0765. Der Komplex aus Türmen und Bollwerken, über dem ständig ein Schwarm von Raben kreist, strahlt auch heute noch eine bedrohliche Atmosphäre aus. Der älteste Teil des Gebäudes, das über Jahrhunderte hinweg als Festung und Gefängnis diente, geht auf William the Conqueror zurück. Die Hauptattraktion des Tower ist zweifellos das Jewel House, in dem sich die Kronjuwelen befinden: Der größte geschliffene Diamant der Welt, Schwerter und mit kostbaren Steinen besetzte Kronen, Kelche und eine Räucherpfanne aus massivem Gold werden hier elektronisch überwacht und nur unter strengsten Sicherheitsmaßnahmen ausgestellt.

»HMS Belfast«. Morgan's Lane, Tooley Street, SE1. Tel: (0171) 407 6434. Dieser Kreuzer aus dem Zweiten Weltkrieg spielte während der Landung der Engländer in der Normandie eine bedeutende Rolle. Besichtigt werden kann alles von der Kommandobrücke über die Bordbäckerei und das Theater bis hin zum Maschinenraum. In einem Film wird die Geschichte der *HMS Belfast* und die Entwicklung der Kriegsmarine von 1914 bis in die Gegenwart gezeigt (Besichtigungen täglich von 10 bis 18 Uhr).

London Dongeon. 34 Tooley Street, SE1. Tel. (0171) 403 0606. Die Ausstellung unter den Brückenbögen der London Bridge Station erinnert in gruseliger Atmosphäre an die dunkelsten Zeiten der englischen Geschichte: an den Mord an Thomas Becket in der Canterbury Cathedral, die Folterungen und Hinrichtungen, den Großen Brand und vieles mehr; im Ganzen eine beeindruckende Darstellung (täglich von 10 bis 17.30 Uhr, im Winter 10 bis 16.30 Uhr geöffnet).

Die Welt der Tiere

London Zoo. Regent's Park, NW1. Tel. (0171) 722 3333. Der Zoo ist mit seinen mehr als 8000 Tieren einer der größten Tierparks der Welt. Unternehmen Sie auf jeden Fall einen Abstecher in die *Twilight World*, wo man im Halbdunkel Schnepfenstrauße und Riesenfledermäuse während ihrer nächtlichen Aktivitäten beobachten kann (täglich von 10 bis 17.30 Uhr; im Winter 10 bis 16 Uhr geöffnet).

Natural History Museum. Cromwell Road, SW7. Tel. (0171) 938 9123. Die große Dinosaurier-Austellung ist bei Kindern ebenso beliebt wie der Erdbebensimulator.

Her Majesty's Ship
Der 200 m lange Kreuzer *HMS Belfast* gleicht einer schwimmenden Stadt.

Der Londoner Zoo
“Wenn ich meinem ersten Plan gefolgt wäre und London so beschrieben hätte, wie es die Londoner sehen [...], dann hätte der Zoo sicherlich einen Ehrenplatz eingenommen.”
Paul Morand, *Londres*

»Nachdem wir drei oder vier Trödelläden betreten hatten, befanden wir uns im Besitz einer Linoleumwalze, eines Vorratsschranks, zweier Holzstühle, eines kleinen Kaffeetisches, mehrerer Kopfkissen und Armeedecken.«
Colin Wilson,
Soho auf Abwegen

In London fehlt es nicht an Möglichkeiten für Antiquitätenliebhaber, Raritätenjäger oder Silbersammler, ihrer Lieblingsbeschäftigung nachzugehen. Den Rundgang beginnt man am besten in den vornehmen Geschäften des West End und beendet ihn auf den Parkplätzen, auf denen die Verkäufer ihre Ware vom Auto aus feilbieten.

RARITÄTEN

London Silver Vaults.
53 Chancery Lane, WC2.
Tel. (0171) 242 3844. In diesen wie eine Bank bewachten Kellern werden an 35 Ständen moderne und antike Silberwaren, Juwelen und Porzellan verkauft – es kann gehandelt werden.
Arthur Middleton. 12 New Row, WC2. Tel. (0171) 836 7042. Liebhaber alter Instrumente werden dieses Geschäft zu schätzen wissen: Schiffahrtsgeräte, astronomische und medizinische Instrumente.
Jean Sewell Antiques Ltd. 3 Campden Street, W8. Tel. (0171) 727 3122. Englische Tonarbeiten und Porzellan aus dem 18. und 19. Jh. sind die Besonderheiten des Hauses.
David Black Oriental Carpets. 96 Portland Road, W11. Tel. (0171) 727 2566. Der Besitzer dieses Geschäftes ist ausgewiesener Fachmann für Orientteppiche; antike Kelims.

Bei Sotheby's bummeln
Auch ohne Ölscheich oder texanischer Krösus zu sein, kann man durch die Ausstellungsräume bummeln oder an einer Versteigerung teilnehmen; der Eintritt ist frei.

ANTIQUARIATE

Henry Sotheran. 2-5 Sackville Street, W1. Tel: (0171) 439 6151. Traditionsreichsten Londoner Buchladen (seit 1761). Außerdem: **Maggs Bros LTD.** 50 Berkeley Square W1. Tel: (0171) 493 7160. **Bernard Quaritch.** 5 Lower John Street, W1. Tel: (0171) 734 2983. **John Thornton.** 455 Fulham Road, SW10. Tel: (0171) 352 8810. **Harrington Bros.** Chelsea Antique Market, 253 Kings Road, Chelsea, SW3. Tel: (0171)352 5689. **Ulysses.** 40 Museum Street, WC1. Tel: (0171) 831 1600.

AUKTIONSHÄUSER

Sotheby's. 34 New Bond Street, W1. Tel: (0171) 493 8080. **Christie's.** 8 King Street, SW1. Tel: (0171) 839 9060. Erschwinglichere Auktionshäuser sind: **Bonham's.** Montpellier Street, SW7. Tel: (0171) 584 9161. **Christie's South Kensington.** 85 Old Brompton Road, SW. Tel: (0171) 581 7611. **Phillips.** 101 New Bond Street, W1. Tel: (0171) 629 6602. **Lots Road Galleries.** 71 Lots Bond Street, W1. Tel: (0171) 351 7771.

»Die kleinen Trödlerstände stecken voller Überraschungen, selbst die der Vororte und der armen Gegenden Londons.«

Paul Morand

Märkte

Portobello Road. Dieser Markt (Bild rechts) ist fast ebenso berühmt wie der Tower of London, und Antiquitätensammler sollten sich einen samstäglichen Besuch der Portobello Road auf keinen Fall entgehen lassen. Ob alte Reklametafeln, Sheffield-Messer oder ein antiker Zahnarztstuhl, Portobello bietet fast alles, was das Herz begehrt, wenn auch nicht immer billig.
Alfie's Antique Market. 13-25 Church Street, NW8. Tel. (071) 723 6066. In der mit über 300 Ständen größten Markthalle Englands findet man wirklich alle erdenklichen Kuriositäten. Feilschen erlaubt (geöffnet Dienstag bis Samstag 10 bis 18 Uhr).
Camden Passage Antiques Market. Camden Passage, Islington, N1. 350 Trödler bauen hier mittwochs und samstags (Silber, Schmuck, Möbel) sowie donnerstags (Bücher, Stiche und Zeichnungen) ihre Stände auf (Bild rechts).
Antiquarius. 135-141 King's Road, SW3. Tel. (0171) 351 5353. Neben Kleidungsstücken werden hier auch britisches Porzellan, ausgefallener Schmuck, Lederartikel und jede Menge Trödel angeboten.
Chenil Galleries. 181-183 King's Road, SW3. Hier findet man Trödel, alte Stiche, Schmuck und Hüte (geöffnet Montag bis Samstag 10 bis 18 Uhr).
Grays Antiques Market. 58 Davies Street und 1-7 Davies Mews, W1. Tel (0171) 629 7034. Auf diesen beiden Antiquitätenmärkten kann man hervorragend auf Schatzsuche gehen. Zögern Sie im Erfolgsfall nicht, sich ein Echtheitszertifikat ausstellen zu lassen, um zumindestens eine gewisse Garantie zu haben (geöffnet Montag bis Freitag 10 bis 18 Uhr).
Berdmonsey and New Caledonian Markets. Ecke Long Lane und Berdmonsey Street, SE1. Diese Antiquitätenmärkte (Bild rechts) am Südufer der Themse öffnen jeden Freitag bei Sonnenaufgang und schließen um 13 Uhr. Sie sollten mit einer Taschenlampe bewaffnet um spätestens 5 Uhr morgens an Ort und Stelle sein, um mit etwas Glück einen Stich, ein Schmuckfigürchen oder ein Silberstück zu entdecken, noch dazu zu einem günstigeren Preis als in der Portobello Road.

Trödelmärkte

Einmal im Monat bietet sich die Möglichkeit, Küchengeräte aus Holz, Lampenschirme oder alte Teekannen in den schönen Horticultural Halls am Vincent Square, SW1, zu entdecken. Ein weiterer Markt wird viermal jährlich in der Chelsea Town Hall (das elegante Rathaus von Chelsea) in der King's Road, SW3, abgehalten. Andere Märkte finden nur an Feiertagen (*Public Holidays*) statt. Meistens handelt es sich dabei um *Car Boot Sales*, bei denen die Händler ihre Autos auf den großen Parkplätzen wie am Wimbledon Stadium abstellen und aus dem Kofferraum heraus verkaufen. Um die genauen Termine zu erfahren, sollten Sie – wie jeder Londoner, der am Puls der Zeit lebt – das Stadtmagazin *Time Out* konsultieren.

»Wenig war geblieben von dem London, das Martin so geliebt hatte! [...] Von Zeit zu Zeit spazierte er auf der Suche nach Trödelläden durch Pimlico und kam über Kensington wieder zurück [...].«

Michel Mohrt, *Ein Abend in London*

Es gibt nicht viele Städte, die sich mit fünf weltberühmten Symphonieorchestern, ebensovielen Kammerorchestern, zwei Opernensembles und einer florierenden Schallplattenindustrie brüsten können. Die Geschichte der englischen Musik wird unter anderem von Persönlichkeiten wie Henry Purcell (1659-1695), Georg Friedrich Händel (1685-1759) oder Benjamin Britten (1913-1976) bestimmt. Händel brachte Mitte des 18. Jh. das in Italien aus der Sakral- und Vokalmusik entstandene Oratorium nach England, wo es schließlich eine unverwechselbare englische Note erhielt. In den letzten Jahren haben drei Richtungen die englische Musikwelt bestimmt: eine Vorliebe für die späte Romantik (Gustav Mahler, Richard Strauß, Dimitri Schostakowitsch); ein Interesse an zeitgenössischer Musik, das sich in den Produktionen der London Sinfonietta, des BBC Symphony Orchestra oder Lontano and Music Projects wiederspiegelt; und der Siegeszug barocker Musik, u. a. verkörpert durch die berühmte von Sir Neville Mariner gegründete Academy of St Martin-in-the-Fields oder die Academy of Ancient Music unter Christopher Hogwood.

SCHAUPLÄTZE LONDONER MUSIKVERANSTALTUNGEN

Royal Albert Hall. Kensington Gore, SW7. Tel. (0171) 589 3203; Vorbestellung täglich von 9 bis 21 Uhr. Gespielt wird das ganze Jahr, typisch britisch sind die ›Proms‹, die Promenadenkonzerte der BBC (Mitte Juli bis Mitte September).

Royal Opera House (Covent Garden). Bow Street, WC2. Tel. (0171) 240 1066 (Barzahlung), (0171) 240 1911 (Kreditkarten); Vorbestellung montags bis samstags 10 bis 20 Uhr (falls ausverkauft evt. Karten an der Abendkasse; Stehplatzkarten ab 17.30 Uhr, ca. £ 14). Dieses Schauspielhaus ist seit seiner Einweihung im Jahr 1858 bis zum heutigen Tag die Bühne für die Stars unter den Musikern. Man pflegt ein traditionelles Opern- und Ballett-Repertoire.

English National Opera (London Coliseum). St Martin's Lane, WC2. Tel. (0171) 836 3161; Vorbestellung montags bis samstags von 10 bis 20 Uhr. Hier werden ebenfalls Operninszenierungen von ausgesprochen guter Qualität aufgeführt.

Wigmore Hall. 36 Wigmore Street, W1. Tel. (0171) 935 2141; Vorbestellung montags bis samstags von 10 bis 19 Uhr. Im Jahr 1901 wurde Wigmore Hall unter dem Namen ihres Begründers – des berühmten Klavierbauers Carl Bechstein – eröffnet. Viele junge Künstler haben in diesem Theater, das wegen seiner Akustik geschätzt wird, debütiert.

Royal Albert Hall (im Bild unten) Die Fahnen zeigen, daß die Proms begonnen haben (▲ *236*).

Royal Opera House (im Bild oben rechts) Entspannung in den Sälen der Royal Opera (● *54, 55*).

»Um das Publikum nicht zu lange warten zu lassen, werden vor Beginn der Aufführung wunderschöne Symphonien gespielt.«

Cosimo III., Grossherzog der Toscana (Besuch in England, 1669)

Die Liederabende sind äußerst begehrt. Bemühen Sie sich mindestens vier bis sechs Wochen im voraus um Karten.

South Bank Art Centre. South Bank, SE1. Tel. (0171) 928 8800 (Kasse) und (0171) 928 3002 (Information); Vorbestellung täglich 10 bis 21 Uhr. Dieses 1951 errichtete Kulturzentrum besitzt drei Konzertsäle: die Royal Festival Hall (für große Symphonieorchester – hier ist das Royal Philharmonic Orchestra beheimatet; exquisite Orgel), die Queen Elizabeth Hall (ein etwas kleinerer Saal, der vor allem für Kammerkonzerte genutzt wird) und der Purcell Room (ideal für Liederabende). Die letzteren öffneten 1967.

Barbican Centre. Silk Street, EC2. Tel. (0171) 638 8891 (Kasse) und (0171) 628 2295 (Information); Vorbestellungen täglich von 9 bis 20 Uhr. Die Londoner behaupten, es sei leichter, aus Alcatraz zu entkommen als aus dem Beton-Labyrinth von Barbican herauszufinden – man sollte sich jedoch nicht von der wenig einladenden Architektur abschrecken lassen. Das Barbican Centre (1981) ist Spielstätte des hochklassigen London Symphony Orchestra und des English Chamber Orchestra.

Kenwood House. Hampstead Lane, NW3. Tel: (0181) 348 1286. Openair-Konzerte im Sommer.

Gesangstradition

Sollten Sie zufällig zur Mittagszeit in der Nähe der Westminster Abbey aus einer offenstehenden Tür einen himmlischen Chorgesang vernehmen, dann erleben Sie eine Besonderheit der englischen Gesangsmusik. Dominique Fernandez erinnert an die alte Tradition: »In England gab es keine Kastratenstimmen, doch spätestens seit dem 15. Jh. wurde eine bemerkenswerte Institution geschaffen, die auch heute noch existiert, und zwar die Gesangsschulen der *Colleges* und der Kathedralen, die nur aus männlichen Mitgliedern, der *all male cast,* bestehen. Die oberen Stimmen werden von Jungen zwischen acht und vierzehn Jahren gesungen, die Alt-, Tenor- und Baßstimmen von Jugendlichen.«

St John's. Smith Square, SW1. Tel. (0171) 222 1061. Vorbestellungen montags bis freitags von 10 bis 17 Uhr oder bis Konzertbeginn, am Wochenende eine Stunde vor Konzertbeginn. Jeden Tag zur Mittagszeit erklingen aus dieser Kirche aus dem 18. Jh. mitten in Westminster Chorgesang oder Kammermusik. In England gibt es keine Stadt, die nicht mindestens eine Gesangsschule hätte; die bekannteste Gesangsschule Londons ist die von Westminster Abbey. The Friends of Cathedral Music veröffentlichen die Namen und die Übungspläne der Kathedralen und Colleges, in denen sich Gesangsschulen befinden.

St Martin-in-the-Fields. Trafalgar Square, WC2. Tel. (0171) 930 0089. Die Kirche ist Namenspatron der Academy of St Martin-in-the-Fields, die die englische Barock-Musik pflegt. Hervorragende Konzerte finden montags, dienstags, donnerstags und freitags 13.05 Uhr und abends statt.

Die himmlischen Stimmen

»Am Nachmittag des Karfreitag kam ich in den Genuß eines herrlichen Konzertes: die Matthäus-Passion, begleitet von einem großartigen Orchester und einem zusätzlichen Chor.«

Jack Kerouac, *Lonesome Traveller*

St John's Church, Smith Square
Die barockeste aller Londoner Kirchen wurden gegen 1720 von Thomas Archer konstruiert.

»Blackmail«
Erpressung wurde zuerst als Stummfilm gedreht, doch die British Film Industry forderte, die letzte Filmrolle zu vertonen. Hitchcock überarbeitete allerdings mehr Szenen als der Produzent erwartet hatte, so daß letztendlich zwei Versionen existierten, ein Tonfilm und ein Stummfilm für die Kinos, die noch nicht mit den entsprechenden technischen Geräten ausgestattet waren.

»Stagefright«
Im Bild unten eine Aufnahme aus den Dreharbeiten zu dem Hitchcock-Film *Das große Alibi* von 1950. Eine der schönsten Szenen spielt in einem Londoner Taxi.

Robert William Paul drehte im Jahr 1900 die erste Kamerafahrt der Filmgeschichte am Piccadilly Circus. In den folgenden Jahren waren die im Nebel auftauchende Tower Bridge und Big Ben, der die Stunde des Verbrechens schlägt, die Kulisse für zahlreiche Spielfilme. In den letzten Jahren war die Londoner Atmosphäre bei Filmemachern weniger gefragt.

London und der Thriller

Die Royal Albert Hall und »Der Mann, der zuviel wußte«, von Alfred Hitchcock (1956). Nach mehreren komplizierten Verwicklungen kommt die amerikanische Sängerin Jo Conway (Doris Day) in die Albert Hall, um einen Anschlag auf einen ausländischen Politiker zu verhindern. Der Schuß sollte während des Konzertes zeitgleich mit dem Einsatz des Beckens fallen, so daß das Attentat nicht gleich bemerkt wird und der Schütze fliehen kann. Doch kurz vor dem schicksalhaften Moment stößt Jo einen Schrei aus, der Attentäter verfehlt sein Ziel und stürzt vom Balkon.

Das British Museum und »Erpressung«, von Alfred Hitchcock (1929). Ein Erpresser wird von Scotland Yard durch das British Museum und die Bibliothek verfolgt, erklimmt das kuppelförmige Dach und stürzt ab – der erste Tonfilm Hitchcocks und des britischen Kinos überhaupt.

Soho und »Die Ratte von Soho«, von Jules Dassin (1950). Der Gauner Fabian (Richard Widmark) ist in den Gäßchen und Hinterhöfen Sohos aktiv. Er gewinnt das Vertrauen eines alten griechischen Ringers, um den Kampf des Jahrhunderts zwischen dessen Schützling und einer Bestie namens »Würger« auszurichten. Das Ganze endet tragisch für Fabian.

Hampstead und »Blow up«, von Michelangelo Antonioni (1967). Im ›Swinging London‹ der sechziger Jahre bereitet ein Modefotograf (David

Hemmings) eine Reportage über London vor. Die Vergrößerung (*blow up*) einer Fotografie aus dem Park in Hampstead Heath läßt eine Hand mit einem Revolver und einen Körper erkennen. Im Park findet der Fotograf auch die Leiche. Während er fort ist, wird sein Studio durchsucht.

»Frenzy«, von Alfred Hitchcock (1972). Ein Mann wird fälschlicherweise für den berüchtigten Krawattenmörder von London gehalten und verliert seine Identität. In der großartigen Eingangssequenz des Films auf der Grundlage von Arthur La Berns Roman *Goodbye Piccadilly, Farewell Leicester Square* wird ein fließender Übergang von einer Luftaufnahme Londons zur Durchfahrt durch die Tower-Bridge geschaffen.

London und die sentimentale Komödie

Covent Garden und »My Fair Lady«, von George Cukor (1963). Auf den Stufen des Royal Opera House treffen Professor Higgins (Rex Harrison) und die Blumenverkäuferin Eliza (Audrey Hepburn) zusammen. Aufgrund einer Wette versucht der Professor aus dem einfachen Mädchen eine Dame der höheren Gesellschaft zu machen.

Belgravia und »Indiskret«, von Stanley Donen (1958). Ein amerikanischer Diplomat in London (Cary Grant) verliebt sich in eine Schauspielerin (Ingrid Bergman). Die gefühlvolle Komödie des Regisseurs von *I am singing in the rain* spielt im Londoner Botschafterviertel.

Komödien mit typisch britischem Humor

Pimlico und »Blockade in London«, von Henry Cornelius (1949). Diese klassische Komödie wurde in Pimlico gedreht, einem ehemaligen Armenviertel. Es wird erzählt, wie die Bewohner nach einer Explosion einen Erlaß aus dem 15. Jh. finden, der ihre Zugehörigkeit zum Herzogtum Burgund beweist. Daraufhin erklären sie sich der Krone gegenüber für unabhängig, um nicht mehr den knappen Öffnungszeiten der Pubs und den Lebensmittelrationierungen der Nachkriegszeit unterworfen zu sein.

Die Docklands und »Ein Fisch namens Wanda«, von John Cleese (1989). Die Londoner Dockanlagen, die gerade in eine Wohngegend gehobenen Standards umgebaut worden waren, dienen einer Szene aus dieser Komödie als Rahmen: Ein schüchterner Rechtsanwalt findet sich inmitten einer Bande von Gangstern wieder.

Stadtgeschichten

Chelsea und »Der Diener«, von Joseph Losey (1963). Im eleganten Chelsea nimmt ein gelangweilter Gentleman (James Fox) einen Kammerdiener (Dirk Bogarde) in seine Dienste, der schon bald beginnt, seinen Vorgesetzten in einer Atmosphäre latenter Homosexualität und des Klassenkampfes zu manipulieren und zu demütigen.

Der südliche Stadtrand und »Mein Wunderbarer Waschsalon«, von Stephen Frears (1985). Ein junger homosexueller Pakistani versucht mit allen Mitteln, der Armut zu entfliehen. Er verwandelt einen armseligen Waschsalon in ein gewinnbringendes Geschäft. In dem Film werden die Probleme von Minderheiten auf humorvolle Art und Weise angegangen.

»Indiskret«
Ingrid Bergman und Cary Grant in einer Szene des Films von Stanley Donen. Die Sittenkomödie spielt in der Gesellschaft des eleganten West End.

Der Ort des Verbrechens

“Der Ruf Londons, die Haupstadt des Verbrechens zu sein, ist in der ganzen Welt verbreitet, obwohl die Kriminalität hier geringer ist als in Paris, New York oder Chicago. Doch Londons schandvolle und grauenhafte Vergangenheit prägt auch heute noch eine Atmosphäre, die einen erschaudern läßt. Liegt es vielleicht an dieser plötzlichen und undurchsichtigen Dunkelheit des Nebels, die einen straffreien Meuchelmord verspricht, oder an den legendären Verbrechern, die durch die englischen Kriminalromane und sensationslüsterne Journalisten weltbekannt sind? Ein nebeliger Hinterhof läßt den friedlichsten Anwohner Londons einem Mr. Hyde oder dem Hund von Baskerville ähnlich sehen und versetzt das Dekor von John Gay's Bettleroper aus dem 18 Jh. ins 20. Jh.”

Paul Morand, *Londres*

221 BAKER STREET, LONDON.

Der Schatten von Jack the Ripper
❝Auch wenn die Tatsache, daß der Mörder sein Messer benutzt hatte, den Portier beunruhigte, ließ er sich doch nichts anmerken. […] Er

erklärte, daß er 27 Jahre alt sei und in Pimlico lebe und bestätigte, daß er seit nicht ganz zwei Jahren im Krankenhaus angestellt sei […].❞
P. D. James

Sherlock Holmes verfolgte die Spuren der Londoner Verbrecher zur Zeit der industriellen Revolution. Wir haben versucht, der Spur des berühmtesten aller Meisterdetektive zu folgen: »Das ist ein Kinderspiel, mein lieber Watson!«

Baker Street W1, Wohnsitz von Sherlock Holmes. »Draußen fegte der Wind heulend durch die Baker Street, und der Regen klopfte unter wildem Hämmern an unsere Fenster. Es war seltsam, daß mitten in der Stadt, umgeben von 15 Kilometern menschlicher Behausungen, die eiserne Hand der Natur sich anfühlte, als wenn London nur ein Maulwurfshaufen inmitten eines Feldes wäre.« (Arthur Conan Doyle, *The Adventure of the Abbey Grange*) »In der dritten Novemberwoche ließ sich dichter gelber Nebel über London nieder. [...] ›Schauen Sie aus dem Fenster, Watson! Sehen Sie, wie die Silhouetten aus dem Nebel tauchen! Ein Dieb oder ein Mörder könnte an solch einem Tag in London wüten wie ein Tiger im Dschungel und sein Opfer auswählen und überfallen, ohne gesehen zu werden.‹« (Arthur Conan Doyle, *The Adventure of the Bruce-Partington Plans*)

Westminster. »Ein abscheuliches Verbrechen wurde letzte Nacht in der Godolphin Street Nr. 16 begangen. Dies ist eine der ältesten und abgelegensten Straßen der Stadt, die mit ihren Häusern aus dem 18. Jh. zwischen Themse und Abtei im Schatten des großen Turms des Parlamentsgebäudes liegt.« (Arthur Conan Doyle, *The Adventure of the Second Stain*)

Die City. »Es war eine der Hauptverkehrsadern, durch die der Verkehr der City in nördlicher und westlicher Richtung

floß. Die Straße war in beide Richtungen – in die City hinein und aus der City heraus – überfüllt. Es fiel uns schwer, zu glauben, daß so schöne Geschäfte und imposante Büros in direkter Nachbarschaft zu diesem armseligen und schmutzigen Square standen, den wir eben verlassen hatten.« (Arthur Conan Doyle, *The Red-headed League*)

Upper Swandan Lane. »Die erste Etappe verlief ohne große Schwierigkeiten. Upper Swandan Lane ist eine schäbige Gasse, versteckt hinter den Landungsbrücken, die das Nordufer der Themse östlich der London Bridge säumen. Zwischen einem Laden, in dem alte Kleider verkauft wurden, und einer Getränkehandlung fand ich die Spelunke, die ich gesucht hatte [...].« (Arthur Conan Doyle, *The Man with the Twisted Lip*)

Das East End, von Whitechapel bis zu den Docks. Die großen Umbauten haben das Aussehen dieses Viertels, das einst zu den armseligsten Gegenden Londons zählte, völlig verändert: »Wir durchquerten nach und nach das London der Modeschöpfer, der Hotels, der Theater, der Literatur, der Geschäfte und schließlich die Hafenstadt London und gelangten zu einer Stadt am Wasser, in der etwa 100 000 Menschen lebten, und wo in Arbeiterwohnungen sämtliche Auswanderer Europas schwitzten und stanken.« (Arthur Conan Doyle, *The Adventure of the six Napoleons*)

Ein Labyrinth der Angst
❝Holmes kannte London wie seine eigene Westentasche; es gab kein Gäßchen, das ihm nicht vertraut war. An diesem Abend führte er mich mit ebenso großer Schnelligkeit wie Sicherheit in ein Labyrinth von Wegen, deren Existenz ich nie vermutet hätte.❞
Arthur Conan Doyle

Von den acht Millionen Einwohnern Londons stammen mehr als eine Million z. B. aus Bangladesch und Pakistan oder von den karibischen Inseln. Die ersten Einwanderer aus Übersee kamen vor etwa 100 Jahren aus Hongkong und arbeiteten im Hafen, bevor sie sich erfolgreich der Gastronomie widmeten.

EINE REISE NACH CHINATOWN

Im Süden Sohos, in der Fußgängerzone Gerrard Street, liegt das Zentrum von Chinatown, zu erkennen an den pagodenähnlichen Bauten und chinesisch inspirierten Telefonzellen.
Dragon Inn. 12 Gerrard Street, W1. Tel. (0171) 495 0870. Kantonesische Spezialitäten und ausgezeichnete *Dim Sum* in einem modernen und eleganten Ambiente (So geschlossen).
Loon Fung. 31 Gerrard Street. In diesem Geschäft findet man alle nur erdenklichen chinesischen Produkte.

INDIEN FÜR INSIDER

London ist der ideale Ort, um *Lamm in Masala*, *Bhuna Ghost* oder *Tandoori Chicken* zu kosten – indischer schmeckt es noch nicht einmal in Indien.
Bombay Brasserie. Courtfield Close, Courtfield Road, SW7. Tel (0171) 370 4040. Einrichtung und köstliches Mittagsbuffets empfehlenswert.
Rajdoot. 49, Paddington Street, W1, Tel. (0171) 486 2055. Hervorragendes Essen in exotischem Ambiente.
Star of India. 154 Old Brompton Road, SW5. Tel. (0171) 373 2901. Ausstattung und Personal machen den Besuch dieses Restaurants zu einem überaus angenehmen Erlebnis.
Khan's. 13-15 Westbourne Grove, W2. Tel. (0171) 727 5420. Pittoresk, chaotisch, billig. Wechselnde Qualität des Essens.
Whittards. 81 Fulham Road, SW7. Tel. (0171) 589 4261, im *Conran Shop, Michelin House* (Mo - Sa 9.30 - 18 Uhr). Hier mischen sich Düfte von mehr als 60 Teesorten aus Sri Lanka, China und anderen Ländern. Außerdem Kräutertees und etwa zwanzig verschiedene Kaffeesorten.
Frontiers. 39 Pembridge Road, W11. Tel: (0171) 727 6132. Traditioneller Schmuck aus Asien und Keramik aus Asien und Nordafrika.

INSELFIEBER

Notting Hill. Notting Hill Gate, W11. Notting Hill (im Bild oben links) ist eines der zur Zeit beliebtesten Viertel Londons. Avantgardistische Kunstgalerien, Trödler, Bistros und Schallplattenhändler mit ausgefallenem Sortiment tummeln sich im Umfeld der Portobello Road, die für ihre besondere Atmosphäre bekannt ist.
Der Markt von Shepperd's Bush. Westlich der Holland Park Avenue bieten die Märkte und Lebensmittelläden ein hervorragendes Sortiment an frischem Obst und Gemüse, Gewürzen, Süßigkeiten und Konserven aus Jamaika und Trinidad an.

"Dieser Mann und sein Umfeld umgaben mich seit meiner Rückkehr aus dem Fernen Osten vor etwa vier Jahren. Sie hatten sich in einem möblierten Zimmer an einem Square in Pimlico niedergelassen und lebten dort mit einer ergreifenden Intensität, die ganz im Gegensatz zu der Beziehung stand, die wir vorher zueinander hatten [...]. Ohne Wissen meiner Vermieterin pflegte ich nach dem Frühstück lebendige Empfänge für Malaien, Araber und Mulatten zu geben."
Joseph Conrad, *A Personal Record*

Die Stadt, die füher über ein Viertel der Weltbevölkerung herrschte, hat sich in einen kulturellen Schmelztiegel verwandelt. Gerüche aus indischer und chinesischer Küche verbreiten sich, während im Hintergrund jamaikanischer Reggae und Zithernmusik erklingen.

Das überaus rege Londoner Nachtleben spielt sich vorwiegend in Soho und Covent Garden in den zahlreichen Kinos, Theatern, Kabaretts und Jazzclubs ab,aber auch weit entfernt vom Zentrum in Nachtclubs, in denen bekannte Discjockeys die Abende mit *Acid Jazz* oder *Raggamuffin* (jamaikanischer Rap) füllen. Veranstaltungshinweise finden Sie in den wöchentlich erscheinenden Publikationen *Time Out* und *What's On*.

EIN ZUG DURCH DIE NACHT

Ronnie Scott's. 47 Frith Street, W1. Tel. (0171) 439 0747. Seit 30 Jahren ist dies das Londoner Mekka des Jazz, wo auch schon die größten Musiker der USA ihr Bestes gegeben haben.

Jazz Cafe. 5 Parkway, NW1. Tel. (0171) 916 6000. Kleiner Klub, häufig Liveauftritte namhafter Jazzmusiker.

Harry's. 19 Kinggly Street, W1. Tel. (0171) 434 0309. Geöffnet bis 6 Uhr morgens. Eine gute Adresse, um die Nacht mit einem englischen Frühstück zu beschließen.

Limelight. 136 Shaftesbury Avenue, WC2. Tel. (0171) 434 0572. Jeden Mittwoch Rockmusik und Techno in edlem Rahmen.

Heaven. Under The Arches, Villiers Street, WC2. Tel. (0171) 839 3852. Geöffnet bis 3.30 Uhr. Dieser Club mit Snack Bar, drei Tanzflächen, und mehreren Bars ist richtungsweisend; Discjockeys und Livemusik wechseln sich ab.

Ministry of Sound. 103 Gaunt Street, SF1. Tel. (0171) 378 6528. Die beste Musikanlage Londons zieht die berühmtesten Discjockeys an sowie ein Publikum, das die neusten Trends der *House Music* hören will.

Marquee. 105 Charing Cross Road, WC2. Tel. (0171) 437 6601. Livemusik, mehrere Tanzflächen und Techno.

The Fridge. Town Hall Parade, Brixton Hill, SW2. Tel. (0171) 326 5100. Geöffnet bis 2 Uhr. Donnerstag, Freitag, und Samstag abend stehen unter einem besonderen Motto (näheres telefonisch). Dieser große Club kann 1100 Besucher fassen. Zur Anlage gehört auch ein Restaurant.

The Grand. Clapham Junction, SW11. Tel. (0171) 738 9000 oder (0171) 344 0044 (Kreditkarten). Livemusik unterschiedlicher Stilrichtungen ab 23 Uhr.

Brixton Academy. 211 Stockwell Road SW9. Tel. (0171) 924 9999. Brixton, ein südlich der Themse gelegenes Stadtviertel, ist zur Zeit sehr in Mode, denn hier gibt es eine schier unbegrenzte Anzahl an Discotheken, Konzertsälen und Bars; die Konzerte der Academy sind ein Erlebnis, das die Menge zum Toben bringt.

Turnmills. 63 Clerkenwell Road, EC1. Tel. (0171) 250 3409. *House Music* und Techno zu vorgerückter Stunde, manchmal bis weit in den nächsten Tag hinein.

The Camden Palace. 1 a Camden High Street, NW1. Tel. (0171) 387 0428. Sehr beliebt beim ganz jungen Publikum.

Romantische Träumereien
„Einige Gefühle sind, ohne jetzt tiefgründiger oder leidenschaftlicher zu sein, doch ergreifender als andere; und oft, wenn ich beim Schein der Straßenlaternen durch die Oxford Street gehe, was Träumereien natürlich fördert, höre ich eine Drehorgel die Melodien spielen, die uns, meine Lebensgefährtin und mich, vor Jahren trösteten [...]."
Thomas De Quincey, *Bekenntnisse eines englischen Opiumessers*

Die Clubs
„Die Nachtclubs Londons stammen aus der Zeit um 1912 und 1913. Damals gingen wir ins Murray's, (wo ich im Untergeschoß zum ersten Mal Jazz zu hören bekam), dessen Besucher während des Krieges zu Geld gekommen waren [...]."
Paul Morand, *Londres*

Die insgesamt 7000 Londoner Pubs besitzen einen unvergleichlichen Charme: Die Schatten von Shakespeare, Dickens, Samuel Pepys und Wellington scheinen auch heute noch am Ende der Bar ihr *Pint* zu sich zu nehmen. Die meisten Pubs sind von 11 bis 22.30 Uhr geöffnet, sonntags von 12 bis 15 Uhr und von 19 bis 22.30 Uhr; genügend Zeit, um die Vorzüge des *Pale Ale*, des *Bitter* und des *Stout* miteinander zu vergleichen, bevor unerbittlich die letzte Runde eingeläutet wird. Während sich in den Pubs schon immer Vertreter sämtlicher Gesellschaftsschichten getummelt haben, waren die *Wine Bars* im Stadtzentrum anfangs Treffpunkt der Yuppies. Heute ziehen sie vor allem Bankleute, Juristen und Geschäftsmänner an. Viele Pubs und *Wine Bars* in der City sind am Wochenende geschlossen.

AUSGEWÄHLTE PUBS

Angel. 101 Berdmondsey Wall East, SE16. Tel. (0171) 237 6380. Die ehemalige Seemannskneipe aus dem 15. Jh. wurde unter anderem von Captain Cook und dem allgegenwärtigen Samuel Pepys besucht. Zahlreiche Künstler haben schon vom Balkon aus den Londoner Hafen gemalt. Besonders zu Essenzeiten ist dieses Pub sehr belebt.
George Inn. 77 Borough High Street, SE1. Tel. (0171) 407 2056. Charles Dickens hat das Pub mit der außergewöhnlichen Einrichtung – eine ehemaligen Poststation – in seinem Roman *Little Dorrit* beschrieben.

Guinea. 30 Bruton Place, W1. Tel. (0171) 499 1210. Das ausgezeichnete Pub mitten in Mayfair ist fast immer überfüllt. Hier gibt es das beste *Bitter* Londons, Salate und Sandwiches mit gegrilltem Fleisch.
Ye Olde Cheshire Cheese. 145 Fleet Street, ECA. Tel. (0171) 353 91290. Samuel Johnson, William Thackeray und Charles Dickens tranken hier ihr Bier. Später, als in der Fleet Street noch Zeitungen gedruckt wurden, folgten die Journalisten des *Daily Telegraph* und des *Daily Express*.

WINE BARS IN DER CITY

El Vino. 47 Fleet Street, EC4. Tel. (0171) 353 6786. In der Bar (1879) wird nur bester Wein ausgeschenkt: Bankiers, Anwälte und Geschäftsleute trinken hier Bordeaux, Sherry, Moselweine und alten Portwein zum Lachssandwich. Krawattenzwang.
Olde Wine Shades. 6 Marin Lane, EC4. Tel. (0171) 626 6876. Das Weinlokal in der City gehört zur El Vino-Kette. Im Kellergewölbe aus dem Jahr 1663 befindet sich ein Lunch-Restaurant, darüber eine weniger formelle *Wine Bar*.

Die Stadt, Labyrinth der Erinnerung
“Er überquerte die Themse nur, um ins Theater zu gehen und im Old Vic ein Stück von Shakespeare zu sehen [...]. Er hat miterlebt, wie das Scott's am Piccadilly Circus schloß; nach und nach schlossen sämtliche Hutmacher der Bond Street ihre Geschäfte: es gab nur noch das Lock [...]. Ab und an verlor er sich in der Nähe von Blackfriars und trank ein Glas dunkles Bier an einem der schäbigen Holztische einer der Kneipen, die noch aus der Zeit von Pepys stammten [...]”
Michel Mohrt,

Wärme und Gastfreundschaft
“Als ich in der Charing Cross Road ein Pub passierte, beschloß ich, einzutreten und eine Kleinigkeit zu mir zu nehmen, um meiner mürrischen Laune ein Ende zu bereiten. Nach der kleinen Mahlzeit reizte mich das Bier nicht mehr so sehr, und ich bestellte einen Whisky. Da ich nicht an Alkohol gewöhnt war, war ich bald in einem angenehmen Zustand. Ein junger bärtiger Mann betrat in Begleitung eines Mädchens, das rote Seidenstrümpfe und einen Dufflecoat trug und wahrscheinlich Künstlerin war, den Pub.”
Colin Wilson,
Soho auf Abwegen

Princess Louise
Fries, Ausschnitt.

»DIE PUBS MIT IHREN GLANZLOSEN FENSTERSCHEIBEN UND IHREN SELTSAMEN ÖFFNUNGSZEITEN SCHRECKTEN MICH AB WIE FREUDENHÄUSER: NICHT EIN EINZIGES MAL WAGTE ICH MICH HINEIN.« JULIEN GRACQ

Wichtige Adressen nach Stadtteilen

Panorama
Stadtmitte
Ausserhalb
Luxus-Restaurant
Mittelklasse-Restaurant
Preiswertes Restaurant
Luxus-Hotel
Mittelklasse-Hotel
Preiswertes Hotel
Parkplatz
Bewachte Garage
TV auf dem Zimmer
Ruhige Lage
Schwimmbad
Kreditkarten
Kinderermässigung
Tiere verboten
Musik
Live-Musik

♦ Restaurants im Überblick

♦ unter £12
♦♦ £12 bis £20
♦♦♦ über £20

	Seite	Garten, Terrasse	Konferenzräume	Publikum	Spezialitäten	Kinderermässigung	Kreditkarten	Preise
Westminster und Victoria								
The Albert	404					●	●	♦♦
Auberge de Provence	404			ETV	FR		●	♦♦♦
Simply Nico	405				F		●	♦♦♦
Rund um Law Courts								
Eagle Pub	405		●	J	I			♦
Quality Chop House	406			E	N	●		♦♦
City und St Paul's								
George and Vulture	407		●	E	N		●	♦♦
Lobster Trading Company	407		●	E	F		●	♦♦
The Place Below	407				V			♦♦
Vic Naylor's	407		●	T	N		●	♦♦
Rund um den Tower								
Le Pont de la Tour	408	●	●	E			●	♦♦♦
Kensington								
L'Accento	408	●		E	IT		●	♦♦
The Ark	408	●	●	V			●	♦♦
The Belvedere	408	●	●	V		●	●	♦♦
Bibendum	408			E		●	●	♦♦♦
Boyd's	409			E			●	♦♦
Bullbar and Grill	409		●			●	●	♦♦
Clarke's	409				N		●	♦♦♦
English House	409				N		●	♦♦♦
Geales Fish Restaurant	409	●	●		F		●	♦
Ken Lo's Memories	409				C	●	●	♦♦♦
Kensington Place	409			V			●	♦♦♦
Launceston Place	409		●	E		●	●	♦♦♦
Leith's	409		●	V	N		●	♦♦♦
Restaurant 192	409		●	E			●	♦♦
St Quentin	409		●	E	FR		●	♦♦♦
Walton's	409						●	♦♦♦
Chelsea								
Chutney Mary	411				IN		●	♦♦♦
La Famiglia	411	●	●		IT	●	●	♦♦♦
La Tante Claire	411			TE	FR		●	♦♦♦
Millbank und Tate Gallery								
Tate Gallery Restaurant	411				N	●	●	♦♦
Hyde Park								
Bombay Palace	412		●		IN		●	♦♦
Nico at Ninety	412		●		FR		●	♦♦♦
Regent's Park								
Sea Shell Fish Restaurant	412			T	F	●	●	♦
Stephen Bull	412						●	♦♦♦
Villandry Dining Room	412		●		FR	●	●	♦♦
Hampstead								
Diwana	413		●	T	IN		●	♦
Jazz Café	413						●	♦♦

Spezialitäten
L : lokal
N : national
I : international
OE: osteuropäisch
F : Fisch
IN : indisch
FR: französisch
J : japanisch
IT : italienisch
C : chinesisch
G : griechisch
M : mexikanisch
V : vegetarisch
US: nordamerikanisch

Publikum
I : international
J : junge Leute
E : Einheimische
T : touristisch
V : VIP's

	Seite	Garten, Terrasse	Konferenzräume	Publikum	Spezialitäten	Kinderermässigung	Kreditkarten	Preis
Nontas	413	●			G		●	♦
Zen	413		●	EV	C		●	♦♦
COVENT GARDEN								
Ajimura	414				J		●	♦♦
Brown's	414	●		ET	L			♦
Food for Thought	414			ET				♦
Joe Allen	415			V	US			♦♦
Mon Plaisir	415				FR		●	♦♦
Orso	415				IT	●		♦♦♦
Simpson's-in-the-Strand	415		●	E	N	●	●	♦♦♦
ST JAMES'S UND MAYFAIR								
Le Caprice	416			V	I	●	●	♦♦♦
The Connaught			●	V	I		●	♦♦♦
Le Gavroche	416		●	VTI	FR		●	♦♦♦
The Greenhouse	416			E	N	●	●	♦♦♦
Quaglino	416							♦♦♦
SOHO								
Alastair Little	417			E	N	●	●	♦♦♦
Chuen Cheng Ku	417		●	I	C		●	♦♦
Gay Hussar	417		●	V	OE	●		♦♦♦
Gopal's of Soho	417			I	IN	●	●	♦♦♦
The Ivy	417			EV	N		●	♦♦♦
Melati	417			ETV			●	♦♦
Soho Soho	417				FR		●	♦♦♦
BLOOMSBURY								
Chambali	418		●		IN		●	♦
Museum Street Cafe	418						●	♦♦
Museum Tavern	418				L		●	♦
Pied-à-Terre			●		FR		●	♦♦
Poons of Russell Square	418				C		●	♦♦
Wagamama	418			E	J			♦
EAST END								
Bloom's	419					●	●	♦
City Buttery	420			E	I			♦
Lahore Kebab House	420				IN		●	♦
SÜDLICH DER THEMSE								
Cookes's Eel and Pie Shop	420			E	L			♦
RSJ Restaurant on the South Bank	420		●	ETV	FR		●	♦♦♦
GREENWICH								
Green Village Restaurant	421	●	●	T	L	●	●	♦
Plume of Feathers	421	●		E	L	●		♦
Royal Teas	421				N			♦
Spread Eagle	421		●	ETV	I	●	●	♦♦
WESTLICH DER THEMSE								
Blue Print Cafe	420				C		●	♦♦♦
Osteria Antica Bologna	422			E	IT	●	●	♦♦
River Café	422	●		E	IT	●	●	♦♦♦

◆ Hotels im Überblick

◆ unter £40
◆◆ £40 bis £80
◆◆◆ über £80

	Seite	Garten, Terrasse	TV im Zimmer	Schöner Ausblick	Ruhige Lage	Restaurant	24-Std-Service	Parkplatz	Zimmer	Preis
Westminster und Victoria										
Elizabeth Hotel	405	●	●		●				40	◆◆
Goring Hotel	405	●	●		●		●	●	80	◆◆◆
Hanover Hotel	405		●						35	◆◆
Kerwin Hotel	405		●						20	◆
Scandic Crown Hotel	405		●	●		●	●	●	210	◆◆◆
Stakis St Ermin's London Hotel	405	●	●			●	●	●	290	◆◆◆
Windermere Hotel	405		●		●		●		23	◆◆
Rund um Law Courts										
Howard Hotel	406	●	●	●	●		●	●	135	◆◆◆
City und St Paul's										
City of London Youth Hotel	407	●			●		●		46	◆
New Barbican Hotel	407	●	●		●	●	●		470	◆◆◆
Rund um den Tower										
Tower Thistle Hotel	408	●	●	●	●	●	●	●	826	◆◆◆
Kensington										
Alison House Hotel	409		●						11	◆◆
Beaver Hotel	409		●						38	◆◆
The Berkeley	410	●	●	●	●	●	●	●	160	◆◆◆
Clearlake Hotel	410	●	●		●				17	◆
Coronation Hotel	410	●	●		●				23	◆◆
Ebury Court Hotel	410		●				●	●	45	◆◆◆
Fenja Hotel	410	●	●		●			●	13	◆◆◆
Gore Hotel	410	●	●		●		●	●	54	◆◆◆
Holland House YHA	410	●		●	●		●		15	◆
Hyatt Carlton Tower	410	●	●	●	●	●	●	●	224	◆◆◆
Kensington Palace Hotel	410		●	●		●	●	●	299	◆◆◆
Philbeach Inn Hotel	410	●	●		●				16	◆
Chelsea										
Blairhouse Hotel	411		●						17	◆◆
Millbank und Tate Gallery										
Corona Hotel	411		●						40	◆◆
Romano's Hotel	411		●						14	◆
Sidney Hotel	411		●						38	◆◆
Hyde Park										
Delmere Hotel	412		●				●		40	◆◆
Four Seasons Hotel	412	●	●	●	●	●	●	●	227	◆◆◆
Grosvenor House	412		●	●		●	●	●	454	◆◆◆
Inter Continental Hotel	412		●	●		●	●	●	467	◆◆◆
Nayland Hotel	412	●	●	●	●		●	●	41	◆◆
Rhodes House Hotel	412	●	●		●				15	◆
White's Hotel	412		●	●		●	●	●	54	◆◆◆
Regent's Park										
Bentinck House Hotel	412	●	●		●		●		20	◆◆
Berners Hotel	413		●			●	●	●	229	◆◆◆
Churchill Hotel	414		●	●		●	●	●	448	◆◆◆
Edward Lear Hotel	414		●						31	◆◆

	Seite	Garten, Terrasse	TV im Zimmer	Schöner Ausblick	Ruhige Lage	Restaurant	24-Std-Service	Parkplatz	Zimmer	Preis
Hotel La Place	413	●	●		●		●	●	21	◆◆
International Students House	413					●	●		200	◆
Merryfield House	413	●	●		●				7	◆◆
HAMPSTEAD										
Buckland Hotel	413	●	●		●				16	◆◆
Charlotte Guest House	413	●	●		●		●		40	◆
Five Kings Guest House	413	●			●				16	◆
Forte Posthouse Hampstead	413		●				●		140	◆◆
Hampstead Heath Youth Hotel (YHA)	414	●		●	●		●		15	◆
Nontas	414		●				●		12	◆◆
Regent's Park Marriott Hotel	414	●	●	●	●	●	●	●	303	◆◆◆
Sandringham Hotel	414	●	●	●	●				19	◆◆
Swiss Cottage Hotel	414	●	●		●	●	●	●	81	◆◆
COVENT GARDEN										
Fielding Hotel	415		●						26	◆◆
Royal Adelphi Hotel	415		●						50	◆◆
Savoy	415		●	●		●	●	●	202	◆◆◆
Hotel Strand Continental	415						●	●	22	◆
ST JAMES'S UND MAYFAIR										
Claridge's	416	●	●		●	●	●	●	196	◆◆◆
The Ritz	416		●	●		●	●	●	129	◆◆◆
BLOOMSBURY										
Academy Hotel	418		●				●	●	35	◆◆◆
Arran House Hotel	418	●	●		●		●		28	◆◆
Central Club	418		●			●	●		178	◆◆
Crescent Hostel	418	●	●	●	●		●		28	◆◆
Gower House Hotel	419		●						16	◆◆
Harlingford Hotel	419	●	●	●	●				44	◆◆
John Adam's Hall	419	●			●	●	●		168	◆
Kingsley Hotel	419	●	●		●		●	●	144	◆◆◆
Langley Hotel	419		●						16	◆
The Lonsdale Hotel	419	●	●		●				34	◆◆
Marlborough Hotel	419		●			●	●	●	169	◆◆◆
Ruskin Hotel	419								33	◆◆
Salters Hotel	419	●	●		●				60	◆
Thanet Hotel	419	●	●		●				12	◆◆
EAST END										
Great Eastern Hotel	420		●			●	●		161	◆◆◆
SÜDLICH DER THEMSE										
Driscoll House Hotel	420								200	◆
London Park Hotel	421		●			●			377	◆◆
GREENWICH										
Bardon Lodge Hotel	421		●				●		67	◆◆

ALLGEMEINES

DIPLOMATISCHE VERTRETUNGEN

...DER BUNDESREPUBLIK DEUTSCHLAND
23 Belgrave Square, SW1, U Hyde Park Corner oder Knightsbridge, Tel. (0171) 235 5033.
... ÖSTERREICHS
18 Belgrave Mews West, SW1, U Knightsbridge, Tel. (0171) 253 3731.
... DER SCHWEIZ 16 - 18 Montagu Pl., W1, U Marylebone oder Baker Street, Tel. (0171) 723 0701.

FREMDEN-VERKEHRSÄMTER

BRITISCHE ZENTRALE FÜR FREMDENVERKEHR
Taunusstr. 52 - 60, 60329 Frankfurt/M, Tel. (069) 23 80 70.
BRITISCHE FREMDEN-VERKEHRSWERBUNG
Wiedner Hauptstr. 5 - 8, A - Wien, Tel. (02) 22 65 03 76.
Limmatquai 78, CH - 8001 Zürich, Tel. (01) 47 42 77, 47 42 97.

EINREISE MIT TIEREN

ist praktisch unmöglich, da die Tiere sechs Monate in Quarantäne müssen, um zu verhindern, daß die Tollwut nach Großbritannien eingeschleppt wird.

PRAKTISCHE INFORMATIONEN

AUSKUNFT
LONDON TOURIST BOARD, Victoria Station Vorplatz, SW1
Geöffnet Mo - Sa 8 - 19 (im Winter bis 18), So 9 - 16 Uhr.
WAS LÄUFT WO DIESE WOCHE?
Tel. (0891) 505 440;
WAS LÄUFT WO DIE NÄCHSTEN DREI MONATE?
Tel. (0891) 505 490
CITY OF LONDON INFORMATION CENTRE, St Paul's Churchyard, EC4
Tel. (0171) 332 1456
TOURIST-INFORMATIONS-STELLEN: Flughafen Heathrow, Harrods, Selfridges (Oxford St.)

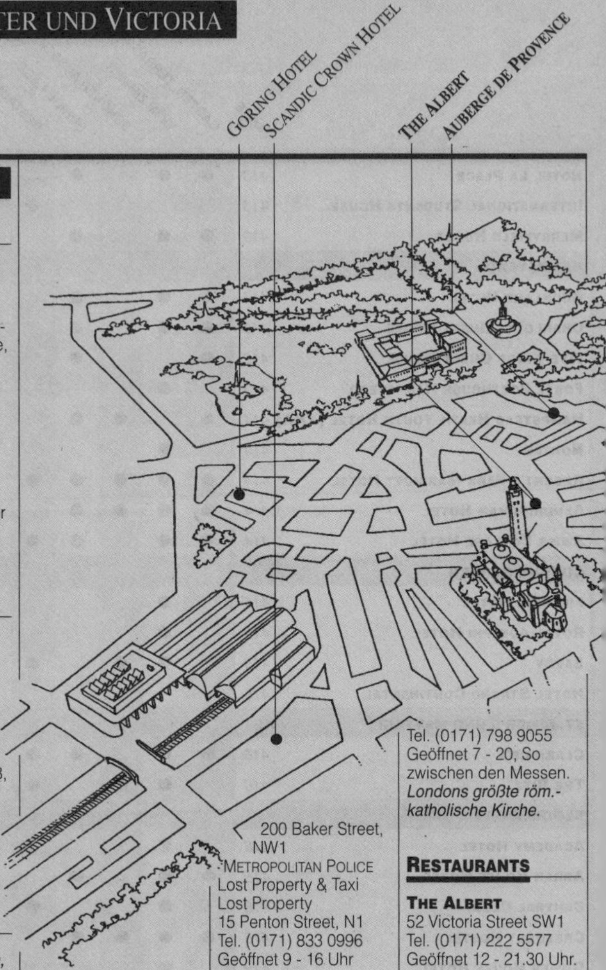

POSTAMT
24-28 William IV Street
Trafalgar Square, WC2N 4DL
Tel. (0171) 930 9580.

KRANKENHÄUSER
MIDDLESEX HOSPITAL
Mortimer Street, W1
Tel. (0171) 636 83 33.
ST MARY'S HOSPITAL
Praed Street, W2
Tel. (0171) 725 6666.
ST THOMAS' HOSPITAL
Lambeth Palace Road, SE1 Tel. (0171) 928 9292.

APOTHEKEN
BLISS CHEMIST
5 Marble Arch, W1
Tel. (0171) 723 6116
Geöffnet 9 - 24 Uhr.
BOOTS
Piccadilly Circus, W1
Tel. (0171) 734 6126
Geöffnet 8.30 - 20 (Mo 11.30 - 20), So 12 - 18 Uhr, Weihn. geschl.

FUNDBÜRO
LONDON TRANSPORT LOST PROPERTY OFFICE
200 Baker Street, NW1
METROPOLITAN POLICE Lost Property & Taxi Lost Property
15 Penton Street, N1
Tel. (0171) 833 0996
Geöffnet 9 - 16 Uhr

WESTMINSTER UND VICTORIA

KULTUR

HOUSE OF LORDS
Palace of Westminster, SW1
Tel. (0171) 219 3107
Sitzungen Mo - Mi ab 14.30 Uhr u. Do ab 15 Uhr.
Rufen Sie an vor besonderen Debatten, wenn der Zuschauerandrang größer ist.

WESTMINSTER ABBEY
Parliament Square, SW1
Tel. (0171) 222 5152
Geöffnet 9.20 - 16, Sa 9 - 14, 15.45 - 17 Uhr.
Seit William the Conqueror werden hier die englischen Königinnen und Könige gekrönt; keine Gruppen!

WESTMINSTER CATHEDRAL
Victoria, SW1
Tel. (0171) 798 9055
Geöffnet 7 - 20, So zwischen den Messen.
Londons größte röm.-katholische Kirche.

RESTAURANTS

THE ALBERT
52 Victoria Street SW1
Tel. (0171) 222 5577
Geöffnet 12 - 21.30 Uhr.
5 Minuten von der Victoria Station. English breakfast £ 4,95 - £ 6,95) Mo-Fr 7.45 - 10.30 Uhr. Sehenswert: Die Porträts der Premierminister. £ 13-£ 18.

AUBERGE DE PROVENCE
St James's Court Hotel
41 Buckingham Gate, SW1
Tel. (0171) 821 1899
Geöffnet 12.30 - 14.30, 19.30 - 23 Uhr, Sa mittags u. So geschl.
Provenzalische Küche: Lamm-Charlotte, Fisch, Ravioli mit Krabben gefüllt, Schnitzel mit Orange, provenzalische Weine. £ 30 - £ 40.

SIMPLY NICO
48 a Rochester Row, SW1
Tel. (0171) 630 8061
Geöffnet Mo - Fr

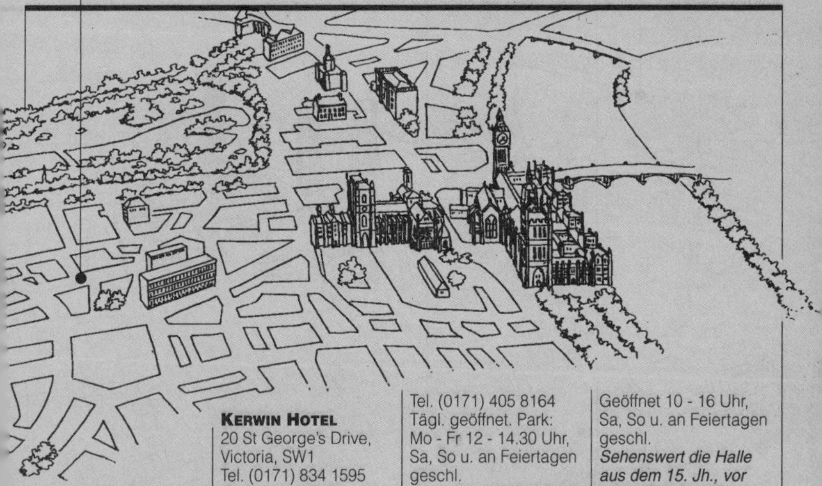

12 - 14,
Mo - Sa 19 - 23 Uhr,
Nico kocht hier nicht mehr, aber gutes Preis-Leistungsverhältnis. Unbedingt reservieren. £ 20 - £ 25.

UNTERKUNFT

ELIZABETH HOTEL
37 Eccleston Square
Victoria, SW1
Tel. (0171) 828 6812
Eines der besten Hotels in der Nähe der Victoria Station, wurde vor kurzem renoviert; interessante Sammlung von Originalgemälden; Frühstück inkl. £ 77.

GORING HOTEL
15 Beeston Place, Grosvenor Gardens, SW1
Tel. (0171) 396 9000
Fax (0171) 834 4393
Schöne Zimmer, z. T. mit Blick in den Garten; Badezimmer in Holz und Marmor. £ 170. Elegantes Restaurant (£ 16 - £ 30).

HANOVER HOTEL
30-32 St George's Drive, Victoria, SW1
Tel. (0171) 834 0134
Fax (0171) 834 7878
Liegt gegenüber einem Park, zwei Häuser, 1859 im viktorianischen Stil erbaut, Frühstück inkl. £ 56.

KERWIN HOTEL
20 St George's Drive, Victoria, SW1
Tel. (0171) 834 1595
Gut ausgestattete Zimmer; Frühstück inkl. £ 28 - £ 30.

SCANDIC CROWN HOTEL
2 Bridge Place, SW1
Tel. (0171) 834 8123
Fax (0171) 828 1099
Kongreß-Hotel in der Nähe der Victoria Station, schick, ohne eigene Note. Nur beim Wochenendtarif ist das Frühstück inklusive. £ 135.

STAKIS ST ERMIN'S LONDON HOTEL
Caxton Street, SW1
Tel. (0171) 222 7888
Fax (0171) 222 6914
Sehr gut gelegen, sympathischer Empfang, hübsche Zimmer und üppig ausgestattete Salons. Das Frühstücksbüffet kostet extra. £ 139 - £ 169.

WINDERMERE HOTEL
142-144 Warwick Way, Victoria, SW1
Tel. (0171) 834 5163
Fax (0171) 630 8831
Sehr familiär, angenehme Zimmer, Frühstück inkl. £ 59 - £ 67.

LAW COURTS

KULTUR

GRAY'S INN
Gray's Inn Road
Holborn, WC1
Tel. (0171) 405 8164
Tägl. geöffnet. Park: Mo - Fr 12 - 14.30 Uhr, Sa, So u. an Feiertagen geschl.
Einer der vier Courts of London, Ausbildungsstätte für Juristen seit dem 14. Jh. Sehr schöne Parkanlagen.

HUNTERIAN MUSEUM
Lincoln's Inn Fields, WC2
Tel. (0171) 405 3474
Geöffnet 10 - 17 Uhr, Sa, So u. an Feiertagen geschl. Nur nach Vereinbarung zu besichtigen. Kein Zutritt für Jugendliche unter 16 Jahren.
Anatomische und physiologische Sammlung des Chirurgen John Hunter (1728-1793).

INNER TEMPLE
Crown Office Row, EC4
Tel. (0171) 797 8250
Geöffnet 10 - 16 Uhr, Sa, So, an Feiertagen u. in der Weihnachtswoche geschlossen.
Kirche des Templer-Ordens am Temple; Der Vorbau stammt aus dem 17. Jh.

DR JOHNSON'S HOUSE
17 Gough Square, EC4
Tel. (0171) 353 3745
Geöffnet 11 - 17.30 (im Winter 17 Uhr), So u. an Feiertagen geschlossen.
Backsteingebäude aus dem 17. Jh., das Samuel Johnson gehörte. Die Einrichtung ist typisch englisch.

MIDDLE TEMPLE
Middle Temple Lane, EC4
Tel. (0171) 353 4355
Geöffnet 10 - 16 Uhr, Sa, So u. an Feiertagen geschl.
Sehenswert die Halle aus dem 15. Jh., vor allem das Gewölbe.

PUBLIC RECORD OFFICE MUSEUM
Chancery Lane, WC2
Tel. (0181) 876 3444
Geöffnet 9.30 - 17 Uhr, CENSUS ROOMS AND ROLLS CHAPEL, Sa geöffnet, So u. an Feiertagen geschlossen.
Das staatliche englische Zentralarchiv sammelt Dokumente zur englischen Geschichte wie das Domesday Book, *ein ab 1086 geführtes Kataster, bis hin zu aktuellen Akten.*

ROYAL COURTS OF JUSTICE
Strand, WC2
Tel. (0171) 936 6000
Geöffnet Mo - Fr 10.30 - 16.30 Uh.
Die gotischen Gebäude der Gerichtshöfe stammen aus dem späten 16. Jh.

SIR JOHN SOANE'S MUSEUM
13 Lincoln's Inn Fields, WC2
Tel. (0171) 405 2107
Geöffnet 10 - 17 Uhr, So, Mo u. an Feiertagen geschlossen.
Sammlung von Sir John Soane: Hogarth, Turner, Watteau.

RESTAURANTS

EAGLE PUB
159 Farringdon Road, EC1
Tel. (0171) 837 1353
Geöffnet 12 - 23.30 Uhr, Sa, So u. an Feiertagen

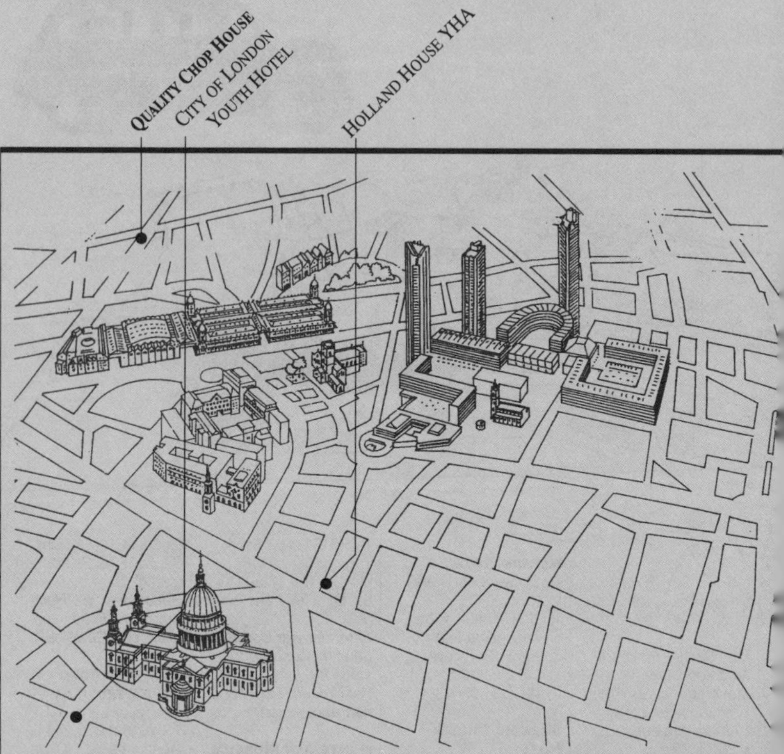

geschlossen.
Besonders herzliche Atmosphäre und leckere italienische Gerichte. Spezialität: Crostini. £ 8 - £ 15.

QUALITY CHOP HOUSE
94 Farringdon Road, EC1
Tel. (0171) 837 5093
Geöffnet Mo - Sa 12 - 15 u. 18.30 - 23.30, So 12 - 16 u. 19 - 23.30 Uhr.
Die viktorianische Ausstattung verleiht auch den sorgfältig präsentierten Speisen Stil. Unbedingt reservieren. Englische Küche. £ 12 - £ 20.

UNTERKUNFT

HOWARD HOTEL
Temple Place
Strand, WC2
Tel. (0171) 836 3555
Fax (0171) 379 4547
Luxus-Hotel, das sehr ›british‹ ist. Wunderbarer Blick auf die Gartenanlage. £ 226.

NACHTLEBEN

BLACK FRIAR
174 Queen Victoria Street, EC4
Tel. (0171) 236 5650
Geöffnet 11.30 - 22 Uhr, Sa, So u. an Feiertagen geschlossen.
Ein renommierter Pub aus dem 19. Jh., das mitten in der City liegt. Schönes Jugendstildekor, angenehme Atmosphäre.

CITY UND ST PAUL'S

KULTUR

BANK OF ENGLAND MUSEUM
Bartholomew Lane, EC2
Tel. (0171) 601 5545
Geöffnet Mo - Fr 10 - 17 Uhr, Sa, So an Feiertagen geschlossen.
Zeigt die Geschichte der Bank von England seit ihrer Gründung im Jahr 1694.

BARBICAN ART GALLERY
Barbican Center, 8. Stock, Silk Street, EC2
Tel. (0171) 588 5708
Geöffnet 10 - 18.45, Di 10 - 17.45, So u. an Feiertagen 12 - 18.45 Uhr.
Zahlreiche Gemäldeaustellungen.

BARBICAN CENTRE
Silk Street, EC2
Tel. (0171) 638 8891
Geöffnet 9 - 20 Uhr, Weihnachten geschl.
Das größte Kulturzentrum Europas mit Konzert- und Konferenzsälen, Theatern, Kinos, Restaurants, einer Galerie, einer Bibliothek etc. Informationen und Programm rund um die Uhr unter (0171) 628 2295 und 628 9760.

GUILDHALL
Off Gresham Street, EC2
Tel. (0171) 332 3780
Geöffnet Mo - Sa 10 - 17 Uhr (im Sommer auch So u. an Feiertagen).
Sitz der »Corporation of the City of London«, seit Jahrhunderten das Verwaltungszentrum der Stadt. Von großem architektonischen und historischen Interesse.

THE MONUMENT
Monument Street, EC3
Tel. (0171) 626 2717
Geöffnet Mo - Fr 9 - 17.40, Sa u. So 14 - 17.40, Okt. - März Mo - Sa 9 - 15.40 Uhr.
Großartiger Blick (nach 311 Stufen). Wren schuf das Gebäude zum Gedenken an den Brand von 1666.

MUSEUM OF LONDON
150 London Wall, EC2
Tel. (0171) 600 3699
Geöffnet Di - Sa 10 - 17.50, So. 12 - 17.50 Uhr, Mo u. Weihnachten geschl.
Zeigt die Geschichte Londons und seiner Bewohner seit der Antike; Ausstellungen und historische Modelle.

NATIONAL POSTAL MUSEUM
King Edward Building
King Edward Street, EC1
Tel. (0171) 239 5420
Geöffnet 9.30 - 16.30 Uhr, Sa, So u. an Feiertagen geschlossen.
Eine der größten Banknoten- und Briefmarkensammlungen der Welt, darunter auch die »Penny Black«.

ST PAUL'S CATHEDRAL
Ludgate Hill, EC4
Tel. (0171) 248 2705
Geöffnet Mo - Sa 8.30 - 16 Uhr, So geschl.
Krypta und Galerien:
Mo - Sa 10 - 16 Uhr.
Führungen um

11, 11.30, 13.30 u. 14 Uhr.
Nach dem Großen Brand (1666) von Christopher Wren errichtete Kathedrale, die von der zweitgrößten Kuppel der Welt überwölbt wird.

Märkte

Leadenhall Market
Zwischen Gracechurch Street und Lloyd's Building, EC3
Geöffnet 6 - 16 Uhr (Stände), Geschäfte 9 - 17.30, Sa, So u. an Feiertagen geschlossen.
Ein architektonisches Kleinod im Herzen der City. Markt wird hier seit 80 n. Chr. gehalten. Geflügel, Fisch, Fleisch, Obst, Gemüse etc. Gute kleine Restaurants.

Restaurants

George and Vulture
3 Castle Court, Cornhill, EC3
Tel. (0171) 626 9710
Geöffnet 12 - 14.45 Uhr, Sa, So u. an Feiertagen geschl.
Traditionelles Restaurant, wo sich Geschäftsleute und Touristen treffen. Im oberen Stockwerk sind Bücher von Charles Dickens ausgestellt. Traditionelle englische Küche.
£ 12 - £ 18.

Lobster Trading Company
31 Broadgate Circle, EC2
Tel. (0171) 256 5045
Restaurant im Unter- und Obergeschoß.
Geöffnet Mo - Fr 11.30 - 15, 17 - 21.30 Uhr. Sa, So u. an Feiertagen geschlossen.
Meeresfrüchte (Seafood)-Spezialitäten.
£ 20 - £ 25.

The Place Below
St-Mary-le-Bow, Cheapside EC2
Tel. (0171) 329 0789
Geöffnet Mo - Fr 7.30 - 14.30, Do, Fr 18.30 - 21.30 Uhr.
Erstklassige vegetarische Küche. Besondere Atmosphäre. Abends reservieren.
£ 10 - £ 15.

Vic Naylor's
38-40 St John Street, EC1
Tel. (0171) 608 2181
Geöffnet Mo - Fr 12 - 24 Uhr, Sa 19 - 1 Uhr, So u. an Feiertagen geschlossen.
Populäre Brasserie in der City, die ganz in dunklem Holz gehalten ist. Große Auswahl an Gerichten, gute Weine und Biere. Spezialitäten: Monkfish mysterioso.
£ 12 - £ 15.

Antiquitäten

Camden Passage
Islington High Street, N1
Geöffnet Sa 8 - 17, Mi. 6.45 - 16, Do 7 - 16 Uhr.
Antiqitäten-Markt der Spitzenklasse, Bücher, Silber etc.

Unterkunft

City of London Youth Hotel
36 Carter Lane, EC4
Tel. (0171) 236 4965
Fax (0171) 236 7681
Gut gelegene, nette Jugendherberge. Üppiges englisches Frühstück inkl., Zimmerreservierung zwischen 7 und 23 Uhr. £ 20.

New Barbican Hotel
120 Central Street, Clerkenwell, EC1
Tel. (0171) 251 1565
Fax (0171) 253 1005
Dieses große Hotel liegt mitten in der City, nahe dem Barbican Centre. Den günstigen Wochenendtarif können Sie am besten über eine Agentur buchen.
£ 85.

Nachtleben

Corney and Barrow
10 Cabot Square, E14
Tel. (0171)512 0397
Geöffnet Mo - Fr 10 - 22.30 Uhr.
Die Bar gehört den bekannten Weinhändlern des selben Namens. Das Dekor ist ursprünglich, wenn auch die Atmosphäre eher ›yuppi‹ ist. Die Kundschaft besteht zum großen Teil aus Stammgästen; die Bedienung ist gut.

Ye Olde Watling
29 Watling Street, EC4
Tel. (0171) 248 6252
Geöffnet 11 - 22 Uhr, Sa, So u. an Feiertagen geschlossen.
Alter, holzverkleideter Pub in der Nähe von St Paul's. Ebenfalls ein von Wren nach dem Großen Brand erbautes Gebäude. Heute kann man hier in fröhlicher Atmosphäre essen und trinken.

Rund um den Tower

Kultur

Tower Bridge
Southwark, SE10
Tel. (0171) 403 3761
Geöffnet 9 - 16.45 Uhr (Winter), 9 - 17.15 Uhr (Sommer).
Atemberaubender Ausblick; Museum zur Geschichte der Brücke. Im Engine Room Museum wird die Dampfmaschine gezeigt, mit der die Brücke seit 1894 betrieben wird.

Tower Hill Pagent
1 Tower Hill Terrace, EC3
Tel. (0171) 709 0081
Geöffnet 9.30 - 17.30, von Nov. - März 9.30 - 16.30 Uhr, Weihnachten geschl.
Die Besucher werden in kleinen Wagen durch eine Modellstadt gefahren, die London

◆ New Barbican Hotel ◆
Hotel in der Nähe des Barbican Centre, einem riesigen Komplex mit Kinos, Theater- und Konzertsälen, der von Wohntürmen begrenzt wird.

von der Zeit der Römer bis heute darstellt und in der unter anderem archäologische Funde gezeigt werden.

TOWER OF LONDON
Tower Hill, EC3
Tel. (0171) 709 0765
Geöffnet März - Okt. 9 - 18, So 10 - 18 Uhr. Nov. - Feb. 9 - 17, So 10 - 17 Uhr.
In der alten königlichen Residenz sind unter anderem die Kronjuwelen ausgestellt.

RESTAURANTS

LE PONT DE LA TOUR
Butler's Wharf Building
36d Shad Thames
Butler's Wharf, SE1
Tel. (0171) 403 8403 (Restaurant), 403 9403 (Bar und Grill).
Geöffnet Mo - Fr, So 12 - 15 Uhr, Mo - Sa 18 - 24, So 18 - 23 Uhr.
Terence Conran's neuestes Unternehmen. 30er Jahre-Ausstattung, mit Blick auf die Themse. £ 40 - £ 50.

UNTERKUNFT

TOWER THISTLE HOTEL
St Katherine's Way, E1
Tel. (0171) 481 2575
Fax (0171) 488 4106
Riesiges Hotel mit Restaurant und Diskothek; Blick auf die Themse. £ 135.

KENSINGTON

KULTUR

BROMPTON ORATORY
Brompton Road, SW7
Tel. (0171) 589 4811
Geöffnet 6.30 - 20 Uhr.
Katholische Kirche im italienischen Renaissance-Stil, die für ihre Orgel berühmt ist. Die Zeiten der Gottesdienste sind unter Tel. (0171) 589 4811 zu erfragen. Lateinische Messe am So um 8 und 11 Uhr.

COMMONWEALTH INSTITUTE
230 Kensington High Street, W8
Tel. (0171) 603 4535
Geöffnet 10 - 17, So 14 - 17 Uhr.
Informiert über Geschichte, Landschaften, Flora und Fauna sowie Kultur der Commonwealth-Länder. Eintritt: £ 1 (Erwachsene), £ 0,50 (Kinder).

HOLLAND PARK
Off Kensington High Street, W8
Wird bei Einbruch der Dunkelheit geschlossen.
Mit japanischem Garten, Gewächshaus und Orangerie wohl der schönste Londoner Park.

LORD'S CRICKET GROUND
St John's Wood, NW8
Tel. (0171) 289 1611
Hier werden die Englischen und Australischen Cricket-Meisterschaften ausgetragen. Nach Voranmeldung Führung über die Cricket-Plätze.

NATURAL HISTORY MUSEUM
Cromwell Road
South Kensington, SW7
Tel. (0171) 938 9123
Geöffnet 10 - 17.50, So 11 - 17.50 Uhr, Weihnachten u. Neujahr geschlossen.
Umfassende naturgeschichtliche Sammlung; auch Funde von Forschungsreisen.

SAATCHI GALLERY
98a Boundary Road
St John's Wood, NW8
Tel. (0171) 624 8299
Geöffnet Do (freier Eintritt) - So 12 - 18 Uhr.
Die Kollektion der Brüder Saatchi umfaßt vor allem die britische Moderne, Pop art und neue Expressionisten.

SCIENCE MUSEUM
Exhibition Road, SW7
Tel. (0171) 938 8000
Tägl. geöffnet 10 - 18 Uhr.
Ausstellung zur Geschichte von Wissenschaft und Industrie. Versäumen Sie nicht einen Besuch der Kindergalerie und des »Launch Pad«.

SERPENTINE GALLERY
Kensington Gardens, W2
Tel. (0171) 402 6075
Geöffnet 10 - 18 Uhr, an Feiertagen geschl.
Ausstellungen zur zeitgenössischen Kunst, Auskunft unter Tel. (0171) 723 9072.

VICTORIA & ALBERT MUSEUM
Cromwell Road
South Kensington, SW7
Tel. (0171) 938 8500
Geöffnet Di - So 10 - 17.50, Mo 12 - 17.50 Uhr, Weihn. geschl.
Dieses 1852 auf Initiative von Prinz Albert gegründete Museum bildet eine Welt für sich. Die Galerien im Erdgeschoß und im ersten Stock präsentieren verschiedene Kulturen. Mittelalterliche Meisterwerke sind hier ebenso zu finden wie Kunst des Islam und des Fernen Ostens. Restaurant und Café dokumentieren die Geschichte der englischen Wohnkultur. Die National Art Library gehört zum Museum.

◆ FENJA HOTEL ◆

Das schöne Hotel aus rotem Backstein liegt in Kensington zwischen prunkvoller Wohnbebauung und prächtigen Museen.

RESTAURANTS

L'ACCENTO
16 Garway Road, W2
Tel. (0171) 243 2201
Geöffnet 12.30 - 14.30 u. 18.30 - 23.30 (So ab 22.30 Uhr geschl.).
Beliebtes Restaurant mit erstklassiger italienischer Küche. Italienische Weine. Reservieren! £ 20 - 30.

THE ARK
122 Palace Gardens Terrace, W8
Tel. (0171) 229 4024
Geöffnet 12 - 15, 18.30 - 23.15 Uhr, So geschlossen.
Dieses Restaurant ist an seiner schlichten Holzverkleidung zu erkennen. Wegen des netten Service und der hervorragenden Küche ist es immer gut besucht. Spezialitäten: Lamm, Huhn Pilaf. £ 12 - £ 20.

THE BELVEDERE
Holland House, Off Abbotsbury Road, W8
Tel. (0171) 602 1238
Geöffnet Mo - Sa 12 -15 u. 18 - 23.30 (Sommer), 19 - 22.30 Uhr (Winter), So 12 - 15.30 Uhr.
Elegantes Restaurant im Holland Park. Moderne englische Küche von hervorragender Qualität. Wunderschöne Terrasse, reservieren! Englische und französische Spezialitäten. £ 16 - £ 25.

BIBENDUM
Michelin Building
81 Fulham Road, SW3
Tel. (0171) 581 5817

Geöffnet Mo - Fr 12.30 - 15, 19 - 23.30 (So ab 22.30 Uhr geschl.) Oyster Bar: 12 - 22.30, So 12 - 15, 19 - 22 Uhr.
Traditionelles französisches Restaurant. Reservierung 15 Tage im voraus.
£ 40 - £ 50.

Boyd's
135 Kensington Church Street, W8
Tel. (0171) 727 5452
Geöffnet 12.30 - 14.30, 19 - 23 Uhr, So u. an Feiertagen geschl.
Exzellente moderne britische Küche in einem romantischen Lokal. Viele Stammgäste. Reservieren! Spezialitäten: Lachs, Schottisches Rind.
£ 12 - £ 25.

Bullbar and grill
358 Fulham Road, SW10
Tel. (0171) 352 0625.
Geöffnet 19.30-23 Uhr. So und an feiertagen geschl.
Eine Bierkneipe und ein Pub.
£ 10 - £ 15.

Clarke's
124 Kensington Church Street, W8
Tel. (0171) 221 9225
Geöffnet 12.30 - 14, 19 - 22 Uhr, Sa, So u. an Feiertagen geschl.
Hier gibt es ein täglich wechselndes Naturkostmenü, die Küche weist verschiedene Einflüsse auf. Das Lokal ist immer voll. Sie sollten reservieren.
£ 22 - £ 37.

English House
3 Milner Street, SW3
Tel. (0171) 584 3002
Geöffnet Mo - Sa 12.30 - 14.30, 19.30 - 23.15, So 12.30 - 14 u. 19.30 - 22 Uhr.
In diesem charmanten Lokal werden Sie perfekt empfangen und genießen gute englische Küche.
£ 15 - £ 35.

Geales Fish Restaurant
2 Farmer Street, W8
Tel. (0171) 727 7969
Geöffnet 12 - 15 u. 18 - 23 Uhr; So, Mo, Ostern, Weihnachten geschl.
Dekoriert wie ein alter englischer teashop. *Die beste Fish & Chips-Adresse Londons. Elton John zählt zu den Gästen, zahlreiche Fotos sind der Beweis. Spezialitäten: Fisch,* Apple cumble.
£ 8 - £ 12.

Ken Lo's Memories of China
67-69 Ebury Street, SW1
Tel. (0171) 730 7734
Geöffnet Mo - Sa 12 - 14.30 u. 19 - 23.15, So 19 - 20.30 Uhr, an Feiertagen geschl.
Sehr gutes modernes China-Restaurant, das auch von der königlichen Familie besucht wird. Hervorragende Gerichte, manchmal zu sehr dem europäischen Geschmack angepaßt. Reservieren!
£ 21 - £ 29.

Kensington Palace
201-205 Kensington Church Street, W8
Tel. (0171) 727 3184
Geöffnet Mo - Fr 12 - 15, Sa, So 12 - 15.30, Mo - Sa 18.30 - 23.45, So 18.30 - 22.15 Uhr.
Gut ausgestattetes Restaurant, wo die Gerichte hinter Glas zu besichtigen sind.
£ 20 - £ 30.

Launceston Place
1a Launceston Place, W8
Tel. (0171) 937 6912
Geöffnet Mo - Fr 12.30 - 14.30, So 12.30 - 15, Mo - Sa 19 - 23.30, Sa mittag u. So abend geschlossen.
Komfortable und luxuriöse Ausstattung. Moderne britische Küche, Reservierung nötig.
£ 45.

Leith's
92 Kensington Park Road, W11
Tel. (0171) 229 4481
Geöffnet 19.30 - 23.30 Uhr, am 28./29. August u. Weihnachten geschlossen.
Die köstlichen, gut angerichteten, üppigen Gerichte sind nicht billig; professioneller Service. Reservierung nötig. Spezialitäten: vegetarische Gerichte, Monkfish.
£ 42 - £ 47.

Restaurant 192
192 Kensington Park Road W11
Tel. (0171) 229 0482
Geöffnet Mo - Fr 12.30 - 15, Sa, So 13 - 15.30.
Als Vorspeise empfehlen sich die warmen Salate, die köstlich sind. Das Menü wechselt täglich; exzellente, preiswerte Weine. Spezialitäten: Nouvelle cuisine, warme Salate. Kürzlich renoviert. (Tellergericht £ 8,50). £ 19 - £ 25.

St Quentin
243 Brompton Road, SW3
Tel. (0171) 589 8005
Geöffnet Mo - Sa 12 - 15 u. 19 - 23, So 12 - 15.30 u. 18.30 - 23 Uhr.
Klassische französische Küche in klassischem Ambiente. (Ebenfalls ein Grill St Quentin, 3 Yeoman's Row, SW3).
£ 20 - £ 30.

Walton's
121 Walton Street, SW3
Tel. (0171) 584 0204
Geöffnet 12.30 - 14.30 u. 19.30 - 23.30, So 12.30 - 14 u. 19 - 22 Uhr.
Warmherzige Atmosphäre, gehobene englische Küche mit deutlich französischem Einfluß. Die Gerichte sind großartig angerichtet. Am Wochenende Reservierung empfohlen. Spezialitäten: Meeresfrüchte, Perlhuhn.
£ 15 - £ 35.

Unterkunft

Alison House Hotel
82 Ebury Street Belgravia, SW1
Tel. (0171) 730 9529
Fax (0171) 730 5494
Bescheidenes Hotel, nur zwei Zimmer sind mit eigenem Bad ausgestattet. Kinder sind hier willkommen. Gutes Preis-Leistungsverhältnis, Frühstück inkl. £ 48.

Beaver Hotel
57-59 Philbeach Gardens, SW5
Tel. (0171) 373 4553
Fax (0171) 373 4555.
Günstig gelegen und gut zu erreichen. Fragen Sie nach einem Zimmer, das auf den Garten geht. Frühstück inkl., Garage (£ 3). £ 58.

◆ Ebury Court Hotel ◆

Dies Säulen und Steintreppen am Eingang dieses Hotels sind typisch für den in Belgravia vorherrschenden neoklassizistischen Stil.

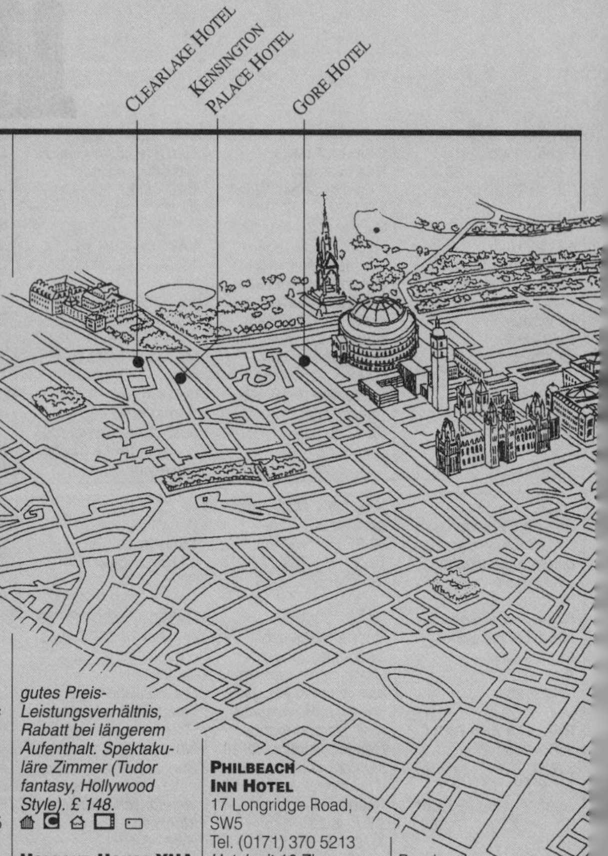

THE BERKELEY
Wilton Place
Knightsbridge, SW1
Tel. (0171) 235 6000
Fax (0171) 235 4330.
Schöner Blick auf den Hyde Park. Prächtige Zimmer und Suiten. Freundlicher Service. Fitneßcenter. £ 270.

CLEARLAKE HOTEL
18-19 Prince of Wales Terrace, W8
Tel. (0171) 937 3274
Fax (0171) 376 0604.
Mittlere Ausstattung, in allen Zimmern Kochmöglichkeit. Frühstück inkl. Sie können Studios und Apartments mieten. £ 40 - £ 50.

CORONATION HOTEL
59 Nevern Square, SW5
Tel. (0171) 373 6396
Netter Empfang, hübsche und preiswerte Zimmer. Es steht eine Küche zur Verfügung. Bei Barzahlung oder längerem Aufenthalt Rabatt. Frühstück inklusive. £ 49.

EBURY COURT HOTEL
28 Ebury Street
Belgravia, SW1
Tel. (0171) 730 8147
Fax (0171) 823 5966
Groß, trotzdem familiär, die »Honeymoon«-Suite ist charmant. Frühstück inklusive. £ 95.

FENJA HOTEL
69 Cadogan Gardens, SW3
Tel. (0171) 589 7333
Fax (0171) 581 4958
Intimes Hotel, mit Geschmack eingerichtete Zimmer nach berühmten Malern benannt. £ 140.

GORE HOTEL
189 Queen's Gate, SW7
Tel. (0171) 584 6601
Fax (0171) 589 8127
Netter Empfang, gutes Preis-Leistungsverhältnis, Rabatt bei längerem Aufenthalt. Spektakuläre Zimmer (Tudor fantasy, Hollywood Style). £ 148.

HOLLAND HOUSE YHA
King George VI,
Holland Park
Kensington, W8
Tel. (0171) 937 0748
Fax (0171) 376 0667
Schöne Jugendherberge im Holland Park. Das günstige Restaurant ist allgemein zugänglich. Frühstück inkl. £ 36.

HYATT CARLTON TOWER
2 Cadogan Place, SW1
Tel. (0171) 235 1234
Fax (0171) 235 9129.
Luxuriöse Zimmer, Fitneßcenter. Frühstück nicht inkl., lohnt sich aber. Wochenendtarife. £ 285.

KENSINGTON PALACE HOTEL
De Vere Gardens, W8
Tel. (0171) 937 8121
Fax (0171) 937 2816
Sehr gute Ausstattung und schöner Ausblick. Das Frühstück ist nicht inkl. (außer Wochenendtarif). £ 110.

PHILBEACH INN HOTEL
17 Longridge Road, SW5
Tel. (0171) 370 5213
Hotel mit 16 Zimmern, ohne eigenes Bad oder Toilette. Frühstück inkl. Bei längerem Aufenthalt Preisnachlaß. £ 25.

NACHTLEBEN

GRENADIER
18 Wilton Row, SW1
Tel. (0171) 235 3074
Geöffnet 12 - 15, 17 - 23, So 12 - 15, 19 - 22.30 Uhr.
Sehenswerte Ausstattung (Decke), Nähe Hyde Park in ruhigem Gäßchen. Gutes Restaurant, etwas teuer.

ANTIQUITÄTEN

PORTOBELLO ROAD
Portobello Road, W11
Geöffnet Sa 7 - 17, Fr 8 - 17 Uhr.
Der längste Straßen-(Floh-)markt Großbritanniens (seit 1890).

CHELSEA

KULTUR

CHELSEA PHYSIC GARDEN
66 Royal Hospital Road, SW3
Tel. (0171) 352 5646
Geöffnet Mi 14-17, u. So 14-18 Uhr, Nov. - März geschl.
Einer der ältesten botanischen Gärten Europas (1772).

NATIONAL ARMY MUSEUM
Royal Hospital Road, Chelsea, SW3
Tel. (0171) 730 0717
Geöffnet 10 - 17.30, an Feiertagen von Dez. - Mai geschl.
Dokumentiert die Geschichte der Britischen Armee seit 1845.

ROYAL HOSPITAL CHELSEA
Royal Hospital Road, SW3
Tel. (0171) 730 0161
Geöffnet 10 - 12, 14 - 16 Uhr, So vormittags u. Weihnachten geschl.
Schöner Blick auf die Themse; das von Wren gestaltete Vestibül, die Kapelle, das Museum sind sehenswert. So 11 Uhr Messe.

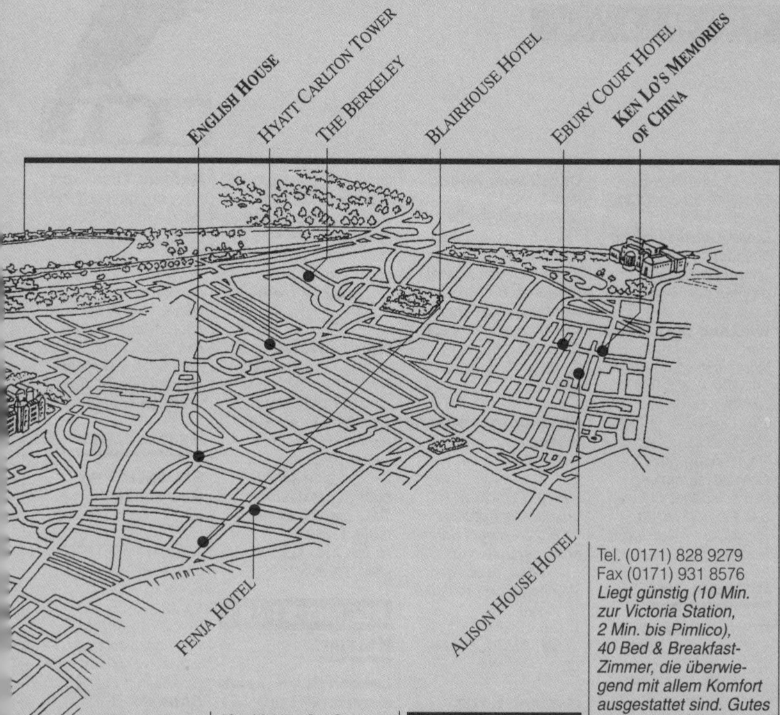

Restaurants

Chutney Mary
535 King's Road, SW10
Tel. (0171) 351 3113
Geöffnet 12.30 - 15, Mo - Sa 19 - 23, So 12.30 - 15.30, 19 - 22.30 Uhr.
Englisch-indische Küche. Reservieren!
£ 25.

La Famiglia
5 - 7 Langton Street, SW10
Tel. (0171) 351 0761
Tägl. geöffnet 12 - 14.45 u. 19 - 23.45 Uhr.
Gute toskanische Küche.
£ 25 - £ 30.

La Tante Claire
68-69 Royal Hospital Road, SW3
Tel. (0171) 352 6045
Geöffnet 12.30 - 14, 19 - 23 Uhr, Sa, So, an Feiertagen u. Weihn. geschl.
Französisch mit Londoner Schick; schmackhafte Küche. Reservierung ist unerläßlich. (Kinder sollten über fünf Jahre alt sein.) Spezialitäten: Wild, Schweinshaxen, Tarte Tatin.
£ 25 - £ 55.

Unterkunft

Blairhouse Hotel
34 Draycott Place, SW3
Tel. (0171) 581 2323
Fax (0171) 823 7752
Eine gute Adresse mit angenehmer Atmosphäre. 17 Zimmer, Restaurant und Bar, Frühstück inklusive.
£ 73.

Flohmarkt

Antiquarius Market
135 King's Road, SW3
Geöffnet 10 - 18 Uhr, So u. an Feiertagen geschlossen.
Hier können Sie nach Secondhand-Kleidung und alten Spitzen stöbern. Sie finden jedoch auch altes Spielzeug und Schmuck (Jugendstil und Art deco).

Millbank und Tate Gallery

Kultur

Tate Gallery
Millbank, SW1
Tel. (0171) 887 8000
Geöffnet 10 - 17.50, So 14 - 17.50 Uhr.
Werke britischer Maler (vom 16. Jh. bis zur Gegenwart), moderne europäische und amerikanische Werke. Absolut sehenswert ist die Turner-Sammlung in der Clore Gallery.

Restaurants

Tate Gallery Restaurant
Tate Gallery
Millbank, SW1
Tel. (0171) 887 8877
Geöffnet
12 - 15 Uhr, So u. an Feiertagen geschl.
Elegantes Ambiente, raffinierte Gerichte (Menüs wechseln monatlich). Die Küche ist besser als der Service. Zwei Tage im voraus reservieren. Spezialitäten: englische Gerichte.
£ 15 - £ 25.

Unterkunft

Corona Hotel
87-89 Belgrave Road, SW1
Tel. (0171) 828 9279
Fax (0171) 931 8576
Liegt günstig (10 Min. zur Victoria Station, 2 Min. bis Pimlico), 40 Bed & Breakfast-Zimmer, die überwiegend mit allem Komfort ausgestattet sind. Gutes Preis-Leistungsverhältnis; Frühstück inklusive.
£ 52 - £ 58.

Romano's Hotel
31 Charlwood Street, SW1
Tel. (0171) 834 3542
Die sympathischen Besitzer haben ihr Hotel gerade renoviert. Mehrbettzimmer sehr günstig, über den Preis kann man verhandeln. Frühstück inklusive.
£ 30 - £ 45.

Sidney Hotel
74-76 Belgrave Road, SW1
Tel. (0171) 834 2738
Fax (0171) 630 0973
Bed & Breakfast der gehobenen Klasse. Die knapp 40 Zimmer sind sehr gut mit allem Komfort ausgestattet. Es gibt einige Drei-, Vier-, Fünf- und sogar Sechsbettzimmer. Nette Atmosphäre, das Frühstück ist im Preis inbegriffen.
£ 49 - £ 58.

Hyde Park

Kultur

Queen's Gallery
Buckingham Palace, SW1
Tel. (0171) 799 2331
Geöffnet Mitte März - Ende Dez. 10 - 17, So

14 - 17 Uhr (letzter Einlaß 16.30 Uhr), Mo geschlossen.
Diese Kunstsammlung befindet sich in königlichem Besitz, eine der größten der Welt.

Wallace Collection
Hertford House
Manchester Square, W1
Tel. (0171) 935 0687
Geöffnet Mo - Sa 10 - 17, So 14 - 17 Uhr, Weihnachten u. am Neujahrstag geschl.
Gemäldesammlung verschiedener Schulen des 17. und 18. Jh., Miniaturen, Skulpturen, Porzellan und Waffen.

Restaurants

Bombay Palace
50 Connaught Street, W2
Tel. (0171) 723 8855
Geöffnet 12.30 - 14.45, und 18 - 23.15 Uhr.
Sehr elegant, exzellente nordindische Küche, netter Service. Reservierung für das Diner unerläßlich. £ 13 - £ 20.

Nico at Ninety
90 Park Lane, W1
Tel. (0171) 409 1290
Geöffnet Mo - Fr 12 - 14, Mo - Sa 19 - 23 Uhr, So geschlossen.
Klassische französische Küche in luxuriösem Ambiente. £ ab 40.

Unterkunft

Delmere Hotel
130 Sussex Gardens W2
Tel. (0171) 706 3344
Fax (0171) 262 1863
Hübsche Zimmer, sympathischer Empfang, englisches Frühstück; Wochenendtarife. £ 72 - £ 91.

Four Seasons Hotel
Hamilton Place
Park Lane, W1
Tel. (0171) 499 0888
Fax (0171) 493 1895
Sehr schönes Luxus-Hotel (für Geschäftsleute). Fax und Tresor im Zimmer. £ 288.

Grosvenor House
Park Lane, W1
Tel. (0171) 499 6363
Fax (0171) 629 9337
Das riesige Hotel liegt im Herzen von Mayfair. Erbaut zu Beginn dieses Jahrhunderts, sehr stilvoll eingerichtet. £ 250 (Doppelzimmer).

Inter Continental Hotel
1 Hamilton Place, W1
Tel. (0171) 409 3131
Fax (0171) 493 3476
Luxuriöses Hotel in amerikanischem Stil mit schönen Suiten, großes Freizeitangebot. Am Wochenende Frühstück inklusive. £ 145 - £ 284.

Nayland Hotel
132-134 Sussex Gardens, W2
Tel. (0171) 723 4615
Fax (0171) 402 3292.
Günstig gelegen, mit schönen Zimmern, wird unter der Woche vor allem von Geschäftsleuten frequentiert. Frühstück inklusive. £ 44 - £ 58.

Rhodes House Hotel
195 Sussex Gardens, W2
Tel. (0171) 262 5617
Fax (0171) 723 4054
Gute Atmosphäre, Zimmer mit Dusche oder Bad. Die Benutzung der Garage ist kostenlos. Frühstück inklusive. £ 40.

White's Hotel
Lancaster Gate, W2
Tel. (0171) 262 2711
Fax (0171) 262 2147
Wunderbare Aussicht über den Hyde Park. Netter Empfang. Die Zimmer sind sehr hübsch; Restaurant mit Terrasse. Wochenendtarife. £ 180.

◆ Grosvenor House ◆

Dieses Grand Hotel trägt den Namen der Grosvenors, die maßgeblich an der Gestaltung von Belgravia beteiligt waren.

Regent's Park

Kultur

London Planetarium
Marylebone Road, NW1
Tel. (0171) 486 1121
Tägl. geöffnet 10.20 - 17 (Sommer), 12.20 - 17 Uhr (Winter).
Stündlich Vorstellungen, Erläuterung von Sternbildern und Simulation von Raumflügen.

London Zoo
Regent's Park, NW1
Tel. (0171) 722 3333
Geöffnet 10 - 17.30 Uhr (Sommer), 10 - 16 Uhr (Winter).
Einer der größten Zoos der Welt. Es ist erlaubt, die Tiere zu füttern. Im Sommer gibt es Vorführungen.

Madame Tussaud's
Marylebone Road, NW1
Tel. (0171) 935 6861
Geöffnet Mo - Fr 9.30 - 17.30, Sa u. So 9 - 17.30 Uhr, Weihnachten geschlossen.
Berühmtes Wachsfiguren-Museum, ermäßigter Eintritt, wenn man auch das Planetarium besucht. Fotografieren erlaubt.

Restaurants

Sea Shell Fish Restaurant
49-51 Lisson Grove, NW1
Tel. (0171) 723 8703
Geöffnet 12 - 14.15 u. 17.15 - 22.30, Sa 12 - 22.30, So 12 - 14.45 Uhr.
Fischspezialitäten, Gerichte zum Mitnehmen. Spezialität: Fish & Chips. £ 9 - £ 12.

Stephen Bull
5 - 7 Blandford Street, W1
Tel. (0171) 486 9696
Geöffnet Mo - Fr 12.30 - 14.30, Mo - Sa 18.30 - 22.30 Uhr, So geschl.
Strenge und funktionale Innenausstattung. Exzellentes Essen (Fischgerichte). Fast 90 Weine unter £ 20 die Flasche. £ 25 - £ 30.

Villandry Dining Room
89 Marylebone High Street, W1
Tel. (0171) 224 3799
Geöffnet Mo - Sa 12.30 - 15 Uhr.
Jeden dritten Donnerstag im Monat Dinner, auch für Gruppen ab 15 Personen. Hervorragendes Essen zu attraktiven Preisen. £ 17.

Unterkunft

Bentinck House Hotel
20 Bentinck Street, W1
Tel. (0171) 935 9141
Fax (0171) 224 5903
Ordentliches Hotel in der Nähe des Hyde Park. Günstige Wochenendtarife. Frühstück inkl. £ 65.

Berners Hotel
10 Berners Street, W1
Tel. (0171) 636 1629
Fax (0171) 580 3972
Günstig gelegenes Hotel mit sehr hübschen Zimmern. Wochenendtarife. £ 140.

Churchill Hotel
Portman Square, W1
Tel. (0171) 486 5800
Fax (0171) 224 1728
Elegant und zentral gelegen, sympathischer Empfang, schöne Zimmer mit Blick auf den Platz. Tennis, Wochenendtarife. £ 185.

Edward Lear Hotel
28-30 Seymour Street, W1
Tel. (0171) 402 5401
Fax (0171) 706 3766
Ein reizendes georgianisches Haus, das mit Illustrationen aus The Book of Nonsense *(1848) von Edward Lear geschmückt ist. Schöne Zimmer, Frühstück inkl. £ 62.*

Hotel La Place
17 Nottingham Place, W1
Tel. (0171) 486 2323
Fax (0171) 486 4335
Liegt in der Nähe der Oxford Street. Ist mit allem Komfort ausgestattet, Frühstück inklusive. £ 70.

International Students House
229 Great Portland Street, W1
Tel. (0171) 631 3223
Fax (0171) 631 8315
Riesige Jugendherberge (Restaurant, Bar, Diskothek, Sporthalle). Frühstück inklusive. £ 38 - £ 46.

Merryfield House
42 York Street, W1
Tel. (0171) 935 8326
Kleines Hotel mitten im West End, familiärer Empfang. Frühstück wird im Zimmer serviert, ist inklusive. £ 47.

Markt

Alfie's Market
13-25 Church Street, NW8
Tel. (0171) 723 6066
Geöffnet 10 - 18 Uhr, So u. Mo geschlossen.
Sehr belebter, charmanter Markt. Sie finden hier alles von antiken Spitzen bis zu Fotoapparaten.

Delikatessen

Ambala Sweet Centre
112 Drummond Street, NW1
Tel. (0171) 387 3521
Geöffnet 10 - 20.30 Uhr, Weihn. geschl.
In dieser sehr beliebten Konditorei bekommen Sie köstliche indische Kuchen (das Pfund für £ 25). Spezialitäten: Rusmali, Habshihalvwe. £ 2 - £ 3.

HAMPSTEAD

Kultur

Fenton House
Hampstead Grove, NW3
Tel. (0171) 435 3471
Geöffnet im März Sa u. So 14 - 17, Apr. - Ende Okt. Sa u. So 11 - 17.30 Uhr, Mo - Mi 14 - 17.30 Uhr,
Do, Fr u. im Winter geschlossen.
Haus aus dem 17. Jh. Großartige Sammlung von Porzellan und Musikinstrumenten.

Freud Museum
20 Maresfield Gardens, NW3
Tel. (0171) 435 2002
Geöffnet 12 - 17 Uhr, Mo, Di, Weihnachten u. Neujahr geschl.
In diesem Haus lebte Sigmund Freud bis zu seinem Tod im Jahr 1939. Hier werden seine Arbeitsmaterialien gezeigt, auch das 1938 aus Wien mitgebrachte berühmte Sofa.

Highgate Cemetery
Swains Lane, N6
Tel. 813 40 1834
Geöffnet 10 - 17, Sa u. So 11 - 17 Uhr, im Winter bis 16 Uhr.
Den westlichen Teil können Sie nur mit einem Führer besichtigen. Wenn keine Beerdigungen stattfinden, ist der östliche Teil frei zugänglich.

Keats Memorial House
Wentworth Place
Keats Grove, NW3
Tel. (0171) 435 2062
Geöffnet 10 - 13 u. 14 - 18, Sa. 10 - 13 u. 14 - 17 Uhr, So morgens u. an Feiertagen geschl. Von Nov. - März morgens außer am Sa geschlossen.
In diesem Haus lebte der Dichter John Keats von 1818 bis 1820. Seine Bibliothek ist zu besichtigen.

Kenwood House
Hampstead Lane, NW3
Tel. (0181) 348 1286
Geöffnet Apr. - Sept. 10 - 18, Okt. - März 10 - 16 Uhr, Weihn. geschl.
Herrenhaus aus dem 17. Jh., von Adam erbaut. Gemälde von Rembrandt, Vermeer, Gainsborough, Turner, etc. Großer Park, der Eintritt ist frei.

Restaurants

Diwana
121 Drummond Street, NW1
Tel. (0171) 387 5556
Geöffnet 12 - 23.30 Uhr, Weihnachten geschl.
Dieses ganz in Holz gehaltene Restaurant ist zur Zeit sehr gefragt. Reservierung nötig. Spezialitäten: indische vegetarische Gerichte. £ 7 - £ 10.

Jazz Café
5-7 Parkway, NW1
Tel. (0171) 916 6000
Geöffnet 12 - 15 u. 21 - 24 Uhr.
Beliebtes gutes Restaurant mit vernünftigen Preisen (monatliches Programm wird zugesandt). Reservieren! £ 8 - £ 15.

Nontas
14-16 Camden High Street, NW1
Tel. (0171) 387 4579
Geöffnet 12 - 14.45 u. 18 - 23.30 Uhr, So u. an Feiertagen geschlossen.
In diesem sehr beliebten griechischen Restaurant werden Sie nett empfangen. Mahlzeiten nicht sehr üppig. Bei schönem Wetter Tisch auf der Terrasse reservieren! £ 8 - £ 12.

Zen
83 Hampstead High Street, NW3
Tel. (0171) 794 7863
Geöffnet 12 - 15 u. 18 - 23.30 Uhr, Weihnachten geschl.
In diesem Lokal der Kette Now and Zen haben Sie eine große Auswahl an chinesischen Spezialitäten. Moderne Einrichtung, nette Bedienung. £ 19 - £ 30.

Unterkunft

Buckland Hotel
6 Buckland Crescent, NW3
Tel. (0171) 722 5574
Fax (0171) 722 5594
Familiäre Atmosphäre, geräumige Zimmer; Frühstück inklusive. £ 45 - £ 50.

Charlotte Guest House
221 West End Lane, NW6
Tel. (0171) 794 6476
Fax (0171) 431 3584
Erreichbar mit öffentlichen Verkehrsmitteln (10 Min. von Piccadilly). Einige Zimmer mit Küche. Frühstück inkl., melden Sie sich im Restaurant. £ 35 - £ 40.

Five Kings Guest House
59 Anson Road, N7
Tel. (0171) 607 3996
Familiäres Bed & Breakfast, netter Empfang, gemeinschaftliche Sanitärräume, Parkplatz. £ 30 - £ 32.

Forte Posthouse Hampstead
215 Haverstock Hill, NW3
Tel. (0171) 794 8121
Fax (0171) 435 5586
Hübsche, komfortable Zimmer, sehr gutes

Preis-Leistungsverhältnis. Komplettes englisches Frühstück für £ 7.95, Restaurant £ 8. £ 42 - £ 70.

Hampstead Heath Youth Hotel (YHA)
4 Wellgarth Road, NW11
Tel. (0181) 458 9054
Fax (0181) 209 0546
Sehr schöne Jugendherberge mit 14 Doppelzimmern. Man kann hier günstig essen, Frühstück für £ 2.70. £ 28.

Nontas
14-16 Camden High Street, NW1
Tel. (0171) 387 1880
Fax (0171) 383 0335
Zentral gelegenes Hotel mit reizenden Zimmern; gutes griechisches Restaurant, Bar mit Kamin. Kontinentales Frühstück inklusive. £ 47 - £ 51.

Regent's Park Marriott Hotel
128 King Henry's Road, NW3
Tel. (0171) 722 7711
Fax (0171) 586 5822
Traditionelles, großes Luxus-Hotel am Regent's Park (Sauna, Schwimmbad, Friseur etc.). £ 128 - £ 154.

Sandringham Hotel
3 Holford Road, NW3
Tel. (0171) 435 1569
Fax (0171) 431 5932
Kürzlich komplett renoviertes gutes, nettes Hotel mit zahlreichen Stammgästen. English breakfast in riesigen Portionen. £ 61.

Swiss Cottage Hotel
4, Adamson Road, NW3
Tel. (0171) 722 2281
Fax (0171) 483 4588
Ein sehr gutes und luxuriöses viktorianisches Haus mit persönlicher Atmosphäre. Schöne Zimmer mit Originalmöblierung. Englisches Frühstück inklusive. £ 75 - £ 85.

Nachtleben

Jack Straws Castle
North End Way
Hampstead, NW3
Tel. (0171) 435 8885
Geöffnet 11 - 23 Uhr.
Der Pub stammt aus den Zeiten der ersten »Kopfsteuer« von 1381 (Gemeindesteuern auf die Einwohner). Schöner Blick über London.

Old Bull and Bush
North End Way
Hampstead, NW3
Tel. (0181) 455 3685
Geöffnet 11 - 23, So 12 - 15 u. 19 - 22.30 Uhr.
In diesem Pub, in dem seit 1721 Bier ausgeschenkt wird, waren Hogarth, Dickens schon zu Gast. Gegenüber liegt ein wunderbarer Park.

The Flask
Flask Walk, NW3
Tel. (0171) 435 4580
Geöffnet 11 - 23, So. 12 - 15 u. 19 - 22.30 Uhr.
Traditionell englischer Pub (Dart und real ale), auch Weinausschank.

Flohmarkt

Camden Lock
Chalk Farm Road, NW1
Sa u. So 9 - 18 Uhr geöffnet.
Dieser Markt findet an einer Kanal-Schleuse statt. Die Klientel ist ebenso bunt gemischt wie das Angebot. Es gibt Kunsthandwerk, Trödel, Kleider, Antiquitäten und Naturkost.

Covent Garden

Kultur

Courtauld Institute Galleries
Somerset House
Strand, WC2
Tel. (0171) 873 2526
Geöffnet 10 - 18, So 14 - 18 Uhr, Weihnachten u. Neujahr geschlossen.
Gemäldegalerie mit Impressionisten und Post-Impressionisten, Renaissance- und Barock-Kunstwerken sowie Kunst des 20 Jh.

London Transport Museum
The Piazza
Covent Garden, WC2
Tel. (0171) 379 6344
Geöffnet 10 - 18, Fr 11 - 18 Uhr.
Hier wird die Entwicklung der Londoner Verkehrsmittel seit dem 18 Jh. dargestellt.

National Gallery
Trafalgar Square, WC2
Tel. (0171) 839 3321
Geöffnet 10 - 18, So 14 - 18 Uhr, an Feiertagen geschlossen.
Großartige Gemäldesammlung mit Werken vom 13. bis zum 20. Jh. Der Eintritt ist frei, Informationen Tel. (0171) 839 3526.

National Portrait Gallery
2 St Martin's Place, WC2
Tel. (0171) 306 0055
Geöffnet 10 - 18, So 14 - 18 Uhr, an Feiertagen geschl.
Porträts berühmter britischer Frauen und Männer von der Tudor-Zeit bis heute. Der Eintritt ist frei.

St Martin-in-the-Fields Church
Trafalgar Square, WC2
Tel. (0171) 930 0089
Geöffnet 10 - 21, So 12 - 18 Uhr.
Café, Buchladen und Brass Rubbing Centre, hier können Sie Kopien alter Bronzereliefs herstellen. Messen um 7.30 und 19.30 Uhr. Mo, Di, Mi und Fr mittag Konzerte

Theatre Museum
Covent Garden, WC2
Tel. (0171) 836 7891
Geöffnet 11 - 19 Uhr, Mo geschlossen.
Dieses Museum im alten Blumenmarkt in Covent Garden behandelt verschiedene Aspekte des englischen Theaters (seit Shakespeare), der Pantomime und der Oper.

Restaurants

Ajimura
51-53 Shelton Street, WC2
Tel. (0171) 240 0178
Geöffnet 12 - 14.30 u. 18 - 23 Uhr, Sa mittag, So u. an Feiertagen geschl.
Japanisches Restaurant mit 70er Jahre-Einrichtung. Nette Bedienung, reservieren. £ 10 - £ 25.

Brown's
32 Bedford Street, WC2
Tel. (0171) 836 7486
Geöffnet 7.30-23.30 (Sa bis 24 Uhr), So u. an Weihnachten geschl.
Angenehmes Restaurant, English breakfast, sehr gutes Preis-Leistungsverhältnis. £ 4.

Food for Thought
31 Neal Street, WC2
Tel. (0171) 836 0239
Geöffnet 9.30 - 20, So 10.30 - 16 Uhr.
Empfehlenswertes vegetarisches Restaurant,

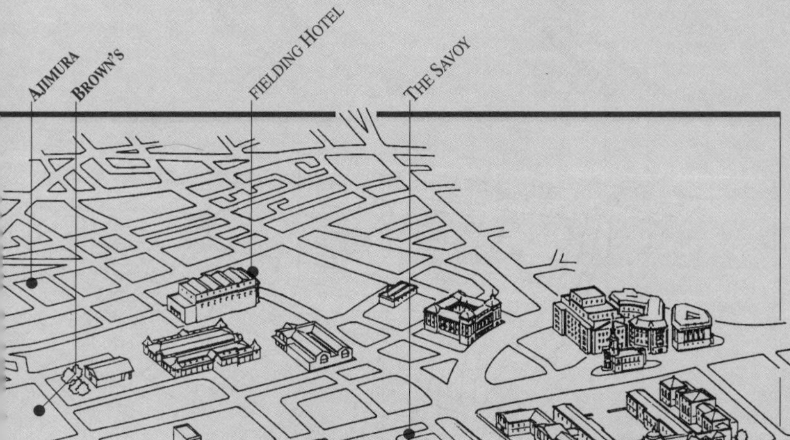

nette Atmosphäre. Gerichte auch zum Mitnehmen. £ 3 - £ 8

JOE ALLEN
13 Exeter Street, WC2
Tel. (0171) 836 0651
Geöffnet Mo - Sa
12 - 0.45, So 12 - 23.30 Uhr.
Populäres Restaurant, gute Burger und Desserts. £ 15 - £ 25.

MON PLAISIR
21 Monmouth Street, WC2
Tel. (0171) 836 7243
Geöffnet Mo - Fr
12 - 14.15, Mo - Sa
18 - 23.15 Uhr, So geschlossen.
Französisches Restaurant, mit günstigen Preisen für Theaterbesucher (18 - 19.15 Uhr). Spezialitäten: Steak tartare, Coq au vin. £ 19 - £ 30.

ORSO
27 Wellington Street, WC2
Tel. (0171) 240 5269
Tägl. geöffnet 12 - 24 Uhr.
Elegant und modern. Ideal für ein Essen vor oder nach dem Theater. £ 20 - £ 30.

SIMPSON'S-IN-THE-STRAND
100 Strand, WC2
Tel. (0171) 836 9112
Geöffnet Mo - Sa
12 - 14.30 u. 18 - 23, So
12 - 14.30 u. 18 - 21;
Frühstück ab 7 Uhr.
Edwardianische Innenaustattung, traditionelle britische Küche. Unbedingt reservieren! £ 25

UNTERKUNFT

FIELDING HOTEL
4 Broad Court
Bow Street, WC2
Tel. (0171) 836 8305
Fax (0171) 497 0064.
Ruhige Adresse zwei Minuten vom Covent Garden. Früher traf man hier Graham Greene. Hübsche, geräumige Zimmer. Lange im voraus reservieren! £ 67.

ROYAL ADELPHI HOTEL
21 Villiers Street, WC2
Tel. (0171) 930 8764
Fax (0171) 930 8735.
Eine gute Adresse. Herzliche Atmospäre und hübsche Zimmer. Frühstück inklusive. £ 59.

THE SAVOY
Strand, WC2
Tel. (0171) 836 4343
Fax (0171) 872 8901.
Dieses Hotel vom Ende des 19. Jh. ist ebenso luxuriös wie großzügig. Unter den schicken Londoner Hotels ein absolutes Muß. Günstige Wochenendtarife, dann ist das Frühstück inklusive. £ 210.

HOTEL STRAND CONTINENTAL
143 Strand, WC2
Tel. (0171) 836 4880
Eine gute und einfache Adresse in der Nähe der Theater. Indisches Restaurant, Bar, Frühstück inklusive. £ 31.

FLOHMARKT

COVENT GARDEN MARKET
Southampton Street, WC2
Geöffnet täglich
9 - 17 Uhr.
Der bekannte Flohmarkt ist zwar etwas teuer, der Besuch lohnt sich aber vor allem besonders wegen des Straßentheaters und anderer künstlerischer Darbietungen.

ST JAMES'S UND MAYFAIR

KULTUR

APSLEY HOUSE
149 Piccadilly, W1
Tel. (0171) 499 5676
Geöffnet 11 - 17 Uhr, Do geschlossen.
Das Haus des Herzogs von Wellington wurde von Adam erbaut und von Wyatt umgestaltet. Das Gebäude ist von architektonischem und historischem Interesse. Im ersten Stock befindet sich eine Gemäldegalerie.

ROYAL ACADEMY OF ARTS
Burlington House
Piccadilly, W1
Tel. (0171) 439 7438
Geöffnet 10 - 18 Uhr, Weihnachten geschl.

Dient als Ausbildungsstätte für Künstler, ist aber vor allem wegen der Sommerausstellungen zeitgenössischer Kunst von Interesse.

Restaurants

Le Caprice
Arlington House
Arlington Square
St James, SW1
Tel. (0171) 629 2239
Tägl. geöffnet 12 - 15 (So bis 15.30) u. 18 - 24 Uhr.
Tadellos und pfiffig.
£ 25 - £ 40.

The Connaught
Carlos Place, W1
Tel. (0171) 499 7070
Geöffnet 12.30 - 14.30 u. 18.30 - 22.30 Uhr.
Klassische französische und traditionelle britische Küche. £ 50 - £ 60.

Le Gavroche
43 Upper Brook Street, W1
Tel. (0171) 408 0881
Geöffnet 12 - 14,19 - 23 Uhr, Sa, So, an Feiertagen u. in der Weihnachtswoche geschl.
Kellerlokal mit exzellenter französischer Küche und sehr gutem Service. Reservierung nötig. Spezialitäten: Soufflé à la suissesse, Omelette Rothschild.
£ 36 - £ 80.

The Greenhouse
27a Hay's Mews, W1
Tel. (0171) 499 3331
Geöffnet Mo - Fr 12 - 14.30, u. 19 - 23, Sa 7.30 - 23, So 12.30 - 15 u. 18 - 22 Uhr.
Englische Küche mit französischen und italienischen Akzenten. Reservierung unerläßlich. Spezialitäten: Carpaccio, Kalbfleisch mit Bacon, Enten-Confit.
£ 20 - £ 35.

Quaglino
16 Bury Street, SW1
Tel. (0171) 930 6767
Tägl. geöffnet 12 - 14.30, Mo - Do 17.30 - 24, Fr u. Sa 17.30 - 1, So 17.30 - 23 Uhr.
Der Nachtclub aus den 50er Jahren wurde von Terence Conran umgestaltet. Sehr gut besucht. Beeindruckende Innenausstattung und gutes Essen. Im voraus reservieren!
£ 20 - £ 30.

Unterkunft

Claridge's
Brook Street, W1
Tel. (0171) 629 8860
Fax (0171) 499 2210.
Luxuriöses Hotel mit altmodischem Charme. Seit mehr als zwei Jahrhunderten steigen hier gekrönte Häupter, Staatsmänner und Diplomaten ab. Perfekter Empfang.
£ 255.

The Ritz
Piccadilly W1
Tel. (0171) 493 8181
Fax (0171) 493 2687
Erstklassig gelegenes Hotel, das seinem Pariser Gegenstück ähnelt und von denselben Handwerkern und Künstlern erbaut wurde. Reservieren Sie für die berühmte Teatime. £ 220.

Nachtleben

Red Lion Pub
2 Duke of York Street
St James's Square, SW1
Tel. (0171) 930 2030
Geöffnet 11.30 - 23 Uhr, So u. an Weihnachten geschlossen.
In dem kleinen Pub mit schöner Deckenbemalung und alten Reklamespiegeln verkehren Künstler und Sportler, sehr herzliche Atmosphäre. Abends trinkt man sein »real ale« im Freien.

Shepherd's Tavern
50 Hertford Street
Shepherd's Market, W1
Tel. (0171) 499 3017
Geöffnet 11 - 23, So 12 - 15 u. 19 - 22.30 Uhr, an Feiertagen ab 19 Uhr geschl.
In dem Pub aus dem 18. Jh. war ein Geschäft, bevor es während des Zweiten Weltkrieges zu einem Stammlokal der Piloten der RAF wurde.

Walkers of St James'
32a Duke Street
St James, SW1
Tel. (0171) 930 0278
Geöffnet Mo - Fr 11.30 - 23 Uhr, Sa, So u. an Feiertagen geschlossen.
Dieser Pub befindet sich in einem Keller in der Nähe des Piccadilly. Es wirkt recht pittoresk mit seiner Holzvertäfelung und ist bei

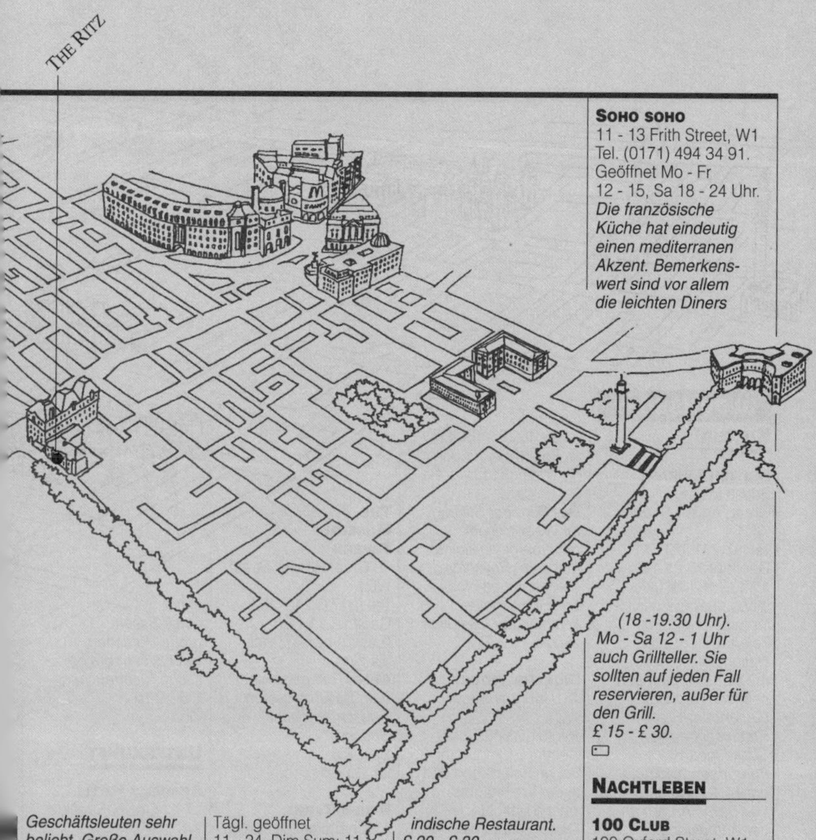

Geschäftsleuten sehr beliebt. Große Auswahl an Weinen und Bieren, Snacks bis 15 Uhr.

ANTIQUITÄTEN

GRAY'S MEW'S ANTIQUE MARKET
1-7 Davies Street, W1
Geöffnet 10 - 18 Uhr, Sa u. So geschl.
In einer ausgedienten Fabrikhalle finden Sie 300 Stände mit Antiquitäten, Kunst der Moderne und Art deco.

SOHO

RESTAURANTS

ALASTAIR LITTLE
49 Frith Street, W1
Tel. (0171) 734 5183
Geöffnet 12 - 15 u. 18 - 23.30 Uhr, Sa mittag u. So geschlossen.
Innovative britische Küche mit hohem Standard.
£ 30 - £ 40.

CHUEN CHENG KU
7 Wardour Street, W1V
Tel. (0171) 437 1398
Tägl. geöffnet 11 - 24. Dim Sum: 11 - 17.30 Uhr.
Kanton-Spezialitäten genießt man hier mitten im Gewühl von Chinatown.
£ 13.

GAY HUSSAR
2 Greek Street, W1
Tel. (0171) 437 0973
Geöffnet 12.30 - 14.30 u. 17.30 - 23 Uhr, So geschlossen.
Ungarisches Restaurant, wo sich die literarische Welt von Soho mittags trifft.
Die Innenausstattung ist schön und die Küche mitteleuropäisch.
£ 20 - £ 30.

GOPAL'S OF SOHO
12 Bateman Street, W1
Tel. (0171) 434 1621
Geöffnet Mo - Sa 12 - 15 u. 18 - 23.30, So 12.30 - 14, 18 - 23 Uhr.
Sehr gutes Essen zu angemessenen Preisen bietet dieses indische Restaurant.
£ 20 - £ 30.

THE IVY
1 West Street, WC2
Tel. (0171) 836 4751
Tägl. geöffnet 12 - 15 (So bis 15.30) u.17.30 - 24 Uhr.
Traditionelles, gemütliches Lokal mit bleigefaßten Fenstern; Gehobene englische Küche. Reservierung unerläßlich. Spezialitäten: Huhn bang bang, Salat César.
£ 20 - £ 30.

MELATI
21 Great Windmill Street, W1
Tel. (0171) 437 2745
Geöffnet 12 - 23.30, Do - So 12 - 24.30 Uhr.
Die Ausstattung des Restaurants ist original indonesisch. Es werden üppige vegetarische Gerichte serviert. Abends reservieren. Spezialitäten: Acar Melati, Mee goreng, Sago. £ 12 - £ 15.

SOHO SOHO
11 - 13 Frith Street, W1
Tel. (0171) 494 34 91.
Geöffnet Mo - Fr 12 - 15, Sa 18 - 24 Uhr.
Die französische Küche hat eindeutig einen mediterranen Akzent. Bemerkenswert sind vor allem die leichten Diners (18 -19.30 Uhr). Mo - Sa 12 - 1 Uhr auch Grillteller. Sie sollten auf jeden Fall reservieren, außer für den Grill.
£ 15 - £ 30.

NACHTLEBEN

100 CLUB
100 Oxford Street, W1
Tel. (0171) 636 0933
Geöffnet 19.30 - 1, Fr 20.30 - 3 Uhr.
Eine der besten Londoner Diskotheken: Gespielt wird Jazz, Rock und Blues.

FRENCH HOUSE
49 Dean Street, W1
Tel. (0171) 437 2799
Geöffnet 12 - 23, So 12 - 15 u. 19 - 22.30 Uhr.
Die Piano-Bar war während des Zweiten Weltkriegs Treffpunkt des Widerstands. Heute ist sie ein Künstler- und Schauspielertreff. Französische Weine und Champagner.

RONNIE SCOTTS
47 Frith Street, W1
Tel. (0171) 439 0747
Geöffnet 20.30 - 3 Uhr, So u. an Weihnachten geschl.
Der berühmte und sehr gute Jazz-Club besteht inzwischen seit fast 40 Jahren in Soho und hat schon manche Session erlebt.

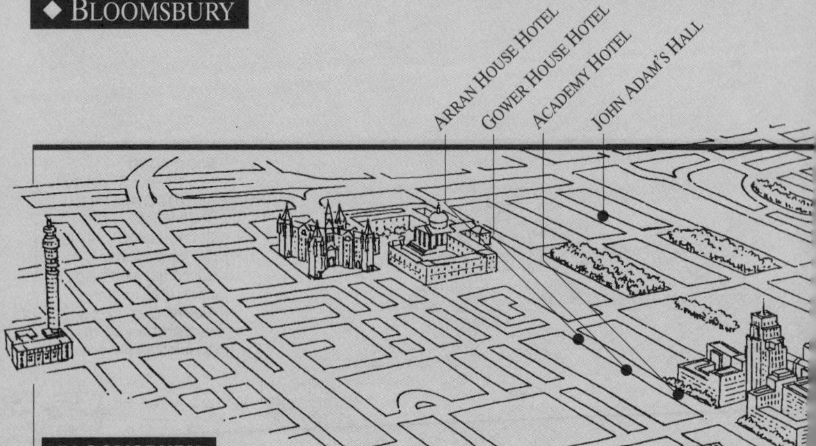

BLOOMSBURY

KULTUR

BRITISH LIBRARY
British Museum
Great Russell Street, WC1
Tel. (0171) 323 7111
Geöffnet 10 - 17, So 14.30 - 18 Uhr (allerdings nur die Ausstellungsgalerie), an Feiertagen geschl.
Nationalbibliothek mit Manuskripten und seltenen Büchern (Gutenberg-Bibel, Erstausgaben von Shakespeare). Führungen werktags um 14.15 und um 16.15 Uhr, Karten an der Anmeldung.

BRITISH MUSEUM
Great Russel Street, WC1
Tel. (0171) 636 1555
Geöffnet 10 - 17, So 14.30 - 18 Uhr, an Feiertagen geschl.
Große Sammlung von Exponaten aus verschiedenen Kulturen und Epochen. Informationen: Tel. (0171) 580 1788.

CRAFTS COUNCIL GALLERY
44a Pentonville Road Islington, N1
Tel. (0171) 278 7700
Geöffnet 11 - 18, So 14 - 18 Uhr, Mo geschl.
Das Museum ist dem alten und zeitgenössischen Handwerk gewidmet. Die Ausstellung wird durch eine einschlägige Bibliothek und vielseitige Informationen ergänzt.

THOMAS CORAM FOUNDATION
40 Brunswick Square, WC1
Tel. (0171) 278 2424
Geöffnet 9.30 - 16 Uhr, Sa, So, an Feiertagen und in der Weihnachtswoche geschlossen.
Das Büro der Stiftung für Waisenkinder beherbergt ein kleines Museum (Reynolds, Gainsborough etc.). Die Eintrittsgelder kommen der Institution zugute.

DICKENS' HOUSE
48, Doughty Street, WC1
Tel. (0171) 405 2127
Geöffnet 10 - 17 Uhr, So, an Feiertagen und in der Weihnachtswoche geschl.
Dickens lebte hier von 1837 bis 1839 und verfaßte mehrere Romane. Porträts, Briefe und Manuskripte.

RESTAURANTS

CHAMBALI
146 Southampton Row, WC1
Tel. (0171) 837 3925
Geöffnet 12 - 15 u. 18 - 24 Uhr.
Gut besuchtes indisches Restaurant. Man speist in netter Atmosphäre. Exzellente Küche.
£ 10 - £ 15.

MUSEUM STREET CAFÉ
47 Museum Street, WC1
Tel. (0171) 3211
Geöffnet Mo - Fr 12.30 - 14.30 u. 18.30 - 21.30 Uhr.
Das Café ist kürzlich renoviert worden. Die Küche ist gut und einfach, allerdings sind die Menüs klein. dafür ist der Käse hervorragend. Reservierung unerläßlich.

THE MUSEUM TAVERN
49 Great Russell Street, WC1
Tel. (0171) 242 8987
Geöffnet 11 - 22 (Essen) bzw. 23 Uhr (Drinks).
Netter Pub gegenüber dem British Museum. Typisch englische Snacks.
£ 5 - £ 8.

PIED-A-TERRE
34 Charlotte Street, W1
Tel. (0171) 636 1178
Geöffnet 12.15 - 14 u. 19.15 - 22.15 Uhr, Sa mittag u. So geschl.
Gute französische Küche, freundliche Bedienung. Für ein 3-Gänge-Menü muß man mittags £ 19,50, abends £ 39,50 rechnen.

POONS OF RUSSELL SQUARE
50 Woburn Place, WC1
Tel. (0171) 580 1188
Geöffnet 12 - 15 u. 17.30 - 23.30 Uhr, Weihnachten geschl.
Riesiges, elegantes China-Restaurant. Klassische, innovative chinesische Küche.
£ 15 - £ 18.

WAGAMAMA
4 Streatham Street, Off Coptic Street, WC1
Tel. (0171) 323 9223
Geöffnet Mo - Fr 12 - 14.30, Sa 12.30 - 15, Mo - Sa 17.45 - 23, So 14 - 22 Uhr.
Japanische Nudelbar, bietet gutes Essen, große Portionen. Nachts sehr gut besucht, Nichtraucher.
£ 6 - £ 10

UNTERKUNFT

ACADEMY HOTEL
17-21 Gower Street, WC1
Tel. (0171) 631 4115
Fax (0171) 636 3442.
Das Hotel umfaßt drei georgianische Häuser mit komfortablen Zimmern. Frühstück für £ 8. £ 85.

ARRAN HOUSE HOTEL
77-79 Gower Street, WC1
Tel. (0171) 636 2186
Fax (0171) 436 5328.
Familiär, Garage (£ 5 pro Tag), muß reserviert werden. Frühstück inkl. £ 52.

CENTRAL CLUB
16-22 Great Russell Street, WC1
Tel. (0171) 636 7512
Fax (0171) 636 5278.
Mit Schwimmbad, Café, Friseur. Bei längerem Aufenthalt reduzierte Preise, Mehrbettzimmer.
£ 55.

CRESCENT HOSTEL
49-50 Cartwright Gardens, WC1

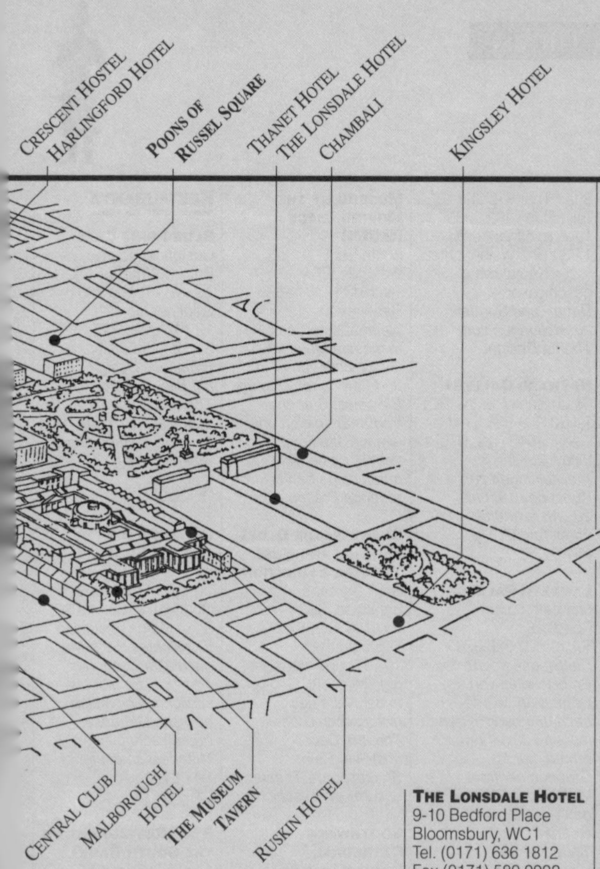

Tel. (0171) 387 1515
Fax (0171) 383 2054
Sympathisches, typisch englisches Hotel mit charmanten Zimmern und schönem Ausblick, z. T. zum Garten hin; Frühstück inklusive.
£ 55.

GOWER HOUSE HOTEL
57 Gower Street, WC1
Tel. (0171) 636 4685
Familiäres, englisches Bed & Breakfast, eine empfehlenswerte Adresse. Das Frühstück ist im Preis inbegriffen.
£ 50 - £ 55.

HARLINGFORD HOTEL
61-63 Cartwright Gardens, WC1
Tel. (0171) 387 1551
Fax (0171) 387 4616
Ein charmantes, typisch englisches Hotel, in dem Sie nett empfangen werden. Gefrühstückt wird in einem hübschen Speisesaal mit Ausblick auf die Gärten. £ 57.

JOHN ADAM'S HALL
15-23 Endsleigh Street, WC1
Tel. (0171) 387 4086
Fax (0171) 383 0164
Im Sommer können in diesem Studentenwohnheim auch Touristen übernachten. Sie müssen allerdings lange im voraus reservieren. Frühstück inklusive.
£ 33 - £ 37.

KINGSLEY HOTEL
Bloomsbury Way WC1
Tel. (0171) 242 5881
Fax (0171) 831 0225
Sehr englisch, netter Empfang, günstige Wochenendtarife. £ 110.

LANGLEY HOTEL
18 Argyle Square
King's Cross, WC1
Tel. (0171) 837 5816
Fax (0171) 837 7028
Zimmer mit Dusche, korrekter Empfang. Frühstück inkl.
£ 25.

THE LONSDALE HOTEL
9-10 Bedford Place
Bloomsbury, WC1
Tel. (0171) 636 1812
Fax (0171) 580 9902
In der Nähe des British Museum, ruhig, Zimmer ohne Dusche; Wochenendtarife, Frühstück im Preis inbegriffen.
£ 56 - £ 61.

MARLBOROUGH HOTEL
Bloomsbury Street, WC1
Tel. (0171) 636 5601
Fax (0171) 753 0101
In der Nähe des British Museum gelegenes Hotel im edwardianischen Stil. Herzlicher Empfang, hübsche Zimmer.
£ 167.

RUSKIN HOTEL
23-24 Montague Street, WC1
Tel. (0171) 636 7388
Fax (0171) 323 1662
Das Hotel liegt gegenüber dem British Museum. Schöne Zimmer, Frühstück inklusive. £ 60.

SALTERS HOTEL
3-4 Crestfield Street
King's Cross, WC1
Tel. (0171) 837 3817
Sehr nettes, hübsches, kleines Hotel. Gutes Preis-Leistungsverhältnis. Zimmer mit Dusche; Frühstück inklusive.
£ 35 - £ 40.

THANET HOTEL
8 Bedford Place
Russell Square, WC1
Tel. (0171) 636 2869
Fax (0171) 323 6676
Neu renoviertes Hotel in der Nähe des British Museum; Frühstück inkl.
£ 55.

NACHTLEBEN

KING'S BAR
Hotel Russel, Russell Square
Tel. (0171) 837 6470
Geöffnet Mo - Sa 10 - 23, So 12 - 14 u. 19 - 22.30 Uhr.
Altbekannte Bar, von »Einheimischen« gerne besucht. Enorme Biersorten-Auswahl.

PRINCESS LOUISE
208-209 High Holborn, WC1
Tel. (0171) 405 8816
Geöffnet 11 - 23, Sa 12 - 15 u. 18 - 23, So 12 - 14 u. 19 - 22.30 Uhr.
Der von Arthur Chitty ausgestattete Pub ist sehenswert; Sandwiches, Sa Live-Musik.

EAST END

KULTUR

WHITECHAPEL ART GALLERY
80 Whitechapel High Street, E1
Tel. (0171) 377 0107
Geöffnet Di - So 11 - 17, Mi - 20 Uhr, Mo u. an Weihnachten geschl.
Von Townsend erbaute Galerie im Jugendstil. Hier finden Ausstellungen zur modernen und zeitgenössischen Kunst statt.

RESTAURANTS

BLOOM'S
90 Whitechapel High Street, E1
Tel. (0171) 247 6001
Geöffnet 11 - 21.30 Uhr, Fr ab 14.30, Sa u. an jüdischen Feiertagen geschlossen.

Das bekannteste koschere Restaurant in London, der Besuch lohnt sich; überwältigendes Angebot.
£ 10 - £ 15.

CITY BUTTERY
85 Aldgate High Street, EC3
Tel. (0171) 480 7287
Geöffnet 7 - 15 Uhr, Sa, So u. an Feiertagen geschlossen.
Eingerichtet wie eine Cafeteria. Leckere Gerichte zu vernünftigen Preisen. £ 9 - £ 11.

LAHORE KEBAB HOUSE
2 Umberston Street, E1
Tel. (0171) 481 9737
Tägl. geöffnet 12 - 24 Uhr.
Authentische indische Küche.
£ 9.

UNTERKUNFT

GREAT EASTERN HOTEL
Liverpool Street, EC2
Tel. (0171) 283 4363
Fax (0171) 283 4897
Dieses große Hotel liegt im Zentrum der City. Frühstück inklusive.
£ 102.

FLOHMARKT

PETTICOAT LANE
Middlesex Street, E1
Geöffnet So 9 - 14 Uhr.
Einer der bekanntesten Londoner Flohmärkte, spezialisiert auf Kleidung und billige Haushaltsgegenstände. Besuchen Sie auch den Brick Lane Market, der ebenfalls am Sonntag stattfindet. Frühaufsteher können hier manches Schnäppchen machen. Es darf gehandelt werden.

SÜDLICH DER THEMSE

KULTUR

DESIGN MUSEUM
Butlers Wharf
Shad Thames, SE1
Tel. (0171) 403 6933
Tägl. geöffnet 10.30 - 17.30 Uhr, Weihnachten u. am Neujahrstag geschlossen.
Dauer- und Sonderausstellungen zum Thema Design.

HAYWARD GALLERY
South Bank Centre, SE1
Tel. (0171) 928 3144
Geöffnet 10 - 18, Di u. Mi bis 20 Uhr.
Ausstellungen zur Kunst des 19. und 20. Jh. Auskunft unter Tel. (0171) 261 0127.

LAMBETH PALACE
Lambeth Palace Road, SE1
Tel. (0171) 928 8282.
Die Stadtresidenz des Erzbischofes von Canterbury wurde nach und nach in den letzten 700 Jahren erbaut; nur für Gruppen geöffnet. Versäumen Sie nicht den Besuch von Guard Chamber und Tower.

LONDON DUNGEON
28 Tooley Street, SE1
Tel. (0171) 403 0606
Geöffnet 10 - 17.30, von Okt. - März letzter Einlaß 16.30 Uhr.
Anschauliche Darstellung von Hinrichtungen und Folterszenen, anschauliche Rekonstruktion des Großen Brandes von 1666.

MUSEUM OF THE MOVING IMAGE (MOMI)
South Bank
Waterloo, SE1
Tel. (0171) 401 2636
Geöffnet 10 - 18 Uhr, Weihnachten geschl.
In diesem Museum zur Geschichte von Kino und Fernsehen können Sie selbst Star oder Vorführer spielen oder einfach alte Filme sehen. Es besticht durch seine hervorragende Präsentation.

SHAKESPEARE GLOBE MUSEUM AND ROSE THEATRE EXHIBITION
Bear Gardens
Bankside, SE1
Tel. (0171) 928 6342
Tägl. geöffnet 10 - 17, an Feiertagen geschlossen.
In der Nähe des historischen Globe Theatre. Daueraustellung zum Shakespeare-Theater und seiner Geschichte.

SOUTHWARK CATHEDRAL
Borough High Street
London Bridge, SE1
Tel. (0171) 407 2939
Geöffnet 8.30 - 17.30, So zwischen den Messen, an Feiertagen 9 - 16 Uhr.
Der Bau stammt aus dem 13. Jh., allerdings mußte das Mittelschiff im 19. Jh. abgerissen werden.

◆ GREAT EASTERN HOTEL ◆

Hotel mitten in der City. Das wohlhabende Zentrum grenzt an das wirtschaftlich weniger erfolgreiche East End.

RESTAURANTS

BLUE PRINT CAFÉ
Design Museum, Butlers Wharf SE1
Tel. (0171) 378 7031
Geöffnet Mo - Sa 12 - 15 u. 18 - 23, So 12 - 15.30 Uhr.
Einfaches Design, mit Blick auf die Themse. Küche mit südostasiatischem Einschlag. Unbedingt reservieren!
£ 20.

COOKES'S EEL AND PIE SHOP
84 The Cut, SE1
Tel. (0171) 928 5931
Geöffnet 10.30 - 14.30, So u. Mo geschlossen.
Exzellentes Pie & Mash nach alter Londoner Tradition. Es gibt ausschließlich nichtalkoholische Getränke. Für ein schnelles Mittagessen geeignet.
£2 - £4.

RSJ (RESTAURANT ON THE SOUTH BANK)
13a Coin Street, SE1
Tel. (0171) 928 4554
Geöffnet 12 - 14 u. 18 - 23 Uhr, Sa Nachmittag u. So geschlossen.
Das Restaurant ist für seine Weine von der Loire und für seine französische Küche bekannt. Hier können Sie vor einem Theaterbesuch speisen. Für den Lunch sollten Sie reservieren.
£ 16 - £ 30.

UNTERKUNFT

DRISCOLL HOUSE HOTEL
172-180 New Kent Road, SE1
Tel. (0171) 703 4175
Fax (0171) 703 8013
In dieser seit 80 Jahren bestehenden Pension werden Sie herzlich empfangen. Einfache Zimmer, gemeinschaftliche Sanitärräume, Frühstück inklusive. Vollpension für £ 150 in der Woche. Nur für über 18jährige.
£ 50.

London Park Hotel
Brook Drive, Elephant and Castle, SE11
Tel. (0171) 735 9191
Fax (0171) 582 7688.
Bietet alle Vorteile eines großen Hotels (Restaurant, Bar). U-Bahn-Nähe. Frühstück inklusive.
£ 70.

Nachtleben

George Inn
77 Borough High Street, SE1
Tel. (0171) 407 2056
Geöffnet 11 - 23 Uhr.
Ein überaus renommiertes Lokal. In mehreren holzvertäfelten Sälen lassen die Gäste es sich gutgehen. Im Sommer wird hier manchmal Shakespeare gespielt. Ziemlich teuer.

Goose and Firkin
47-48 Borough Road, SE1
Tel. (0171) 403 3590
Geöffnet Mo - Fr 12 - 23 Uhr, Sa 12 - 15 u. 19 - 23, So 12 - 15 u. 19 - 20.30 Uhr.
Hier verkehren Geschäftsleute und Fußballer. Bier aus der hauseigenen Brauerei.

Flohmarkt

Bermondsey Market
Bermondsey Street, SE1
Geöffnet Fr 4 - 14 Uhr.
Kleidung, Antiquitäten und unterschiedlicher Trödel.

Greenwich

Kultur

Cutty Sark & Gipsy Moth IV
Greenwich Pier, SE10
Tel. (0181) 858 3445
Geöffnet 10 - 18, So 12 - 18, im Winter bis 17 Uhr.
In Greenwich am Fluß liegen der letzte Tee-Klipper, die Cutty Sark, und die Gipsy Moth IV, mit der Sir Francis Chichester 1967 alleine um die Welt segelte.

National Maritime Museum
Greenwich. SE10
Tel. (0181) 858 4422
Geöffnet 10 - 17, Okt. - März 12 - 17 Uhr.
In dem Museum sind Lastkähne, königliche Segelboote, Schiffsmodelle und Schifffahrtszubehör zu sehen.

Old Royal Observatory
Flamsteed House
Greenwich Park, SE10
Tel. (0181) 858 4422
Geöffnet 10 - 17, Okt. - März 12 - 17 Uhr.
Im alten Observatorium Charles II. können Sie das längste Teleskop des United Kingdom sehen und eine Sammlung astronomischer Instrumente und Uhren.

Queen's House
Greenwich, SE10
Tel. (0181) 858 4422
Geöffnet 10 - 18, So 12 - 18 Uhr, von Oktober - März 10 - 17, So 14 - 17 Uhr.
Dieses Werk von Inigo Jones erinnert an venezianische Villen. Sehenswert sind die freitragende Treppe und die Loggia. Hier befindet sich auch das National Maritime Museum.

Royal Naval College
King William Walk
Greenwich SE10
Tel. (0181) 858 2154
Geöffnet 14.30-16.45 Uhr.
Das alte Marinehospital wurde von Christopher Wren erbaut. Die Painted Hall beeindruckt durch ihre barocke Wand- und Deckenbemalung. In der Kapelle werden Konzerte gegeben. Eintritt frei.

Restaurants

Green Village Restaurant
11-13 Greenwich Church Street, SE10
Tel. (0181) 858 2348
Geöffnet 11 - 24 Uhr.
Das hübsch dekorierte Restaurant wird von vielen Bewohnern Greenwichs geschätzt. Hier bekommen Sie englische Küche.
£ 7 - £ 12.

Plume of Feathers
19 Park Vista
Greenwich, SE10
Tel. (0181) 858 01819
Geöffnet 12 - 14 u. 19 - 20 Uhr, So abends geschlossen.
Über seine mehr als 300jährige Geschichte können Sie sich in diesem Pub informieren. Schöner Ausblick auf den Greenwich-Park; Gäste aus dem Viertel. Englische Küche, Grillspezialitäten.
£ 5 - £ 8.

Royal Teas
76 Royal Hill
Greenwich, SE10
Tel. (0181) 691 7240
Geöffnet 10 - 18 Uhr.
In diesem sehr sympathischen, winzigen Bar-Restaurant haben Sie eine unglaubliche Auswahl an Tee- und Kaffesorten. Außerdem gibt es kleine Gerichte und hausgemachten Kuchen. Spezialitäten: vegetarische Gerichte, Tee und Kaffee.
£ 5 - £ 7.

Spread Eagle
1-2 Stockwell Street, SE10
Tel. (0181) 853 2333
Geöffnet Mo - Sa 12 - 15 u. 18.30 - 22.30, So 12 - 15.30 Uhr.
Weihnachten geschl.
Monatlich wechselnde Karte, hauptsächlich französische Küche. Hübsche Ausstattung und netter Service. Reservierung nötig. Spezialitäten: Schottisches Moorhuhn, Marquise au chocolat.
£ 13 - £ 20.

Unterkunft

Bardon Lodge Hotel
15-17 Stratheden Road
Blackheath, SE3
Tel. (0181) 853 4051
Fax (0181) 858 7387
Großes viktorianisches Haus mit hübschem Garten. Freundliche Bedienung und netter Empfang. Die Zimmer sind komfortabel; Bar und abends geöffnetes Restaurant. Frühstück inklusive.
£ 65.

Nachtleben

Cutty Sark
Lassell Street
Tel. (0181) 858 3146
Geöffnet Mo - Sa 11 - 23, Sa u. So 12 - 15 u.

19 - 22.30 Uhr.
Der älteste Pub von Greenwich mit sehr schönem Blick auf die Themse, Live-Jazz.

Flohmarkt

Greenwich Antiques Market
Greenwich High Road, SE10
Geöffnet Sa u. So 8 - 16 Uhr.
Antiquitäten.

Greenwich Arts and Crafts Covered Market
Nelson Road, SE10
Geöffnet Sa u. So 9.- 17 Uhr.
Große Markthalle, wo man eine breite Palette an Kunst und Kunsthandwerk bekommen kann. Schön, um bei schlechtem Wetter trockenen Fußes zu bummeln.

DOCKLANDS

Kultur

Thames Barrier Visitor's Center
Unity Way
Woolwich, SE18
Tel. (0181) 854 1373
Geöffnet 10 - 17, Sa u. So 10.30 - 17.30 Uhr, Weihnachten geschlossen.
Ausstellung über das Themse-Sperrwerk, das London vor Überschwemmungen schützen soll.

Nachtleben

Mayflower
117 Rotherhithe Street, SE16
Tel. (0171) 237 4088
Geöffnet Mo - Sa 11 - 23, So 12 - 15 u. 19 - 22.30 Uhr. Abendessen von Di - Sa.
Das Tudor-Gasthaus trägt den Namen des Schiffes, das die Pilgrim Fathers in die Neue Welt brachte. Angenehme Atmosphäre.

Prospect of Whitby
57 Wapping Wall, E1
Tel. (0171) 481 1095
Geöffnet 11.30-15 u. 17.30 - 23 Uhr.
Der älteste Pub in den Docks stammt aus dem 16. Jh. Ausblick auf die Themse.

Town of Ramsgate
62 Wapping High Street, E1
Tel. (0171) 488 2685
Geöffnet 11.30 - 23 Uhr.
Der Pub an der parallel zur Themse verlaufenden Straße ist von großem historischen Interesse. Samstags oft Live-Musik.

WESTLICH DER THEMSE

Kultur

Chiswick House
Burlington Lane, W4
Tel. (0181) 995 0508
Geöffnet 10 - 13 u. 14 - 18 (Winter bis 16 Uhr), Weihnachten geschlossen.
Der Earl of Burlington verwirklichte zusammen mit William Kent ab 1725 diese von der italienischen Renaissance beeinflußte Villa, die in einem herrlichen Landschaftsgarten liegt.

Kew Gardens
Kew, Richmond, Surrey
Tel. (0181) 940 1171
Geöffnet täglich 9.30 - 18.30 (Sommer: an den Wochenden und Feiertagen bis 19.30), 9.30 - 16.30 (Winter); die Gewächshäuser schließen um 17.30 Uhr.
Die Royal Botanic Gardens in Kew beherbergen unzählige heimische und exotische Pflanzen.

Syon House
Park Road
Brentford, Middlesex
Tel. (0181) 560 0881
Geöffnet Mi, Sa, So 11 - 17. Parkanlagen tägl. geöffnet 10 - 18 Uhr.
Der im 16. Jh. erbaute Landsitz wurde ab 1761 von Robert Adam umgestaltet; wunderbare Parkanlagen.

Restaurants

Osteria Antica Bologna
23 Northcote Road, SW11
Tel. (0171) 978 4771
Geöffnet Mo - Sa 12 - 23, So 12.30- 22.30 Uhr.
Exzellente italienische Küche in einer lebhaften Umgebung.
£ 15 - £ 20.

River Café
Thames Wharf
Rainville Road, W6
Tel. (0171) 381 8824
Geöffnet Mo - Sa 12.30 - 15 u. 19.30 - 21.45, So 13 - 15 Uhr, So abend geschlossen.
Das Café ist zwar teuer, aber die exzellente italienische Küche ist die Anreise durchaus wert.
£ 30 - £ 40.

HAMPTON COURT

Kultur

Hampton Court Palace
East Molesey, Surrey
Tel. (0181) 977 8441
Geöffnet von März - Okt. täglich 9.30 - 16 Uhr, Apr. - Sept. täglich 9.30 - 17.30 Uhr.
Den um 1520 für Kardinal Wolsey errichteten Palast bewohnte nach dessen Tod Henry VIII. mit fünf seiner Frauen. Die im Tudor-Stil erbaute Residenz liegt inmitten schöner Gärten.

WINDSOR CASTLE

Kultur

Windsor Castle
Windsor, Berkshire,
Tourist Information
Tel. (0753) 85 20 10
Geöffnet November - März Mo - Sa 9.30 - 17 Uhr, So 10 - 16 Uhr, April - Okt.Mo - Sa 9.30 - 18.30 Uhr, So 10 - 18.30 Uhr.
Wenn die königliche Familie in Windsor weilt, sind die State Apartments geschlossen, und zwar etwa sechs Wochen um Ostern und jeweils drei im Juni und um Weihnachten.
Die private Residenz der Königin geht zurück auf William the Conqueror und ist heute das größte bewohnte Schloß der Welt. Wenn die königliche Familie anwesend ist, weht über den Dächern der Union Jack.

◆ **Bardon Lodge Hotel** ◆

Der Name Greenwich steht für ein Viertel, das sich seinen ländlichen Charme bewahren konnte.

ANHANG

◆ EINFÜHRUNG ◆

◆ Ahrens, Helmut: London. Pracht, Macht und Alltag, Braunschweig, Westermann, 1987
◆ Barisch, Klaus / Sahla, Peter: London, Köln, DuMont, 17 1993 (Richtig reisen)
◆ Berenberg, Heinrich von (Hg.): Der eiserne Besen. Eine Innenansicht des heutigen England, Berlin, Wagenbach, 1989 (13 Ortsbesichtigungen und Analysen des heutigen Großbritannien)
◆ Blake, Robert (Hg.): Die englische Welt. Geschichte, Gesellschaft, Kultur, dt. von Astrid Böhme, München, Beck, 1983 (über das 'Englische' an den Engländern)
◆ Bohrer, Karl Heinz: Ein bißchen Lust am Untergang. Englische Ansichten, München und Wien, Hanser, 1979 (Essay-Sammlung vom politischen Korrespondenten der FAZ)
◆ Both, Gerhard: Die "english Desease": die englische Gesellschaft - eine Studie der Disharmonie, Regensburg, S. Roderer, 1989 (über Broker, Gentlemen, Fair Play und andere Phänomene)
◆ Burwell, Geoffrey P. / Fischer, Paul: Kleines England-Lexikon. Wissenswertes über Großbritannien, München 2 1991
◆ Damm, Reinhard: London, Köln, DuMont, 3 1994 (Reisetaschenbuch)
◆ Händel, Heinrich / Friebel, Isolde: Großbritannien, München, Beck, 2 1991 (aktuelle Länderkunde)
◆ Jäger, Helmut: Großbritannien, Darmstadt, Wissenschaftliche Buchgesellschaft, 1976 (wissenschaftliche Länderkunde)
◆ Kröger, Uwe: England. Die geteilte Nation, Stuttgart und Wien, Edition Erdmann im K. Thienemanns Verlag, 1991 (kritische Bestandsaufnahme vom Leiter des ZDF-Studios in London)
◆ Leonhardt, Rudolf W.: 77 x England, München, Piper, 2 1989
◆ Lojewski, Wolf von: Die Briten sind anders. Erfahrungen rund um Big Ben, Hamburg, Hoffmann und Campe, 1988 (der ARD-Korrespondent über Cricket, Lords, Linke, Regen)
◆ Nelson, Walter H.: The Londoners. Life in a Civilized City, London, Hutchinson, 1975
◆ Peter Nonnenmacher: Das blau-rote Königreich. Nachrichten und Geschichten aus Britannien, Darmstadt, Luchterhand, 1988 (Berichte vom politischen Korrespondenten der Frankfurter Rundschau)
◆ Nowel, Ingrid: London. Biographie einer Weltstadt, Köln, DuMont, 4 1990 (Kunstreiseführer: Geschichte, Literatur, Architektur und Kunst)
◆ Ohff, Heinz: Gebrauchsanweisung England, München und Zürich, Piper, 3 1991
◆ Pevsner, Nikolaus: London, Penguin Books, 1973
◆ Roberts, Glenys: Metropolitan Myths, London, Libri Mundi, 1989 (Essays zum Charakter einzelner Stadtteile)
◆ Spiel, Hilde: Englische Ansichten. Berichte aus Kultur, Geschichte und Politik, Stuttgart, DVA, 1984
◆ Wocker, Karl Heinz: Jenseits von Eton. England auf dem Weg in die Gegenwart, Köln, Kiepenheuer & Witsch, 1971 (vom ZEIT-, NDR- und WDR-Korrespondenten)
◆ Wittich, J.: London Villages, Princes Risborough, Shire Publication, Reprint1992

◆ GESCHICHTE ◆

◆ Baker, Timothy: Medieval London, London, Cassell, 1970
◆ Barker, Felix / Jackson, Peter: London. 2000 Years of a City and Its People, London, Macmillan, 1974
◆ Bebbington, Gillian: London Street Names, London, Batsford, 1972
◆ Brandt, B.: London in the Thirties, Gordon Fraser, 1983
◆ Brigg, A.: Marx in London, London, 1982
◆ Brooke, Christopher N. L.: London 800-1216. The Shaping of a City, London, Secker & Warburg, 1975
◆ Churchill, Winston Spencer: Geschichte, 4 Bde., dt. von Peter Stadelmayer, Stuttgart, Scherz & Goverts, 1956-58
◆ Cullen, Tom: Jack the Ripper. Der Mörder von London, Frankfurt/M., Berlin und Wien, Ullstein, 1988
◆ Downie, R. A.: Murder in London. A Topological Guide to Famous Crimes, A. Barker, 1973
◆ Ekwall, Eilert: Street-Names of the City of London, Oxford, Clarendon, 1954
◆ Fitzgibbon, Constantine: London brennt, Rastatt, Moewig, 1982 (zur Luftschlacht im Zweiten Weltkrieg)
◆ Germer, Erich: London. Geschichte und kulturgeschichtliche Stätten der britischen Hauptstadt, Leinsweiler, Neukastel 1993
◆ George, Dorothy M.: London Life in the Eighteenth Century, Harmondsworth 1979 (Beschreibung der Lebensbedingungen der unteren Klassen im 18. Jh.)
◆ Gray, Robert: A History of London, London 1978
◆ Harvey, B.: Westminster Abbey and its Estate in the Middle Age, Oxford University Press, 1977
◆ Hearsey, John E. N.: London and the Great Fire, London, Murray, 1965
◆ Herbert, A. P.: The Thames, London, Weidenfeld & Nicolson, 1966
◆ Hibbert, Christopher: London. The Biography of a City, London, Longmans, 2 1977
◆ Kluxen, Kurt: Geschichte Englands. Von den Anfängen bis zur Gegenwart, Stuttgart, Kröner, 3 1985
◆ Krieger, Karl-Friedrich: Geschichte Englands, 3 Bde., München, Beck 1990
◆ Kulturstiftung Ruhr Essen (Hg.), Metropole London. Macht und Glanz einer Weltstadt 1800-1840, Recklinghausen, Verlag Aurel Bongers, 1992 (Katalog zur Ausstellung in der Villa Hügel Essen mit zahlreichen Beiträgen und ausführlicher Bibliographie)
◆ Linder, Leo G.: Die Themse. Geschichten aus zwei Jahrtausenden, Braunschweig, Westermann, 1993
◆ Margetson, S.: Regency London, London, Cassell, 1971
◆ Merrifield, Ralph: The Roman City of London, London, Benn, 1961
◆ Mitchell, R. J. / Leys, M. D. R.: A History of London Life, London, Longmans, 1958
Mosley, L.: London Under Fire 1939-1945, Pan Books, 1971
◆ Niedhart, Gottfried: Geschichte Englands im 19. Jh., München, Beck, 1987
◆ Norton, Graham: London before the Blitz 1906-40. From the Coming of the Motor-car to the Outbreak of War, London, Macdonald, 1970
◆ Palmer, Alan: Gekrönte Vettern. Deutscher Adel auf Englands Thron, dt. von Jürgen Abel, Düsseldorf, Claassen, 1989 (der englische Historiker beschreibt die Beziehungen zwischen englischem und deutschem Hochadel)
◆ Redman, Alvin: Auf Englands Thron. Das Haus Hannover, dt. von Maria von Schweinitz, München, Winkler, 1961
◆ Reiners, Ludwig: Roman der Staatskunst. Leben und Leistung der Lords, München, Beck, 1951 (Porträtgalerie englischer Staatsmänner)
◆ Schmidt-Liebich, Jochen: Daten der englischen Geschichte. Von den Anfängen bis zur Gegenwart, München, DTV, 1977 (chronologisch in Daten geordneter Geschichtsüberblick)
◆ Schreiber, Hermann: Die Stuarts. Genre und Unstern einer königlichen Familie, München, Piper, 1970
◆ Seaman, L. C. B.: Life in the Victorian London, B. T. Batsford, 1973
◆ Smith, Lacey Baldwin: Zwielicht einer Zeitenwende. Königin Elisabeth und ihre Epoche, dt. von Liselotte Mickel, Stuttgart, DVA, 1967
◆ Thompson, Edward P.: Die Entstehung der englischen Arbeiterklasse, Frankfurt/M., Suhrkamp, 1987
◆ Herbert Tinsten: Königin Viktoria und ihre Zeit, dt. von Ehrhardt Neumann, München, Georg D. W. Callwey, 1965 (Studie über den Viktorianismus und Personen dieser Epoche)

◆ Weinreb, Ben / Hibbert, Christopher (Hg.): The London Encyclopaedia, London, Papermac, 1983 (Preiswertes Paperback-Universalwerk für historisch Interessierte)
◆ Wende, Peter: Geschichte Englands, Stuttgart, Berlin, Köln und Mainz, Kohlhammer, 1985
◆ Wheatley, Henry B: London Past and Present. A Dictionary of its History, Associations, and Traditions, based upon the Handbook of London by Peter Cunningham, 1891, 3 Bde., Reprint Detroit, Singing Tree Press 1968
◆ Witz, Cornelia: England-Ploetz. Geschichte von Großbritannien und Irland zum Nachschlagen, Freiburg und Würzburg, Ploetz, 1985
◆ Wocker, Karl Heinz: Königin Viktoria. Die Geschichte eines Zeitalters, München, Heyne, 1980
◆ Wright, Robert: Die wahren Hintergründe der Schlacht um England, dt. von Alfred Scholz, Bergisch Gladbach, Gustav Lübbe Verlag, 1970

◆ POLITIK ◆

◆ Aldermann, G.: London Jewry and London Politics 1889-1986, Routledge, 1989
◆ Archer, I. W.: The Pursuit of Stability. Social Relation in Elizabethan London, Cambridge University Press, 1991
◆ Döring, Herbert: Großbritannien. Regierung, Gesellschaft und politische Kultur, Opladen, Leske & Budrich, 1993 (Grundwissen Politik)
◆ Döring, Herbert / Grosser, Dieter (Hg.): Großbritannien. Ein Regierungssystem in der Belastungsprobe, Opladen, Leske & Budrich, 1987 (Aufsätze zu Parteien, Wahlsystem, Parlamentsverständnis)
◆ Ewers, Hans J. / Goddard, John B. / Matzerath, Horst (Hg.): The Future of the Metropolis. Berlin, London, Paris, New York, de Gruyter, 1986
◆ Gauland, Alexander: Gemeine und Lords. Porträt einer politischen Klasse, Frankfurt/M., Suhrkamp, 1989 (über den angelsächsischen aristokratischen Parlamentarismus)
◆ Glinga, Werner: Erben des Empire. Eine Reise durch die englische Gesellschaft, Frankfurt/M. und New York, Campus, 1983 (über Kolonialvergangenheit, den Mythos vom Gentleman, Arbeiterkultur)
◆ Großbritannien, (Red.) Hans-Georg Wehling, Stuttgart, Berlin, Köln und Mainz, Kohlhammer, 1992 (politische Landeskunde)
◆ Johnson, Nevil: Die englische Krankheit. Wie kann Großbritannien seine politische Krise überwinden, dt. von Karl Klewer, Stuttgart, Ernst Klett, 1977 (Diagnoseversuch für Englands politische Probleme)
◆ McAuley, Ian: London. Ethnic Quest 1989 (über ethnische Minderheiten)
◆ Noetzel, Thomas: Die Revolution der Konservativen. England in der Ära Thatcher, Hamburg, Junius Verlag, 1987 (Analyse der politisch-kulturellen Auswirkungen des Thatcherismus)
◆ Saalfeld, Thomas: Das britische Unterhaus 1965 bis 1986. Ein Parlament im Wandel, Frankfurt/M., Bern, New York und Paris, Peter Lang, 1988 (Überblick über Veränderungsprozesse im Unterhaus)
◆ Sheperd, J.: A Social Atlas of London, Clarendon Press, 1974
◆ Sturm, Roland (Hg.), Thatcherismus - Eine Bilanz nach zehn Jahren, Bochum, Universitätsverlag Dr. N. Brockmeyer, 1990 (Aufsätze)
◆ Sturm, Roland: Großbritannien. Wirtschaft, Gesellschaft, Politik, Opladen, Leske & Budrich, 1991

◆ ARCHITEKTUR ◆

◆ Barker, T. C. / Robbins, Michael: A History of London Transport, Passenger Travel and the Development of the Metropolis, 2 Bde., London, Allen & Unwin 1963-74 (Verkehr und Stadtentwicklung im 19. und 20. Jh.)
◆ Barker, F. / Jackson, P.: The History of London in Maps, London, Barrie & Jenkins Ltd., 1990
◆ Betjeman, J.: London's Historic Railway Stations, London, J. Murray, 1978
◆ Bignell, J.: Chelsea seen from its Earliest Days, London, Robert Hale Limited, ²1987
◆ Bodenschatz, Harald / Heise, Volker/, Korfmacher, Jochen: Schluß mit der Zerstörung? Stadterneuerung und städtische Opposition in Amsterdam, London und West-Berlin, Gießen, Anabas, 1983 (Stadtsanierung, Hausbetzung)
◆ Braybroke, Neville: London Green. The Story of Kensington Gardens, Hyde Park, Green Park & St. James's Park, London, Gollancz 1959
◆ Burkhard, W.: A Guide to the Architecture of London, Weidenfeld & Nicolson, 1983
◆ Cobb, G.: London City Churches, B. T. Batsford, 1977
◆ Cruickshank, D.: London - The Art of Georgian Building, Architectural Press, 1975
◆ Crowe, A.: The Parks and Woodlands of London, Fourth Estate 1987
◆ Day, John R.: The Story of the London Bus. London and its Buses from the Horse Bus to the Present Day, London, London Transport, 1973
◆ ders.: The Story of London's Underground, London Transport Executive, 1974
◆ Dyos, H. J. / Wolff, M.: The Victorian City. Images and Realities, Routledge & Kegan Paul, 1973
◆ Gribble, Leonard: The True Book about the Old Bailey, London, Muller, 1959
◆ Hall, John M.: London. Metropolis and Region, Oxford, Oxford University Press, 1976
◆ Heilmann, My: Der Tower von London. Ihrer Majestät Königlicher Palast und Festung, hg. von Leonore Engelhardt, Berlin, Frieling-Historia, 1992
◆ Heineberg, Heinz: Großbritannien, Stuttgart, Klett 1983 (Raumplanung, Landschaftsentwicklung)
◆ Hibbert, Christopher: London's Churches, Queen Anne Press, 1988
◆ Johnson, David: The Tower of London, London, Cape, 1969
◆ Lobel, M. D.: The City of London from Prehistoric Times to c. 1520, Oxford, Oxford University Press, 1989
◆ Mace, Rodney: Trafalgar Square. Emblem of Empire, London, Lawrence & Wishart, 1976
◆ Marsden, P.: Roman London, Thames & Hudson, 1986
◆ Minney, R. J.: The Tower of London, Englewood Cliffs, New Jersey, Prentice Hall Inc., 1970 (Geschichte des Towers durch die Jahrhunderte)
◆ Mordaunt Cook, J.: Victorian Architecture. A Visual Anthology, Johnson Reprint Corp., 1971
◆ Nellist, J. B.: British Architecture and its Background, London, Macmillan, 1967
◆ Olsen, Donald J., Die Stadt als Kunstwerk. London, Paris, Wien, dt. von Niels Kadritzke, Frankfurt/M., Campus, 1988
◆ ders.: The Growth of Victorian London, London, Batsford, 1976
◆ ders.: Town Planning in London. The 18th and 19th Centuries, Yale University Press 1964
◆ Pearce, D.: London's Mansions. The Palatial Houses of the Nobility, B. T. Batsford, 1986
◆ Pevsner, Nikolaus / Cherry, B.: The Buildings of England, 3 Bde., Bd. 1: The cities of London and Westminster, Penguin Books, 1973
◆ Post-Modern Triumphs in London, Academa Ed. VCH, 1991
◆ Saunders, Ann: The Art and Architecture of London, Oxford 1984
◆ Schumann-Bacia, Eva M.: John Soane und die Bank of England, Hildesheim, Olms 1991
◆ Service, Alastair: The Architects of London and their buildings from 1066 to the present day, London, The Architectural Press, 1979
◆ Summerson, Sir John: The Architecture of Victorian London, University Press of Virginia, 1976

◆ ders.:Georgian London, Harmondsworth, Penguin Books, 1978
◆ ders.: The Life and Works of John Nash, Architect, London, Allen & Unwin, 1981
◆ Sykes, Christopher Simon: Private Palaces. Life in the Great London Houses, London 1985
◆ Thackrah, J. R.: The Royal Albert Hall, T. Dalton, 1983
◆ White, H. P.: London Railways History, David & Charles, 1971

◆ KUNSTGESCHICHTE ◆

◆ Baker, M.: London Statues and Monuments, Princes Risborough, Shire Publications, Reprint 1992
◆ Blayney Brown, D.: The Art of J. M. W. Turner, Headline Book Publishing, London 1990
◆ British Museum Guide: London, British Museum Publications Limited, 1976 (offizieller Führer durch das Museum)
◆ Byron, A.: London Statues. A Guide to London's Outdoor Statues and Sculptures, Constable 1981
◆ Caygill, Marjorie: Treasures of the British Museum, London, British Museum Publications Limited, 1985 (thematisch strukturierter Kommentar zu wichtigen Kunstschätzen)
◆ Dalzell, Ronald / Pfistermeister, Ursula, London und seine Museen, dt. von Heinz P. Kövari, Seelze, Knorr & Hirth, 1971
◆ Danto, E.: Undiscovered Museums of London, Chicago, Surrey Books, 1991
◆ Feist, Peter H.: Die National Gallery London, Lepzig, VEB E.A. Seemann, 1971 (Bildband mit Einleitung)
◆ Germer, Erich: London. Geschichte und kulturgeschichtliche Stätten der britischen Hauptstadt, 1992 (Neukastel)
◆ Greenhill, Basil (Hg.): National Maritime Museum, Das Britische Schiffahrtsmuseum in Greenwich bei London, München, Beck, 1982
◆ Hendy, Sir Philip: Die National-Galerie London, dt. von Lotte Stuart, München und Zürich, Droemersche Verlagsanstalt, 1959 (Bildband mit Erläuterungen zu den Gemälden)
◆ Hinz, Berthold: Hogarth: Beer Street und Gin Lane. Lehrtafel zur britischen Volkswohlfahrt, Frankfurt/M., Fischer Taschenbuch, 1984. (London als Motiv von William Hogarth)
◆ Ingamells, John (Hg.): London. Die Wallace Collection, dt. von Annemarie Seling, München, Beck 1990
◆ Martin, Gregory: Rundgang durch die National Gallery London, dt. von Eva Gärtner, München, Hirmer, 1972 (nach Epochen und Ländern gegliederter Führer)
◆ Miller, Edward: That Noble Cabinet. A history of the British Museum, London, Deutsch, 1973
◆ National Gallery - Illustrated General Catalogue, London, National Gallery Publications, 2 1986 (Museumseigener Gesamtkatalog)
◆ Die National Gallery in London, Gondrom Bindlach 1989
◆ Pevsner, Nikolaus: Das Englische in der englischen Kunst, München, Prestel, 1974
◆ Piper, D.: The Genius of British Painting, Weidemfeld & Nicolson, 1975
◆ Rothenstein, Sir John, Die Tate-Galerie, dt. von Carmen Hübener, München und Zürich, Droemersche Verlagsanstalt (Bestände und Geschichte)
◆ Schäfke, Werner, Englische Kathedralen. Eine Reise zu den Höhepunkten englischer Architektur von 1066 bis heute, Köln, DuMont, 31989
◆ Sunderland, J.: Painting in Britain, 1525-1975, Phaidon Press, 1976
◆ Valsecchi, Marco: Die Nationalgalerie in London, dt. von Annemarie Seling, München, Goldmann 1963 (Kommentierte SW-Abbildungen von Gemälden)

◆ BILDBÄNDE ◆

◆ Aubert, Hans J.: London, München, Bucher, 1990
◆ Berendt, Axel / Berendt, Bibiana, Die schönsten Pubs von London, München, Heyne, 1992
◆ Dolder, Ursula / Dolder, Willi: Englands Süden und London. Schönheiten und Schätze, Frankfurt/M. Umschau, 1988
◆ Green, Benny: London. Entdeckung einer Metropole, dt. von Ursula Fink, Stuttgart, Belser 1992
◆ Kokoschka, Oskar: Londoner Ansichten. Englische Landschaften, mit einer Einführung von Jan Tomeš, München, Bruckmann 1972
◆ Sahla, Peter: London, München, Bruckmann 1992
◆ Witchouse, R.: A London Album. Early Photographs Recording the History of the City and its People from 1840 to 1915, London, Secker & Warburg, 1980

◆ KULTURGESCHICHTE ◆

◆ Acres, W. Marston: London and Westminster in History & Literature, London, Fisher Unwin 1923
◆ Alter, Peter (Hg.): Im Banne der Metropolen. Berlin und London in den zwanziger Jahren, Göttingen, Vandenhoeck & Ruprecht, 1993
◆ Baker, H. Barton: History of the London Stage and its Famous Players (1576-1903), London 1904
◆ Barker, Kenneth: London Lines. The Places and Faces of London in Poetry and Song, London 1982
◆ Bell, Quentin: Bloomsbury, New York, Basic Books, 1968 (zur Geschichte der Bloomsbury Group)
◆ Bradbrook, M. C.: The Living Monument. Shakespeare and the Theatre of his Time, Cambridge University Press, 1977
◆ Davies, Andrew: Literary London, London, MacMillan, 1988 (ein literarischer Führer durch alle Stadtviertel)
◆ Drogheda, C. G. P. M.: The Covent Garden Album. 250 Years of Theatre, Opera and Ballett, London, Routledge & K. Paul, 1981
◆ Derwent, Kenneth: Medieval London, London, MacDonald 1968 (Führer zu den mittelalterlichen Stätten)
◆ Fitter, R. S. R.: London's Natural History, Bloomsbury 1990
◆ Franklyn, J.: The Cockney. A survey of London Life and Language, London, A. Deutsch, 1953
◆ Girouard, M.: Victorian Pubs, Yale University Press, 1984
◆ Hirschfeld, Gerhard (Hg.): Exil in Großbritannien. Zur Emigration aus dem nationalsozialistischen Deutschland, Stuttgart, Klett-Cotta, 1983
◆ Lejeune, A.: The Gentlemen's Clubs of London, Mayflower Books, 1979
◆ Lillywhite, Bryant: London Coffee Houses. A reference book of coffee houses of the 17th, 18th and 19th centuries, London, Allen & Unwin, 1963
Mackerness, E. D.: A Social History of English Music , London, Routledge & K. Paul, 1964
◆ McLeod, D.: The Gardener's London. Four Centuries of Gardening, Gardeners and Garden Usage, Duckworth, 1972
◆ Mander, Raymond / Mitchenson, Joe: The Theatres of London, London, Hart-Davis, 1961
◆ Pettigrew, Jane: Tea Time. Beliebte Rezepte aus dem Land der Teetrinker, dt. von Marianne Menzel, München, Hugendubel, 1992
◆ Revie, Alastair: Wonderful Wimbledon, London, Pelham, 1972
◆ Robyns, Gwen: Wimbledon. The hidden drama, New York, Drake, 1974
◆ Rogers, Pat: Grub Street. Studies in a subculture, London, Methuen, 1972
◆ Roose-Evans, James: London Theatres from the Globe to the National, Oxford, Phaidon, 1977
◆ Rosenthal, Harold: Two Centuries of Opera at Covent Garden, London, Putnam, 1958
◆ Schlör, Joachim: Nachts in der großen Stadt. Paris - Berlin - London 1840-1930, München, Artemis 1991

◆ Vansittart, Peter: London. A Literary Companion, London, John Murray, 1992 (ein literarischer Führer durch die Viertel von London)
◆ Voß, Karl: Reiseführer für Literaturfreunde: London, Frankfurt/M. und Berlin, Ullstein, 1977
◆ Walkowitz, J. R.: City of Dreadful Delight. Narexual Danger in the Late Victorian London, London, Virago, 1992

◆ Anthologien ◆

◆ Kohl, Norbert (Hg.): London - Eine europäische Metropole in Texten und Bildern, Frankfurt/M., Insel, 1979
◆ Flitner, Christine (Hg.): Frauen in Großbritannien, München, DTV, 1992
◆ Raykowski, Harald (Hg.): Reisetextbuch London, München, DTV 1986

◆ Literatur ◆

◆ Conrad, Joseph: Der Geheimagent (1907), dt. von Günter Danehl, Zürich, Diogenes, 1975
◆ Defoe, Daniel: Die Pest zu London, München, Nymphenburger, 1987
◆ Dickens, Charles: Eine Geschichte aus zwei Städten. Textgestaltung nach älteren Übersetzungen, Frankfurt/M., Insel, 1987
◆ Dickens, Charles: Oliver Twist, dt. von Carl Kolb (1841), durchgesehen von Anton Ritthaler, Reinbek, Rowohlt, 1964
◆ Fontane, Theodor: Aufsätze und Berichte aus England, in: T.F.: Werke und Schriften, Bd. 27, (Hg.) Jürgen Kolbe, Frankfurt/M., Berlin und Wien 1979
◆ Fontane, Theodor: Ein Sommer in London, in: T.F., Werke, Schriften und Briefe, Bd. 3, (Hg.) Walter Keitel / Helmut Nürnberger, München 1975
◆ Forster, Edward Morgan: Wiedersehen in Howards End (1910), dt. von Egon Pöllinger, München, Goldmann, 1987
◆ Goldsmith, Oliver: Der Weltbürger oder Briefe eines in London weilenden chinesischen Philosophen an seine Freunde im fernen Osten, dt. von Helmut T. Heinrich, (Hg.) Friedemann Berger, München, Beck 1986
◆ Green, Julien: Meine Städte. Ein Reisetagebuch, dt. von Helmut Kossodo, München, Paul List Verlag, 1986
◆ Grimes, Martha: Inspektor Jury sucht den Kennington-Smaragd. Übersetzung von Uta Goridis, Reinbek, Rowohlt, 1990
◆ Haller, Albrecht von: Tagebuch seiner Studienreise nach London, Paris, Straßburg und Basel 1727-28, Huber, 1968
◆ Heine, Heinrich: Englische Fragmente (Reisebilder. Vierter Teil, 1828), in: H. H., Sämtliche Schriften in 12 Bänden, Hg. Klaus Briegleb, Bd. 3, Frankfurt/M., Berlin, Wien, Ullstein, 1981
◆ Holitscher, Arthur: Der Narrenführer durch Paris und London (1925), Frankfurt/M., Fischer Taschenbuch Verlag, 1986
◆ Kerouac, Jack: Lonesome Traveller, Reinbek, Rowohlt, 1981
◆ Kerr, Alfred: Erlebtes - Reisen in die Welt, Berlin, Argon, 1989
◆ Koeppen, Wolfgang: Nach Rußland und anderswohin. Empfindsame Reisen, Frankfurt/M., Suhrkamp, 1973
◆ Kureishi, Hanif: Der Buddha aus der Vorstadt, dt. von Bernhard Robben, München, Kindler, 1990
◆ ders.: London kills me, dt. von Dinka Mrkowatschki, München, Droemer & Knaur, 1992
◆ Lessing, Doris: Das goldene Notizbuch, dt. von Iris Wagner, Frankfurt/M., S. Fischer, 1983
◆ dies.: Der Preis der Wahrheit. London Stories, dt. von Annette Grube, Hamburg, Hoffmann & Campe, 1991
◆ London, Jack: Die Stadt der Verdammten (1903), dt. von Gisela Kirberg, Frankfurt/M., Büchergilde Gutenberg, 1981
◆ MacInnes, Colin: Absolute Beginners, dt. von Lothar Gorris und Ralf Niemczyk unter Zugrundelegung einer Übersetzung von Günter Eichel, Köln, Kiepenheuer & Witsch, 1986
◆ Mackay, John Henry: Die Anarchisten. Kulturgemälde aus dem Ende des XIX. Jahrhunderts, Leipzig, Forum Verlag, 1992
◆ Moritz, Karl Philipp: Reisen eines Deutschen in England im Jahre 1782, in: K.Ph.M., Werke, Hg. Horst Günther, Band 2, Frankfurt/M., Insel, 1981
◆ Orwell, George: Erledigt in Paris und London (1933), dt. von Helga und Alexander Schmitz, Zürich, Diogenes, 1978
◆ Pepys, Samuel: Das geheime Tagebuch (1660-69), dt. von Jutta Schlösser, Leipzig, Insel, 1980
◆ Pückler-Muskau, Fürst Hermann von: Briefe eines Verstorbenen. Ein fragmentarisches Tagebuch aus England, Wales, Irland und Frankreich (1836/37), (Hg.) Günter J. Vaupel, Frankfurt/M., Insel, 1990
◆ Thackeray, William Makepeace: Pendennis, dt. von Charlotte Richter, Berlin, Rütten & Loening, 1987
◆ ders.: Jahrmarkt der Eitelkeit. Ein Roman ohne Held, dt. von Elisabeth Schnack, Zürich, Manesse, 1983
◆ Wilde, Oscar: Das Bildnis des Dorian Gray, dt. von Christine Hoeppner, Frankfurt/M. und Leipzig, Insel, 1991
◆ Woolf, Virginia: London. Skizzen aus einer großen Stadt, dt. von Kyra Stromberg, Berlin, Wagenbach, 1992
◆ dies.: Mrs. Dalloway (1925). Übersetzung von Herberth E. und Marlys Herlitschka, Frankfurt / Main 1986 (S. Fischer)
◆ dies.: Orlando, dt. von Herberth E. und Marlys Herlitschka, Frankfurt/M., S. Fischer, 1987

◆ Quellennachweise ◆

Wir danken folgenden Verlagen für die freundliche Genehmigung zum Abdruck der Zitate auf den angegebenen Seiten:
◆ 106 Charles Dickens, Oliver Twist (1837-39), bearb. von Anton Ritthaler, © 1959 Artemis & Winkler Verlag, München
◆ 107 Charles Dickens, Eine Geschichte aus zwei Städten, 1987 Insel Verlag, Frankfurt/M. und Leipzig
◆ 108 Jack London, Die Stadt der Verdammten, dt. von Gisela Kirberg, © 1981 Büchergilde Gutenberg, Frankfurt/M.
◆ 109 Heinrich Heine, Englische Fragmente, in: Sämtliche Schriften, 1991 Ullstein, Berlin
◆ 110 Arthur Holitscher, Der Narrenführer durch Paris und London, © 1925 S. Fischer, Frankfurt/M.
◆ 111 Julien Green, Meine Städte, Ein Reisetagebuch, dt. von Helmut Kossodo, © 1986 Paul List Verlag, München
◆ 112 Edward Morgan Forster, Wiedersehen in Howards End, © by Nymphenburger Verlagshandlung in der F.A. Herbig Verlagsbuchhandlung GmbH, München
◆ 113 Samuel Pepys, Das Geheime Tagebuch (1660-69), dt. von Jutta Schlösser, © 1980 Insel Verlag, Frankfurt/M. und Leipzig
◆ 114 Viginia Woolf, Mrs. Dalloway, © Quentin Bell und Angelica Garnett 1925, dt. von Herberth E. und Marlys Herlitschka, 1986 S. Fischer Verlag, Frankfurt/M.
◆ 115 Oscar Wilde, Das Bildnis des Dorian Gray (1980) dt. von Christine Hoeppener, © 1982 Insel Verlag, Frankfurt/M. und Leipzig
◆ 116 Joseph Conrad, Der Geheimagent , dt. von Günter Danehl, © 1975 Diogenes, Zürich
◆ 116 Colin MacInnes, Absolute Beginners, © 1986 by Kiepenheuer & Witsch, Köln
◆ 117 Wolfgang Koeppen, Nach Russland und anderswohin. © Suhrkamp Verlag, Frankfurt/M. 1973
◆ 118 Hanif Kureischi, Der Buddha aus der Vorstadt, dt. von Bernhard Robben, © 1990 Kindler Verlag, München
◆ 119 Martha Grimes, Inspektor Jury sucht den Kennington Smaragd, dt. von Uta Coridis, © 1988 by Rowohlt Verlag GmbH, Reinbek

Umschlag vorn: Tower Bridge, Samml. Peter Jackson. Plakat der Southern Railway, Abdruck mit Genehmigung des National Railway Museum, York. Krone von Edward the Confessor, Controller of Her Majesty's Stationery Office (Crown Copyright). Telefonzelle, Neg. Suzanne Bosman. Endsleigh Street, Neg. ebd. Sperling, Zeichnung von Jean Chevallier.
Rücken: Krone der Königin, Controller of Her Majesty's Stationery Office (Crown Copyright). Eingang zum Gallipoli-Bad.
Umschlag hinten: Themse-Boot 1805 Samml. Peter Jackson. Plan von Jean-Yves Duhoo. Straßenschild, Neg. Suzanne Bosman. Die Royal Albert Hall. *Mr Hughes' Ball*, Zeichnung von Richard Doughty. Samml. Peter Jackson. Dickens House, Doughty Street. Pub-Schild, Kennington, Neg. Geoff Howard/ Collections.
Umschlaginnenklappe hinten: *Westminster from the Thames*, Claude T. Stanfield Moore, Öl/Leinw., um 1890, priv. Samml., Neg. Bridgeman Art Library.
1 U-Bahn an der Southampton Row, alte Postkarte, Samml. Peter Jackson.
2 Jungen baden in den Docks, Foto um 1910, Samml. Peter Jackson.
2/3 Die Themse bei Billingsgate mit der Tower Bridge im Hintergrund, Foto, Museum in Docklands Project, London.
4/5 Hutmacher, Foto, um 1910, Samml. Peter Jackson.
6/7 Boote vor Greenwich, Foto, Museum in Docklands Project, London. Die *Mauritania*, 1939, ebd.
33 *Das Boot des Lord Mayor,* David Roberts, Aquarell, 1830, Guildhall Art Library, Corporation of London, Neg. Bridgeman Art Library.
34 Münze, Kaiser Konstantin, Ende 3. Jh. n. Chr, Galvanoplastik, Museum of London. Römisches Mosaik, freigelegt in einem Keller in der City of London. Tower of London, Manuskript um 1500, British Library.
35 Henry VI. und St Edmund, Gemälde/ Holz, um 1500, Kirche St Catherine, Ludham, Norfolk, Neg. Angelo Hornak Library. Bildnis von Richard II., Westminster Abbey, Abdruck mit Genehmigung des Dean and Chapter of Westminster Abbey, Neg. Angelo Hornak Library. *Der Londoner Hafen vor 1760,* nach Samuel Scott, Öl/ Leinw., Guildhall Art Gallery, Corporation of London, Neg. Bridgeman Art Library.
36 *Elizabeth I.*, Öl/Holz, 1585, William Segar zugeschrieben, Abdruck mit Genehmigung des Marquess of Salisbury, Hatfield House. *Die Kathedrale von Southwark,* Stich, W. Hollar, 1647, Samml. Peter Jackson. *Der Große Brand von London,* flämische Schule, Öl/ Leinw., 1666, Museum of London.
37 *Krönung von George IV., 1821*, W. Heath, farbige Tuschezeichnung, Samml. Peter Jackson. *Der Prinzregent,* kolorierter Stich, 1815, Samml. Peter Jackson. *Eröffnung der Tower Bridge, 1894,* William Lionel Wyllie, Öl/Leinw., 1894-1895, Guildhall Art Gallery, Corporation of London, Neg. Bridgeman Art Library
38 *Die Krönung von Königin Victoria,* anonym, Öl/Leinw., 1838, Bradford Art Galleries and Museums, Neg. Bridgeman Art Library. *Der Kristallpalast, 1851*, Lithographie, Samml. Peter Jackson. *St Pancras Station, nach 1869,* kolorierte Lithographie, ebd. Harrods, alte Postkarte, ebd.
39 Fleet Street, Foto um 1930, Neg. Hulton Picture Company. Churchill in den Trümmern des ›Blitz‹, Neg. Popperfoto. Lloyds Building, Neg. Suzanne Bosman.
40/41 *Der Große Brand von London,* 1666, anonym, Öl/Leinw., Worshipful Company of Goldsmiths. *Der Große Brand von London,* Griffier d. Ä., Öl/Leinw., Museum of London. *Der Große Brand von London,* nach Waggoner, Öl/Leinw., Guildhall Art Gallery, Corporation of London, Neg. Bridgeman Art Library.
42 St Paul's Cathedral während der Luftangriffe, Neg. Popperfoto. Feuerwehrmänner in den Ruinen, Neg. Hulton Picture Company.
43 Feuerwehrmänner, Neg. Popperfoto. Ludgate Hill im Mai 1941, Neg. Hulton Picture Company. Straßenszene, Neg. ebd.
44 *Bunte Plakatwand nahe bei Charing Cross,* kolorierter Stich, Samml. Peter Jackson. Diskutierende Frauen, Foto. ebd.
45 Jungen spielen Karten, Foto. ebd.
46 Londoner Bürger, Stiche von Gustave Doré, in Louis Enault, *Londres,* 1876.
47 Schaufenster eines Geschäftes, Foto um 1910, Samml. Peter Jackson.
48 Reichsapfel, hergestellt für die Krönung von Charles II., Crown Copyright, Neg. A. C. Cooper. Prozession in Westminster Abbey, vor der Krönung von Elizabeth II., Foto in *The Queen Elizabeth Coronation Souvenir,* 1953. Königin Elizabeth in ihrem Wagen, Neg. Hulton Picture Company.
48/49 *König George V. und Königin Mary während eines Gottesdienstes zu Thanksgiving in Westminster Abbey,* 1935, Frank Salisbury, Öl/Leinw., 1935-1936, Guildhall Art Gallery, Corporation of London, Neg. Bridgeman Art Library.
49 Königin Elizabeth und die Royal Family nach der Krönung auf dem Balkon des Buckingham Palace , Neg. Hulton Picture Company. Königin Victoria und ihr Haushofmeister Abdul Karim, Foto Hill & Saunders, 1893, National Portrait Gallery, London. Henry II. im Gebet vor dem Grab von Thomas Becket, Fenster, Canterbury Cathedral, Neg. Angelo Hornak Library. Das Zepter mit dem Cullinan Diamond, Crown Copyright, Neg. A. C. Cooper.
50 Poster zur Anwerbung der *Welsh Guards,* 1915, Guards Museum, London. *Die Schlacht von Alma* (Ausschnitt), Öl/Leinw., 1854, Abdruck mit Genehmigung des Regimental Lieutenant Colonel Scots Guards. *Blues and Royals* (1), *Life Guards* (2), *Grenadier Guard* (3), Zeichnungen von Jonathan Shock.
51 Banner der Welsh Guards, Abdruck mit Genehmigung der Welsh Guards. Banner der Life Guards, Household Cavalry Museum, Windsor. *Coldstream Guard* (4), *Welsh Guard* (6) und *Scots Guard*, Zeichnungen von Jonathan Shock. *Irish Guard* (5), Abdruck mit Genehmigung der Irish Guards.
52 Trompeter bei der Wahl des Lord Mayor, Neg. Brian Shuel/ Collections. Beating the Bounds, Neg. ebd. Pealy Queen, Neg. ebd.
52/53 Trooping the Colour, Neg. Headquarters London District Public Information.
53 *Lord Mayor's Barge,* David Roberts, Aquarell, 1830, Guildhall Art Library, Corporation of London, Neg. Bridgeman Art Library. Die Kutsche des Lord Mayor, Neg. Suzanne Bosman.
54 Palace Theatre, Neg. Jeremy Cockaigne/Arcaid. *Palace Theatre,* Aquarell, in David Gentleman, *Londres,* Gallimard 1986, © David Gentleman.
54/55 *The Old Bedford,* Walter Sickert, Öl/ Leinw., um 1895, Walker Art Gallery,

Leinw., 1905-1906, Musée d'Art moderne de Troyes, Neg. Daniel Le Névé.
130 *The Houses of Parliament,* John Anderson, Öl/Leinw., um 1873, Museum of London, Neg. Bridgeman Art Library. *Der Brand der Parlamentsgebäude,* Holzschnitt, 1834, Samml. Peter Jackson. *Der Brand der Parlamentsgebäude,* T. M. Baynes, kolorierte Lithographie, 1834, ebd.
131 *Prozession der Königin Victoria, Rückkehr aus dem House of Lords nach der Eröffnung des Parlaments,* Joseph Nash, Aquarell, © H. M. The Queen.
132 Die Glocke Big Ben, Controller of Her Majesty's Stationery Office (Crown Copyright). *Entwurf der Turmuhr,* Charles Barry, Aquarell, um 1840-1845, The British Architectural Library, RIBA, London.
133 *William Pitt d. J. hält eine Rede im House of Commons,* Carl Anton Hickel, Öl/Leinw., 1793, National Portrait Gallery. *Gladstone legt dem House of Commons die Irish Land Bill vor, 1881,* F. Sargent, Öl/Leinw., 1882, Controller of Her Majesty's Stationery Office (Crown Copyright). *Eingang zum House of Lords, Entwurf,* Thomas Hopper, farbige Tuschezeichnung, Neg. Geremy Butler. *George Thomas, 1st Viscount Tonypandy, Speaker zwischen 1976 und 1983,* George J. D. Bruce, Öl/Leinw., Controller of Her Majesty's Stationery Office (Crown Copyright).
134 *Queen Anne im House of Lords,* Peter Tillemans, Öl/Leinw., um 1710, Controller of Her Majesty's Stationery Office (Crown Copyright). *Das House of Lords,* Joseph Nash, Öl/Leinw., 1851, Controller of Her Majesty's Stationery Office (Crown Copyright). *St Stephen's Hall,* Stich, 1859, Controller of Her Majesty's Stationery Office (Crown Copyright).
135 *Westminster,* Frank. H. Mason, Plakat, um 1935, Abdruck mit Genehmigung des National Railway Museum, York. *Whitehall,* Alker Tripp, Plakat, 1936, London Transport Museum. *Wiederaufbau der Parlamentsgebäude,* anonym, Aquarell, 1842, Samml. Peter Jackson.
136 *Das House of Commons,* B. Cole, kolorierter Stich, Samml. Peter Jackson.
136/137 Houses of Parliament, alte Postkarte, ebd.
137 Blick auf Westminster vom südlichen Themse-Ufer, Neg. Antony Kersting. *Big Ben,* kolorierter Stich, in *The Illustrated London News,* 1859, Samml. Peter Jackson. Central Lobby, Houses of Parliament, Neg. Geoff Howard/Collections.
138 Einladungskarte zur Krönung von George IV. in Westminster Abbey, Samml. Peter Jackson. *Westminster Abbey,* J. Bowles, kolorierter Stich, ebd. *Prozession des Order of Bath,* Canaletto, Öl/Leinw., nach 1749, Dean and Chapter of Westminster Abbey, Neg. Bridgeman Art Library.
139 Das nördliche Querschiff von Westminster Abbey, Neg. Antony Kersting. *Die Kapelle Henry VII. in Westminster Abbey,* C. Wild, farbige Tuschezeichnung, 1828, Samml. Peter Jackson. Chorsänger von Westminster Abbey, Neg. Geoff Howard/Collections.
140 Liegende Figur, Westminster Abbey, Neg. Antony Kersting. *Krönung von William IV.,* kolorierter Stich, Samml. Peter Jackson. Das Mittelschiff von Westminster Abbey, Neg. Antony Kersting.
141 Die Ecke der Poeten, südliches Querschiff, Neg. ebd. Grab von Edward the Confessor, Neg. ebd. Grab von Elizabeth I., Neg. ebd.
142 10 Downing Street und 11 Downing Street, Neg. Hulton Picture Company.
142/143 *Horseguards Parade,* John Chapman, Öl/Leinw., um 1750, priv. Samml., Neg. Bridgeman Art Library.
143 *Horseguards,* Whitehall, Neg. Antony Kersting. Offizier der *Life Guards,* Whitehall, Neg. Geoff Howard/Collections.
144 Deckengemälde im Banqueting House, Peter Paul Rubens, Neg. Antony Kersting. Admiralty Arch, alte Postkarte, Samml. Peter Jackson. The Mall, Neg. Suzanne Bosman.
145 Westminster Cathedral, Neg. Antony Kersting. Poster für die Southern Railway, Abdruck mit Genehmigung des National Railway Museum, York. Westminster Cathedral bei Nacht, Neg. Suzanne Bosman.
146 *Königin Victoria besucht am 9. November 1837 die Guildhall,* James Henry Dix, Öl/Leinw., 1838, Guildhall Art Library, Corporation of London, Neg. Bridgeman Art Library.
147 Die Kutsche des Lord Mayor, Neg. Brian Shuel/Collections. *Der 9. November, die Prozession von Lord Mayor James Whitehead,* William Logsdail, Öl/Leinw., 1888, Guildhall Art Gallery, Corporation of London, Neg. Bridgeman Art Library.
148 *Lord Mayor's Banquet, Guildhall,* farbige Tuschezeichnung, 1830, Samml. Peter Jackson, Guildhall, Neg. Antony Kersting. *St Lawrence Jewry und Guildhall,* Thomas Malton, Öl/Leinw., 1783, Guildhall Art Gallery, Corporation of London.
148/149 *Blick vom Somerset House auf die Brücke von London und die City,* Francis Smith, Öl/Leinw., Ende 18. Jh., Guildhall Art Gallery, Corporation of London, Neg. Bridgeman Art Library.
149 St Mary's Woolnoth, Neg. Suzanne Bosman. Mansion House Street und Royal Exchange, Foto um 1900, Samml. Peter Jackson. *Innenraum von St Stephen Walbrook,* Thomas Rowlandson, farbige Tuschezeichnung, 1809. ebd.
150 Die Keller der Bank of England, Bank of England Museum, Abdruck mit Genehmigung der Governor and Company of the Bank of England. *Ein Geschäft in der Nähe des Royal Exchange, Cornhill,* C. J. Richardson, Aquarell, 1871, Samml. Peter Jackson. Mansion House, Foto, um 1900, ebd.
150/151 *Bank of England,* Sir John Soane, Aquarell, 1807, Abdruck mit Genehmigung des Sir John Soane's Museum.
151 *Dividend Day at the Bank of England,* G. E. Hicks, Öl/Leinw., 1859, Bank of England Museum, Abdruck mit Genehmigung der Governor and Company of the Bank of England.
152 Das Hochhaus der National Westminster Bank, Neg. Geoff Howard/Collections. Das Hochhaus der National Westminster Bank, Neg. Charles Lane. *The City of London,* Aquarell, in David Gentleman, *Londres,* Gallimard 1986, © David Gentleman.
153 Schilder mit Symbolen verschiedener Banken in der City, Neg. Suzanne Bosman. Gebäude der Lloyd's Bank, Neg. Antony Kersting. Schild, Neg. Suzanne Bosman.
154 Leadenhall Market, Neg. Suzanne Bosman. *Der Markt in Leadenhall,* Aquarell, in David Gentleman, *Londres,* Gallimard 1986, © David Gentleman. Träger auf dem Billingsgate Market, Foto um 1920, Samml. Peter Jackson.
155 Cheapside, alte Postkarte, Samml. Peter Jackson. *Alexander Pope,* William Hoare,

James Abbot McNeill Whistler, Foto 1885, National Portrait Gallery. George Eliot, Foto der London Stereoscopic Company, ebd. Oscar Wilde, Foto von Napoleon Sarony, 1882, ebd. *Algernon Charles Swinburne,* George Frederic Watts, Öl/Leinw., 1865, ebd. **197** Häuser in Chelsea, Neg. Hélène Borraz. Appartments, Chelsea, Royal Walk, Chelsea, Statue von Thomas Morus vor der Chelsea Old Church, Neg. Suzanne Bosman. **198** Founders Day, Neg. Brian Shuel/Collections. **198/199** *Royal Hospital and Rotunda from the River,* Peter Tillemans, Öl/Leinw., um 1730, Royal Hospital, Chelsea, Neg. Bridgeman Art Library. *Chelsea Hospital,* Edward Haytley, Öl/Leinw., 1746, Coram Foundation, London, Neg. Bridgeman Art Library. **199** Royal Hospital, Säulengang, Garten, Pensionäre, Neg. Suzanne Bosman. **200** *Chelsea Physic Garden,* nach J. Fuge, kolorierte Lithographie, um 1820, Samml. Peter Jackson. *Physic Garden,* Stich, 1751, ebd. Dekoration aus Ziegelstein, Chelsea Embankment, Chelsea Old Church, Neg. Suzanne Bosman. **201** Cheyne Walk, Neg. Suzanne Bosman. *Carlyle Square,* Aquarell, in David Gentleman, *Londres,* Gallimard 1986, © David Gentleman. **202** Paultons Square, Cheyne Walk, Neg. Suzanne Bosman. *Cheyne Walk,* Henry Greaves und Walter Greaves, Öl/Leinw., 1857, Neg. Bridgeman Art Library. **203** Cheyne Walk, Foto um 1910. Die Themse am Chelsea Embankment, Statue von Thomas Carlyle, Neg. Suzanne Bosman. **204/205** *Millbank Penitentiary,* Stiche, 19. Jh., Samml. Peter Jackson. **206** *Vauxhall Gardens and the Grand Walk about 1751,* Canaletto, Öl/Leinw., 1751, Lord Trevor. *Sir Henry Tate,* Öl/Leinw., Samml. Tate and Lyle. **207** Tate Gallery, alte Postkarte, Samml. Peter Jackson. Clore Gallery von James Stirling, Neg. Suzanne Bosman. **208** *Pompeji,* Hans Hoffman, Öl/Leinw., 1959, Tate Gallery. *Selbstportrait,* J. M. W. Turner, Öl/Leinw., um 1797, ebd. **209** *Faa Iheihe,* Paul Gauguin, Öl/Leinw., 1898, ebd. **210** *The Forge,* Joseph Wright of Derby, Öl/Leinw., 1772, ebd. *Der Maler und sein Mops,* Paul Hogarth, Öl/Leinw., 1745, ebd. **211** *Captain Thomas Lee,* Marcus Gheeraedts, Öl/Leinw., 1594, ebd. *Familie Saltonstall ,* David des Granges, Öl/Leinw., um 1636-1637, ebd. **212** *Sir William Montgomerys Töchter stellen das Bild ›Die drei Grazien schmücken eine Hymen-Herme‹,* Joshua Reynolds, Öl/Leinw., 1773, ebd. **213** *Die Erntearbeiter,* George Stubbs, Öl/Holz, 1785, ebd. *Giovanna Baccelli,* Thomas Gainsborough, Öl/Leinw., 1782, ebd. **214** *Beatrice in der Kutsche spricht Dante an,* William Blake, Aquarell und Tusche auf Papier, um 1824-1827, ebd. *Der blinde Geiger,* David Wilkie, Öl/Holz, 1806, ebd. *Die Eröffnung der Waterloo Bridge,* John Constable, Öl/Leinw., 1832, ebd. **215** *Die Seufzerbrücke, der Dogenpalast und die Dogana; der malende Canaletto,* J. M. W. Turner, Öl/Leinw., 1833, ebd. *Dogana, San Giorgio, Zitelle-Kirche,* J. M. W. Turner, Öl/Leinw., 1842, ebd. *Petworth, Sonnenuntergang im Park,* Joseph Mallord William Turner, Aquarell, um 1830, ebd. **216/217** *Schneesturm. Dampfboot vor einer Hafeneinfahrt,* J. M. W. Turner, Öl/Leinw., 1842, ebd. **218** *Beata Beatrix,* Dante Gabriel Rossetti, Öl/Leinw., 1860-1870, ebd. *Ophelia,* John Everett Millais, Öl/Leinw., 1851, ebd. **219** *Das erwachende Gewissen,* William Holman Hunt, Öl/Leinw., 1854, ebd. *Die goldene Treppe,* Edward Burne-Jones, Öl/Leinw., 1880, ebd. **220** *Drei Studien für eine Kreuzigung,* Francis Bacon, Öl/Karton, um 1944, ebd. *Mr. and Mrs. Clark and Percy,* David Hockney, Acryl/Leinw., 1970-1971, ebd. *Rot und Schwarz,* Mark Rothko, Öl/Leinw., 1957, ebd. *Whaam!,* Roy Lichtenstein, Acryl/Leinw., 1963, ebd. **221** *Weinende Frau,* Pablo Picasso, Öl/Leinw., 1937, ebd. **222** *Figur, Nanjizal,* Barbara Hepworth, Holzskulptur, 1958, ebd. *Der Matador,* Joan Miró, Collage, 1969, ebd. **223** *Early One Morning,* Antony Caro, bemalte Skulptur, 1962, ebd. *Das Ende des 20. Jh.,* Joseph Beuys, Skulptur, 1983-1985, ebd. **222/223** *Liegende Frau,* Henry Moore, Skulptur, 1951, ebd. **224** *Terraces*, Aquarell, in David Gentleman, *Londres,* Gallimard 1986, © David Gentleman. **225** Fleischabteilung, Harrods, Neg. Harrods. **226/7** Ansichten von Kensington, Neg. Suzanne Bosman. **228** Luftaufnahme des Albert Memorial und der Albert Hall, Neg. Skyscan Balloon Photography Copyright. *Prinz Albert,* Franz Xaver Winterhalter, Öl/Leinw., 1867, National Portrait Gallery. **229** Aquarell, in David Gentleman, *Londres,* Gallimard 1986, © David Gentleman. Victoria and Albert Museum, Neg. Suzanne Bosman. **230** *Die Schlüsselübergabe,* Karton von Raffael, © H. M. the Queen, (Victoria and Albert Museum). *Die Mühle von Flatford bei einer Schleuse an der Stour,* Öl, um 1811, Victoria and Albert Museum. *Miniatur eines Höflings,* Nicholas Hilliard, auf Leder, 16. Jh., ebd. **231** *Der heilige Paulus predigt in Athen,* Karton von Raffael, © H. M. the Queen, (Victoria and Albert Museum). *Yamuna, Göttin des Flusses,* hinduistische Skulptur, Zentralindien, um 900, Victoria and Albert Museum. *Prinz zu Pferde,* mongolische Miniatur, Wasserfarbe auf Papier, um 1720, ebd. *Tippoos Tiger,* Skulptur aus bemaltem Holz, um 1700, ebd. **232** Abendkleid, Entwurf der Schwestern Callot, 1922, ebd. Die Skulpturengalerie, Victoria and Albert Museum, Neg. Suzanne Bosman. Die Gußformengalerien, Victoria and Albert Museum. **233** Tabakdose, P. F. Drais, 1775-1777, ebd. *Das überraschte Liebespaar,* Jean François de Troy, Öl/Leinw., um 1735, ebd. Die Vase von Tippoo, ebd. Kabinett, 1867, ebd. **234** *Blick durch die Halle der Dinosaurier,* Alfred Waterhouse, Tusche/Papier, 1870-71, The British Architectural Library, RIBA, London. Natural History Museum, Neg. Emily Lane. **234/235** *Natural History Museum*, Alfred Waterhouse, Aquarell, um 1870, Victoria and Albert Museum, Neg. Bridgeman Art Library. **235** Natural History Museum, alte Postkarte, Samml. Peter Jackson. **236** Das Amphitheater der Albert Hall, Foto um 1900, Samml. Peter Jackson. Albert Memorial, Neg. Antony Kersting. *Brompton Oratory,* Herbert A. Gribble, Aquarell, um 1870, Fathers of the London Oratory, Neg. Bridgeman Art Library. **237** *Persönlichkeiten im Hyde Park,* Charles James Conder, Öl/Leinw., priv. Samml., Neg. Bridgeman Art Library.

◆ ABBILDUNGSVERZEICHNIS

Wir bedauern, daß wir einige der Rechtsinhaber oder Verleger von Dokumenten nicht ausfindig machen konnten, und bitten sie, sich gegebenenfalls direkt an Gallimard, Paris zu wenden.

◆ A ◆

◆ B ◆

◆ C ◆

REGISTER

◆ S ◆

◆ T ◆

◆ **U** ◆

◆ **V** ◆

◆ **W** ◆

◆ **Y** ◆

LONDON 1:50.000 (1 cm = 500 m)